7. 地区生产总值（现价）：250.8亿元

第一产业增加值：17.4亿元

第二产业增加值：126.4亿元

第三产业增加值：107亿元

全县人均生产总值：67193元

8. 全部财政收入：65.9亿元

一般公共预算收入：33.3亿元

公共财政预算支出：58.8亿元

9. 常住人口城镇化率：61.15%

10. 全社会固定资产投资：224.9亿元

11. 农村居民可支配收入：16567元

12. 城镇居民可支配收入：39914元

13. 在岗职工年平均工资：76359元

14. 社会消费品零售总额：85.4亿元

15. 实际利用外资：592万美元

16. 人民币存款余额：508.6亿元

17. 人民币贷款余额：602.3亿元

18. 全县各类学校总数：164所

在校学生数：67246人

专任教师：4496人

19. 医疗卫生机构数：415人

卫生机构床位：2469张

卫生技术人员：2145人

20. 全县公路里程：1054.24公里

大、中、小载货汽车：3298辆

大、中型载客汽车：84辆

香河年鉴

2018

香河县地方志编纂委员会　编

方志出版社
Publishing House of Local Records

【请印制单位注意：此版权页不得擅自改动及遗漏，违者必究（凡空位由印刷厂填写）。】

图书在版编目（CIP）数据

香河年鉴．2018 / 香河县地方志编纂委员会编．—北京：方志出版社，2019.1

ISBN 978-7-5144-3563-4

Ⅰ．①香… Ⅱ．①香… Ⅲ．①香河县-2018-年鉴 Ⅳ．①Z522.24

中国版本图书馆 CIP 数据核字（2019）第 012316 号

香河年鉴（2018）

编　　者：香河县地方志编纂委员会
责任编辑：刘方圆

出 版 人：冀祥德
出 版 者：方志出版社
地址　北京市朝阳区潘家园东里 9 号（国家方志馆 4 层）
邮编　100021
网址　http://www.fzph.org
发　　行：方志出版社图书经销中心
电话　（010）67110500
经　　销：各地新华书店
印　　刷：廊坊市国彩印刷有限公司

开　　本：889×1194　　1/16
印　　张：33.88
字　　数：811 千字
版　　次：2019 年 1 月第 1 版　　2019 年 1 月第 1 次印刷
印　　数：001～800 册

ISBN 978-7-5144-3563-4　　定价：298.00 元

香河县地方志编纂委员会

主　　　任：王文强　县政府县长
常务副主任：齐建光　县委常委、常务副县长
副　主　任：韩　超　县委常委、县人武部部长
　　　　　　田立军　县委常委、县委办公室主任
　　　　　　张浩波　县人大副主任
　　　　　　李一超　县政协副主席
　　　　　　刘奖波　县政协副主席兼县政府办公室主任
委　　　员：周向伟　县委组织部常务副部长
　　　　　　王立生　县委宣传部常务副部长
　　　　　　夏亦飞　县委党史办主任
　　　　　　李　杰　县保密局局长
　　　　　　高景全　县地方志办公室主任
　　　　　　冯国祥　县发改局局长
　　　　　　刘　宇　县财政局局长
　　　　　　沈雪松　县审计局局长
　　　　　　高立军　县建设局局长
　　　　　　姜建明　县教育局局长
　　　　　　蔡学平　县民政局局长
　　　　　　康会伟　县统计局局长
　　　　　　李　月　县工商局局长
　　　　　　白颖浩　县交通局局长
　　　　　　李朝民　县文广新局局长
　　　　　　史长承　县电视台台长
　　　　　　石宝智　县工信局局长
　　　　　　赵树军　县农业局局长
　　　　　　姚立民　县科技局局长
　　　　　　肖凤双　县档案局局长
　　　　　　张　勇　县文联主席
　　　　　　陈光华　县公安局副政委
　　　　　　樊振华　人行香河支行行长

《香河年鉴（2018）》编辑人员

主　编：高景全

副主编：李志楠　王树春

编　辑：王树春　闫振春　陈树龙　刘士刚　张和华　马　军　杨东林

排　版：李学涛　孟艳双

校　对：张　丹

香河县地方志编纂委员会办公室

主　　　任：高景全

副　主　任：李志楠

副主任科员：王树春

成　　　员：张　丹　闫振春

县城建设

香河县便民服务中心（2018年9月7日，牛宝森摄）

香河县文化艺术中心夜景（2017年5月26日，牛宝森摄）

物美超市大卖场（2016年3月26日，牛宝森摄）

秀水经典小区（2016年3月27日，牛宝森摄）

香河县规划展馆（2015年5月，牛宝森摄）

两河开发

运河文化公园（2018 年 9 月 6 日，牛宝森摄）

运河文化公园观景长廊（2018 年 9 月 6 日，牛宝森摄）

运河文化公园一隅（2018 年 9 月 6 日，牛宝森摄）

潮白河湿地（2017 年 8 月 23 日，牛宝森摄）

潮白河滚水坝（2017 年 8 月 23 日，牛宝森摄）

潮白河三号橡胶坝（2018 年 9 月 11 日，牛宝森摄）

鹭鸟嬉戏潮白河（2018 年 9 月 11 日，牛宝森摄）

潮白河一景（2018 年 9 月 11 日，牛宝森摄）

机器人小镇

香河机器人小镇精神堡垒（2017 年 5 月，李铁摄）

香河机器人小镇入口（2017 年 5 月，李铁摄）

香河机器人产业港一期鸟瞰（2017 年 5 月，李铁摄）

香河机器人小镇外围（2017 年 5 月，李铁摄）

香河机器人小镇内景（2017 年 5 月，李铁摄）

香河机器人小镇展馆（2017 年 5 月，李铁摄）

香河机器人小镇智慧指挥中心（2017 年 5 月，李铁摄）

水韵荷香

万亩荷塘观荷长廊（2017 年 8 月 12 日，牛宝森摄）

杨家寨一角（2017 年 8 月 12 日）

观荷（2017 年 7 月 26 日，牛宝森摄）

赏荷（2017 年 7 月 12 日，牛宝森摄）

造型（2017 年 7 月 30 日，牛宝森摄）

编辑说明

一、《香河年鉴》旨在为各级领导决策提供依据，为社会各界和国内外人士了解和研究香河提供信息，为续修《香河县志》积累资料。

二、《香河年鉴（2018）》以马克思列宁主义、毛泽东思想、邓小平理论、“三个代表”重要思想、科学发展观、习近平新时代中国特色社会主义思想为指导，坚持辩证唯物主义和历史维护主义的立场、观点和方法，客观翔实记载2017年度香河县经济和社会发展的基本情况及大事、要事、新事。

三、《香河年鉴（2018）》采用分类编纂法、条目式记事体，个别相关或相近部类合并立目。主体部分框架结构由类目、分目、条目三个层次组成。

四、为提高全书质量，增加信息量，增强可读性，《香河年鉴（2018）》对篇目的框架和内容较2017卷个别进行了调整，做到客观、完整反映所记事项。

五、《香河年鉴（2018）》采用法定计量单位，但为了确保数据的准确性和人们认知的习惯性，农田土地面积仍使用“亩”为计量单位。

六、《香河年鉴（2018）》所用数字以香河县统计局数字为准，并经统计局审核。“香河数字 2017”为最终审核数。所用稿件大部分由各承编单位撰写并经单位负责人审核。部分稿件参考《新香河》、工作简报等方面信息。

《香河年鉴 2018》撰稿人员名单

(以下排名不分先后)

马　丹	马冬伟	马宇龙	马丽娜	马瑞庆	马　静	王仕磊	王立辉
王志勇	王利永	王春明	王树春	王树营	王海秋	王晨璐	王婧暄
王惠书	王　楠	王翠鑫	牛凌璇	尹淑娟	尹　超	石　磊	卢雨莲
付　奎	白　鹭	冯晓明	成志云	成　薇	吕　剑	朱金栋	任海龙
后瑞新	庄英艳	刘文彪	刘建蓬	刘春林	刘　俭	刘洪霞	刘　洋
刘娅东	刘新梅	刘　颜	齐兆发	安立荣	安　娜	那方元	阮思琪
孙文静	孙　伟	孙欣慰	孙建永	孙　浩	孙腾飞	芮文颖	苏绍辉
杜旭霞	杜　治	杜振江	李士丽	李万勇	李长健	李百万	李竹青
李　会	李志军	李志娟	李林繁	李国强	李春杰	李树明	李　盼
李　娜	李晓军	李淑伟	李　晶	李景欣	李翠晶	李慧民	杨连永
杨　波	杨艳晶	杨晓燕	杨福祥	吴　华	邱雅楠	何建妤	何　静
宋国凤	张卫新	张艺馨	张玉华	张年台	张　宇	张金方	张金权
张秋桂	张炳江	张　洋	张萧霞	张　越	张　媛	张　靖	张　鑫
路凤彦	陈卫彬	陈志华	陈淑伶	邵亚海	范江文	范运杰	周广海
周月如	周凤伟	周文宇	周朋霏	周海川	周梦洁	郑肃然	郎瑞芸
孟宪东	赵春森	胡亚超	胡炜东	秦　伟	贾　松	贾　强	钱宝林
徐　倩	殷宝义	凌　珍	凌殿国	黄云龙	黄金晶	黄德军	崔大朋
崔向明	康亚静	梁建新	宿小娜	董　浩	韩子月	韩金凤	韩　薇
程金友	靳洪坤	靳雪莉	靳善雯	路　志	简　聃	魏建玲	魏莹洁
魏　静							

目　录

特　载

以习近平新时代中国特色社会主义思想为统领在推动高质量发展中加快建设美丽幸福新香河……（1）
政府工作报告……（13）
关于香河县 2017 年国民经济和社会发展计划执行情况与 2018 年国民经济和社会发展计划报告……（26）
关于香河县 2017 年全县总预算及县本级预算执行情况和 2018 年全县总预算及县本级预算草案的报告……（31）
香河县 2017 年国民经济和社会发展统计公报……（34）

大事记

1 月……（37）
2 月……（38）
3 月……（40）
4 月……（42）
5 月……（43）
6 月……（44）
7 月……（45）
8 月……（46）
9 月……（47）
10 月……（48）
11 月……（49）
12 月……（50）

香河概况

综述……（53）
地理与区划……（56）
　地理位置……（56）
　行政区划……（56）
自然环境……（58）
　地质地貌……（58）
　气候……（59）
　温度……（59）
　降水……（59）
　日照……（59）
　异常天气……（59）
　水文　水系……（60）
　土壤……（62）
自然资源……（64）
　概况……（64）
　土地资源……（64）
　水资源……（64）
　地热资源……（64）
　生物资源……（65）
自然灾害……（66）
　概况……（66）
　气象灾害……（66）
　生物灾害……（66）
居民……（68）
　居民总量……（68）

居民构成……………………………………（68）
人口变动……………………………………（68）
“十三五”规划制定和“十二五”规划执行情况……………………………………（68）
“十三五”规划制定……………………………………（68）
指导思想……………………………………（68）
主要目标……………………………………（68）
“十二五”规划执行情况……………………………………（69）
概况……………………………………（69）
经济实力……………………………………（70）
项目建设……………………………………（70）
城乡面貌……………………………………（70）
民生事业……………………………………（71）
生态建设……………………………………（71）
党建工作……………………………………（72）
经济和社会发展……………………………………（72）
概况……………………………………（72）
农业……………………………………（73）
工业和建筑业……………………………………（73）
固定资产投资……………………………………（73）
交通和电信业……………………………………（74）
国内贸易……………………………………（74）
对外经济……………………………………（74）
财政和金融……………………………………（74）
教育、文化、卫生事业……………………………………（74）
人口和人民生活……………………………………（75）

中国共产党香河县委员会

综述……………………………………（76）
县委机构……………………………………（76）
县委领导机构……………………………………（76）
中共香河县委工作机构……………………………………（77）
中共香河县委工作机构班子成员……………………………………（77）
基层组织……………………………………（78）
县委重要会议……………………………………（79）
党代表大会……………………………………（79）
县委全委会议……………………………………（79）
常委会议……………………………………（80）
县委重要决策……………………………………（102）
全面从严治党……………………………………（102）
“两考三评一定”绩效考核实施……………………………………（103）
美丽乡村建设……………………………………（104）
“河长制”推行工作……………………………………（106）
开展“散乱污”企业整顿活动……………………………………（106）
意识形态工作……………………………………（107）
平安建设……………………………………（108）
县委综合协调……………………………………（112）
概况……………………………………（112）
文稿起草工作……………………………………（112）
信息工作……………………………………（112）
督查工作……………………………………（113）
研究工作……………………………………（113）
改革工作……………………………………（114）
保密工作……………………………………（114）
会务、公务工作……………………………………（115）
组织……………………………………（115）
概况……………………………………（115）
党员教育……………………………………（115）
基层组织建设……………………………………（115）
党员发展……………………………………（116）
党员管理……………………………………（116）
干部推荐选拔……………………………………（116）
公务员招录……………………………………（117）
干部考评……………………………………（117）
干部培训……………………………………（117）
人才工作……………………………………（118）
干部监督……………………………………（118）
宣传……………………………………（118）

概况 ……………………………………………（118）
舆情监管……………………………………………（119）
加强网上宣传展现香河新形象………（119）
党员宣传教育活动 ……………………………（119）
文化产业项目申报 ……………………………（120）
节日文化活动…………………………………（120）
“三下乡”活动 ………………………………（120）
“幸福香河大家唱”活动……………………（120）
“春到新农村”专场文艺晚会 …………（120）
大运河专题片拍摄 ……………………………（121）
对外宣传…………………………………………（121）
“讲好赶考故事”宣讲活动………………（121）
十九大宣传活动………………………………（121）
传统文化宣传教育活动 ……………………（121）
党报党刊发行…………………………………（122）
《新香河》 ……………………………………（122）
精神文明建设……………………………………（122）
概况 ……………………………………………（122）
县城区环境面貌改造提升 …………………（122）
公民道德实践活动……………………………（123）
农村精神文明建设……………………………（123）
未成年人道德建设……………………………（123）
农村 ……………………………………………（124）
概况 ……………………………………………（124）
美丽乡村建设…………………………………（124）
村务公开…………………………………………（126）
农宅合作社试点………………………………（126）
设施安全隐患整治……………………………（126）
综合调研…………………………………………（126）
统一战线…………………………………………（127）
概况 ……………………………………………（127）
民宗领域和谐稳定 ……………………………（127）
非公经济发展工作 ……………………………（127）
党外人士工作…………………………………（128）
对台工作…………………………………………（128）
县直机关党建……………………………………（129）
概况…………………………………………………（129）
县直机关思想政治建设…………………（129）
县直机关基层组织建设…………………（130）
“两学一做”学习教育活动…………（130）
县直机关作风建设 ……………………………（131）
“一问责八清理”落实工作…………（131）
县直机关掀起学习十九大精神
热潮…………………………………………（131）
民兵武装建设…………………………………（131）
党校………………………………………………（132）
概况…………………………………………………（132）
干部培训工作 …………………………………（132）
教研工作…………………………………………（133）
工作亮点创新 …………………………………（133）
师资队伍建设 …………………………………（133）
党史研究…………………………………………（134）
概况…………………………………………………（134）
党史二卷本编纂 ………………………………（134）
党史大事记修改 ………………………………（134）
离退休干部管理与服务 ……………………（134）
概况…………………………………………………（134）
“畅谈、展望、建言”活动
开展…………………………………………（134）
老干部掀起学习十九大精神
热潮…………………………………………（135）
老干部支部组织建设 ………………………（135）
老干部管理……………………………………（135）
对老干部走访慰问 …………………………（135）
老干部书画展…………………………………（136）
老体协工作……………………………………（136）
关工委工作……………………………………（136）
信访………………………………………………（136）
概况…………………………………………………（136）
群众来信来访 …………………………………（136）
矛盾纠纷排查 …………………………………（137）
领导干部大接访 ………………………………（137）

案件督查督办工作 …………………………（137）
重点案件化解 ……………………………（137）
依法处置工作 ……………………………（138）
机构编制 ……………………………………（138）
概况 ……………………………………（138）
行政单位管理体制改革 ……………………（138）
事业单位管理体制改革 ……………………（139）
编制管理 …………………………………（139）
事业单位登记管理 ………………………（139）
中文域名注册 ……………………………（139）
机构编制问题整改工作 ……………………（139）
专项清理工作 ……………………………（140）
社会信用代码赋码工作 ……………………（140）
事业单位法人年度报告工作 …………（140）
课题研究工作 ……………………………（141）

香河县人民代表大会

综述 ……………………………………（142）
人大机构设置 ……………………………（142）
人大常委会领导机构 ……………………（142）
人大常委会工作机构 ……………………（142）
人大重要会议 ……………………………（142）
人民代表大会会议 ………………………（142）
人大常委会会议 …………………………（143）
人大工作与职能 …………………………（147）
监督检查 …………………………………（147）
视察调研 …………………………………（147）
干部任前考法 ……………………………（148）
来信来访处理 ……………………………（148）
代表建议督办 ……………………………（148）
代表工作 …………………………………（149）
基层人大工作 ……………………………（149）
人大代表和人大工作者先进个人
评选 ……………………………………（149）
人事任免 ……………………………………（149）

香河县人民政府

综述 ………………………………………（150）
政府机构 …………………………………（151）
政府领导机构 ……………………………（151）
工作机构 …………………………………（151）
县政府重要会议 …………………………（151）
县政府常务会议 …………………………（151）
县长办公会议 ……………………………（152）
施政辑要 …………………………………（153）
概况 ……………………………………（153）
“煤替代”工程 ……………………………（153）
问题楼盘整改 ……………………………（154）
维稳安保 …………………………………（154）
大气污染治理 ……………………………（155）
实施“散乱污”企业整顿 ………………（156）
“两违”治理 ………………………………（156）
北运河综合整治 …………………………（156）
县政府综合协调 …………………………（157）
概况 ……………………………………（157）
政务信息 …………………………………（157）
调查研究 …………………………………（157）
办文办会 …………………………………（157）
政务督查 …………………………………（157）
建议提案承办 ……………………………（158）
应急管理 …………………………………（158）
金融信用 …………………………………（158）
农业产业化 ………………………………（158）
政府法制 …………………………………（159）
人力资源和社会保障 ……………………（159）
概况 ……………………………………（159）
就业再就业工作 …………………………（159）
人事人才管理 ……………………………（160）

公务员管理……………………（160）
社会保障……………………（161）
职称评定……………………（161）
工资福利管理……………………（161）
和谐劳动关系……………………（161）
社保卡发放……………………（162）
健康档案建立……………………（162）
民族宗教管理……………………（162）
概况 ……………………（162）
民族团结宣传教育……………………（162）
民族村发展……………………（162）
民族维稳……………………（163）
清真食品市场监管……………………（163）
宗教中国化推进工作……………………（163）
爱心奉献 践行慈善……………………（164）
行政服务和公共资源交易……………………（164）
概况 ……………………（164）
服务中心强化服务观念建设……………………（164）
服务中心工作稳步运行……………………（164）
网上交易对接省市平台……………………（164）
交易中心制度建设……………………（165）
行政审批……………………（165）
概况 ……………………（165）
初步确定窗口排布……………………（165）
初步确定划转事项……………………（165）

纪检监察

综述……………………（166）
纪检监察机构……………………（166）
纪律检查委员会领导机构……………………（166）
纪委监察局工作机构……………………（166）
县纪委派出机构……………………（167）
县纪委派驻机构……………………（168）
县委巡察机构……………………（168）
县纪委重要会议……………………（168）
纪委全委会议……………………（168）
工作会议……………………（168）
纪检监察工作与职能……………………（169）
两个专项整治工作……………………（169）
落实“两个责任”……………………（169）
落实“八项规定”严防“四风”反弹……………………（170）
案件查办……………………（170）
纪委信访管理……………………（170）
纪检监察系统队伍建设……………………（170）
纪检监察机关作风建设……………………（170）

政协香河县委员会

综述……………………（172）
政协机构设置……………………（172）
政协常委会领导机构……………………（172）
政协香河县委员会工作机构……………………（172）
县政协重要会议……………………（172）
政协全体会议……………………（172）
政协常委会议……………………（173）
政协工作与职能……………………（173）
政治协商……………………（173）
参政议政……………………（174）
民主监督……………………（174）
提案办理……………………（174）
文史资料……………………（174）

人民团体

综述……………………（175）
香河县总工会……………………（175）
概况……………………（175）

基层组织建设……（175）
扶贫济困活动……（175）
职工文化生活……（176）
劳动模范普查……（176）
普惠化服务……（176）
中国共产主义青年团香河县委员会……（177）
概况……（177）
主题教育实践活动……（177）
青年志愿者活动……（177）
希望工程……（178）
共青团组织建设……（179）
少先队工作……（179）
共青团干部培训……（180）
青年创业活动……（180）
青少年帮扶行动……（180）
香河县妇女联合会……（181）
概况……（181）
素质教育培训……（181）
基层妇联组织建设……（182）
双学双比活动……（183）
巾帼建功活动……（183）
文明家庭创建……（183）
美丽庭院创建……（184）
妇女儿童合法权益……（185）
关注关爱儿童……（185）
香河县科学技术协会……（185）
概况……（185）
全民科学素质提升工作……（186）
科技型中小企业帮扶创建工作……（186）
科普益民、惠农工作……（186）
科普宣传活动……（186）
香河县工商业联合会……（187）
概况……（187）
参政议政……（187）
政策宣传与培训教育……（187）
千企帮扶工作……（187）
光彩事业……（187）
基层商会建设……（188）
工商联换届工作……（188）
香河县残疾人联合会……（188）
概况……（188）
扶贫助残……（188）
残疾人康复……（188）
残疾人救助及社会保障工作……（188）
残疾人教育工作……（189）
残疾人职业技能培训……（189）
残疾人合法权益……（189）
残疾人证办理……（189）
换届工作……（190）
文体工程和助残环境工程……（190）
美丽乡村建设投入……（190）
香河县文学艺术界联合会……（190）
概况……（190）
文艺下乡活动……（190）
文学艺术辅导……（191）
文艺作品……（191）

军　事

综述……（193）
香河县人民武装部……（193）
概况……（193）
人民武装思想政治建设……（193）
民兵工作……（193）
兵员征集工作……（194）
后勤建设……（194）
双拥工作……（194）
人民防空……（194）
概况……（194）

人防工程建设……………………………………（195）
易地建设费收缴……………………………………（195）
人防宣传教育……………………………………（195）
人防设施维护……………………………………（195）
香河县国防教育办公室……………………………（195）
概况……………………………………………（195）
机关干部国防教育…………………………………（195）
学校国防教育……………………………………（195）
民兵国防教育……………………………………（195）
国防教育宣传活动…………………………………（195）

法　治

综述……………………………………………（197）
政法委及综治……………………………………（198）
概况……………………………………………（198）
社会治安综合治理…………………………………（198）
法治建设…………………………………………（198）
政治系统维稳工作有效落实…………………………（199）
防范工作…………………………………………（199）
政法系统队伍建设…………………………………（199）
公安……………………………………………（200）
概况……………………………………………（200）
安全保卫…………………………………………（200）
依法惩治刑事犯罪…………………………………（201）
治安管理…………………………………………（201）
社会管理…………………………………………（201）
队伍管理…………………………………………（202）
检察……………………………………………（203）
概况……………………………………………（203）
检察机关机构与队伍建设……………………………（203）
控告申诉检察……………………………………（203）
刑事检察…………………………………………（203）
刑罚执行监督……………………………………（203）
反贪污贿赂………………………………………（204）
反渎职侵权………………………………………（204）
查办和预防职务犯罪………………………………（204）
民事行政检察……………………………………（204）
法律监督…………………………………………（204）
监所检察…………………………………………（204）
法院……………………………………………（204）
概况……………………………………………（204）
审判机关机构与队伍建设……………………………（204）
刑事案件审判……………………………………（205）
民商事案件审判……………………………………（205）
行政案件审判……………………………………（205）
审判监督…………………………………………（205）
执行工作…………………………………………（205）
法院信访管理……………………………………（206）
审判管理…………………………………………（206）
深化审判公开……………………………………（206）
服务社会发展……………………………………（206）
深化司法改革……………………………………（207）
司法行政…………………………………………（207）
概况……………………………………………（207）
律师工作…………………………………………（208）
人民调解…………………………………………（208）
安置帮教…………………………………………（208）
社区矫正…………………………………………（208）
法律援助…………………………………………（209）
普法宣传…………………………………………（210）
公证工作…………………………………………（210）
规范化司法所建设…………………………………（211）
法治政府建设……………………………………（211）
概况……………………………………………（211）
依法行政工作……………………………………（211）
行政审批制度改革…………………………………（212）
行政规范性文件管理………………………………（212）
行政决策机制……………………………………（212）
清单管理制度……………………………………（212）
三项制度改革试点…………………………………（212）

规范行政执法行为 ……………………… (213)
专门监督和司法监督 …………………… (213)
行政复议、行政应诉 …………………… (213)
政府法律顾问 …………………………… (213)
法治培训 ………………………………… (214)

综合管理

综述 ………………………………………… (215)
计划 ………………………………………… (216)
概况 ……………………………………… (216)
年度计划编制与实施 …………………… (216)
“十三五”规划纲要编制实施……… (217)
争取上级政策和资金支持 …………… (217)
服务经济发展和领导决策 …………… (217)
项目建设工作 …………………………… (217)
节能降耗 ………………………………… (217)
统计 ………………………………………… (217)
概况 ……………………………………… (217)
统计内容 ………………………………… (218)
统计培训 ………………………………… (218)
农村统计抽样调查 ……………………… (218)
基层统计建设 …………………………… (218)
第三次全国农业普查 …………………… (218)
统计监测 ………………………………… (219)
统计调查 ………………………………… (219)
第四次经济普查前期准备工作
…………………………………………… (220)
统计服务 ………………………………… (220)
统计改革 ………………………………… (221)
统计执法 ………………………………… (221)
审计 ………………………………………… (221)
概况 ……………………………………… (221)
政策落实审计 …………………………… (222)
财政资金审计 …………………………… (222)
固定资产投资审计 ……………………… (222)
财务收支审计 …………………………… (222)
社会保障资金审计 ……………………… (222)
经济责任审计 …………………………… (223)
加强对中介机构管理 …………………… (223)
强化审计业务管理 ……………………… (223)
土地资源管理 ……………………………… (223)
概况 ……………………………………… (223)
土地综合规划 …………………………… (223)
耕地资源保护 …………………………… (224)
土地开发整理 …………………………… (224)
土地利用 ………………………………… (224)
地籍管理 ………………………………… (225)
农村宅基地管理 ………………………… (225)
土地储备开发 …………………………… (225)
土地执法监察 …………………………… (225)
服务项目建设 …………………………… (225)
不动产登记 ……………………………… (225)
地理信息工作 …………………………… (226)
物价管理 …………………………………… (226)
概况 ……………………………………… (226)
收费管理 ………………………………… (226)
价格检查 ………………………………… (227)
价格认证 ………………………………… (227)
政府定价 ………………………………… (227)
价格管理 ………………………………… (227)
工商行政管理 ……………………………… (228)
概况 ……………………………………… (228)
商事制度改革 …………………………… (228)
全面推进“双随机、一公开”
工作 …………………………………… (229)
优化市场经济秩序 ……………………… (229)
商标品牌战略 …………………………… (230)
专项执法行动 …………………………… (230)
大气污染防治工作 ……………………… (230)
加强质量监管 …………………………… (230)

增强消费维权效能 ……………………… (231)
食品药品监督管理 ……………………… (231)
概况 ……………………… (231)
食品安全监管 ……………………… (231)
提升监管效能 ……………………… (231)
食品安全专项整治 ……………………… (231)
规范药械市场秩序 ……………………… (232)
“小餐桌”监管 ……………………… (232)
质量技术监督 ……………………… (232)
概况 ……………………… (232)
标准化管理 ……………………… (232)
产品质量管理 ……………………… (232)
产品质量认证 ……………………… (232)
规范市场秩序 ……………………… (232)
计量监督检查 ……………………… (233)
特种设备安全监察 ……………………… (233)
安全生产管理 ……………………… (233)
概况 ……………………… (233)
全面落实安全生产责任制 ……………………… (234)
乡镇安全监督规范化 ……………………… (234)
重点行业专项整治 ……………………… (234)
安全生产规范化建设 ……………………… (234)
开展“安全生产月”活动 ……………………… (235)
从业人员培训 ……………………… (235)
应急救援体系建设 ……………………… (235)
安全生产大检查 ……………………… (235)
安全生产专项整治 ……………………… (236)
城市综合管理 ……………………… (236)
概况 ……………………… (236)
网格化管理 ……………………… (236)
城市管理全面管控 ……………………… (237)
户外广告规范化管理 ……………………… (237)
县城区大气污染治理 ……………………… (237)
规范渣土车辆运输 ……………………… (237)
市政设施监察 ……………………… (238)
完善数字城管体系 ……………………… (238)
建设施工管理 ……………………… (238)
农村经济管理 ……………………… (238)
概况 ……………………… (238)
农村土地承包经营权流转 ……………………… (238)
农村财务监督 ……………………… (238)
农民负担监督管理 ……………………… (239)
农业行政综合执法 ……………………… (239)
农产品质量安全监管 ……………………… (239)
兽医兽药管理 ……………………… (240)
饲料管理 ……………………… (240)
林业管理 ……………………… (240)
概况 ……………………… (240)
森林防火 ……………………… (241)
森林综合执法 ……………………… (241)
林业资源管理 ……………………… (242)
交通运输管理 ……………………… (242)
概况 ……………………… (242)
交通运输行政执法 ……………………… (243)
公路养护管理 ……………………… (243)
公路路政管理 ……………………… (243)
行业管理 ……………………… (244)
交通运输行业行政审批 ……………………… (244)

农　业

综述 ……………………… (245)
农作物种植 ……………………… (245)
概况 ……………………… (245)
粮食作物生产 ……………………… (245)
经济作物生产 ……………………… (246)
培育新型种粮大户 ……………………… (246)
蔬菜基地规模化发展 ……………………… (246)
加强蔬菜品牌建设 ……………………… (246)
无公害蔬菜品种认证 ……………………… (246)
测土配方施肥 ……………………… (246)

病虫测报发布 …… (247)
农作物病虫害防治 …… (247)
农业技术推广 …… (247)
土地经营权确权颁证 …… (248)
落实惠农政策 …… (248)
农民负担监测 …… (248)
农药化肥监管 …… (249)
优良品种引进 …… (249)
林果业 …… (249)
概况 …… (249)
植树造林 …… (249)
果树技术培训 …… (250)
果品生产 …… (250)
花卉生产 …… (250)
科技推广 …… (250)
林木管护 …… (251)
林木病虫害防治 …… (251)
绿化亮点工程 …… (252)
畜牧水产养殖 …… (252)
概况 …… (252)
动物疫病防控 …… (252)
畜禽屠宰监管 …… (253)
畜禽食品安全 …… (253)
动物源性食品安全 …… (253)
水产品监管 …… (253)
农业开发 …… (254)
概况 …… (254)
高标准农田项目建设 …… (254)
产业化项目建设 …… (255)
农业机械 …… (255)
概况 …… (255)
惠农政策 …… (255)
农机社会化服务 …… (255)
新机具新技术引进推广 …… (256)
农业机械化进入新阶段 …… (256)
农机销售与维修管理 …… (256)

水利

综述 …… (257)
水利工程建设 …… (257)
概况 …… (257)
水利规划编制 …… (257)
水利资金引进 …… (257)
北运河环境工程项目工作 …… (257)
水利桥闸建设 …… (257)
北运河生态治理 …… (258)
潮白河综合治理 …… (258)
橡胶坝景观建设 …… (258)
农村水利 …… (258)
概况 …… (258)
建设资金保障 …… (259)
管护经费落实 …… (259)
河渠清淤 …… (259)
农田水利基础设施工程 …… (259)
节水灌溉工程 …… (259)
防汛抗旱 …… (260)
概况 …… (260)
雨情水情 …… (260)
防汛备汛工作 …… (260)
水毁工程修复 …… (261)
抗旱应急工程 …… (261)
重点部位防守 …… (261)
预测预警 …… (261)
水资源保护 …… (262)
概况 …… (262)
水资源管理 …… (262)
水土保护 …… (262)
完善河长制工作机制 …… (262)
水费征收 …… (262)
水政执法 …… (263)
农业水价综合改革 …… (263)

农村饮水安全工程 …………………………（263）

财政　税务

综述 ……………………………………………（264）
财政 ……………………………………………（264）
概况 …………………………………………（264）
一般公共预算收入 …………………………（264）
一般公共预算支出 …………………………（264）
政府性基金收支情况 ………………………（265）
教育文化投入 ………………………………（265）
财政监督 ……………………………………（265）
政府采购管理 ………………………………（265）
节能减排 ……………………………………（266）
大气污染防治投入 …………………………（266）
惠农补贴 ……………………………………（266）
投资评审 ……………………………………（266）
社会保障投入 ………………………………（266）
医疗卫生事业保障 …………………………（266）
国家税务 ………………………………………（266）
概况 …………………………………………（266）
国税征收 ……………………………………（266）
纳税登记和纳税申报 ………………………（267）
发票管理 ……………………………………（267）
国税系统税收减免 …………………………（267）
税种管理 ……………………………………（267）
税收征管 ……………………………………（267）
营业税改增值税 ……………………………（268）
税务稽查 ……………………………………（268）
国税系统信息化建设 ………………………（268）
国税系统纳税服务 …………………………（268）
地方税务 ………………………………………（270）
概况 …………………………………………（270）
地税征收 ……………………………………（270）
地税征收管理 ………………………………（270）
征管稽查 ……………………………………（271）
企业所得税汇算清缴 ………………………（271）
地税系统税收减免 …………………………（271）
地税系统信息化建设 ………………………（271）
网络安全防护 ………………………………（271）
地税系统纳税服务 …………………………（271）

交通　电力

综述 ……………………………………………（274）
交通 ……………………………………………（274）
概况 …………………………………………（274）
路桥建设 ……………………………………（274）
城乡客运公交改造 …………………………（275）
省级文明县城创建 …………………………（275）
电力 ……………………………………………（276）
概况 …………………………………………（276）
供电安全生产保障 …………………………（276）
电网建设 ……………………………………（276）
“电代煤”工程 ………………………………（276）
营销服务 ……………………………………（277）
十九大保电工作 ……………………………（277）
电力系统机关党建 …………………………（277）

邮政通讯

综述 ……………………………………………（278）
邮政 ……………………………………………（278）
概况 …………………………………………（278）
通讯渠道建设 ………………………………（278）
扩展邮政业务渠道 …………………………（278）
联通公司 ………………………………………（278）
概况 …………………………………………（278）
推进划小承包体制 …………………………（279）

通信设施增建维护……(279)
移动公司……(279)
概况……(279)
移动网络建设与优化……(279)
移动客户实名登记……(279)
移动通讯公益事业建设……(280)
电信公司……(280)
概况……(280)
电信业务服务质量提升……(280)
电信网络建设……(280)

商贸服务业

综述……(281)
商务管理……(281)
概况……(281)
商贸流通……(281)
对外开放……(281)
招商引资……(281)
会展商务……(281)
营商环境改善提升……(282)
电商产业……(282)
成品油市场监管……(282)
粮食流通……(283)
概况……(283)
危仓老库改造……(283)
供销商业……(283)
概况……(283)
供销合作组织体系建设……(283)
供销合作服务体系建设……(284)
供销合作金融体系建设……(284)
供销合作经营体系建设……(284)
盐政管理……(284)
烟草专卖……(284)
概况……(284)
烟草经营……(284)
烟草市场监管……(284)
物流市场……(285)
概况……(285)
仓储物流……(285)
快递物流……(285)
旅游业……(285)
概况……(285)
旅游市场开发……(285)
香河旅游推介会……(285)
香河荷花节……(286)
乡村旅游培训……(287)
文化娱乐业……(287)
概况……(287)
娱乐网点……(287)
娱乐监管……(287)
石油专卖……(288)
概况……(288)
业务经营……(288)
环保改造和油品升级换代……(288)

工业　建筑业

综述……(289)
工业企业管理……(289)
概况……(289)
经营体制……(289)
企业培训……(291)
企业产品展览……(291)
实施品牌战略……(291)
特色产业……(291)
概况……(291)
家具制造及配件产业……(292)
金属制品业……(292)
汽车配件业……(292)

印刷包装业 …… (292)
其他行业 …… (292)
大智移云产业 …… (292)
两化融合在线评估 …… (292)
公共免费 Wi-Fi 建设运维 …… (293)
建筑业管理 …… (293)
概况 …… (293)
工程质量监管 …… (293)
建筑业安全生产规范化建设 …… (293)
建筑节能监管 …… (293)
建筑市场管理 …… (293)
建筑领域清欠 …… (293)
农民工工资保障金管理 …… (294)

五城建设

综述 …… (295)
中信国安第一城 …… (295)
概况 …… (295)
京津冀中华大庙会 …… (295)
京津冀国际旅游季 …… (295)
体育赛事 …… (296)
会议接待 …… (296)
影视文化建设 …… (296)
酒店改造 …… (296)
打造文旅品牌 …… (296)
第一城东西翼楼项目 …… (296)
家具城 …… (297)
概况 …… (297)
家具行业获得荣誉 …… (297)
国际家具展览会 …… (297)
专业培训 …… (297)
广告宣传 …… (297)
物流管理 …… (297)
家具城消防安全管理 …… (297)
大爱城 …… (298)
概况 …… (298)
大爱城设施建设 …… (298)
大爱城规划建设 …… (298)
石材城 …… (298)
概况 …… (298)
规划建设 …… (298)
产业拉动 …… (298)
中国京津冀汽车零部件物流交易中心 …… (298)
概况 …… (298)
汽配城设施建设 …… (299)
汽配城招商引资 …… (299)

香河机器人小镇

综述 …… (300)
机器人小镇建设 …… (300)
概况 …… (300)
产业基础 …… (300)
明星企业 …… (300)
科研成果 …… (301)

园区建设

综述 …… (303)
河北香河经济开发区 …… (303)
概况 …… (303)
开发区招商引资 …… (303)
投资环境 …… (303)
开发区项目建设 …… (303)
提升园区品牌 …… (304)
开发区大气污染治理 …… (304)
香河环保产业园区 …… (304)

概况 ……………………………………………… （304）
环保产业园区基础设施建设………… （304）
环保产业园区招商引资 ………………… （304）
环保产业园区项目建设 ………………… （304）
环保产业园区基层组织建设………… （304）
环保产业园区美丽乡村创建………… （304）
环保产业园区煤改气工作 …………… （305）
环境卫生整治 ……………………………… （305）
环保产业园区大气污染防治………… （305）
环保产业园区社会保障工作………… （305）
农业水利……………………………………… （305）
安保维稳……………………………………… （305）
环保产业园区安全生产 ………………… （305）
宣传思想文化建设 ……………………… （306）
从严治党……………………………………… （306）
河北香河新兴产业示范区 ………………… （306）
概况 ……………………………………………… （306）
新兴产业示范区基础设施建设……… （306）
新兴产业示范区项目建设 …………… （306）
新兴产业示范区大气污染治理……… （307）
新型农村社区建设 ……………………… （307）
新兴产业示范区“两违”治理……… （307）
新兴产业示范区安全生产整治……… （307）
示范区信访维稳工作 …………………… （307）
天网广播宣传平台建设 ………………… （307）
新兴产业示范区党建工作 …………… （308）
农业高新技术园区 …………………………… （308）
概况 ……………………………………………… （308）
农业园区项目建设 ……………………… （308）
项目引进……………………………………… （308）

建设　环保

综述 ……………………………………………… （309）
城乡建设规划 ………………………………… （310）
概况……………………………………………… （310）
规划编制……………………………………… （310）
市政规划管理 ……………………………… （310）
建设项目规划管理 ……………………… （311）
城区建设 ……………………………………… （311）
概况……………………………………………… （311）
市政设施建设 ……………………………… （311）
城区道路修缮及排水管网养护……… （311）
乡村建设 ……………………………………… （312）
概况……………………………………………… （312）
农村危房改造 ……………………………… （312）
煤改气工作 ………………………………… （312）
特色小镇建设 ……………………………… （312）
房地产 ………………………………………… （312）
概况……………………………………………… （312）
住房保障……………………………………… （312）
预售审批管理 ……………………………… （312）
规范房地产市场 ………………………… （313）
房地产市场监管 ………………………… （313）
物业管理……………………………………… （313）
环境保护 ……………………………………… （313）
概况……………………………………………… （313）
空气质量……………………………………… （313）
大气整治……………………………………… （313）
淘汰燃煤锅炉 ……………………………… （314）
工业企业 VOCs 治理 …………………… （314）
油烟净化……………………………………… （314）
空气质量监测 ……………………………… （314）
水环境质量改善 ………………………… （314）
项目建设环评 ……………………………… （314）
环境卫生 ……………………………………… （314）
概况……………………………………………… （314）
农村垃圾治理 ……………………………… （315）
垃圾分类……………………………………… （315）
安洁垃圾填埋场整改 …………………… （315）
新建垃圾焚烧发电项目………………… （315）

环卫系统荣誉称号 …………………………（315）
支油支铁………………………………（315）
概况 ………………………………………（315）
支油工作…………………………………（316）
支铁工作…………………………………（316）

影视基地

综述 ……………………………………（317）
中信国安新桥影视基地 …………………（317）
概况 ………………………………………（317）
国际交流与合作 …………………………（317）
影视人才培训 ……………………………（317）
基地建设…………………………………（317）
香河县国华影视基地 ……………………（317）
概况 ………………………………………（317）
国华影视基地项目建设 …………………（318）
影视剧拍摄………………………………（318）

金融业

综述 ……………………………………（319）
中国人民银行香河支行 …………………（319）
概况 ………………………………………（319）
维护金融安全稳定 ………………………（319）
提升金融服务水平 ………………………（319）
强化制度、安全履职 ……………………（320）
加强学习、提高素质 ……………………（320）
学习促党建………………………………（320）
人行系统党风廉政建设 …………………（321）
中国工商银行股份有限公司香河县支行 ……………………………………（321）
概况 ………………………………………（321）
贷款渠道拓宽……………………………（322）
存款业务提升 ……………………………（322）
工行业务创收发展 ………………………（322）
不良贷款防控 ……………………………（323）
中国建设银行股份有限公司香河支行………………………………………（323）
概况………………………………………（323）
普惠获嘉奖 ………………………………（323）
建行业务拓展 ……………………………（323）
缴费平台建设 ……………………………（323）
建行系统机关党建 ………………………（323）
建行机关环境建设 ………………………（323）
风险防控管理 ……………………………（323）
中国农业银行股份有限公司香河县支行………………………………………（324）
概况………………………………………（324）
考核激励约束机制建立…………………（324）
农行业务扩展 ……………………………（324）
农行业务宣传 ……………………………（324）
农行系统员工素质建设…………………（324）
农行系统党风行风建设…………………（324）
中国农业发展银行香河县支行…………（325）
概况………………………………………（325）
农发行业务存款 …………………………（325）
农发行贷款 ………………………………（325）
农发行贷款营销管理 ……………………（325）
农发行机关党建 …………………………（325）
中国银行股份有限公司香河支行………（326）
概况………………………………………（326）
中行存款业务 ……………………………（326）
中行贷款业务 ……………………………（326）
中行其他业务 ……………………………（326）
中行工作创新 ……………………………（326）
中行业务扩展 ……………………………（326）
中行系统党风行风建设…………………（327）
香河县农村信用合作联社………………（327）
概况………………………………………（327）

拓宽存款…………（327）
拓展贷款…………（327）
信用社不良贷款清收…………（327）
电子银行业务…………（328）
风险防控体制…………（328）
星级网点建设…………（328）
信用社服务机制建设…………（328）
中国邮政储蓄银行股份有限公司香河县支行…………（329）
概况…………（329）
邮储银行支持地方经济发展…………（329）
邮储银行系统党风廉政建设…………（329）
内控管理…………（329）
香河益民村镇银行…………（329）
概况…………（329）
企业文化…………（330）
益民村镇银行服务对象…………（330）
战略目标…………（330）
服务三农与小微贷…………（330）
益民村镇银行加强网点建设…………（331）
功能建设…………（331）
获得荣誉…………（331）
党风建设…………（332）
河北银行股份有限公司香河支行…………（332）
概况…………（332）
体制改革…………（332）
业务拓展…………（332）
行风建设…………（332）
沧州银行香河支行…………（332）
概况…………（332）
沧州银行服务创新工作…………（333）
党风促行风…………（333）
强化内控管理…………（333）
推进县域经济…………（333）
廊坊银行香河支行…………（333）
概况…………（333）
信贷服务…………（334）
提升服务水平…………（334）
廊坊银行业务宣传工作…………（334）
案防教育…………（334）
张家口银行香河支行…………（335）
概况…………（335）
张家口银行创新工作…………（335）
张家口银行业务扩展工作…………（335）
兴业银行股份有限公司香河支行…………（335）
概况…………（335）
兴业银行存款业务…………（335）
兴业银行贷款业务…………（335）
兴业银行其他业务…………（336）
兴业银行创新工作…………（336）
兴业银行业务扩展工作…………（336）
兴业银行党风行风建设…………（336）

保险业

中国人民财产保险股份有限公司香河支公司…………（337）
概况…………（337）
人民财险经营险种…………（337）
客户端服务方式…………（337）
人民财险员工素质建设…………（337）
做好政策性保险…………（337）
中国人寿保险股份有限公司香河支公司…………（337）
概况…………（337）
小额保险业务…………（338）
保险服务理念创新…………（338）
强化保险业诚信服务意识…………（338）
中国太平洋财产保险股份有限公司廊坊香河支公司…………（338）
概况…………（338）

太平洋财险完成年度计划 ……………… (339)
公司规范性建设 …………………………… (339)
提高赔付效率 ……………………………… (339)
中国太平洋人寿保险股份有限公司香河支公司 ……………………………… (339)
概况 ………………………………………… (339)
治乱打非合法经营 ………………………… (339)
太平洋寿险队伍建设 ……………………… (339)
中国平安保险(集团)股份有限公司廊坊中心支公司香河支公司 ………………… (340)
概况 ………………………………………… (340)
平安保险经营险种 ………………………… (340)
车险电子化 ………………………………… (340)
服务造就客户满意 ………………………… (340)
中国平安人寿保险(集团)股份有限公司香河支公司 ………………………………… (340)
概况 ………………………………………… (340)
平安人寿经营险种 ………………………… (340)
平安寿险率先推出电子化业务 ………… (340)
“金管家”业务 …………………………… (341)
中华联合财产保险股份有限公司香河支公司 ………………………………… (341)
概况 ………………………………………… (341)
中华联合财险业务拓展 ………………… (341)
快捷服务 …………………………………… (341)
名阳保险销售有限公司香河分公司 ………………………………… (341)
概况 ………………………………………… (341)
营销模式创新 ……………………………… (341)
名阳保险业务拓展 ………………………… (341)
思想教育助保险业绩提升 ……………… (342)
河北三玉利保险代理有限公司香河分公司 ………………………………… (342)
概况 ………………………………………… (342)
保险服务理念提升 ………………………… (342)
公益事业 …………………………………… (342)
中国大地保险财产股份有限公司廊坊中心支公司香河营销服务部 ……………… (342)
概况 ………………………………………… (342)
大地保险业务运作 ………………………… (342)
小额人伤保险赔付 ………………………… (343)
优化微信理赔服务 ………………………… (343)
泰康人寿保险有限责任公司河北廊坊香河营销服务部 ……………………………… (343)
概况 ………………………………………… (343)
泰康寿险业务营销 ………………………… (343)
泰康寿险一站式服务 ……………………… (343)
新华人寿保险股份有限公司廊坊中心支公司香河营销服务部 ………………………… (343)
概况 ………………………………………… (343)
业务范围 …………………………………… (343)
新华寿险主要业绩 ………………………… (343)

教　育

综述 ……………………………………… (345)
教育结构 ………………………………… (345)
概况 ………………………………………… (345)
学前教育 …………………………………… (345)
小学教育 …………………………………… (345)
初中教育 …………………………………… (346)
普通高中教育 ……………………………… (346)
职业高中教育 ……………………………… (346)
成人中等专业学校 ………………………… (346)
特殊教育 …………………………………… (346)
民办教育 …………………………………… (346)
教育教学与教学研究 …………………… (346)
概况 ………………………………………… (346)
学前教育教学 ……………………………… (347)
九年义务教育教学 ………………………… (347)
普通高中教育教学 ………………………… (348)

职业教育教学…………………………（349）
教师继续教育教学……………………（349）
特殊教育教学…………………………（349）
民办教育教学…………………………（349）
教师队伍……………………………（350）
概况 ……………………………………（350）
学历结构………………………………（350）
年龄性别结构…………………………（350）
职称结构………………………………（350）
基础设施及教育装备………………（351）
概况 ……………………………………（351）
基础设施………………………………（351）
教育装备投入…………………………（351）
教育管理……………………………（351）
教师队伍建设…………………………（351）
教学常规督导检查……………………（352）
全县中小学田径运动会………………（352）
英语情景剧比赛………………………（352）
“小学教师评价技能”大赛…………（353）
开展学科竞赛活动……………………（353）
学校安全及信访稳定………………（353）
教育系统安全管理……………………（353）
信访稳定………………………………（353）
教育成果……………………………（353）
省级督导评估通过验收………………（353）
农村小学附设幼儿园通过验收………（353）
中考成绩再上新台阶…………………（353）
高考再创历史最高水平………………（353）
参加省青少年科技创新大赛…………（354）
部分个人成就及奖项…………………（354）

科学技术

综述 ………………………………（355）
概况 ……………………………………（355）
创新平台建设…………………………（355）
科普宣传………………………………（355）
科普基地申报…………………………（355）
科技项目研究立项……………………（355）
科技项目验收…………………………（356）
科技成果………………………………（356）
知识产权………………………………（356）
科技培训………………………………（356）
地震监测……………………………（356）
概况……………………………………（356）
防震减灾与法制宣传…………………（356）
地震监测硬件建设……………………（357）
地震灾害设防…………………………（357）
地震应急救援…………………………（357）
防震减灾保障…………………………（358）
气象…………………………………（358）
概况……………………………………（358）
基础业务保持稳定……………………（358）
基本建设有序推进……………………（358）
公共气象服务…………………………（358）
气象服务防灾减灾……………………（359）
强化气象管理职能……………………（359）
气象安全宣传…………………………（359）
弘扬关爱文明…………………………（360）
廉洁自律，强化党建…………………（360）

文化　体育

综述…………………………………（361）
文化…………………………………（361）
概况……………………………………（361）
全民阅读………………………………（361）
戏曲文化传承…………………………（362）
文化惠民演出…………………………（362）
文物保护………………………………（362）

社团组织活动……………………………………（362）
文化市场建设……………………………………（362）
消防安全工作……………………………………（363）
文化剧社…………………………………………（363）
广播电视…………………………………………（365）
概况 ………………………………………………（365）
电视台播出………………………………………（365）
广播电台节目与播出 ……………………………（365）
正能量新闻导向 …………………………………（366）
栏目锻造香河特色 ………………………………（366）
抓住载体宣传香河 ………………………………（366）
新媒体建设………………………………………（367）
提升香河美誉知名度 ……………………………（367）
助力文明县城创建 ………………………………（367）
完善设施，推进转型 ……………………………（367）
广电人才队伍建设 ………………………………（368）
获得荣誉…………………………………………（368）
档案 ………………………………………………（368）
概况 ………………………………………………（368）
档案接续工作……………………………………（368）
档案信息化建设 …………………………………（369）
档案工作培训……………………………………（369）
档案工作执法……………………………………（369）
档案升级认证……………………………………（369）
档案开放、利用 …………………………………（369）
档案接收工作……………………………………（369）
地方志工作………………………………………（370）
概况 ………………………………………………（370）
《香河县志（1979—2008）》出版
发行………………………………………………（370）
《香河年鉴（2017）》编修工作……（370）
方志馆建设………………………………………（370）
互联网与地方志工作 ……………………………（370）
方志宣传工作……………………………………（371）
文学艺术…………………………………………（371）
概况 ………………………………………………（371）
迎新春书画活动 …………………………………（371）
“向党献礼 送艺下乡”活动 ……………（371）
专题文艺演出 ……………………………………（371）
“药安食美”杯舞蹈大赛 ………………………（371）
廊坊市舞蹈大赛香河赛…………………………（371）
喜迎党的十九大书画展…………………………（372）
文艺创作 …………………………………………（372）
“书法进校园”活动………………………………（372）
“文学进校园”活动………………………………（372）
作家协会…………………………………………（372）
诗词协会…………………………………………（373）
书法家协会 ………………………………………（373）
摄影家协会 ………………………………………（374）
曲艺家协会 ………………………………………（374）
音乐家协会 ………………………………………（374）
影视家协会 ………………………………………（374）
收藏家协会 ………………………………………（374）
舞蹈家协会 ………………………………………（375）
戏剧家协会 ………………………………………（375）
体育………………………………………………（375）
概况………………………………………………（375）
乡村体育设施 ……………………………………（375）
群众体育活动 ……………………………………（375）
竞技体育成绩 ……………………………………（376）

卫生和计划生育

综述………………………………………………（377）
医疗卫生…………………………………………（377）
概况………………………………………………（377）
医疗设施设备 ……………………………………（377）
卫生计生队伍建设 ………………………………（377）
医疗技术…………………………………………（377）
妇幼保健…………………………………………（378）
卫生防疫…………………………………………（378）

农村医疗卫生……………………………（379）
医共体建设……………………………（379）
家庭医生签约服务……………………（379）
基层卫生服务…………………………（380）
医疗卫生管理…………………………（380）
医疗卫生监督…………………………（380）
非法行医专项整治……………………（380）
公共卫生重点监督……………………（380）
生活饮用水卫生监督…………………（380）
放射诊疗监督复核……………………（381）
学校卫生监督巡查……………………（381）
卫生许可证申办………………………（381）
计划生育……………………………（381）
概况……………………………………（381）
综合治理与救助………………………（381）
落实计生奖励扶助政策………………（381）
流动人口均等化服务…………………（382）
宣传教育………………………………（382）
卫计服务回访…………………………（382）
计生优质服务…………………………（382）
计划生育协会………………………（382）
概况……………………………………（382）
计生基层群众自治示范项目县创建……（383）
计生宣传工作…………………………（383）
奖扶工作………………………………（383）
计生协会作用…………………………（383）
诚信计生………………………………（383）
计生工作实行基层群众自治…………（384）

学习宣传党的十九大精神

综述…………………………………（385）
组织领导……………………………（385）
前期准备………………………………（385）
组织十九大开幕式的收听收看………（385）
贯彻十九大精神部署会召开…………（385）
学习宣传方案………………………（385）
目标要求………………………………（385）
具体安排………………………………（386）
强化意识形态领导……………………（388）
工作要求………………………………（388）
学习宣传方式………………………（389）
学习培训………………………………（389）
新闻宣传………………………………（390）
集中宣讲………………………………（390）

文明城市创建

综述…………………………………（394）
拆违拆陋……………………………（394）
宣传发动………………………………（394）
组织实施………………………………（394）
绿美亮净攻坚行动…………………（395）
公园建设………………………………（395）
道路绿化工程建设……………………（395）
国家园林城创建………………………（395）
营造节日氛围…………………………（395）
社会绿化工作…………………………（395）
绿地养护管理…………………………（395）
文明城市建设行动…………………（396）
文明城市创建活动展开………………（396）
典型人物评选…………………………（397）
发挥文明城市创建典型带动作用……（397）
开展公共文明创建活动………………（397）

社会生活

综述…………………………………（399）

养老保险……………………………………（399）
企业职工基本养老保险 ……………………（399）
机关事业基本养老保险 ……………………（399）
城乡居民基本养老保险 ……………………（399）
失业保险……………………………………（399）
工伤保险……………………………………（399）
医疗保险……………………………………（399）
城镇居民医疗保险 …………………………（399）
城镇职工基本医疗保险 ……………………（399）
社会保险基金管理 ………………………（400）
社会福利与救助 …………………………（400）
五保供养……………………………………（400）
城乡居民最低生活保障 ……………………（400）
特困群众医疗救助 …………………………（400）
救灾救济……………………………………（400）
社会事务管理……………………………（400）
婚姻登记……………………………………（400）
民间组织管理………………………………（400）
社会养老幸福工程 …………………………（400）
老龄工作……………………………………（400）
殡葬管理……………………………………（401）
地名管理……………………………………（401）
行政区划……………………………………（401）
社区建设……………………………………（401）
拥军优抚……………………………………（401）
退伍士兵与军休干部安置 …………………（401）
居民生活…………………………………（401）
概况 …………………………………………（401）
农民生活……………………………………（401）
城镇居民生活………………………………（401）

乡镇 街道

综述 ………………………………………（402）
乡镇 ………………………………………（402）
概况…………………………………………（402）
淑阳镇………………………………………（402）
五百户镇……………………………………（405）
安平镇………………………………………（407）
安头屯镇……………………………………（412）
蒋辛屯镇……………………………………（415）
刘宋镇………………………………………（417）
钳屯镇………………………………………（422）
钱旺镇………………………………………（426）
渠口镇………………………………………（429）
街道………………………………………（432）
概况…………………………………………（432）
新开街道办事处 ……………………………（432）
新华街道办事处 ……………………………（437）
平安街道办事处 ……………………………（439）

人 物

综述………………………………………（442）
逝世人物…………………………………（442）
模范人物…………………………………（443）
“五一”劳动奖章获得者 ……………………（443）
道德模范简要事迹 …………………………（443）
其他模范人物 ………………………………（451）
高级职称专业技术人员名表……………（452）

文献文件辑存

深入学习宣传贯彻党的十九大精神全面开创“美丽幸福新香河”建设新局面 ………（454）
聚焦监督执纪问责 深化全面从严治党为建设美丽幸福新香河保驾护航…………（462）
香河县人民代表大会常务委员会工作报告 ……………………………………………（471）

中国人民政治协商会议香河县第八届委员会常务委员会工作报告……………………（476）
香河县人民法院工作报告…………………（481）
香河县人民检察院工作报告………………（485）

索 引

索引……………………………………………（489）

特　载

责任编辑　闫振春

以习近平新时代中国特色社会主义思想为统领 在推动高质量发展中加快建设美丽幸福新香河

——在县委十一届三次全会上的报告

（2018 年 1 月 22 日）

李桂强

2017 年的回顾与总结

2017 年是香河发展进程中极不平凡、极为特殊的一年。这一年，是县委班子换届后的开局之年，肩负着落实新理念、谋划新思路、展示新气象、推进新作为的历史使命。这一年，也是大事难事急事密集纷至、贯穿始终的一年。既要处理好一系列历史遗留问题、扫清障碍，又要抢抓协同发展机遇、审时度势、谋划未来；既要完成上级交办的急难险重任务，又要解决好群众急需解决的突出问题。一年来，我们在市委的正确领导下，坚持以习近平新时代中国特色社会主义思想统揽经济社会发展全局，认真贯彻落实党中央和省市委决策部署，本着"把当前的事做好、把长远的事做对"的工作理念，积极抢抓机遇，直面严峻挑战，在把握大势中谋篇布局，在保持定力中精准发力，在聚力攻坚中狠抓落实，有力推动了全县经济社会持续健康发展。全部财政收入完成 65.9 亿元，比上年增长 2.1%，其中公共预算收入完成 33.3 亿元。预计城乡居民人均可支配收入分别完成 39839 元和 16553 元，同比均增长 8.5%。荣获全国平安建设先进县、全国综治工作最高奖"长安杯"、全国创建无邪教示范县、全省全域旅游创建示范县和深化县级公立医院综合改革示范县等多项国省级荣誉，入围全国综合实力、投资潜力、新型城镇化质量三个"百强县"。

2017 年，我们提出了一个新的奋斗目标，理清了思路，拉开了框架。牢固树立科学的发展观和正确的政绩观，提出了"建设美丽幸福新香河"的奋斗目标，为全县人民描绘了未来五年的宏伟蓝图。确定了"坚持创新驱动，加快转型升级，强化基层基础，实现绿色崛起"的发展路径，实施了产业升级、城乡统筹、生态建设、民生改善、党的建设五方面十六项重大工程，拉开了主框架，开启了新征程。

2017 年，我们处理了一系列历史遗留问题，破解了制约，扫清了障碍。土地、建筑领域管理不规范等历史遗留问题是近年来长期想解决，但一直没能得到彻底妥善解决的问题。特别是受去年上半年房地产限购政策刺激，问题进入集中爆发期。一年来，我们本着尊重历史、面对现实、担当负责的精神，集中精力，攻坚克难，使这些历史遗留问题得到有效解决，既获得了群众广泛好评，收到了良好社会效益，也为今后轻装前进、加快发展创造了良好条件。**问题楼盘矛盾纠纷得到基本化解。**抢抓省市政策窗口机遇，出台《关于解决房地产开发建设遗留问题的指导意见》等多项具体政策措施，有效解决了项目完善手续、缴纳税费、办理网签和登记办证等方面问题。全县 42 个问题楼盘项目中，39 个得到妥善解决，占总量的 93%；由于企业资金、债务、涉法涉诉等原因尚未完全解决的 3 个项目，也成立了工作专班，拿出了具体解决方案。**土地使用秩序明显规范。**进一步完善了《关于规范土地收储、供应相关问题的指导意见（试行）》，对土地出让制度进行了根本性改革，严格了土地招拍挂方式和程序，规范了土地交易行为，从制度层面上根除了“土地风波”深层次影响，人们依法用地观念得到了进一步强化。**城市建管有章可循。**统筹做好城市规划、建设、管理“三篇文章”，结合《通州与北三县整合规划》，抓紧推进全县总体规划修编，完成了 29 项专项规划的编制。强化规划刚性执法，全面开展治脏、治乱、治违等综合治理行动，企业和群众依法依规建设的意识明显增强。我县被评为“全省 2017 年度县城建设示范标杆县”，“国家园林县城”创建通过省厅评估验收。

2017 年，我们实施了一批重点项目，加快了转型升级，推动了提质增速。着眼于供给侧结构性改革，发展实体经济，解决房地产占比过高问题，以高端制造业和现代服务业为主攻方向，在项目建设上攻坚发力，做大增量，调优存量，高质量发展的后劲明显增强。全年共实施亿元以上项目 140 个，呈现出规模增大、进度加快、质量提高、储备充足的鲜明特点。**高端制造业上，**充分发挥机器人小镇的龙头带动效应，美国 ATI、德国尼玛克、安川都林等 104 家行业领先企业相继签约入驻，其中 48 家正式投产；世界 500 强中粮可口可乐华北生产基地正式投产；稻香村香河生产基地、正大食品、同位素药物等国际国内名牌项目签约落地，实体经济发展后劲不断增强；萨克森建材公司成为 2017 年全市首家新三板上市企业，一城酒业、众旺木业等 6 家企业产品获评河北省名牌，传统产业在转型升级中焕发新活力。加快推进养老服务体系建设，大爱书院、景山学校投入使用，大爱城养老示范基地初见成效；承接北京产业转移取得新进展，石材城全部完成招商，入驻企业 610 家，汽配城签约企业 1300 户；第一城加快转型，国安创客基地被评为河北省重点扶持创客空间和国家级众创空间，入驻“双创”企业 33 家，拥有全国一流、世界先进摄影棚的新桥影视特效基地建成使用。**科技创新上，**深入实施苗圃、小壮大、小升高、企业上市四大工程，全县新增市级以上研发机构 11 家、科技型中小企业 119 家、科技小巨人企业 7 家，引进培育创新型企业 252 家，13 家高新技术企业通过省级评审验收，潮盟科技公司虚拟现实（VR）技术与家具展卖实现对接；机器人小镇获得国家科技领军人才创新驱动中心、中国产学研合作创新示范基地和省、市科技企业孵化器等多项殊荣；全县规模以上高新技术产业增加值完成 20 亿元，同比增长 12%，“大智移云”产业显现出强劲的发展后劲。**全域旅游上，**围绕全域景区化，编制了乡村旅游发展规划，安平、安头屯、刘宋、五百户、蒋辛屯五大旅游片区加快建设；深入挖掘运河文化，创立运河文化大讲堂，成立大运河文化研究会，“通武廊”旅游产业发展大会在我县成功举办；坚持全域旅游与现代农业融合发展，乐农美联农场、千年古葡萄庄园、万亩荷塘、香居小筑主题民宿等观光体验项目初具规模。智能制造、健康养老、文创旅游、商贸物流、食品加工、现代农业“六大产业集群”基本形成。

2017年，我们推进了一系列改革任务的落实，激发了活力，增添了动力。以高度的政治自觉，积极贯彻中央和省市委关于全面深化改革的安排部署，认真履行全面深化改革主体责任，突出试点、抓实重点、严督实察，既在落实上级任务上“跟着改”，又发扬首创精神“主动干”。145项改革要点任务扎实推进，40余项全面完成，70余项跨年改革任务均按时序进度完成。改革的主动性、针对性、实效性明显增强。土地收储制度改革取得显著成效，干部经常性考察制度改革经验被《人民日报》刊登，农村干部离任审计改革经验得到省委主要领导批示推广。特别是“放管服”改革成效显著，全年承接中央省市下放权力事项16项，取消行政许可事项11项，投资报建审批项目转向“少、快、易”，市场主体较改革前增长约60%，市场经济秩序日趋规范，“不欺生、不排外、不内斗，开放包容、服务高效、合作共赢”的发展环境正在形成。

2017年，我们落实了一系列生态环境治理举措，取得了实效，优化了环境。牢固树立绿色发展理念，以空前力度打好环境治理攻坚战，县域生态环境质量得到显著改善。**大气治理方面**，严格落实各项防治措施，集中精力治理扬尘、机动车尾气、餐饮油烟、秸秆焚烧等面源污染。“煤替代”工作在全市率先高标准告捷，全县8.7万户居民完成煤改气、煤改电，实现了“不烧煤、不挨冻、不出事、不浪费”。951家“散乱污”企业和380家VOCs企业完成关停取缔和整治工作，污染物排放量大幅降低。2017年，全县空气质量优良以上天数达到239天，同比增加75天，空气质量综合指数由8.07下降到6.21，下降率23.05%，目标完成率354.6%，居全市第一位。特别是秋冬季治理成效显著，全部四项考核指标均位居全市第一，县域空气质量持续优化。**河流治理方面，**以PPP模式启动北运河、潮白河生态整治工程，扎实推进大运河文化带建设，投资5亿元完成北运河中段清淤护坡工程，国家级湿地公园建设取得初步成果。全面实行河长制，为全县水体质量持续好转提供了制度保障，大力实施小友垡排干渠、百家湾排干渠等河渠治理工程，主要河流出境断面水质均优于入境断面水质。

2017年，我们兴办了一批惠民实事，改善了城乡面貌，提升了生活水平。**坚决兜住民生底线。**各项社会保障制度实现城乡全覆盖，城乡低保、特困人员供养、孤儿生活补助、残疾人补贴等补助救助标准大幅提升，与京津标准落差不断缩小。**坚持教育优先发展。**投资3.2亿元实施五小、三幼等20余项重点教育工程，全县教育环境和教学质量实现双提升，中、高考成绩创历史新高，香河一中本一和本科上线人数、上线率均创历史新高，进入全市先进行列。**深化医疗卫生改革。**稳步实施医共体建设，构建医疗服务县镇一体化格局，5家镇卫生院启动扩建改造，香河县人民医院获评全市唯一县级全国二级甲等医院，实现了大病不出县的目标。**提升公共服务水平。**全年新改建城乡路网126.8公里，谋划启动了大外环路网框架，公交一体化改革加快实施，智慧城市启动建设，文化艺术中心投入使用，便民服务中心正式竣工，健身中心、干训中心和职教中心确定选址，城市功能形象大幅提升；完成4座变电站和1000余千米供电线路新改建工程，供电能力增加48万千伏安，不仅解决了当前的电荒难题，有效保障了3万余户“电代煤”取暖增量需求，而且一举为今后二十年的发展提供了供电保障。**推进美丽乡村建设。**以村街硬化、绿化、亮化、美化为重点，完成投资5.5亿元，实施14个省级村、10个市级村和66个自主村的美丽乡村建设，累计拆除违建4.4万余平方米，改厕1万余座，建设集中式污水处理设施8座、分散式污水处理设施840座，全县美丽乡村覆盖率达到76%。3个村街启动新民居回迁，淑阳、安平、钳屯、五百户4镇进入“全国千强镇”榜单，庆功台村成为全市唯一的“全国一村一品示范村”。

2017年，我们解决了一些影响社会治理的关键问题，完善了机制，促进了稳定。坚持以群众工作为统揽，扎实推进平安香河、法治香河建设，切实履行首都护城河的政治责任。**为推进依法治县**，以县镇村三级综治中心建设为抓手，常态化开展法治宣传、法治教育，着力构建人民调解、行政调解、司法调解“三位一体”大调解格局，成立医疗纠纷、物业纠纷、征地拆迁纠纷、食品药品安全纠纷人民调解委员会等11个专业性调委会，深入推进司法体制改革，不断强化司法监督，使人民群众切实感受到公平正义就在身边。**为全面加强社区建设**，落实《关于进一步加强和改进城市社区建设工作的意见》，切实做到“有人干事、有地议事、有钱办事、有章理事”，进一步提高居民参与能力、服务供给能力、文化引领能力、依法办事能力、矛盾预防化解能力、信息化应用能力。**为强化社会治安防控**，大力开展各类违法犯罪严打行动，深入推进“雪亮”工程建设，提升人防物防技防水平，形成“天上有眼、地上有人”的立体化治安防控格局，提升人民群众看得见的安全感。**为稳控信访形势**，坚持“把专班建起来，把责任扛起来，把压力传下去，把拳头打出去”，有力有效维护了社会大局稳定。把解决问题作为息诉罢访的根本，严格落实县级领导包镇包部门包案件制度，牢牢抓住重点人群、重点领域，最大限度地推进问题解决。圆满完成党的十九大、全国“两会”“一带一路”峰会等重大活动安保任务，全年实现“零非访”，保持全市领先。**为巩固安全生产和食品药品安全局面**，牢固树立红线意识、底线意识，坚持与抓经济社会发展的各项工作同规划、同部署、同推进。按照“党政同责、一岗双责、失职追责”要求，严格落实属地管理、部门监管、社会共治和企业主体责任，推动全县安全形势持续稳定。

2017年，我们创新了一系列党建工作机制，强化了基础，提高了效能。坚持把抓好党建作为最大的政绩，认真落实全面从严治党“两个责任”。**着眼加强思想政治建设**，先后以“两学一做”和“让党的十九大精神在香河落地落实开花结果”为主题，组织两场县委书记讲党课活动，为全县党组织书记和党务工作者讲党课，不断增强党员干部政治意识、大局意识、核心意识、看齐意识。**着眼建强干部队伍**，高质量完成了县乡两级换届，建立领导班子综合研判机制，出台《进一步加强干部经常性考察工作的意见》，定期对领导班子和领导干部开展全方位“体检”，全面、辩证、深入了解干部政治品质、道德品行、作风表现，为选优配强领导班子、选准用好领导干部提供了科学依据。根据全县工作大局和事业发展需要，先后研究任免县管干部162人，其中提拔任职38人，平职调整113人。**着眼夯实基层基础**，制定出台《农村干部“两考三评一定”绩效考核办法》，大幅提高村干部的绩效考核比重，绩效工资实现了零到近两万元的差距，既保证了总体工资水平的提升，又解决了干好干坏一个样的问题，极大调动了基层干部的积极性。坚持从严从实管理党员队伍，党员违法、违纪、违规、违信惩戒机制有效落实，在各行各业党员中产生强烈反响，为促进党员发挥先锋模范作用树立了鲜明导向。**着眼从严治党向**

基层延伸，制定出台《关于落实全面从严治党主体责任的实施意见》，从县乡村三个层面，逐级逐类开列责任清单，构建起明责、诺责、履责、考责、问责工作的闭合链条。充分运用监督执纪“四种形态”，特别是用好“第一种形态”，把纪律挺在前面，推动权力监督向基层延伸。开展农村干部离任审计工作，实现村街审计全覆盖，给群众一个明白，还干部一个清白。这一做法得到省委的充分肯定，全市村级财务审计工作现场会在我县召开。全面开展巡察工作，巡察对象突出“人”，巡察内容突出“事”，巡察方案突出“实”，巡察程序突出“严”，收到了良好成效。**着眼强化凝聚力战斗力，**充分调动、有效整合四大班子力量，形成了四大班子分工不分家，重大问题齐谋划，重点工作共参与，优势互补、有呼有应的工作格局。不断创新体制机制，县级统战力量整合优势充分释放，工青妇等群团组织的政治性、先进性、群众性进一步增强，民族宗教、非公经济、老干部、计划生育、党管武装等工作均取得新成绩。全县的干部心往一处想、劲往一处使，人心思上、人心思进，精神面貌和工作状态实现明显好转。

2017年，我们夯实了意识形态工作责任，掌握了主动权，弘扬了正能量。把意识形态工作作为“书记工程”压紧压实，严格按照党管意识形态，属地管理、分级负责和谁主管谁负责的原则，落实好意识形态工作主体责任。县委理论学习中心组被评为全省先进。**坚持内宣、外宣一起抓。**不断加强舆论阵地建设，强化舆论引导，在村街、社区、公园等显要位置，设置安装阅报栏560余块，让党报走进基层党员群众生活，引领政治方向。“大喇叭”工程实现镇村全覆盖，定时播报党政方针、惠农政策、时事政治、文明公约等内容，让党的声音传入千家万户，树立正确舆论导向。围绕全县中心工作，统筹资源力量，增强宣传实效，全年进入央视新闻类节目7次，登上央视综艺类舞台2次，《人民日报》、新华社等中央媒体刊稿200余篇，香河对外形象和知名度、美誉度进一步提升。**坚持线上、线下一起抓。**走好网络群众路线，出台《新媒体运行管理办法（试行）》，发挥“新媒体联盟”积极作用，以“香河头条”微信公众号为中心，联合各单位和社会微信公众号，提高新媒体管理水平。组建网评员队伍，进一步完善舆情、要情信息采集、研判、报送体系，加强正面引导，牢牢把握网上舆论主动权。**坚持文化惠民、文明创建一起抓。**构建形成以县文化艺术中心为龙头、镇文化站为枢纽、村文化室为基础的三级文化服务大框架。积极开展“三下乡”“幸福香河大家唱”、第二届全民运动会系列文体活动，组织文艺会演、下乡演出共计200余场次，实现了文化活动常流水、不断线。结合省级文明县城创建，大力弘扬社会主义核心价值观，加强社会公德、家庭美德、职业道德、个人品德建设。开展最美香河人、最美家庭、最美交警等评选活动，文明校园、文明社区、文明商户、文明交通、文明环卫等主题创建活动，凝聚向上向善的正能量，有效提升了人民的精神风貌和文明素质。

这些成绩的取得，得益于上级党委的正确领导，得益于四大班子的精诚团结，得益于各级各部门的拼搏实干，得益于各界人士的积极参与。在此，我代表县委，向全县党员干部和全县人民以及所有关心、支持香河发展的各界人士，表示衷心的感谢并致以崇高的敬意！

一年来，县委常委会坚持党领导一切原则，充分发挥总揽全局、协调各方的核心作用，不断提高科学执政、民主执政、依法执政水平，在困难面前不退缩，在压力面前稳住神，在责任面前敢担当，取得了宝贵的经验。概括起来就是“五个始终坚持”：**一是始终坚持强化“四个意识”。**旗帜鲜明讲政治顾大局，牢固树立“四个意识”，自觉坚定“四个自信”，坚决维护党中央权威和集中统一领导，引导全县党员干部严守政治纪律和政治规矩，在政治立场、政治方向、政治原则、政治道路上坚决同以习近平同志为核心的党中央保持高度一致，与省市委同心同德，为推进全县各项事业发展提供坚强政治保证。**二是始终坚持以人民为中心的发展理念。**把人民的美好生活需要作为事业追求，把提升全县群众的获得感和幸福感作为执政之本，真正树立科学的发展观和正确的政绩观。从谋划奋斗目标，明确发展思路，到制定工作举措，解决具体问题，一切工作的出发点都是以群众愿不愿意、满不满意为根本遵循。一丝不苟地解决好人民群众最关心、最直接、最根本的利益问题，处理矛盾纠纷和信访问题时都是最大化考虑人民利益。心里装着人民去考虑问题、去谋划工作、去设定目标、去探索路径，是我们工作无往而不胜的有力法宝。**三是始终坚持打基础、利长远，注重效率、效益、效果。**正确处理宏观与微观、投入与产出、当前与长远的关系，坚持把当前的事做好，把长远的事做对，统筹考虑政治效益、经济效益和社会效益，真正做到对历史负责、对人民负责、对组织负责。唯有如此，我们的工作才能获得社会支持、企业理解、群众拥护。**四是始终坚持统筹兼顾抓重点。**坚持重点论、两点论的辩证统一，用发展的、全面的、系统的、实践的观点看待分析解决问题，既统揽全局又分清主次，既立足当前又着眼长远，弹好钢琴，统筹兼顾，一招不让地抓好城乡基础设施建设、产业转型升级、矛盾排查化解、干部队伍建设等重点工作，用正确的过程促成正确的结果，以科学的方法促进科学的发展。**五是始终坚持高标准抓班子带队伍。**谋事在人，成事也在人。一支政治过硬、本领高强、作风优良的干部队伍，是推进事业发展最可依赖的力量。我们始终把党的建设作为基础工程，坚持不懈抓，全面深入抓，改革创新抓，为建设美丽幸福新香河提供了坚强保证。我们牢固树立“围绕发展抓党建、抓好党建促发展”的理念，推进全面从严治党向纵深发展，抓好班子，带好队伍，干好事业，为营造良好的社会氛围、良好的发展环境做了大量卓有成效的工作。实践表明，经过了许多大事急事难事的摔打，经过了许多急难险重任务的锤炼，我们的干部思路打开了，劲头起来了，在履职尽责中体现担当，在亲力亲为中体现作为，在砥砺前行中体现忠诚，在时不我待的精神状态中体现久久为功，全县上下心齐劲足，政治生态全面优化。我们深深感到，党风好了，政风就好，乡风民风也就更好了。这五点体会既是过去一年实践的经验总结，也是指导我们今后发展的宝贵财富，需要我们认真继承和发展，为加快建设美丽幸福新香河注入强大动能！

在肯定成绩的同时，我们也清醒地认识到，香河经济社会发展中还存在诸多不容忽视的矛盾和问题：受宏观政策和经济形势影响，财政收入等主要经济指标增速放缓，发展空间受限，部分重点项目难以落地开工，产业转型升级、增量调整短期内难以见效。一些影响发展的深层次问题还未彻底根除，人们依法用地观念、土地城建管理体制机制等方面的问题彻底解决还有待时日。与京津相比，基础设施欠账较多，民生事业仍存短板，公共服务能力不足，城乡差距依然较大。工作作风建设有待加强，一些干部思维方式、工作方法、能力素质、工作本领与群众期盼和党的十九大要求还有差距。这些问题，都需要我们在今后的工作中着力加以解决。

2018 年的形势与任务

党的十九大指出，中国特色社会主义进入新时代。香河经济社会发展也进入了新阶段。这个新阶段，是率先全面建成小康社会的新阶段，是不断满足人民日益增长的美好生活需要的新阶段，是从高速增长转向高质量发展的新阶段，是推进城乡统筹、乡村振兴的新阶段，是全面从严治党向纵深发展的新阶段，是加快建设美丽幸福新香河的新阶段。

县委明确，2018 年工作总的要求是：深入学习贯彻党的十九大和中央经济工作会议、中央农村工作会议精神，全面落实省委九届六次全会、市委六届四次全会工作部署，坚持以习近平新时代中国特色社会主义思想为统领，坚持以人民为中心，坚持新发展理念，大力实施协同发展战略和乡村振兴战略，牢牢把握创新驱动、转型升级、基层基础、绿色崛起工作主旋律，全面完成上级党委下达的目标任务，在科技创新、全域旅游、公共服务、基层党建上争一流、出亮点，整体工作上水平，全面建成小康县，在推动高质量发展中加快建设美丽幸福新香河！

人民对美好生活的向往就是我们的奋斗目标！我们一切工作的出发点和落脚点都是为了满足人民日益增长的美好生活需要！只要我们以永不懈怠的精神状态和一往无前的奋斗姿态，坚定不移为美丽拼搏，向幸福出发，在推动高质量发展中加快建设美丽幸福新香河，我们的明天就一定会更加美好，人民的生活就一定会更加幸福！

幸福都是奋斗出来的！抓好 2018 年工作，我们必须立足新时代，谋划新思路，争创新业绩，持之以恒，全力以赴，高质量建设美丽幸福新香河。

一、高质量推进经济建设，打造创新创业的“美丽幸福新香河”

深刻理解和把握质量变革、效率变革、动力变革的内涵和要求，贯彻到经济战场的方方面面，稳步实现换挡调速上水平。

要抢抓协同发展机遇。坚决服从中央和省市委关于推进协同发展的一系列安排部署，在服从服务中找准自身定位，加快转型升级，促进与北京城市副中心协调发展、融合发展、错位发展。要积极承接北京非首都功能疏解，继续深化与北京在教育、医疗、文化、科技等方面的合作，大力引进北京“容不下、离不开、走不远”的产业项目，做大做强现代物流、总部经济、智能制造、文创旅游等新兴业态。要以路网建设为先导，主动服务密涿高速及京唐、京滨城际高铁项目建设，在基础设施等重点领域率先实现突破。密切关注北京城市副中心相关路网规划，主动对接融入，全面提速与北京城市副中心的交通干线建设，实现交通路网高效顺畅衔接。要对全县土地储备、公有资产、基础设施以及企业的业务关系等资源进行调查梳理，探索市场化整合路径，积极对接北京产业转移计划，掌握工作主动权。要完善园区规划，优化功能布局，提高承载能力，在腾笼换鸟、退二进三的基础上，严格执行县域产业禁限目录，做到有所为有所不为，打造特色鲜明、产业高端、功能完善的现代产业开发区。

要着力提高经济发展质效。认真贯彻新发展理念，大力发展实体经济，不断提高发展质量和水平。坚持创新驱动发展战略，借力京津产业转移，做大增量，调优存量，在区域规划布局中拓展空间、抢占高端。全面搭建创新平台，持续优化机器人小镇软硬件环境，充分发挥国安创客等平台载体作用，借助太库全球资源优势，着力引进北京及全球“大智移云”科技资源、项目、技术，培育壮大高新技术产业。

鼓励企业加强同京津高校和科研院所的交流对接，协同建设工作站、实验室、研发中心，建设科技成果孵化转化基地，巩固和扩大孵化创新成果。

要加快构建高端产业体系。围绕打造现代产业高地，下大力搭平台，调结构，转方式，促转型，培育壮大新动能。加快发展“大智移云”、金融服务、文化创意、健康养老等现代高端产业。全力推进原子高科同位素药物生产、稻香村香河食品生产基地等龙头型、科技型产业项目开工建设，为县域经济可持续发展添后劲、增动力。要引导家具城、第一城转型升级，走产业高端、发展高效的新路子；扶持石材城、汽配城发展壮大，提高税收贡献率；推进大爱城服务配套建设，打造北京周边的标杆养老产业基地。要紧紧围绕“省级全域旅游示范县”、“京津冀休闲目的地”目标定位，按照“一年打基础、两年出形象、三年上品质”工作思路，加快建设一批高品质的景区景点，持续推进五大乡村旅游片区建设，进一步优化“六环两带十小镇”发展格局，加快创响“运河驿站 荷香香河”旅游品牌，力促旅游产业上档升级。

二、高质量推进城乡统筹，打造品位高端的“美丽幸福新香河”

按照打造“特色鲜明、设施完善、生态宜居的环首都卫星城”要求，大力实施城市扩容升级和乡村振兴战略，全方位提升城乡功能形象。

要在规划对接上求突破。按照统一规划、统一政策、统一管控的要求，高起点修订完善县域城乡总体规划、土地利用总体规划、控制性详细规划和地下空间、文化娱乐等各专项规划，构建覆盖全域、上下贯通、功能协调、多规合一的现代规划体系。坚决做好“双违”清理、人口控制、生态修复、房地产管控等工作，加强土地市场管理和合法性审查工作，强化规划的控制力和强制性，在顶层设计上实现与北京城市副中心的无缝对接、同频共振。

要在城市建设上重品质。加快推进城区大外环、“三个中心”、调峰储气站、垃圾焚烧发电厂等重点城市项目建设，完成城乡公交一体化改革，实现主要镇村线路全覆盖。按照“通畅、扩展、便利、提升”的要求，高标准推进市政设施建设。加快实施城区小街小巷和老旧小区改造，统筹考虑人防工程、便民市场、园林绿化、公共停车场等市政工程，努力打造管网连接贯通、功能设施完备、绿化景观怡人的现代宜居城市。强化经营城市理念，坚持建管并重，切实解决交通拥堵、店外经营、乱停乱放、私搭乱建、非机动车安全隐患、城市噪音污染等问题。推进“智慧城市”建设，建设国内一流的智慧香河数据中心、智能化指挥调度中心、智慧城市展示中心，加快公共免费 wi-fi 扩容升级，不断提高城市智能化、数字化和管理科学化、精细化水平。深入推进城市管理综合执法体制改革，逐步整合执法权限，加快执法力量下沉，打造和谐有序的城市形象。

要在乡村振兴上有作为。按照“产业兴旺、生态宜居、乡风文明、治理有效、生活富裕”的总要求，建立健全城乡融合发展体制机制，加快推进农业农村现代化。深入落实承包地“三权”分置制度，积极发展绿色农业、品牌农业和设施农业，抓好农业产业化和农业园区建设，推进一二三产业融合发展。以乡村旅游为抓手，充分发挥蒋辛屯镇“香居小筑”主题民宿示范带动效应，探索更多有效途径，激活乡村闲置资源，解决村庄“空心化”问题。加快完成镇区规划编制工作，推进特色小镇建设，力争爱晚养老小镇、荷花小镇等列入省级特色小镇。加快实现美丽乡村全覆盖，实施农村人居环境整治行动，以硬化、绿化、美化、亮化为重点，抓好垃圾源头减量化、收集分类化和处理资源化示范村建设，统筹推进污水处理、厕所改造、村容村貌提升、美丽庭院建设，不断完善农村公共设施和基础功能，打造一批人居环境样板村，争创全省农村人居环境整治示范县。按照“产城结合、以人为本，村民自愿、集体申报，资格准入、公平竞争，集中回迁、跨区安置”的工作思路，修订完善城中村、新民居建设制度规定，加快改造步伐，提高城镇化品质和水平。加快城乡路网改造升级，启动实施一批村街主路和连村公路，切实把农村公路建好、管好、护好、运营好。健全完善村规民约，探索建立村民道德评议会、环保理事会等群众德治组织，将公共环境卫生整治、培养良好生活习惯等内容纳入村规民约。全面开展“十星级文明户”、五好家庭、乡风文明示范街创建活动，引导形成公序良俗的乡风民风。

三、高质量推进民生事业，打造共享共融的“美丽幸福新香河”

牢固树立以人民为中心的发展思想，想群众之所想，急群众之所急，办群众之所需，大力补齐民生短板，让香河人民生活得更加幸福。

提升民生保障水平。按照向京津看齐、在全省领先的标准，推进社保扩面提标。落实好城乡居民医疗、养老等保险制度，加强政策衔接和资金监管，全力做好养老、工伤等各类保险扩面征缴。要特别关注弱势群体和困难群众，开展精准扶贫，加大帮扶力度。加快民政事业服务中心综合楼工程建设，探索建立公建民营、民办公助等多种方式的民生服务机构，探索建立文化、体育等政府公共服务资源向社会免费开放机制，满足人民日益增长的美好生活需要。扎实做好“双拥”工作，建立退役军人服务机构，加强服务保障，促进军民融合发展。拓宽创业增收渠道，大力开发公益性岗位，搞好职业培训等服务，提高就业水平。健全落实保证金预储金制度，严厉查处恶意拖欠农民工工资的违法行为，切实保障农民工合法权益。

加快发展社会事业。落实教育优先发展思想，扎实推进主城区教育扩容提质，着力解决中小学校“大班额”问题，突出抓好城乡学前教育公共服务均等化。加快推进钳屯小学教学楼等 13 项结转教育工程，启动实施四中综合楼、华夏幸福小学新建等重点工程，改善办学条件。强化教师队伍建设，提升整体教育教学水平。推动“平安校园”创建，加强师生安全教育，确保校园安全。推动普惠性民办幼儿园试点建设，鼓励支持民办幼儿园提供公益性、普惠性服务。建立新建住宅配建教育设施无偿移交机制，增加公办教育资源。深入推进县域医共体建设，高质量完成镇卫生院扩建改造，进一步优化医疗资源配置。加强与京津名医名院合作交流，通过建立分院、组建“医联体”、专家坐诊等多种形式，着力满足人民对优质医疗资源的需要，真正实现大病不出县。

创新完善社会治理。严格落实信访工作责任，按照“事要解决”原则，深入开展信访积案集中化解行动，自觉当好首都政治护城河的排头兵。依法严厉打击信访中的非法行为，规范信访秩序。全力做好土地征占、“问题楼盘”、涉法涉诉、金融领域和涉军群体维稳工作，确保社会大局和谐稳定。巩固“全国平安建设先进县”五连冠成果，扎实开展影响社会稳定突出问题集中整治攻坚，坚决打击黑恶势力、严重暴力、涉枪涉爆等犯罪行为，对非法集资、传销、电信诈骗等犯罪行为保持高压态势，切实增强群众安全感。要强化阵地管理，及时引导舆论，做好稳预期、稳思想、稳人心工作，切实维护意识形态领域安全。牢固树立安全发展理念，严格落实党政同责、一岗双责、失职追责的要求，坚决把生产安全、食品药品安全、消防安全、交通安全、建筑安全等工作牢牢抓在手上，全力保障人民群众生命财产安全。针对重点场所、重点部位、重点领域，集中开展专项整治，切实做到隐患排查整改全覆盖、无死角。要特别关注“煤替代”领域的安全工作，把用气用电安全摆上突出位置，逐家开展安全知识讲解，逐户排查隐患，确保不出任何问题。

深入推进民主法治建设。坚持党的领导、人民当家作主、依法治国有机统一，巩固和发展生动活泼、安定团结的政治局面。支持人大、政协依法依章履职，支持政府创造性开展工作，建设人民满意的服务型政府。全面加强爱国统一战线工作，牢牢把握“大团结大联合”主题，坚持一致性和多样性相统一，找出最大公约数，画出最大同心圆。持续深入推进群团改革，充分发挥工会、共青团、妇联等群团组织的桥梁和纽带作用，凝聚新时代建设美丽幸福新香河的智慧和力量。推进法治香河建设，以依法执政、依法行政、司法公正、全民守法为目标，深化司法体制改革，加强法治宣传教育，推进公共法律服务体系建设，营造尊法学法守法用法的良好法治氛围。坚持用法治规范秩序、协调关系、化解矛盾、保障权益，引导广大干部群众运用法治思维，通过法律途径开展工作、解决问题，大力弘扬法治精神，促进社会公平正义。

四、高质量推进生态建设，打造绿色发展的“美丽幸福新香河”

牢固树立“绿水青山就是金山银山”的理念，切实推动生态环境质量根本改善，在治理污染、修复生态中加快营造良好人居环境。

扎实推进大气污染防治工作。严格落实各项防治措施，全面完成大气污染治理目标任务。要坚持科学治污，加强监测站点的维护运营和抽样检测，以精准数据为支撑，研究制定符合我县特点的综合防治解决方案，常态化开展分析研判和督查巡查、定期会商，使我们的工作更加精准有效。要坚持综合施治，抓好散煤、扬尘、机动车尾气和工业污染治理工作。

强化水污染和土壤污染治理。继续深化落实河长制，定期组织开展各级河长巡查工作，完成“一河一策”编制工作，有针对性研究制定河渠治理方案，统筹流域治理。扎实推进水利基础设施建设，全力做好五一渠首闸等新改建工程，加快实施污水处理厂提升改造工程，及时实现达标运行。要加强入河排污口监管和水域断面监测，全面清理河道垃圾，专项整治各类纳污坑塘和农村河渠，确保域内河流水质根本改善。加快构建城乡一体的污水处理和垃圾处理体系，启动垃圾焚烧发电厂建设，实现减量化、资源化、无害化处理。加强农业面源污染治理，持续推进土壤修复，不断提升土壤环境承载力。

加快推动“两河”综合治理。坚持产业发展和生态建设同步推进，严把规划设计、工程建设、开发运营三道关口，努力把北运河、潮白河打造成为北方首屈一指的生态涵养带、滨河风光带、旅游休闲带。高标准完成北运河综合治理一期工程及运河文化中心建设，抓紧启动二期工程；加快推进潮白河综合治理PPP项目申报，启动潮白河水质净化、生态景观等工程建设，同步推进林木绿化标准和品质，沿河沿路打造精品景观带，确保潮白河北运河国家级湿地公园建设初见成效。

构建群防群治环保工作新格局。落实县镇村工作责任，健全监管机制，建立上下贯通、左右衔接的环境网格化信息管理平台，实现监控专业化、规范化、常态化。健全基层环保机构，引进专业人才，组织专题培训，全面加强以镇级环保所为载体的基层环保队伍建设。要强化宣传引导，实行铁腕执法，曝光典型案例，增强企业环保意识，引导企业技改升级，实现绿色生产、绿色经营，推进源头减排。倡导绿色生活方式，加强文明素质教育，反对奢侈浪费和不合理消费，大力创建绿色机关、绿色学校、绿色社区、绿色家庭，引导社会各界力量理解、支持、参与生态环境保护工作。

五、高质量推进从严治党，打造风清气正的“美丽幸福新香河”

深刻把握新时代党的建设总要求，认真落实全面从严治党“两个责任”，全力打造忠诚、干净、担当、实干的干部队伍，为全面开创美丽幸福新香河建设新局面提供组织保障。

坚持和加强党的全面领导。坚持党领导一切原则，不断夯实全县各级党组织的政治能力、执政能力和领导水平。始终把政治建设放在首位，切实增强“四个意识”，坚决维护党中央权威，严格遵守政治规矩和政治纪律，始终同以习近平同志为核心的党中央保持高度一致。自觉尊崇党章，大力弘扬忠诚老实、实事求是、清正廉洁等优良作风，提高把方向、谋大局的能力和定力，充分发挥总揽全局、协调各方的作用。全县各级党组织和广大党员干部必须时时处处站在讲政治的高度，坚决与县委同心同德、同心同向、同频共振，坚决按照县委工作部署和要求，全力推动全县经济社会跨越发展、绿色崛起。

抓好意识形态工作。坚持把学习宣传贯彻党的十九大精神作为首要政治任务，通过创新手段方法，网上网下互动，营造浓厚的政治氛围、舆论氛围和社会氛围，确保热度不减、力度不减。坚持把理想信念教育放在重要位置，教育引导广大党员牢固树立共产主义远大理想和中国特色社会主义共同理想，坚定“四个自信”。按照中央统一部署，围绕县委中心工作和重点任务，集中开展“不忘初心、牢记使命”主题教育，提升党员干部宗旨意识和政策理论水平。坚持用习近平新时代中国特色社会主义思想统领思想理论武装工作，大力开展社会主义核心价值观宣传教育，深入推进“两学一做”学习教育常态化制度化。严格落实意识形态工作责任制，定期开展督导检查，强化敏感意识、阵地意识、攻防意识、创新意识，牢牢掌握意识形态工作主动权和领导权。扎实做好青年人、知识分子、新社会阶层人士思想政治工作，发挥他们在建设美丽幸福新香河中的重要作用。加强全民国防教育，全面提高国防动员力量水平。坚持党管宣传、党管媒体原则不动摇，坚持正确舆论导向，加快媒体融合发展，加强舆情管控，始终为美丽幸福新香河建设唱响主旋律、凝聚正能量、营造大气场。

加强干部队伍建设。按照习近平总书记提出的“坚定理想信念、强化政治责任、全面增强本领、扎实改进作风”的要求，把县委领导集体建设得更加坚强有力。坚持党管干部原则，树立正确选人用人导向，坚持看业绩、看能力、看表现、看公论，统筹优化配置干部资源，切实把政治过硬、本领高强、作风优良的干部选出来、用起来。围绕提高干部“八大本领”，抓好领导干部能力素质提升工程，推动执政本领与时代发展、岗位职责相适应。坚持严管和厚爱结合、激励和约束并重，落实容错纠错机制，完善干部动态考核和综合研判机制，全面落实干部经常性考察机制，营造能者上、庸者下、劣者汰的良好局面。

建强基层战斗堡垒。严格落实党委（党组）抓基层党建工作责任制，全面加强基层党组织、带头人队伍和党员队伍建设，着力提升基层党组织的组织力和政治功能，引导广大党员发挥先锋模范作用。坚持社区党建抓示范、村街党建抓提升、非公党建抓覆盖，着力解决少数基层党组织弱化、虚化、边缘化问题，推进基层党组织全面进步、全面过硬，把基层党组织建设成为宣传党的主张、贯彻党的决定、领导基层治理、团结动员群众、推动改革发展的“桥头堡”，争创一批基层党建的“香河经验”。要扎实开展后进班子集中整顿“百日攻坚”行动，抓好村“两委”换届工作，确保选好“领头雁”，配强好班子。加强农村干部激励关怀帮扶，以“两考三评一定”为抓手，进一步提高农村干部绩效工资科学化水平，增强广大农村干部责任感、主动性、执行力。要严把党员入口关出口关，健全完善党员违法、违纪、违规、违信惩戒机制，从严从实管理党员队伍。

推动全面从严治党向纵深延伸。强化全面从严治党的主动性、创新性，在实现对村街财务审计全覆盖的基础上，探索实现对各镇、街道、园区、县直机关等乡科级单位的财务审计全覆盖，更加注重摸清资产资源底数，更加注重化解信访矛盾，更加注重运用“四种形态”，更加注重制度体制创新，及时发现问题，堵塞漏洞，健全机制。要加强对党员领导干部的日常管理监督，抓早抓小，防微杜渐，切实强化底线意识。提高政治站位，强化政治担当，从严从实抓好省委巡视整改落实。深入推进巡察工作，强化政治性、主动性和有效性，推动全面从严治党不断向基层延伸。全面深化监察体制改革试点，组建县监察委员会，着力构建党统一指挥、全面覆盖、权威高效的监督体系，实现对所有行使公权力的公职人员监察全覆盖。坚持无禁区、全覆盖、零容忍，保持惩治腐败的高压态势，真正把全面从严治党要求压紧压实到基层、到支部。

锲而不舍狠抓作风建设。保持作风建设永远在路上的韧劲，领导干部带头严守中央八项规定和实施细则精神。要坚持以人民为中心，强化群众观点，践行群众路线，打通联系服务群众的最后一米。要高度警惕“四风”新情况，特别是针对表态多行动少、调门高落实差等问题，制定过硬措施，扎实推进整改。要加快构建作风建设长效机制，深化机关作风整顿，着力解决不作为、慢作为、乱作为问题，重点解决干部队伍中存在的“能力不足不会为、水平不高不能为、上推下卸不想为、欺上瞒下不真为”的问题。要加大督查检查考核问责力度，制定《关于构建大督查机制推动工作落实的意见》，强化以督查检查促进工作落实，认真开展重点工作大督查，坚持动真的、碰硬的、来实的，深入一线明察暗访，抓住问题、严督实查，切实督出责任、督出典型、督出效果，形成一级抓一级、一级帮助一级解决问题、层层推动工作落实的良好格局。要严格落实目标责任制，对确定的重点任务，要做到年初有计划、月月报进度、每季有检查、年底交好账。

新时代赋予我们新的使命，新征程期待我们新的作为。让我们更加紧密地团结在以习近平总书记为核心的党中央周围，高举习近平新时代中国特色社会主义思想伟大旗帜，在省市委的坚强领导下，团结带领全县人民，不忘初心，牢记使命，以造福人民为最大政绩，以高质量发展为第一要务，为美丽拼搏，向幸福出发，为加快建设美丽幸福新香河、实现全县人民对美好生活的向往而努力奋斗！

政府工作报告

——2018年1月30日在香河县第十五届人民代表大会第二次会议上

香河县人民政府县长 王文强

2017年工作回顾与总结

2017年，是香河发展史上极不平凡的一年，大事、难事、急事密集纷至、贯穿全年。2017年，更是全县各项事业成绩斐然的一年，县政府在县委的正确领导下，在县人大、县政协的监督支持下，团结和依靠全县人民，紧紧围绕“率先全面建成小康县，建设美丽幸福新香河”的奋斗目标，抢抓京津冀协同发展、北京城市副中心建设两大历史机遇，沉着应对区域经济下行压力不断加大的严峻挑战,直面环保维稳任务异常繁重的严峻考验，妥善处置历史遗留的一系列难点问题，不忘初心、牢记使命、勇于担当、攻坚克难，推动全县经济社会发展实现了新的提升。预计地区生产总值完成249.6亿元，同比增长6.5%；规模以上高新技术产业增加值完成20亿元，同比增长12%；城镇和农村居民人均可支配收入分别达到39839元和16553元，同比均增长8.5%。财政收入和一般公共预算收入克服多重减收因素，分别完成65.9亿元和33.3亿元。固定资产投资、规模以上工业增加值、社会消费品零售总额等其他主要指标也均稳步增长。全县综合实力、投资潜力和新型城镇化质量再次入围全国百强并实现位次前移，先后荣获“全国创建无邪教示范县”“全省‘双拥’模范县”“全省农村股份合作制经济发展示范县”“全省首批全域旅游示范区创建单位”等多项国省级荣誉，并连续五届被评为“全国平安建设先进县”，第三次荣膺全国综治工作最高奖“长安杯”。

一年来，我们坚持稳增长、调结构，发展质效稳步提高。**围绕提升产业层次，**紧盯高端制造业和现代服务业两大主攻方向，实施重大产业项目20个，成功争列省重点项目10个，数量全市第一。德国尼玛克自动焊接设备、中粮可口可乐华北生产基地、京津冀汽车零部件物流交易中心、新桥影视特效基地等一批亿元以上优质项目相继竣工投产，引领了县域产业加快升级。特别是机器人小镇获得国家科技领军人才创新驱动中心、中国产学研合作创新示范基地和省、市科技企业孵化器等多项殊荣，吸引了全球最大机器人末端执行工具设计研发企业美国ATI公司、世界工业机器人“四大家族”之一的安川都林公司等百余家业界一流企业签约入驻，有力推动了机器人产业加速集聚壮大。**围绕激发经济活力，**深入实施苗圃、小壮大、小升高、企业上市四大工程，全年引进培育创新型企业252家，新增规模以上工业企业10家、市级以上研发机构11家、科技型中小企业119家、科技小巨人企业7家、高新技术企业13家。萨克森新型建材股份有限公司在全市率先实现新三板上市，中科院周远院士设立我县首家院士工作站，一城酒业、众旺木业等6家企业产品成功获批河北省名牌，鑫亿隆家具城等4家企业被评为河北省服务名牌，县域经济在创新驱动、转型升级中焕发蓬勃活力。

一年来，我们坚持严治理、优生态，环境质量明显提升。**聚焦蓝天保卫战**，顶住压力，苦干实干，全年出动7.3万人次、1.5万车次，严格落实大气污染综合治理各项措施，高标准建成空气监测站点24个，关停治理“散乱污”企业951家、VOCs企业380家，清理散煤型煤生产经营网点73家。全县空气质量在一系列强化措施中明显改善，综合指数由8.05降到6.21，同比下降23.05%，是年任务的3.5倍，目标完成率全市第一。特别是秋冬季大气污染综合治理攻坚行动成效显著，全部四项考核指标均位居全市第一。全年二级以上优良天数239天，同比增加75天，群众对空气质量的感受明显好于上一年。以决战决胜的态度和力度，投资13.5亿元全面完成286个村街8.7万户“煤替代”工程，高标准落实运行补贴，全县群众告别了“烟熏火燎”的传统取暖方式，实现了“不烧煤、不挨冻、不出事、不浪费”。**聚焦水污染治理**，清淤疏浚百家湾排干渠等重点河渠24公里，启动实施小友垡排干渠综合整治等重点工程8项，4条主要河流、14条干渠落实县、镇、村三级河长负责制，有力保障了河流水体质量达标。**聚焦生态品质提升**，植树造林1.75万亩，县域森林覆盖率达到42.4%，同比提高2.4个百分点。国家级湿地公园建设有序推进，潮白河完成综合治理工程初步规划设计，北运河完成8.6公里河道疏浚和2公里岸坡防护建设，“水清河畅、岸绿景美”的北方魅力水乡景观正在加快形成。**聚焦生态资源利用**，大力发展全域旅游，香河荷花节成功举办，通武廊旅游产业发展大会在我县顺利召开，以刘宋万亩荷塘、蒋辛屯香居小筑主题民宿为代表的乡村旅游业蓬勃发展，全年游客数量达到457万人次，实现旅游收入16.5亿元，同比增长30%，县域生态优势正在加速转化为现实的发展优势。

一年来，我们坚持抓建设、提品质，城乡面貌持续改善。**着眼于补齐基础设施短板**，全年新建改造各级道路126.8公里，筹划多年的平香线南延工程实质性开工建设，103国道中修、大香线南段拓宽改造等工程顺利通车。蒋辛屯220千伏、罗屯110千伏等4座变电站和1000余公里中低压电网建设工程全面完成，全县新增供电容量48万千伏安，总容量跃升至原来的3倍，实现历史性突破，既彻底解决了困扰产业发展、百姓民生的电荒难题，更一举保障了未来二十年发展的用电需求。**着眼于完善城市功能**，大力实施县城建设攻坚，多功能的文化艺术中心建成开放，高标准的便民服务中心投入使用，城乡公交一体化启动实施，城区主要公共区域免费Wi-Fi实现全覆盖，新城公园、体育公园等24座公园游园完成新建或改造，“国家园林县城”创建工作通过省住建厅评估验收，我县被评为“全省2017年度县城建设示范标杆县”。**着眼于建设“美丽乡村”**，大力实施“四美五改”，50个村街完成“三清一拆”，21个村街达到省级“美丽乡村”建设标准，蒋辛屯片区成为全市唯一的省级“美丽乡村”重点片区，全县“美丽乡村”覆盖率提高到76%。钳屯镇贾庄、窝头等3个村街实现新民居回迁，安平镇堡上村被评为“全国文明村镇”，渠口镇康庄村等39个村街被评为“全国首批绿色村庄”。**着眼于发展现代农业**，扎实推进9500亩高标准农田项目建设，大力推动东方千年古葡萄庄园等重点项目升级，乐农美联生态农场被评为市级农业园区，我县被评为“全省农业综合开发资金和项目管理先进县”，庆功台村荣获全市唯一的“全国一村一品示范村”。**着眼于推进新型城镇化，**积极开展镇区建设，钳屯镇成功跻身“全国千强镇”行列，我县“全国千强镇”数量增加到4个，城镇化率提升到60.8%。

一年来，我们坚持增投入、惠民生，社会大局和谐稳定。**始终把繁荣社会事业作为实现共享发展的核心抓手，**第五小学新建、黄顾小学改造等12项重点教育工程竣工投入使用，220多名新聘教师充实到教学一线，职业教育加快发展，中考、高考成绩再创新高，香河一中进入全市先进行列，我县顺利通过省政府教育和语言文字督导评估。医药卫生体制改革加快推进，我县被评为“河北省深化县级公立医院综合改革示范县”，县医院成为全市唯一通过全国二级甲等医院验收的县级医院，淑阳、渠口两所镇卫生院被评为国家级群众满意的乡镇卫生院。计生工作扎实有效，我县先后夺得“全省计划生育工作先进县”和“全省计生基层群众自治示范县”荣誉。《香河县志（1979—2008）》《香河年鉴（2017）》出版发行，全省面积最大、功能最全的县级方志馆投入使用。运河文化大讲堂、大运河文化研究会相继成立，运河文化资源得到有效挖掘利用。大力推进文明县城创建，深入开展市容市貌整治、道德模范评选等系列活动，社会文明水平持续提升。第二届全民运动会、幸福香河大家唱、广电文化走基层等一系列文体惠民活动蓬勃开展，群众精神文化生活日益丰富多彩。**始终把强化社会保障作为增进民生福祉的重要举措，**城乡低保、孤儿生活补助标准分别提高到每人每月600元和1440元，特困人员供养标准提高到每人每年11520元，重度残疾人护理补贴、困难残疾人生活补贴、城乡居民养老保险和医疗保险财政补助标准同步大幅提升，均达到全省最高水平。及时足额发放高龄老人补贴、医疗救助金等各类惠民资金，广大群众享受到更多实惠。**始终把维护安全稳定作为事业发展的根本基础，**牢牢守住安全生产、食品药品安全、社会治安、信访稳定底线，圆满完成全国“两会”、“一带一路”国际高峰论坛、暑期安保、党的十九大等一系列重大活动安保任务，我县被评为“全省排查隐患治理体系建设百分县”，全县和谐稳定局面愈发巩固。同时，物价、统计、档案、气象、国防动员、民族宗教等工作也都取得了新的成绩。

一年来，我们坚持转作风、提效能，政务服务不断优化。**坚持改革创新破制约，**通过实施“一区三园”改革，园区管运机制更加完善，有力推动了园区建设，全年完成基础设施投入8.5亿元。通过嫁接改造、腾笼换鸟，盘活土地790余亩。通过PPP模式，推动“两河”综合治理、垃圾焚烧发电等一批重点工程启动实施。通过深化“放管服”改革，承接上级下放权力事项16项，取消行政许可事项11项，行政审批局挂牌运行，营商环境不断优化，全民创新创业热情有效激发，全县新增企业1997户，新增个体工商户3729户。**坚持依法行政促规范，**严格执行政府常务会议学法制度，始终把合法性审查作为重大决策的必经程序，自觉接受县人大、县政协和社会各界监督，125件人大代表建议和政协委员提案全部及时妥善办理，政府工作的规范化、法治化水平进一步提高。**坚持负责担当解难题，**率先在全市出台解决房地产开发建设遗留问题的具体措施，多年积累的办证难等问题基本解决。狠抓违法用地、违法建设“两违”治理，严格土地收储供应，建筑市场秩序明显好转。**坚持正风肃纪树形象，**严格落实党风廉政建设责任制，深入开展“一问责八清理”专项行动和基层“微腐败”专项整治，排查整治各类问题1100多件，农村干部离任审计工作得到省、市两级的充分肯定，群众满意度不断提高，为民务实清廉的政府形象愈发深入人心。

以上成绩的取得，是县委正确领导的结果，是县人大、县政协和社会各界监督支持的结果，是全县人民和衷共济、共同拼搏的结果。在此，我谨代表县政府，向各位代表、各位委员以及全县广大干部群众，致以崇高的敬意！向所有关心支持香河经济社会发展的各界人士，表示衷心的感谢！

回顾一年来的工作，我们也清醒地看到，全县经济社会发展中仍然存在诸多不容忽视的问题和不足：一是受规划、土地管控和房地产限购等宏观政策影响，部分经济指标增速放缓，一些重点项目难以落地开工。二是经济运行质量还不够好，房地产业税收占财政收入的比重仍然偏高，产业转型升级、增量调整短期内难以见效，稳定发展的基础还不牢固。三是资源约束日益趋紧，环境压力依然较大，绿色发展、集约发展的水平有待进一步提高。四是城市的功能、品位与环首都卫星城的发展定位相比还有明显不足，城乡差距依然较大。五是公共服务与京津相比存在短板，民生保障有待加强。六是庸懒散拖现象在一些单位和干部中还一定程度存在，工作作风与新形势、新时代的要求相比，还需要进一步加强和改善。针对这些问题，我们将在今后的工作中加快解决。

2018年工作思路和安排

随着中国特色社会主义进入新时代，香河经济社会发展也步入了新阶段。2018年是我们全面贯彻落实党的十九大精神的开局之年，也是香河全面建成小康县的决胜之年、收官之年，做好今年工作意义重大。我们既要勇于正视资源环境压力加大、深层次社会矛盾凸显等困难和挑战，更要清醒看到，党的十九大确立了新思想、新目标、新战略，为我们鼓足干劲、聚力发展提供了强大的思想武器；国家宏观形势持续向好，经济进入高质量发展阶段，为我们转型升级、创新发展注入了强劲动力；京津冀协同发展深入实施，北京城市副中心加快建设，为我们乘势而上、加快发展创造了难得机遇；历史遗留问题有效解决，全县广大干部群众干事创业热情空前释放，为我们轻装上阵、跨越发展提供了坚强保障。形势催人奋进，发展时不我待，我们必须统一思想、振奋精神、聚力攻坚，在建设美丽幸福新香河的征程中展现更大作为、实现更大突破。

根据县委十一届三次全会精神，今年政府工作思路是：深入学习贯彻党的十九大精神，全面落实国家和省、市工作部署，坚持以习近平新时代中国特色社会主义思想为统领，坚持以人民为中心，坚持新发展理念，大力实施协同发展战略和乡村振兴战略，牢牢把握创新驱动、转型升级、基层基础、绿色崛起主旋律，高标准完成上级下达的目标任务，全力推进科技创新、全域旅游、公共服务等重点工作争一流、出亮点，整体工作上水平，全面建成小康县，在推动高质量发展中加快建设美丽幸福新香河！

全年发展预期目标是：地区生产总值增长4%以上，财政收入和一般公共预算收入均增长7%左右，城镇和农村居民人均可支配收入分别增长5%以上和7%以上，其他主要指标确保完成上级下达任务。以上预期目标，是县委、县政府综合考虑宏观经济形势和县域发展实际确定的，既保持了科学合理的增速，更为推动高质量发展留出了空间。

按照以上思路和目标，围绕县委十一届三次全会确定的高质量推进经济建设、生态建设、城乡统筹、民生事业的工作要求，重点做好以下八方面工作。

一、站位协同发展大局，在坚决服从服务北京城市副中心建设中展现新作为

按照“统一规划、统一政策、统一管控”的要求，提升协同层次，拓展合作空间，在服从服务副中心建设中引进资源、发挥优势、加快发展，高质量创建京津冀协同发展示范区。

加快规划整合衔接。坚持以高标准规划引领高质量发展，对接《北京城市总体规划（2016年—2035年）》和《通州区与廊坊北三县地区整合规划》，抓紧修订全县城乡总体规划、土地利用总体规划、控制性详细规划和地下空间、基础设施等专项规划，不断完善规划体系。全面摸清县域土地储备、公有资产、基础设施等底数，调整优化县域城镇功能和生产、生活、生态空间布局，推进“多规合一”，为未来更好发展奠定基础。及时公布规划成果，严格规划执行，切实做到“一张蓝图绘到底”，让规划得到刚性落实。

严格落实管控措施。加强城镇开发边界管控，从严控制建设用地和城镇规模，从严控制潮白河、北运河两侧开发建设，坚决防止贴边连片发展。加强房地产管控，强化对容积率、绿地率、建筑高度、建筑间距等规划指标控制，切实防止高楼围城。突出住宅的居住功能，促进房地产市场健康有序发展。加强建设管控，综合运用“天上看、地上查、网上管”的多维防控手段，重拳整治违法用地、违法建设行为，进一步规范土地市场秩序。加强人口规模管控，严守人口总量上限，促进人口有序流动。

推动重点领域突破。推动产业与副中心互动互补。严格执行县域产业禁限目录，提高产业准入门槛，择优承接北京“容不下、离不开、走不远”的产业项目，促进县内智能制造、现代物流、文创旅游、总部经济等高新产业集聚发展，加快形成与副中心分工明确、错位互补、协调共进的产业格局。推动交通与副中心互联互通。主动服务京唐城际铁路、环北京城际铁路等轨道交通建设，同步对接副中心交通路网，打通断头路，畅通连接线，加快构建与副中心无缝对接、便捷高效的交通体系。推动生态与副中心联防联控联治。以北运河、潮白河生态廊道建设为重点，增建公园绿地，加强生态修复，改善环境质量，加快构建与副中心联动一体的生态环境体系。

完善对接协作机制。做好公共服务体系对接。深化与北京在教育、医疗、文化、体育等多领域的交流与合作，吸引北京优质资源向香河加快转移，让群众在家门口就能享受到更多更好的优质服务。做好人才培养交流体系对接。搭建专家人才库、需求信息库等服务平台，实现京津人才“不求所有、但求所用”。做好安全维稳体系对接。搭建治安防控平台，加强区域警务合作，提升协同处置能力。

二、强力开展园区项目建设攻坚，在加速现代产业集聚中增强县域发展新动能

坚持新发展理念，把园区作为主战场，把项目作为主动力，持续壮大实体经济规模，加速构建现代产业体系，为实现高质量发展蓄足力量。

升级园区平台。以打造“特色鲜明、产业高端、功能完善”的现代产业园区为目标，进一步深化“一区三园”改革，优化审批流程，提升服务效能，增强园区软实力。健全平台公司考核奖惩制度，将工作成果与投入回报相挂钩，量化年度任务，严格绩效考评，调动平台公司开发建设积极性。完善园区配套设施，年内投资16亿元，实施机器人研发大厦新建、双安水厂扩建、园区路网提升等重点基础设施建设工程，丰富酒店、超市、专家公寓、公交车站等生活设施，增强园区发展承载力。实施园区产业升级行动，加大对低效企业的嫁接改造、腾笼换鸟力度，为引育“大智移云”等高新产业腾出空间。支持机器人产业发展，促进美国宝利通远程视音频、德国西门子智能控制、瑞士 ABB 集团机器人生产等项目尽快落地，形成更大的规模集聚效应，推动机器人产业集群向着百亿规模加快迈进。

提高招商质效。围绕高端制造业和现代服务业，大力开展精准招商、定向招商，刚性落实亩均收益、投资强度、建设周期等控制性指标，不断提高项目引进质量。抢抓北京非首都核心功能疏解机遇，发挥域内企业人缘、地缘、业缘优势，主动对接北京行业领军企业，建立目标企业信息库，实施以商招商、产业链招商，切实提高招商的针对性、有效性。坚持全县"一盘棋"思想，优化空间布局，统筹项目摆放，促进产业集聚发展。完善重点项目跟踪服务机制，实行专班对接、全程服务，推动华电分布式能源站、绿地未来科技城等一批重点项目尽快签约落地。

实施项目攻坚。建立重大项目清单管理机制，实行领导干部分级包联制度，加强走访调度，打通阻滞环节，解决存在问题，力促稻香村食品生产基地、原子高科同位素、爱晚智能辅具研发生产基地等成熟项目尽快开工，推动奥特莱斯城市综合体、汇天威 3D 打印设备等在建项目早日竣工，带动商贸物流、健康养老、智能制造等重点产业加快壮大。建立项目承诺追踪督导机制，完善对竣工项目的后续服务管理，推动中粮可口可乐华北生产基地等重点项目增资扩产，确保达到预期效益。谋划实施通航特色小镇、高铁商务新区建设，打造一批高水平的产城一体发展平台，引进发展金融服务、数字经济、总部经济等高端业态，推动全县产业向更高层次攀升。

强化用地保障。积极争取土地指标增量。发挥部门职能作用和企业资源优势，完善指标争取机制，不断拓展发展空间。最大限度盘活土地存量。实施镇级工业小区转型升级行动，加大对闲置低效用地、批而未供土地清理力度，集中统筹使用。大力提升用地质量。严格土地市场管理和用地合法性审查，严防圈地占地。科学调整土地利用结构，集中资源向园区、向重点产业项目、向实体经济倾斜。加强项目用地论证，开展节地评价，严控用地规模，引导项目单位综合利用地上地下空间，建设多层厂房，实现土地资源的节约集约使用。

三、大力实施创新驱动战略，在加快产业转型升级中释放经济发展新活力

深刻理解和把握质量变革、效率变革、动力变革的内涵和要求，加强政策支持引导，加大科技创新力度，加快产业升级壮大，让县域经济发展更有质量、更具活力。

优化创新环境。强化政策支撑。设立县级科技创新资金，制定资金使用管理办法，加大对创新平台、创新企业、创新人才、创新技术的扶持和奖励力度，吸引各类创新资源向我县加速聚集。强化人才支撑。深化人才发展体制机制改革，大力实施人才保障工程，制定高层次人才引进奖励办法，针对性解决住房、落户、子女就学等现实问题，确保所需人才引得来、留得住、发展好。强化金融支撑。畅通银企对接渠道，建立信贷产品、意向企业信息库，引导金融机构优化信贷投放结构，加大对科技型企业的支持力度。鼓励金融机构发展股权投资、融资担保、风险补偿等金融业务，拓宽企业创新的融资渠道，让企业加大投入、创新发展的热情得到充分释放。

激发创新动力。完善机器人小镇创新链条。积极引导平台公司设立创投基金、天使投资基金，建设机器人应用、系统集成、核心零部件等专业板块，同步借助太库科技国际资源，发挥国家科技领军人才创新驱动中心、产学研合作创新示范基地作用，引进更多高新企业入驻发展，促进更多科研成果孵化转化，推动机器人小镇加快成长为京津周边最具影响、最有活力的创新发展典范。实施高新技术企业、科技型中小企业“双倍增”计划。突出企业创新主体作用，推进“产学研用”有机结合，不断提高科技型企业占比，力争全年新增科技小巨人企业4家以上、高新技术企业6家以上、科技型中小企业60家以上。加强京津科研资源对接引入，协同建设工作站、实验室、研发中心，推动企业运用更多新技术、研发更多新产品。支持国安创客等众创空间加快发展，实现“创客、创新、创业”三创联动。

加快企业转型。大力开展质量提升专项行动，鼓励企业以质量提升推动转型升级，以品牌建设增强竞争实力。深入开展“降费减负”专项行动，实行市场准入负面清单制度，推动“多证合一”扩容升级，进一步激发市场主体活力，促进民营企业加快升级。启动实施中小企业“育苗扶壮”计划，着力培育一批“专精特新”骨干企业，引导家具制造、钣金制品等传统企业兼并重组、整合提升，打造行业排头兵，年内新增规模以上企业5家以上。探索搭建对接平台，支持县内企业与京津企业开展更多合作。积极开展企业上市培训，全年新增上市企业2家以上。加强企业家梯队建设，着力培育一批“百年企业”，创建一批“百年品牌”。

推动五城升级。坚持以创新为动力，以效率、效益、效果为追求，放大家具城、石材城、汽配城、影视城、大爱城品牌效应，使其在县域产业转型升级中发挥更大带动作用。对家具城，提高家居展览文化节办节质量，完善售后物流评价体系，同步依托居然之家、月星家居等国内顶尖品牌卖场，运用“互联网+”等现代技术，提升营销管理水平，改善顾客购物体验，推动家居产业实现更高质量发展。对石材城，理顺运行机制，加强市场管理，切实提高税收贡献度。对汽配城，推动解决制约问题，加大市场开拓力度，尽快形成集汽车展示交易、物流、电子商务于一体的多维产业链条。对影视城，加快第一城转型升级，鼓励新桥影视特效基地与国华影视基地合作发展，发挥1+1>2的叠加效应，推动影视文化产业做大做强。对大爱城，加快大爱医院等重点工程建设，完善配套服务设施，促进集医疗康复、生活护理、休闲养生于一体的爱晚养老小镇尽快成型。

四、持续改善环境质量，在加强生态文明建设中构建绿色发展新格局

坚持“绿水青山就是金山银山”的发展理念，集中力量实施生态环境建设攻坚，为实现绿色崛起、高质量发展提供更加良好的环境保障。

继续狠抓大气污染治理。坚持综合施治。持续用力、久久为功，加力落实大气污染治理强化措施，统筹抓好散煤、扬尘、工业污染、餐饮油烟、机动车尾气综合治理工作。坚持科学施治。加强对监测数据的分析、研判，发挥专家组指导作用，因地、因时定策，提高治理的科学化、精准化水平。坚持协同施治。建立“县级调度、分区落实、网格联防、靶向治理”的工作机制，落实县、镇、村三级工作责任，形成联防联控的治理格局。坚持常态施治。健全“散乱污”和VOCs企业治理长效机制，巩固治理成果，确保全年空气质量优良天数比例超过71%，蓝天保卫战取得更大胜利。

强力推进水污染治理。启动实施重点河渠清淤疏浚工程，抓好纳污坑塘治理，完成城区污水处理厂改造提标、百家湾排干渠水系景观建设等重点治理工程，推动全县水体质量持续改善。深入实施河长制，探索建立县、镇、村三级河长责任落实监督考评体系，“一河一策”制定监管治理方案，确保全县各类河渠有人管、管到位。谋划实施环城水系治理工程，抓好五一渠治理，消除城区黑臭水体。建设渠口镇、五百户镇污水处理厂，提高镇村污水处理能力。

扎实开展土壤污染治理。推行农村垃圾集中处理，切实减少土壤污染源。严格落实国家“土十条”，启动土壤污染治理与修复规划编制工作，开展农用地土壤污染状况详查，持续推进农业面源污染治理，不断提升土壤环境承载力。

积极推进绿色发展。加强基层环保队伍建设，完善网格管理体系，实行群防群治，开展联合执法，严查严打各类环境违法行为，保持高压态势不松劲。深入开展绿色企业、绿色机关、绿色学校、绿色社区、绿色庭院创建活动，不断增强群众环保意识，推进全民绿色生活。积极探索多元化、市场化生态补偿机制，建立环境信用评价制度，鼓励引导企业采用先进技术、使用清洁能源、降低材料消耗，实现绿色低碳发展。

五、大力发展全域旅游，在放大生态优势中打造县域发展新亮点

紧紧围绕“省级全域旅游示范县”“京津冀休闲目的地”的目标定位，按照“一年打基础、两年出形象、三年上品质”的工作要求，加快构建“六环两带十小镇”的全域旅游发展格局，让香河处处有景观、处处有精彩。

提速“两河”综合治理步伐。加快实施运河生态文化产业项目，抓紧完成生态驳岸、水质提升、滨水景观带等一期工程，推进运河文化中心建设，启动扩挖疏浚、岸线防护、生态湿地等二期工程，推动运河治理早见成效、早出形象。全力推进大运河文化带建设，加强对金门闸等运河沿线文化遗存的修缮保护，进一步挖掘利用安头屯中幡、运河码头等运河文化资源，积极举办京津冀运河文化研讨会、首届运河文化书画交流会等特色文化活动，大力引进影视制作、休闲旅游、文化创意等现代产业，打造京津周边独具魅力的运河文化品牌。加快潮白河综合治理工程PPP项目申报，启动水利防洪、人工湿地、景观小品等工程。大力推进国家级湿地公园建设，推动“两河”生态涵养带、滨河风光带、旅游休闲带加速成型，让“两河”成为香河最耀眼的生态名片。

大力推进荷花小镇建设。完成项目规划设计编制，加快PPP项目确认，推进万亩荷塘上档升级。结合当地文化资源开发利用，高标准增建一批游园景点，同步完善生态停车场等配套设施，不断提升核心景区吸引力。集中力量启动实施小镇客厅、商业水街、魅力动线、精品民宿等重点工程建设，确保年内展现初步形象，推动以“京津荷香小镇、诗画水乡慢城”为主题的特色小镇加快成型，带动其他旅游小镇快速发展。

加快打造精品旅游片区。积极推动安头屯片区旅游环线建设，改造提升沿线景观，促进乐农美联生态农场、东方千年古葡萄庄园上档升级，力争达到AAA级景区标准。加快安平片区森林环线建设，完善溪香樱桃园等景点设施。完成五百户片区环线和道路景观提升工程，推进香椿营民族文化广场、民俗风情街区等重点工程建设，打造乡村旅游示范村。启动蒋辛屯片区腾奥农庄、潮白花世界等项目建设，完成2公里滨河绿道工程，发展更多特色主题民宿，提升景观品质，丰富旅游业态。

提高县域绿化美化水平。落实构建京津冀生态环境支撑区战略部署，按照“全域景区化、生态经济化、通道景观化、乡村园林化”的理念，高标准编制全县林业发展规划，推进城乡绿化增量提质，加快打造平原森林城市。大力实施倪李路、夏安线重点路段景观提升工程，高标准推进通唐线、密涿高速两侧绿化景观建设，形成多层次、多色彩、高品位的精品景观廊道。引入专业公司，加强对城乡节点公园、绿地游园的养护管理，巩固造林绿化成果，切实让绿色成为全域旅游的靓丽底色。

强化全域旅游发展支撑。高标准编制全县旅游发展总体规划，制定全域旅游发展实施意见，为加快工作推进提供引领和保障。大力完善餐饮住宿、旅游标识、休闲驿站、旅游厕所等配套设施，科学构建布局合理、功能齐全、设施完善的旅游服务网络。加强道路沿线、景区景点及周边环境整治，确保整洁有序。加快发展“旅游+”新兴业态，整合家居展销、民间花会、特色美食、水系景观、“美丽乡村”等旅游资源，推出家居博览游、民俗文化游、乡村体验休闲游等系列精品旅游线路，让旅游真正融入经济社会发展的各个层面。办好香河荷花节、京津冀中华大庙会等品牌旅游活动，广泛开展多种形式的宣传推介，推动“运河驿站•荷香香河”的旅游品牌更具知名度，更有影响力。

六、全面提升城市建设管理水平，在扩容提质中塑造城市发展新形象

按照“特色鲜明、设施完善、生态宜居的环首都卫星城”的城市定位，对标北京城市副中心，高质量推进城市建设与管理，全力把香河打造为京津冀世界级城市群中的璀璨明珠。

实施重点工程建设。坚持财政投入与撬动社会资本相结合，投资 20 亿元以上推动六项重点工程建设，弥补基础设施欠账，解决制约发展的瓶颈问题。

—— 投资 8 亿元，启动建设全民健身中心、职业教育中心、干部培训中心，完善城市公共设施，打造展现城市形象的新地标。

—— 投资 1.7 亿元，启动实施密涿高速联接线工程，开辟进京新干线。

—— 投资 5 亿元，加快推进平香线南延工程，确保年内部分路段先行通车。

—— 投资 1.2 亿元，改造市场路、永明路、新开大街、新华大街西段等多条道路，启动淑阳大街西延、永盛路中段新建工程，改善城市路况，畅通城区交通。

—— 投资 6.5 亿元，启动建设垃圾焚烧发电厂，力争两年建成，彻底解决城乡垃圾处理问题，实现无害化、减量化、资源化。

—— 投资 1.2 亿元，实施大辛路养护改造工程，按照双向四车道标准重建潮白河义井大桥，改善城区与县域东部的交通条件。

推进城市品牌创建。大力创建国家园林城市。谋划建设新的城区大型综合公园和一批休闲游园，实施市场路、永通路等 6 条城区道路绿化景观提升工程，推动县城建成区绿地率提高到 37%以上，城市绿化美化水平进一步提升。深度创建洁净城市。开展市容市貌综合整治行动，推进小街小巷维修改造，加大环卫保洁力度，消除城乡接合部等脏乱差的死角死面，生活垃圾处理指数提高到 95%以上，让城市的每个角落都干干净净。积极创建海绵城市。启动编制专项规划，建设精品示范项目，同步完成雨污分流管网 21 公里，推广中水回用系统，让宝贵的水资源得到充分利用。深化文明城市创建。大力弘扬社会主义核心价值观，加强精神文明建设，深入整治不文明行为，着力培树一批道德模范和先进典型，让文明和谐、健康向上的社会风尚在香河更加蔚然成风。

完善提升城市功能。加快地下管网改造升级，力争全年改造各类管网 31 公里。建设迎宾路、新开大街人防工程，拓展城市人防空间。大力完善排水设施，提升城区防汛排涝能力。加大公共免费 Wi-Fi 建设力度，扩大覆盖范围，提高运行质量。积极推进城中村和老旧小区改造，提高城市品位。强力开展集中拆违专项行动，整治私搭乱建，改善城市形象。加强城区闲置土地利用，挤出空间统筹建设便民市场、公园绿地、公共停车场等配套设施，方便群众日常生活，增加城市宜居指数。加快城区“退二进三”步伐，摸清底数、建立台账、有序实施，为繁荣城市经济腾出空间。积极推进镇区建设，完善规划、改善环境、升级设施，着力打造一批功能齐全、优势突出的特色城镇，推动更多镇跻身“全国千强镇”行列。

实行城市精细管理。推进城市综合执法体制改革，组建镇级综合执法队伍，理顺执法机制，厘清执法责任，规范执法行为，确保事事有人管、有人真管事。建立城市“网格化”管理体系，逐一明确网格长、网格员，让城市管理细化到每一平方米。建立乱停乱放、乱堆乱倒、乱写乱画和噪音污染、马路市场、店外经营等重点难点问题常态化治理机制，把管理拓展到八小时以外。完善升级交管设施，严管重罚交通违法行为，狠抓非机动车治理，解决交通拥堵问题，改善群众出行环境。加强对物业公司的监管，不断提升服务质量；引导物业公司进驻老旧住宅小区，逐步实现规范化物业管理全覆盖。强化对供水、供热、供气、供电等公共服务的监管，建立群众投诉快速处置机制，不断提高群众满意度。

七、大力实施乡村振兴战略，在推动城乡统筹发展中实现“三农”工作新突破

按照“产业兴旺、生态宜居、乡风文明、治理有效、生活富裕”的总要求，建设“美丽乡村”，发展现代农业，培育新型农民，高质量推动城乡统筹发展，共同实现全面小康。

让农村变得更美。高标准推进“美丽乡村”建设，集中资源创建特色村、打造精品村、普及达标村，加快实现县域“美丽乡村”全覆盖。大力实施农村人居环境整治提升行动，着力推进村街硬化、亮化、绿化、美化，抓好垃圾分类处理、污水处理、“厕所革命”、美丽庭院等重点工作，打造一批人居环境样板村，争创“全省农村人居环境整治示范县”。完善村街公共设施长效管护机制，确保供水、保洁、照明等公共服务正常运行，更好地便利群众生产生活。实施镇村公路改造升级工程，改善农村交通条件。按照“产城结合、以人为本，村民自愿、集体申报，资格准入、公平竞争，集中回迁、跨区安置”的原则，完善政策体系，加快新民居建设步伐，力争年内3个以上村街实现回迁。深入开展“十星文明户”、五好家庭、乡风文明示范街创建活动，推进移风易俗，培树文明乡风、良好家风、淳朴民风，让农村在实现环境美、产业美、生态美的同时，精神更美。

让农业变得更强。实施农业供给侧结构性改革三年行动计划，依托五百户镇无公害蔬菜生产基地、安头屯镇现代农业科技示范区等重点板块，培育特色农业品牌，打造现代农业园区，发展田园综合体，加快传统农业转型升级。实施五一渠首闸、荒凌庄扬水点等4项农田水利基础设施工程，完成8000亩高标准农田建设，为现代农业发展夯实更强基础。深入开展“农产品质量监管示范县”创建活动，强化源头管控，狠抓执法监管，确保农产品质量更加安全。严格规范农村土地流转行为，推行承包地“三权”分置制度，落实集体所有权，稳定农户承包权，放活土地经营权，催生更多家庭农场、农民合作社等新型农业经营主体，使其成为引领全县农业升级发展的主力军。

让农民变得更富。继续加大财政向“三农”倾斜力度，严格落实各项惠农政策。加强农村劳动力转移培训，建设农村专业人才队伍，培育新型职业农民，增强农民就业增收本领。盘活闲置农房和宅基地，用好乡村闲置资源，解决村庄“空心化”问题，让农民获得更多资产性收入。大力发展主题民宿、乡村旅游等新型业态，促进一二三产业融合发展，不断拓宽农民增收渠道。扎实完成农村“两委”换届，选出更多懂管理、会经营的当家人，更好地引领群众增收致富，实现全面小康。

八、着力提升公共服务水平，在不断强化民生保障中开创社会发展新局面

坚持把人民对美好生活的向往作为奋斗目标，紧扣社会主要矛盾变化，下大力补齐民生短板，高质量发展民生事业，让香河人民的生活更幸福、更美满。

办好八项民生实事。筹集资金 6 亿元以上，针对性解决一批群众最关心、最直接、最现实的利益问题，让发展成果更多地惠及全县人民。

—— 投资 2.7 亿元，启动九年一贯制学校、华夏幸福小学等新建工程，加快钳屯小学、十三中等重点工程建设，进一步改善办学条件，扩充优质教育资源，保障适龄儿童“好上学、上好学”。

—— 投资 5000 万元，实施镇级卫生院改造提升行动，年内先行完成刘宋等 4 所镇级卫生院改造工程，力争三年内实现镇级卫生院改造升级“全覆盖”。

—— 投资 8500 万元，购进新能源公交车 100 辆，全面完成城乡公交一体化改革，实行全程两元票价，让群众出行更便捷、更实惠。

—— 投资 3500 万元，完成农村垃圾治理一体化，提高农村垃圾分类、收集、处理的规范化、制度化、长效化水平，真正实现“村收集、镇转运、县处理”。

—— 投资 1.2 亿元，启动储气容量 300 万立方米的天然气储气站建设，让城乡群众用气保障更加可靠。

—— 投资 3100 万元，完成民政事业服务中心综合楼建设，改善孤儿和光荣院老人生活条件，确保全县每千名老年人口养老床位增加到 38 张以上。

—— 投资 3000 万元，建设高标准的爱国主义教育主题公园。

—— 投资 6600 万元，改造农村危旧房屋，建设保障性住房，进一步改善城乡困难群众住房条件。

打造公共服务亮点。以智慧城市建设为载体，以互联网技术应用为依托，全面提升公共服务的智能化、实时化水平。启动建设社会管理服务信息平台、城市立体地图管理平台，打造国内一流的智慧香河数据中心、智能指挥调度中心、智慧城市展示中心，推广智慧政务、智慧交通、智慧医疗等八大系统应用，加快实现“互联网+政务”全覆盖，让群众足不出户即可享受信息查询、证件办理、费用缴纳等多元化的便捷高效服务。加强便民服务中心运行管理，按照“能转尽转”原则，将部门行政许可事项及时划转到位，同步完善服务制度，规范服务行为，提升服务质量，建立线上审批大厅，实现线上线下一体化、政务服务一站式。

持续增加群众幸福感。优先发展教育事业。扎实推进城区教育扩容提质三年攻坚行动，建立新建住宅配建教育设施无偿移交机制，有序补充师资力量，着力解决中小学“大班额”问题，促进教育教学水平不断提高。加快推进全面改薄工程和标准化学校建设，确保标准化学校创建率达到 100%。继续推进学前教育三年行动计划，办好公办幼儿园，规范民办幼儿园，整治无证幼儿园，推广普惠性幼儿园，促进学前教育公共服务均等化。大力发展卫计事业。深化医疗、医保、医药“三医联动”改革，完善分级诊疗制度，持续开展家庭医生签约服务，支持社会资本兴办医疗机构，让群众“好看病”。加快引进京津优质医疗资源，深入推进县内“医共体”建设，让群众“看好病”。全面落实各项计生惠民政策，提高计生服务水平，促进人口长期均衡发展。大力繁荣文体事业。积极实施文化强县工程，完善基层文化设施，升级广播电视设施，确保人均公共文化财政支出不少于150元，村街（社区）综合性文化服务中心实现县域全覆盖。扎实开展文化下乡、乡村大舞台等文化活动，进一步丰富群众精神文化生活。积极实施全民健身计划，推进基层健身设施提标扩面，引导更多群众参与体育健身活动，推动“健康香河”建设再上新水平。

持续增加群众获得感。坚决打赢脱贫攻坚战，以兜底线、常态化为原则，建立贫困人口动态清查脱贫机制，落实脱贫政策，因户、因人、因地制宜精准扶贫，确保全面小康路上不落一户、不少一人。按照“向京津看齐、在全省领先”的标准，继续完善社会保障体系，建立城乡低保、特困救助对标增长机制和动态管理机制，广泛开展扶弱帮困送温暖活动，让困难群众和孤儿、残疾人等各类弱势群体得到更多关爱。完成各项保险扩面任务，确保全县基本社会保险参保率达到95%以上。积极支持社会组织发展，年内每万人拥有社会组织数增加到4个以上。实施民兵训练基地改扩建工程，建立县、镇、村三级退役军人服务机构，进一步提高“双拥”工作水平。抓好高校毕业生、就业困难人员、企业下岗人员、农村转移劳动力等重点群体就业工作，确保城镇零就业家庭保持动态归零。

持续增加群众安全感。坚持把安全稳定作为最大的政治、最基本的民生，坚决当好首都政治“护城河”的排头兵。严格落实安全生产责任制，建立完善安全生产监管责任清单，开展常态化、制度化隐患排查整治活动，坚决遏制重特大事故发生。强化食品药品监管，严把生产、流通、销售等各环节关口，确保群众饮食用药安全。持续深化平安香河建设，按照中央统一部署，开展专项行动，严厉打击涉黑涉恶、涉枪涉爆和盗抢骗、黄赌毒等各类违法犯罪活动，强力整治社会治安问题，巩固良好的社会治安环境。加强和创新社会治理，深入推进综治中心建设，不断提升社会服务管理水平。全力做好信访维稳工作，深入开展信访积案集中化解行动，集中力量解决好土地征占、问题楼盘、农民工工资拖欠等重点领域问题，依法严厉打击缠访闹访行为，坚决维护正常的社会秩序。

积极适应新时代发展要求
持续提高政府自身建设水平

新时代、新使命、新征程，对政府工作提出了新的更高要求。我们深入学习贯彻党的十九大精神，不忘初心、牢记使命，始终牢牢坚持把政治建设放在首位，坚决维护党中央权威和集中统一领导，坚定“四个自信”，增强“四个意识”，做到“四个服从”，始终在思想上政治上行动上同以习近平同志为核心的党中央保持高度一致；牢牢坚持用习近平新时代中国特色社会主义思想武装头脑、增强本领、指引实践，确保中央和省、市、县委的工作部署落地见效；牢牢坚持贯彻落实新发展理念，把创新作为第一动力，协调作为内生特点，绿色作为普遍形态，开放作为必由之路，共享作为根本目的，坚定不移推动高质量发展；牢牢坚持以人民为中心的发展思想，以更加创新的举措、更加务实的作风，一步步实现好全县人民对美好生活的向往，奋力开创全县发展新局面。

讲创新促改革，科学高效施政。围绕全县重点工作，着力推进制度创新、机制创新，以创新破解制约、加快发展。全力抓好“放管服”改革、商事制度改革等重点领域改革，加强上级政策研究，制定本地化推进措施，确保改革任务落实落地。进一步深化行政审批制度改革，优化审批流程，推进并联审批，压减办结时间，不断提高行政服务效能。全面推行“工商注册全程电子化”等便企新措施，推广微信公众号等便民新方式，切实让信息“多跑路”、群众“少跑腿”。

讲规矩尊法治，严格依法行政。加强政府系统公务人员的法律教育培训，引导其更加自觉地学法、守法、用法。健全完善“三重一大”事项决策机制和政府法律顾问制度，严格落实重大行政决策合法性审查规定，加强对各级权力清单、服务清单、责任清单的运行监管。抓好人大代表建议和政协委员提案办理，自觉接受人大依法监督和政协民主监督。全面推进政务公开，主动接受社会监督，确保权力始终在法治的轨道上运行。

讲责任重落实，担当务实勤政。坚持“担当显品质、落实是能力”的工作理念，全面治庸、治懒、治散、治拖，严惩不作为、慢作为、乱作为行为。实行重点工作、项目、工程台账式管理，加强过程管控、效能督查、绩效考评、跟踪问责，定期公开亮进度、晒问题。健全推动工作落实的责任机制、奖勤罚懒的激励机制、常态长效的监管问责机制，让高效实干成为政府的作风导向，让担当负责成为广大干部的自觉追求。

讲廉洁树形象，全面从严治政。严格落实全面从严治党要求，大力推进政府系统党风廉政建设，积极履行领导干部“一岗双责”责任。严格落实中央八项规定精神，深入开展“不忘初心、牢记使命”主题教育，驰而不息纠“四风”、转作风、树新风。强化对行政审批、工程建设、资源开发、项目招投标等重点领域的监察审计工作，推进各镇、街道、园区和县直部门财务审计全覆盖，摸清资产资源底数，严防腐败问题发生。落实领导干部分包服务企业制度，着力构建“亲”“清”新型政商关系。坚持勤俭节约，严控经费支出，集中财力保发展、惠民生，以清正廉洁为民的良好形象，赢得人民群众更多的信任和支持。

站在新起点，展望新征程，加快发展时不我待，实现蓝图重任在肩。让我们在中共香河县委的坚强领导下，不忘初心再进发，勇立潮头谱新篇，为全面建成小康县、加快建设美丽幸福新香河而努力奋斗！

关于香河县2017年国民经济和社会发展计划执行情况与2018年国民经济和社会发展计划报告

——2018年1月30日在香河县第十五届

人民代表大会第二次会议上

香河县发展改革局局长　冯国祥

一、2017年全县国民经济和社会发展计划执行情况

—— 地区生产总值预计完成249.6亿元，同比增长6.5%。

—— 规模以上工业增加值预计完成79亿元，同比增长2.5%。

—— 财政收入完成65.9亿元，同比增长2.1%，其中一般公共预算收入完成33.3亿元。

—— 固定资产投资预计完成222亿元，同比增长3.8%。

—— 城镇居民和农村居民人均可支配收入预计分别达到39839元和16553元，同比均增长8.5%。

—— 主要污染物减排指标居全市前列。

—— 文化、教育、卫生计生、就业等其他主要指标均完成任务。

产业发展持续加速。以高端制造业和现代服务业为主攻方向，在项目建设上攻坚发力，做大做强，高质量发展后劲不断增强。**协同发展扎实有效。**主动融入“协同发展”大格局，依托机器人小镇，引进一大批科技型企业，同时鼓励域内企业与京津科研院所对接。国际建材交易中心、京津冀汽车零部件物流交易中心等投入运营，千余家商户入驻。**平台建设上档升级。**“一区三园”管理体系成功确立，行政审批局挂牌成立，园区管运机制更加完善，全年完成基础设施投入8.5亿元，园区承载能力不断增强。**项目建设提质增速。**全年实施重大实体产业项目20个，成功争列省重点建设项目10个，数量位居全市第一，同时争列市重点建设项目10个。中粮可口可乐华北生产基地正式投产，大爱城养老示范基地初见成效，美国ATI、安川都林等企业相继签约入驻，欧洲之窗、奥特莱斯城市综合体等项目开工建设，稻香村香河生产基地、正大食品、同位素药物等国际国内名牌项目签约落地，全域旅游与现代农业融合发展，乐农美联、万亩荷塘等观光体验项目初具规模。**传统产业焕发活力。**深入开展“增品种、提品质、创品牌”行动，我县被评为“河北省家具制造业名县”，海潮制件获得省级“专精特新”企业称号，凯华齿轮、通达科技被认定为2017年省级“互联网+制造业”重点培育项目企业，一城酒业等6家企业6个产品被认定为河北省名牌产品，传统产业在转型升级中焕发新活力。**科技创新不断增强。**结合“双创”活动，进一步提升企业创新能力。119家企业被认定为科技型中小企业，7家企业被认定为科技小巨人企业，11家企业被认定为市级研发机构。全县规模以上高新技术产业增加值完成 20 亿元，同比增长 12%，“大智移云”产业显现出强劲的发展后劲。**深化改革成效显著。**145 项改革要点任务扎实推进，40 余项全面完成，70 余项跨年改革任务均按时序进度完成，改革的主动性、针对性、实效性明显增强。严格落实商事制度改革，全面实行多证合一。“放管服”改革成效显著，全年承接中央省市下放权力事项 16 项，取消行政许可事项 11 项，营商环境不断优化。

城乡建设持续提升。基础设施建设力度加大。全年新改建城乡路网 126.8 公里，平香线南延工程实质性开工建设，103 国道中修、大香线南段拓宽改造等工程竣工通车。蒋辛屯 220 千伏、罗屯 110 千伏等 4 座变电站和 1000 余千米中低压电网建设工程全面完成，有效保障了全县“电代煤”工程和未来发展需要。城区主要公共区域免费 Wi-Fi 实现全覆盖，通信网络服务能力不断提高。文化艺术中心建成开放，便民服务中心投入使用，新城公园、体育公园等 24 座公园游园完成新建或改造，我县被评为“全省 2017 年度县城建设示范标杆县”。**深化改革成效显著。**我县城镇化率提升到 60.8%。21 个村街达到省级“美丽乡村”建设标准，全县“美丽乡村”覆盖率提高到 76%，居住环境得到大幅改善。新民居建设稳步推进，钳屯镇贾庄村等 3 个村街启动回迁安置。淑阳、安平、五百户、钳屯 4 镇进入“全国千强镇”榜单，庆功台村荣获全市唯一的“全国一村一品示范村”。

生态环境持续改善。全县空气质量综合指数下降率和四项考核指标均居全市第一，优良天数同比增加 75 天，群众对空气质量的感受明显好于上一年。严格落实各项防治措施，集中精力治理扬尘、机动车尾气、餐饮油烟、秸秆焚烧等面源污染。“煤替代”工作在全市率先高标准完成，8.7 万户居民完成煤改气、煤改电。951 家“散乱污”企业、380 家 VOCs 企业和 73 家散煤型煤生产经营网点关停治理到位。全年完成植树造林 1.75 万亩，森林覆盖率达到 42.4%。启动北运河、潮白河生态整治工程，扎实推进大运河文化带建设，完成北运河中段清淤护坡工程，国家湿地公园建设取得初步成果。清淤疏浚重点河渠 24 公里，落实河长制度，为全县水体质量持续好转提供保障。

民生保障持续增强。不遗余力增投入，惠民生，保稳定，促和谐，办成了一批惠民利民实事，城乡居民获得感和幸福感不断增强。全县中、高考成绩再创佳绩，香河一中本一和本科上线人数、上线率均创历史新高，第五小学新建等 12 项重点教育工程竣工投入使用，220 多名新聘教师充实到教学一线，全县教育环境和教学质量实现双提升；加快医药卫生体制改革，我县荣获“河北省深化县级公立医院综合改革示范县”“河北省计划生育工作先进县”等称号；城乡居民养老保险补助标准稳步提高，顺利完成城乡居民医疗保险录入工作，认真开展在册民生救助对象复核工作；1000 套棚户区改造有效落实，群众住房需求得到有效保障；成功举办香河县第二届全民运动会、幸福香河大家唱等系列精神文明建设活动。社会治安、安全生产、食药安全、消防安全、信访维稳等工作均取得新成绩。

成绩固然值得肯定，但香河经济社会发展中还存在着一些不容忽视的矛盾和问题：受规划、土地管控、房地产限购等宏观政策影响，部分经济指标增速放缓，一些重点项目难以落地开工；经济运行质量还不够好，房地产业税收占财政收入比重仍然偏高，产业转型升级、增量调整短期内难以见效，稳定发展的基础还不牢固；资源约束日益趋紧，环境压力依然较大，绿色发展、集约发展的水平有待进一步提高；城市的功能、品位与环首都卫星城的发展定位相比还有明显不足，城乡差距依然较大；与京津相比公共服务存在短板，民生保障有待加强。对此，我们高度重视，将在今后的工作中着力加以解决。

二、2018年全县国民经济和社会发展主要预期目标

2018年是全面贯彻落实党的十九大精神的开局之年，也是香河全面建成小康县的决胜之年、收官之年，做好今年经济社会发展各项工作意义重大。我们将**深入学习贯彻党的十九大精神，全面落实国家和省、市工作部署，坚持以习近平新时代中国特色社会主义思想为统领，坚持以人民为中心，坚持新发展理念，大力实施协同发展战略和乡村振兴战略，牢牢把握创新驱动、转型升级、基层基础、绿色崛起主旋律，高标准完成上级下达的目标任务，全力推进科技创新、全域旅游、公共服务等重点工作争一流、出亮点，整体工作上水平，全面建成小康县，在推动高质量发展中加快建设美丽幸福新香河！**

建议2018年我县国民经济和社会发展计划预期目标如下：

—— 地区生产总值增长4%以上；

—— 财政收入和一般公共预算收入均增长7%左右；

—— 城镇和农村居民人均可支配收入分别增5%以上和7%以上；

—— 其他经济和社会发展指标完成上级下达任务。

三、工作重点和主要措施

按照以上目标和思路，2018年我们将做好以下工作。

（一）坚持创新驱动、转型升级，进一步提高产业发展质效

提升科技创新能力。创新驱动是破解结构性矛盾、应对经济下行压力的“金钥匙”，要加快推进以科技创新为核心的全面创新，做大做强创新主体，全面搭建创新平台，持续优化创新环境。不断优化机器人小镇软硬件环境，充分发挥国安创客、太库科技等平台载体作用，着力引进先进要素、高端人才，吸引更多“大智移云”科技资源、项目、技术。**狠抓项目建设。**严格执行《河北省京冀交界地区新增产业的禁止和限制目录》，提高产业准入门槛，坚持高端化、集群化、规模化、绿色化导向，加快发展“大智移云”、高端制造、金融服务、文化创意、健康养老等现代高端产业，做大做强实体经济。力促稻香村食品生产基地、原子高科同位素等项目开工建设，推动奥特莱斯城市综合体、汇天威3D打印设备等在建项目竣工投产，进一步集中力量推进爱晚健康养老小镇、绿地平安金融小镇、通航小镇等特色小镇建设。**改造提升传统产业。**以促进传统产业智能化、信息化为目标，以推进传统企业整合提升、链式发展为方向，以新业态、新模式为抓手，强力推动家具生产、钣金制品等传统产业改造提升。**抢抓协同发展机遇。**推动产业与副中心互动互补，择优承接北京容不下、离不开、走不远的产业项目，加快形成与副中心分工明确、错位互补、协调共进的产业格局。鼓励企业加强同京津高校和科研院所的交流对接，协同建设工作站、实验室、研发中心，建设科技成果孵化转化基地；深化与京津公共服务对接，积极完善政策共商、信息共享、协调联动等机制，争取在教育、医疗、文化、旅游、人才等方面开展合作；加快与北京交通一体化进程，全力推进京唐城际铁路、环北京城际铁路等轨道交通建设，对接副中心交通路网，打通断头路，加快构建与副中心无缝对接、便捷高效的交通体系；瞄准京津创新源头，用足用好石保廊全面创新改革试验区、全面创新改革试

验等政策平台，探索建立跨区域利益分享和使用、创新成果转移转化、基础设施协同规划建设、生态共建共享等方面体制机制。

（二）坚持绿色发展，进一步改善环境质量

狠抓污染治理。严格落实各项防治措施，以坚定的决心和过硬的举措推动空气质量持续好转。加强对监测数据的分析、研判，因地、因时定策，提高治理的科学化、精细化水平；建立"县级调度、分区落实、网格联防、靶向治理"的工作机制，形成联防联控的治理格局；继续抓好散煤、扬尘、机动车尾气和工业污染治理工作。以水系治理、水环境优化、水利基础设施建设为重点，全面落实河长制，"一河一策"制定监管治理方案；启动实施重点河渠清淤疏浚工程，完成城区污水处理厂提标改造、百家湾排干渠水系景观建设等重点治理工程，抓好五一渠治理，推动全县水体质量持续改善。规范农村垃圾填埋行为，切实减少土壤污染源；加强农业面源污染治理，不断提升土壤环境承载力。**推动"两河"综合治理。**抓紧完成北运河综合治理一期工程及运河文化中心建设，启动二期扩挖疏浚、岸线防护、生态湿地等工程；全力推进大运河文化带建设，加强对金门闸等运河沿线文化遗存的修缮保护，进一步挖掘利用安头屯中幡、运河码头等运河文化资源，打造独具魅力的运河文化品牌；加快推进潮白河综合治理PPP项目前期工作，启动水利防洪、人工湿地、景观小品等工程，确保潮白河北运河国家级湿地公园建设初见成效。**构建全域旅游发展格局。**落实构建京津冀生态环境支撑区战略部署，继续推进城乡植树造林；启动荷花小镇建设，推动万亩荷塘上档升级，加快蒋辛屯、安头屯、五百户、刘宋、安平等五大精品旅游片区建设，加快发展"旅游+"新兴业态，推出民俗文化游、家具博览游、乡村体验休闲游等系列精品旅游线路，加快创响"运河驿站•荷香香河"旅游品牌。**完善生态建设体制机制。**健全基层环保机构，完善网格管理制度，开展联合执法，坚持群防群治，实现监控专业化、规范化、常态化，依法严厉打击各类环境违法行为；引导企业绿色生产、绿色经营，推进源头减排；大力创建绿色企业、绿色机关、绿色学校、绿色社区、绿色庭院，不断增强群众环保意识，推进全民绿色生活。

（三）坚持高端引领，进一步提升城乡建设水平

加快统一规划。按照"统一规划、统一政策、统一管控"的要求，科学统筹、管控全县空间资源，对接《北京城市总体规划（2016年-2035年）》和《通州区与廊坊北三县地区整合规划》，抓紧修订城乡总体规划、土地利用总体规划、控制性详细规划和地下空间、基础设施等各专项规划，不断完善规划体系，推进"多规合一"，力争实现一本规划、一张蓝图。**注重城市建设品质。**加快推进平香线南延工程、密涿高速连接线及垃圾焚烧发电厂等重点工程建设进度，完成城乡公交一体化改革，实现主要镇村线路全覆盖。按照"通畅、扩展、便利、提升"的要求，高标准推进市政设施建设。加快推进小街小巷、城中村和老旧小区维修改造，统筹考虑人防工程、便民市场、园林绿化、公共停车场等市政工程，积极创建洁净城市、海绵城市，弘扬社会主义核心价值观，深化文明城市创建。坚持建管并重，切实解决交通拥堵、店外经营、乱停乱放、私搭乱建、非机动车安全隐患等问题。以智慧城市建设为载体，以互联网技术应用为依托，加快实现"互联网+政务"全覆盖，加快公共免费Wi-Fi扩容升级，不断提高城市智能化、数字化和管理科学化、精细化水平。研究谋划"一支执法队伍管城管"体制改革和乡（镇）探索推进区域综合执法改革，打造和谐有序的城市形象。**大**

力实施乡村振兴战略。高标准推进“美丽乡村”建设，加快实现县域“美丽乡村”全覆盖，实施农村环境整治三年提升行动，以硬化、绿化、美化、亮化为重点，抓好垃圾分类处置、污水处理、厕所改造、美丽庭院等重点工作，打造一批人居环境样本村，争创“全省农村人居环境整治示范县”。按照“产城结合、以人为本，村民自愿、集体申报，资格准入、公平竞争，集中回迁、跨区安置”的原则，完善政策体系，加快改造步伐，提高城镇化品质和水平。深入开展“十星文明户”、五好家庭、乡风文明示范街创建活动，培树公序良俗的乡风民风。积极实施农业供给侧结构性改革三年行动计划，大力发展绿色农业、品牌农业和设施农业，打造一批现代农业园区和田园综合体，大力发展主题民宿、乡村旅游等新型业态，推进一二三产业融合发展。严格规范农村土地流转行为，推行承包地“三权”分置制度。继续加大财政向“三农”倾斜力度，严格落实各项惠农补贴政策。

（四）坚持强化民生保障，进一步增加群众的满意度和幸福感

大力发展社会事业。优先发展教育事业，扎实推进城区教育扩容提质三年攻坚行动，着力解决中小学“大班额”问题，加快基础教育均衡发展，全面改善薄弱学校办学条件，启动九年一贯制学校、华夏幸福小学等新建工程，加快钳屯小学教学楼、十三中改造等重点工程建设。深入发展卫计事业，深化医疗、医保、医药“三医联动”改革，完成刘宋镇等4所卫生院改造工程，加快引进京津优质医疗资源，深入推进县内“医共体”建设，进一步优化医疗资源配置。认真落实各项计生惠民政策，提高计生服务水平，促进人口长期均衡发展。繁荣发展文体事业，积极实施文化强县工程，完善基层文化设施，开展文化下乡、乡村大舞台等文化活动，不断丰富群众精神文化生活。实施全民健身计划，推进基层健身设施提标扩面，推动“健康香河”建设。**不断提升社会保障水平。**继续完善社会保障体系，建立城乡低保、特困救助对标增长机制和动态管理机制，推进社保扩面提标。建立贫困人口动态清查脱贫机制，开展精准扶贫，加大帮扶力度，积极落实各项社会救助政策。扎实开展“双拥”工作，建立退役军人服务机构，切实做好服务保障，促进军民融合发展。实施更加积极的就业政策，抓好高校毕业生、就业困难人员、企业下岗人员、农村转移劳动力等重点群体就业工作。**持续提高社会治理水平。**狠抓安全生产、消防安全、交通安全、建筑安全等各项工作，特别要关注“煤替代”领域的安全工作，把用气用电安全摆上突出位置，逐家开展安全知识讲解，逐户排查隐患，确保不出任何问题。强化食品药品监管，严把生产、流通、销售等各环节关口，确保群众饮食用药安全。严厉打击涉黑涉恶、涉枪涉爆和盗抢骗、黄赌毒等各类违法犯罪活动，切实增强群众安全感。深入开展信访积案集中化解行动，集中力量解决好土地征占、问题楼盘、农民工工资拖欠等重点领域问题，严厉打击非法信访和缠访闹访行为，确保社会大局和谐稳定。

做好2018年经济和社会发展工作任务艰巨、责任重大、使命光荣。我们将认真贯彻落实县委、县政府全面部署和工作要求，自觉接受县人大及其常委会的监督和指导，认真听取县政协的意见和建议，开拓创新，锐意进取，为全面建成小康县、加快建设美丽幸福新香河而努力奋斗！

关于香河县2017年全县总预算及县本级预算执行情况和2018年全县总预算及县本级预算草案的报告

——2018年1月30日在香河县第十五届

人民代表大会第二次会议上

香河县财政局局长　刘　宇

一、2017年预算执行情况

2017年，在县委的正确领导和县人大的监督、支持下，县财政部门战胜各种困难挑战，坚持稳中求进、改革创新，紧紧围绕稳增长、调结构、优生态、惠民生，认真落实积极的财政政策，着力推进发展方式转变，全力保障改善民生，财政收入持续增长，财政支出保障有力，圆满完成了全年各项目标任务，促进了我县经济建设和社会事业发展。

（一）一般公共预算执行情况

2017年，我县全部财政收入完成659008万元，占调整预算的101.4%。一般公共预算收入完成333338万元，占调整预算的101%。

按照上述收入完成情况和现行省对县财政管理体制计算，2017年全县一般公共预算可用资金595661万元，支出完成567711万元，占调整预算的98.9%，同比增长7.3%。安排预算稳定调节基金20000万元，结转下年支出5729万元，滚存净结余2221万元。

上述收支中不包含上级下达的专项转移支付资金28831万元。若加入，则可用资金为624492万元，支出为587768万元，结转下年支出13588万元，结余为3136万元。

（二）政府性基金预算执行情况

政府性基金收入完成256932万元，占调整预算的102.8%，同比增收6218万元，增长2.5%。

2017年全县政府性基金预算可用资金168679万元，政府性基金支出161568万元，占调整预算的99.9%，同比下降35%。若加入上级专款1466万元，则可用资金为170145万元，支出为162457万元，结转下年支出7602万元。

（三）社会保险基金预算执行情况

社会保险基金收入完成38776万元，占预算的60.9%，同比增长37.3%；2017年支出31124万元，占预算的55.4%，同比增长24.7%。全县社保基金年末新增结余7652万元，滚存结余32081万元。

（四）国有资本经营预算情况

2017年由于我县没有国有资本经营项目，因此不涉及国有资本经营预算收支。

由于目前省对县财政结算事项尚未完成，以上收支情况若有变化，具体情况待省财政结算批复后，通过年度财政决算报告再行汇报。

（五）2017 年主要工作

一是积极克服房地产调控、生态环保治理、营改增税制改革等不利因素，完善综合治税举措，增强了地方财政保障能力；二是优化调整支出结构，确保支出达到时间进度，并重点保障了人员经费按时足额发放和机关正常运转；三是民生投入进一步提高，支农惠农、社会保障、义务教育、生态环保等政策得到了全面落实；四是全力构建公共财政体系，推进财政改革创新，促进运行机制更加完善，管理效能不断提升；五是扎实做好专项资金清理和监督问效，切实提高了财政资金使用效益；六是把握政策机遇，发挥财政职能作用，更为有力地促进了县域经济发展。

过去的一年，全县财政各项工作取得了长足进展,但距离全县人民的要求还有较大差距。当前，新的经济形势对财政工作提出了更高要求，我们将充分把握有利条件，努力化解不利因素，采取更加有效的工作举措，推进财政科学化、精细化管理，推动全县经济社会的全面发展。

二、2018 年财政预算草案

2018 年是全面贯彻落实党的十九大精神的开局之年，也是香河率先全面建成小康社会的决胜之年、收官之年，编制执行好 2018 年预算，做好各项财政工作，对推动全县科学发展、绿色崛起意义重大。2018 年全县总预算和县本级预算安排如下：

（一）预算收支安排情况

1．一般公共预算安排情况

2018 年全县财政收入计划安排 705000 万元，同比增收 45992 万元，增长 7%；一般公共预算收入计划安排 356700 万元，同比增收 23362 万元，增长 7%。

按照财政收入计划和现行财政管理体制测算，2018 年全县一般公共预算可用资金预计 529551 万元。其中，县本级可用资金 453137 万元，镇区可用资金 76414 万元。

全年支出计划安排 529551 万元，其中：县本级支出计划安排 453137 万元，镇区支出计划安排 76414 万元。全县、县本级和镇区支出安排与当年可用资金数额一致，做到了收支平衡。

上述收支中不包括提前下达的专项转移支付资金 17176 万元。若包括，则全县一般公共预算可用资金和支出均为 546727 万元，不影响收支平衡情况。

2．政府性基金安排情况

政府性基金收入计划安排 256000 万元，综合可用资金为 207111 万元（含上年结转 7111 万元）。支出计划安排 207111 万元，做到了收支平衡。

上述收支中不包括提前下达的专项转移支付资金 204 万元。若包括，则全县政府性基金可用资金和支出均为 207315 万元，不影响收支平衡情况。

3．社会保险基金预算安排情况

社会保险基金预算收入当年计划安排 36856 万元，社保基金预算支出当年计划安排 33977 万元，滚存结余 21823 万元。

4．国有资本经营预算情况

2018 年由于我县没有国有资本经营收入项目，因此国有资本经营预算不做安排。

（二）2018 年预算安排指导思想和基本原则

根据今年形势和改革要求，预算编制的指导思想是：学习贯彻党的十九大精神，全面落实国家和省、市、县工作部署，大力实施协同发展战略和乡村振兴战略，牢牢把握创新驱动、转型升级、基层基础、绿色崛起主旋律，统筹抓好稳增长、促改革、调结构、治污染、惠民生、防风险等各项工作，全力推进科技创新、全域旅游、公共服务等重点工作，为加快建设美丽幸福新香河提供财力保障。

预算编制遵循的基本原则：一是深化改革，依法理财，加强绩效预算管理，细化项目编制，硬化预算约束，推进预算公开。二是突出重点，突出支持协同发展、脱贫攻坚、民生保障、结构调整、化解产能、科技创新、生态治理等重点领域，更好发挥财政调控保障作用。三是积极稳妥，量力而行，尽力而为，综合考虑财政政策、事业发展的延续性，合理确定政策范围和政策力度，确保财政保障的可持续性。四是统筹兼顾，立足全县，着眼长远，盘活存量，用好增量，统筹考虑财力与支出需求，保障财政平稳运行。

根据上级相关要求和我县实际情况，2018年全县支出预算安排主要以“保民生、保重点、压缩一般性支出”为中心。“保民生”：一是保障人员工资支出，确保政策性增资所需资金到位。二是注重对弱势群体的关怀，对城乡居民基本养老保险、城乡居民基本医疗保险、“五保户”供养、再就业人员补贴、城乡社会救济、残疾人生活困难救助等问题按政策给予全力保障，确保实现劳有所得、病有所医、老有所养、困有所助。“保重点”：一是注重向大气污染防治、水资源保护、林业绿化等生态环境建设领域倾斜，努力把生态环境打造成为香河最具吸引力的优势资源。二是注重向三农建设领域倾斜，全面实施乡村振兴战略，推进全域旅游工作，为农业增产、农民增收创造优良的生产生活环境。三是注重向教育、科技倾斜，把加强教育投入和促进科技创新落到实处。四是注重向公共服务项目倾斜，加大公益性项目投入，确保人民群众更多享受经济发展的实惠。“压缩一般性支出”：贯彻落实中央“八项规定”，在全力保障各级各部门基本公用支出需要的情况下，努力降低行政成本，财政供养人员及“三公”经费只减不增。

（三）政府性债务情况

2017 年底全县负有偿还责任的政府性债务余额为 60294 万元，政府债务率 10%，在合理区间内。按照偿还计划，2018 年县本级应偿还债务本息共计 4494 万元，已在支出预算中予以足额安排。

（四）提前支出情况

按照预算法规定，预算年度开始后，本次人民代表大会批准预算前，参照上年同期的预算支出，县本级已安排一般公共预算支出19736 万元，主要用于在职和离退休人员工资发放、单位运转支出；政府性基金预算支出6500 万元，主要用于征地和拆迁补偿支出。

2018 年财政工作任务艰巨、使命光荣。我们将在县委的正确领导和县人大、县政协的监督支持下，认真落实本次人代会通过的各项决议，锐意改革，开拓进取，圆满完成全年各项工作任务，为全面开创美丽幸福新香河建设新局面做出新的贡献。

香河县2017年国民经济和社会发展统计公报

2017年，面对复杂的外部环境和艰巨的改革任务，县委、县政府团结带领全县上下，坚持以习近平新时代中国特色社会主义思想为统领，全面贯彻落实党的十九大精神，牢固树立新发展理念，紧紧围绕“率先全面建成小康县，建设美丽幸福新香河”的奋斗目标，抢抓京津冀协同发展、北京城市副中心建设两大历史机遇，统筹推进稳增长、促改革、调结构、惠民生、防风险等各项工作，全县经济运行总体平稳，社会事业全面进步。

一、综合

全县国民经济总体上运行良好，保持了较快的增长态势，县域经济综合实力不断发展壮大。据初步测算，全县地区生产总值完成250.8亿元，同比增长6.5%，其中：第一产业实现增加值17.4亿元，同比增长1.1%；第二产业实现增加值126.4亿元，同比增长4.1%；第三产业实现增加值107亿元，同比增长10.1%。全县人均生产总值为67193元，同比增长5.2%。

经济结构进一步优化，运行质量不断提高。从三次产业结构看，第一产业所占比重逐步下降，第二产业呈刚性支撑，第三产业快速发展，第一、二、三产业增加值占地区生产总值的比重由上年的7.8：49.4：42.8调整为6.9：50.4：42.7。经济运行质量不断提高，财政收入占地区生产总值的比重达26.41%，比上年下降3.27个百分点。民营经济快速发展，2017年民营经济实现增加值175亿元，比上年增长6.2%，占地区生产总值比重的70.1%。民营经济实缴税金48.8亿元，同比增长4.3%，占全部财政收入比重的74%。

市场物价总水平略有回调。2017年全县居民消费价格指数104.8（2015年为100），其中：食品烟酒指数105.5%，衣着指数105.5%，居住指数108.4%，生活用品及服务指数100.4%，交通和通信指数99.2%，教育文化及娱乐指数100.7%，医疗保健指数111.1%，其他用品和服务指数103.3%。

二、农业

全年粮食播种面积236709亩，粮食总产量90951吨。其中，冬小麦播种面积82023亩，产量32034吨。玉米播种面积152532亩，产量58393吨。全年蔬菜播种面积125605亩，产量464188吨。棉花播种面积62亩，产量3吨。油料播种面积405亩，产量78吨。

全年肉类总产量9561吨，其中，猪肉产量5000吨，牛肉产量1100吨，羊肉产量700吨，禽肉产量2700吨。牛奶产量5600吨，禽蛋产量24800吨。

全年淡水产品产量2086吨，淡水养殖面积4005亩。人工造林面积7980亩，零星植树5万株，木材采伐3197立方米。

农业生产条件进一步改善。年末拥有农机总动力25.4万千瓦，大中型拖拉机1545台，当年机耕面积304845亩，当年机播面积261600亩，当年机收面积264690亩，年末实有机电井5926眼，有效灌溉面积306150亩。农用化肥施用量（折纯）18772吨，农村用电量21750万千瓦时。农业产业化经营率达到68%。

三、工业和建筑业

全县规模以上工业完成产值 134.2 亿元。规模以上高新技术产业产值 87.1 亿元，增速 9.9%。规模以上高新技术产业增加值 19 亿元，同比增长 12.2%。

在规模以上工业企业中， 内资企业 141 家，占全部规上工业的 94.0%，完成工业产值 115.1 亿元；私营企业 126 家占规上工业的 84.0%，完成工业产值 104 亿元；港澳台投资企业 2 家，占规上工业的 1.3%，完成工业产值 1 亿元；外商投资企业 7 家，占规上工业的 4.7%；2017 年亏损企业 27 家，占比 18.0%。

建筑业平稳发展。2017 年建筑业实现增加值 15.9 亿元，比上年增长 20.3%。具有资质等级的总承包和专业承包建筑企业实现利润 9 亿元，上缴税金 0.6 亿元。房屋建筑施工面积 262.2 万平方米，同比增长 366.5%；房屋竣工面积 104.3 万平方米，同比 1638.3%。

四、固定资产投资

2017 年全社会固定资产投资 224.9 亿元，同比增长 5.1%。其中，固定资产投资（不含农户）完成 224.8 亿元，同比增长 5.1%，农户投资 0.1 亿元，同比增长 100%。

从投资构成看：城乡项目投资 185.9 亿元，同比增长 4.3%；房地产开发投资 39 亿元，同比增长 9.4%。

在固定资产投资（不含农户）中，第一产业投资 1.6 亿元，同比下降 48.0%，第二产业投资 133.1 亿元，同比增长 1.7%。第三产业投资 90.2 亿元，同比增长 12.8%。第二产业投资中，工业投资 133.1 亿元，同比增长 1.7%，其中，工业技改投资 70.5 亿元，同比下降 18.5%。

亿元以上建设项目 50 个，同比增加 6 个，完成投资 130.0 亿元，同比增长 6.6%；新开工建设项目 83 个，同比减少 12 个，完成投资 77.7 亿元，同比下降 50.6%。

五、交通和电信业

交通运输业稳步发展。公路交通条件不断改善，公路里程 1054.24 公里，其中：国省道 84.514 公里，县公路 60.5 公里，乡公路 98.6 公里，堤顶路 72.65 公里，村级路 737.976 公里；大中桥 26 座，4413.99 米，小桥 131 座，2103.1 米。年末实有大型载货汽车 434 辆，中型载货汽车 201 辆，小型载货汽车 2663 辆，大、中型载客汽车 84 辆。

电信业发展迅猛。年末固定宽带用户数 90460 户，移动宽带用户数 138275 户；年末固定电话 28710 部，移动电话 397525 部。

六、国内贸易

2017 年全县社会消费品零售总额实现 85.4 亿元，比上年增长 10.8%。其中，限额以上企业（单位）消费品零售额 6.6 亿元，增长 13.6%。分城乡看，城镇市场发展快于乡村市场，城镇市场实现零售额 36.8 亿元，比上年增长 16.0%，乡村市场实现零售额 48.6 亿元，比上年增长 7.1%，城镇市场高于乡村市场 8.9 个百分点；按消费形态分：批发零售实现零售额 72.7 亿元，同比增长 10.9%，住宿餐饮实现零售额 12.7 亿元，同比增长 10.1%。

七、对外经济

招商引资广泛深入。2017 年，实际利用外资 592 万美元，同比下降 70.9%，其中：外商直接投资 592 万美元，同比下降 70.9%。

从批准、注册情况看，新批项目 1 个，项目总投资 158 万美元，合同外资额 158 万美元。新注册项目 1 个，注册资本 158 万美元，外方注册资本 158 万美元。

八、财政和金融

财政收入稳定增长。全县实现财政收入 65.9 亿元，比上年增长 2.1%。其中：一般公共预算收入完成 33.3 亿元，同比下降 16.9%。全县公共财政支出 58.8 亿元,比上年增长 7.8%。

金融形势运行平稳。2017年全县金融机构各项存款余额508.6亿元，比年初减少16.4亿元；住户存款283.6亿元，比年初增加25.7亿元；各项贷款余额602.3亿元，比年初增加131.7亿元。

九、教育、文化、卫生事业

教育事业稳步推进。2017年全县拥有高级中学2所，职业技术教育中心1所，初级中学10所，小学68所。素质教育在全市居领先地位。基础教育成绩喜人，高中在校学生7126人，初中在校学生数10765人，小学在校学生31921人。我县师资力量雄厚，拥有专任教师4496人。

文化事业繁荣活跃。全县文化战线以丰富多彩的社会文化活动为依托，以创新机制为动力，强化精品，净化社会环境，为全县两个文明建设作出新贡献。截止到2017年底全县拥有公共图书馆1个，文化馆1个，博物馆1个，村（社区）综合性文化服务中心300个。

卫生工作扎实推进。2017年全县医疗卫生机构多次组织医务人员上街义诊和三下乡活动，发放宣传材料近万份。年末拥有医疗卫生机构415个，其中：县级医院3个，中心卫生院3个，镇卫生院6个，防疫站1个，卫校1个，妇幼保健站1个。拥有医疗床位2469张，卫生技术人员2145人，其中：副主任医师95人，主治主管医师395人，医师400人，医士224人。近年来，我县集体产权村卫生室全面启用，公共卫生服务能力持续增强。全县拥有乡医生322人，覆盖全县300个村街，基本上实现了小病不出村。

十、人口和人民生活

年末户籍人口372023人，比上年末增加4291人，年末户籍户数126321户。符合政策生育率98.37‰，出生人数5750人，出生率为16.44‰，死亡人数2116人，死亡率为6.05‰，自增人数3634人，人口自然增长率10.39‰。常住人口373661人，比上年末增加4522人。常住人口城镇化率61.15%，比上年提高0.82个百分点。

城乡居民收入持续增长，生活水平不断提高。2017年城镇居民人均可支配收入39914元，同比增长8.7%，农村居民人均可支配收入16567元，同比增长8.6%。从业人员平均工资75252元，同比增长18.7%。在岗职工（含劳务派遣）平均工资76359元，同比增长19.0%。年内享受低保户1049户，享受低保人数1747人,全年共发放低保资金1057.6万元。

大事记

责任编辑 闫振春

1月

1月3日，县委常委、常务副县长陈刚召集相关单位负责人就落实国家和省市清理整顿各类交易场所工作进行安排部署。

1月4日，在第一城会议室召开大运河生态文化项目汇报会议，县领导李桂强、闫再兴、杨波、张学义、马文龙、陈刚、张玉林、田立军参加会议。

1月5日，全市信访稳定暨安全生产电视电话会议在县委七楼会议室组织收听收看，县领导李桂强、王文强、闫再兴、田立军、樊亚峰、焦国强、杨建军、刘凤顺出席会议，各镇、街道、园区及县直相关单位负责人参加会议。

1月6日，县委常委、常务副县长陈刚召集相关单位负责人就全面总结2016年气代煤和电代煤工作进行安排部署。

1月9日，河北卫视春节特别节目在香河县第一城金色大厅进行录制，县领导李桂强、王文强、闫再兴、杨波、田立军、樊亚峰、刘振华、焦国强观看演出。

是日，县委常委、常务副县长陈刚召集相关单位负责人就全县成品油质量执法检查工作进行安排部署。

1月10日，市委常委、纪委书记魏国东在县领导李桂强、王文强、田立军、刘振华的陪同下，到香河县就围绕落实中办、国办《关于做好2017年元旦春节期间有关工作通知》和中省纪委有关通知精神进行工作调研。

1月11日，市委常委、宣传部长王曦在县领导李桂强、王文强、闫再兴、杨波、田立军、焦国强的陪同下到香河县进行工作调研。

是日，干部调整集体谈话会在县委七楼大会议室召开，县领导李桂强、闫再兴、齐建光、刘振华出席会议。

1月12日，县部分老干部在县领导李桂强、王文强、闫再兴、张学义、马文龙、陈刚、齐建光、田立军的陪同下先后到县便民服务中心、一城酒业二期、大爱书院等地进行参观，并在大爱城二楼宴会厅召开2017年香河县老干部情况通报会。

1月13日，县领导王文强、郭建永先后到县职教中心、一中、四小二幼、七中等学校进行工作调研。

1月13—14日，省美丽乡村考核组在县领导李桂强、王文强、闫再兴、郭建永的陪同下，到香河县就美丽乡村建设工作进行考核验收。

1月16日，香河县2017年春节联欢晚会录制活动在喜临门北方家具有限公司举办，县领导李桂强、王文强、张学义、马文龙、田立军、焦国强、张浩波、李艳霞、李一超观看演出。

1月18日，市委副书记、副市长胡晓军在县领导李桂强、王文强、齐建光、田立军、郭建永的陪同下到香河县进行走访慰问。

是日，全县安全生产工作会议在县政府五楼会议室召开，县领导王文强、刘凤顺出席会议，县安委会成员单位负责人参加会议。会后，参会人员先后到百川燃气蒋辛屯门站、华联香百超市、万水环保材料公司，就安全生产工作进行督导检查。

1月19日，顺鑫农业集团董事长王泽在县领导李桂强、王文强、陈刚、田立军的陪同下，到县内牛栏山酒厂香河生产基地进行参观考察。

是日，市委常委、政法委书记饶贵华在县领导李桂强、王文强、田立军、樊亚峰、杨建军的陪同下，到香河县对特困民警进行走访慰问。

1月20日，全市信访维稳电视电话会议在县县群众工作中心会议室组织收听收看，县领导闫再兴、田立军、樊亚峰、杨建军出席会议，相关单位负责人参加会议。

1月24日，香河县在县委七楼会议室召开全县工作情况通报会，县副处级以上领导出席会议，各镇、街道、园区及县直各单位负责人参加会议。

是日，县四大班子主要领导李桂强、王文强、张学义、马文龙和县委常委、副书记闫再兴，县委常委、政法委书记樊亚峰及县委常委、办公室主任田立军等到县公安局慰问春节前奋战在一线的广大公安民警。县政府副县长、公安局党委书记、局长杨建军，局党委副书记、政委吴海斌等陪同。

1月27日，市政府副市长、市公安局局长赵晋进在县委副书记闫再兴，县委常委、宣传部部长焦国强，县政府副县长、公安局长杨建军，局党委副书记、政委吴海斌的陪同下，对“第一城”举办的2017年京津冀中华大庙会安保活动进行督导检查。

2月

2月3日，全市大气污染防治工作电视电话调度会议在县环保局会议室组织收听收看，县领导李桂强、王文强、刘凤顺出席会议，相关单位负责人参加会议。

2月4日，市委副书记、市政府副市长胡晓军在县领导李桂强、王文强、陈刚、田立军的陪同下到香河县进行工作调研。

是日，香河县在县政府五楼会议室组织收听收看全省、全市安全生产工作电视电话会议，并于会后立即组织召开香河县安全生产工作会议。县领导王文强、刘凤顺出席会议，县安委会成员单位主要负责人及相关企业主要负责人参加会议。

2月6日，在县政府二楼东会议室，代县长王文强主持召开燃煤清洁能源替代工作会议，县领导陈刚、张玉林、郭建永、刘凤顺参加会议。

2月8日，潮白河改造规划设计方案汇报会议在县委三楼小会议室召开，县领导李桂强、王文强、张玉林、郭建永出席会议，相关单位负责人参加会议。

是日，县体育中心规划沟通会议在县委三楼小会议室召开，县领导李桂强、王文强、张玉林出席会议，相关单位负责人参加会议。

是日，中国（香河）国际家具展览会阶段性工作汇报会议在县委三楼小会议室召开，县领导李桂强、王文强、刘凤顺出席会议，相关单位负责人参加会议。

2月10日，副处级以上领导干部会议在县委三楼大会议室召开，县副处级以上领导出席会议。

是日，县委常委民主生活会征求意见座谈会在县委三楼大会议室召开，县领导李桂强、田立军出席会议，各镇、街道、园区及县直各单位负责人参加会议。

2月13日，中国共产党香河县第十届委员会第九次全体会议在县委七楼会议室召开，县委委员、候补委员出席会议，纪委委员列席会议。

2 月 14 日，燃煤清洁能源替代工作会议在县政府二楼会议室召开，县领导王文强、齐建光、郭建永、刘凤顺、闫明杰出席会议，相关单位负责人参加会议。

是日，迎接环保部督查工作会议在县政府五楼会议室召开，县领导王文强、刘凤顺出席会议，各镇、街道、园区及县大气污染防治领导小组成员单位负责人参加会议。

是日，县信访联席会议在县委三楼小会议室召开，县领导张玉林、田立军、樊亚峰、吴海滨、闫明杰出席会议，新兴产业示范区、蒋辛屯镇等单位主要负责人参加会议。会议就纽约公园项目购房者上访事宜进行研究部署。

是日，县委常委、常务副县长齐建光召集相关单位负责人就省政府关于促进投资持续健康发展的实施意见进行研究部署。

是日，县委常委、常务副县长齐建光召集相关单位负责人就国务院《关于印发“十三五”节能减排综合工作方案的通知》进行研究部署。

2 月 16 日，县委常委班子民主生活会在第一城会议室召开，县委各位常委出席会议，人大常委会主任、党组书记，政协主席列席会议。

2 月 17 日，中国共产党香河县第十届委员会第十次全体会议在县委七楼会议室召开，县委委员、候补委员出席会议，纪委委员列席会议。

是日，全市大气污染防治和重点河流污染治理电视电话会议在县环保局会议室组织收听收看，县领导李桂强、王文强、刘凤顺出席会议，县大气办、环保局、住建局、执法局等单位主要负责人参加会议。

2 月 20 日，全县农村设施安全隐患排查整治工作动员会议在县委三楼大会议室召开，县领导张玉林、刘凤顺出席会议，各镇、街道、园区及县委农工部、安监局等单位负责人参加会议。

2 月 20—22 日，中国共产党香河县第十一次代表大会在第一城召开，各位党代表出席会议。

是日，十一届县委一次全会在第一城召开，县委委员、候补委员出席会议，县纪委委员列席会议。

2 月 23 日，县委书记李桂强担任县人武部党委第一书记任命仪式在县委三楼大会议室举行，市委常委、军分区司令员焦加根、政治部主任史雅杰、县领导李桂强、韩超、田立军参加任命仪式。

是日，环保部空气质量专项督导组在县领导王文强、刘凤顺的陪同下先后到县内褒丰热力、新仟瑞公司，就大气污染防治工作进行督导检查。

2 月 24 日，全县信访工作会议在县公安局会议室召开，县领导李桂强、张玉林、田立军、樊亚峰、吴海斌出席会议，各镇、街道、园区及县信访局、司法局、工信局等单位主要负责人参加会议。

是日，公安部治安管理局局长胡明朗一行在副市长、市公安局党委书记、局长赵晋进，省公安厅治安管理局副局长张根立，省公安厅“护城河”常态机构筹备组主任康海潮等人的陪同下，深入安平公安检查站，督导检查全国“两会”安保工作开展情况。县政府党组成员、公安局党委书记、局长吴海斌等同志陪同。

2 月 25 日，全省信访维稳和全国“两会”安保工作电视电话会议在县委七楼大会议室组织收听收看，县领导李桂强、王文强、张玉林、田立军、吴海斌出席会议，各镇、街道、园区及县直有关单位负责人参加会议。

2 月 26 日，省公安厅党委委员、巡视员张士良在副市长、市公安局党委书记、局长赵晋进，省公安厅“护城河”常态机构筹备组主任康海潮、市公安局党委委员、指挥中心主任赵洪茂等人的陪同下，深入安平公安检查站，督导检查全国“两会”安保工作开展情况。县政府党组成员、公安局党委书记、局长吴海斌等同志陪同。

2月26—28日，香河县第十五届人民代表大会第一次会议和政协香河县第九届委员会第一次会议在第一城会议室召开，县人大代表和政协委员出席会议，各单位主要负责人列席相关会议。

是日，县委常委扩大会议在第一城会议室召开，县四大班子领导出席会议，各镇、街道、园区及县信访局、住建局、国土局、政法委等单位负责人参加会议。

2月28日，国务委员、公安部党委书记、部长郭声琨，武警部队司令员王宁，公安部党委副书记、常务副部长傅政华，公安部党委副书记、副部长黄明，公安部党委委员、副部长、北京市副市长、公安局长王小洪深入安平公安检查站，考察全国“两会”期间“护城河”安保工作。省委常委、政法委书记、公安厅长董仚生，市委书记冯韶慧，市委常委、政法委书记饶贵华，市政府副市长、市公安局党委书记、局长赵晋进，县委书记李桂强，县政府副县长、公安局党委书记、局长吴海斌等陪同。

3月

3月1日，全市信访维稳工作电视电话会议在县群众工作中心会议室组织收听收看，县领导李桂强、王文强、张玉林、田立军、齐建光、樊亚峰出席会议，县信访局、政法委、宣传部、民政局、人社局、住建局、防范办等单位负责人参加会议。

3月2日，市公安局党委委员、副局长穆保民深入县公安局督导检查全国“两会”安保工作。县政府副县长、公安局党委书记、局长吴海斌等陪同。

是日，市公安局调研员付立军深入香河县公安局，就集中清查统一行动进行督导检查。

3月3日，密涿高速连接线建设情况座谈会议在县规划展馆会议室召开，市交通局党组书记王辉云，县领导李桂强、王文强、田立军、刘凤顺、刘奖波出席会议，县交通局、规划局、国土局、财政局、蒋辛屯镇主要负责人参加会议。

是日，市委副书记、组织部长、统战部长李龙深入安平公安检查站，督导全国“两会”安保工作。县委常委、政法委书记樊亚峰，县政府副县长、公安局党委书记、局长吴海斌等陪同。

3月5日，市政府副市长、市公安局党委书记、局长赵晋进深入县公安局开发区派出所督导检查全国“两会”安保工作。

3月6日，县城乡规划汇报会议在县委三楼小会议室召开，县领导李桂强、王文强、闫明杰出席会议，相关单位负责人参加会议。

3月7日，运河文化展示中心项目汇报会在第一城召开，县领导李桂强、王文强、齐建光、刘雪艳、闫明杰出席会议，相关单位负责人参加会议。

是日，香河华北致冷设备有限公司中科院周远院士工作站揭牌仪式在第一城举行，副市长张春燕、市科技局副局长纪永奎，县领导李桂强、王文强、刘凤顺、刘奖波，中科院理化所周远院士、武汉理工大学校长张清杰、中科院理化所副所长刘新建等专家学者出席揭牌仪式。

是日，由海河防总秘书长、海委副主任翟学军带队的海河防总防汛抗旱检查组在县领导李桂强、王文强、刘雪艳的陪同下先后到县内土门楼闸、吴村闸进行督导检查。

是日，省公安厅党委委员、副厅长史贵中在食药总队政委田广清，市局党委副书记、常务副局长侯树青的陪同下深入安平公安检查站，检查督导全国“两会”安保工作。县政府副县长、公安局长吴海斌等陪同。

3 月 8 日，恒大集团北京公司董事长段胜利在县领导王文强、刘凤顺的陪同下到香河县进行投资考察。

是日，县委常委、常务副县长齐建光召集相关单位负责人就编纂香河年鉴（2017）相关工作进行安排部署。

3 月 9 日，乡村旅游规划汇报会议在县委三楼小会议室召开，县领导李桂强、王文强、刘雪艳、闫明杰出席会议，相关单位负责人参加会议。

是日，市气代煤工作督导组在副县长闫明杰的陪同下到香河县进行督导检查。

3 月 10 日，县委常委（扩大）会议在县委三楼常委会议室召开，县委各位常委出席会议，人大常委会主任、政协主席及相关单位负责人列席会议。

是日，2017 年全县亿元以上项目集体开工仪式在开发区机器人产业港三期项目现场举行，县领导李桂强、王文强、闫再兴、马文龙、田立军、齐建光、刘奖波出席开工仪式。

3 月 14 日，文化部党组成员、部长助理于群在县领导李桂强、王文强、田立军、焦国强、刘雪艳的陪同下，到香河县就京津冀文化产业协同发展工作进行督导调研。

是日，省民政厅副厅长许祯科在县领导王文强、郭建永的陪同下到香河县就养老工作进行督导调研。

3 月 17 日，县领导李桂强、王文强、张玉林、樊亚峰赴市参加全市信访维稳工作暨百日攻坚集中行动会议。

3 月 20 日，县委中心组理论学习会议在县委三楼大会议室召开，副处级以上领导出席会议，各镇、街道、园区及县直相关单位负责人参加会议。

3 月 26 日，首都师范大学附属香河实验学校办学合作签约仪式在县规划展馆会议室举行，县领导王文强、郭建永、刘奖波出席签约仪式，县教育局、蒋辛屯镇负责人及华夏公司负责人参加签约仪式。

3 月 27 日，县领导李桂强、王文强、田立军、郭建永、刘奖波到新华街道办与涉军重点人员进行约访。

3 月 28 日，全县 2017 年重点工作动员大会在第一城召开，县副处级以上领导出席会议，各镇、街道、园区及县直各单位负责人参加会议。

是日，市公安局党委副书记、调研员戴文光在县领导王文强、吴海斌、郭建永的陪同下，到香河县就军队退役人员政策落实工作进行督导调研。

3 月 29 日，2017 中国•香河国际家具展暨中国香河国际家居文化节协调会议在县政府四楼会议室召开，县领导王文强、焦国强、吴海斌、郭建永、刘凤顺出席会议，各镇、街道、园区及县政府办、宣传部、家具城、公安局等单位负责人参加会议。

3 月 30 日，全市卫生与计划生育工作暨深化医改推进会议在香河县第一城召开，副市长张春燕出席会议并讲话，县领导王文强、郭建永及市计划生育领导小组、市深化医改领导小组重点成员单位分管负责人，各县（市、区）政府主管县长，廊坊开发区管委会主管主任，各县（市、区）、廊坊开发区卫生计生行政部门主要负责人参加会议。

3 月 31 日，河北省大气污染综合治理大会（电视电话会议）在县委七楼会议室组织收听收看，县副处级以上领导出席会议，各镇、街道、园区及县直相关单位负责人参加会议。

4月

4月3日，全县大气污染防治工作会议在县政府五楼会议室召开，县领导王文强、刘凤顺出席会议，各镇、街道、园区及县委宣传部、公安局、大气办、环保局等单位负责人参加会议。

4月7日，县领导李桂强、王宏民赴市参加2016年度县委书记抓基层党建述职评议暨全市“基层党建提升年”动员大会。

是日，全县问题楼盘约谈会在县政府五楼会议室召开，县领导王文强、张玉林、宋品仲、闫明杰出席会议，相关单位负责人参加会议。

是日，新疆焉耆县县长苏晓莉在县领导王文强、郭建永得陪同下到香河县进行参观考察。

4月7—8日，环保部副部长黄润秋在县领导李桂强、王文强、田立军、刘凤顺、刘雪艳、刘奖波的陪同下，到香河县对北运河河道水环境治理和生态建设情况进行督导调研。

4月9日，市文广新局副局长李永生、市文物处处长张洪英在副县长刘雪艳的陪同下，到香河县就运河故道沉船抢救保护工作进行督导调研。

4月10日，2017中国•香河国际家具展开幕式在县经纬家居博览中心举行，县四大班子领导出席开幕式。

是日，全县信访维稳工作会议在县委三楼大会议室召开，县领导张玉林、田立军、樊亚峰、宋品仲、吴海斌、闫明杰出席会议，开发区、新兴产业示范区等单位负责人参加会议。

4月11—12日，中国城市规划设计研究院、河北省城乡规划设计研究院负责人在县领导李桂强、王文强、田立军、闫明杰、刘奖波的陪同下，到香河县就通州区与北三县地区规划工作进行调研。

4月13日，市安全生产督导执法检查组在副县长吴海斌的陪同下到香河县就粉尘涉爆企业、“气代煤”工程安全监管及国务院安全生产巡查迎检工作进行督导检查。

4月17日，全省做好军队退役人员工作电视电话会议在县公安局会议室组织收听收看，县领导李桂强、王文强、张玉林、田立军、樊亚峰、吴海斌出席会议，县委宣传部、政法委、信访局、财政局、民政局等单位负责人参加会议。

是日，县领导李桂强、王文强赴市参加省委第七巡视组反馈廊坊市巡视意见会议。

4月18日，县委常委（扩大）会议暨县委中心组学习会议在县委三楼大会议室召开，县副处级以上领导出席会议，各镇、街道、园区及相关单位负责人参加会议。

是日，县领导李桂强、王文强赴三河市参加北三县工作座谈会议。

4月19日，县委常委（扩大）会议在县委三楼大会议室召开，县四大班子领导出席会议，各镇、街道、园区及相关单位负责人参加会议。

是日，全县基层党（工）委书记抓基层党建及落实全面从严治党主体责任述职评议会议在县委三楼大会议室召开，县委常委，县人大主任、政协主席出席会议，各镇、街道、园区及县直各单位负责人参加会议。

4月21日，涉军信访维稳专班会议在县委三楼小会议室召开，县领导张玉林、樊亚峰、郭建永出席会议，淑阳镇、新开街道办、新华街道办、民政局、人社局等单位负责人参加会议。会议就涉军信访稳控化解工作进行安排部署。

4月25日，河北省第四次县（市、区）委书记工作交流（电视电话）会议在县委七楼会议室组织收听收看，县四大班子领导参加会议。

4 月 26 日，县委书记李桂强在县委常委、县委办公室主任田立军、县委常委、政法委书记樊亚峰的陪同下到县公安局调研。

4 月 27 日，香河县省级文明县城创建工作推进会议在县委七楼会议室召开，县领导李桂强、王文强、张玉林、焦国强、张浩波、闫明杰出席会议，各镇、街道、园区及县直各单位主要负责人参加会议。

是日，省人社厅副巡视员傅国丰在县领导李桂强、田立军、樊亚峰、郭建永的陪同下，到香河县就军队退役人员政策落实工作进行督导检查。

是日，县领导李桂强、刘振华赴市参加全市巡察工作推进会暨六届市委第一轮巡察工作动员部署会议。

是日，全市大气污染防治电视电话调度会议在县环保局会议室组织收听收看，县领导王文强、闫再兴、刘凤顺出席会议，各镇、街道、园区及县环保局、大气办、工信局等单位负责人参加会议。

4 月 28 日，香河家居文化节开幕暨文化艺术中心开放仪式在县文化艺术中心北广场举行，县领导李桂强、王文强、张玉林、闫再兴、焦国强、刘凤顺、刘雪艳、刘奖波出席相关活动。

是日，河北省“一问责八清理”专项行动暨基层“微腐败”专项整治动员部署（电视电话）会议在县委七楼会议室组织收听收看，县领导李桂强、王文强、田立军、齐建光、刘振华参加会议。

是日，淘汰取缔燃煤锅炉和“散乱污”企业集中行动现场会在淑阳镇河南止务村启梦家具厂举行，县领导王文强、刘凤顺、刘奖波出席现场会，各镇、街道、园区及县大气办、工信局、环保局等单位负责人参加现场会。

5 月

5 月 5 日，全县政法维稳工作会议在县交警大队会议室召开，县领导李桂强、张玉林、樊亚峰、刘振华、张云华、吴海斌、盛泽良出席会议，各镇、街道、园区及县委政法委、政法各部门中层以上干部参加会议。

5 月 11 日，全县“散乱污”工业企业集中整治工作动员大会在县委七楼会议室召开，县副处级以上领导出席会议，各镇、街道、园区及县环保局等单位负责人参加会议。

是日，新民居工作汇报会议在县委二楼多媒体会议室召开，县领导李桂强、闫再兴、闫明杰出席会议，相关单位负责人参加会议。

是日，副市长张秉舜在廊坊新绎七修酒店主持召开香河县电网建设专题调度会议，县领导王文强、刘凤顺及县发改局、国土局、规划局、供电公司主要负责人参加会议。

5 月 14 日，县委书记李桂强赴中央党校参加第 11 期县委书记研修班。

是日，由省人社厅副巡视员傅国丰带队的省信访工作督导组在县领导张玉林、田立军、郭建永的陪同下，到香河县督导检查信访维稳工作情况。

5 月 16 日，县级机关推行绩效管理工作动员部署暨培训会议在县委七楼大会议室召开，县委常委、组织部长王宏民出席会议并讲话，各镇、街道、园区及县直相关单位负责人参加会议。

5 月 17 日，新疆巴音郭楞蒙古自治州考察团在县领导王文强、马文龙、田立军、齐建光、郭建永、刘奖波的陪同下，到香河县进行参观考察。

5 月 26 日，县委常委（扩大）会议在县委三楼大会议室召开，县党政班子领导，县人大主任、政协主席参加会议。

5月27日，县级领导分包重大事项、重点工程和重点项目工作专题调度会议在县委三楼常委会议室召开，县领导李桂强、王文强、张玉林、杨波、闫再兴、马文龙、韩超、田立军、王宏民、齐建光、樊亚峰、刘振华、焦国强、董美辰、郭建永、刘凤顺、闫明杰出席会议，相关单位负责人参加会议。

是日，根据全省环保机构执法垂直管理制度改革会议精神，廊坊市环保局领导到香河县环保局举行揭牌仪式，香河县环保局更名为廊坊市环保局香河分局。

5月30日，信访维稳驻京值班工作队调度会议在县委三楼大会议室召开，县领导张玉林、田立军、樊亚峰、焦国强、郭建永出席会议，淑阳镇、新开街道办、新兴产业示范区、信访局、规划局、住建局等单位驻京工作人员参加会议。

5月，香河智慧城市指挥中心正式落成使用。

6月

6月5日，县委常委、常务副县长齐建光召集相关单位负责人就《国务院批转国家发展改革委关于2017年深化经济体制改革重点工作意见》进行研究部署。

6月6日，全县美丽乡村建设推进会在县委三楼大会议室召开，县领导张玉林、宋品仲、刘雪艳出席会议，相关镇、街道、园区及县美丽乡村建设工作领导小组成员、12项专项行动牵头单位负责人参加会议。

6月7日，全市“百日攻坚行动”暨落实省军队退役人员“八项措施”电视电话调度会议在县群众工作中心会议室组织收听收看，县领导张玉林、郭建永出席会议，各镇、街道、园区及县委政法委、信访局、民政局、人社局负责人参加会议。

6月8日，纽约公园项目信访推进会议在县委三楼小会议室召开，县领导张玉林、闫再兴、闫明杰出席会议，新兴产业示范区、蒋辛屯镇、国土局、规划局、住建局主要负责人和企业负责人参加会议。

6月9日，县委常委扩大会议在县委三楼大会议室召开，县四大班子领导出席会议，相关单位负责人参加会议。

是日，全市干部警示教育大会和“两个专项”工作推进会在县委七楼大会议室组织收听收看，县四大班子领导出席会议，各镇、街道、园区及县直各单位负责人参加会议。

是日，全县“煤替代”工作攻坚大会在县委三楼大会议室召开，县领导张玉林、闫再兴、齐建光、闫明杰出席会议，各镇、街道、园区及县住建局、发改局、工信局、供电公司等单位负责人参加会议。

6月12日，全省清理取缔“地条钢”工作电视电话会议在县政府五楼会议室组织收听收看，县长王文强出席会议并讲话，各镇、街道、园区及县工信局、发改局等单位主要负责人参加会议。

6月13日，市供电公司副总经理赵新在县领导王文强、刘凤顺的陪同下，到香河县就重点电网工程推进工作进行督导调研。

6月13—14日，由北京联合大学中国旅游经济与政策研究中心主任曾博伟带队的省旅发大会评审组在县领导王文强、焦国强、刘雪艳的陪同下，到香河县对廊坊市申办2019年省旅发大会工作进行评审。

6月16日，县第二届全民运动会开幕式在县职教中心举办，县领导王文强、焦国强、张浩波、刘雪艳、李一超出席相关活动。

6 月 20 日，全县巡察工作推进会暨十一届县委第一轮巡察工作动员会议在县委七楼会议室召开，县领导王文强、张玉林、王宏民、刘振华出席会议，相关单位负责人参加会议。

6 月 21 日，应对强降雨天气工作紧急会议在县政府五楼会议室召开，县政府班子成员出席会议，各镇、街道、园区及县防汛抗旱指挥部成员单位主要负责人参加会议。

是日，市领导陈平、张秉舜在县领导王文强、刘雪艳、闫明杰的陪同下到香河县督导检查防汛工作情况。

6 月 27 日，省政府党组成员、省公安厅厅长刘凯，省公安厅党委委员、副厅长刘云峰在廊坊市委常委、政法委书记张金波，市政府副市长、市公安局党委书记、局长赵晋进，市公安局调研员付立军等领导的陪同下，深入京哈高速香河警务站调研。香河县委常委、政法委书记樊亚峰，县政府副县长、公安局长吴海斌等陪同。

7 月

7 月 6 日，县委常委（扩大）会议暨县委中心组学习会议在县委三楼大会议室召开，县副处级以上领导出席会议，相关单位负责人参加会议。

7 月 12 日，市领导张金波、张春燕在县领导王文强、田立军、刘雪艳、刘奖波的陪同下到香河县督导检查防汛工作情况。

是日，全县三季度安全生产工作例会在县政府五楼会议室召开，县领导王文强、吴海斌出席会议，相关单位负责人参加会议。

7 月 13 日，全县集中打击刑事犯罪百日攻坚行动动员大会在县委七楼会议室召开，县领导张玉林、吴海斌出席会议，相关单位负责人参加会议。

7 月 17 日，市委常委、市委秘书长、政法委书记张金波在县领导李桂强、樊亚峰、吴海斌的陪同下，到县法院安平法庭进行工作调研。

是日，县委副书记张玉林在县委三楼大会议室主持召开信访调度会议，各镇、街道、园区及县维稳办、信访局负责人参加会议。

是日，市委常委、政法委书记张金波一行深入县公安局交警大队调研，县委书记李桂强，县委常委、政法委书记樊亚峰，县政府副县长、公安局党委书记、局长吴海斌等同志陪同。

7 月 18 日，县委常委、常务副县长齐建光召集相关单位负责人就做好“电代煤”和“气代煤”政策执行跟踪审计工作进行研究部署。

7 月 19 日，县领导李桂强、吴海斌到京哈高速香河检查站对暑期安保执勤民警进行走访慰问。

7 月 22 日，香河县杨家将文化小镇建设说明会议在五百户镇召开，县领导杨波、焦国强参加相关活动。

7 月 26 日，县委常委（扩大）会议暨县委中心组学习会议在县委三楼大会议室召开，县四大班子领导出席会议，各镇、街道、园区及相关单位负责人参加会议。

是日，北京市交通委主任周正宇在市交通局局长王辉云，县领导王文强、刘凤顺的陪同下，到香河县 938 路公交场站就北京城市副中心交通建设及 P+R 停车场规划建设情况进行工作调研。

7 月 28 日，潮白河综合整治工程汇报会议在县委三楼小会议室召开，县领导李桂强、田立军、周志广、刘雪艳出席会议，相关单位负责人参加会议。

是日，2017 年征兵工作会议在县政府五楼会议室召开，县领导王文强、韩超、郭建永出席会议，各镇、街道、园区及县征兵工作领导小组成员单位负责人参加会议。

7 月 31 日，全省领导干部警示教育大会（电视电话会议）在县委七楼大会议室组织收听收看，县副处级以上领导出席会议，各镇、街道、园区主要负责人参加会议。

是日，县委书记李桂强、县长王文强、县委副书记张玉林、县委常委、办公室主任田立军深入县公安局调研。

8 月

8 月 1 日，市委常委、宣传部长、统战部长王曦在县领导李桂强、张玉林、田立军、焦国强的陪同下，到香河县就“五业融合、五业同兴”课题进行工作调研。

8 月 2 日，县委常委、组织部长王宏民带领县水务局主要负责人先后到淑阳镇、安平镇、五百户镇、刘宋镇，就“两河”开发、大运河文化工作进行督导调研。

8 月 8 日，县领导李桂强、田立军、王宏民、郭建永先后到新华街道办、新开街道办，就美丽社区建设工作进行督导调研。

是日，中国航箭公司负责人在县领导王文强、刘凤顺的陪同下到香河县进行投资考察。

8 月 9 日，县委中心组学习会议在县委三楼大会议室召开，县副处级以上领导参加会议。

是日，县领导王文强、刘雪艳召集中冶置业集团负责人就潮白河综合整治工程规划设计工作进行沟通对接。

8 月 10 日，县领导王文强、吴海斌先后到第一城酒业有限公司、理想嘉业建筑工地、百川燃气公司蒋辛屯门站，就安全生产工作进行督导检查。

是日，省稽查办处长刘西田在县委常委、常务副县长齐建光的陪同下，到香河县就“煤替代”工程进展情况进行工作调研。

8 月 11 日，路网规划、京津冀区域联合治超及公交客运联通方面座谈会议在县规划馆会议室召开，市交通局局长王辉云，县领导王文强、刘凤顺出席会议，市、县交通局负责人参加会议。

8 月 13 日，省政府党组成员、公安厅党委书记、厅长刘凯，在省公安厅党委委员、巡视员张士良、廊坊市委书记冯韶慧，市委常委、政法委书记张金波，市政府副市长、市公安局党委书记、局长赵晋进，香河县委书记李桂强，县委常委、政法委书记樊亚峰，县政府副县长、公安局长吴海斌等同志的陪同下，深入京哈高速香河警务站慰问执勤民警。

8 月 14 日，全县“两学一做”学习教育专题党课活动在县文化艺术中心举办，县副处级以上领导，各镇、街道、园区及县直各单位负责人参加会议。

是日，市安全生产巡查组在县领导王文强、吴海斌的陪同下到香河县就安全生产工作进行专项巡查。

8 月 15 日，全县问题楼盘、“两违”治理调度会议在县委三楼常委会议室召开，县领导李桂强、王文强、张玉林、闫明杰参加会议。

8 月 16 日，县领导李桂强、马文龙、田立军、刘凤顺、苏宽对全县重点交通路网工程进行实地调研。

8 月 18 日，香河县省级文明县城创建工作调度会议在县委三楼大会议室召开，县领导李桂强、王文强、焦国强、张浩波出席会议，相关单位负责人参加会议。

8 月 21 日，县委常委、宣传部长焦国强到县公安局出入境办证大厅、县城新华大街绿地路口等处，督导检查省级文明县城创建工作。县政府副县长、公安局长吴海斌等同志陪同。

8 月 22 日，县领导李桂强、田立军到开发区就重点项目进行实地调研。

8月23日，市民政局局长薛宏在县领导李桂强、田立军、樊亚峰、郭建永的陪同下，到香河县就社区建设工作进行督导调研。

8月22—23日，全市文化产业现场交流会、全市宣传部长会议在香河县召开，县领导李桂强、田立军、焦国强、刘雪艳出席相关活动。

8月27日，县领导李桂强、王文强、闫再兴、马文龙、田立军、齐建光、刘凤顺、刘奖波出席2017中国京津冀汽车零部件交易物流发展论坛相关活动。

8月28日，香河县“最美家庭”表彰活动在县妇产医院二层多功能厅举办，县领导李桂强、杨波、焦国强、董美辰、张云华、刘雪艳、盛泽良出席相关活动。

8月29日，全县领导干部会议在县委七楼会议室召开，县副处级以上领导出席会议。

8月30日，县委常委会议在县委三楼常委会议室召开，县委各位常委出席会议，县领导闫再兴、马文龙、刘凤顺、刘雪艳、刘奖波列席会议。

是日，县领导李桂强、田立军、刘雪艳先后到汇文金街、五小三幼、妇产医院农博馆进行工作调研。

9月

9月1日，全市综合治理暨打击传销专项行动动员大会在县委七楼会议室组织收听收看，县领导李桂强、王文强、樊亚峰、张云华、吴海斌、盛泽良出席会议。

是日，省扶贫处副处长孔繁忠在县领导王文强、齐建光的陪同下到香河县就农村贫困人口建档立卡“回头看”工作进行督导检查。

9月5日，县领导李桂强、王文强、闫再兴、马文龙、田立军、周志广、刘雪艳、刘奖波赴天津市宝坻区潮白河国家湿地公园进行参观考察。

9月6日，县领导李桂强、王文强、闫再兴、马文龙、田立军、周志广、刘雪艳、刘奖波赴天津市武清区，就大运河文化带建设工作进行参观考察。

是日，全县安全生产工作专题汇报会在县委三楼大会议室召开，县领导李桂强、王文强、吴海斌出席会议，各镇、街道、园区及县直各单位负责人参加会议。

9月7日，县领导李桂强、王文强、闫再兴、马文龙、田立军、周志广、刘雪艳、刘奖波赴北京市通州区，就大运河文化带建设工作进行参观考察。

是日，廊坊市委第二专项巡查组专项巡察香河县“三个专项清理”工作动员部署会议在县委七楼会议室召开，县领导李桂强、王宏民、齐建光、刘振华、郭建永出席会议，相关单位负责人参加会议。

9月8日，全县教师节庆祝暨表彰大会在县文化艺术中心召开，县领导李桂强、王文强、张玉林、闫再兴、马文龙、田立军、张浩波、郭建永、李一超、刘奖波出席会议，相关单位负责人参加会议。

是日，省级双拥模范县考评组在县领导李桂强、王文强、张玉林、韩超、田立军、郭建永的陪同下，到香河县就双拥模范县创建工作进行检查验收。

是日，中残联副理事长程凯在县领导李桂强、王文强、杨波、田立军的陪同下，到香河县就残疾人相关工作进行督导调研。

9月11日，县委常委（扩大）会议在县规划展览中心报告厅召开，县副处级以上领导参加会议。

9月12日，县领导王文强、刘凤顺召集县环保局、水务局主要负责人，就水污染治理重点工程有关事宜进行安排部署。

9月13日，全省秋冬季大气污染综合治理攻坚行动电视电话会议在县政府五楼会议室组织收听收看，县领导王文强、刘凤顺出席会议，各镇、街道、园区及县环保局、工信局、大气办等单位负责人参加会议。随后，县内立即召开专题会议。

9月13—15日，省督导组副组长孔繁忠在县领导王文强、郭建永的陪同下，到香河县就农村贫困人口建档立卡“回头看”工作进行督导检查。

9月14日，“散乱污”企业整治专题培训警示会议在县文化艺术中心召开，市“散乱污”企业整治验收督导组负责人，县领导王文强、刘凤顺出席会议，各镇、街道、园区及县监察局、大气办、工信局、环保局等单位主要负责人，各村（街）党支部书记共计560余人参加会议。

9月15日，全市秋冬季大气污染综合治理攻坚行动方案宣贯工作电视电话会议在县政府五楼会议室组织收听收看，县领导王文强、刘凤顺、闫明杰出席会议，各镇、街道、园区及县工信局、大气办等单位负责人参加会议。随后，县内立即召开专题会议。

9月18日，县领导王文强、刘凤顺带领县供电公司负责人赴市供电公司就加快香河县“电代煤”配套电网工程进度事宜进行沟通对接。

9月19日，市委副书记李龙在县领导李桂强、王文强、张玉林、田立军、吴海斌的陪同下，到香河县就安保、信访维稳、安全生产、美丽乡村工作进行督导调研。

9月20日，共青团香河县第十二次代表大会在第一城召开，县领导李桂强、杨波、王宏民、齐建光、董美辰出席会议，相关单位负责人参加会议。

9月21日，问题楼盘项目调度会议在县委三楼常委会议室召开，县领导李桂强、王文强、张玉林、樊亚峰、刘振华、吴海斌、闫明杰出席会议，相关单位负责人参加会议。

9月22日，省农工办副主任、美丽办常务副主任张宝强在县领导李桂强、张玉林、田立军的陪同下，到香河县就美丽乡村片区建设工作进行督导调研。

9月23日，“做文明市民 创文明香河”大型公益活动开幕式在县新城广场举行，县领导李桂强、张玉林、闫再兴、马文龙、田立军、焦国强、张浩波、刘凤顺、李一超出席开幕式。

9月25日，县领导王文强、闫明杰与百川公司董事长王东海就全县“气代煤”相关工作进行沟通对接。

9月26日，首届北京通州、河北香河警务协作联席会议在香河县第一城举行。会议期间，与会人员共同商定了通州、香河警务协作框架，包括日常警务协作、重大活动安保协作、具体警务协作对接机制。

9月28日，县领导王文强、闫明杰召集县住建局、财政局、房管局、物价局等单位负责人，就集中供热二次管网改造事宜进行协调调度。

是日，县委常委、常务副县长齐建光召集相关单位负责人就“电代煤”工作进展情况进行协调调度。

9月28—29日，“通武廊”旅游产业发展大会暨2017廊坊市旅游产业发展大会在香河县召开，县领导李桂强、王文强、郭建永参加相关活动。

10月

10月1日，市委书记冯韶慧，市委常委、秘书长、政法委书记张金波一行深入安平公安检查站，督导检查中共十九大安保工作。县委书记李桂强，县长王文强，县委常委、政法委书记樊亚峰，县政府副县长、公安局长吴海斌等同志陪同。

10月9日，全市十九大期间信访维稳和安全生产电视电话会议在县群众工作中心会议室组织收听收看，县领导李桂强、张玉林、田立军、樊亚峰、吴海斌参加会议。

10月11日，副省长张古江一行在市委书记冯韶慧、副市长王凯军、县领导李桂强、王文强、吴海斌、闫明杰的陪同下到香河县就十九大维稳工作和城建相关工作（北三县规划管控、解决房地产开发遗留问题、“两违”整治等相关工作）进行督导检查。

10月12日，全省脱贫攻坚电视电话会议在县委七楼会议室组织收听收看，县领导李桂强、王文强、郭建永参加会议。

10月13日，全市警示教育大会暨全面从严治党向基层延伸工作电视电话会议在县委七楼会议室组织收听收看，县党政班子领导、县人大常委会主任、县政协主席参加会议。

是日，省医改办专职副主任、省卫生计生委副主任段云波在县领导王文强、郭建永的陪同下，到香河县就医共体建设工作进行督导调研。

10月16日，市政府副市长、市公安局党委书记、局长赵晋进，市公安局指挥中心主任赵洪茂，深入安平公安检查站督导检查中共十九大安保工作。县委常委、政法委书记樊亚峰，县政府副县长、公安局长吴海斌等同志陪同。

10月20日，信访维稳工作调度会议在县委三楼大会议室召开，县领导李桂强、张玉林、田立军、樊亚峰、吴海斌出席会议，相关单位负责人参加会议。

10月21日，副省长王晓东在县领导李桂强、王文强、田立军、刘凤顺、刘奖波的陪同下，到香河县就河长制落实情况进行工作调研。

是日，水利部总规划师汪安南在县领导李桂强、王文强、田立军、刘凤顺、刘奖波的陪同下，到香河县就大运河文化带建设情况进行工作调研。

10月22日，十九大新闻中心130余名境外记者在县委常委、宣传部长焦国强的陪同下先后到机器人产业港、国安创客基地，就京津冀协同发展相关工作进行集中采访。

是日，市委副书记李龙、市公安局调研员马今爆深入安平检查站、堡上村、赶古庄、高庄、凌家吴村进京小路口治安卡点和京哈高速北口警务站，检查指导十九大安保工作。县委书记李桂强，县政府副县长、公安局长吴海斌等陪同。

是日，县领导李桂强、王文强、张玉林、田立军、樊亚峰、吴海斌深入安平公安检查站、京哈高速警务站、牛牧屯联勤警务站，慰问县公安局一线执勤民警。

10月26日，全县“煤替代”工作调度会议在县委三楼大会议室召开，县领导李桂强、王文强、闫再兴、齐建光、刘凤顺、闫明杰出席会议，各镇、街道、园区及县直相关单位负责人参加会议。

10月27日，重阳节庆祝大会在县文化艺术中心举办，县领导李桂强、王文强、张玉林、闫再兴、马文龙、王宏民出席会议。

10月28日，省文化厅副厅长李新平在县领导王文强、刘凤顺的陪同下到香河县就大运河文化带建设工作进行督导调研。

10月30日，县领导王文强、刘凤顺赴市政府就香河县“电代煤”配套电网工程相关事宜进行专题汇报。

10月31日，县委中心组集体学习会议在县委三楼大会议室召开，县副处级以上领导参加会议。

11月

11月7日，中央宣讲团中共十九大精神宣讲报告（电视电话）会在县文化艺术中心组织收听收看，县副处级以上领导及各镇、街道、园区及县直各单位负责人参加会议。

11月10日，中国共产党香河县第十一届委员会第二次全体（扩大）会议在县委七楼会议室召开，县委委员51人、县委候补委员10人、列席人员116人，共计177人参加会议。

是日，县委常委会议在县委三楼常委会议室召开，县委各位常委出席会议，县人大常委会主任、政协主席列席会议。

11月13日，县领导李桂强、田立军、闫明杰先后到县内各供热企业进行工作调研。

11月14日，国际食品城项目汇报会在县委三楼小会议室召开，县领导李桂强、王文强、齐建光、刘凤顺参加会议。

11月15日，市委副书记、组织部长李龙在县领导李桂强、张玉林、田立军、王宏民的陪同下，到全县就十九大精神进行宣讲。

11月17日，全县群团工作座谈会议在县委三楼大会议室召开，县领导李桂强、杨波出席会议，各镇、街道、园区及县直各单位负责人参加会议。

是日，县人大常委会主任闫再兴、副主任张云华以及10名来自社会各界的人大代表到县公安局视察工作。县政府副县长、公安局长吴海斌等同志陪同。

11月20—22日，省政府教育督导组王晖在县领导王文强、杨波、张浩波、郭建永的陪同下，到香河县就教育工作进行督导评估。

11月20—24日，县委书记李桂强赴省委党校参加全省党政主要领导干部学习贯彻中共十九大精神专题研讨班。

11月21日，全县安全生产暨道路交通、消防安全综合整治工作会议在县政府五楼会议室召开，县领导王文强、吴海斌出席会议，各镇、街道、园区及县直相关单位负责人参加会议。

11月22日，省委、省政府督查组在县领导齐建光、闫明杰的陪同下到县内督查检查“煤替代”工作进展情况。

11月23日，市卫计委副主任张留栓在县领导王文强、郭建永的陪同下，到香河县就计划生育工作进行考核。

11月24日，河北省工信厅副厅长徐振川在县领导王文强、刘凤顺的陪同下到香河县进行工作调研。

11月27日，全省深化国家监察体制改革试点工作动员部署（电视电话）会议在县委七楼大会议室组织收听收看，县领导李桂强、王宏民、齐建光、樊亚峰、宋品仲、吴海斌参加会议。

11月28日，全市影响社会稳定突出问题集中整治“百日攻坚”行动动员部署（电视电话）会议在县委七楼大会议室组织收听收看，县领导王文强、张玉林、齐建光、吴海斌参加会议。

11月29日，县城乡规划委员会项目审议工作会议在县委三楼小会议室召开，县领导李桂强、王文强、齐建光、闫明杰、刘奖波出席会议，相关单位负责人参加会议。

是日，省大气污染治理第五督查组在县领导王文强、刘凤顺的陪同下，到香河县开展第四轮大气污染综合治理督查。

11月30日，全省重点工作大督查动员部署会议在县委七楼大会议室组织收听收看，县领导李桂强、王文强、田立军、王宏民、齐建光、刘奖波参加会议。

是日，市领导陈平、王凯军在县领导李桂强、王文强、田立军、齐建光、刘凤顺、刘奖波的陪同下，到县内中粮可口可乐华北饮料有限公司进行工作调研。

12月

12月1日，全市重点工作大督查动员部署

（电视电话）会议在县委七楼大会议室组织收听收看，县领导李桂强、王文强、张玉林、杨波、田立军、齐建光参加会议。

是日，省大气污染治理第五督查组在县领导李桂强、田立军、刘凤顺的陪同下，到香河县开展第四轮大气污染综合治理督查。

是日，市纪委调研组在县委常委、组织部长王宏民的陪同下到香河县就深化国家监察体制改革工作进行调研。

12月4日，省扶贫脱贫工作会议和全市扶贫脱贫工作（电视电话）会议在县委三楼大会议室组织收听收看全，县四大班子领导及县法院、检察院主要负责人参加会议。

12月5日，全县重点工作大督查动员暨推进会议在县委七楼会议室召开，县党政班子领导、县人大常委会主任、县政协主席出席会议，相关单位负责人参加会议。

12月6日，运河生态文化项目汇报会议在县委三楼小会议室召开，县领导李桂强、闫再兴、马文龙、田立军、周志广、刘凤顺参加汇报会。

是日，香河县在县委七楼会议室组织收听收看九届省委第三轮巡视工作动员部署（电视电话）会议，县领导李桂强、王宏民参加会议。

12月7日，市委第二专项巡察组巡察香河“三个专项清理”工作反馈会议在县委三楼大会议室召开，县领导王宏民、刘凤顺出席会议，各镇、街道、园区及县直各单位负责人参加会议。

是日，全市冬季供暖“煤替代”紧急（电视电话）会议在县政府五楼会议室组织收听收看，县领导齐建光、刘凤顺、闫明杰参加会议，相关单位负责人参加会议。

12月8日，香河县宣讲中共十九大精神专题党课在县文化艺术中心剧场举办，县副处级以上领导出席会议，各镇、街道、园区及县直各单位负责人参加会议。

是日，香河县开展千名干部进村入户“三送、三清、三查”活动动员会议在县文化艺术中心剧场召开，县副处级以上领导出席会议，各镇、街道、园区及县直各单位负责人参加会议。

是日，市委副书记、组织部长李龙在县领导李桂强、王文强、田立军、吴海斌、闫明杰的陪同下，到香河县宣传贯彻《中华人民共和国安全生产法》并对安全生产事故隐患大排查大整治攻坚行动进行安排部署。

是日，香河县残疾人联合会第六次代表大会在县规划展馆报告厅召开，市残联副理事长杨建波，县领导杨波、郭建永出席会议，相关单位负责人参加会议。

是日，全县“依法处置信访活动中违法犯罪行为”培训会在县公安局召开。会议由县政府副县长、公安局长吴海斌主持，县委常委、政法委书记樊亚峰出席并讲话，各镇（街道办、园区、管委会）及信访局、国土局等相关单位负责人参加会议。

12月11日，县委理论中心组学习会议在县委三楼大会议室召开，县副处级以上领导参加会议。

12月12日，镇级环保所落实“六个到位”调度会议在县政府五楼会议室组织召开，县领导齐建光、刘凤顺出席会议，各镇、街道、园区及县政府办、编办、环保局、财政局负责人参加会议。

12月15日，省委第九巡视组巡视工作动员会在第一城福安宫多功能厅召开，县副处级以上领导参加会议。

是日，县委工作汇报会议在第一城福安宫会议室召开，县委各位常委出席会议，相关单位负责人参加会议。

12月18日，全市涉军信访问题调度（电视电话）会议在县淑阳镇群众工作中心会议室组织收听收看，县领导李桂强、张玉林、吴海斌、郭建永出席会议，相关单位负责人参加会议。

12 月 22 日，纽约公园项目信访调度会议在县委三楼大会议室召开，市大督查驻香河工作组副组长张博磊，县领导李桂强、王文强、张玉林、田立军、樊亚峰、吴海斌、闫明杰出席会议，相关单位负责人参加会议。

12 月 24 日，县领导李桂强、王文强赴石家庄参加中国共产党河北省第九届委员会第六次全体会议。

12 月 28 日，经河北银监局批准，河北香河农村商业股份有限公司成立。

（何静、魏建玲、杨波、马静）

香河概况

责任编辑　闫振春

综　述

香河县地处河北省中部偏东，廊坊市东北部，为海河流域冲积平原，背燕山而面渤海，临首都而依天津，素有“京畿明珠”之美誉。总面积448平方公里，县人民政府驻地淑阳镇。京津、唐通两大公路和京沈高速公路贯穿全境。公路交通便捷，逐步形成以国省干线公路为骨架，县乡公路为支脉，县镇相通、村街相连的网格化公路交通格局。县域为海河流域冲积平原，地势西北高东南低，最高点海拔15.9米，最低点海拔4.9米，自然坡降1/3000。县域属于大陆性季风气候，为暖温带半湿润气候区，四季分明，秋短冬长，冷暖干湿变化较大。春季少雨多风，夏季炎热多雨，秋季天高气爽，冬季寒冷干燥。香河县多年平均气温11.6℃，年极端最高气温 40.7℃，极端最低气温-21.2℃，年平均降水量为 580.8 毫米，年均日照2651.5小时，占可照时数的60%，太阳年辐射总量5186.3兆焦耳/平方米，年均风速2.2米/秒，无霜期206天。县境四面环河，属海河水系。过境河流主要有北运河、潮白河，青龙湾河、引沟入潮河等。水资源均为淡水，基本属于中等富水区。多年平均可利用水资源总量1.9762亿立方米。土地多为壤质土，厚而宜耕。农业林业等发达。域内野生植物品种约计200余种。野生动物有兔、鼠、雀、鹰、蛙、蛇等50多种。陶用黏土分布广泛，且得到一定程度的开发利用。马家窝至西延寺一线的热水资源有很大开发价值。

优越的地理环境，丰富的自然资源，为县内各项事业的发展奠定了坚实的物质基础。

2017年，面对京津冀协同发展、北京城市副中心建设两大历史机遇，区域经济下行压力不断加大的严峻挑战,环保维稳任务异常繁重的严峻考验，全县上下在县委、县政府的正确领导下，不忘初心、牢记使命、勇于担当、攻坚克难，推动全县经济社会发展实现了新的提升。地区生产总值完成 250.8 亿元，同比增长6.5%；规模以上高新技术产业增加值19亿元，同比增长12.2%，城镇和农村居民人均可支配收入分别达到 39914 元和16567元，同比增长分别达到8.7%和8.6%。财政收入和一般公共预算收入克服多重减收因素，分别完成65.9亿元和33.3亿元。固定资产投资、规模以上工业增加值、社会消费品零售总额等其他主要指标也均稳步增长。全县综合实力、投资潜力和新型城镇化质量再次入围全国百强并实现位次前移，先后荣获“全国创建无邪教示范县”“全省‘双拥’模范县”“全省农村股份合作制经济发展示范县”“全省首批全域旅游示范区创建单位”等多项国省级荣誉，并连续五届被评为“全国平安建设先进县”，第三次荣膺全国综治工作最高奖“长安杯”。

项目建设转型升级，提质增速。以高端制造业和现代服务业为主攻方向，在项目建设上，全年共实施亿元以上项目140个，实施重大产业项目20个，成功争列省重点项目10个，数量全市第一。高端制造业。充分发挥机器人小镇的龙头带动效应，美国ATI、德国尼玛克、安川都林等104家行业领先企业相继签约入驻，其中48家正式投产；世界500强中粮可口可乐华北生产基地正式投产；稻香村香河生产基地、正大食品、同位素药物等国际国内名牌项目签约落地，实体经济发展后劲不断增强；萨克森建材公司成为2017年全市首家新三板上市企业，一城酒业、众旺木业等6家企业产品获评河北省名牌，鑫亿隆家具城等4家企业被评为河北省服务名牌，传统产业在转型升级中焕发新活力。现代服务业。加快推进养老服务体系建设，大爱书院、景山学校投入使用，大爱城养老示范基地初见成效；承接北京产业转移取得新进展，石材城全部完成招商，入驻企业610家，汽配城签约企业1300户；第一城加快转型，国安创客基地被评为河北省重点扶持创客空间和国家级众创空间，入驻“双创”企业33家，拥有全国一流、世界先进摄影棚的新桥影视特效基地建成使用。科技创新领域。深入实施苗圃、小壮大、小升高、企业上市四大工程，全年引进培育创新型企业252家，新增规模以上工业企业10家、市级以上研发机构11家、科技型中小企业119家、科技小巨人企业7家、高新技术企业13家。中科院周远院士设立香河县首家院士工作站，潮盟科技公司虚拟现实（VR）技术与家具展卖实现对接；机器人小镇获得国家科技领军人才创新驱动中心、中国产学研合作创新示范基地和省、市科技企业孵化器等多项殊荣；全县规模以上高新技术产业增加值完成20亿元，同比增长12%，“大智移云”产业显现出强劲的发展后劲。

环境质量明显提升。大气污染防治。全年出动7.3万人次、1.5万车次，严格落实大气污染综合治理各项措施，高标准建成空气监测站点24个，关停治理“散乱污”企业951家、VOCs企业380家，清理散煤型煤生产经营网点73家。全县空气质量在一系列强化措施中明显改善，综合指数由8.05降到6.21，同比下降23.05%，是年任务的3.5倍，目标完成率全市第一。特别是秋冬季大气污染综合治理攻坚行动成效显著，全部四项考核指标均位居全市第一。全年二级以上优良天数239天，同比增加75天，群众对空气质量的感受明显好于上一年。以决战决胜的态度和力度，投资13.5亿元全面完成286个村街8.7万户“煤替代”工程，高标准落实运行补贴，全县群众告别了“烟熏火燎”的传统取暖方式，实现了“不烧煤、不挨冻、不出事、不浪费”。水污染治理。清淤疏浚百家湾排干渠等重点河渠24公里，启动实施小友垡排干渠综合整治等重点工程8项，4条主要河流、14条干渠落实县、镇、村三级河长负责制，有力保障了河流水体质量达标。生态品质提升。植树造林1.75万亩，县域森林覆盖率达到42.4%，同比提高2.4个百分点。国家级湿地公园建设有序推进，潮白河完成综合治理工程初步规划设计，北运河完成8.6公里河道疏浚和2公里岸坡防护建设，“水清河畅、岸绿景美”的北方魅力水乡景观正在加快形成。生态资源利用。围绕全域景区化，编制了乡村旅游发展规划，安平、安头屯、刘宋、五百户、蒋辛屯五大旅游片区加快建设；坚持全域旅游与现代农业融合发展，乐农美联生态农场、东方千年古葡萄庄园、万亩荷塘、香居小筑主题民宿等观光体验项目初具规模。智能制造、健康养老、文创旅游、商贸物流、食品加工、现代农业“六大产业集群”基本形成。大力发展全域旅游，香河荷花节成功举办，“通武廊”旅游产业发展大会在香河县顺利召开，以刘宋万亩荷塘、蒋辛屯香居小筑主题民宿为代表的乡村旅游业蓬勃发展，全年游客数量达到457万人次，实现旅游收入16.5亿元，同比增长30%。

城乡面貌持续改善。基础设施建设。全年新建改造各级道路126.8公里，筹划多年的平香线南延工程实质性开工建设，103国道中修、大香线南段拓宽改造等工程顺利通车。蒋辛屯220千伏、大罗屯110千伏等4座变电站和1000余公里中低压电网建设工程全面完成，全县新增供电容量48万千伏安，总容量跃升至原来的3倍，实现历史性突破，既彻底解决了困扰产业发展、百姓民生的电荒难题，更一举保障了未来二十年发展的用电需求。城市功能完善。大力实施县城建设攻坚，多功能的文化艺术中心建成开放，高标准的便民服务中心投入使用，城乡公交一体化启动实施，城区主要公共区域免费Wi-Fi实现全覆盖，新城公园、体育公园等24座公园游园完成新建或改造，“国家园林县城”创建工作通过省住建厅评估验收，香河县被评为“全省2017年度县城建设示范标杆县”。“美丽乡村”建设。大力实施“四美五改”（改房、改水、改路、改厕、改厨，做到环境美、产业美、精神美、生态美），50个村街完成“三清一拆”（清理垃圾杂物、清残垣断壁和路障、清庭院、拆除违章建筑），21个村街达到省级“美丽乡村”建设标准，蒋辛屯片区成为全市唯一的省级“美丽乡村”重点片区，全县“美丽乡村”覆盖率提高到76%。钳屯镇贾庄、窝头等3个村街实现新民居回迁，安平镇堡上村被评为“全国文明村镇”，渠口镇康庄村等39个村街被评为“全国首批绿色村庄”。现代农业发展。扎实推进9500亩高标准农田项目建设，大力推动东方千年古葡萄庄园等重点项目升级，乐农美联生态农场被评为市级农业园区，香河县被评为“全省农业综合开发资金和项目管理先进县”，庆功台村荣获全市唯一的“全国一村一品示范村”。新型城镇化推进。积极开展镇区建设，钳屯镇成功跻身“全国千强镇”行列，香河县“全国千强镇”数量增加到4个，城镇化率提升到60.8%。

社会大局和谐稳定。社会事业。第五小学新建、黄顾小学改造等12项重点教育工程竣工投入使用，220多名新聘教师充实到教学一线，职业教育加快发展，中考、高考成绩再创新高，香河一中进入全市先进行列，香河县顺利通过省政府教育和语言文字督导评估。医药卫生体制改革加快推进，香河县被评为“河北省深化县级公立医院综合改革示范县”，县医院成为全市唯一通过全国二级甲等医院验收的县级医院，淑阳、渠口两所镇卫生院被评为国家级群众满意的乡镇卫生院。计生工作扎实有效，香河县先后夺得“全省计划生育工作先进县”和“全省计生基层群众自治示范县”荣誉。《香河县志（1979—2008）》《香河年鉴（2017）》出版发行，全省面积最大、功能最全的县级方志馆投入使用。运河文化大讲堂、大运河文化研究会相继成立，运河文化资源得到有效挖掘利用。大力推进文明县城创建，深入开展市容市貌整治、道德模范评选等系列活动，社会文明水平持续提升。第二届全民运动会、幸福香河大家唱、广电文化走基层等一系列文体惠民活动蓬勃开展，群众精神文化生活日益丰富多彩。民生福祉。城乡低保、孤儿生活补助标准分别提高到每人每月600元和1440元，特困人员供养标准提高到每人每年11520元，重度残疾人护理补贴、困难残疾人生活补贴、城乡居民养老保险和医疗保险财政补助标准同步大幅提升，均达到全省最高水平。及时足额发放高龄老人补贴、医疗救助金等各类惠民资金，广大群众享受到更多实惠。安全稳定工作。牢牢守住安全生产、食品药品安全、社会治安、信访稳定底线，圆满完成全国“两会”、“一带一路”国际高峰论坛、暑期安保、中共十九大等一系列重大活动安保任务，香河县被评为“全省排查隐患治理体系建设百分县”，全县和谐稳定局面愈发巩固。同时，物价、统计、档案、气象、国防动员、民族宗教等工作也都取得了新的成绩。

政务服务不断优化。改革与创新。通过实施“一区三园”改革，园区管运机制更加完善，有力推动了园区建设，全年完成基础设施投入8.5亿元。通过嫁接改造、腾笼换鸟，盘活土地790余亩。通过PPP模式，推动“两河”综合治理、垃圾焚烧发电等一批重点工程启动实施。通过深化“放管服”改革，承接上级下放权力事项16项，取消行政许可事项11项，行政审批局挂牌运行，营商环境不断优化，全民创新创业热情有效激发，全县新增企业1997户，新增个体工商户3729户。依法行政。严格执行政府常务会议学法制度，始终把合法性审查作为重大决策的必经程序，自觉接受县人大、县政协和社会各界监督，125件人大代表建议和政协委员提案全部及时妥善办理，政府工作的规范化、法治化水平进一步提高。难题破解。率先在全市出台解决房地产开发建设遗留问题的具体措施，多年积累的办证难等问题基本解决。狠抓违法用地、违法建设“两违”治理，严格土地收储供应，建筑市场秩序明显好转。党风建设。严格落实党风廉政建设责任制，深入开展“一问责八清理”专项行动和基层“微腐败”专项整治，排查整治各类问题1100多件，农村干部离任审计工作得到省、市两级的充分肯定，群众满意度不断提高，为民务实清廉的政府形象愈发深入人心。

地理与区划

【地理位置】 香河县位于北纬39°37′至39°51′，东经116°51′至117°12′，地处华北平原北部燕山南麓，位居河北省中部偏东，廊坊市东北部。东与天津市宝坻区毗连，南隔青龙湾河与天津市武清区相望，西与北京市通州区为邻，北与三河市、大厂回族自治县（以下简称大厂县）接壤。全境呈枫叶形，东西最长25.5千米，南北最宽23.5千米，县界总长160.86千米，总面积448平方千米。

县人民政府驻地淑阳镇，位于县境中部略偏西北，北运河之东，潮白河之西，距北京市中心45千米，距天津市中心70千米，距河北省会石家庄386.2千米，距廊坊市52千米。京津、唐通两大公路和京沈高速公路贯穿全境。县治淑阳镇至宝坻城区30千米，至大厂县城17.5千米，至通州城区35千米，至武清城区45千米。

【行政区划】 2017年底，香河县辖淑阳镇、安平镇、五百户镇、刘宋镇、安头屯镇、渠口镇、蒋辛屯镇、钱旺镇、钳屯镇9个镇，新开、新华、平安3个街道办事处。河北香河经济开发区、河北香河新兴产业示范区、香河环保产业园区3大省级园区、1个农业园区（香河县农业高新技术园区），1个家具城，共计300个行政村和新开、新绣、安抚、段庄、永泰、康宁、绣水、新华、永兴、迎宾、城西、民安、新城、正阳、安泰15个社区居民委员会。

2017 年香河县行政区划表

表 1

镇（街道办、园区）	所辖行政村	所辖居民委员会
淑阳镇 、(辖 28 个行政村)	朱庄、大王庄、许台、杜屯、孟庄、郎庄、池套、前套、后套、大罗屯、小罗屯、前小屯、后小屯、赵庄、姬家止务、河南止务、河北止务、孙家止务、姚家止务、王家止务、宋家止务、凌家吴村、河南吴村、郭辛庄、赶水坝、金辛庄、矬口、计庄	—
安平镇 (辖 29 个行政村)	一街、二街、四街、后庄、东庄、扁城、赶古庄、谢屯、周庄、西贾庄、延福屯一村、延福屯二村、草沙河、成辛庄、小友垈、甘露寺、王家摆、谭庄、曹店、北太平庄、堡上、鲁家务、孙家务、王指挥庄、乔庄、三间房、枳根城、陈辛庄、高庄	—
五百户镇 (辖 43 个行政村)	土山、四百户、三百户、骡子王、南蔡庄、夏辛庄、兴隆庄、仉村、高辛庄、曹庄、黄营、五百户、西张庄、前马房、后马房、头百户、马各庄、六百户、八百户、九百户、十百户、孙小营、东七百户、西七百户、李庄、前土门楼、后土门楼、西王家务、吴打庄、邢家营、荒凌庄、东双街、南太平庄、香城屯、南周庄、南张庄、霍刘赵、田各庄、南石辛庄、香椿营、仓上、于辛庄、董家湾	—
刘宋镇（辖 25 个行政村）	刘宋、东张庄、倪庄、马庄、程官屯、庆功台、王家务、八户、德辛庄、小刘庄、西太平庄、幞头屯、吴庄、尹庄、北村、北务屯、辛立屯、中营、刘庆庄、小陈庄、荆庄、大田、东王各庄、西王各庄、南孙家庄	—
安头屯镇（辖 21 个行政村）	安一、安二、安三、安四、西口头、北口头、前口头、东口头、韩营庄、杨营庄、孙营庄、赵营庄、顾家屯、黄庄、东兴隆庄、东太平庄、商汪甸、前独立庄、后独立庄、大青庄务、小青庄务	—
渠口镇（辖 48 个行政村）	渠口、北渠口、金庄、许庄、王刘圈、邵庄、店子务、康庄、宣教寺、荣各庄、戴家阁、牛济河、小高坨、小河各庄、魏家滩、孙各庄、温庄、小圈、西梨园、东梨园、三岔口、卢庄、邱庄、韦各庄、高山庄、炭户庄、石虎辛庄、固庄、韩庄、躲各庄、窦庄、阎胡套、卸甲庄、黄沙务、蔡庄、谭家务、大鲁家口、东鲁家口、大七里、小七里、渔阳院、东魏各庄、西魏各庄、北张庄、西河头、唐屯、青寺、青户庄	—

续表 1

镇（街道办、园区）	所辖行政村	所辖居民委员会
蒋辛屯镇（辖 18 个行政村）	王店子、苍头、岭子、梁家务、河北吴村、闻庄、北三百户、北六百户、北头百户、大窑上、杨簸箕庄、北李庄、北五百户、大马坊、小马坊、后场、小祁庄、蒋辛屯	—
钱旺镇（辖 21 个行政村）	土堡子、马房项、北刘庄、袁庄、田贾庄、焦康庄、义井、达古庄、大高坨、袁官屯、大六王庄、小六王庄、大河各庄、富各庄、东马家窝、西大街、后大街、和平街、姜吴街、成自务、钱旺村	—
钳屯镇（辖 19 个行政村）	红庙、茅草店、后家湾、二百户、起河屯、坨子、西延寺、前延寺、贾庄、窝头、钳屯、叶屯、尚店、张庄、池屯、赵屯、草寺、西刘庄、雀林院	—
新开街道办事处（辖 8 个行政村、7 个社区居民委员会）	西南街、东南街、南台、阎乔各庄、安抚寨、周园、段乔各庄、前店子	新开社区居民委员会、新绣社区居民委员会、安抚社区居民委员会、段庄社区居民委员会、永泰社区居民委员会、康宁社区居民委员会、绣水社区居民委员会
新华街道办事处（辖 8 个行政村、4 个社区居民委员会）	白庙、胡庄子、万福辛庄、北岗子、刘庄、西北街、东北街、西店子	新华社区居民委员会、永兴社区居民委员会、迎宾社区居民委员会、城西社区居民委员会
平安街道办事处（辖 4 个社区居民委员会）	—	民安社区居民委员会、新城社区居民委员会、正阳社区居民委员会、安泰社区居民委员会
河北香河新兴产业示范区（辖 17 个行政村）	百家湾、前建各庄、后建各庄、王庄子、北四百户、小尹庄、挠子庄、祈羊店、姬庄、匠庄、小朱庄、前骆驼港、后骆驼港、双营、打　户、大荒庄、程辛庄	—
香河环保产业园区（辖 15 个行政村）	小店子、前彭家务、后彭家务、南王庄子、南刘庄、黄院、前井亭、中井亭、后井亭、孙家庄、铁佛堂、石辛庄、庞营、东延寺、李辛庄	—

自然环境

【地质地貌】

地质

地层　根据中国地层区划，香河县属华北地层大区，东北部西马家窝至西延寺以东，后马房至荆庄以北属燕山分区唐山小区，其他部分属华北平原分区冀中小区。全县均为第四纪地层覆盖。

地质构造　香河县大地构造位置属华北地台区，横跨两个二级构造单元，后马房至荆庄以北属燕山台褶带，以南属淮河台向斜。

岩浆岩　香河县境内岩浆活动主要有两期：一为燕山期。以火山岩、火山碎屑岩为主，分布在大厂凹陷与武清凹陷中;在境东部宝坻凸起区，以煌斑岩脉侵入基岩中。二为喜山期。以安山玄武岩为主，夹在第三系地层中，分布在大厂凹陷区。

地貌　香河县地处华北平原北部燕山南麓，属冲洪积扇缘向冲积平原过渡的交接地。受北运河与潮白河影响，全境为海河流域冲积平原。地势西北高东南低，最高海拔15.9 米，最低 4.9 米，自然坡降 1/3000，地势平坦。

地貌形态分两种类型：

山前冲洪积扇前缘地貌　位于香河县西马家窝至西延寺一线以西，大致以海拔 10 米等高线为界，为潮白河前冲洪积扇的前缘，地面高程 10～15.9 米，坡降 0.4‰左右，河道尚有微弱的侵蚀下切能力，呈现为地下河。

山前冲洪积扇前洼地地貌　位于西马家窝至西延寺一线以东，地面高程 4.9～10.0 米，坡降 0.2‰～0.3‰。河流以缓流淤积作用为主，形成一系列洼地和较厚的黏土层。河道易淤塞，呈现地上河。

因此在扇缘向冲积平原上，从水平到垂直，都表现出河流冲击的特点，低洼中心属于湖泊静水沉积物，质地黏重。全县地势西北高，东南低，海拔（黄海）高程 4.9～15.9 米，自然坡降 1/3000。西北部蒋辛屯镇高程 10～15.9 米，中部及北运河两岸高程 7～10 米，东部东南部的刘宋镇、渠口镇、安头屯镇东部，高程为 4.9～7 米。

【气候】　香河县属于大陆性季风气候，为暖温带半干旱半湿润气候区，具有四季分明、寒暑交错、秋短冬长，夏暑冬寒，温差较大，冷暖多变，干湿界限明显的气候特点。2017 年，全县平均气温为 12.6℃，较常年（12.1℃）偏高 0.5℃，属于历史上气温正常年份；降水量560.8 毫米，比常年（545.9 毫米）偏多 2.7%，属于历史上降水正常年份；日照时数 2729.0小时，比常年（2558.6 小时）偏多 170.4 小时，属于历史上日照偏多年份，气候年景属于“一般”年份。

【温度】　2017 年，全县平均气温为 12.6℃，较常年（12.1℃）偏高 0.5℃，属于历史上气温正常年份。全县年极端最高气温为 38.5℃，出现在 6 月 15 日，年极端最低气温为-14.1℃，出现在 1 月 23 日。当年无霜期日数为 251 天。

【降水】　2017 年，降水量为 560.8 毫米，比常年（545.9 毫米）偏多 2.7%，属于历史上降水正常年份。8 月降水量为全年之最，达到239.1 毫米，较常年（136.5 毫米）偏多了 75.2%，9、11、12 月无降水天气出现，未出现 2017/2018 年冬季的初雪。

【日照】　2017 年，日照时数为 2729.0 小时，比常年（2558.6 小时）偏多 170.4 小时，属于历史上日照偏多年份。

【异常天气】　夏季降雨量空间分布差异大，局地暴雨频发。2017 年，夏季降水量的空间分布差异显著，降水量为 416.5 毫米，就暴雨降雨过程来看，除 6 月 22—24 日和 7 月 6日傍晚至 7 日出现区域性暴雨过程外，其他多数暴雨具有历时短、突发性和局地性强等特点。

区域性大风天气。受本地强风和上游地区沙尘输送的共同影响，5 月 4—5 日，香河县出现了近 10 年来范围最大、强度最强的大风沙尘天气。在强风作用下，上游源地大量沙尘输送至本地后沉降或被扬起，形成区域性的浮尘和扬沙天气，致使多个时段能见度不足 5000 米，同时导致空气质量指数（AQI）连续 2 日达到 500（严重污染），给交通出行安全和人们身体健康带来较严重影响。

阶段性干旱。自 10 月 19 日后连续 70 余天无降水，物候干燥，火险等级较高，人体舒适度较差。

（赵春森）

【水文 水系】 水文包括水文地质、地上水和地下水。

水文地质。香河县地处潮白河冲洪积扇的中下游，地下水主要赋存于松散岩类孔隙水含水岩组中。松散岩类孔隙水含水岩组主要由第四系松散沉积物组成。根据成因类型可将第四系地层自上而下划分为四个含水组。

第Ⅰ含水组（全新统 Q4）：含水层组底板平缓，埋藏深度 30～40 米，局部 50～60 米，含水层厚度一般 5～10 米，局部大于 10 米，该层沉积较薄，颗粒较细。岩性以细砂、中细砂为主，单井单位出水量为 2.5～5 立方米/（小时•米），局部 5～10 立方米/（小时•米）。地下水水力特征为潜水。地下水矿化度一般小于 2 克/升。

第Ⅱ含水组（上更新统 Q3）：底板深度 140 米左右。含水层厚度 20～30 米，局部 30～50 米，含水层岩性以细砂及含砾中砂为主。单井单位涌水量 10 立方米/小时•米左右，矿化度一般小于 1 克/升。水力特征属微承压水。

第Ⅲ含水组（中更新统 Q2）：底板埋藏深度 300 米左右，含水层厚度一般 40～60 米，岩性以中砂、中细砂为主，单井单位出水量为 5～10 立方米/（小时•米）。地下水水质良好，矿化度小于 1 克/升。水力特征属承压水。

第Ⅳ含水组（下更新统 Q1）：底板埋藏深度 420 米左右，含水层厚度 40～60 米。岩性以中粗砂、细粉砂、粉砂为主，单井单位出水量为 5～10 立方米/（小时•米）。地下水水质良好，矿化度小于 1 克/升。水力特征属承压水。

地上水。香河县四面环河，地处海河流域中上游，属海河流域北三河水系，有潮白河、北运河水系，东部和北部为潮白河水系，西部和南部为北运河水系。

过境河流多，主要有潮白河、北运河、青龙湾减河、引泃入潮河等，年径流量为 5.9203 亿立方米，还有凤港减河、窝头河、牛牧屯引河等季节性河道。香河县境内河道建筑物共计 8 座，分别为潮白河吴村闸、引河牛牧屯闸、青龙湾土门楼闸、北运河木厂闸、北运河曹店橡胶坝和潮白河 1、2、3 号橡胶坝。引水口 4 处，设计引水能力为 36 立方米/秒，通过调度，曹店跌水橡胶坝可一次性拦蓄地上水 2180 万立方米，岭子、杨百庄、赶水坝、南刘庄四座引水闸年平均引水量达 8000 万立方米。

全县共有干支渠 142 条，其中干渠 26 条，总长 221.4 千米，支渠 116 条，全长 298.9 千米，干渠建筑物（闸）34 座。全县拥有国营扬水站 8 座，装机总容量 8610 千瓦，排水能力约 91.08 立方米/秒。万亩以上灌渠两个（潮南、潮北），有效灌溉面积 34.5 万亩。有深 2.5 米的坑塘 670 个，渠道坑塘蓄水能力 900 万立方米。有农用机井 6914 眼，其中深井 229 眼，主要用于城乡生活用水，浅井 6685 眼，主要用于农业灌溉和工业生产用水。

1．潮白河

潮白河发源于承德市丰宁县、张家口市沽源县，上游由潮河、白河两大支流汇成。潮河发源于承德市丰宁县西黑山嘴，白河发源于张家口市坝上沽源县丹花岭，两河在密云水库下游河槽村汇流后，称潮白河。潮白河从蒋辛屯镇岭子村北进入香河县，流经香河县蒋辛屯、淑阳、钱旺、安头屯、渠口共5个镇，通过潮白新河于渠口镇荣各庄村南进入天津市宝坻区，在宁车沽入永定新河入海，流向东南。该河是香河县主要行洪和供水河道，境内河道长26.48千米，流域面积183.95平方千米，防洪设计标准20年一遇，行洪能力2850立方米/秒，级别2级，河底纵坡吴村闸上1/4000，吴村闸下至宝坻界1/4500。左堤26.485千米，右堤20.25千米，堤顶硬化46千米。河流平均宽度1475米，最宽在淑阳镇赶水坝村2500米，最窄在钱旺镇达古庄村450米，堤顶宽度8米。

2. 北运河

北运河发源于北京市昌平区军都山居庸关附近，有大小支流数十条，主要有南沙河、北沙河、东沙河，三条河流于昌平区的沙河闸处汇流。通州区北关闸以上称温榆河，以下称北运河。北关闸至土门楼枢纽区间又有通惠河，凉水河和凤港减河纳入。北运河由香河县安平镇鲁家务村西北入境，流经香河县安平、淑阳、钳屯、五百户四个镇,在木厂闸以下，沿香河、武清两县界到五百户镇双街村南出境，进入天津市武清区入永定河，从辛庄子桥入子牙河进海河入海,流向东南。北运河除汛期行洪外，平时主要为天津市输水河道，该河在香河县境内流程20.378千米，流域面积237.52平方千米，防洪设计标准20年一遇。行洪能力1330立方米/秒，级别3级。河道平均宽度2125米，扬洼闸至橡胶坝河道纵坡1/14150，橡胶坝至木厂闸1/15000。左堤长23.808千米，右堤长8.289千米，堤顶硬化0.5千米，堤顶平均宽度8米。为减轻北运河负担，在入境处赶水坝上游建有牛牧屯引河，汛期分泄北运河洪水至潮白河，出口处分为北运河和青龙湾减河。

3. 青龙湾减河

青龙湾减河是北运河的主要分洪河道,自香河县五百户镇土门楼闸起,沿香河县钳屯、五百户、刘宋等镇南部边界东流，于刘宋镇庆功台村扬水站东进入天津市武清区,至里自沽农场止。香河县境内河道长18.20千米，境内堤防总长度23.69千米，行洪能力1330立方米/秒，防洪设计标准20年一遇。

4. 引泃入潮河

引泃入潮河是为减轻泃河与蓟运河汛期行洪压力人工开挖的一条减河，引泃河水入潮白河，上起泃河的辛撞闸，下至宝坻区郭家庄，汇入潮白新河，从罗村渡槽进入香河县，于黄家集进入天津市宝坻区，香河县境内流程7.885千米，境内堤防总长度15.77千米，设计行洪能力20年一遇，行洪能力830立方米/秒。

地下水。香河县地处北三河下游平原潮白河冲洪积扇中下游区，水位地质条件相对简单，地下水全部为淡水。地下水水质良好，矿化度小于g/L（1克/升）。香河县浅层水的天然水化学类型主要为碳酸盐类钠组Ⅰ型水，其中东延寺为碳酸盐类钙组Ⅲ型水，淑阳镇为碳酸盐类钠组Ⅱ型水。年内水位的变化规律：浅层地下水埋藏浅，其动态年变化受降水和人工开采控制，年初至3月中旬为相对稳定期，此期开采量不大，地下水水位升幅很小；3月中旬至6月中旬为春采水位下降期，农业灌溉集中开采，造成浅层地下水区域性水位下降，下降幅度因开采强度不同而异，5月中旬至6月中旬出现年最低水位；6月中旬以后，由于降水量增加，开采量锐减，地下水得到降水的入渗补给，水位大幅度回升，到8月上旬至9月中旬达到年最高水位；进入秋冬开采期，农业开采量相对较小，但仍使地下水位再度下降，11月底秋冬采停止，地下水位回升进入相对稳定期。

（黄云龙、李淑伟）

【土壤】 土壤包括土壤类型、质地、土壤肥料等基本要素。

土壤类型。香河县土壤类型受地貌类型影响，差异较大。据1982年3月土壤普查结果，分3个土类，8个亚类，10个土属，56个土种。有褐土类、潮土类和风砂土类。根据分布特点，北部主要是褐土，西部、东部和南部主要是潮土，沿河两岸分布有风砂土。

褐土类型（K）及其分布

香河县褐土面积75000.4亩，占总土地的11.55%，分布在香河县北部梁家务、蒋辛屯、城关、大罗屯、金辛庄等公社。其亚类有褐土亚类、潮褐土亚类、褐土性土亚类。

潮土类型（L）及其分布

潮土是香河县分布面积最大，耕性良好的主要土壤类型，总面积573896.7亩，占总土壤面积的88.38%，其亚类有潮土亚类、褐土化潮土亚类、盐化潮土亚类、沼泽化潮土亚类。分布在香河县东部、东南部和南部，等高线5～10米之间。

风砂土（E）类型及其分布

香河县风砂土类，只有一个土属——砂质风积物，以流动、半流动砂丘存在。全县风砂土面积458.9亩，占总土地面积的0.07%。分布在潮白河、运河两侧。风砂土类利用不充分，尚需防风固砂。在香河县沿河两侧各个公社都有分布，如大罗屯、王家摆、五百户、钱旺村等公社。

1982年香河县土壤类型分布特点统计表

表2

土类	亚类	面积（亩）	占总面积（%）	分布特点
褐土	褐土	281.6	0.05	洪积冲积扇平原，10米等高线以上，分布在香河县北部梁家务、蒋辛屯、中部大罗屯、城关、金辛庄公社
	潮褐土	59324.5	9.13	
	褐土性土	15394.3	2.37	
	合计	75000.4	11.55	
潮土	潮土	530864.3	81.75	分布在潮白河、运河、青龙湾河冲积形成的冲积平原上，包括西部安平、王家摆公社、中部钱旺、钳屯公社，大罗屯、金辛庄、城关一部分，东部渠口、鲁口、石虎公社，南部五百户、香城、李庄、安头屯、刘宋公社
	褐土化潮土	25780.7	3.97	
	盐化潮土	16276.3	2.51	
	沼泽化潮土	975.4	0.15	
	合计	573896.7	88.38	
风砂土	风砂土	458.9	0.07	分布在近河两侧
共计		649356.0	100	—

土壤质地。土壤土质按五级划分，即砂土、砂壤、轻壤、中壤、黏土（重壤以上）。砂质土共计1.89554万亩，砂壤土13.15711万亩，壤质土（包括轻壤和中壤）47.66477万亩，黏质土2.21818万亩。

按照《河北省耕地质量等级划分技术规

范》（2016 年 5 月试行）要求，香河县选择有机质、耕层厚度、有效磷、速效钾、耕层质地、灌溉能力、排涝能力、地形部位、障碍因素、盐渍化程度 10 个评价指标。利用县域耕地资源管理信息系统采用层次分析法求取香河县耕地综合评价指数在 0.725863~0.912786 范围内。耕地按照河北省耕地质量 10 等级划分标准，香河县 1、2、3、4、5、6、7 等地面积分别为 3198.36 公顷、7903.13 公顷、6238.15 公顷、3542.65 公顷、3988.96 公顷、1330.34 公顷、27.45 公顷，分别占全县总耕地的 12.19%、30.13%、23.78%、13.51%、15.21%、5.07%、0.10%，通过加权平均求得香河县的耕地质量平均等级为 3.05。

2015 年香河县耕地质量等级及变动表

表 3 单位：公顷

耕地质量等级 指标名称	代码	1 等	2 等	3 等	4 等	5 等	6 等	7 等	8 等	9 等	10 等	平均质量 等级
甲	乙	1	2	3	4	5	6	7	8	9	10	11
年末存量	04	3198.36	7903.13	6238.15	3542.65	3988.96	1330.34	27.45	—	—	—	3.05

说明： 1．表中各耕地质量等级面积保留 2 位小数，平均质量等级保留 2 位小数

2．耕地质量划分为 10 个等级，其中 1~3 等级为优等耕地，4~6 为中等耕地，7~10 等为低等耕地

3．编制耕地质量等级及变动表基准年为 2015 年末存量

土壤肥料。为加强耕地质量建设，提高耕地综合能力，进一步做好耕地质量监测与保护提升工作，2017 年香河县土肥站围绕耕地质量监测与评价、耕地资源环境承载能力监测预警评价、化肥减量增效等重点内容全面开展工作。根据《2017 年耕地质量监测与保护提升项目实施方案》要求，结合香河县实际情况，选取省级监测点。通过多次实地探查比较，综合考虑土壤类型、耕作制度、地力水平、耕地环境状况和管理水平等因素，最终确定成自务、前马房 2 个耕地质量监测点。按照《耕地质量监测技术规程》，综合考虑行政区划、土壤类型、土地利用、农业两区划定、农业特色产业布局、耕地质量监测点位已有信息的完整性等因素，科学布设耕地质量调查点位 40 个，完成土样采集 40 个、填写野外调查 40 份，取得土样化验数据 332 项次。为提高土样检测质量，按照农业部要求，委托具有相关土壤样品检测资质的检测机构承担检测任务。委托有相关资质的机构进行耕地质量等级变更评价，评价成果于 2018 年 3 月底完成，并通过符合性验证。按照《河北省发展和改革委员会等十二部门关于开展河北省资源环境承载能力监测预警评价工作的通知》要求，以《资源环境承载能力监测预警技术方法(试行)》中农产品主产区的评价方法为指导，对香河县 2009 年至 2015 年土壤化验数据和地力评价数据进行了梳理汇总和分析，开展资源环境承载能力监测预警评价工作。大力推广化肥减量增效技术。通过测土配方施肥技术，精准施肥。测土配方施肥覆盖率达到 90%以上。鼓励农户施用配方肥。提高秸秆还田推广面积。开展有机肥替代化肥，推广宣传绿福韭菜施肥模式，以腐熟羊粪作为底肥，利用肥料中含有的大量有机质供给作物营养同时提高土壤的保水、保肥、抗旱能力，提高地温，增强作物抗寒抗病能力；应用沼液

冲施改良土壤，增加土壤透气性。

（陈淑伶、苏绍辉）

自然资源

【概况】 香河县自然资源丰富，2017年全县土地总面积67.19万亩，多年平均（1980—2015年）水资源总量为6866万立方米，域内野生植物品种约计200余种，野生动物有160多种，县内地热水资源丰富，较为适合开发利用。

【土地资源】 2017年，全县土地总面积67.19万亩。其中，耕地39.30万亩，园地0.04万亩，林地1.35万亩，草地0.43万亩，镇村及工矿用地16.90万亩，交通运输用地2.83万亩，水域及水利设施用地5.83万亩，其他土地0.51万亩。其中农用地45.09万亩，占总面积的67.11%；建设用地19.49万亩，占总面积的29.01%；未利用地2.61万亩，占总面积的3.88%。农用地中，耕地39.30万亩，占农用地总面积的87.16%；园地0.04万亩，占农用地总面积的0.08%；林地1.35万亩，占农用地总面积的3.00%；其他农用地4.40万亩，占农用地总面积的9.76%。建设用地中,公路用地1.43万亩，占建设用地总面积的7.34%；水工建筑用地1.15万亩，占建设用地总面积的5.90%；建制镇3.39万亩，占建设用地总面积的17.39%；村庄12.66万亩,占建设用地总面积的64.96%；采矿用地0.31万亩，占建设用地总面积的1.59%；风景名胜及特殊用地0.55万亩，占建设用地总面积的2.82%。未利用地中，河流水面2.18万亩，占未利用地总面积的83.52%；其他草地0.43万亩，占未利用地总面积的16.48%。

（马冬伟）

【水资源】 地表水资源量。根据《香河县水资源评价》，香河县1956—2015年多年平均年降水量为575.2毫米，多年平均自产地表水资源量为1884万立方米，折合年径流深41.1毫米。

地下水资源量。根据《香河县水资源评价》，香河县1980—2015年多年平均浅层地下水总补给量（矿化度≤2克/升）为8065万立方米，地下水资源量（矿化度≤2克/升）为7579万立方米。

水资源总量。根据《香河县水资源评价》，香河县多年平均（1980—2015年）水资源总量为6866万立方米。按2015年统计资料，人均水资源量为190立方米，约为全国平均值2200立方米的1/12，低于全省人均310立方米的水平，以及廊坊市人均208立方米水平。亩均水资源量172立方米，约为全国平均值1437立方米的1/8，低于河北省人均211立方米的水平，高于廊坊市亩均141立方米的水平。

地下水可开采量。根据《香河县水资源评价》，香河县1980—2015年多年平均浅层地下水资源可开采量（矿化度≤2克/升）为7200万立方米 。深层地下水为不可开采水资源，不计入地下水可开采量。

（黄云龙、李淑伟）

【地热资源】 2016年，经香河县国土资源局委托廊坊市新源地热技术研究所对香河县多地块勘察发现，香河县地热水资源丰富，较为适合开发利用。可开发利用水层为中上元古界蓟县系雾迷山组热储层、古生界奥陶系—寒武系热储层、新近系馆陶组热储层，开采深度2000～4500米不等，出水温度60℃～90℃不等。具体数值根据地块不同有所变化。

根据石油部门地震勘探及区域地热勘查资料，香河县自上而下有价值的热储层及其特征简述如下：

新近系热储明化镇组热储。新近系热储明化镇组热储层是大厂断凹广泛分布的热储层。岩性特征由上至下由细变粗，主要为白色砂岩与紫红色泥岩互层，下部为粗砂岩，底部为砂砾岩。热储层厚度89～278米；砂厚比26.3%～73.8%；单层砂层最大厚度31～45米；孔隙度26%～30%，热储中部温度40℃～81.1℃。单井涌水量一般1000～1800立方米/天，井口水温45℃～76℃，矿化度2.122～3.352克/升，水化学类型HCO3—Na和HCO3—Cl—Na型，pH值7.2～8.4。富水性好，但埋藏较浅，地温较低，一般不作为热储层开发。

寒武—奥陶系裂隙岩溶热储。区内寒武—奥陶系地层，主要分布于开滦台凹的北部、大厂断凹西北部，被新生界地层直接覆盖。顶板埋深一般710～2300米、底板埋深1333～3000米。热储层主要为奥陶系的马家沟组、亮甲山组、冶里组及寒武系府君山组构成，主要岩性为灰岩、白云质灰岩、鲕状灰岩。热储层因所处的构造位置不同，其裂隙发育差别较大，临近断裂的比远离断裂的其裂隙、溶隙发育好。区内热储厚度7.5～426米，热储中部温度25℃～38℃，单井涌水量960～1890立方米/天，井口水温30℃左右，矿化度2.06～7.612克/升。香河境内一般不作为有效热储层进行开发。

蓟县系热储。蓟县系热储层为区域性热储层，岩性为白云岩，性硬脆，裂隙缝洞发育，富水性好。据大厂断凹夏热1井地热井资料统计，储水层主要为雾迷山组裂隙岩溶热水。井深3150米，成井段2311～2956米，单井涌水量960立方米/天，井口水温62℃，水化学类型为HCO3-Na型，矿化度0.667克/升，总硬度83毫克/升，含氟9.6毫克/升，偏硅酸40.66毫克/升，偏硼酸5.0毫克/升。水中含有多种对人体有益的微量元素，是很好的浴疗用水。依据区域上该热储地热水开发利用经验，可作为医疗矿水用于医疗和休闲度假业的开发，也可用于地板采暖和种养植业等供热之需求。含水层的利用段应定位在3000～3500米。

（马冬伟）

【生物资源】 生物资源包括野生植物、野生动物。

野生植物。县域内植物种类较丰富，多为人工栽培，野生植物较少。据初步调查有木本植物38科140多种，其中乔木17科80多种，落叶乔木主要有，国槐、刺槐、青桐、银杏、合欢、臭椿、栾树、火炬、垂柳、毛白杨、小叶杨、速生杨、金枝槐、香花槐、核桃等树种；常绿乔木有油松、雪松、樟子松、侧柏、桧柏等树种。花灌木14科40多种，主要有绣线菊、榛子、锦带、迎春、红叶小檗、沙地柏、平枝荀子、连翘等。草本植物主要是禾本科、菊科、蔷薇科、毛茛科、莎草科等。主要常见杂草种类有：越年生杂草主要有荠菜，播娘蒿、芦苇；一年生杂草主要有藜、灰菜、打碗花、麦家公、刺儿菜、马唐草、苋菜、牛筋草、铁苋菜、马齿苋、狗尾草、反枝苋、泥胡菜、离子草、苘麻、稗草、田旋花、车前草、香附子、鸭跖草、苣荬菜、猪殃殃、蒲公英等。禾本科杂草主要是雀麦、节节麦。香河县野生植物品种约计200余种，其中被子植物品种最多，达150多种。蕨类（节节草）、裸子类（银杏）、苔藓类（墙藓、地藓）、藻类（水绵、小球藻）、菌类（木耳、蘑菇）等有20余种。植被类型：按《中国植被》分类系统，香河公园内地带性植被类型有落叶阔叶林、灌草丛。

野生动物。县域内野生动物有160多种，具有较高观赏、保护价值的有白鹭、苍鹭等，它们春季从南方飞来，筑巢繁衍。经常出没于湿地、湖面，时而展翅飞翔，时而捕食嬉戏，引来众多游人驻足观赏。县域内生态环境良好，植被类型多样，生长茂密，植被覆盖率在90%以上，为动物的繁衍生息创造了条件。经不完全调查，县域内野生动物有兽类7种，禽类34种，鳞类19种，介类8种，虫类25种，主要有：兽类：狗獾、野兔、田鼠、仓鼠、蝙蝠、狸子、黄鼬、刺猬等，主要分布在草木较深的林地。鸟类：苍鹭、白鹭、野鸭、啄木鸟、猫头鹰、乌鸦、喜鹊、灰喜鹊、燕子、布谷鸟、麻雀、百灵、黄鹂、画眉等，这些鸟类种群较多，正常游览时间可闻可见。特别是每年的春夏秋季节，可见成群的苍鹭、白鹭，时而盘旋水面，时而栖息沼泽。爬行类：蜥、蛇、蜥蜴、壁虎、龟、鳖等。两栖类：青蛙、虎纹蛙、沼蛙等。鱼类：鲤鱼、草鱼、白鲢、鲫鱼、鲶鱼、鳝鱼、黄瓜鱼、胖头鱼、黑鱼、石鲢鱼、泥鳅等。富足类：田螺、蜗牛、钉螺等。甲壳类：虾、蟹、潮虫、水蚤等。昆虫类：蝴蝶、蜜蜂、螳螂、蟋蟀、蚱蜢、瓢虫、蚯蚓、蜻蜓等随处可见。

（吕剑、苏绍辉）

自然灾害

【概况】 香河县自然灾害主要有气象灾害和生物灾害。生物灾害包括森林病虫害和农作物病虫草害。2017年，全县除阶段性干旱外，无其他较大的气象灾害，全县共发生森林病虫害累计约23.97万亩，农作物病虫草害发生面积257.7万亩次，防治面积176.65万亩次。

【气象灾害】 2017年，除自10月19日后连续70余天无降水造成阶段性干旱外，无其他比较大的气象灾害。

（赵春森）

【生物灾害】 生物灾害包括森林病虫害和农作物病虫草害。

森林病虫害。成灾率：2017年全县共发生森林病虫害累计约23.97万亩，其中美国白蛾16.77万亩（村庄、小区的生面积13.68万亩；河堤、路、片林等发生面积3.09万亩）、春尺蠖4万亩、蛀干害虫1万亩、杨扇舟蛾1万亩、病害发生1.2万亩，成灾面积0万亩，成灾率0‰。春尺蠖调查：3月18日，春尺蠖幼虫开始孵化，孵化时间比2016年提前5天。截至3月28日，春尺蠖幼虫全部孵化完成，全县平均虫口密度26.4条/50厘米标准枝，发生最为严重的最高虫口密度达132条/50厘米标准枝，发生面积约4万亩。美国白蛾越冬蛹调查：1月上中旬，香河县林业局利用8天时间对19个调查标准地，380株调查标准株进行挖蛹调查，共挖蛹421头，平均蛹密度1.11头/株。其中活蛹247头，死蛹174头，寄生蛹46头，死亡率41.3%，寄生率10.9%。美国白蛾幼虫期调查：在各代美国白蛾幼虫发生期，组织技术人员在全县范围内随机抽取一定数量的标准地，以杨树、椿树、榆树、桑树、槐树、柳树等树种为主的美国白蛾喜食树种，开展美国白蛾疫情调查。经调查，第一代美国白蛾平均有虫株率2.0%，第二代美国白蛾平均有虫株率1.5%，第三代美国白蛾有虫株率0.52%。草履蚧虫情调查：为及时掌握杨树草履蚧虫情发生动态，做好防治工作，4月下旬，香河县林业局森防站技术人员对潮白河大堤、运河大道、大香线、驻军片林、鲁务村南片林等地段进行详细调查，共调查8个样地，每个样地调查杨树20株，共调查160株。根据调查，全县草履蚧发生与危害有上升趋势，发生面积800余亩。悬铃木方翅网蝽虫情调查：8月22—30日，香河县林业局对县域内所有种植悬铃木的堤、路、园区及种苗繁育基地进行悬铃木方翅网蝽虫情调查。此次调查，共选取县域内种植悬铃木比较集中的安平镇平安大街、经济开发区、新通唐线、潮白河大堤大王庄段、双安路钳屯段、刘宋法桐种植基地、刘宋镇区等18个地块进行详细调查。调查面积约1500亩，共抽取调查悬铃木420株，调查标准枝1680枝。经调查，悬铃木方翅网蝽在香河县各镇均有不同程度发生，全县平均有虫株率15.7%，平均虫口密度18.7只/百叶。

农作物病虫草害。2017年，香河县农作物病虫草害发生面积257.7万亩次，防治面积176.65万亩次，挽回损失20318.13吨。实际损失1396.9吨。

小麦病虫草害发生情况

2017年香河县小麦病虫草害发生面积38.7万亩次，防治面积33.8万亩次。专业化统防统治面积14.6万亩次。病虫害总体上属中度偏轻发生年份，虫害重于病害。

蚜虫病害：普遍发生接近2016年；苗蚜轻，穗蚜相对较重。始见日接近2016年，发生面积9.6万亩，平均苗蚜百株蚜量1.0头，最高百株3头，5月15日调查，平均百株蚜量950.0头，最高达1460.0头/百株，接近2016年同期。主要原因是：春季气温偏低，且低温持续时间较长，不利于蚜虫发生。

小麦吸浆虫：2017年3月，香河县植保站对全县麦田进行拉网式取样，调查结果是小麦吸浆虫在全县发生面积0.5万亩，发生面积占播种面积的5.2%，发生地块最高密度2头/样方，虫量逐年下降。4月，重点调查上升活动情况。在钱旺镇西大街调查，最高每样方2头。0～7厘米；7～14厘米；14～20厘米分层取土，4月中下旬后重点调查小麦吸浆虫化蛹进度，进一步掌握小麦吸浆虫生长发育进程，确定蛹期最佳防治时期；发生量逐年降低，未达到防治指标。主要原因：香河县种植结构发生调整，以前发生小麦吸浆虫严重地块现已改种其他作物；经过农技人员的广泛宣传，农户已了解了小麦吸浆虫的发生发展规律及防治方法，能够及时有效的控制了其对小麦的危害。

红蜘蛛：发生面积1.2万亩，发生量接近常年，程度较轻。

地下害虫：发生面积5.6万亩，防治1.2万亩，中度发生。其中蛴螬、金针虫发生重于常年，蝼蛄与常年持平。原因：秸秆还田面积大，土壤有机质含量增加；药剂土壤处理面积逐年下降。

小麦白粉病：偏轻发生。由于2017年气候干旱，比2016年危害程度轻，白粉病发生面积比2016年少95%，5月25日调查，发生地块平均病叶率8%，最高25%，发病面积达0.2万亩，少于2016年。原因：4月下旬至5月，香河县雨量少，麦田湿度小不利于其发生；小麦普遍播量均匀，田间通风透气，减少了白粉病发生概率。

禾本科杂草雀麦:香河县各乡镇均有发生，虽然发生范围广，但都是零星发生，约有1.5万亩，在冬前发现雀麦出土后用氟唑磺隆喷雾防治效果较好。

玉米病虫草害发生情况

2017年，玉米病虫草害发生面积124.72万亩次，防治面积31.14万亩次。专业化统防统治面积11.9万亩次，2017年玉米病害总体为中等偏重发生，虫害与2016年相当，病害重于2016年；7月下旬至8月底为各种病虫危害盛期。

玉米害虫主要有玉米蚜虫、玉米蓟马、玉米褐足角胸肖叶甲、玉米螟。由于2017年春季降雨偏少，有利于虫害发生，钻蛀性害虫一代玉米螟发生中等；二代玉米螟中等偏重发生；后期棉铃虫、桃柱螟偏重发生，呈上升趋势；食叶性害虫三代黏虫在香河县轻发生。根据虫情测报灯诱虫情况，棉铃虫和黏虫前期危害较轻，玉米生长中后期玉米螟、棉铃虫虫量增多，玉米螟、棉铃虫虫害发生严重。

玉米病害主要是瘤黑粉病、丝黑穗病、茎腐病等在部分地块造成一定危害；2017 年夏季，雨水充足，大斑病和小斑病发生较普遍，危害较重；褐斑病、丝黑穗病、瘤黑粉病、茎腐病等在部分地块危害严重。

蝗虫发生情况

东亚飞蝗：中等发生。发生面积 8 万亩，需防治面积 0.8 万亩。夏蝗出土在 5 月中旬，秋蝗蝗蝻出土盛期多在 7 月下旬至 8 月上旬，三龄高峰期多在 8 月中下旬。

土蝗：局部地块偏重发生。发生面积 15 万亩，需防治面积 3.2 万亩；发生盛期为 7 月下旬至8月上旬；主要发生种类为亚洲小车蝗、短额负蝗、中华稻蝗、笨蝗等。

蔬菜病虫草害发生情况

蔬菜播种面积 10 万亩，病虫草害发生面积 64.67 万亩次，病虫草害防治面积 107.71 万亩次，专业化统防统治面积 14.87 万亩次。

（吕剑、苏绍辉）

居　民

【居民总量】 2017 年末香河县户籍人口 372023 人，比上年末增加 4291 人，年末户籍户数 126321 户。常住人口 373661 人，比上年末增加 4522 人。常住人口城镇化率 61.15%，比上年提高 0.82 个百分点。

【居民构成】 2017 年，香河县总人口 372023 人，其中，男性 184019 人，占 49.46%，女性 188004 人，占 50.54%，性别比 97.88（女性为 100），比 2016 年下降了 0.45 个百分点。

【人口变动】 2017 年，香河县出生人数 5750 人，出生率为 16.44‰，符合政策生育率 98.37‰，死亡人数 2116 人，死亡率为 6.05‰，自增人数 3634 人，人口自然增长率 10.39‰。

“十三五”规划制定和“十二五”规划执行情况

“十三五”规划制定

【指导思想】 全面贯彻中共十八大和十八届三中、四中、五中全会精神，认真落实省市县委全会精神，聚焦生态香河、产业香河、品质香河建设，坚定“一个率先、两个翻番、三个前列”目标统揽，围绕京津冀协同发展战略，实施“城乡统筹、产业发展、基础建设、生态环境”四个重点突破，率先全面建成小康社会，力争跨入全国百强县行列。

【主要目标】 “十三五”时期，是香河县深入贯彻习近平总书记系列重要讲话精神，是全面建成小康社会的决胜期，是全面深化改革的攻坚期，也是深入推进京津冀协同发展的加速期。全县认真贯彻中共十八届五中全会精神以及省、市、县的战略部署，继续以建设“生态香河、产业香河、品质香河”为目标，高举发展、团结、奋斗的旗帜，紧密结合香河发展实际，在提高发展平衡性、包容性、可持续性的基础上，努力做到“一个率先、两个翻番、三个前列”，力争跨入全国百强县行列。“一个率先”，即力争 2018 年率先全面建成小康社会。“两个翻番”，即地区生产总值和城乡居民人均可支配收入年均增长 10%左右，分别比 2010 年翻一番。“三个前列”，即经济增长保持较高速，主要经济指标增速位居省市前列，财政收入突破百亿元大关；产业发展迈入中高端，发展质量和效益位居省市前列；环境治理大见效，生态建设水平位居省市前列。

●地区生产总值年均增长10%左右；

●全部财政收入年均增长 15%以上，其中：公共财政预算收入年均增长15%以上；

●固定资产投资年均增长18%以上；

●城镇居民人均可支配收入、农村居民人均可支配收入分别增长10%左右。

——综合实力大幅提升。经济保持较高速增长，全县各项主要经济指标达到预期目标，发展质量和效益明显提高，生态环境日益改善，县域经济实力实现大幅提升，综合经济实力跻身全国百强。

——协同发展实现突破。中央、省市关于协同发展的各项要求部署落实到位；以增强协同发展竞争力为着眼点，大力推进交通路网、公用设施建设升级，到 2020 年，接轨京津、覆盖全域、无缝衔接的城乡规划体系全面成形；以“四横四纵”（“四横”即通宝路、唐通线、双安路、倪李线；“四纵”即运河大道、大香线、平香线、蒋渠线）路网框架为主体，对内大循环、对外大开放的现代化交通网络基本建成，全面构建起与京津同城一体发展格局。

——产业结构不断优化。认真落实供给侧结构性改革的各项举措，园区吸附力和承载力全面提升，产业迈向中高端水平，力争到2020年，初步形成以高端制造业和现代服务业为主体，以机器人产业园、通用航空产业园和家居城、建材城、汽配城、影视文化城、爱晚大爱城为龙头的现代产业体系，三次产业结构进一步优化，第三产业增加值占 GDP 比重突破 50%。

——城乡统筹全面推进。以列入全省城乡发展一体化试点县为契机，大力推进以人为核心的新型城镇化，城镇化水平稳步提高，城镇体系更加完善，城镇基础设施、承载能力和公共服务水平显著提升，力争用三年左右时间，城区功能品位明显提升，成为承接北京功能疏解的“微中心”，新型农村社区和美丽乡村实现全覆盖。到 2020 年，全县常住人口城镇化率达到62%，户籍人口城镇化率达到45%，以城带乡、城乡一体发展格局全面形成。

——生态环境持续改善。以京津冀生态文明先行示范区和国家级园林县城、国家级湿地公园创建为抓手，着力做好水、林、田三篇文章，力争到 2020 年，初步建成绿色城市、洁净城市，节能减排各项举措落实到位，空气质量明显好转，大运河、潮白河综合治理和生态修复取得重大进展，境内河流水质全部达到Ⅳ类标准，“水润荷香、北国江南”生态品牌在京津周边地区全面创响。

——人民生活再上水平。城乡居民收入持续增长，城乡收入差距进一步缩小，社会保障体系更加完善，教育、医疗、卫生等各项社会事业全面发展，社会主义精神文明建设深入人心，社会文明程度普遍提升，社会治理体系更加健全，公平正义新秩序进一步彰显，平安县创建成果更加巩固，人民群众生活质量、健康水平、居住条件明显改善。

“十二五”规划执行情况

【概况】 “十二五”是香河发展史上极不平凡的五年。在中央和省市县委的坚强领导下，面对日趋激烈的区域竞争、改革发展的沉重压力、艰巨繁重的稳定任务，香河县积极应对、妥善处理“土地风波”及历史遗留问题，迎难而上、务实进取、创先争优，统筹推进稳增长、惠民生、抓协同、优环境、强党建等各项工作，走出了一条由乱到治、逆势奋进的发展道路。与2010年相比，全部财政收入增长了2.9倍，公共财政预算收入增长了3.3倍，城乡居民人均可支配收入分别增长48%和52%，“十二五”

成为香河历史上发展速度最快、质量最好的一个重要时期。

【经济实力】 主要经济指标大幅增长，综合实力显著提升。2015 年，地区生产总值完成 198.6 亿元，年均增速 13.6%；财政收入完成 50.6 亿元，年均增速 31.1%,其中公共财政预算收入完成 35.1 亿元，年均增速 33.6%；固定资产投资完成 192.1 亿元，年均增速 21 %；社会消费品零售总额完成 69.8 亿元，年均增速 14.1%；规模以上工业增加值完成 72.5 亿元，年均增速 21.7%。

【项目建设】 坚持“优化提高一产、二三产业并重，突出发展现代服务业”的思路，大力调整产业结构。一、二、三产业增加值占 GDP 的比重由 2010 的 15.5∶52.5∶32 优化为 8.4∶50.7∶40.9。经济结构进一步优化，发展活力增强。一产、二产逐步升级，三产稳中向好。坚持“全员抓经济、重点造环境、集中精力上项目”工作主线，累计实施亿元以上项目 285 个。第三产业发展呈现较好发展态势，引进建设了一批高端、高效、高辐射项目，香江国际家居 CBD、爱晚国家养老示范基地、国华影视基地、香河联星国际建材交易中心、汽车配件物流交易中心、维龙电子商务中心、国安创客基地及好莱坞影视特效基地等项目开工建设。生活性服务业稳步发展，金融、租赁和商务服务，存贷款分别达到 391.6 亿元和 284.8 亿元，年均增速分别为 17.2%和 19%。高端制造业加快发展，机器人产业港、飞驰高压输变电设备等项目扎实推进。传统产业加速升级，一城酒业牛栏山酒厂、可口可乐等食品行业不断壮大，凯华齿轮、海潮制件、安旭专用车、建安特压力容器等汽配行业转型升级，喜临门、双叶等家具业龙头企业投产达效。智能机器人产业港、国安创客基地成功申列市级科技企业孵化器和省重点培育“众创空间”。民营经济提质增效，民营经济发展综合实力连续多年位居全省前列。现代农业发展成效显著，万亩荷塘、东方千年古葡萄庄园、庆丰生态农业产业园、汗普士肉羊养殖基地等一批优质现代农业项目基本成型。

【城乡面貌】 基础设施建设稳步推进，城市功能逐步完善。新城广场、城市规划展馆建成运行，香河文化艺术中心、行政审批中心开工建设，新汽车站和蒋辛屯 220 千伏变电站主体完工，城中村和旧城改造步伐加快，启动村街回迁楼建设，回迁、入住工作有序进行。城市管理持续加强。“脏乱差”整治和建筑市场整顿深入开展，城市面貌大幅改观。香河开发区、新兴产业示范区、环保产业园区等功能区开发建设取得成效，“十二五”期间累计投入 40.4 亿元。小城镇建设全面铺开，钳屯乡、钱旺乡撤乡设镇，安平镇和五百户镇成功跻身全国重点镇行列。加快推进城乡基础设施均等化，新建、改建城乡路网 525 公里，唐通线、大香线、府前街、绣水街等一批重点道路完成改造，潮白河、青龙湾堤顶路全线贯通。城市管理水平不断提高。全面推进社区建设，社区自治制度进一步完善；创新管理体制，探索市场化运作管理；加强常态化管理，积极开展综合执法；提高信息化、精细化管理水平；城市管理全面向社区延伸，覆盖面进一步扩大。

新农村建设稳步推进，农村面貌焕然一新。大力实施美丽乡村建设，72 个村街完成改造；扎实推进“三个一”（“一个高标准卫生室、一个文化广场、一个保洁队”）工程，全县 300 个村街实现卫生室、文化广场、保洁队全覆盖；积极推进新民居社区回迁，运河新村、潮北新城、京东新城等新型农村社区建成启用，省级示范村高标准通过省、市验收；农村饮水安全工程扎实开展，渠口、五百户水厂具备供水条件，蒋辛屯污水处理厂、安头屯污水处理厂正抓紧建设，全县饮水安全保障网络布点全面完成。大力提升农村公共服务水平，社会养老保险、新型农村合作医疗快速推进，教育、医疗、文化、体育等设施明显改善。大力推进小城镇和农村社区建设。促进农民转移就业，向二三产业转移农村富余劳动力，实现农民就业与收入双增长。农业基础不断巩固，高标准农田建设示范工程、高效节水灌溉工程、青龙湾减河治理工程顺利实施，桥闸重建大修。

【民生事业】 城乡居民收入大幅增加，城乡收入差距进一步缩小。2015 年，城镇居民人均可支配收入 33842 元，年均增速为 8.2%；农村居民人均可支配收入 13997 元，年均增速为 8.8%。不遗余力改善民生，各类民生支出达 98 亿元。教育事业取得显著成就，高考成绩逐年攀升，各项可比性指标在全市保持前列，县城四小、县直二幼、特教教学楼及青少年活动中心综合楼等一批教育工程建成投入使用，高标准通过全省“义务教育发展基本均衡县”评估验收。公共卫生与基本医疗服务体系逐步完善，县级公立医院改革全面实施，被确定为全国县级公立医院综合改革试点县、全国中医药工作先进县、基层医药卫生体制综合改革省级优秀单位、全省乡村卫生服务一体化管理示范县。县、镇、村公立医疗机构基础设施建设上档升级，基本医疗公共卫生服务能力不断增强，形成以县级医院为龙头、镇卫生院为枢纽、农村卫生室为网底的三级医疗卫生服务网络，实现了医药卫生体制改革和基本医疗卫生服务全覆盖。国家计生政策全面落实，人口形势保持稳定。城乡医疗养老保险制度实现全覆盖，城乡低保、大病救助、农村贫困户危房改造等工作扎实开展，累计发放低保金 9860 万元、救助金 1587 万元，改造危房 1600 余户。就业和社会保障工作成果显著，城镇登记失业率保持全市最低。国家公共文化服务体系示范区创建工作有序铺开，文化体育事业健康发展，各项群众性文体活动丰富多彩。安全生产、食品药品、非法集资等专项整治行动深入开展，“身边小案集中破案”“打黑除恶灭霸扫痞”等行动取得显著成效，和谐稳定的社会局面得到进一步巩固。加大防火监督检查力度，积极落实消防安全责任制制度，有效预防和杜绝了重特大火灾发生。和谐社区建设和管理取得新成绩，建成县、街、居三级社区服务中心（站）。广播电视、妇女儿童、残疾人等各项事业取得长足发展。

【生态建设】 加大生态建设和环境保护，树立生态文明、绿色发展理念，积极推进经济绿色低碳循环发展已成为香河县发展的重中之重。高质高效完成植树造林集中行动，重点实施了“一环、二沿、三线、十园、百村、千亩林果网片”（“一环”即环京津边界绿化工程，对沿京津边界 5 公里范围内宜林地块进行绿化提升，建设高标准生态景观带。“两沿”即沿河、沿堤绿化工程，在潮白河、北运河、青龙湾减河两侧堤岸造林绿化，打造临河滨水、绿荫环绕的大型生态湿地休闲景观带。“三线”即国省道主干线、绿化精品线和县域出入口连接线绿化工程，打造“三季有花、四季常绿”的精品绿美廊道。“十园”即建设 10 个独具特色的精品节点游园，提升绿化品位，并为群众提供休闲、健身、娱乐的新场所。“百村”即以美丽乡村建设为重点，对县域 200 个村街进行高标准绿化美化。“千亩林果网片”即成方连片栽种高端经济林，形成规模效益，推动林果采摘、休闲旅游产业加快发展。）六大造林绿化工程，“十二五”时期共完成植树造林 16

万亩，全县森林覆盖率达38%，人均公园绿地面积9.7平方米，通过“全国绿化模范县”验收。潮白河两道橡胶坝投入使用，3号橡胶坝完成建设，成功打造出运河之约文化森林公园、国华影视基地精品牡丹园、刘宋镇万亩荷塘万亩森林国家湿地公园、潮白河滨河景观带、大香线潮白河大桥滨河森林公园、运河景观大道、大香线绿色通道、双安路国安路改造提升等一批精品绿化工程，“荷香•香河”品牌魅力彰显，成功获批潮白河、大运河国家级湿地公园（试点），生态环境持续优化。全面强化燃煤锅炉、各类烟气和工业污染治理，特别是作坊式家具生产企业整治，强力推进大气和水污染防治设施建设和信息化监管。全面推进家具企业环境治理，全部安装吸尘机、压风漆房、水帘机等治污设施。施工工地、料场、堆煤场全部落实苫盖、洒水等降尘举措，餐饮企业全部安装油烟净化设备，对20蒸吨以上燃煤锅炉进行在线监测设施安装并与市环保局联网，对燃煤小锅炉进行了拆除。减排工程已基本完成，二氧化硫、氮氧化物排放得到有效削减。

【党建工作】 深入贯彻党的群众路线教育实践活动，扎实开展“三严三实”（严以修身、严以用权、严以律己、谋事要实、创业要实、做人要实）专题教育和解放思想大讨论，聚焦“八破八立”（破除畏难等靠的情绪，树立锐意进取的意识；破除精力分散的倾向，树立聚焦发展的意识；破除资源依赖的定势，树立转型发展的意识；破除无所作为的状态，树立勇于担当的意识；破除大而化之的习惯，树立精准发力的意识；破除封闭保守的思想，树立开放创新的意识；破除计划经济的思维，树立市场经济的意识；破除急功近利的心态，树立久久为功的意识），开展“三比三创”[“三比”是比精神状态、比“三致”（细致、精致、极致）程度、比贡献大小，“三创”是创一流水平、创优质环境、创扎实基础]，全县上下精神状态得到极大提振。健全民主决策机制，团结和谐氛围日益浓厚。提出“以品德立身、用能力服人、让业绩说话、靠廉洁树威”用人导向，创新考核评价体系。开展“三治理一提升”（治理村班子、治理党员队伍、治理村风村貌，提升基层党组织服务水平）行动，后进村街顺利转化，村级党组织建设不断加强，“四个三”（推进“三网管理”：全面实行网格化管理，全面深化“天网”工程，全面推行网络化服务；推行“三项治理”：开展侵害群众利益专项治理，开展信访案件化解专项治理，开展打黑除恶专项治理；推广“三个清单”：建立基层党组织书记抓党建责任清单，建立小微权力清单，建立帮扶对象清单；推动“三个下沉”：党组织设置下沉，机关干部下沉，资源配置下沉）工程实现全覆盖，香河县被评为“全省农村‘两委’换届工作先进单位”。严格落实党风廉政建设主体责任，下大力正风肃纪、惩贪治腐、提能增效，坚持把纪律和规矩挺在前面，干部作风持续改进，凝聚力、战斗力显著增强。群众工作委员会和群众工作中心正式成立，信访形势持续保持良好。

（杜振江、王仕磊）

经济和社会发展

【概况】 全县国民经济总体上运行良好，保持了较快的增长态势，县域经济综合实力不断发展壮大。据初步测算，全县地区生产总值完成250.8亿元，同比增长6.5%，其中：第一产业实现增加值17.4亿元，同比增长1.1%；第二产业实现增加值126.4亿元，同比增长4.1%；第三产业实现增加值107亿元，同比增长

10.1%。全县人均生产总值为 67193 元，同比增长 5.2%。

经济结构进一步优化，运行质量不断提高。从三次产业结构看，第一产业所占比重逐步下降，第二产业呈刚性支撑，第三产业快速发展，第一、二、三产业增加值占地区生产总值的比重由上年的 7.8∶49.4∶42.8 调整为 6.9∶50.4∶42.7。经济运行质量不断提高，财政收入占地区生产总值的比重达 26.41%，比上年下降 3.27 个百分点。民营经济快速发展，2017 年民营经济实现增加值 175 亿元，比上年增长 6.2%，占地区生产总值比重的 70.1%。民营经济实缴税金 48.8 亿元，同比增长 4.3%，占全部财政收入比重的 74%。

市场物价总水平略有回调。2017 年全县居民消费价格指数 104.8（2015 年为 100），其中：食品烟酒指数 105.5%，衣着指数 105.5%，居住指数 108.4%，生活用品及服务指数 100.4%，交通和通信指数 99.2%，教育文化及娱乐指数 100.7%，医疗保健指数 111.1%，其他用品和服务指数 103.3%。

【农业】 全年粮食播种面积 236709 亩，粮食总产量 90951 吨。其中，冬小麦播种面积 82023 亩，产量 32034 吨。玉米播种面积 152532 亩，产量 58393 吨。全年蔬菜播种面积 125605 亩，产量 464188 吨。棉花播种面积 62 亩，产量 3 吨。油料播种面积 405 亩，产量 78 吨。

全年肉类总产量 9561 吨，其中，猪肉产量 5000 吨，牛肉产量 1100 吨，羊肉产量 700 吨，禽肉产量 2700 吨。牛奶产量 5600 吨，禽蛋产量 24800 吨。

全年淡水产品产量 2086 吨，淡水养殖面积 4005 亩。人工造林面积 7980 亩，零星植树 5 万株，木材采伐 3197 立方米。

农业生产条件进一步改善。年末拥有农机总动力 25.4 万千瓦，大中型拖拉机 1545 台，当年机耕面积 304845 亩，当年机播面积 261600 亩，当年机收面积 264690 亩，年末实有机电井 5926 眼，有效灌溉面积 306150 亩。农用化肥施用量（折纯）18772 吨，农村用电量 21750 万千瓦时。农业产业化经营率达到 68%。

【工业和建筑业】 全县规模以上工业完成产值 134.2 亿元。规模以上高新技术产业产值 87.1 亿元，增速 9.9%。规模以上高新技术产业增加值 19 亿元，同比增长 12.2%。

在规模以上工业企业中，内资企业 141 家，占全部规上工业的 94.0%，完成工业产值 115.1 亿元；私营企业 126 家占规上工业的 84.0%，完成工业产值 104 亿元；港澳台投资企业 2 家，占规上工业的 1.3%，完成工业产值 1 亿元；外商投资企业 7 家，占规上工业的 4.7%；2017 年亏损企业 27 家，占比 18.0%。

建筑业平稳发展。2017 年建筑业实现增加值 15.9 亿元，比上年增长 20.3%。具有资质等级的总承包和专业承包建筑企业实现利润 9 亿元，上缴税金 0.6 亿元。房屋建筑施工面积 262.2 万平方米，同比增长 366.5%；房屋竣工面积 104.3 万平方米，同比 1638.3%。

【固定资产投资】 2017 年全社会固定资产投资 224.9 亿元，同比增长 5.1%。其中，固定资产投资（不含农户）完成 224.8 亿元，同比增长 5.1%，农户投资 0.1 亿元，同比增长 100%。

从投资构成看：城乡项目投资 185.9 亿元，同比增长 4.3%；房地产开发投资 39 亿元，同比增长 9.4%。

在固定资产投资（不含农户）中，第一产业投资 1.6 亿元，同比下降 48.0%，第二产业投资 133.1 亿元，同比增长 1.7%。第三产业投资 90.2 亿元，同比增长 12.8%。第二产业投资中，工业投资133.1亿元，同比增长1.7%，其中，工业技改投资70.5亿元，同比下降18.5%。

亿元以上建设项目50个，同比增加6个，完成投资130.0亿元，同比增长6.6%；新开工建设项目83个，同比减少12个，完成投资77.7亿元，同比下降50.6%。

【交通和电信业】 交通运输业稳步发展。公路交通条件不断改善，公路里程1054.24公里，其中：国省道84.514公里，县公路60.5公里，乡公路98.6公里，堤顶路72.65公里，村级路737.976公里；大中桥26座，4413.99米，小桥131座，2103.1米。年末实有大型载货汽车434辆，中型载货汽车201辆，小型载货汽车2663辆，大、中型载客汽车84辆。

电信业发展迅猛。年末固定宽带用户数90460户，移动宽带用户数138275户；年末固定电话28710部，移动电话397525部。

【国内贸易】 2017年全县社会消费品零售总额实现85.4亿元，比上年增长10.8%。其中，限额以上企业（单位）消费品零售额6.6亿元，增长13.6%。分城乡看，城镇市场发展快于乡村市场，城镇市场实现零售额36.8亿元，比上年增长16.0%，乡村市场实现零售额48.6亿元，比上年增长7.1%，城镇市场高于乡村市场8.9个百分点；按消费形态分：批发零售实现零售额72.7亿元，同比增长10.9%，住宿餐饮实现零售额12.7亿元，同比增长10.1%。

【对外经济】 招商引资广泛深入。2017年，实际利用外资592万美元，同比下降70.9%，其中：外商直接投资 592 万美元，同比下降70.9%。

从批准、注册情况看，新批项目1个，项目总投资158万美元，合同外资额158万美元。新注册项目1个，注册资本158万美元，外方注册资本158万美元。

【财政和金融】 财政收入稳定增长。全县实现财政收入65.9亿元，比上年增长2.1%。其中：一般公共预算收入完成33.3亿元，同比下降16.9%。全县公共财政支出58.8亿元,比上年增长7.8%。

金融形势运行平稳。2017年全县金融机构各项存款余额508.6亿元，比年初减少16.4亿元；住户存款283.6亿元，比年初增加25.7亿元；各项贷款余额 602.3 亿元，比年初增加131.7亿元。

【教育、文化、卫生事业】 教育事业稳步推进。2017年全县拥有高级中学2所，职业技术教育中心1所，初级中学10所，小学68所。素质教育在全市居领先地位。基础教育成绩喜人，高中在校学生7126人，初中在校学生数10765人，小学在校学生31921人。师资力量雄厚，拥有专任教师4496人。

文化事业繁荣活跃。全县文化战线以丰富多彩的社会文化活动为依托，以创新机制为动力，强化精品，净化社会环境，为全县两个文明建设作出新贡献。截止到2017年底全县拥有公共图书馆1个，文化馆1个，博物馆1个，村（社区）综合性文化服务中心300个。

卫生工作扎实推进。2017年全县医疗卫生机构多次组织医务人员上街义诊和三下乡活动，发放宣传材料近万份。年末拥有医疗卫生机构415个，其中：县级医院3个，中心卫生院3个，镇卫生院6个，防疫站1个，卫校1个，妇幼保健站1个。拥有医疗床位2469张，卫生技术人员2145人，其中：副主任医师95人，主治主管医师395人，医师400人，医士224人。集体产权村卫生室全面启用，公共卫生服务能力持续增强。全县拥有乡医生322人，覆盖全县300个村街，基本上实现小病不出村。

【人口和人民生活】 年末户籍人口372023人，比上年末增加4291人，年末户籍户数126321户。符合政策生育率98.37‰，出生人数5750人，出生率为16.44‰，死亡人数2116人，死亡率为6.05‰，自增人数3634人，人口自然增长率10.39‰。常住人口373661人，比上年末增加4522人。常住人口城镇化率61.15%，比上年提高0.82个百分点。

城乡居民收入持续增长，生活水平不断提高。2017年城镇居民人均可支配收入39914元，同比增长8.7%，农村居民人均可支配收入16567元，同比增长8.6%。从业人员平均工资75252元，同比增长18.7%。在岗职工（含劳务派遣）平均工资76359元，同比增长19.0%。年内享受低保户1049户，享受低保人数1747人,全年共发放低保资金1057.6万元。

中国共产党香河县委员会

责任编辑　陈述龙

综　述

2017年是香河县发展进程中极不平凡、极为特殊的一年。这一年，是县委班子换届后的开局之年，新一届香河县委肩负着落实新理念、谋划新思路、展示新气象、推进新作为的历史使命。2017年，全县上下坚持以习近平新时代中国特色社会主义思想统揽经济社会发展全局，认真贯彻落实党中央和省市委决策部署。本着“把当前的事做好、把长远的事做对”的工作理念，抢抓机遇，直面严峻挑战，在把握大势中谋篇布局，在保持定力中精准发力，在聚力攻坚中狠抓落实，有力推动全县经济社会持续健康发展。地区生产总值完成249.6亿元，同比增长6.5%；规模以上高新技术产业增加值完成19亿元，同比增长12.2%；城镇和农村居民人均可支配收入分别达到39914元和16567元，同比增长分别为8.7%和8.6%，财政收入和一般公共预算收入克服多重减收因素，分别完成65.9亿元和33.3亿元。固定资产投资、规模以上工业增加值、社会消费品零售总额等其他主要指标也稳步增长。具体工作中抓建设、提品质，城乡面貌持续改善；增投入、惠民生，社会大局和谐稳定；转作风、提效能，政务服务不断优化；强化基础、延向基层，党建工作系列创新；掌握主动权、弘扬正能量，意识形态工作夯实主体责任。全县各项事业成绩斐然，先后荣获全国平安建设先进县、全国综治工作最高奖“长安杯”、全国创建无邪教示范县、全省全域旅游创建示范县和深化县级公立医院综合改革示范县等多项国省级荣誉，全县综合实力、投资潜力和新型城镇化质量再次入围全国百强并实现位次前移。

（何　静）

县委机构

【县委领导机构】　2017年，中共香河县委在第十一届任期内。年内，设有县委书记1名、副书记3名（其中挂职1名）、常委7名（不含书记、副书记）。

中共香河县委领导班子成员组成

书　记：李桂强
副书记：王文强
闫再兴（任至2月）
张玉林（2月任）
杨　波（挂职）
常　委：韩　超（任至2月）
张玉林（任至2月）
陈　刚（任至2月）
田立军
王宏民（2月任）
齐建光
樊亚峰（任至2月）
郭建永（12月任）
焦国强
董美辰（2月任）
刘振华（任至12月）

牛　静（12月任）

【中共香河县委工作机构】　2017年，县委工作机构设有办公室（含县机要局、县保密局，对外保留名称）、组织部（含县组织员办公室，对外保留名称）、宣传部（含县精神文明建设委员会办公室，对外保留名称）、中共香河县委统一战线工作部（县委台湾工作办公室、县政府台湾事务办公室挂靠）、政法委员会（含综治办、防范办）、农村工作部、直属机关工作委员会、机构编制委员会办公室，纪检机关为中共香河县纪律检查委员会（含监察局），县委派出机构有河北香河经济开发区工作委员会、中共香河县农业高新技术园区工作委员会、中共香河县家具城工作委员会、中共香河环保产业园区工作委员会、中共香河新兴产业示范区工作委员会，县委部门管理机构有信访局、老干部局、国防教育办公室。县委直属事业机构有县委党校、党史办公室、档案局（馆）、广播电视台。

中共香河县委工作机构班子成员

中共香河县委办公室

主　任：田立军

副主任：康国民（常务）

李红亮

李　莉

赵振兴

中共香河县委组织部

部　长：王宏民（2月任）

副部长：周向伟（常务）

郭凤娟

杨金刚

孙宏伟（兼）

田　义（兼）

中共香河县委宣传部

部　长：焦国强

副部长：王立生（常务）

张建军

陈　彬

张文颖

史长承（兼）

中共香河县委统一战线工作部

部　长：董美辰（2月任）

副部长：赵立志（常务）

马灵君

李文伯

赵志清（兼）

孟繁华（兼）

中共香河县委政法委员会

书　记：樊亚峰

副书记：陈宝全（常务）

朱宝栋

吴海斌（2月兼）

中共香河县委农村工作部

部　长：杨金宝

副部长：张翔宇

张艳齐

中共香河县直属机关工作委员会

书　记：孙玉茹

香河县机构编制委员会办公室

主　任：石克松

副主任：赵永生

张雪松

中共河北香河经济开发区工作委员会

书　记：高宏伟

副书记：张金武

　　　　杜文洪（兼）

中共香河县农业高新技术园区工作委员会

书　记：张年台（任至8月）

副书记：杨振亮

　　　　安国亮（兼）

中共香河县家具城工作委员会

书　记：王占栋

副书记：揣柏文

　　　　王学仕

中共香河县环保产业园区工作委员会

书　记：张显民

副书记：冯　勇

　　　　李术国

中共香河县新兴产业示范区工作委员会

书　记：许胜永

副书记：曹国藩

　　　　焦玉明

　　　　凌少金（任至8月）

中共香河县委信访办公室（县信访局）

局　长：梁建伟

副局长：王艳明

　　　　张　玲

　　　　张金虎

中共香河县委老干部局

局　长：田　义

副局长：石文焘

　　　　任永涛

香河县国防教育办公室

主　任：（缺职）

副主任：罗文龙（常务）

　　　　后瑞新

中共香河县委党校

校　　长：李桂强（兼）

第一副校长：王宏民（2月兼）

副　校　长：杨福林（常务）

　　　　　　薛福巨

　　　　　　杨立刚

中共香河县委党史办公室

主　任：夏亦飞

中共香河县委档案局（馆）

局　长：肖凤双

副局长：吴国际

香河县广播电视台

台　长：史长城

副台长：陈洪全

　　　　孙红霞

【基层组织】　2017年，基层党委、党总支数量同2016年比，无变化。根据全省非公经济和社会组织全覆盖要求，将55个特设支部转为正式支部，故基层党支部比2016年增加55个。

2017 年香河县基层党组织一览表

表 4

组织机构	合计	机关	事业	企业	其他
党（工）委	23	3	0	1	17
总支	37	8	4	1	24
支部	705	120	68	70	447

县委重要会议

【党代表大会】 2017 年 2 月 20—22 日，香河县第十一次党代表大会在一城召开。出席县十一次党代会代表 276 名。党代表中，各级领导干部 150 名，占 54.35%；各类专业技术人员 64 名，占 23.19%；各条战线先进模范人物 60 名，占 21.74%；解放军和武警部队代表 2 名，占 0.72%；妇女代表 72 名，占 26.08%；少数民族代表 7 名，占 2.54%；45 岁以下代表 146 名，占 52.90%。大会审议通过了中共香河县第十届委员会工作报告；中共香河县第十届纪律检查委员会工作报告和关于第十次党代会以来全县党费收缴、管理和使用情况的报告；选举产生中共香河县第十一届县委委员 52 名，候补委员 10 名；选举产生中共香河县第十届纪律检查委员会委员 21 名；选举出席廊坊市第六次党代会代表 36 名。

会议指出，今后五年是全面建成小康社会决胜阶段，也是香河县大有可为重要战略机遇期。站在新起点上，只要坚持解放思想、振奋精神，团结奋进、创新攻坚，就一定能开创率先发展的新局面，谱写跨越崛起的新篇章。会议明确，今后五年全县上下要积极适应和引领经济发展新常态，抢抓京津冀协同发展重大机遇，坚持创新驱动，加快转型升级，强化基层基础，实现绿色崛起，率先全面建成小康县，建设美丽幸福新香河。会议强调，全县上下要朝着既定目标奋勇前进，力争通过五年不懈努力，让一个富强、民主、文明、和谐的美丽幸福新香河崛起于世人面前，让每个香河人都能为家乡的发展变化而骄傲，让每个外来人都能为身在香河、融入香河而倍感自豪。

会议要求，今后五年要率先全面建成小康县，建设美丽幸福新香河，必须明确重点，抓住关键，奋力开创各项事业发展的新局面。全县广大党员干部群众要更加紧密团结在以习近平同志为核心的党中央周围，高举中国特色社会主义伟大旗帜，不忘初心，继续前进，深入解放思想，抢抓发展机遇，走好发展新路，为率先全面建成小康县，建设美丽幸福新香河而努力奋斗。

【县委全委会议】 2017 年 2 月 22 日下午，中国共产党香河县第十一届委员会第 1 次全体会议在一城举行。李桂强主持会议，52 名县委委员参加会议。会议选举产生新一届县委常委、纪委常委及“两委”书记、副书记。会议选举李桂强、王文强、张玉林、田立军、王宏民、齐建光、樊亚峰、刘振华、焦国强、董美辰（女、满族）为县委常委，选举李桂强为县委书记，选举王文强、张玉林为县委副书记，刘振华为纪委书记。

11 月 10 日，中国共产党香河县第十一届委员会第 2 次全体会议召开，全会由县委常委会主持。全会认真学习贯彻党的十九大精神和省委九届五次全会、市委六届三次全会精神，审议通过《中共香河县委关于深入学习宣传贯

彻党的十九大精神 全面开创“美丽幸福新香河”建设新局面的决定》，县委书记李桂强到会并讲话。全会认为，中国共产党第十九次全国代表大会，是在全面建成小康社会决胜阶段、中国特色社会主义进入新时代的关键时期召开的一次十分重要的大会，在中国共产党和国家事业发展进程中具有划时代和里程碑意义。大会取得丰硕成果，必将在党和国家事业发展进程中、在中华民族伟大复兴进程中，产生重大而深远影响。

全会强调，维护习近平总书记核心地位，事关党和国家前途命运，事关最广大人民根本利益，事关在新时代夺取中国特色社会主义新胜利。要牢固树立和践行政治意识、大局意识、核心意识、看齐意识，坚决维护以习近平同志为核心的党中央权威和集中统一领导，坚决在思想上、政治上、行动上同以习近平为核心的党中央保持高度一致，坚决贯彻落实中央大政方针和省市委部署要求，把香河各项事业推向前进。

全会指出，学习宣传贯彻中共十九大精神是当前和今后一个时期首要政治任务，要迅速兴起学习宣传贯彻中共十九大精神热潮，真正“学懂”“弄通”“做实”。要在加强学习培训上下功夫见实效。坚持历史与现实相结合、理论与实践相结合、学习理解运用与履行自身职责相结合；要在营造宣传氛围上下功夫见实效；要在抓好贯彻落实上下功夫见实效，切实把思想统一到中共十九大精神上来。

全会明确，要认真贯彻中共十九大精神，全面开创“美丽幸福新香河”建设新局面。要坚持不懈抢抓协同发展重大机遇；坚持不懈实施创新驱动发展战略；坚持不懈加快转型升级步伐；坚持不懈加强基层基础建设；坚持不懈提速绿色崛起进程，到2022年，让一个富强、民主、文明、和谐、美丽、幸福新香河崛起于世人面前，让每个香河人都能为家乡发展变化而骄傲，让每个外来人都能为身在香河、融入香河而倍感自豪。

全会要求，全县各级党组织切实加强党的全面领导和党的建设，把全面从严治党不断引向深入。要始终把政治定力和政治能力摆在首位，全面加强思想政治教育，推动班子队伍建设上水平，建设坚强的基层战斗堡垒，深化党风廉政建设和反腐败工作，为全面开创“美丽幸福新香河”建设新局面提供政治保障。

全会号召，全县各级党组织和全体共产党员，要更加紧密地团结在以习近平为核心的党中央周围，高举中国特色社会主义伟大旗帜，不忘初心、牢记使命，为实现中共十九大确定的各项目标任务，全面开创“美丽幸福新香河”建设新局面而努力奋斗。

【常委会议】 1月11日下午，县委书记李桂强在县委三楼常委会议室主持召开第十届县委常委会第3次会议。会议研究审议县委组织部提交的《各镇出席县第十一次党代表大会代表候选人预备人选名单》（简称《预备人选名单》）和《县委提名到各镇参选代表候选人名单》（简称《候选人名单》）。会议原则通过了《预备人选名单》《候选人名单》。会议议定：经县委十届七次全会审议通过，并报市委批准，县第十一次党代会代表名额为281名，其中预留机动名额6名，需选代表275名。各镇党委严格按照县委分配的代表名额、构成比例和代表条件要求，组织所属党组织采取自上而下、上下结合、充分酝酿、逐级推荐、层层遴选的办法，提出代表候选人初步沟通人选，并召开党委会议对人选进行研究，按照多于应选代表名额30%的差额比例，提出代表候选人初步人选。初步人选经县党代会代表审核小组研究同意后，对代表候选人初步人选进行考察，并向纪委、组织部、审计局、公安局、法院、检察院、信访局、卫计局、防范办等部门征求意见。经汇总，全县9个镇预备人选共计147名（含县委提名领导13人），其中差额29名；组织部牵头，协调相关部门对各镇出席县第十一次党代表大会代表候选人预备人选进行严格审核把关，确保代表结构比例和资格条件符合要求。

2月10日上午，县委书记李桂强在县委三楼常委会议室主持召开第十届县委常委会第5次会议。会议研究审议县委组织部提交的《各镇党委以外的基层党（工）委上报的出席县第十一次党代会代表候选人预备人选名单》（简称《预备人选名单》）《县委提名到各镇以外选举单位参选代表候选人名单》（简称《镇外候选人名单》）《县委提名到各镇参选代表候选人名单》（简称《镇候选人名单》）。会议原则通过县委组织部提交的《预备人选名单》《镇外候选人名单》《镇候选人名单》。会议议定：市对县人事安排意见到位后，县委组织部立即安排县委提名的分配到除各镇党委以外党（工）委参选县党代表人选，组织各党（工）委召开会议，按不少于应选名额20%的差额比例，研究确定并上报代表候选人预备人选。经汇总，全县除各镇党委以外党（工）委上报预备人选共计196名（含县委提名领导14名），其中差额38名。县委组织部牵头，协调相关部门对各镇党委以外的基层党（工）委上报的出席县第十一次党代会代表候选人预备人选进行严格审核把关，确保代表结构比例和资格条件符合要求。研究审议县委办提交的《中共香河县委关于县委书记、副书记、常委工作分工的意见》（简称《分工意见》）和《中共香河县委办公室关于印发县领导分包镇、街道、园区的通知》（简称《通知》）。会议议定：县委办负责，对《分工意见》《通知》进行严格把关后，以正式文件印发；各常委要结合各自分工进一步履职尽责，务求分管工作创优争先；同时，在工作中勤联系、多沟通，按照“分工不分家、民主集中制”的原则，站位全局、勇于担当，认真抓好分管和分包的各项工作，为全县经济社会发展献计出力。

2月13日下午，县委书记李桂强在县委三楼常委会议室主持召开十届县委常委会第6次会议。会议研究审议县委组织部提交的《关于召开县委十届九次全会的安排方案》（简称《方案》）。会议原则通过了县委组织部提交的《方案》。会议议定：定于2月13日下午，召开中国共产党香河县第十届委员会第九次全体会议；县委办、县委组织部负责，精心组织、周密安排，切实抓好会议各项筹备工作，确保会议圆满成功；研究审议县委组织部提交《关于成立县委换届工作领导小组及办公室的通知》（简称《通知》），会议原则通过县委组织部提交的《通知》。会议议定：县委换届工作领导小组要按照责任分工，立即着手，抓紧筹备县第十一次党代会，确保各项准备工作按照规定程序顺利进行；研究审议县委组织部提交《关于我县出席市第六次党代会代表候选人预备人选建议名单》（简称《建议名单》），会议原则通过县委组织部提交的《建议名单》。会议议定：按照市委统一部署，县委组织部指导全县18个基层党（工）委，充分发扬党内民主，严格落实规定程序，采取自下而上、上下结合、充分酝酿、逐级推荐、层层遴选的办法，推选出85名优秀党员，作为市第六次党代会代表候选人初步推荐人选。在此基础上，根据代表条件、比较、名额等因素，以及多数党（工）委意见，按照多于代表应选名额30%差额比例，择优提出46名（含差额12名）代表候选人初步建议人选。市对县人事安排到位后，县委组织部经与市委组织部沟通，对初步建议人选进行相应调整，按照不少于应选名额20%的差额比例，提出香河县出席市第六次党代会代表候选人预备人选建议名单共44名（不含市委提名人选，市提名人选将在县党代会召开前安排到位）。其中，各级领导干部27名（含差额6名），各类专业技术人员9名（含差额2名），各条战线先进模范人物8名（含差额2名），44名人选中，妇女代表12名，少数民族代表1名，50岁以下代表40名，各项比例均符合市委要求；会议还原则通过县委组织部提交的《拟提名参加补选县人大代表建议名单》《县委、县纪委各职候选人预备人选建议名单》，县委办提交的《县委常委班子对照检查材料》，县纪委提交的《有关违纪案件调查情况和处理意见的报告》；研究组织工作相关事宜。

2月17日上午，县委书记李桂强在县委三楼常委会议室主持召开第十届县委常委会第7次会议。会议研究审议县委办提交《中共香河县第十一次代表大会工作报告（草案）》（以下简称《报告》），会议原则通过县委办提交的《报告》。会议议定：县委办要结合与会领导意见建议，对《报告》进一步修改完善，提交县委十届十次全会审议；研究审议县委组织部提交的《关于召开县委十届十次全委会议的安排方案》（简称《安排方案》），会议原则通过《安排方案》。会议议定：定于2月17日下午，在县委召开中国共产党香河县第十届委员会第10次全体会议。审议《中国共产党香河县第十届委员会第十次全体会议关于向县第十一次党代表大会提交有关事项的决议（草案）》；研究审议县委组织部提交的《香河县第十一次党代会有关建议名单》《香河县第十一次党代会代表分团意见》等17个党代会材料；会议原则通过了县委组织部提交的《香河县第十一次党代会有关建议名单》《香河县第十一次党代会代表分团意见》等17个党代会材料。会议议定：定于2月20—22日，在第一城召开中国共产党香河县第十一次代表大会。研究审议县政府党组提请审议的《香河县人民政府工作报告（讨论稿）》（简称《报告（讨论稿）》）的请示、《2017年全县总预算及县本级预算草案情况的汇报》（简称《情况的汇报》）的请示、《2016年全县总预算及县本级预算执行情况和2017年全县总预算及县本级预算草案的报告》（简称《预算草案的报告》）的请示、《香河县2016年国民经济和社会发展计划执行情况与2017年国民经济和社会发展计划（草案）的报告》（简称《计划（草案）的报告》）的请示。会议原则通过县政府党组提请审议的《报告（讨论稿）》的请示，原则同意县政府党组提请审议的《情况的汇报》的请示、《预算草案的报告》的请示、《计划（草案）的报告》的请示。会议议定：政府办负责，要结合与会领导意见建议对《报告（讨论稿）》进一步修改完善，确保通俗易懂、重点突出、措施有力。研究审议县人大党组提请审议《关于召开香河县第十五届人民代表大会第一次会议》的请示、《香河县人大常委会工作报告（讨论稿）》。会议原则通过县人大党组提请审议的《香河县人大常委会工作报告（讨论稿）》。会议议定：定于2月26—28日，在第一城召开香河县十五届人大一次会议；研究审议县政协党组提请审议的《关于召开政协香河县第九届委员会第一次会议》（简称《第一次会议》）的请示、《香河县政协第八届委员会常务委员会工作报告（讨论稿）》（简称《报告（讨论稿）》）。会议原则通过县政协党组提请审议的《报告（讨论稿）》，原则同意县政协党组提请审议的《第一次会议》的请示。会议议定：定于2月26—27日，在第一城召开政协香河县第九届委员会第一次会议；会议还原则通过县纪委提交的《香河县第十届纪律检查委员会向县第十一次党代会的工作报告（审议稿）》、县委组织部提交的《关于在县“两会”期间成立临时党委的决定》、县委统战部提交的《政协香河县第九届委员会委员、常委推荐提名名单》、县法院党组提交的《香河县人民法院工作报告（讨论稿）》、县检察院党组提交的《香河县人民检察院工作报告（讨论稿）》。

2月20日下午，县委书记李桂强在第一城国际会议中心二层会议室主持召开十届县委常委会第8次会议。会议研究审议县委组织部提交的《关于推选出席市七届人大代表候选人初步人选建议名单》（简称《建议名单》），会议原则通过《建议名单》。会议议定：按照市委要求，全县18个基层党（工）委经层层筛选、严格把关，共推选出73名人选作为市七届人大代表候选人推荐名单。根据市委要求的代表条件、比例和名额等，进行综合平衡、认真筛选。等额提出24名代表候选人初步建议名单，其中干部5名，工农7名，专业技术人员5名；其他劳动者2名；民主党派和无党派代表人士5名。24名人选中，少数民族代表4名，非中共党员代表10名，妇女代表10名，市六届人大代表连任7名，各项比例均符合市委要求；会后，由各推选单位及所辖基层党组织，对24名人选进行公示，如无异议，连同市直参选的7名人选（王世强、李春山、李凤霞、张春燕、孙全军、张显强、尹绍旺），一并提交县十五届人大一次会议，酝酿、选举产生出席市七届人大代表。

2月28日上午，县委书记李桂强在第一城国际会议中心一层会议室主持召开十一届县委常委会第1次常委（扩大）会议。会议听取李桂强传达贯彻省、市信访维稳工作会议精神，并对全国“两会”期间香河县信访维稳工作进行安排部署。会议议定：会后以县联席办文件形式印发《香河县处理信访突出问题及群体性事件联席会议关于开展信访隐患排查和重点案件分包化解活动的通知》；信访案件按照县领导所分管系统进行分包，实行属地管理责任制，由分管县领导牵头，各镇、街道、园区具体负责，及时对信访突出问题和重大矛盾隐患进行全面排查，摸清底数，建立台账，切实做到一日一调度、一天一汇总。要逐级压实责任，层层传导压力，将任务分解到具体人员。同时各部门要协调配合、资源共享、形成合力，加强源头稳控，妥善解决问题，实现零进京上访；要按照省、市委要求，高度重视涉军群体集体进京上访事件，具体抓好四个方面的工作。3月8日前对香河县涉军群体建档立卡，力争4月15日前解决香河县涉军群体信访问题；“两手抓”，一手抓解决，一手抓稳控，做到标本兼治；落实“三个责任”，确保党政领导责任、乡镇部门责任、企业社会责任落实到位，打造齐抓共管的工作格局；“四个全覆盖”，建档立卡全覆盖、走访慰问全覆盖、政策落实全覆盖、稳控工作全覆盖。

3月10日上午，县委书记李桂强在县委三楼常委会议室主持召开十一届县委常委会第2次会议。会议研究审议县委统战部提交的《驻香河县市政协七届委员人选名单》（简称《人选名单》），会议原则通过《人选名单》。会议议定：市政协换届分配香河县政协委员名额16名，分布在13个界别。其中中共党员6名、非党10名；委员中妇女4名、少数民族1名、非公经济人士3名、新社会阶层2名。同意将县委统战部推选的16名市政协七届委员人选上报市委统战部。

3月27日下午，县委书记李桂强在县委三楼常委会议室主持召开十一届县委常委会第3次会议。会议研究审议县委办提交的《关于全县2017年重点工作动员大会的安排方案》（简称《安排方案》），会议原则通过《安排方案》。

会议议定：定于3月28日上午，在第一城召开全县2017年重点工作动员大会；会议要认真贯彻落实省第九次党代会、市第六次党代会、县第十一次党代会精神以及省、市经济工作会议精神，全面安排部署县委、县政府2017年重点工作。要树立正确导向，动员全县上下振奋精神，坚定信心，创优争先，事争一流。要引导全县各级各部门全面加强思想、组织、作风和制度建设，加强基层党组织先进性建设，努力开创全县经济社会发展新局面；研究审议县委办提交的《关于印发〈2017年县级领导分包重大事项、重点工程和重点项目〉的通知》（简称《通知》），会议原则通过《通知》。会议议定：要实行县级领导分包重大事项、重点工程和重点项目责任制，县委书记侧重于党建工作和园区项目建设，县长侧重于城乡建设和民生事业；各牵头领导要切实负起责任，在做好日常分管工作的基础上，负责牵头制定具体的实施方案，负责对所分包工作的安排、调度、督导；负责在项目推进工作中对干部的表现进行评价。要将任务项目化，目标责任化，确保有序推进，取得实效；各牵头单位要抽调精干人员，集中精力，主动作为，担当尽责，牢固树立“一盘棋”思想，自觉服从牵头领导调度指挥，全力以赴抓好工作推进。县委组织部要加强干部动态考核，在重大事项、重点工程和重点项目一线观察干部，在解决重点难点问题中识别干部，切实将分类化、差别化、绩效化考评机制落到实处。县委督查室会同县政府办公室，要强化跟踪问效，定期通报情况，全力抓好议定事项的落实；研究审议县政府办公室提交的《关于表彰2016年度全县经济和社会发展先进单位的通报》（简称《表彰通报》），会议原则通过《表彰通报》。会议议定：本次表彰共设置“创新型企业”“项目建设先进单位”“创优争先荣誉单位”“环保工作先进单位”“美丽乡村建设先进单位”5个奖项。本着实事求是、客观公正的原则，经相关责任部门提名推荐，主管县领导审核，县委、县政府主要领导把关，突出受表彰单位先进性和代表性，做到名实相符，确保收到鼓励先进、激发干劲的良好效果；由县委办公室、县政府办公室、县委组织部、县委农工部负责，对《表彰通报》进行严格把关后，以县委文件形式印发；研究审议县纪委提交的《关于落实全面从严治党主体责任的实施意见》（简称《实施意见》），会议原则通过《实施意见》。会议议定：由县纪委负责，对《实施意见》进一步修改完善后，以县委文件形式印发。《实施意见》要结合香河县实际，力求创新务实，在兼顾形式和内容的基础上，更加侧重内容。全县各级党组织要进一步贯彻落实全面从严治党战略部署，压紧压实管党治党的政治责任，健全主体责任落实体系，完善落实清单式明责、台账式履责、绩效式评责、对应式追责的工作格局，强化全面从严治党的责任意识，抓住关键、抓住要害，积极转变作风，切实加强党风廉政建设和反腐败工作；听取县委政法委传达的中央、省、市政法工作会议精神，研究香河县贯彻落实意见。会议认真听取了县委政法委传达的中央、省、市政法工作会议精神，原则通过香河县贯彻落实意见。会议议定：由樊亚峰牵头，县委政法委具体负责，精心组织、周密安排，认真筹备召开全县政法工作会议。会议要围绕贯彻落实中央、省、市政法工作会议精神和县第十一次党代会精神，以2017年全国各项重大活动安保维稳为重点，结合香河县实际，进一步明确政法工作任务目标和部门职责，创新理念思路、工作机制、方法手段，对全县政法工作进行全面部署；全县政法队伍要坚持公平正义，强化责任担当，提高政治警觉和工作水平，增强工作预见性，全面提升防范应对各类风险挑战水平；县委政法委要准确理解和把握中央、省、市政法会议精神，整合公、检、法、司力量，切实把防控风险、服务发展摆到更加突出的位置。要强化基层基础，建立镇级综合巡查队，充分发挥各镇、街道、园区派出所作用，进一步提高执法效能和服务水平。要全面构建基层大调解工作体系，将综治中心与群众工作中心进行资源整合，寓管理于服务中，全面推进香河县平安建设工作；研究审议县委宣传部提交的《香河县深入推进省级文明县城创建工作实施意见》（简称《实施意见》），会议原则通过《实施意见》。会议议定：省级文明县城创建工作要以建设环境优美、秩序优良、服务优质、人民群众满意的文明县城为目标，深化道德教育，优化城镇建设管理，加大资金投入，强化督导考核，确保香河县在 2017 年创建省级文明县城工作上取得圆满成功；创城工作中要以完善公共服务设施、整治交通秩序、美化市容市貌、加强市场管理和社区建设管理为重点，打好攻坚战，提升整体形象；由县委宣传部牵头，充分利用宣传橱窗、宣传墙体、户外宣传牌、建筑围挡、灯箱、道旗等形式，广泛开展创城宣传。同时，加强主题活动宣传，在全县范围内开展各类主题活动，潜移默化地将创城理念深入人心，升华宣传氛围。研究审议县安监局提交的《香河县一季度安全生产形势报告》（简称《形势报告》），会议原则通过《形势报告》。会议议定：全县各级各部门要对安全生产工作高度重视，牢固树立“安全无小事”的思想，持续强化安全“红线”意识，进一步加大安全宣传力度，不断夯实安全生产基层基础；要紧扣“清单式明责、常态式履责、倒逼式追责”，进一步落实企业主体责任、部门监管责任、党委和政府领导责任，扎实做好安全生产各项工作，确保人民群众生命财产安全；要强化安全保障，加强安监力量建设，充分发挥专家等第三方力量在安全监管中的辅助支撑作用，将宣教培训、应急演练、强化执法、源头监管等多种方式有机结合，消除安全隐患，确保全县安全生产形势稳定向好；研究审议县家具城管委会提交的《2017 中国•香河国际家具展暨中国香河国际家居文化节工作汇报》。会议原则通过县家具城管委会提交的《2017 中国•香河国际家具展暨中国香河国际家居文化节工作汇报》。会议议定：定于 4 月 10 日至 5 月 1 日，在县家具城举办 2017 中国•香河国际家具展暨中国香河国际家居文化节；成立“中国•香河国际家具展暨中国香河国际家居文化节”筹备工作指挥部，王文强任总指挥，焦国强、吴海斌、郭建永、刘凤顺任副总指挥，相关部门一把手为成员，对活动各环节工作进行统筹协调；尽快召开 2017 中国•香河国际家具展暨中国香河国际家居文化节协调会议，要求各成员单位全力以赴做好安保、宣传、报备等各项工作，确保活动圆满成功。会议还原则通过了县委组织部提交的《香河县 2016 年度乡科级领导班子和领导干部考核评价结果的通报》《县政府 21 个工作部门正职提名任免的名单》，县纪委提交的《关于县第六中学原校长张克文严重违纪案调查情况和处理意见的报告》。

4 月 18 日上午，县委书记李桂强在三楼县委大会议室主持召开十一届县委常委会第 4 次常委（扩大）会议。会议听取县长王文强传达全省做好军队退役人员工作调度电视电话会议精神，研究我县贯彻落实意见。会议认真听取县长王文强传达的全省做好军队退役人员工作调度电视电话会议精神，原则通过香河县贯彻落实意见。会议议定：全县各级各部门要认真贯彻落实全省做好军队退役人员工作调度电视电话会议精神，切实做好香河县涉军人员政策落实工作。要对香河县涉军人员引起高度重视，做到底数清、动态明。要明确责任分工，确保重要节点安全稳定。要在4月底前做一次涉军人员政策落实“回头看”，积极解决各项问题，确保涉军人员政策落实到位；听取分包县重大事项、重点工程和重点项目的牵头县级领导汇报相关工作进展情况。会议原则通过分包县重大事项、重点工程和重点项目的牵头县级领导汇报的相关工作进展情况。会议议定：各相关部门要牢固树立“一盘棋”思想，密切配合，自觉服从牵头领导调度指挥。要抢抓京津冀协同发展历史机遇，转变工作作风，提高办事效率，加强上下联动，形成工作合力，确保各项任务扎实有序推进；县四大班子主要负责人对县重大事项、重点工程和重点项目不定期召开专题调度会议进行集中调度，及时有效解决推进中的各类问题；由县委组织部负责，完善乡科级干部考核办法，将县重大事项、重点工程和重点项目列入2017年干部考核范畴，进一步激发干部工作热情；要进一步强化“两个责任”。各级领导干部要廉洁自律,树立良好形象，在推进项目进度过程中严格按照招投标程序确定施工单位，从源头上预防工程建设腐败现象的发生，确保项目招投标健康有序进行。

4月19日上午，县委书记李桂强在县委三楼大会议室主持召开十一届县委常委会第5次常委（扩大）会议。会议听取李桂强传达北三县（市）（香河县、大厂回族自治县、三河市）工作座谈会议精神，研究香河县贯彻落实意见，并原则通过贯彻落实意见会议议定：全县各级各部门要提高站位、强化认识，认真贯彻落实北三县（市）工作座谈会议精神，抢抓京津冀协同发展重大机遇，自觉服从、主动融入北京城市副中心建设，积极承接北京非首都功能疏解，借力发展高端高新产业，在对接北京、服务北京中不断发展壮大。要以高质量发展为依托，走集约化、内涵式发展之路，打造生态、和谐、宜居的现代化城市；要按照上级要求，依法依规对我县土地、建设、房地产交易进行严格管控，确保香河县房地产行业平稳健康有序发展。

4月24日下午，县委书记李桂强在县委三楼会议室主持召开十一届县委常委会第6次常委（扩大）会议。会议传达学习省委九届三次全会精神。会议议定：全县各级各部门要认真贯彻落实省委九届三次全会精神，统一思想、提高认识，把握“国家大事”的深刻内涵，站位党和国家全局，自觉服从服务大局；要组织开展宣讲工作，搞好干部专题培训，把中央、省委精神逐级传达到县、乡、村各级党组织；全县各级各部门要提高站位、强化认识，抢抓京津冀协同发展重大机遇，自觉服从、主动融入北京城市副中心建设，统一规划、统一政策、统一管控，积极了解京津冀协同发展各项信息政策和工作进展，按照建设北京城市副中心与雄安新区的标准开展香河县各项工作，具体抓好以下工作：要抓住通州区与北三县（市）（三河市、大厂回族自治县、香河县）总规修编机遇，以国际先进理念和一流水准修订香河县城乡建设规划，确保高水平开发建设。要坚持高标准引进创新型产业项目，加快产业和要素聚集，提升创新水平和产业层次，促进香河县产业结构转型升级。要高标准推进香河县新型城镇化建设，走节约集约发展之路。要持续加大改善民生保障力度，统筹推进配套的公共服务和基础设施建设，缩小与北京各项差距；传达学习全省维护稳定工作情况通报会精神、赵克志在省委九届三次全会结束时的讲话精神。会议议定：由县委政法委牵头，具体抓好以下工作：筹备召开香河县政法维稳工作会议，会议要认真贯彻落实中央、省、市政法工作会议和维稳工作会议精神，全面安排部署2017年政法维稳工作；集中开展信访积案化解攻坚行动，对信访积案情况进行全面梳理，逐案落实，最大限度减少积案存量；县委组织部、县委宣传部参与，开展全县普法宣传工作和基层干部培训工作，强化基层干部法治观念，提高群众工作能力，进一步提升信访工作水平。全县各级各部门要切实强化“四个意识”，增强政治警觉性、政治鉴别力、政治责任感，提高工作预见性，全面提升信访维稳工作水平；要畅通信访渠道，积极化解矛盾，做好重点人员稳控工作；要严格落实信访工作责任制，按照“党政同责、一岗双责”的要求，进一步压实领导责任、属地责任和部门责任，推动各类信访问题有效解决，为2017年全国各项重大活动营造安全稳定的社会环境。听取县长王文强传达廊坊市南三县（市）（大城县、文安县、霸州市）生态环境综合治理大会精神。会议议定：全县各级各部门要认真贯彻落实廊坊市南三县（市）生态环境综合治理大会精神，转变观念、提高认识，痛下决心、加倍努力、坚决打赢生态环境综合治理这场硬仗；要借鉴外地先进经验，强化环境治理倒逼机制，推进城区“退二进三”、园区“腾笼换鸟”，促进产业结构转型升级；要明确目标，强化责任，在全县范围开展渗坑污染和“小散乱污”企业的排查整治专项行动，全面排查、严厉打击偷排偷放等违法行为；要营造声势，做好环境保护宣传工作，建立和谐宜居的现代化城市。李桂强安排部署香河县当前重点工作。会议议定：由县环卫局负责，认真梳理相关部门和专家意见，对香河县垃圾填埋场不达标问题立即进行整改。同时，要建立垃圾处理长效机制，尽快启动香河县新建垃圾焚烧发电厂项目；由县委农工部、支油支铁办等有关部门牵头，紧紧围绕乡村洁化、绿化、亮化、文化建设，科学规划、建管并重，实现美丽乡村建设、新民居建设和“煤替代”工程有机统一；定于4月27日上午，在县委召开香河县省级文明县城创建工作推进会议。县委办、县委宣传部负责，精心组织、周密安排，切实做好会议各项筹备工作。会议要贯彻落实省、市文明城市创建工作推进会议精神，动员全县上下以昂扬的斗志、饱满的热情、实干的精神，扎扎实实做好省级文明县城创建各项工作。

5月12日上午，县委书记李桂强在县委三楼常委会议室主持召开十一届县委常委会第7次会议。会议听取县委改革办关于全县深化改革工作情况汇报。会议认为：全县深化改革工作按照上级要求部署，坚持突出重点、统筹兼顾、攻坚克难、科学谋划的原则，上级安排和主动争取的各项改革任务扎实推进，在2016年度全市改革工作综合考核中，位列第一名。尤其是县委改革办成立以来，充分发挥职能作用，健全完善督查制度、台账制度、备案制度、信息上报制度，有力保障改革任务按时序要求稳步实施。会议议定：全县各级各部门要强化认识、提高站位，用改革的思路和办法推进工作创新，不折不扣落实好各项改革任务；县级领导和各专项小组组长要把改革任务放在心上、扛在肩上、抓在手上，主动探索创新，用改革的方法推进各项工作，确保改革全覆盖；县委改革办要明确任务目标，主动作为，充分发挥“参谋助手”作用，及时掌握各方动态，做好信息汇总、上传下达工作；要做好各专项小组之间的组织协调工作，切实将各项改革任务督导落实到位；县委全面深化改革领导小组及各专项小组在推进各项工作中要实行痕迹化管理，做好工作记录和会议纪要。研究审议县委办提交的《中国共产党香河县委员会工作规则》（简称《工作规则》）。会议原则通过县委办提交的《工作规则》。会议议定：县委常委要深刻学习领会《工作规则》主要内容和精神实质，进一步增强执行自觉性，确保各项规则按要求落到实处；由县委办牵头，县委各部委各负其责，对《工作规则》落实情况进行提醒、建议、督办；县委办要全面把握上级有关文件精神，本着实事求是的原则，结合县委工作特点，对《工作规则》进行修改完善，确保《工作规则》科学合理，便于落实，会后以县委文件形式印发。研究审议县政府党组提请审议《关于河北香河经济开发区改革发展意见》的请示，会议原则通过这个请示。会议议定：由王文强牵头，齐建光参与，各有关部门具体负责，有序推进河北香河经济开发区各项改革发展工作。要贯彻落实省、市开发区改革发展系列文件精神，借鉴廊坊开发区改革成功经验，结合香河县实际，坚持精简高效原则，围绕破解制约经济开发区发展的体制机制障碍，着力推动机构编制管理、人事薪酬制度、行政审批制度、投融资平台建设四项改革，充分发挥经济开发区在全县经济发展中的引领示范作用；将原河北香河经济开发区、河北香河环保产业园、香河新兴产业示范区整合为河北香河经济开发区（简称开发区），开发区下设智能制造产业园、环保产业园、新兴产业园三个产业园。开发区下设 7 个职能局（室）和 2 个事业单位。7 个职能局（室）为：党政办公室（加挂驻一城办公室牌子）、经济发展和招商合作局、财政局、规划建设局、人力资源和社会保障局、社会发展一局、社会发展二局。2 个事业单位为：综合巡察队及投融资平台管理服务中心。开发区内设机构人员控制在 110 名，事业单位 30 名，共 140 名；研究审议县政府党组提请审议《关于成立香河县行政审批局的意见》的请示，会议原则通过这个请示。会议议定：全县各有关部门要以转变政府职能、提高行政审批效率为核心，坚持精简、统一、便民、高效的原则，创新、完善行政审批服务运行模式，全力打造高效、便捷的政务服务平台，为全县经济社会健康有序发展提供良好环境；县行政审批局核定行政编制 40 名，设局长 1 名，副局长 3 名；设 9 个内设机构，分别为：办公室、综合股（监察室）、踏勘股、投资项目股、企业设立股、文教卫事务股、社会事务股、涉农事务股和交通城管股。下属事业单位 2 个，分别为：网络维护室和信息统计室，使用事业编制 25 名，设股级职数 6 名。研究审议县纪委提交的《关于全面推进农村“小微权力”规范运行的实施方案》（以下简称《实施方案》），会议原则通过《实施方案》。会议议定：由县纪委负责，对《实施方案》进行修改完善后，以县委文件形式印发；要坚持以问题为导向，以群众满意为标准，强化基层基础，把握监督重点，通过明确责任分工、强化保障措施，建立民主自治、权责明确、公开透明、操作规范、监督有力的农村“小微权力”规范运行机制，让广大群众更多感受到全面从严治党新成果。研究审议县纪委提交的《香河县“一问责八清理”专项行动实施方案》（以下简称《实施方案》），会议原则通过《实施方案》。会议议定：由县纪委负责，对《实施方案》进行修改完善后，以县委文件形式印发；由相关县委常委牵头，各有关单位参与，严格执行《实施方案》，确保各项目标任务落实。要切实增强“四个意识”，严格落实管党治党的政治责任，敢担当、善作为；要充分发挥牵头抓总作用，加强组织协调和指导调度；要积极负责、主动沟通、密切配合，推动专项行动扎实深入开展。研究审议县委农工部提交的《2017 年香河县美丽乡村建设实施方案》（简称《实施方案》），会议原则通过《实施方案》。会议议定：由县委农工部负责，对《实施方案》进行修改完善后，以县委文件形式印发；由张玉林牵头，各镇、新兴产业园负责，具体抓好以下工作：坚持效率、效益、效果并重，在加大资金监管力度同时，探索便捷高效的审批程序。着力打造重点片区，突出村庄各自特色，将城乡发展规划、乡村旅游规划与村庄区位布局相匹配。加大村级“四化”（街道硬化、村庄绿化、环境净化、路灯亮化）资金投入力度，改善农村人居环境，将文化兴乡、生态惠村、产业富民有机结合，高标准推进我县美丽乡村建设。研究审议县信访局提交的信访工作长效机制建设。会议议定：由县信访局负责，对各项常态化信访工作机制进一步梳理，强化指导性和可操作性，修改完善后以县联席办文件形式印发；全县各有关部门要本着“党政同责、一岗双责、属地管理、分级负责”的原则，坚持点线面结合、条块结合，聚焦问题楼盘集体访、涉军集体访、农村信访积案等信访突出问题，从排查、化解、稳控、打击四个关键环节入手，切实提高信访案件化解调处工作针对性和时效性，持续构建和谐稳定社会局面。研究审议县委组织部提交的《关于实行干部经常性考察工作的意见》（简称《意见》），会议原则通过这个《意见》。会议议定：由县委组织部负责，对《意见》进行修改完善后，以县委文件形式印发；全县各级各部门要深入贯彻落实党的十八届六中全会关于全面从严治党新部署，以及县十一次党代会关于从严从实加强干部管理监督新要求，改进和创新干部考察方法，切实提高识才、用才、聚才水平；要根据乡科级领导班子和干部队伍建设的实际需要，逐步实现干部考察常态化，通过多层次、多角度、多渠道地考察了解干部德才表现，为选优配强领导班子、选准用好领导干部提供科学依据。研究审议县委组织部提交的《香河县广播电视台公开选拔副台长实施细则》（简称《实施细则》）。会议议定：由县委组织部、县委宣传部牵头，县纪委、县广播电视台参与，对《实施细则》进行修改完善。县广播电视台副台长选拔工作要以公开、公平、竞争、择优为原则，以德才兼备、以德为先为标准，根据岗位分工制定相应竞聘条件，切实把政治坚定、业务突出、作风过硬、群众公认的干部选拔上来。研究审议县委组织部提交的《关于实施“六项工程”、深入推进“基层党建提升年”活动的实施方案》（简称《实施方案》），会议原则通过了这个《实施方案》。会议议定：由县委组织部负责，对《实施方案》进行修改完善后，以县委文件形式印发；全县各级党组织要高度重视，切实把实施以组织聚力、队伍优化、破难攻坚、夯基固本、典型引领、责任聚焦为主要内容的“六项工程”提上重要议事日程，推动香河县全面从严治党向基层延伸，全面提升全县基层党建工作总体水平，为香河县经济社会各项事业又好又快发展提供坚强组织保障。专题研究涉军工作。会议议定：由韩超、郭建永牵头，县人武部、县国防动员委员会、县民政局、人社局全程参与，全力做好香河县军队退役人员安置工作。要深刻领会、准确把握上级有关精神，充分认识到做好军队退役人员安置工作的重要性、严峻性、紧迫性，切实做好政策宣传、解读、落实工作，确保军队退役人员思想情绪稳定。对于重点人员，各镇、街道、园区及有关部门要统筹协调，落实“五包”（包掌握情况、包思想转化、包问题化解、包息诉息访、包人员稳控）责任制，集中力量做好稳控工作，确保不发生串联和进京聚集现象。会议还原则通过县纪委提交的《中共香河县委巡察工作实施办法（试行）》，县委组织部提交的《香河县乡科级领导班子和领导干部年度综合考核评价办法（试行）》《关于深入实施“两考三评一定”绩效考核、落实农村“两委”干部经济待遇的实施意见》（日常考核和年度考核，党员群众测评、机关干部测评、乡镇党委班子测评，定职责目标），《从严从实加强党员管理十项机制》。会后，由相关责任部门领导把关，以县委文件印发实施。

5月26日上午，县委副书记、县长王文强在县委三楼常委会议室主持召开十一届县委常委会第8次会议。会议研究香河县信访维稳工作问责措施。会议指出：当前，香河县信访维稳工作形势极其严峻，全县各级各部门要把思想认识提高到前所未有的重视程度，强化责任、履职担当，自觉主动抓好信访维稳工作。对因工作不到位发生越级上访，视情节采取问责措施。会议议定：重复出现大规模进京集体访，对分包单位相关责任人给予免职处理，并视情节给予纪律处分，新发生大规模集体访，对分包单位相关责任人员停职检查，并视情节给予纪律处分，发生集体进京上访，虽规模不大，但影响恶劣，对单位一把手给予诫免谈话，发生赴省、市集体访，视人员规模、影响程度，对单位一把手分别给予停职检查、一票否决、诫勉谈话等处理。其他情形，按照《廊坊市信访工作问责暂行办法（试行）》严格执行。

5月26日上午，县委副书记、县长王文强在县委三楼大会议室主持召开十一届县委常委会第9次常委（扩大）会议。会议通报当前信访工作严峻形势，研究部署下一步信访工作。会议议定：要认清形势，强化认识，把当前的信访稳定工作提高到前所未有的重视程度。要切实扭转过分强调客观原因的偏见、属地党委政府没有关系的偏见、稳控难度大的偏见，坚持“属地管理，分级负责”原则，端正工作态度，加大工作力度，全力以赴扎实工作，要明确任务，建立台账，切实把信访工作细化分解到具体人员。要抢抓省里当前的政策机遇，按照政策加快解决问题，坚决做好稳控工作，严防再出现任何进京赴省上访事件，确保问题楼盘工作在6月底前取得突破性进展。军队退役人员不能出县上访，不能出现越级访。各镇、街道、园区和县直各有关部门，要对本辖区内的信访问题和信访隐患进行全面彻底排查，查清查明，建立工作台账，明确分包领导和责任人，并上报县联席办汇总，形成全县总台账，按台账督导要账；要压实责任，传导压力，真正把各项防控措施落实到位。压实县级领导分包责任，包括各分管系统的领导，对分包的信访问题，要全权负责，亲自过问、安排、调度，推进问题化解，做好稳控工作。压实各镇、街道、园区的辖区责任，各镇党委书记是第一责任人，必须切实负起责任，对信访稳定工作亲自安排部署，对重点案件亲自包案解决。镇级领导班子成员，要人人明确分包案件，形成合力。压实部门管理责任，县直各部门，对所分管领域信访问题，要同各镇、街道、园区一样实行包案责任制，“一把手”是第一责任人，负总责，每个重点风险案件都要成立工作专班。信访部门要积极发挥信访联席办的牵头指挥、协调、调度作用，汇总建立全县信访总台账，抓紧整体工作督导落实。同时，要加强与上级相关部门沟通联系，最大限度争取工作主动权；成立信访维稳驻京值班工作队。由张玉林牵头，田立军协助，樊亚峰、焦国强、吴海斌、郭建永、闫明杰轮流带班。具体工作人员包括县信访局1名副局长，县公安局1名副局长，5名工作人员，县国土局、规划局、住建局、房管局、执法局、新民居建设办公室各1名分管副职、1名工作人员，淑阳镇、安平镇、蒋辛屯镇、新开街道办、新华街道办、平安街道办、开发区、新兴产业示范区各1名分管副职、1名工作人员，职守时间到6月底，为期一个月。要做好协调、疏导、劝返工作，防止再次出现大规模聚集现象；公安部门要加强信息搜集和研判，通过各种方式、各种渠道搜集信息，发现信息第一时间上报县委、县政府和分包县领导，同时转告县联席办和包案责任单位。加强人员监控，确保重点人员不出视野，不脱离控制。加大对寻衅滋事、缠访闹访、进京滋丑、煽动串联、组织上访行为打击力度，包括扰乱公共秩序，房地产违法、违规销售行为要毫不留情坚决予以打击，同时，在县委、县政府机关门口发现上述情形也要予以严厉打击，形成强有力的震慑作用。组织部门要把当前这一特殊时期的信访稳定工作列入年终考核的重要内容。同时，要把信访工作人员在这一阶段工作状态、执行能力、担当精神、具体表现，记入干部考察档案，作为今后提拔任用重要依据。宣传部门要加强与各新闻媒体沟通联系，出现问题及时对接，做好舆情引导，严防媒体炒作；县国土局、规划局、住建局、消防大队、执法局等相关部门，要强化担当精神，按照县既定安排部署和政策措施，抓紧推进问题楼盘的解决，避免问题上交；严格问责，严肃追究，对懈怠行为决不姑息。当前，香河县信访工作形势极其严峻。会后，如再出现重复大规模进京集体访，对分包单位相关责任人给予免职处理，并视情节给予纪律处分。新发生大规模集体访，对分包单位相关责任人员停职检查，并视情节给予纪律处分。发生集体进京上访，虽规模不大，但影响恶劣，对单位一把手给予诫免谈话。发生赴省到市集体访，视人员规模影响程度，对单位一把手分别给予停职检查、一票否决、诫勉谈话等处理方式。其他情形，按照《廊坊市信访工作问责暂行办法（试行）》严格执行；由闫明杰牵头，进一步加大对违规销售、违规预售行为打击力度，协调县房管局、公安局、工商局等相关部门，立即研究制定具体办法，通告全县所有房地产开发企业及房屋中介机构。对新发违法违规售房行为予以严厉打击，顶格严惩严处严罚，并对涉事房地产开发企业和中介机构实施联合惩戒，纳入失信企业“黑名单”。在此基础上，要进一步完善常态工作机制，强化日常巡查监管，对县直负有监管职责部门，因失职渎职行为，引发房地产领域违法违规预售问题，将由纪检监察部门依法依规严肃追究部门责任。会议还通报了省、市纪委检查组发现问题情况。

5月27日下午，县委书记李桂强在县委三楼常委会议室主持召开十一届县委常委会第10次会议。会议听取李桂强传达省长许勤在张北扶贫座谈会上讲话精神，研究部署香河县对口扶贫相关措施。会议指出：精准扶贫是全面建成小康社会重要抓手，对口扶贫张北县是省委、省政府赋予香河县重大政治任务,全县各相关部门要充分发挥对口扶贫的桥梁纽带作用，及时掌握工作进展，推动各项扶贫举措有序开展。对照张北县脱贫攻坚推进方案，结合香河县实际，由香河中龙天骠资产管理有限公司在产业、民生方面予以帮扶，进一步优化张北县产业结构，改善群众医疗条件；同时，由县财政在资金方面予以帮扶，为张北县脱贫提供有力的资金支持。会议议定：县四大班子领导要统一思想、提高认识，坚决落实中央、省、市委相关部署，在扶贫措施上提高站位、加大力度，坚决打赢扶贫攻坚战；由郭建永牵头，相关部门具体负责，将张北县扶贫需要、发展思路和具体举措与香河县实际相结合，进一步做好深度对接工作；要与省市扶贫工作机构及时沟通，在借鉴三河市、大厂回族自治县、固安县好经验、好做法同时，研究香河县具体、务实的扶贫举措；要与香河中龙天骠资产管理有限公司搞好对接，落实产业、项目，确保精准扶贫工作取得实效；听取王文强传达市委常委会关于暑期安保工作安排意见。会议议定：由樊亚峰牵头，相关县领导参与，具体抓好以下工作：由县委政法委负责，进一步细化香河县暑期安保工作方案，确保方案全面具体、务实管用，并于会后将县委常委会研究具体意见向市委进行反馈。县公安局要按照省、市委关于暑期安保工作安排部署，突出重点，抓好落实，确实发挥安保核心作用。全县各相关部门要紧紧围绕社会安定和谐这个目标，确保不发生政治性事件、确保不发生群体性事件、确保不发生赴省进京非访事件、确保不发生重特大刑事案件、确保不发生重大安全生产和公共安全事故。坚持守土有责、守土负责、守土尽责，以超常重视程度、工作措施、工作力度，确保暑期安保工作万无一失。会议要求，县四大班子领导要强化大局意识，提高政治敏锐性，深入剖析香河县各类信访案件，深层次挖掘案件背后社会问题，有效打击煽动闹事、串联非访等违法行为；听取王文强传达全市书博会承办工作联席会议精神。会议议定：全县各相关部门要高度重视、提高站位，把讲政治作为承办好本届书博会的第一使命，按照上级工作安排全力配合做好第一城分会场会务组织、接待服务、综合保障等工作，确保各项工作有序衔接；要进一步加强食品安全、交通安全、消防安全、信访安全等风险防控，为本届书博会成功举办营造和谐稳定的社会氛围；听取张玉林传达市综治办、联席办《关于对香河县进行问责批评的通报》，研究香河县贯彻落实意见。会议指出：全县各级各部门要对房地产领域信访问题进行深刻反思，查找问题、弥补漏洞、积极整改；要进一步加大与上级部门的沟通、协调力度，将问题稳控在当地、化解在基层；要灵通情报信息，及时向有关部门反馈，坚决杜绝漏报、误报、瞒报等问题发生。会议议定：由王文强牵头，闫明杰负责，切实加大房地产领域监管力度，履职尽责、警钟长鸣。同时，加快研究解决房地产遗留问题，确保香河县房地产市场健康有序发展；由县纪委负责，对安平镇主要负责人、主管负责人和直接责任人进行问责，并对房地产领域监管部门履职尽责情况进行调查，视情况启动问责程序；会议研究审议并原则通过县委组织部提交《关于推进“两学一做”学习教育常态化制度化的实施方案》（简称《方案》）。会议议定：县委各位常委要结合“两学一做”（学党章党规、学系列讲话，做合格党员）学习教育，带头深入基层，围绕基层党员队伍的教育管理和党支部发挥战斗堡垒作用开展调查研究，真正做到工作重心下移，切实增强基层党组织的吸引力、凝聚力和战斗力；基层党组织要在维护社会稳定中有所作为，特别是在引导群众依法有序维权方面发挥作用，多向群众宣传党的路线、方针、政策，提高与群众沟通和交流的能力，有效化解基层矛盾问题，会后，以县委办文件形式印发实施；会议还研究纪检体制改革涉及干部问题。

6月9日上午，县委副书记、县长王文强在县委三楼大会议室主持召开十一届县委常委会第11次常委（扩大）会议。会议传达学习冯韶慧、陈平、魏国东关于“一问责八清理”和基层“微腐败”两个专项行动的致信，安排部署香河县“两个专项”行动。会议议定：全县各相关部门要认真贯彻落实市委领导致信精神，认清形势，强化认识，成立“两个专项”行动专班。“一把手”要高度重视，亲自上手，系统学习《方案》，强化督导落实，通过“两个专项”行动优化香河县发展环境和营商环境。由县委办公室负责，将县委常委（扩大）会议落实情况于6月13日前向市委报告。同时，对致信精神传达情况及时向市委进行反馈；传达学习中办〔2017〕13号文件精神。会议议定：全县各级各部门要从甘肃祁连山国家级自然保护区生态环境问题中进行反思，引以为鉴，举一反三，切实抓好香河县大气污染防治工作；要坚决把思想和行动统一到党中央决策部署上来，严守政治纪律和政治规矩，把生态文明建设摆在全局工作的突出地位，具体抓好以下工作：提高政治站位，坚决扛起生态文明建设政治责任，牢固树立“四个意识”，深刻认识生态环境保护重要性、紧迫性、艰巨性，严守生态功能保障基线、环境质量安全底线、自然资源利用上线三大红线。贯彻落实新发展理念，推动形成绿色发展方式和生活方式，加大环境污染综合治理，把发展的基点放到创新上来，坚决摒弃损害甚至破坏生态环境的发展模式。进一步转变作风，勇于担当、真抓实干，增强工作的积极性、主动性、创造性，注重抓早抓小抓苗头，用改革创新精神破解生态环境领域深层次矛盾和体制机制障碍。层层传导压力，层层压实责任，加大督察问责力度，强化生态环境保护主体责任，抓紧建立生态环境保护责任清单，落实生态安全责任制；要加大督察力度，加强生态环境执法，实行最严格的考核问责制度，依纪依规严肃问责、终身追责；研究审议《关于“煤替代”工程八项推进机制的实施意见》（简称《实施意见》）。会议议定：原则同意《实施意见》，按县委常委会意见进行修改完善后，以“两办”文件形式印发实施；全县各相关部门要制定完善“气代煤”“电代煤”、电网工程工作台账，按照台账进度，明确任务、逐一分解、责任到人，全面加快香河县“煤替代”工作进程，确保圆满完成年内目标任务。

7月6日上午，县委副书记、县长王文强在县委三楼大会议室主持召开十一届县委常委会第12次常委（扩大）会议。会议传达学习《赵克志同志在省委常委会扩大会议上听取秦皇岛市工作汇报时的讲话》精神。会议议定：由闫明杰牵头，县国土局、县住建局、县执法局等相关责任部门及各镇、街道、园区具体负责，进一步加大“两违”（违法占地、违法建设）工作推进力度，要落实责任，加强监管，严格执法，确保完成上级各项任务，力争实现年底违法占地“清零”目标；听取闫明杰传达的“全市解决房地产开发遗留问题推进会议”精神，研究香河县贯彻落实意见。会议议定：由张玉林、闫明杰负责，对全县问题楼盘进行再梳理。各相关部门要进一步强化认识，抓住省里当前政策机遇，全县域、全时段兜底解决各项历史遗留问题，确保社会大局和谐稳定；要切实发挥领导小组作用。按照上级要求，结合香河县实际，将刘振华（纪委）、吴海斌、刘君、刘振华（检察院）纳入香河县解决房地产开发遗留问题领导小组中。县公安局、县法院、县检察院要成立工作专班，分别分包1个涉法涉诉问题楼盘项目，尽快解决问题；要落实专班推动。针对香河县7个涉法涉诉、开发主体资金断裂、拆迁难等疑难问题楼盘，专门成立小专班，明确由1名县处级领导任专班班长，城建系统1名局长、问题楼盘所在辖区具体负责，集中精力解决疑难问题；要完善解决方案，针对全县项目存在问题，提出基本解决意见，并与市工作专班进行密切沟通。要强化媒体应对工作，坚持“放大正面，引导中性，删除负面，打击造谣”的原则，努力做好网络舆论引导工作；听取刘雪艳传达《省委办公厅、省政府办公厅关于贯彻落实习近平总书记重要批示精神切实做好防汛救灾工作的通知》精神，研究香河县贯彻落实意见。会议议定：全县各相关部门要按照上级有关要求，认真抓好工作落实，坚持做到相关人员到位、物资储备到位、预案熟悉到位、隐患排查到位、责任落实到位，确保香河县2017年防汛工作扎实有序开展；听取刘振华传达省纪委《关于给予杨杰、尹广泰纪律处分的通知》主要精神。会议议定：全县各级各部门及广大党员干部要认真汲取杨杰、尹广泰的案件教训，切实引以为戒，扎扎实实干事，老老实实做人，时时刻刻以一名党员标准严格要求自己；听取张玉林传达“全市涉军信访维稳工作会议”精神，研究香河县贯彻落实意见；会议议定：县公安局、县法院、县检察院要加大对寻衅滋事、恶意讨薪、串联煽动、阻断交通、妨碍公务等违法行为打击力度，并开展专项打击行动，充分发挥公检法在信访稳定中的职能作用；要密切协作，完善相关证据链，对达到立案条件或者审判条件的典型人、典型案件，坚决依法处置，形成震慑。县公安局要在成立问题楼盘专班基础上，配建配强信访处置力量，建立完善工作机制，强化打击违法犯罪、搜集情报信息能力，协同做好信访稳控工作；全县各相关部门要抓住典型案件，深挖细查幕后操纵者、组织者，一经发现坚决予以打击。要加强对重点人员监控，及时掌握信息动态和苗头，做到第一时间发现、第一时间稳控、第一时间处置；分包县领导要强化责任担当，狠抓责任落实，对所分包案件上心上手，指导帮助分包单位做好相关信访案件稳控化解工作；各相关部门要履职尽责，从根源上化解各类信访问题；由县委办公室负责，对县委常委（扩大）会议研究的意见认真抓好督导落实；听取王文强传达“全市当前重点工作会议”精神，安排部署香河县当前重点工作。会议议定：全县各级各部门要紧紧围绕香河县经济发展、重点项目建设、产业发展、大气污染防治、安全生产、全面深化改革、党的建设等工作，坚持问题导向，树立底线思维，着力解决历史遗留问题，着力提升民生保障水平，突出重点，打造亮点，抓基层、打基础，全力做好改革发展稳定各项工作，以优异成绩迎接中共十九大胜利召开；由齐建光牵头，县发改局、县统计局、县工信局参与，立即对香河县经济运行情况进行分析调度；要建立完善经济形势分析联席会议制度，加强对经济形势分析研判，确保香河县主要经济指标全部实现“双过半”；由刘凤顺牵头，相关部门参与，抓紧出台香河县大气污染综合治理强化措施；县环保局、县水务局要集中精力，加强督导调度，切实抓好被列入市委市政府重点水污染治理工作台账的六项工程。

会议还传达学习中共中央办公厅解读《中共中央关于加强新形势下党的督促检查工作的意见》有关精神、《赵克志同志在省委常委会听取唐山市工作汇报时的讲话》精神，听取刘振华传达“全市两个专项工作领导小组第三次全体会暨调度推进会议”精神。

7月26日上午，县委书记李桂强在县委三楼大会议室主持召开十一届县委常委会第13次常委（扩大）会议。会议研究部署香河县当前重点工作。会议议定：全县各级各部门要加强理论学习，提高政治能力，保持清醒头脑，把握正确方向；领导干部要带头学习党的基本知识、党的历史、党章党规，学习马克思主义经典著作，学习习近平总书记系列讲话，推进“两学一做”学习教育制度化和常态化，在全县掀起“两学一做”学习教育新热潮；县委常委及各级党组织书记要组织开展讲专题党课活动，本着实事求是原则，确保取得实效。县委组织部、县委宣传部要组织开展专题研讨班、中心组学习等活动，切实提高党员干部理论水平；全县党员领导干部要认真履行“一岗双责”，在党言党，树立党章意识，自觉用党章党规规范言行，形成遵规守纪的思想自觉；要敬畏党章法规，在日常工作和生活中守住底线、不越红线、不碰高压线，严格遵守党的政治纪律和政治规矩，坚决维护以习近平为核心的党中央权威，坚决落实党中央和省、市委重大决策部署；要严格遵守党的组织纪律，认真执行民主集中制、党内组织生活制度、请示报告制度，对组织忠诚老实，言行一致，表里如一。要严格落实《关于新形势下党内政治生活的若干准则》《中国共产党党内监督条例》和领导干部“一岗双责”责任制，履行从严治党政治责任，积极推进党风廉政建设向纵深发展；全县党员领导干部要带头发扬党的优良作风，发挥先锋模范作用，做好艰苦奋斗、求真务实、发扬民主，联系群众、廉洁从政的表率，以实际行动推进全县经济社会更好更快发展；全县各级各部门要主动担当作为，对标先进，比学赶超，事争一流，总结经验、突出重点，做到胸中有全局、手中有典型、工作有亮点，具体抓好以下工作：全县各级各部门要立足于转型升级上项目，破解土地规划等要素制约，加大项目建设推进力度。要高标准完成香河县大气污染治理、“散乱污”企业治理、“煤替代”等工作，加快推进“腾笼换鸟”工作，推动产业转型升级，实现绿色崛起。要做好维护社会稳定工作，继续保持良好工作状态，着力营造和谐稳定的社会环境。要提高城乡建设水平，补齐县城建设短板，全面提升服务水平和保障能力要抓好经济运行分析调度，各相关部门要对各项数据放在心上、抓在手上，一月一调度，实干担当，进位争先，确保各项经济指标顺利完成；全县各级各部门要以从严治党改善政治生态，以文明建设改善社会生态，着眼于改善营商环境，深入推进“一问责八清理”专项行动和基层“微腐败”专项整治，坚决杜绝不作为、慢作为、乱作为现象发生；要以创建文明县城为统揽，以创建文明乡村、文明家庭、文明单位、文明社区、文明个人为载体，借鉴河南省西峡县经验，加强职业道德、社会公德、家庭美德建设，以党风政风的不断好转促进乡风民风的持续改善；会议还集中学习《习近平总书记关于河北工作重要指示摘编》、习近平在正定期间主持起草的《县委一班人要遵守六项规定》。传达学习中央领导及省委、省政府领导关于反邪教工作的重要批示，集中学习赵克志在省委常委会（扩大）会议听取上半年经济运行情况及下步工作建议汇报时的讲话精神，听取齐建光通报香河县上半年经济社会发展情况，听取王文强传达全省领导干部会议精神，听取李桂强介绍中央党校研修班学习情况。

8 月 30 日下午，县委书记李桂强在县委三楼常委会议室主持召开十一届县委常委会第 14 次会议。会议听取张玉林传达全市农村环境综合整治暨美丽乡村建设推进会议精神，研究香河县贯彻落实意见。

会议指出，市委充分肯定香河县美丽乡村建设工作投资力度、工作力度、片区建设效果，这是香河县上下同欲、积极推进结果。蒋辛屯镇作为廊坊市唯一省级美丽乡村重点片区，全县各级各部门要进一步统一思想、坚定信心、提高站位，以共享发展理念引领美丽乡村建设，统筹建设农村基础设施，持续改善农村面貌，为建设美丽幸福新香河奠定良好基础。会议议定：原则同意县贯彻落实意见，由张玉林牵头，切实抓好贯彻意见的落实。要本着“先地下、后地上”原则，简化程序、提高效率，加大财政专项资金支持力度，把美丽乡村建设与“煤替代”工作相结合，统筹推进，形成合力；县委书记李桂强近期对香河县省级美丽乡村重点片区建设进行现场调度。县委各位常委要对所分包镇、街道、园区的美丽乡村建设工作加大督导检查力度，确保该项工作快速推进；由县环卫局负责，尽快研究制定香河县城乡垃圾一体化处置方案。要通过外出考察，积极探讨、多家比对，寻求与实力强、管理规范、运作经验丰富、处理效果优的企业合作，研究借鉴 PPP 模式，确保垃圾处理一体化尽早发挥经济社会效益；听取刘振华传达全市“1+3”专项清理工作调度会暨专项巡察动员部署会议精神。会议议定：由刘振华牵头，在全力配合好市委巡察工作的同时，加大县内巡察工作力度。要充分发挥日常巡查作用，在干部管理、工作制度落实、干部教育监督等方面主动寻找线索、发现问题，做到防微杜渐；听取刘振华传达《中共河北省委关于对李令成案相关责任人问责的通报》。会议议定：全县各级各部门要以案为鉴，从中汲取深刻教训，认真履行“两个责任”。各级党委（党组）要严格落实管党治党主体责任，树立正确选人用人导向，加强干部日常教育管理，加大监管力度，对干部管理考察考核严格把关，坚决防止干部“带病提拔”；学习贯彻省、市委关于改进领导作风规定，研究审议《中共香河县委改进领导作风六项规定》（以下简称《规定》），会议原则通过县委办提交的《规定》。会议指出，县委常委一班人要带头增强“四个意识”，自觉在政治上、行动上与党中央保持高度一致，自觉做坚定不移讲政治的模范。反对官衙作风，大力提升工作实效，深入调查研究，密切联系人民群众，强化担当精神，勇于攻克难点问题，维护班子团结，切实增强整体合力，严守纪律规矩，不断优化政治生态。会议议定：会后，由县委办负责，结合与会领导意见，对《规定》进行严格把关，以县委文件形式印发。研究审议县政府党组提请审议《香河县实行河长制工作方案》（以下简称《方案》）的请示，会议原则通过县政府党组提请审议《方案》的请示。会议议定：全县各级各部门要按照《方案》责任分工，认真抓好分管工作落实；要抓好生态水系建设，严格水资源管理，加强水污染防治，落实生态文明建设，不断优化、持续改善县域内河流水质，确保县域内不出现水污染源；由刘雪艳牵头，县水务局负责，要从提高水环境质量、畅通水系等方面加强水系治理，把县域内沟渠、坑塘、河流连结成网，打造“北方水乡”美景；研究审议县政府党组提请审议《香河县水污染防治工作实施方案》（简称《实施方案》）的请示，会议原则通过《实施方案》的请示。会议议定：水污染防治是生态文明建设中的重要内容，各有关部门要按照《实施方案》要求，切实抓好以下工作：提高集中式污水处理能力，加强污水管网建设，切实提升污水收集能力。结合美丽乡村建设，推行农村分散式污水处理模式，完善农村生活污水处理设施，确保农村污水得到妥善处理。县环保局、水务局、畜牧局等有关部门负责，进一步加大潮白河、北运河等主要干渠堤线两侧及周边的企业、养殖业等排污治理力度，坚决防止污染现象发生；研究审议县司法局提交的《关于推行法律顾问制度和公职律师公司律师制度的实施办法》（以下简称《实施办法》），会议原则通过《实施办法》。会议指出，要积极适应依法治县需要，积极推行法律顾问制度和公职律师、公司律师制度，建立形成与香河县经济社会发展和法治建设、法律服务需求相适应的具有香河特色的法律顾问、公职律师、公司律师制度体系，通过发挥法律顾问、公职律师、公司律师的作用，全面推进法治香河建设，提高依法执政、依法行政、依法经营、依法管理的能力水平。会议议定：会后，由县司法局负责，对《实施办法》进行把关后，以县委办公室、县政府办公室文件形式印发；研究审议县委组织部提交的《关于全县编制使用和人员配备情况的报告》，会议原则通过了这个报告。会议议定：由组织部、人社局、编委办负责，按照人岗相适的原则，严把入口，严格编制使用，拓宽出口，妥善分类消化，加强管理，择优使用，加强交流，充实机关力量，设立事业单位，补充工作人员。同时，加强管理，严防新的混岗现象发生；会议还原则通过县纪委提交的《关于成立县委巡察工作领导小组的通知》、县委组织部提交的《关于撤销县住建局、工信局党委，设立县住建局、工信局、政府机关、气象局党组的意见》；会议还研究组织工作相关事宜。

9月11日下午，县委书记李桂强在县规划展览中心一层西侧会议室主持召开十一届县委常委会第15次常委（扩大）会议。会议听取运河生态文化项目规划实施汇报、潮白河生态综合整治项目规划实施汇报、全县重点交通路网规划建设汇报、全域旅游规划实施汇报、智慧城市规划实施汇报、体育中心等“三个中心”规划筹建、精品动线、节点改造及宣传包装规划和刘宋荷花小镇概念方案汇报。会议指出，全县要以重点项目和工程为载体，打造综合实力更强、产业结构更优、生态环境更美、城乡品质更高、人民生活更好的美丽幸福新香河。会议强调，全县各级各部门要统一思想、坚定信心、攻坚克难、形成合力，按照会议研究的意见，提前谋划、努力推进各项工作任务，为中共十九大胜利召开营造良好的社会环境。会议议定：全县各级各部门要着力解决思想观念问题。牢固树立执政为民思想，做好生态环境、民生保障、基础设施建设工作，进一步优化营商环境，着力提升招商引资水平，承载北京非首都功能疏解，确保香河百姓尽快受益。牢固树立争先创优意识，主动对标先进、调高标尺、干就干好、事争一流。牢固树立实干实政意识，落实责任分工，明确时间节点，建立台账，做好会议记录，确保各项任务目标保质保量如期完成。牢固树立敢于担当意识，面对困难和问题要勇于担当、攻坚克难、敢打必胜，切实做到对组织负责，让组织放心；全县各级各部门要着力解决能力水平的问题。不断强化学习意识，加强政策法规学习，在善于总结实践经验的同时，借鉴外地先进经验，争做学习型干部。敢于大胆试大胆闯，加强探索创新，简化审批流程、压缩审批时限，严格程序、保证进度、科学研判，切实解决各项问题。善于做好群众工作，注重方式方法，突出重点、体现特点、抓好热点，果断决策，勇于担当，充分体现领导能力和水平，运用法治思维和法治方式研究解决问题，有效化解各种矛盾纠纷；全县各级各部门要着力解决工作作风的问题。讲党性，全县各级党员干部要带头遵纪守法，起“钉”清“雷”，守纪律、讲规矩、做模范，做到言行一致、表里如一。讲效率，强化时间观念和工作效率意识，用最短时间办最多事，用最少投入获得最多回报，做到效率、效益、效果并重。重实干，县四大班子领导和相关部门要按照分包重大事项、重点项目、重点工程的责任分工，谋划、推动、督导各项工作任务落实，力促各项工作任务取得积极成效；属于规划阶段项目，要积极征求全县各级各部门意见，尽快调整完善。刚启动项目，要把握时间节点，加快工作节奏，确保项目尽快投产达效；要做好各项工程和项目的宣传报道工作，准确把握好对外宣传口径，通过正面宣传舆论引导，营造良好氛围。全县各相关部门要结合与会领导提出的意见和建议，坚持生态用地、政府工程、国家重点理念，积极沟通、相互配合，做好“两河”规划。要认真学习贯彻习近平总书记关于“大运河是祖先留给我们的宝贵遗产，是流动的文化，要统筹保护好、传承好、利用好”的批示要求，进一步加强与上下游京津区县交流合作，充分挖掘自身优势，考虑文化、产业等因素，科学规划、合理布局，丰富产业形态，确保项目设计高端大气上档次、理念超前不落伍、操作务实接地气；全县各相关部门要迅速查清重大工程范围内“两违”建筑底案，研究拆违方案，确保拆违工作取得实效。要学习借鉴三河等市（县）好经验、好做法，并将“两违”拆除工作与重点老旧工业区的“腾笼换鸟”相结合，加快产业转型升级。全县各级领导干部要带头学习相关法律、政策，吃透上级精神，做好群众宣传教育引导工作，把党的正确主张变成群众自觉行动，在全县范围内掀起强大拆违攻势；全县各级各部门要努力抓好问题楼盘手续补办、“煤替代”、大气污染防治、新民居建设等工作，确保2018年轻装上阵，为建设美丽幸福新香河奠定坚实基础；研究审议县政府党组提请审议《香河县城乡客运公交一体化工作实施方案》(简称《实施方案》)的请示，会议原则通过《实施方案》。会议议定：全县各有关部门要结合香河县城乡路网改造提升工程，满足城乡居民的出行要求，尽快推进城乡客运公交一体化工作。要尽快启动政府采购程序，把新能源汽车采购到位，要与廊坊交通运输集团明确具体合作事宜，尽快完成公交线路规划、站点布局、站场选址等前期对接工作，确保更早惠及于民；会议还听取刘振华传达《中共廊坊市纪委关于进一步重申和明确有关纪律要求的通知》。

10月20日下午，县委书记李桂强在县委三楼常委会议室主持召开十一届县委常委会第16次会议。会议听取张玉林通报全县近期信访维稳情况，研究审议《关于进一步做好十九大期间信访维稳工作严肃追责问责的相关规定》(以下简称《相关规定》)，会议原则通过《相关规定》。会议议定：由县委办负责，结合与会领导提出意见建议，对《相关规定》进行修改完善后印发执行；全县各级各部门要认清形势、统一思想、集思广益、形成合力，切实做好中共十九大期间信访维稳和安全生产工作。县级领导要加大对所分包镇、街道、园区和分管系统的信访维稳工作督导检查力度，随时掌握信访积案情况，积极化解矛盾纠纷，最大限度地把信访群众吸附稳控在当地，严防发生越级访；有关单位和人员要强化法律意识，提高运用法治思维和法治方式处理问题的能力，查清事实，收集证据，依法依规对缠访、闹访等行为给予严厉打击。同时，宣传部门要强化法治宣传，加大反面典型曝光力度，发挥震慑和警示教育作用，为维护正常信访秩序营造良好舆论氛围；定于10月20日晚，在县委召开全县信访维稳调度会议，对当前信访维稳工作进行再安排、再部署，层层传导压力、逐级落实责任，确保信访维稳工作不出问题；研究审议县政府党组提请审议《香河县村街“煤替代”运行补贴方案》(以下简称《补贴方案》)的请示，会议原则通过这个《补贴方案》。会议议定：各相关部门要按照《补贴方案》确定的补贴标准，严格履行补贴程序，做好补贴资金发放和使用，确保香河县“煤替代”工程顺利运行。

11月10日下午，县委书记李桂强在县委三楼常委会议室主持召开十一届县委常委会第17次会议。会议听取王文强传达省委九届五次全会、市委六届三次全会精神。会议议定：全县各级各部门要认真学习贯彻落实省委九届五次全会、市委六届三次全会精神，把学习宣传贯彻中共十九大精神作为当前和今后一个时期的首要政治任务。要深入抓好理论学习，发挥领导带头作用，层层开展宣讲活动，抓好组织集中培训，创新宣传方式方法，着力营造浓厚氛围，切实把广大干部群众思想统一到十九大精神上来，把力量凝聚到实现中共十九大确定的各项任务目标上来，努力增强思想自觉和行动自觉，确保中共十九大精神入脑入心、落地落实；听取张玉林传达省委书记王东峰关于信访工作重要批示精神，研究香河县贯彻落实意见。会议议定：全县各级各部门要高度重视信访维稳工作，常抓不懈，不断推进信访维稳工作规范化水平。要本着“属地管理、分级负责，谁主管、谁负责”的原则，扎实做好辖区信访维稳工作。同时，县四大班子领导要对所分包镇、街道、园区和分管系统的信访案件加大督导检查力度，切实把问题解决在基层、把矛盾化解在萌芽。县联席会议召集人要发挥牵头抓总作用，在抓好日常信访案件协调化解的同时，全力做好源头预防，加强信息预警，对上级联席办推送的信访隐患信息从速安排处置，切实履行好首都“护城河”政治责任；全县各级各部门要坚持矛盾纠纷排查化解制度化、常态化，在推进各项工作中，积极评估排查、及时发现各类不稳定因素，并第一时间上报县联席办，重大问题要向县委、县政府主要领导汇报，做到各类矛盾纠纷早排查、早预防、早稳控、早化解，确保全县社会大局和谐稳定；要突出重点、抓住关键、务实担当，抓好重点领域、重点群体、重点人员稳控工作，并尽快完成问题楼盘项目手续补办工作，为更好谋划明年各项工作奠定基础。各镇、街道、园区和公安局、信访局等相关单位要协调配合，加大对缠访闹访、以访牟利等行为的打击力度，维护正常信访秩序。同时，要加强对上访老户心理疏导，做好群众思想工作，培育良好社会心态；研究审议县委办提交的《县委十一届二次全会安排方案》《中共香河县委关于深入学习宣传贯彻党的十九大精神全面开创“美丽幸福新香河”建设新局面的决定（讨论稿）》（简称《决定（讨论稿）》）和《中共香河县委关于贯彻落实党十九大精神推进美丽幸福新香河建设16项重大工程实施方案（讨论稿）》（简称《实施方案（讨论稿）》）。会议原则通过《决定（讨论稿）》和《实施方案（讨论稿）》。会议议定：11月10日下午，召开中国共产党香河县第十一届委员会第二次全体会议。由县委办负责，精心组织，周密安排，切实做好会议各项筹备工作，确保会议圆满成功；由县委办负责，结合与会领导意见建议，对《实施方案（讨论稿）》和《决定（讨论稿）》进一步修改完善后，提交县委十一届二次全会审议，会后以县委文件形式印发；研究审议县委宣传部提交的《中共香河县委关于学习宣传党的十九大精神的实施方案（讨论稿）》（简称《实施方案（讨论稿）》），会议原则通过《实施方案（讨论稿）》。会议议定：由县委宣传部负责，结合与会领导意见建议，对《实施方案（讨论稿）》进一步修改完善后，提交县委十一届二次全会审议，会后以县委文件形式印发；听取王宏民传达全市基层党建重点工作推进会议精神，研究香河县贯彻落实意见。会议认真听取王宏民传达的全市基层党建重点工作推进会议精神，原则通过香河县贯彻落实意见。会议议定：要按照全市基层党建重点工作推进会议的统一安排部署和有关要求，做好农村“两委”班子考察和村情调查摸底工作，综合考虑班子结构，进一步优化村党组织书记年龄、学历等结构比例，扎实做好村“两委”换届各项准备工作；要将提高村“两委”干部待遇与“两考三评一定”绩效考核有机结合，强化绩效考核作用，全面激发农村干部干事创业热情；要强力推进村街“两室”（支部办公室、党员活动室）建设，尽快解决“两室”面积、基础配套设施建设不达标等问题，同时，要尽快完善社区配建“两室”相关制度，确保“两室”建设符合标准。会议还听取王宏民传达全市纪检监察工作会议精神。

12月4日下午，县委书记李桂强在县委三楼大会议室主持召开十一届县委常委会第19次会议。会议研究审议县纪委提交《香河县深化国家监察体制改革试点工作实施方案》（简称《实施方案》），会议原则通过了《实施方案》。会议议定：由县纪委负责，结合与会领导意见建议，对《实施方案》进一步修改完善后，以县委文件形式上报印发；县监察委员会领导班子职数为7名，设主任1名，由县纪委书记兼任；副主任2名，由县纪委副书记兼任；委员4名，主要由县纪委常委兼任，不由纪委常委兼任的监察委员会委员 1~2 名；整合机构设置。撤销县纪委监察局和检察院的反贪污贿赂、反渎职侵权、职务犯罪预防等部门，将相关机构、职能、人员转隶至县监察委员会，实现机构、职能、人员上的全面融合。县纪委、县监察委员会合署办公，履行纪检、监察两项职责，实行一套工作机构、两个机关名称。在机构、职数、编制“三个不增加”的前提下，共同设立综合、信访、案件监督管理、案件审理、执纪监督、审查调查部门等内设机构，形成内设机构相互协调、相互制约工作机制；划转编制和人员。明确检察机关涉及转隶部门编制划转原则和数量，将确定的检察机关反贪污贿赂、反渎职侵权、职务犯罪预防等部门人员整体划转。检察院反贪等部门领导关系转隶后，相关人员待遇不变，检察官员额制继续执行。会议要求，全县各相关部门要深入学习贯彻党的十九大精神，坚决落实中央和省市委关于深化国家监察体制改革的决策部署，推动全面从严治党向纵深发展。要进一步加强组织领导，明确时间节点，开列任务清单，加大推进力度，尽快完成香河县监察委员会组建工作。要统筹整合全县反腐败资源力量，扎实细致推进转隶工作，科学设置内设机构，明确职责定位，构建集中统一、权威高效的监察体系，实现对所有行使公权力的公职人员监察全覆盖，确保改革工作取得实效。

12 月 14 日上午，县委书记李桂强在县委三楼常委会议室主持召开十一届县委常委会第 20 次会议。会议研究审议县委组织部提交《关于推荐出席省十三届人民代表大会代表候选人名单》（简称《候选人名单》），会议原则通过《候选人名单》。会议议定：根据市委要求的代表条件、比例和名额等，进行综合平衡、认真筛选，研究确定李树峰、张长华、范国生3人作为香河县向市委推荐出席省十三届人民代表大会代表推荐人选。其中工农 1 名，占 33.33%；专业技术人员 2 名，占 66.67%；妇女 1 名，占 33.33%；非党 1 名，占 33.33%；推荐的 3 名人选，政治坚定、爱岗敬业，均是各条战线和各个行业工作骨干，有较强参政议政能力，过来为全县经济和社会发展作出较大贡献，具有较强的代表性和广泛性，符合市委提出各项代表构成要求；会后，由县委办、县委组织部负责，将香河县确定的 3 名推荐出席省十三届人民代表大会代表候选人提名情况向市委专题呈报。研究审议县委办提交的《中共香河县委工作职责清单》（简称《职责清单》）《香河县“三重一大”事项议事规定》（简称《议事规定》）。会议原则通过县委办提交的《职责清单》《议事规定》。会议议定：由县委办负责，结合与会领导意见建议，对《职责清单》进一步修改完善后印发相关单位，在一定范围内公开。《议事规定》作为《县委常委会议事规则》补充规定，对《县委常委会议事规则》中“三重一大”事项进行细化、量化，就范围界定、审议程序、监督管理等内容进行规范。会后，由县委办负责，将《议事规定》印发县四大班子领导成员和县直有关部门执行；全县各有关部门要严格按照省审计组关于原县委书记任职期间履行经济责任情况审计报告中提出的整改时限要求，进一步明确责任、强化担当、建章立制、堵塞漏洞，切实将各项机制落实到位。

12 月 28 日下午，县委书记李桂强在县委三楼常委会议室主持召开十一届县委常委会第 21 次会议。会议研究审议县委宣传部提交的《关于开展 2017 年度意识形态工作督查考核的实施方案》（简称《实施方案》），会议原则通过《实施方案》。会议议定：全县各级领导干部要充分认识意识形态工作的极端重要性，深入学习贯彻中央和省、市委关于意识形态工作的系列部署和基本要求，不断强化敏感意识、阵地意识、攻防意识和创新意识，进一步增强紧迫感、责任感和使命感，切实肩负起意识形态工作主体责任；全县各级各部门要紧密结合单位实际，真上手、重落实，一把手亲自抓、宣传部门具体抓，务实创新，扎实有效地做好新形势下意识形态各项工作；由县委宣传部负责，邀请有关专家举办一次全县范围的意识形态工作专题党课，确保全县各级党员干部对意识形态基本概念、基本要求学深学透、入脑入心。研究审议县政府党组提请审议的《香河县公开招聘事业单位工作人员实施方案》（简称《实施方案》），会议原则通过《实施方案》。会议议定：由县人社局负责，本着“公开、平等、竞争、择优”的原则，按照《实施方案》履行招聘程序，要严格标准、严格程序、严格把关，确保所招聘人员专业水平、素质能力与岗位需求匹配；研究审议县政府党组提请审议的《香河县城市管理综合执法体制改革实施方案》（简称《实施方案》），会议原则通过《实施方案》。会议议定：由县执法局负责，结合与会领导意见建议，对《实施方案》进一步修改完善后，呈报上级有关部门；要本着“权责一致、成熟一项移交一项”的原则，迅速摸清各有关单位职能、职权、编制、人员底数，根据改革方案确定的城市管理和执法工作职责，做好职责、区域的划转和移交、接收工作，逐步推进环保、工商、交通管理、水务、食品药品监管相关行政处罚权集中行使工作；要本着“权随事走、人随事调”的原则，调整增加城市管理执法人员编制，合理设置执法岗位，不断充实执法力量；要严格控制协管人员数量，建立健全协管人员招聘、管理、奖惩、退出等制度，确保协管人员数量科学合理、素质能力过硬。研究审议县政府党组提请审议的《香河县职教中心沿街综合楼收购方案》（简称《收购方案》），会议原则通过《收购方案》。会议议定：由齐建光牵头，县职教中心、国土局、房管局、财政局等有关部门负责，按照《收购方案》履行相关程序，要积极督促香河县城镇房地产综合开发有限公司兑现合作开发承诺事项，解决房产移交善后事宜，防止形成新的遗留问题。研究审议县委统战部提交的《新的社会阶层人士统战工作实施方案》（简称《实施方案》），听取香河县委统战工作汇报，会议原则通过了《实施方案》。会议议定：由县委统战部负责，结合与会领导意见建议，对《实施方案》进一步修改完善后，以县委办文件形式印发；由县委组织部、县委统战部负责，按照省、市委相关文件要求，充分征求各镇、街道、园区意见建议，在现有职数范围内，正式任命专职或兼职统战委员；按照比例、人数要求，为县政府组成部门、法院、检察院配备党外副职；听取香河县安全生产事故隐患大排查大整治大问责“百日攻坚”行动开展情况的汇报。会议议定：全县各级各部门要进一步统一思想、提高认识，借助“百日攻坚”行动声势，针对当前存在突出问题，继续加大排查整治问责力度，确保行动取得实效。县级领导要对“百日攻坚”行动高度重视，按照所分包镇、街道、园区和所分管系统，采取片线结合的形式，亲自上手，带头督导，切实把攻坚行动抓出成效；要进一步强化安全生产红线意识和底线思维，保持安全生产高压态势，认真排查各类安全隐患，并依法依规、严管重罚，严格整改，坚决遏制安全生产事故发生；由吴海斌牵头，相关部门负责，尽快制定出租房屋安全隐患集中整治工作方案。要结合“拆违”工作，采取综合施治、协同作战、联合执法的形式，集中人员力量，春节前突击一个月，在全县范围内集中开展出租房屋安全隐患排查整治行动，在加强和规范出租房屋管理的同时，对违法占地、违法建设、私搭乱建等行为进行严厉打击。会议还研究组织工作相关事宜。

注：十届常委会议第4次会议，十一届常委会议第18次会议，研究事项不宜公开，故未收录。

县委重要决策

【全面从严治党】 2017年3月27日，在县委第3次常委会上，研究审议县纪委提交的《关于落实全面从严治党主体责任的实施意见》（简称《实施意见》）。会议决定，全县各级党组织要进一步贯彻落实全面从严治党战略部署，压紧压实管党治党的政治责任，健全主体责任落实体系，完善落实清单式明责、台账式履责、绩效式评责、对应式追责的工作格局，强化全面从严治党的责任意识，抓住关键、抓住要害，积极转变作风，切实加强党风廉政建设和反腐败工作。

逐级压实全面从严治党主体责任。从县乡村三个层面，分党委班子、班子主要负责人和班子成员三种类型，逐级逐类开列全面从严治党主体责任清单，并通过签字背书、纪实管理、量化考核、严肃问责等具体措施，保证主体责任落实，着力构建明责、诺责、履责、考责、问责工作的闭合链条。2017年，对履行全面从严治党主体责任不力的21个党组和6名党员领导干部进行问责。县纪委会同各级党委（党组）对73名科级干部和50名科级以下干部进行提醒谈话，对87人运用谈话函询方式处置。起草《香河县践行监督执纪“第一种形态”暂行办法》，谈话提醒纪委派员全程参与，变单纯监督为指导与监督并进，先指导后督导，切实让党委（党组）发挥主体作用。同时，辑印《“第一种形态”纪实手册》，确保谈话全程留痕，检查考核有据可依。

深入推进正风肃纪，严防“四风”反弹回潮。针对群众反映强烈的县直部门“中梗阻”问题，通过线上线下两种方式，邀请群众和企业代表对具有行政审批和行政执法权限单位的班子成员和中层科室负责人开展反向测评，发现问题及时处理，测评结果纳入个人廉政档案。

践行“四种形态”，净化党内政治生态。综合运用批评教育、组织处理、纪律处分等方式，全面执行党的六项纪律，既见“树木”又见“森林”。严格落实监督执纪工作规则，编制《监督执纪工作手册》，对监督执纪工作进行全面规范。印发《关于加强纪检监察机关与审计机关协作配合的实施意见》，完善协调机制。建立重要问题线索集体排查会议制度，及时梳理可查性强的问题线索，不断充实案源。召开县镇村三级干部警示教育大会，通报群众身边不正之风和腐败问题典型案件，编印《村官贪腐警示录——违纪违规典型案例剖析》，收集村官贪腐典型案例印发全县，进一步严肃党纪，强化震慑。编印《漫说〈中国共产党纪律处分条例〉》廉政教育读本，以漫画形式解读党规党纪。同时，依托“清廉香河”微信平台，加大廉政宣传力度。

扎实开展两个专项工作（“一问责八清理”和“微腐败”），持续优化“三个环境”（政治生态、自然生态、市场营商环境）。以上率下，压实责任。县长、县纪委书记对牵头单位“一把手”进行“一对一”警示约谈6人次，县委书记、县长、纪委书记三人联名向乡镇党政“一把手”发出公开信，要求各乡镇党政“一把手”切实扛起主体责任、确保全县基层“微腐败”专项整治工作有力有序有效开展。广泛发动，强化督导，组织全县党员干部集中开展两个专项工作专题学习活动，发放明白纸5万余张，悬挂条幅474个，向县“两代表一委员”发放

《征求意见函》400余份。组建5个专项督导组，由县纪委常委带队，分片包干督导。以村街“两委”换届和基层“微腐败”专项整治为契机，在全县300个村街开展村级财务审计工作，共发现9类682件问题。截至年底，全县“一问责八清理”专项行动共发现并上报问题线索993件，全部整改完毕；基层“微腐败”专项整治工作排查问题线索465件，查实172件，整改完成168件。建章立制，力求长效。针对审计中发现的问题，在5月17日召开的县委7次常委会上研究审议县纪委提交的《关于全面推行农村“小微权利”规范运行的实施反方案》（简称《实施方案》），将小微权力工作列入对村干部“两考三评一定”重要内容。制定《村务管理监督工作办法》，开列监督清单39项，制定监督制度8项，层层明确责任41项，进一步扎紧制度笼子。香河县规范村街“小微权力”运行工作经验被新华网、长城网等10余家媒体报道和转载；村级财务审计工作经验相继在河北纪检监察网、省两个专项工作简报、省委办公厅内刊上刊发，得到省委、省纪委主要领导的高度重视和肯定，并在全市推广。

【“两考三评一定”绩效考核实施】 2017年，县委制定出台《关于深入实施“两考三评一定”绩效考核，落实农村“两委”干部经济待遇的实施意见》[半年考察考核、年终考察考核，村街党员群众评议、执法执纪部门评审、基层党（工）委评鉴，定星级等次]。目的是为夯实党在农村执政基础，着力打造一支素质优良、结构合理、

作风过硬、群众公认的农村干部队伍，全面激发农村干部干事创业热情。在提高农村“两委”干部经济待遇同时，通过创新实施“两考三评一定”绩效考核办法，彻底解决农村干部“干多干少一个样、干好干坏一个样”问题，全面激发农村干部干事创业内生动力。

细化工资构成。村党组织书记、村委会主任经济待遇由4项构成（基本工资+任职年限补贴+村街规模补贴+绩效工资），村“两委”其他干部由2项构成（基本工资+绩效工资）。基本工资：村党组织书记基本工资每月1644元，村委会主任基本工资每月1500元，其他“两委”干部基本工资每月750元。任职年限补贴：对现任村党组织书记、村委会主任，任满一届后，继续当选村党组织书记或村委会主任的，每连任1届，任职年限补贴每月增发100元。村街规模补贴：对现任村党组织书记、村委会主任，根据任职村人口数，以200人为基数，每增加300人，村党组织书记、村委会主任村街规模补贴每月增发50元。绩效工资：村党组织书记、村委会主任绩效工资基础标准为每人每年10000元，按照年终考核星级等次计算具体金额。其他“两委”干部按照村党组织书记（村委会主任）每人每年绩效工资标准的50%执行。村党组织书记、村委会主任“一人兼”的，基本工资和绩效工资均按村党组织书记工资标准的150%执行。

科学考核评价。县委创新推行村干部“两考三评一定”绩效考核办法，定星级等次分为五星级、四星级、三星级、二星级、一星级和无星级6个等次，五星级等次不超过20%。每年中、年末，由县统一安排，各镇具体落实，围绕“德能勤绩廉”，对村街“两委”干部进行考察，同时，围绕村街“党建工作、基层民主、美丽乡村、经济发展、信访稳定、计划生育、精神文明、其他事务”等内容，对村“两委”班子进行年中和年终考核，并依据全年考察考核结果及“三评”情况，为村“两委”干部定星级等次，落实待遇奖惩。其中，半年及年度的考察考核分值均为120分（考察20分+

考核 100 分，半年考察考核成绩占全年考察考核成绩权重的 30%，年终考察考核成绩占全年考察考核成绩权重的 70%），“三评”成绩各占 10 分，满分 30 分，总分 150 分。同时，还设置单项奖励和单项处罚项。例如，受到市级以上表彰，或代表全县接受市级以上考核验收、召开现场会等，并得到上级肯定或取得实际效果的，按项目分别给予村党组织书记、村委会主任奖励，市级 1000 元、省级 1500 元、国家级 2000 元。连续 3 年不发展党员的村街，扣发村党组织书记绩效工资 2000 元。因监管不到位发生安全事故，群体性事件，党（工）委视情节轻重、影响范围、问题根源等，扣发村党组织书记、村委会主任绩效工资每人 1000～2000 元。情节严重，造成恶劣影响并被县以上通报的，扣发村党组织书记、村委会主任全年绩效工资。县财政 2016 年列支 2800 万元，统筹考虑考核成绩、村街规模、任职年限等因素，全面提高农村“两委”干部工资待遇。2017 年，全县村党组织书记年平均基本工资为 21000 元，落实绩效考核奖金后，年收入最高可达 51800 元。

待遇实现“差别化”，激发了村干部干事创业热情，解决了村干部“干多干少一个样，干好干坏一个样”问题。村党组织书记基本工资为 1644 元/月，加上任职年限补贴和村街规模补贴后，基本工资最高达到了 3044 元。在 2017 年度考核中，绩效工资全县最高为 18500 元，最低为 0 元。不撒“芝麻盐”，不吃“大锅饭”，拉大收入差距，让看摊守业的村干部没有了市场。

利益坚持“捆绑式”，促进了村“两委”班子团结干事，多股力量拧成了“一股绳”。把对村支书、村主任、村委、支委个人评价和利益，与对村党支部、村委会班子的评价和利益，全部捆绑到一起评价，一荣俱荣、一损俱损。某一项工作出现短板、某一名干部不给力，全体村干部会齐心协力补短板、拉后进、争先进。同时“任职年限补贴”的发放，促进了干部全力工作，努力赢得村街党员群众的信任，努力争取连选连任。

结果强化“引导性”。通过考核为村干部和村班子“把脉开方”，村干部努力方向更加明确。各镇结合考核结果，按照党建星、发展星、服务星、和谐星、文明星五类星，为村班子和村街工作明确亮点和短板。考核为五星级的村班子，五类星为满星，四星级以下村街，镇党委从党建工作、经济发展、服务群众、和谐稳定、村风文明五个方面，权衡村街存在的主要问题是什么，哪项是最短板，就摘掉哪项的星。补足这颗星，就成了村干部开展工作的努力方向，为村干部定实工作目标提供了基本依据。

【美丽乡村建设】 香河县委认真贯彻落实省市有关美丽乡村建设工作的安排部署。5 月 12 日，在县委第 7 次常委会上认真研究审议了县委农工部提交的《2017 年香河县美丽乡村建设实施方案》后，县委决定：要着力打造重点片区，突出村庄各自特色，将城乡发展规划、乡村旅游规划与村庄区位布局相匹配。要加大村级“四化”资金投入力度，改善农村人居环境，将文化兴乡、生态惠村、产业富民有机结合，高标准推进香河县美丽乡村建设。

加强组织领导，做好安排部署。县委组织召开全县美丽乡村建设推进会议，对全年建设任务做出安排部署，对规范项目手续提出了合理性建议，对各部门责任进行了具体分工。实施了县四大班子领导联系美丽乡村重点村街制度，四大班子成员每人分包 1～2 个重点村街，牵头搞好实地调查研究，推进村街各项工作的落实。针对农村垃圾治理难题，按照省市工作安排部署，研究制定《香河县农村生活垃圾治理专项行动实施方案》，成立县农村生活垃圾治理专项行动领导小组及办公室，办公室设在县环卫局，全面负责农村垃圾处理“PPP”模式的推进工作。此外，围绕“农村气（电）代煤、坑塘枯井、农村饮用水、农村用电、农村交通、农村食品、农村房屋、农村教育卫生养老公共设施”8个方面，开展农村设施安全隐患集中整治行动，组织召开全县动员大会，制定《香河县农村设施安全隐患排查整治行动实施方案》等文件，对排查整治具体任务进行了安排部署。

加强督导调度，严格考核奖惩。对美丽乡村建设工作实行增比进位管理考核。坚持定期督导和不定期抽查相结合，通过实地考察，掌握村街建设进展和成效，同时把由监理公司出具的项目建设进度报告（或竣工验收报告）作为县级专项资金拨付的主要依据。对建设进度较慢、工作落实不到位的给予批评，并加强指导，限期改正。对建设进度快、改造效果明显、特色突出的优先给予资金支持。将美丽乡村建设尤其是“三清一拆”、长效机制建设、农村设施安全隐患排查整治等情况列入对农村干部“两考三评一定”绩效考核内容，并与工资挂钩。年终对各镇（园区）美丽乡村建设整体开展情况进行打分排名，排名靠前的全县通报嘉奖。

完善长效机制，改善城乡环境。财政每年安排3000万专项资金，用于全县300个村街的环境卫生整治。镇村全部建立垃圾定点投放、定时清运、定点填埋3项基本保洁机制。垃圾定点投放。即村街设立垃圾池、垃圾箱等投放点，引导和规范村民垃圾投放行为；垃圾定时清运。即各镇通过成立保洁队伍或采取招投标的方式聘请专业保洁公司，村街按每100户配备一名保洁员标准建立环卫队伍，实现镇村垃圾分类、收集、转运；垃圾定点填埋。即各镇设立垃圾转运站，对各村街收集转运来的垃圾集中运至县垃圾填埋场。各镇全部成立了环卫办公室，2017年拥有环卫管理人员50多人，垃圾清运人员260人，村街保洁人员保持在1300多人，配备小型垃圾清扫车335辆、中大型机械收运车275台。为解决好农村垃圾去向问题，引进垃圾焚烧发电处理技术，启动垃圾焚烧发电PPP项目。积极推进农村生活垃圾源头分类，印发《香河县垃圾分类试点工作实施方案》，引导农户在家中做好生活垃圾分类。

抓好重点工程，提升建设水平。坚持清到底、拆到边，大力开展“三清一拆”，累计清理垃圾杂物15.4万立方米，清残垣断壁和路障923处，拆除厕所、背房等违章建筑4.4万平方米，共计9000余处；坚持高标准、大投入，与煤替代工程、上下水工程相结合，按照先地下、后地上的原则，以人均投入1万元为标准，全年投资5.5亿元。累计硬化村内街巷200万平方米，安装路灯3500盏，更新自来水管网20万平方米，改造厕所1万余座，建设分散式污水处理设施840座，集中式处理站8座，铺设污水管网12.2万米，村庄绿化18.3万平方米，新建改建村民中心50余个，村街基础设施建设得到全方位提升。坚持抓精品、塑典型，将精品村街创建作为点睛之笔，努力做到一路一风景，一村一特色，全县21个村街达到省级精品村街标准。

推动片区建设，突出特色亮点。在片区建设上，蒋辛屯镇省级重点片区核心区围绕潮白河滨水特色，明确“提升项目品质、完善功能业态、塑造主题记忆、打造滨水空间、凸显文化内涵”的总体策略，核心区8个村庄全面推进“三线入地”、天然气入户、污水管网改造等项工程，“三清一拆”、安全饮水、管网铺设、厕所改造以及煤替代等重点工程基本完工。片区将发展“香居小镇”民俗民宿产业作为主打特色，苍头、河北吴村两村 “一房一主题、一院一世界”的主题民宿持续深入推进，共40户签约。完成乡韵茶情、精一别院、潮白筱院等10户主题民宿改造，“十一”期间正式运营，效益显著。

【“河长制”推行工作】 2017年，香河县推行“河长制”工作。县委、县政府多次召开会议对河长制工作进行安排部署，研究推进措施。6月6日，县政府召开第8次常务会议，研究《香河县实行“河长制”工作方案》， 8月11日，县长王文强主持召开“河长制”工作专题会议，对“河长制”下一步的工作进行安排部署。8月30日，县委书记李桂强召开第14次常委会议，会议原则通过县政府党组提请审议《香河县实行“河长制”工作方案》（简称《工作方案》）的请示，并决定：全县各级各部门要按照《工作方案》责任分工，认真抓好工作落实；要抓好生态水系建设，严格水资源管理，加强水污染防治，落实生态文明建设，不断优化、持续改善县域内河流水质，确保县域内不出现水污染源。由刘雪艳牵头，县水务局负责，要从提高水环境质量、畅通水系等方面加强水系治理，把县域内的沟渠、坑塘、河流连接成网，打造“北方水乡”美景。同时，研究审议县政府党组提请审议《香河县水污染防治工作实施方案》时提出，要提高集中式污水处理能力，加强污水管网建设，切实提升污水收集能力；县环保局、水务局、畜牧局等有关部门负责，进一步加大潮白河、北运河等两侧及周边的企业、养殖业等排污治理力度，坚决防止污染现象发生。按照县政府常务会、县委常委会决策精神，香河县水务局认真推行、落实“河长制”工作。成立了由副县长刘雪艳为组长，水务局局长李德军为副组长，环保、建设、农业等部门负责人为成员的领导小组。领导小组下设办公室，设在香河县水务局，具体负责推进“河长制”各项工作。

编制“河长制”工作方案。按照省、市推进“河长制”工作安排部署，结合香河县实际，编制《香河县实行河长制工作方案》，并于6月20日由县“两办”印发实施。各镇、街道、园区也结合各自实际制定《镇级“河长制”工作方案》，并印发实施。在潮白河、北运河显著位置树立省级“河长制”牌匾13块，在鲍邱河显著位置树立市级“河长制”牌匾1块，共计14块。同时，在小友垡排干、卜池河等重点河流显著位置树立县级“河长制”牌匾300块。制定河长名单公告制度、“河长制”县级会议制度、河渠信息共享制度、2017年工作督查方案、河长巡河制度、“河长制”工作考核办法及2017年考核验收实施方案共六项制度。建立两大机制，即县级总管、镇（街道、园区）村分级负责的责任机制和公平公正激励问责奖惩机制，为实行“河长制”提供制度保障。落实河长制管理，启动河长巡查踏勘工作。是年，结合汛期工作，县、镇级河长亲自到所包河段进行现场踏勘212次，巡查中发现问题和隐患及时排除。

【开展“散乱污”企业整顿活动】 香河县按照市政府和市“散乱污”企业整治推进办公室关于整治“散乱污”企业的整体安排，2月，集中全县力量抓好“散乱污”企业整治工作。县委召开的第13次常委（扩大）会议上提出要高标准完成香河县大气污染治理、“散乱污”企业治理、“煤替代”等工作，加快推进“腾笼换鸟”工作，推动产业转型升级，实现绿色崛起。

健全组织，认真摸排。为加强大气污染综

合治理，进一步加大对违法违规“散乱污”企业的整治力度，香河县成立以县委书记和政府县长为组长，相关县领导为副组长，相关单位主要负责人为成员的“散乱污”企业专项整治领导小组，办公室设在县工信局。首先对全县13个单位所有企业进行清理过筛，经过数次统计汇总，共摸排“散乱污”企业951家，绝大多数“散乱污”企业手续不全、工艺落后，排放超标的企业集中在小型家具制造业和钣金业。

层层召开动员大会。县级和各镇（街道、园区）全部召开整治“散乱污”企业动员大会和集中行动现场会。5月初，县政府组织各单位主要领导在淑阳镇河南止务村召开全县“散乱污”企业集中整治大会。在集中整治大会上，县长王文强作题为“坚定信心，集中攻坚整治‘散乱污’企业”的讲话。在现场会议同时，继军板厂等两家企业进行现场清理，达到“两断三清”（断水、断电，清产品、清原料、清设备）。此后，各镇（街道、园区）也相继召开由分包单位县级领导、镇村全体干部和部分企业参加的动员会和集中行动现场会。县级领导做动员讲话，镇（街道、园区）书记亲自安排部署，部分企业做表态发言。会后，镇（街道、园区）在各自集中行动区域对“散乱污”企业进行现场清理，县电视台跟踪录像，会议实况录像由电视台定时播放。据统计，在集中整治行动中全县共发放宣传单8100余份，悬挂标语1300余条，出动执法人员4500余次，出动车辆1600余台。

层层分包，压实责任。建立网格长和网格员机制，县级领导分包镇（街道、园区），镇（街道、园区）主要领导任网格长，抓全面负总责。班子成员分包企业具体抓，一般干部和村街书记、村主任为网格管理员，对企业进行整治清理，24小时监督巡查，防止反弹和死灰复燃。

加大督导力度。为保证整治工作不走过场，县主要领导责成县委督察室、政府办督察室牵头，抽调环保、工信等部门人员，放弃节假日休息时间，组成督察组，对全县13个单位从整治做法、举措、进度、档案、存在问题等方面对行督导巡查，对存在问题较大的单位进行批评，责令整改。并将督察情况形成报告材料上报县委和政府，并通报全县。

加强宣传，形成合力。建立“散乱污”企业集中整治工作专报，至年底，发布4期。分别印发给“散乱污”整治工作领导小组各成员，及时掌握整治进展。宣传各单位在整治行动中的先进典型和经验，鼓励先进，鞭策后进，有效推动工作开展。同时，通过广播、微信、短信平台等新型媒体，在全县范围内对“散乱污”企业整治工作的重要意义、严峻形势进行广泛宣传，形成了强大的社会舆论氛围和打击违法违规经营行为的高压态势。

严格标准，认真验收。按照市政府“散乱污”工业企业验收工作要求，6月22日，香河县召开“散乱污”工业企业验收工作会议。制定下发《香河县“散乱污”工业企业验收工作方案》，抽调大气办、工信局、环保局、工商局、商务局、环安大队人员，成立5个验收小组和1个综合协调组，由副科级领导带队，按照分工要求，先后与所验收单位进行对接，开展验收工作。县大气办和工信局组成的综合协调组逐一对各镇（街道、园区）和各验收小组进行督导，及时掌握验收进度和工作中存在问题。截至6月30日，经过各验收小组的努力工作，完成“散乱污”企业的验收工作。7月31日至8月8日，市级验收组按照高于10%的比例对香河县“散乱污”企业进行验收，共抽查企业114家，全部验收合格，并对香河县“散乱污”企业整治工作给予肯定。

【意识形态工作】 把意识形态工作作为“书

记工程”压紧压实，严格按照党管意识形态，属地管理、分级负责和谁主管谁负责的原则，落实好党委领导班子意识形态工作主体责任。成立由县委书记任组长，县四大班子成员任副组长，全县各级部门主要负责人为成员的县意识形态工作领导小组。明确县委书记第一责任，分管领导直接责任，其他班子成员“一岗双责”责任。

强化措施聚合力。县委制定出台《关于认真贯彻落实省、市关于党委（党组）意识形态工作责任制“三办法两清单”有关工作的通知》，从考核评价、常态化监督、突发事件应急管控等方面整合全县各部门力量，形成党委统一领导、党政齐抓共管、宣传部门组织协调、有关部门分工负责、社会力量积极参与的工作体制，确保意识形态工作各项任务落到实处。

深化认识抓落实。把意识形态工作纳入重要议事日程，纳入全县各级党委领导班子年度考核体系和执纪监督内容。与其他各项工作紧密结合，一同部署、一同落实、一同检查、一同考核。全年对意识形态领域工作专题研究3次，对全县各级党委意识形态工作责任制落实情况专题督查2次，考核1次，督查考核结果纳入各单位年终考核，并作为评先选优的重要依据。

思想理论建设扎实有效。围绕中共十八届六中全会、十九大精神、习近平总书记系列讲话精神、省第九次党代会精神、市第六次党代会精神、县第十一次党代会精神等内容，制定下发《全县党委中心组专题学习安排意见》，至年底，县委中心组开展集中学习13次，开展专题研讨1次。组织开展中心组成员讲党课活动。8月和12月，县委书记李桂强组织县乡村三级干部1500余人，先后以《学党章党规，学系列讲话，争做新时期“四讲四有”共产党员》和《把握“四新”砥砺奋进让党的十九大精神在香河落地落实开花结果》为题，用精到的语言、鲜活的事例，深入浅出对开展“两学一做”学习教育活动常态化和党的十九大精神进行宣讲。党课视频作为党员教育重要内容，发送到各单位和村街供党员干部学习。同时，全县各级党委理论学习中心组成员也分别深入到所分包镇、街道、园区、村街、社区、企业等开展讲党课活动，进一步教育引导党员干部树牢“四个意识”（政治意识、大局意识、核心意识、看齐意识），提高理论素养。组织开展社会主义核心价值观、习近平总书记系列重要讲话精神、“四个全面”（全面建成小康社会、全面深化改革、全面依法治国、全面从严治党）战略布局、“五位一体”（经济建设、政治建设、文化建设、社会建设、生态文明建设）总体布局和中国特色社会主义理论体系宣传教育活动，不断增强全县干部群众的道路自信、理论自信、制度自信、文化自信，为率先全面建成小康县，建设美丽幸福新香河提供坚强的理论基础。

【平安建设】 3月27日，在县委第3次常委会上，听取县委政法委传达中央、省、市政法工作会议精神，研究香河县贯彻落实意见。会议决定，由县委政法委负责，精心组织、周密安排，认真筹备召开全县政法工作会议。以2017年全国各项重大活动安保维稳为重点，结合香河县实际，进一步明确政法工作任务目标和部门职责，创新理念思路、工作机制、方法手段，对全县政法工作进行全面部署。全县政法队伍要坚持公平正义，强化责任担当，提高政治警觉和工作水平，增强工作预见性，全面提升防范应对各类风险挑战水平；县委政法委要准确理解和把握中央、省、市政法会议精神，整合公、检、法、司力量，切实把防控风险、服务发展摆到更加突出位置；要强化基层基础，建立镇级综合巡查队，充分发挥各镇、街道、园区派出所作用，全面推进香河县平安建设工作。

抓好规范化建设。以中央和省市关于推进综治中心建设等文件精神为指导，集中精力合力攻坚，大力推进县、镇、村三级综治中心规范化建设。8月10日在五百户镇组织召开全县镇村两级综治中心建设现场会，推动工作深入开展。县级综治中心“实战化指挥平台”已经建成，全县各镇、街道、园区及“333”工程（省培树30个试点县、市培树30个试点镇、县培树30个试点村）中的30个示范村综治中心全部达到“三有五规范”建设标准（即：有场所设施、有工作力量、有规章制度，规范职责任务、规范工作架构、规范数据应用、规范业务流程、规范保障标准），实现资源力量整合在基层、工作合力形成在基层、服务管理水平提高在基层。

抓好综治信息化建设。通过督导、调度、通报、问责等措施，不断加大各镇、街道、园区工作力度，共录入基础信息370588条，录入率达 108.3%。同时，如期完成严重精神障碍患者信息录入工作，共录入1276人，其中卫计部门录入1172人，民政部门录入89人，公安部门录入8人，残联部门录入7人。

抓好网格化管理建设。本着全覆盖的原则，按照1000人以下的村街自成网格，1000人以上的村街可以划分两个或多个网格，县城区每200~300户为一网格的要求，将全县划分成592个网格，并组建网格员队伍，明确网格员职责，网格员手机APP预算款已拨付到位，已经启动竞争性磋商程序。

抓好综治视联网建设。按照中央综治视联网统一技术标准，以政法网为依托，加快推进镇级综治视联网建设，实现与中央综治视联网直连直通，达到业务应用可视化、智能化、扁平化。是年，香河县14个镇级单位（含街道、园区）综治视联网平台已全部建成，并实现联网应用。

抓好“雪亮工程”建设。县综治中心已完成雪亮工程平台建设任务，公安分平台也已建成。共预留接入视频数量5000路，已接入1140路。

深入开展严打整治。全力推进“打黑除恶灭霸扫痞”“三打击一整治”（打击网络贩枪、电信网络诈骗、传统“盗抢骗”，集中整治地域性职业犯罪重点地区）、“百日攻坚”等专项行动，2017年，共破获刑事案件239起，抓获犯罪嫌疑人300人，抓获逃犯158人（其中，历年逃犯 28 人），打掉犯罪团伙18个，抓获团伙成员67人，从中破案24起，6起命案全部及时侦破。受理批准逮捕案件182件229人，批准逮捕159件195人，审查起诉257件320人。受理刑事案件224件，审结196件，结案率 84.85%。查处治安案件388起，处理违法人员827人。深入开展“雷霆1号”打击传销违法犯罪集中行动，共清查废弃厂房320处、小区120个、出租房屋1600处，走访群众3400人，遣散非法参与人员491人，解救受骗大学生2名，捣毁传销窝点35个，查处组织、领导传销活动案5起，抓获传销骨干10人，逮捕5人，冻结资金201.6万元，进一步铲除传销违法犯罪活动滋生土壤。9月8日在“山水田园”小区端掉传销窝点2个，将其铲除在萌芽状态，有效震慑各类违法犯罪。

加强社会面管控。以开展“满天星”等巡控工作为载体，紧紧咬住“高发案时段、高发案区域、高发案类型”，在网格化布警基础上，实行警务包干勤务模式，开展实兵武装巡逻。工作中以城区淑阳大街与迎宾路交口为基点，将县城划分为四个警务区，每个警务区部署一个巡逻单位，对本警务区重点区域、人员密集场所进行巡逻、盘查。同时，主动对接小区物业，共与 28 个小区物业建立了联勤机制，了解治安状况，收集案件线索，做好宣传防范。此外，每周五开展“特警亮剑”统一行动，共出动巡逻警力 6.4 万人（次），警车 1.5 万辆（次），盘查可疑人员 6.3 万人（次），盘查可疑车辆 5.8 万辆（次），抓获违法犯罪嫌疑人 201 人，打掉犯罪团伙 8 个。加强对辖区旅馆业、汽修业、娱乐场所等管控，持续开展清查行动，最大限度铲除违法犯罪滋生土壤，打架斗殴、涉黄涉赌等发案数稳中有降。做好重要基础设施、内保单位的安全防范工作，对陕京天然气管线、盘安电网等重点部位，油、水、气、电等重要设施以及学校、医院等人员密集单位，开展不定期、滚动式安全检查，增加看护力量，强化物防、技防建设，全年未发生任何安全问题。

狠抓反恐防暴工作。坚持情报引领实战，不间断开展涉恐基础摸排和可疑人员排查行动，充分发挥特情耳目、反恐信息员及群防群治力量，将情报工作贯穿反恐工作始终，有效防止了涉恐分子在香河搭窝建点。是年，抓获涉恐犯罪嫌疑人 1 名，查获重点人员 2 名，及时消除了重大安全隐患。制定《2017 年度应急处置工作方案》，并围绕各类突发情形，细化完善 16 种工作预案，组建 30 人的专业处突队伍，模拟可能发生的各类突发情形开展实战演练，确保一旦发生紧急事件尤其是群体性聚集事件，能够在 5 分钟内到达现场，依法、妥善处置到位，全面提升应急处突能力。年内，共开展应急处突实战演练 8 次，先后依法处置群体性聚集事件 236 起。

严格寄递物流管理。深入组织开展“两清理一排查”（清理危爆物品、寄递物流清理整顿，矛盾纠纷排查）专项行动，对全县寄递物流企业开展拉网式、地毯式排查，全面掌握寄递物流企业底数，对全县 31 家寄递物流企业逐一登记造册，建立管理档案。同时，由公安、邮政等部门成立联合工作组，指导寄递物流企业加强精细化管理，落实收寄、分拣、运输、投递等各环节安全管理制度。组织邮政、公安强力推动落实寄运物品 100%先验视、后封箱，寄递物流活动 100%实名制，邮件、快件 100%通过 X 光机安检制度等三个“100%”制度，并一律要求通过对寄件人电话号码及相关身份信息比对核实后方可收寄。公安机关将严肃追究寄件人违法寄递行为的法律责任，逐环节倒查涉及企业和员工是否履职尽责，对负有责任的依法追责，并通报行业主管部门建议依法给予行政处罚，处罚情况向社会公布，倒逼企业严格履行安全管理责任。

推进保险业参与平安建设。2017 年，县人保公司共受理农村治安保险理赔案件 34 件，理赔金额达 15.2 万元。8 月，为符合“以奖代补”条件的 1 名重精神病患者监护人发放了第一笔“以奖代补”资金，并对符合“以奖代补”条件的重精患者进行了重新筛查。将 9.31 万元监护人责任险和 0.48 万元“以奖代补”资金纳入 2018 年度财政预算。

推进矛盾纠纷多元化解机制。推进矛盾纠纷手段多元化、主体多元化和载体多元化，不断提升香河县化解社会矛盾纠纷工作能力和水平。认真落实案件受理沟通制度，推行诉外沟通、庭前对话、庭中协调的工作模式，力争将矛盾化解在诉前，解决在庭外。建立医患、劳资、交通事故、土地流转、环境保护、消费者权益保护、物业管理、食品药品安全等八个行业性、专业性人民调解委员会，着力做好矛盾纠纷高发领域的排查调处工作。落实四大班子领导接访制度，每天 2 名四大班子成员到调解中心进行轮流接访，实行首问负责制，对受理案件一包到底，加大问题的解决力度。公布县委、县政府主要领导和分管领导接访电话，及时受理群众来电来访，切实把所有矛盾纠纷全部吸附在县内。强化教育引导和感情疏导，定期组织开展送温暖活动，走访慰问信访户、贫困户，帮助群众解决实际困难；进一步完善三级排调网络，不间断地组织开展“十大排查”，对摸排出的重点人、事、物，逐一录入系统，逐一建立台账，逐一制定落实解决措施和稳控措施，使各类矛盾纠纷得到及时妥善化解。

加强交通安全管理。先后开展了农村道路隐患、危化品运输、重点交通违法行为等专项整治行动和道路交通安全隐患集中整治百日行动，共查处各类交通违法行为 10 万余起。加强基础设施建设，全年共施划交通标线 15800 平方米、停车位 110 个，维修信号灯 204 批（次）、护栏 85 批（次），新增电子警察 8 处、微型卡口 51 个、测速卡口 1 个，提升了交管智能化水平。加强重点车辆源头管理，开展危化品运输车、公路客运车和校车的专项整治，共检查私立幼儿园 105 家，建立了基础台账。对 3 家客运、9 家货运企业进行日常检查，定期更新平台车辆及驾驶员信息，建立安全员微信群。对 2 辆校车、44 辆接送学生车辆进行定期检查和不定期抽查。与客运企业签订“三清一教育”（清车辆违章记录、清驾驶员信息、清车辆安全设施，对驾驶员进行安全教育）清单 67 份，约谈重点货运企业 5 次，下发整改通知书 3 份，落实了安全管理主体责任。强化交通事故处理，累计使用 APP 处理交通事故 3478 起，发生逃逸事故 287 起，侦破 246 起，破案率达 85.7%。

加强消防隐患排查。以冬春火灾防控、夏季消防检查等行动为抓手，紧盯家具城、超市、宾馆饭店、医院、学校等人员密集场所、易燃易爆企业，开展高频次、大力度的隐患排查治理，共检查单位 8299 家（次），发现并整改火灾隐患 7853 处，下发责令整改通知书 3310 份，处罚 54 家，查封 24 家，“三停”（停水、停电、停业）20 家，辖区火灾形势平稳。安装独立式感烟火灾探测报警器 2000 余个，组织消防演练 40 余次，举办培训 10 次，开展宣传 20 余次，营造了浓厚的消防安全氛围。

加强危爆物品管理。对全县 10 个烟花爆竹长期销售点，定期进行安全检查，对危爆物品，强化流向管控，实行网上审批。对可能私制、私藏、贩运爆炸物品的出租房屋、废弃窑洞、闲置厂房（院落）、物流企业等部位进行滚动式排查，及时发现、清除涉危涉爆隐患 30 余处。深入开展打击涉枪涉爆宣传工作，发布通告、宣传单 2 万余份，查处涉枪行政案件 5 起，行政处罚 5 人，收缴非制式气枪 6 支、猎枪 1 支、仿真枪 1 支、军用子弹 186 发、气枪铅弹 425 发、射钉枪子弹 30 发、黑火药 0.5 千克、管制刀具 3 把、弩 2 把。

整治校园及周边环境。在全省率先为义务教育学校统一配备专职保安，每年近 500 万元购买保安服务，典型经验在全省教育系统推广；投入 310 万元，为 85 所中小学、幼儿园更新夜视视频监控，统一购置警棍、钢叉等防范器械装备，全县中小学、幼儿园人防、技防、物防水平明显提高。协调相关部门加强对学校附近路口的值班巡查，共查处流动商贩、占道经营等违法行为 60 余起，对排查出的 18 所学校消防、电气设施设备等方面问题进行逐一整改。监督检查学校幼儿园食堂 47 户次，校园及周边食品小摊点经营户 66 户次，小餐桌、午托班 59 户次，提出整改意见 155 余条。同时，对全县学校、幼儿园食堂管理人员进行专门培训，清除危旧校舍 8127 平方米。对全县 15 辆接送孩子车辆进行全面检查，对部分车辆的超员行为进行及时纠正并给予必要处罚，对更换新车和增加的 4 辆接送孩子车辆进行登记审核，坚决杜绝有安全隐患车辆和超员车辆上路行驶，确保了学生交通安全。认真落实各项预防青少年违法犯罪工作措施，采取法制教育讲座、报告会、图片展等多种形式，深入开展青少年法制教育，不断增强他们的法制观念和遵纪守法意识，多年未发生一起校园安全事故和影响恶劣的青少年违法犯罪案件。

县委综合协调

【概况】 2017年，县委办公室充分发挥“中枢”作用，围绕县委各阶段重点工作和各项大型活动，积极当好“总调度”，认真协调、主动服务，确保政令畅通和各项工作顺利开展。按照“及时、全面、严谨”的标准，为县委主要领导掌握全面情况，加强班子成员之间的沟通发挥积极作用。正确处理好“内与外”“上与下”“大与小”“急与缓”等各方面关系，促进各项工作协调有序扎实开展。

文字起草工作做到深刻领会上级精神及要求，准确把握县委工作思路和意图，对具体情况进行科学、系统的综合分析，做到情况准确、观点鲜明、分析透彻、文字精练。信息调研工作能够迅速准确将县委的总体思路、重大举措、阶段性工作进展和工作经验等重要信息向上级反馈。围绕各级领导交办的调研课题开展专项调研，为领导提供精细、准确、有参考价值的调研成果，达到目标要求。督查督办工作以提高督办能力、明晰督查方向、提升督查成效为目标，安排组织好各种形式的督导，确保省、市和县委重要决策、重点工作和领导批示交办事项的贯彻落实。保密工作按照“保安全、保发展”的要求，在保密自查自评督查工作、重点骨干网络保密管理、保密宣传教育等方面都取得了优异成绩，香河县国家保密局被评为河北省保密工作先进集体；机要工作以实现“两个绝对确保”为根本，坚持政治理论学习，积极开展“强基础、增才干、转作风、促发展”主题活动，着力打造过硬干部队伍，继续完善密码工作规范化建设，做好密码通信保障，确保政令畅通。全面落实县委深化改革领导小组安排的各项工作，对上抓对接、对下抓协调，积极推动全县改革任务落实，年度各项改革任务圆满完成。在接待来访群众工作中，坚持全心全意为人民服务的宗旨，帮助困难群众解决实际问题，提升党委“窗口”形象。贯彻落实公车专项治理工作方案，修订完善办公室车辆管理制度、司机人员管理办法，实施派车单制度，保障县委领导及县委办各部门正常公务用车。

【文稿起草工作】 建立严格的文件审核印发制度，提高发文效率。全年编发《一周大事通报》49期，编辑整理《工作安排》235期，审核、办理县委及县委办各类文件110余件，整理印发《常委会议纪要》14期。2017年，为领导起草县党代会工作报告、县“两会”闭幕会讲话材料、县重点工作推进会上的发言稿。“两学一做”学习教育各阶段，及省、市领导来香河考察调研工作汇报材料等，共完成讲话、致辞、汇报、报告、调研、体会等各类文稿材料90余篇，累计达到38万余字。开展调查研究工作，编印内刊《香办通报》15期。起草的《牢记第一责任，推进依法治县》等3篇文稿，在《廊坊日报》等市刊发表，1篇文稿在《河北日报》等省刊发表。

【信息工作】 信息工作注重时效，提高信息研判能力，突出“短、平、快”的特点，为县委决策提供及时、准确的参考信息。全年共编发《香河信息》69期，内容涉及全县70余个单位，上报信息2100余条，被省市采用83条。

信息及时全面反映“美丽幸福新香河”建设过程中各条战线工作动态和工作重点，得到县委书记李桂强2次批示。信息工作各项考核均居省市前列，其中，长篇信息《关于河北省香河县推动“三位一体”融合发展推进农业供给侧结构性改革的调查与思考》被中共中央办公厅采用，并报送国务院副总理汪洋阅示。《万众聚荷乡 荷香飘四方，香河县荷花节文化旅游金字招牌享誉京津冀》《向首都品质看齐 从基层基础抓起，香河县新开街道“7+”模式构建新型智慧社区》等长篇信息得到冯韶慧、张春燕等市委、市政府领导肯定性批示。舆情监测共排查网民留言和负面网络信息600余条，办理市委社情民意交办件7件，均圆满解决并及时上报。在此基础上，创新工作机制，整合资源，畅通渠道，创办《社情民意专报》，得到县委主要领导的肯定。

【督查工作】 督查工作以县委安排部署的大事、要事和阶段性重点工作为督查重点。紧跟县委工作节拍，做到领导关注点在哪里督查的触角就延伸到哪里。加强现场核查、实地暗访、随机抽查，做到督查、整改、跟踪、回访、延伸和拓展五个环节跟进管控。对事关全县发展大局的决策部署和落实周期较长、难度较大的工作事项，强化跟踪进展情况，推动解决困难和问题，持续深化落实。对容易反弹的问题开展“回头看”，做到反复抓、抓反复。2017年重点督导了县级领导分包重点工作、项目建设、“两河”开发、小散乱污企业整治、煤替代等10余项重点工作的落实，印发督查专报4期，有效推动工作落实。务求实效督办，对于领导批示件办理，做到“批必查、查必清、清必办、办必果、果必报”，确保事事有结果、件件有回音。对于领导批示指示落实情况，每半年组织一次集中复查回访，实地查看承办单位报告中提出的调查结果是否符合实际、整改处理是否真正到位、当事人是否认可满意，确保领导批示落实到位。是年，先后开展全县范围内督查活动10余次，印发《督查专报》4期，承办省、市、县领导批示件168件。其中省、市委主要领导批示件39件(上报网络舆情25件)，县委主要领导批示件129件。县委主要领导批示件中，涉及群众来信79件，督查室共对50件群众信访批示件发卡督办，至年底已全部按时限要求办结，办结率达到100%。立足问题整改。“一问责八清理”专项行动开展以来，围绕个别单位和部门“不作为、乱作为、慢作为”现象，县委督查室联合县纪委，对相关单位开展明察暗访，重点督查窗口服务单位、行政执法单位、清理工作不力单位和群众反映强烈的问题进行督查，确保问题清查不留死角死面。是年，共查处不作为、乱作为、慢作为案件314件，涉及318人，年底已全部整改完成，群众和市场主体反映强烈的问题得到解决。

【研究工作】 注重创新工作方法，认真研究新情况、探索新思路、提出新对策。坚持从起草到审核，从校对到印发，严把各个环节，力求文稿立意高、思想新、内容实、零纰漏，真正发挥“以文辅政”的作用。分人分类收集材料及基本情况，做到“有专精”。重大文稿起草时，充分研讨，广泛听取意见建议，创新开展文稿起草探讨会商机制，对文字材料的思路、结构、语言进行集体会商，从不同视角对文字材料进行分析，做到“有协作”。同时，利用QQ群、微信群等平台实现材料共享、信息互通，提高工作效率。工作中，把培养人才队伍作为主要任务，树立“一盘棋”思想，注重与相关单位和文字科室横向交流，在调动相关单位数据采集、文字材料报送积极性、加强工作沟通协调上下功夫，通过跟班学习、轮岗交流、专岗招聘等创新型举措，着力培养文字材料队伍，为其他单位和兄弟科室培养和输送一批复合型人才。

【改革工作】 为搞好香河县改革工作，县委改革办（2016年6月成立）全面落实县委“全面深化改革领导小组”安排各项工作，按年度起草全面深化改革工作要点和重点改革任务。2017年，组织协调召开全面深化改革领导小组会议11次，并形成会议纪要11次。圆满完成市委改革办对香河县13次专项督查的接洽工作，在向市委深改组的工作汇报中，得到市委书记冯韶慧充分肯定。建立改革督查制度，对改革试点任务、重点改革任务开展实地督查或书面督查。全年对145项改革任务、27项改革试点任务开展集中书面督查，掌握改革进展情况。建立改革任务台账制度，对香河县承担的27项改革试点任务建立分季度改革工作台账，全面掌握改革动态。建立信息上报制度。是年，上报市委改革办信息26篇，被市委改革办采纳12篇，改革信息工作在廊坊市保持前列。

【保密工作】 2017年，香河县保密工作结合工作特点，突出建章立制，发挥制度监督、约束和引导作用，用制度管事，按程序办事，切实规范保密工作高效运行。为落实上级有关文件精神，不断充实完善保密规章制度，县国家保密局先后编辑下发《关于严禁通过微信等手机软件传输涉密信息的通知》《关于严格机关、单位互联网网站信息发布管理的通知》和《党政机关工作人员保密规定“二十不准”》（简称《“二十不准”》）等一系列文件。重点加强对智能手机、机关单位互联网门户网站、计算机办公自动化以及公文处理各个环节的保密管理。坚决落实“涉密不上网，上网不涉密”原则，严格实行专机专用、专人专管、分级保护。无论是在信息发布、还是在公文处理等各方面，一律严格规范程序，坚决从源头上堵塞泄密漏洞。香河县国家保密局以《“二十不准”》作为全县各级机关干部应知应会的保密常识，认真组织学习，严格遵守落实，强化党政机关工作人员的保密意识。是年，按照市委保密委工作部署，先后组织开展了保密自查自评督导检查工作、机关单位互联网门户网站保密检查、2017中国•廊坊国际经济贸易洽谈会、党的十九大保密工作专项检查等多项保密检查活动。特别是在保密自查自评工作中，与机要局合作，以三密文件和密码电报的签收、登记、传递、使用、复制和保存等环节中的保密管理情况为重点，按图索骥，确保文件从产生到销毁的各个环节不出现问题。在自查的部位上，以各机关办公室、信息中心、财务处、打字室等岗位计算机为重点，在自查对象上，以计算机等办公自动化设备、机要室防盗门窗、监控报警装置等为重点，严格标准，严格要求。针对自查中发现的苗头性问题，制定整改措施。

为提高各级机关单位保密防范意识，根据上级要求，下发《香河县国家保密局关于关注“保密观”微信公众号的通知》，要求全县各级机关单位关注“保密观”微信公众号。同时，将推广活动作为机关、单位保密自查自评督查工作内容之一。为推动保密宣传教育工作，结合工作实际，深化《保密工作》和《保密科学技术》“学刊用刊”活动。结合12.4法制宣传日，把保密法制宣传教育与《保密工作》杂志宣传同步进行，以《保密工作》杂志作为保密宣传的重要载体，让领导干部、涉密人员更加了解《保密工作》。为及时、准确反映香河县保密工作开展情况和对上级工作部署落实进度， 全年共上报信息6篇，被市局采用3篇，省局采用1篇。2017年，香河县国家保密局被评为全省保密工作先进集体。

【会务、公务工作】 2017年2月，筹备召开中国共产党香河县第十一次代表大会、县委十一届一次全会、县委十一届二次全会、人大政协“两会”、全县重点工作动员大会等重大会议。全年共承办各类会议70多场次，全县“两学一做”专题党课、宣传贯彻中共十九大精神专题党课、编辑、整理《工作安排》235期，为全县工作协调、统一、有序开展，起到了桥梁作用。按照“规范、优质、高效”的要求，积极做好各级领导的接待工作，全年共接待省、市领导到香河参观考察、督导、调研等各项活动160余批2300余人次，在全市公务接待工作年度考评中被评为“优秀”等次。

（魏建玲）

组　织

【概况】 2017年，在县委正确领导和市委组织部具体指导下，香河县委组织部认真学习贯彻中共十八届三中、四中、五中、六中全会和中共十九大精神，以习近平新时代中国特色社会主义思想为指引，全面落实上级党委和组织部门关于党的建设和组织工作的部署要求，以“两学一做”学习教育常态化制度化为抓手，以推进全面从严治党向基层延伸、严肃党内政治生活和强化党内监督为重点，围绕中心、服务大局，坚持不懈地选干部配班子、抓基层打基础、建队伍聚人才，努力为开创美丽幸福新香河建设新局面提供坚强的组织保障和人才支撑。是年，“村干部离任审计”等工作得到市委书记冯韶慧肯定性批示；干部考核试行网络反向测评、基层党建“六项工程”、建设智慧社区、机关干部“微书房”等经验做法被《人民日报》《中国组织人事报》《河北日报》等媒体宣传推介；电教片《坚守》获得第二十二届河北省影视艺术奔马奖微电影类一等奖；中信国安科技文化产业创新基地获批市级创新基地；后进村整顿转化、农村干部建档、解决三年未发展党员村等工作在廊坊市处于领先。

【党员教育】 着力推行“三会一课”（支部委员会、党小组会、党员大会和党课）等党内组织生活报备督查机制，指导各基层党支部结合工作实际，科学制定组织生活年度和季度计划，并报上级党（工）委备案审查。党（工）委派员参加基层支部组织生活，强化督导检查，指导记好《党支部工作手册》，确保基层支部组织生活规范化、常态化。以基层远程教育为平台，以“三会一课”、党员活动日、志愿服务活动等制度为抓手，统筹抓好基层党员教育培训工作。创新党员教育途径，升级和优化“香河党员e站”微信公众平台，2017年平台发布信息48期。建立由点及面、上下贯通的县镇村三级党建微信网络，发挥组织生活、党员管理、联络沟通、党员服务、党内监督、宣传教育六项功能，促进基层党员和党组织间的学习交流沟通，提高党组织工作效率和工作活力。

【基层组织建设】 2017年，香河县有基层党组织765个，其中，党（工）委23个、党总支37个、党支部705个。在党支部中有机关党支部120个，事业单位党支部68个，企业党支部70个，农村及其他单位党支部447个。有党员20362名，其中，农村党员12409人、机关党员6422人、社区党员891人、非公经济和社会组织党员640人。

为搞好基层组织建设，成立由县委书记任组长的党建工作领导小组。年内，县委常委会先后6次召开专题会议，研究部署党建工作。县处级领导带头落实“一岗双责”，每人联系1个镇（街道、园区），负责指导县域党建工作。落实县委书记抓党建“第一责任人”职责，坚持上心上手，把关定向，全局调度，带头深入基层联系点，解难题办实事。组织部长坚持一线指导，掌握实情，统筹推进。是年，县处级干部累计到点调研指导460余次，为群众办实事130余件。

坚持“书记抓、抓书记”，县委与各基层党（工）委签订党建责任状，细化量化工作目标，层层传导压力。建立党（工）委书记抓党建责任清单，明确要求党（工）委书记亲自谋划党建工作，与经济发展、社会稳定、新农村建设等同部署、同推进。年初，组织召开党（工）委书记抓基层党建工作述职测评会议，各党（工）委书记逐一进行述职，肯定成绩、点出问题、明确方向，并建立问题整改台账，明确完成时限、工作举措和具体责任人。县委实施挂账督办、销号管理，着力树牢“抓好党建是最大政绩”的工作理念。

县委组织部实行“全员党建”责任制，各股室干部分别明确基层联系点，围绕“两学一做”学习教育、党建示范区建设、后进村整顿、党员队伍建设等，定期深入联系点进行督导，推动工作落实。与团委、妇联、工会等部门协调联动，齐抓共管，充分发挥党建带团建、妇建、工建作用。县直部门发挥自身优势，与社区广泛开展“共驻共建”“在职党员进社区”等活动，实现区域党组织协调联动、互帮互助、共同发展。

【党员发展】 按照省市要求，定期组织党（工）委就发展党员程序、时间和要求进行培训，重点指导。制定出台《香河县2017年发展党员工作计划》，明确各单位工作任务，指导基层党组织重点从非党村干部、优秀青年、致富能手、技术骨干中发展党员，是年，共发展党员237名。持续解决村街多年不发展党员问题，采取定期约谈、定期通报、纳入绩效考核等方式，“三年村”支部书记年终考核直接扣除年度绩效工资2000元，传导工作压力，推进工作落实。2017年，市委要求年内解决“三年村”不少于50%，香河县58个“三年村”共解决30个，发展党员36名，超额完成任务。

【党员管理】 全面推行《从严从实加强党员管理十项机制》，实行党员先锋指数积分管理，激励党员发挥先锋模范作用。严格推行失联等问题党员预警通报和违法、违纪、违规、违信（简称“四违”）党员惩戒机制。联合38家执法执纪部门建立“四违”党员惩戒联席会议，落实信息反馈共享制度，确保“四违”党员惩戒机制在基层落实见效。2017年，共筛查出“四违”党员139人，警示作用初步显现。完成党组织和党员基本信息采集工作。按照省市安排部署，发动全县各级党组织，采取入户“面对面”的方式进行信息登记，严格确认党员身份证件，对信息内容严格把关，先后进行3轮审核，确保信息采集准确无误。做好党费调标和党员组织关系接转等工作。按照省市要求，及时调整党费收缴标准，确保党费按时足额收缴。是年，累计解答各类咨询217人次，接转党员组织关系559人次。

【干部推荐选拔】 严格按照《党政领导干部选拔任用工作条例》《中华人民共和国公务员法》等有关规定，对干部推荐选拔突出把好提名推荐关、资格审查关、考察评价关和讨论决定关，坚持“凡提必审”。全年共涉及调整科级干部5批254人，其中提拔60人，平级交流或转任150人，未出现一起“带病提拔”或

“带病上岗”问题。注重改进和创新考察方式，制定出台《关于实行干部经常性考察的意见》，明确单位内部点评报备考察、重点任务跟踪考察、干部年度目标绩效化考核等 10 种经常性考察方式，通过多层次、多角度、多渠道考察了解干部德才表现。至年底，通过组织单位内部点评，“煤替代”、信访维稳等重点工作跟踪考察，400 余名拔尖优秀干部纳入量化评价数据库，实现动态管理和跟踪培养。

【公务员招录】 按照省市统一部署，做好香河县 2017 年省四级联考公务员招录工作。香河县公务员招录计划共涉及 9 个镇、县委办、组织部、县编办 3 个单位。按照管理权限，完成 12 个职位从网上报名、资格审核、证件审核、考察录用及入职分配工作。做好公务员登记相关工作，按照市委组织部批复精神，县委考核办被审批为参照公务员法管理事业单位，县委组织部依法依规组织考核办 8 名工作人员参加了省市相关笔试，并给予通过考试的 8 名工作人员申办了参公登记手续。完成 2017 年县乡换届后当选领导职务人员公务员登记工作，累计登记 26 人，其中县处级 1 人，乡科级 25 人。

【干部考评】 圆满完成乡科级领导班子和领导干部 2016 年度考核工作，共评出 43 个优秀班子和 248 名优秀干部，在全县三级干部大会上给予通报表彰。协助市委完成对香河县党政领导班子及市管干部 2016 年度考核工作。扎实推进 2017 年度考评工作，研究制定长效性考评办法。突出对年度重点工作考核，创新设立“单项重点工作考评结果”二级指标体系。突出对干部责任和效能考核，建立“三定三评一考”目标绩效化考评机制，强化过程监控、痕迹化管理，提升工作标准和效能。拓宽考核途径，委托第三方专业机构，通过短信、微信、网站面向社会开展“非接触式”网络问卷反向调查测评。加大考核奖惩力度，修订出台《乡科级领导班子和领导干部考核评价激励奖惩的意见》，制定出台了《县级机关内设机构和工作人员目标绩效管理办法（试行）》，对县级机关内设机构和工作人员绩效考核工作进行安排部署。此外，强化省市对县考核指标监控调度，全年召开考核工作调度会 2 次，分别形成专项报告呈县委主要领导审阅。

【干部培训】 干部培训工作以思想政治建设为核心，以学习贯彻十八届六中全会和习近平总书记系列重要讲话精神为主线，用好“五大课堂”（党校课题、异地课堂、电化课堂、选学课堂、实践课堂），实施“四大主体”（乡科级领导干部、中青年干部、基层干部、企业经营管理以上人员）培训工程，开展多层次干部教育培训。举办 4 期井冈山、贵州“坚定理想信念与全面从严治党”专题培训班，培训新任职、新提拔年轻科级干部 200 余人次；举办浙江大学“学习贯彻十八届六中全会精神暨干部素养提升”专题研讨班，让优秀干部学习掌握先进发展理念和经验；充分发挥县委党校干部教育培训主阵地作用，举办“春季集训班”3 期，“学习贯彻十九大精神专题培训班”1 期，赴平山县委党校举办“不忘初心、牢记使命，坚定理想信念”专题培训班，共培训股级干部 850 余人次；将 1400 余名干部纳入河北干部网络学院，开设“学习贯彻党的十九大专题网班”，迅速掀起在线学习贯彻中共十九大精神热潮。香河县干部在线网络学时排名全市第三，完成省市 31 个班次 74 人次的调训任务。此外，不断加强干部教育培训管理规范化建设，制定下发《关于进一步规范和加强机关干部教育培训管理工作的若干规定》。开展科级干部 2016 年度学时学分制考核工作，加强实名制调训制度建设，制定域外培训纪律安全承诺书，强化网络培训学习管理，进一步纠正多头调训、常年不训、违规培训等问题。

【人才工作】 2017 年，制定下发全县《2017 年人才工作要点》，明确工作思路、重点任务及责任分工。将人才工作纳入乡科级领导班子和干部队伍考评体系。圆满完成 2016 年度乡科级单位人才工作考核，进一步强化了“一把手抓第一资源”“抓人才就是抓发展”的责任意识。同时，协助好市委组织部做好对香河县人才工作情况评议打分工作，并对 2017 年人才工作目标责任制相关指标承担单位进行调度，了解指标完成情况，督促指标完成进度。2016 年度，香河县人才工作考核全市领先。

以京津冀协同发展、“通武廊”（通州区、武清区、廊坊市）人才一体化发展示范区建设为契机，深入研究制定《香河县关于深化人才发展体制机制改革 助力创新驱动、促进转型升级的实施意见》和《香河县高层次人才引进奖励暂行办法》。多层面、多形式反复征求各方面意见，按照“只高不低”原则，加大高层次人才政策激励力度，在职务职称、落户、住房与保险等方面，为高层次人才提供便利。在此基础上，进一步拓展人才柔性引进渠道，灵活运用兼职聘用、周末工程师、决策顾问等引才方式，先后引进北航机器人研究所教授王田苗等 13 名国家、省部级优秀人才，北航智能技术与机器人（香河）研究中心、华北致冷设备有限公司中科院周远院士工作站正式揭牌成立。

圆满完成全市 2017 年度人才工作宣传月重点宣传对象——香河县“科技领军人才创新驱动中心”采访工作，该经验被廊坊日报、廊坊电视台等媒体进行宣传报道。联合宣传部门，扎实开展全县人才宣传工作，对遴选确定 4 名县域内人才典型，进行大张旗鼓宣传。按照省市要求，完成《廊坊市引进海内外高层次人才参考目录》编制工作，为下一步引才提供了参考依据。完成国家“千人计划”、省“巨人计划”、市管优秀专家、河北农村青年拔尖人才入选组织推荐申报工作。落实县管优秀专家和县域特色人才待遇，开展专家人才节前慰问、核发生活津贴、制发年度成绩晾晒单、健康体检、休假疗养等工作，全县上下掀起识才、爱才、敬才、用才之风，“四个尊重”（尊重劳动、尊重知识、尊重人才、尊重创造）氛围日益浓厚。

【干部监督】 贯彻落实中央从严治党、从严管理干部要求，对因提拔、调整、退休、辞职等原因离职的“一把手”，坚持“凡离必审”，确保干部离得明白、接的清楚。全年对 17 名正职领导干部进行了离任审计。加大领导干部出国（境）管理力度，对个人护照及赴港澳台通行证实行严密监控、统一保管，及时对新提拔领导干部进行备案管理。扎实开展领导干部违规兼职清理工作，做好县处级干部个人事项填报及投资型保险自查等工作。加大干部日常监督力度，对拟提拔的领导干部全部进行任前公示，畅通监督举报渠道，杜绝带病提拔、带病上岗。

（孙浩）

宣 传

【概况】 2017 年，县委宣传部按照年初既定的工作部署和要求，认真贯彻落实中央及省市宣传思想文化工作会议精神，坚持围绕中心、服务大局，解放思想、锐意创新，各项工作呈现不断向好的态势。充分发挥思想引领、舆论推动、精神激励、文化支撑作用，全年共计在《人民日报》《经济日报》《光明日报》《河北日报》《河北经济日报》等中央和省级媒体刊发稿件600余篇。其中，在《人民日报》发稿19篇，在《廊坊日报》发稿400余篇。与新华网河北频道、河北新闻网加强合作，撰写反映香河县经济社会快速发展的稿件500余篇，在中央重点网站、知名商业网站首页首屏发稿100余篇。充分发挥《新香河》在三级党报有效延伸作用，全年在《新香河》报上刊发新闻稿件2300余篇。全年，获省级奖项5项，市级奖项5项。对基层文艺团体加大扶持力度，香河县八方艺术团、钳屯镇贾庄村农家书屋被河北省委宣传部、河北省文化厅、河北省新闻出版广电局授予服务农民、服务基层先进集体，并获奖金1万元。

【舆情监管】 加强网络舆情监控管理,固定时间对人民网、新华网等重大网站，天涯论坛、百度贴吧、新浪微博等重点社交论坛，全天24小时监控，发现问题及时上报。至年底，撰写舆情专报18期，报送舆情3800余条，要情信息180余篇。印发《新媒体运行管理办法（试行）》，发挥“新媒体联盟”作用。以“香河头条”微信公众号为中心，联合各单位和社会微信公众号提高新媒体管理水平，围绕全县重点工作共发送信息1225条。组建70余名网评员队伍，对不负责任、偏离事实和违背公共道德的言论，利用微信、微博等进行引导，牢牢把握网上舆论主动权。进一步规范网评舆情工作。加强网评员对党的方针政策和法律知识的学习，不断提高网评员政策和理论水平，实现网评舆情工作规范化和制度化。

【加强网上宣传展现香河新形象】 强化中省重点新闻网站发稿，组织协调网上宣传工作。与新华网河北频道、河北新闻网、企鹅平台、网易号、今日头条合作，撰写反映香河县经济社会快速发展稿件500余篇，先后在中央重点网站、知名商业网站首页首屏发稿100余篇，充分反映香河县发展新面貌，经济发展新态势，凝聚传播正能量，不断提升香河县知名度和美誉度。用新媒体联盟正确引导网络舆论。3月31日，下发《关于进一步加强“两微一端”建设工作通知》，5月3日，制定《中共香河县委宣传部新媒体运营管理办法》，充分发挥政务新媒体引导作用。“香河头条”微信平台围绕全县重点工作进行网上正能量宣传，宣传报道全县基层工作亮点、便民利民措施和典型经验信息1000余条。开通“书香香河”在线读书板块，方便粉丝实现网上在线阅读，荣获最佳区域民生服务政务网易号荣誉。建立香河网评矩阵群和香河宣传矩阵群，使工作及时有效开展。制作“网上群众路线•香河生动实践”的H5，共20页。通过大量图片，展现香河县网上服务群众、方便群众，为基层百姓排忧解难的真实景象。

【党员宣传教育活动】 为推进全县各级党委中心组理论学习有序进行，2月16日，县委印发《关于深入学习习近平总书记系列重要讲话精神和治国理政新理念新思想新战略的实施方案》通知。3月28日,县委又制定下发《全县党委中心组专题学习安排意见》。县委宣传部指导全县各级党委中心组，理论学习有序进行。2017年，县委中心组集中学习13次，举办专题研讨会1次，组织开展专题党课2次。

8月和12月，县委书记李桂强先后为县乡村三级干部1500余人上党课。党课分别以《学党章党规，学系列讲话，争做新时期“四讲四有”共产党员》和《把握“四新”砥砺奋进让中共十九大精神在香河落地落实开花结果》为主题，深入浅出对“两学一做”学习教育活动常态化和党的十九大精神进行讲解，党课视频资料，发送各单位和村街供党员干部学习。同时，全县各级党委理论学习中心组成员，分别深入所分包镇、街道、园区、村街、社区、企业等开展讲党课活动。进一步教育引导党员干部树牢“四个意识”（政治意识、大局意识、核心意识、看齐意识），提高理论修养。不断增强全县党员干部群众的道路自信、理论自信、制度自信、文化自信，为率先把香河县全面建成小康县，提供坚强理论基础。

【文化产业项目申报】 2017年初，制定下发香河县“十三五”期间文化产业发展工作责任书及2017年度领导分包文化产业项目清单。同时制定下发《关于申报2017年香河县文化产业项目的通知》，在全县范围内进行申报工作，并对申报的文化产业项目进行实地考察。全年共申报文化产业项目30项，其中10项获得省级文化产业300万发展引导资金支持。

【节日文化活动】 元旦、春节期间，共安排秧歌、高跷、中幡、小车会、竹马会等各项宣传文化活动49项，实现两节期间文化活动欢乐、祥和，丰富多彩。

第一城庙会（2017年2月，宣传部提供）

第一城威尼斯大马戏表演（2017年2月，王爱民摄）

第一城民间花会表演（2017年2月，王爱民摄）

【“三下乡”活动】 开展“三下乡”（文化、科技、卫生）活动，共发放各类宣传材料1万余份、各类药品4000余份、春联350幅。

【“幸福香河大家唱”活动】 5—9月，开展“幸福香河大家唱”系列文化活动，组织文艺会演，下乡演出共计300余场次，参与群众5万余人次。下半年，组织县内戏曲爱好者，深入20所学校，开展“戏曲进校园”活动，约6000多名学生感受到戏曲艺术的魅力，在传承戏曲文化精髓、培育青少年戏曲素养等方面取得初步成效。

【“春到新农村”专场文艺晚会】 1月，在第一城金色大厅与央视七套再次联手，录制完成新春特别节目“春到新农村”香河专场文艺晚会，近2000人在现场观看。“春到新农村”专场文艺晚会先后在央视七套和河北卫视播出，充分满足广大群众春节期间文化娱乐需求。

【大运河专题片拍摄】 整理大运河历史资料，4 月中下旬，配合中央电视台制作拍摄《国宝档案》，“大运河传奇”系列专题片，于 6 月 1—2 日黄金时间相继播出《大运河传奇—三代皇帝的烦恼》《大运河传奇—中幡背后的故事》两部专题片。

【对外宣传】 2017 年，为激励先进，弘扬正气，传递正能量，先后推出敬业奉献模范范广义、创新实干模范范国生、见义勇为模范夏鹏等先进事迹及县人民医院等先进典型。在《人民日报》、新华社等中央级媒体报道 8 次，《河北日报》《河北经济日报》等省级媒体报道 12 次，《廊坊日报》等市级媒体报道 20 次。

围绕县委、县政府中心工作，在市委宣传部指导下，3 月，先后制定农村文化繁荣发展、生态环境改善、机器人产业发展、品质之城建设、对接京津等一系列主题，围绕主题在各级主流媒体上开展集中宣传。《河北香河阅报栏覆盖村街家门口免费读报》《河北香河肉饼外焦里嫩唇齿留香》《让传统走出新路（花样就业年轻人）》等一批文章先后在《人民日报》、中央电视台、新华社、《光明日报》、《经济日报》等中央媒体发表，为香河发展起到良好宣传作用。5 月，在香河国际家居文化节期间，邀请中央省市重点党报党刊和新浪、搜狐、网易等重点商业门口网站，对香河县家居文化节集中大力宣传。在继续做好与在京各中央媒体记者联系的基础上，进一步与中央各主流媒体驻河北分站的主要负责人联系，多次到石家庄与记者约谈宣传采访事宜，为大力对外宣传香河奠定基础。是年，先后在市以上报刊发表《香河擦亮生态名片 传承运河文化》《京津冀汽车零部件交易物流发展论坛在香河举办》《香河县借力协同发展促进项目建设跨越》等稿件 400 余篇。县电视台邀请省、市台记者来香河策划选题，全年共在中央级媒体上稿 4 条、省电视台上稿 14 条、市电视台上稿 494 条。

【“讲好赶考故事”宣讲活动】 9 月 28 日，香河县举办喜迎十九大、共创文明城“讲好赶考故事”暨“365 百姓故事汇”等宣讲活动。在全市“讲好赶考故事”主题演讲活动中，香河县选手牛放荣获三等奖。

【十九大宣传活动】 11 月 10 日，县委召开十一届二次全会，对全县学习宣传贯彻中共十九大精神进行再安排再部署。县委书记带头、各县级领导分包镇（街道、园区），深入基层为党员干部讲一堂中共十九大精神专题党课。举办“不忘初心、牢记使命—学习宣传党的十九大精神”专场文艺演出，县城内主要街道悬挂宣传中共十九大精神道旗 800 余面，县内大型电子屏和各门店电子屏滚动播放中共十九大精神口号。设计中共十九大精神宣传展牌 500 余块，订购中共十九大精神宣传挂图 100 余套，制作中共十九大精神宣传挂历 3000 余册，发放全县各单位、各村街。同时，通过编印“口袋书”“明白纸”，制作宣传袋等方式，将学习宣传中共十九大精神进一步引向深入，推向高潮。

【传统文化宣传教育活动】 以“弘扬传统文化，传播文明家风”为主题，组织开展“好家规好家训”和“家庭好故事”征集活动。共征集家规、家训 900 余条，通过评选向省妇联推介 50 条。征集“家庭好故事”22 个，其中渠口镇朱凤艳秉承“读书明理，修身养性”“与人为善，阳光向上”的家训，其教育子女的故事得到乡里乡亲广泛认同，形成家庭“小气候”温润社会“大气候”良好氛围。

【党报党刊发行】 香河县将党报党刊征订作为宣传贯彻中共十九大精神的重要内容，迅速行动，多措并举，扎实推进。在征订发行工作中，专门成立党报党刊发行领导小组，要求各有关单位协调分工，确保报刊订阅范围、发行量稳中有升。在严格公费订阅报刊的基础上，香河县出台措施，鼓励和动员各级文明单位、明星企业等社会力量订阅党报。开展“文化扶贫”工程，确保订阅范围、订阅资金、完成期限“三到位”，全面完成重点党报党刊发行任务。2017年度，香河县订阅《人民日报》《河北日报》《廊坊日报》三级党报的数量分别为1277份、1709份、3287份。订阅《河北经济日报》《新华每日电讯》《廊坊都市报》等各类报刊3400余份。

【《新香河》】 2017年，《新香河》以“煤替代”、环境保护、农村面貌改造提升等全县重点工作为主要内容，进行全方位、多角度、立体式宣传报道，形成点面结合的宣传工作格局。报纸文艺版面集中推出香河县文艺爱好者反映香河县历史文化及讴歌新香河、新面貌优秀文学作品和书画作品。《新香河》全年出版50期，刊发新闻稿件2500余篇。让党的大政方针、惠民政策及时传达到基层，《新香河》报在全县216个村街显要位置完成阅报栏设置工作，基本实现全覆盖。制作《党的十九大精神宣传专栏》展板，宣传中共十九大精神，展板以图文并茂形式对中共十九大精神进行全面系统解读。

（孙欣慰）

精神文明建设

【概况】 香河县精神文明建设围绕培育和践行社会主义核心价值观，大力倡导公民基本道德规范，全面开展群众性精神文明创建活动，努力为全县经济社会发展提供强大精神动力。开展文明单位、文明村镇创建工作，通过观摩、督查、通报活动，促进各单位之间经验交流。在创建文明县城、文明行业等实践活动中，香河县共有省级文明单位9个、市级文明单位43个。各级文明单位结合自身工作职能，规范行业行为、提高服务质量和诚信度，进一步提升为民服务水平，为香河县政治经济社会建设做出各自贡献。

【县城区环境面貌改造提升】 2017年，针对香河县城区基础设施建设、交通秩序、市容市貌等方面短板和问题，每周组织相关单位负责人进行专项督导调研和现场办公，发现问题及时解决。维修城区主次干道10000余平方米，城区疏通排水管道20余处。更换分类垃圾桶1000余个，新增分类标识1800余个。规范占道经营3300余处，拆除私搭乱建85880平方米、取缔露天烧烤60余处、拆除违规广告牌匾262块、清理橱窗灯杆广告7500余张、清理灯箱广告216块、摘除破损条幅315条、清理僵尸车152辆、没收宣传单58000余张。进一步完善隔离栏、红绿灯等必要的交通设施，在城区主要街道施画标线4200平方米，交通早高峰，每月出动警力1600人次。县文化艺术中心、县医院农家博物院、便民服务中心、长途客运站投入使用。公交化改造进展顺利，投入6000余万元，采购新型环保公交车，将极大方便市民出行。全县升级改造街道道旗1500余面，户外大型公益广告牌20余个，临街建筑围挡17000余平方米，安装大型社会主义核心价值观造型119组，协调LED电子显示屏近800块，设置宣传栏650余个，宣传墙体10000余平方米。完成道路街路牌及公交站亭灯箱广告升级改造工程。发送创城宣传信息20万余条，印制创城宣传册2万余册，创城知识折页6万余份，发放社会主义核心价值观宣传海报15000余张，诚信经营宣传海报3000余张，在城区500余辆出租车上投放创城公益广告。通过一系列综合整治，城区环境面貌明显提升。

【公民道德实践活动】 协调团委、妇联、工会等多部门，连续4年举办道德模范暨“最美香河人”评选表彰活动，活动将镜头和焦点对准基层。各级各部门积极推荐“香河好人”候选人近百名，最终确定2017年度入围人选10名，并于12月中旬召开表彰大会进行表彰，在全社会形成学习、关爱、敬重、争当道德模范的浓厚氛围。积极参与“最美廊坊人”评选活动，认真开展“中国好人榜”和“善行河北网评河北雷锋”推荐评选活动。推荐香河县5名“中国好人榜”候选人和10名“善行河北 网评河北雷锋”候选人，进一步弘扬文明新风尚，传递社会正能量。在开展廊坊市第六届道德模范评选表彰活动中，上报香河县候选人10名。在《新香河》和电视台开辟“小人物 正能量 核心价值观在身边”专栏，利用微信公众平台等媒介宣传道德模范的先进事迹。将“香河道德模范”打造成引领社会风尚的道德长城，激励广大干部群众从自己做起、从身边做起、从平凡小事做起，为建设“美丽幸福新香河”贡献力量。

【农村精神文明建设】 搞好农村的精神文明建设，以美丽乡村建设为统揽，县委制定下发《2017年香河县美丽乡村建设实施方案》《香河县农村生活垃圾治理专项行动实施方案》。县四大班子成员每人分包1～2个重点村街，坚持把“两改一清一拆”（改水改电、清理垃圾、拆除残垣断壁）作为突破口，全力整治私搭乱建、乱堆乱放等顽疾。累计清理垃圾杂物15.4万立方米，清理残垣断壁和路障923处，拆除厕所、背房等违章建筑4.4万平方米，新增垃圾池（箱）439个。展现出新农村新气象。

农民的精神生活得到极大充实，村村建起文化活动室和农家书屋，全县300个村街每个村街通过补贴方式确定1名以上专职文化管理员，全县已建成群众文化辅导基地27个，成立各类文艺协会组织40余个，合唱队伍20余支，各类演出团体200余个，全年开展摄影、书画、广场舞、球类、文艺演出等各类文体活动，极大满足群众精神文化需求。

【未成年人道德建设】 2017年，未成年人思想道德教育坚持“育人为本、德育为先”教育管理理念，唱好德育工作“高定位、有抓手、优环境”三部曲，全县未成年人思想道德教育呈现新面貌。

完善工作机制，确保“高定位”。香河县把未成年人思想道德建设作为希望工程、民心工程和强基工程，成立了由县教育局长任组长的领导小组，完善指导协调、任务分工、督促检查和奖惩激励机制。年初，召开教育系统未成年人思想道德建设工作推进大会，对未成年人思想道德建设工作进行安排部署。

坚持活动育人，确保“有抓手”。依循序渐进、重点突出的原则每月开展一次德育主题月教育活动。活动内容“贴近实际、贴近生活、贴近学生”，构建“实践体验式”的生活化德育模式。抓住传统节日等契机，通过征文活动、书法比赛、歌唱比赛等形式开展“我的中国梦”

主题教育活动。活动中，各中小学开展清明祭英烈、学习美德少年、童心向党歌咏、向国旗敬礼等系列活动；结合班会、队会组织“核心价值观”专题教育活动；通过故事会、演讲会、知识竞赛、作文比赛、征文比赛等活动启动“学雷锋、做有道德的人”读书教育活动；组织“励志远足、致敬长征”等社会实践活动。按助人为乐、诚实守信、尊老爱幼、品学兼优、社会实践等类别标准，评选出全县道德上成为典型、行为上成为典范的“十佳美德少年”。编发《香河县中小学德育工作简报》，全面介绍各校富于特色的德育活动和取得的成功经验。先后挖掘了一中“学生党校”“学生心理健康辅导”、二中“礼仪教育”、四中“儒雅教育”、八中“校园文化”、一小“国学诵读”、二小“家长学校”、三小“行为习惯养成”、钳屯小学“乡村少年宫”等全县德育工作的新亮点。

针对问题家庭学生、家庭困难学生、进城务工子女、留守儿童等特殊群体，积极寻找相应帮扶与教育对策，为未成年人健康成长创造条件；关注残障儿童弱势群体，探索学生结对帮扶工作新途径，引导青少年树立奉献与责任意识；充分利用社会资源进行帮扶，为特殊群体健康成长创造更加有利条件。认真落实学生资助政策，保障学生公平教育权利。截至年底，全县39252名学生享受免费教科书政策，涉及资金约174.1万元；发放补助寄宿生生活费、高中助学金128.6万元，惠及学生1899人次。2017年7月11日，《廊坊日报》报道了香河县推进未成年人思想道德建设工作的成功经验和做法。香河县教育局被评为“河北省未成年人思想道德建设先进单位”。

文明办领导班子成员

主　任：张建军

副主任：孔庆军

（刘洋）

农　村

【概况】 2017年，香河县农村工作继续贯彻落实中央、省、市、县委有关农业和农村工作的路线、方针、政策，围绕“三农”问题展开调研，推进社会主义新农村建设，加强农村基层民主政治建设和综合协调农口部门等项工作。以美丽乡村建设为统揽，以民居改造、安全饮水、污水治理、街道硬化、无害化卫生厕所改造、清洁能源利用、“三清一拆”（清垃圾、清残垣断壁、清庭院，拆违章建筑）和垃圾治理、村庄绿化、特色富民产业、农村电子商务网点建设、乡村文化建设、基层组织建设专项行动12个专项行动为基本内容，以服务“三农”为宗旨，围绕省市级重点村和自主村，全面打造省级重点片区。农村设施安全隐患排查是农村工作的重点，关乎农民生命、财产安全，关乎农村的稳定，重点排查饮用水、用电、交通、食品、房屋等。对村务公开的监管保持经常，村务公开缓解了紧张的干群关系，消除了农村不稳定因素。是年，对农宅合作社软硬件建设继续予以指导和扶持。农村工作部履行岗位职责，充分发挥统筹、协调、督查、指导作用，农村各项工作取得了阶段性成果。

【美丽乡村建设】 围绕14个省级重点村、10个市级重点村和66个自主村，全面打造省级重点片区。工作中，坚持把“两改一清一拆”（改水、改厕，清理垃圾，拆违章建筑）作为美丽乡村建设的突破口，全力整治私搭乱建、乱堆乱放等顽疾。通过组织镇村干部群众到先进村街实地参观学习等方式，改变观念，统一思想，凝聚共识。至年底，全县共有50个村街基本完成“两改一清一拆”工作，累计清理垃圾杂物15.4万立方米，清理残垣断壁和路障923处，拆除厕所、背房等违章建筑4.4万平方米，新增垃圾池（箱）439个。工程项目有序启动实施。按照先地下、后地上，先硬件、后软件的顺序，与煤改电、煤改气、上下水工程相结合，进行科学施工。垃圾治理、民居改造、安全饮水、污水治理、街道硬化、无害化卫生厕所改造、清洁能源利用、村庄绿化、特色富民产业、农村电子商务网店建设、乡村文化建设、基层组织建设12个专项行动累计硬化村内街巷200万平方米，安装更换路灯3500盏，更新农村自来水管网200千米，改造卫生厕所1万余座，完成村庄绿化18.3万平方米，完成外立面改造19.7万平方米，绘制文化墙1.6万平方米，建设集中式污水处理站8座，铺设污水管网122千米，建设分散式污水处理设施840座。

抓好产业升级，大力发展乡村旅游，规划和推进刘宋、安头屯、蒋辛屯、五百户和大运河沿线五大乡村旅游片区建设。刘宋镇庆功台村以荷花为主题的乡村嘉年华精彩纷呈，2017年游客突破70万人。依托安头屯镇现代农业科技示范区，重点打造小青庄务、后独立庄、前独立庄、太平庄、杨营庄、西口头等一批精品村街，实现新农村与新农业的深入融合，共同发展。

2017年香河县美丽乡村建设村街名单

表5

乡镇	省级重点村（14个）	省级重点村（10个）	县级自主创建村（66个）
安平镇			鲁家务
钳屯镇			红庙、起河屯、茅草店
安头屯镇	小青庄务、东太平庄	大青庄务、杨营庄	黄庄、安一、安三、安四、商汪甸、东兴隆庄、赵营庄、孙营庄
五百户镇	头百户、田各庄	后马房、高辛庄、土山	五百户、骡子王、西张庄、四百户、三百户、蔡庄、夏辛庄、兴隆庄、仉村、前马房、南张庄、八百户、西七百户、西王家务、邢营、李庄、吴打庄、双街、前土门楼、后土门楼、荒凌庄、太平庄、香椿营
刘宋镇	程官屯、八户、太平庄	庆功台、王家务、北务屯	仆头屯、张庄、倪庄、中营、马庄、北村、小陈庄、刘庆庄、辛立屯、大田、荆庄、东王各庄、西王各庄、南孙家庄
渠口镇	小高坨、荣各庄、东魏各庄、西魏各庄、戴家阁	小七里庄、渔阳院	蔡庄、北渠口、窦庄、躲各庄、固庄、高山庄、卢庄、青户、青寺、邱庄、三岔口、石虎辛庄、炭户、王刘圈、韦各庄、魏家滩、卸甲庄
蒋辛屯镇	梁家务、北李庄		

【村务公开】 定期检查督导，坚持痕迹化管理。坚持按季度定期抽查，结合农村“小微权力”规范运行，进行村务公开专项检查。对一些重点村的土地补偿分配、工程项目、惠农资金、集体财务等涉及群众切身利益的事务进行监督检查，发现问题及时纠正处理，消除因村务不公开而造成的矛盾隐患。每季度公开后，由各镇将各村公开版面内容拍照存档。照片做到“村名清、时间清、内容清、群众清”，所拍照片由县、镇两级存档备查。对上报的电子照片，逐村专人查看，对不能按时公开的说明原因。

【农宅合作社试点】 重点抓刘宋镇庆功台村、蒋辛屯镇苍头村两处省级农宅合作社试点村建设，在软硬件建设上给予指导和扶持。庆功台村2016年8月16日注册“水韵荷乡农宅旅游专业合作社”营业执照，入社农户17户。运作模式是“村委会+合作社+农户”。将村内17处传统农家乐、农家院联合一起成立合作社，村委会负责牵头协调，合作社负责统一管理。投入资金170万元，统一对17处农宅进行装修改造，将农户闲置或多余的房间改造成客房，装修配套客房100间、床位150张，是年累计接待游客6万人，营业收入260万元。蒋辛屯镇北吴村、苍头、王店子3个村，依托环境区位和资源优势，2016年6月26日引入北京锦绣潮白旅游开发有限公司。12月，注册成立“香居小筑农宅旅游专业合作社”，流转农民闲置农宅38户，采取“公司+村委会+合作社+农户”模式，投入资金350万元，统一对宅院进行设计改造。已建成石榴院、乡韵茶情共8户，在建4户，改造房间27间、床位54张，9月对外试营业，累计接待游客200多人，营业收入10万元。

【设施安全隐患整治】 农村设施安全排查整治是2017年河北省农村工作的一项重点，省市县主要领导亲自安排、亲自部署。2月底，香河县组织召开全县动员大会，制定《香河县农村设施安全隐患排查整治行动实施方案》等文件，对排查整治具体任务进行安排部署；各镇及牵头部门制定专项方案，明确人员，并召开村级动员会，层层动员部署、层层落实责任。先后制定《农村设施安全隐患排查整治行动联系会议制度》等县级文件9个，县镇村签订责任书313份；整理归档26个单位，文件70多份。把各阶段工作任务落实到实处，并严格督导，制定了《香河县农村设施安全隐患排查整治督查通报和销号督办制度》，半月一汇总、一月一调度、两月一督导，定期进行专项督查和跟踪督查，查实情况及时通报。县委农村工作部组织牵头召开联席会、调度会6次，自查3次，接受市级督导3次，印发各类通知、文件、检查、通报等15个。

整治工作重点围绕“农村气（电）代煤、坑塘枯井、农村饮用水、农村用电、农村交通、农村食品、农村房屋、农村教育、卫生、养老公共设施”等共8方面工作，涉及农业、水务、交通、公安、安监、住建、卫计、发改、规划、食药监、教育、民政局及供电公司13个县直部门和13个镇级（街道、园区）相关单位。各部门在县委统一组织领导下，共排查隐患1395处，整改完成率100%。

【综合调研】 按照上级部署，安排专人深入镇村，调查总结香河县在涉农领域的做法和经验。完成中央和省级部署的有关农业保险和小农生产扶持政策调研，撰写《香河县农业直补和农业保险开展情况调查》《小农生产扶持政策调查报告》；完成市级部署的有关供给侧改革方面的调研任务，撰写《香河县农业供给领域发展情况和发展建议的调查报告》《香河县庆功台村农业供给侧结构性改革调查》《香河香居小筑农宅合作社调研报告》等共7篇。以信息为窗口，以省市级刊物和网络媒体为平台，大力宣传香河县“三农”工作的新经验、新典型。统一向省市相关网络等媒体投稿，共收到各单位报送信息80多条，被廊坊农村工作网刊发信息36篇，《河北三农要情》《廊办通报》各转发1篇。其中，“庆功台供给侧改革”信息经市委统战部刊发，得到市部领导的批示，并多次到庆功台和苍头等村进行专项调研。按照上级要求，在香河县镇村干部、合作社带头人、经营大户等一线“三农”工作人员中，确定11名农情直报代表和农村政策顾问，市县通过不定期召开座谈会等形式，及时听取意见和建议，接受问题反馈，优先宣传推介，助力香河县农业农村工作深入开展。加强政策宣传，印发《秸秆禁烧》宣传册10000册，发放到村街，使村民认清焚烧秸秆污染环境，危害人的身心健康，从而提高农民禁烧秸秆的自觉性。

（胡亚超）

统一战线

【概况】 2017年，香河县委统战部深入学习贯彻中共十八大，十八届六中、七中全会，十九大及习近平总书记系列重要讲话精神，在县委的领导下，在市委统战部的具体指导下，圆满完成香河县民族宗教、非公经济、党外人士、对台等方面工作。

【民宗领域和谐稳定】 维护民宗领域和谐稳定，编织网络，将不稳定因素纳入视野。至年底,对全县7个宗教工作重点镇、5个民族宗教聚居村、13处宗教活动场所进行4次拉网排查，圆满完成全国“两会”及十九大期间的民族宗教领域维稳工作；依法依规，严查严打非法活动。4月26日，市委关于白沟清真食品事件召开调度会，县委统战部第一时间成立工作组，下发《关于做好民族维稳工作的紧急通知》。要求各有关镇、街道办、园区、各相关部门，严格落实一把手责任制，并建立“香河民族宗教”微信群，及时发布正能量、正思想，争夺舆论主动权，形成网上网下监管合力。聘请12名清真食品义务监督员，对全县108家清真饭店、摊点逐一进行排查，对外省籍经营的39家拉面馆，127名人员全部进行登记，指导14家有环境、卫生等方面问题的清真饭店、摊点进行整改。规范香河县清真食品市场秩序，确保民族团结和社会稳定；注重引导，确保民宗领域长治久安。积极开展“和谐寺观教堂”创建和“弘扬爱国爱教传统，共建和谐香河”主题教育活动。积极引导宗教界人士开展宗教文化研究，弘扬积极向上的宗教精神，将宗教信仰中积极因素与县委提出“关注民生，维护和谐，构筑美丽幸福新香河”大格局有机结合。开斋节期间，统战部工作人员先后到安平镇安平一街清真寺、五百户镇香椿营清真寺、城内西北街清真寺进行慰问。

【非公经济发展工作】 3月，组织县工商联领导班子全体成员、部分执委及各直属商协会主要负责人深入学习贯彻县党代会、县“两会”精神。面向全县广大非公有制经济人士，运用多种形式，广泛深入开展学习宣讲活动，切实把广大非公有制经济人士思想统一到会议精神上来，把智慧和力量凝聚到战略部署上来；年内，围绕如何破解融资难题、企业转型升级开展调研活动，深入香河县宏远机械有限公司、香河县电子商务协会、香河县强胜电动车制造有限公司等进行走访、座谈，结合当前发展形势，与企业负责人谈心，收集非公有制经济人士建议意见共 23 条。为不断提高香河县非公企业家综合能力，4 月，组织优秀企业家到中南大学参加优秀企业家能力提升研修班。5 月，组织企业家参加新奥大学关于“创新管理”培训，极大提升广大非公企业家的经营和管理水平，促进企业的发展；3 月，积极引导非公经济人士参与“光彩事业”，成立香河光彩慈善会，通过民主选举产生领导机构，至年底，慈善会筹集善款 100 万元。6 月 27 日，组织非公企业家到张家口市怀安县和康保县开展“千企帮千村”精准扶贫活动。中龙天骠资产管理有限公司、顺达皮革商贸有限公司等 4 家非公企业共捐赠 40 万元作为教育基金。对怀安县强地村、尖台寨村、大众村、张家屯村、东沙洼村和康保县大七顶房村 6 个村街 271 名贫困学生进行教育扶贫。9 月 26 日，香河光彩慈善会为香河一中贫困学生捐款 10 万元。国庆节前夕，组织香河三强实业集团前往河南省辉县市太行山区沙窑乡中心学校扶贫助教,向学校捐赠空调 10 台，电热毯 32 条。

【党外人士工作】 年初，为加强党外干部队伍管理工作，对全县党外干部数据库进行更新，为 3 名党外处级干部、16 名科级干部、464 名股级干部建立档案，并将党外干部政治思想、工作能力、群众评价、廉洁自律等情况录入管理系统。5 月，为更好掌握新社会各阶层人士底数，及时掌握各阶层人士思想动态，发现和解决工作中存在问题，在全县范围内开展新社会阶层人士统战工作专题调研活动。重点对民营企业和外商投资企业管理技术人员、中介组织和社会组织从业人员和自由职业者进行调查摸底，并建立电子档案。年内，从实际出发，采取有效措施，扎实推进党外干部队伍建设，认真做好党外干部工作。首先，抓好统战理论和有关政策学习和宣传，使各级党组织认识到做好党外干部工作的重要性和迫切性，把党外人士工作摆上重要位置。其次，在培养、选拔、推荐、使用党外干部工作中，主动与组织部门加强联系，密切配合，共同担负起党外干部“娘家人”的责任。8 月 24 日上午，举办全县统战干部及党外干部培训班，邀请河北省社会主义学院王树臣教授到香河县进行授课，130 人参加培训。通过情况通报会、项目进展会、经验交流会等形式，使香河县各界党外代表人士、知识分子充分了解和认识当前全县经济社会发展状况，了解当前经济社会发展中最需要解决的重点难点问题，鼓励各界党外代表人士、知识分子多建适用之言、多献对路之策、多做务实之事，为实现科学发展献计出力。至年底，共收集调研文章 20 篇，整理出操作性强的意见建议 16 条。11 月 14 日，为学习贯彻落实中共十九大会议精神及省、市相关会议精神，召开香河县各界人士学习贯彻落实十九大会议精神座谈会，各界统战人士 40 余人参加会议。在全市统战系统中共十九大宣讲报告会上，县委统战部代表全市各县（市、区）作典型发言。

【对台工作】 4 月 20 日，由河北省黄埔军校同学会带领台北市中华黄埔四海同心会参访团 20 人，到香河县第一城参访交流。在妥善安排好行程、食宿等相关事宜的同时，统战部向台湾同胞全面推介香河县的经济社会发展、传统特色产业和历史人文等方面内容，发放《共襄香河》《投资指南》等宣传推介材料 100 余份；做好海外联谊会换届工作。9 月中旬，按照相关程序，认真开展廊坊市海外联谊会第三届理事会理事人选推荐工作，香河县推荐马灵君、李伟等 5 人为推荐人选。十九大期间，为做好涉台维稳工作，香河县台办周密部署、完善措施，深入走访台胞台属，全面摸排矛盾隐患，严格落实属地管理原则，畅通信息渠道，完善预警机制，做到未动先知，措施有力，超前化解，确保全县涉台工作和谐稳定。

（尹淑娟）

县直机关党建

【概况】 2017年，县直机关工委团结带领全县各级机关党组织和广大党员，坚持以党的政治理论为指导，全面贯彻落实中共十八届五中、六中全会精神以及省市党代会精神，认真领会习近平总书记系列重要讲话精神，深入学习宣传中共十九大精神，推进“两学一做”学习教育常态化、制度化；紧紧围绕县第十一次党代会精神和全县中心工作，坚持全面从严治党，规范党内政治生活，牢牢把握服务中心、建设队伍两大核心任务，推动县直机关各项工作率先走新路，奋力走前列，机关党建工作再上新台阶，为建设“美丽幸福新香河”提供坚强思想和组织保障，圆满完成县委交给的各项工作和任务。

【县直机关思想政治建设】 县直机关工委下发《关于进一步完善学习贯彻习近平总书记系列重要讲话学习制度的通知》，引导机关广大党员干部读文本、学原文，联系党情、县情谈体会、悟心得。坚持党委（党组）中心组、中层干部读书班、党支部学习“三级联动”学习机制，推出重点学习书目，督促各基层党组织认真组织党员学习。加强对干部党员政治理论学习的指导和监督，以党支部为主体，以领导干部为重点，强化理论学习考勤、通报制度，推动学习真正取得实效，基层党员干部政治意识、大局意识、核心意识、看齐意识明显增强。2017年，各机关党委、总支、支部，组织政治理论和党的知识学习每月均达4次以上，平均参学率达95%。领导干部学习笔记10000字以上，一般干部6000字以上。各基层党组织在“七一”期间组织开展学党章党规专题活动，各单位党员领导干部和基层支部书记立足实际，围绕“两学一做”学习教育、深入学习贯彻十八届五中、六中全会精神和习总书记系列讲话精神等主题，给基层各支部党员干部上好一堂党课，年内，县直各基层组织共上党课152次，进一步提高了党员的思想政治素质、增强了党组织的战斗力、凝聚力和创造力。同时，各基层党组织集中全体党员重温入党誓词，激励全体党员不忘初心，永葆共产党员本性。

县直机关工委坚持党员把遵守政治纪律和政治规矩教育贯穿思想建设的全过程，在各基层党组织中组织机关党员干部认真学习党章、党的纪律、国家法律，教育引导机关党员干部增强政治意识和规矩意识，争做守纪律、讲规矩的表率。加强对机关党员干部遵守政治纪律和政治规矩情况的监督检查，确保机关党员干部在思想上、政治上、行动上始终与党中央保持高度一致。通过党章党规教育，督导检查和典型引导等方式，促进了机关党员干部自觉遵守党的政治纪律和政治规矩，在落实中央“八项规定”、转变工作作风等方面取得良好效果。

6月底，县直机关工委命名表彰一批在党的基层组织建设和各项工作中表现突出先进基层党组织、优秀共产党员和优秀党务工作者。其中推荐县级优秀党员45名，优秀党务工作者10名，先进基层党组织19个；县直工委表彰优秀共产党员99名，优秀党务工作者30名，先进基层党组织20个。并在县广播电视台开辟“先锋颂”专栏，对受表彰部分优秀个人进行深入宣传报道。通过表彰基层党组织中涌现出的先进集体和优秀个人，在县直机关党组织中形成比、学、赶、超的良好氛围，促进机关党建工作水平提升。

在县直机关单位开展“帮扶生活困难党员、慰问老党员”走访慰问活动。各基层党组织党员领导干部带队到党员家中，认真倾听他们的心声，了解困难党员、老党员对党组织的意见和建议，切实帮助困难党员、老党员解决生产生活中的实际问题。“七一”期间，共发放困难党员慰问金2.6万元。

【县直机关基层组织建设】 抓好基层组织建设要选准配强机关党务干部，不断优化党务干部队伍结构；要加强对非公企业和社会团体党组织工作的指导，不断探索工作新模式；要落实好机关党建工作责任制，努力形成一级抓一级、层层抓落实的党建工作格局。突出问题导向，抓好各级党组织书记述职制度。加强对党组织书记的培训和管理，不断增强管党责任意识，提高履行“一岗双责”能力。根据县直机关各党支部实际情况，把规范组织设置、强化组织功能、活跃组织生活作为强基工程的重点任务，协调、指导支部合理调整结构，优化支部设置。

2017年，新成立香河县总商会党支部和香河县女企业家协会联合党支部。是年，县直机关工委在新经济组织和新社会组织建立党组织19个，实现“两新组织”党组织全覆盖。严格落实党建工作责任制，要求单位党组织主要领导对党建工作要亲自部署，按时听取党建工作汇报，并纳入年终机关党建工作考核，有效促进机关党组织书记抓党建工作责任感和使命感。10月，抽调人员组成8个考察组，对县直机关党建重点工作进行考察，发现问题限期整改。建立党组织书记述职制度，4月27日，召开县直机关党组织书记党建工作述职评议会议，县公安局、住建局、交通局等12个单位的党组织书记作了述职发言。会上交流党建工作成功经验、创新举措，并分析工作中的困难和问题。党建工作述职评议会议对加强基层组织建设、提高机关党建工作水平起到促进作用。

按照德才兼备的原则，选优配强党务干部队伍，从优化结构、改进作风入手，共调整支部9个，新建支部21个，调整支部成员32人，各机关支部委员年龄、文化和知识结构得到进一步优化。做好入党积极分子培养工作。各基层党支部落实积极分子培养计划，组织积极分子参加部分党员活动，为使入党积极分子系统掌握党的基本理论知识，加强积极分子对《中国共产党章程》学习，进一步提高入党积极分子思想政治觉悟，端正入党动机。

在党员发展上坚持高标准严要求，严格按照发展党员“十六字”（控制总量、优化结构、提高质量、发挥作用）方针，以保持和增强党员队伍先进性和纯洁性。严把“入口”，疏通“出口”，努力建设一支素质优良、结构合理、规模适度、作用突出的党员队伍。2017年，发展新党员73名，批准转正68名。12月28日，对60名新党员进行集体谈话并进行集体宣誓。

【“两学一做”学习教育活动】 推动“两学一做”学习教育常态化、制度化，创新学习形式。在县直各单位建立县直机关党组织书记，和以党总支、支部为单位的党员两个微信群，利用微信及时、便捷的特点，上传下达，组织党员进行网上学习。以“主题党日”活动为载体，对机关党员干部进行党史、党性、党风、党纪教育。开展“领导讲党课、党员讲体会、先进人物讲事迹”活动。通过“两学一做”学教活动，提高每一位机关党员干部不忘初心、牢记使命的自觉性，强化机关党员干部理想信念。10月9—13日开展“两学一做”学教活动常态化、制度化，互查互评活动。互评结果在全县机关单位进行通报，对于互查中发现的问题，要求有关单位期限整改。

【县直机关作风建设】 县直机关工委贯彻落实省市深化机关作风整顿会议精神，按照县委县政府《关于开展县级机关作风整顿工作方案》，加强县直机关作风建设工作。在“窗口”服务单位，建立“党员示范窗口”“党员示范岗”，开展亮牌示岗活动，方便群众办事，提升工作效率。建立党员干部作风行风评价机制，对市级机关进行两次集中评议。5 月，召开实施机关绩效管理大会，在全县推行机关绩效管理制度，会上，对与会人员进行相关业务培训。通过实施机关绩效管理，激励广大干部干事创业、在岗尽责，提高责任意识、服务意识。同时，对“不作为、慢作为、乱作为”加大查处力度，使机关干部增强敬畏意识，转变了机关作风，提高机关工作效能，增加群众满意度。是年，共刊发机关作风整顿简报 5 期。实施党务干部培训计划，对机关党组织书记进行分层次培训，全年共培训党务干部 100 余人次。通过培训，使基层党组织负责人懂本行，知全局，强党性。

“七一”前夕，县直各基层党组织协调各自单位党员志愿服务队，组织党员志愿者深入到街道、社区、基层单位、县光荣院、孤儿院、敬老院等地，结合机关工作特点和本单位实际开展一次党员志愿服务活动，共发放宣传材料两千余份，服务群众 300 余人次，受到基层单位和群众好评。同时，各机关党员志愿服务队根据服务对象需要建立常态化志愿服务，推动志愿服务活动深入开展。

【“一问责八清理”落实工作】 县直机关党组织认真落实“一问责八清理”工作，对不作为乱作为问题进行集中排查整治，认真落实领导班子“一岗双责”。将反腐倡廉工作逐项分解，分别落实到每个班子成员，做到每项工作有责任领导、有具体责任人。健全廉政工作机制，严格执行“领导干部大事报告制度”，落实“民主集中制”，定期召开班子民主生活会，开展批评与自我批评，不断提高决策民主化、科学化水平。

【县直机关掀起学习十九大精神热潮】 中共十九大胜利召开，县直机关工委第一时间组织全体机关干部收看开幕盛况，聆听习近平总书记所作的报告，并组织开展集中讨论。十九大闭幕后，县直工委及时部署学习贯彻十九大精神，通过开会学习、集中讨论、网络平台等多种形式，掀起学习中共十九大精神热潮。下发《关于开展十九大精神系列活动通知》，将 11 月、12 月确定为“十九大精神学习月”，在各基层党组织中开展讲党课、主题党日、十九大知识竞赛、入党积极分子培训等活动，推动十九大精神的贯彻落实。同时，与县委组织部、县委宣传部联合开展十九大知识竞赛活动，在笔试阶段，全县 4000 余名干部职工参与其中，笔试答题。

【民兵武装建设】 2017 年,根据县人民武装部工作安排，认真学习国防建设的有关精神，积极贯彻有关国防和军队后备力量建设的方针、政策，深入群众进行宣传。重视军事素质建设，积极组织参加各类专武干部培训和集训。11 月，由各单位民兵组建成立一支 158 人的应急分队，并进行军武训练，增强应急分队国防观念和战备意识。强化民兵整组工作，把文化程度高、有一技之长、能够在位的优秀民兵转入基干民兵队伍，保证民兵队伍的稳定。

党 校

【概况】 2017年，香河县委党校有专职教师4名，其中研究生1名、本科生3名，具有高级职称2名，中级职称2名。教师主要讲授党的理论、党的知识、党性教育课程。按照县委干部教育工作领导小组的安排部署，举办春秋两季股级及股级以下干部培训班共办5期，培训干部850余名，其中一期专题培训班在西柏坡革命纪念馆举办。是年，和往年比，培训工作有新的突破，除走出去学习、培训外，一是聘请县内相关部门的领导和域外专家到党校授课，再有和通州区委党校搞校际合作，交流经验，资源互补。除政治理论培训，还配合县委组织部举办一期“河北干部网络学院香河网络管理员培训”

【干部培训工作】 2017年，举办春季全县股级及股级以下干部“两会”精神主题培训。培训共举办3期，4月19—21日每天一期，各镇、街道、园区、开发区和县直各部门股级和一般干部参加培训，参训干部600人次。县委研究室张建波讲解的题目是《县十一次党代会报告解读》，县政府办公室韩宝明讲解的题目为《县“两会”政府工作报告解读》，党校教师丁云梅讲课题目为《李克强总理政府工作报告亮点解读》，党校教师杨会新讲课题目是《全国“两会”政府工作报告中关于2017年主要工作部署讲解》。县委党校4月19—21日举办全县股级及股级以下干部春季集训班，共办3期，全县600余名参训人员参加集训。培训主要宣讲全国“两会”精神和县第十一次党代会、县“两会”精神，学习京津冀协同发展与北京城市副中心建设有关政策和发展现状。集训班邀请北京市通州区区委党校涂清华教授，对北京城市副中心的建设与定位和北三县京津冀协同发展进行详细解读。涂清华教授重点讲解京津冀对北三县的带动作用，北京副中心与北三县承载北京分散人口问题，副中心功能定位及公共基础设施建设。

11月14日，举办全县股级及股级以下干部十九大精神专题培训班。第一期，各镇、街道、园区、开发区和县直各部门股级和一般干部参加培训，参训干部400人次。党校教师丁云梅讲授《新时代新思想新目标新征程的重大现实意义和深远历史意义》，结合当前时代特点，深刻剖析社会主要矛盾变化、历史变化和社会创新发展。党校教师杨会新讲授《习近平新时代中国特色社会主义思想体系》，紧紧围绕党的十九大报告的主要内容，对新时代习近平中国特色社会主义思想进行深入浅出的讲解。第二期，11月16—17日，走出香河，进行革命传统教育，举办“不忘初心、牢记使命、坚定理想信念（平山）”专题培训班。各镇、街道、园区、开发区和县直党群部门部分股级干部共47名学员赴平山县参加培训。16日上午，参训党员到西柏坡纪念馆广场，举行敬献花圈仪式，共唱国歌，重温入党誓词。参训学员深刻缅怀革命先辈的丰功伟绩，深情回顾党领导人民进行革命斗争的辉煌历史。16日下午，参训党员聆听平山县委党校常务副校长宋紫峰《重温“两个务必”，让红色基因代代相传》专题讲座。17日上午，西柏坡纪念馆国家安全教育馆主任、副研究员陈丽芬作《理想信念与党的赶考智慧》专题讲座。

启动十九大精神巡讲活动。县委党校制定对全县各镇、街道、园区、开发区和县直各单位巡讲计划。到年底，进行巡讲单位有房管局、国税局、人民银行、一中、二中等。县委党校协同县广播电视台，录制十九大学习专题系列讲座，在县电视台向全县播出，受到社会广泛关注和好评。

【教研工作】 教师陈海涛主持的2017年度河北省委党校系统科研课题《京津冀协同发展视角下河北省精准承接北京产业转移措施研究》顺利结题。课题组在获得省委党校审批立项前后，细致扎实的工作，2016年12月至2017年6月，完成前期调研和数据收集工作；2017年7—9月，撰写论文初稿，分析调整模型；10—11月，进行最后理论分析和论文修订。省委党校组织专家对结项成果进行鉴定，并颁发《河北省党校系统科研项目结项证书》，等级为良好。该课题成果发表于《廊坊党校论坛》第四期（2017年12月），获得廊坊市委党校副校长付云良的好评。

香河县与北京市通州区紧邻，在北京市行政机关东迁的背景下，研究京津冀协同发展视角下产业合作模式及协调机制研究有重大理论与现实意义。因此课题开题以来，香河县委领导高度重视，并与相关专家多次对党校课题研究提出指导性意见和建议，对党校课题研究及其成果等方面给予高度肯定。

课题组在对前人京津冀一体化以及产业协调问题研究的基础上，对京津冀地区大量产业数据进行搜集与整理，充分运用比较分析方法和定性分析与定量分析相结合的方法对京津冀的产业结构现状进行描述，使其更具有科学性和可行性。在对京津冀产业现状进行充分分析基础上，更准确把握京津冀在产业协调方面所存在问题，针对这些问题探索京津冀地区产业协调发展可能性，并进行合理产业布局，使最后建立的产业协调机制具有系统性，并且更具针对性和可操作性。

【工作亮点创新】 实行聘任兼职教师制度。邀请县内重要部门的领导干部到县委党校兼任授课教师。2017年，邀请了县委研究室张建波，县政府一科韩宝明为学员讲解相关课题。邀请县委十一届三中全会工作报告和县政府工作报告撰稿人为学员讲授、解读报告，既能全面深刻地讲授报告内容，也能详细讲解报告产生的背景和意义。4月初，香河县委党校在廊坊市首家开展与通州区委党校校际联合办学活动。通州区委党校常务副校长带领其班子成员和9名中层干部，来香河党校交流教学经验，并参观香河党校现场教学点。就下一步开展京津冀协同发展课题研究工作，进行深入细致的商谈，初步达成校际合作协议，共同组织科研人员进行京津冀协同发展研究，并共享两校现场教学点。通州区委党校“京津冀协同发展课题组”组长涂清华教授来香河县委党校授课，介绍北京市总体规划和京津冀协同发展的情况，分析香河县在协同发展中的优势和应采取的措施。涂清华教授的授课视频已刻录光盘，发放到全县各单位作为内部学习教材。11月上旬，香河县委党校与平山县委党校联系，商讨香河县基层干部到平山县培训事宜。随即，平山县委党校与香河县委党校共同组织“香河基层干部不忘初心牢记使命坚定理想信念（平山）专题培训班”。香河县委党校，是年内第一个赴平山县办党员干部培训班的县级党校。首次与县电视台合作，录制并向全县播放宣传中共十九大精神专题系列讲座。党校高级教师丁云梅，以座谈的形式，录播了解读十九大报告系列讲座。

【师资队伍建设】 党校坚持每周五集中学习制度。学习内容有十八届五中、六中全会文件，十九大会议精神，习近平系列讲话精神，以及新《中国共产党章程》《中国共产党廉洁自律准则》《中国共产党纪律处分条例》和《习近平总书记系列重要讲话》等必读书目。通过学习，使党校全体教职工用最新的思想理论武装头脑，统一思想，形成合力。并在教师队伍中继续开展解放思想大讨论活动，紧紧围绕香河县工作大局，查摆党校在党员干部培训工作中存在的问题。要求每位教师要积极思维、勇于进取，自觉把党校工作同全县工作大局联系起来，正确处理集体与个人、整体与局部、长远与当前的关系，增强主动性、减少盲目性、克服片面性。把以人为本的服务理念贯穿落实到师资队伍建设中，把师资作风整改的成效体现在解决好涉及党校事业发展和不断满足干部群众日益增长的培训需求上。充分利用党校远程教育和党员培训班的有利条件，完成了对党校全体党员学习培训任务。

党校教师积极参加市委宣传部在全市组织开展的党员教育五项（优秀党课教员、优秀党课教材、优秀党教文章、优秀基层党校、优秀党课宣传片）竞赛活动。活动中，教师杨会新被评为优秀党课教员，教师丁云梅所撰写的《知行合一 做合格党员》被评为党员教育优秀文章。

（孟宪东　李志娟）

党史研究

【概况】 2017年，香河县党史研究主要负责全县新民主主义时期与社会主义时期党史资料的征集、编写、研究工作。为香河县人民进行爱国主义和革命传统教育提供有关资料，充分发挥资政育人的作用；指导全县党史工作，制定并组织实施全县开展党史宣传工作计划；搞好社会主义经济建设和改革开放的宣传，加强同宣传、广播等部门的协作，用社会主义新思想占领意识形态的阵地。

【党史二卷本编纂】 党史二卷本的编纂工作已完成四编32个章节的初稿，已进入充实编写内容和征求意见阶段。

【党史大事记修改】 《中共香河县党史大事记》第一卷（1949—1978）是2000年10月完成，2001年4月印刷出版的。已出版的党史大事记与正在编写的党史二卷本，内容上有很大出入，需重新整理。是年，重新整理完成1949至1956年党史大事记有关内容。

（魏建玲、何静）

离退休干部管理与服务

【概况】 2017年，香河县老干部工作继续完善离休干部离休费、医疗费、财政支持“三项保障机制”。做到离休干部离休费列入财政预算，全员覆盖；就医办法规范合理；政策规定范围内生活待遇不拖不欠。继续贯彻落实老干部政治待遇“八项制度”（情况通报制度、参观考察制度、走访慰问制度、征求意见制度、组织活动制度、定期阅文制度、学习制度、思想教育制度）。是年，香河县老干部工作荣获省级“先进集体”称号，香河县老年大学被廊坊市老年教育办公室授予“先进单位”称号，香河县老年书画研究会被廊坊市老干部局和老年书画研究会授予“先进单位”称号，香河县老年体育协会被廊坊市第二届老年人运动会暨市直机关老干部体育健身大会授予“优秀组织奖”，香河县老干部工作在廊坊市基层离退休老干部党建工作观摩拉练综合评比中名列前茅。

【“畅谈、展望、建言”活动开展】 按照市委老干部局关于开展“畅谈、展望、建言”活动安排部署，县委老干部局于4月7日召开动员大会，县直15个老干部党支部书记和9个镇主管老干部工作的负责人参加会议。会上，传达贯彻各级文件精神，制定下发《开展“畅谈十八大以来变化、展望十九大胜利召开”活动实施方案》。发挥老干部党校、老干部活动中心、老年大学、关工委的平台作用。根据老干部特点，使老干部通过"学""看""议""做"的方法达到学习目的。"学"，用习近平总书记重要指示精神统一思想。将"畅谈、展望、建言"活动与开展"两学一做"学习教育紧密结合。在坚持定期为 9 个镇老干部支部上站送"学"的同时，加强机关 15 个老干部支部党员学习教育，制定学习计划，定时组织老干部上站学习。年内，举办离退休干部党支部书记和委员培训班 6 次，组织老干部上站学习 78 次。"看"，5 月，组织县直老干部支部党员 100 余人参观县文化艺术中心，感受香河县文化建设的成就。同月，组织 20 余名老干部赴卢沟桥、抗日战争纪念馆、园博园参观，重受传统教育。7 月，组织 10 余名老干部赴董存瑞纪念馆、塞罕坝森林草原参观学习，让老干部亲身感受十八大以来祖国的巨大变化。"议"，把畅谈活动与"创建省级文明县城""环境整治、大气治理""整治散小乱污企业" 等活动有机结合，倾听老干部意见和建议。"做"，引导老干部发挥独特优势。通过畅谈，汇总归纳建言 50 余条，收集畅谈香河县发展变化征文 20 余篇，其中有 2 篇被省委老干部局采用，刊登在 2017 年第 10 期《老人世界》及《辉煌的岁月》老人世界合订本。

【老干部掀起学习十九大精神热潮】 10 月，以老干部党校为阵地，以老干部党支部为单位，结合"两学一做"学习教育活动，迅速掀起学习十九大报告热潮。组织老干部集中收听收看十九大开闭幕会、聆听十九大报告、学习近平总书记在中共中央政治局第一次集体学习上的讲话。组织老干部参加中央宣讲团中共十九大精神宣讲报告会。将十九大报告精髓及县第十一次党代会和政府工作报告全文印刷成大字号宣传材料 2000 余份，连同党徽、《中国共产党基本知识 100 问》一同送到老干部手中。离休干部和县级实职退休干部由老干部局班子成员负责送学，其他退休党员由支部成员送学。

【老干部支部组织建设】 为方便老干部参加组织生活，按区域和老干部意愿划分党支部，按规定及时接转组织关系。对由于年龄及身体等原因不能继续胜任党支部书记的老干部及时进行调整。年内，调整支部书记 1 名，新转入老干部党员 3 名。因房屋拆迁改建，更改居住地，老干部行动不便等原因，支部间调整老干部达 50 余人次。离退休老干部都能就近过组织生活，参加组织活动。

【老干部管理】 年内，健全和继续完善《领导干部联系老干部工作制度》《局党总支成员分包老干部支部制度》《特困离退休干部帮扶制度》。县委老干部局领导班子成员与老干部建立分包管理和服务，通过走访、电话、微信等方式，倾听老干部所想、所盼、所需，及时消除疑虑。认真对待老干部的来信来访，对来信认真阅读妥善处理，接待来访者语气亲切，态度和蔼。来信来访反映的问题，能解决尽快解决，解决不了的，按政策规定做好解释工作，做到件件有结果，事事有回音，直到老干部满意。

【对老干部走访慰问】 2017 年，继续坚持坚持重大节日（春节、"七一"、中秋节）对老干部必访、有特殊困难必访、重要来信必访、生病住院必访，生日祝贺的"四必访一祝贺"活动。制定完善科级干部联系老干部制度。一方面增加走访次数，由原来一年 2 次增加到 4 次，并加大对域外老干部家访慰问力度，发放联系卡，建立老干部情况档案。另一方面增加走访内容，不仅仅局限于了解和掌握老干部生活状况、身体健康状况、解决实际困难等内容，更重要的增添了政治学习内容，把学习资料送到老干部手中，做好沟通反馈，及时掌握老干部的思想动态。全年慰问家庭困难离退休老干部36人次，为老干部庆祝生日，看望生病老干部28名，家访离退休老干部120户。其中，走访异地安置老干部3名，走访居住在外地的离休干部13名，及时准确掌握老干部生活、家庭、身体状况，并对老干部提出的问题给予协调解决。

【老干部书画展】 年内，依托老年大学、老年书画研究会，组织会员开展书画作品点评、笔会、学术研讨会、参展等活动。3幅作品在省老年书画研究会喜迎十九大书画展中展出、15幅作品在市老干部局庆祝建军九十周年书画展中展出、16幅作品在市老年书画联谊会作品展中展出。香河县开展的喜迎十九大书画展中，老干部展出作品100余幅，并选送13幅优秀作品参加廊坊市喜庆十九大老农书画展。

【老体协工作】 老年文体丰富多彩，有门球队、柔力球队、腰鼓队、太极拳队、秧歌队等团队，强健了老年人的体魄，陶冶了老年人的情操。年内，县门球协会组织两个门球队参加廊坊市组织的“三八”门球赛，并取得较好成绩。组队参加了河北省示范县柔力球、健身球、乒乓球交流活动。成立了老年持杖健步走队，壮大了老年体育活动队伍。廊坊市第二届老年运动会，香河县参加全部15项比赛，荣获9项优胜奖，6项优秀奖，全市排名第二。

【关工委工作】 2017年。继续发挥关心下一代工作委员会（简称关工委）和“五老”（老干部、老战士、老专家、老教师、老模范）人员优势，帮扶城乡困境青少年成长，参与农村留守儿童关爱保护工作，做好家长学校工作，促进家庭文明建设。是年，香河县有从事关心教育下一代工作的老干部230人，建立“五老”网吧义务监督员队伍，创建基层“五老”服务中心5个，配备5000元的服务用品，以解特困者的燃眉之急。编印《香河县关工委论文集暨育人名言》，收集论文89篇，育人名言3960条。关工委三大报告团（理想信念教育、法制教育、科技教育报告团）为家长学校作报告50次，开设家长课堂34节，编辑出版《雨露报》2期，刊登小作者作品80余件，印发6000份。

（陈卫彬）

信　访

【概况】 2017年，香河县贯彻落实省、市关于做好信访工作的一系列指示精神，进一步畅通信访渠道，规范信访秩序，创新信访工作机制，建立了畅通、有序、务实、高效的信访工作新秩序。香河县信访局先后被省委组织部、省人社厅、省信访局评为2014—2016年度全省信访系统先进集体，被省、市两级文明办评为河北省、廊坊市文明单位，被廊坊市综治委评为2016年度平安建设先进单位，被中共香河县委、香河县人民政府评为2016年度创先争优荣誉单位、2016年度优秀领导班子。

【群众来信来访】 2017年，全县共接待受理群众来信来访1508件次，到市以上越级上访500件，信访量同比上升19%。其中进京访203件，进京集体访60批，同比分别上升13%和18%；赴省访82件，同比上升9%，赴省集体访2批，同比下降8%；到市访215件，到市集体访37批，同比分别下降15%和9%。

【矛盾纠纷排查】 2017年，全县共排查出各类矛盾纠纷隐患682件，解决532件。在解决矛盾纠纷时，充分发挥联合接访的优势，多数案件得到有效解决。如淑阳镇孙止务村罗某某等村民反映本村出嫁女待遇问题，县级包案领导两次约见孙止务村上访人，在解释清相关规定同时，由淑阳镇牵头，农经、民政、司法等部门联合会商，对村内分配方案给予充分指导，严格按照“政府指导村民自治、同类人员同等对待”原则处理。通过耐心工作，多次召开村民代表会讨论和相关部门解释说明，孙止务村罗某某等人反映出嫁女村民待遇问题得到解决，化解了矛盾纠纷，群众对解决结果非常满意。

【领导干部大接访】 香河县坚持贯彻落实县级领导接待日制度，确保每天都有两位县级领导在县群众工作中心参与接待活动。2017年，县级领导在县群众工作中心参与接待1621件次，4300余人次，化解信访案件400件。在全国和省市“两会”、国庆安保等重大政治活动期间，每天有3名县级领导集中接待上访群众，敞开县级接待大门，最大限度地把信访群众吸附在县内。在全国“两会”期间，按照上级安排部署，开展县委书记“大接访”活动，并将接访制度延伸到各镇和县直部门。镇党委、政府和县直部门一把手率先垂范，并安排班子成员及时接待群众来访，提前公布接访时间、地点、接访人职务等。“两会”期间共接待上访群众298人（次），信访235件，信访量同比下降6.5%。

【案件督查督办工作】 香河县注重信访案件督查督办工作，努力提高信访工作效率。对中央省市交办的信访案件，以及领导签批要结果的信访案件，实行“信访案件督办”制度，明确办案时限、办案要求等，极大提高了各镇和县直部门查办信访案件的效率和质量，确保案件件件有结果，信访的每个问题个个有回声。2017年，中、省、市共交办香河县要结果案件39件，年底已经办结36件，当年办结率92.31%，按期受理率100%。是年，中、省、市共受理香河县群众“网上信访”1270次，年底已办理1196件，按期受理率100%，当年办结率94.17%。是年，县领导共签批要结果批示15件，信访局督查室联合县委督查室发出限期督办卡，督办案件全部按期交办并办结。香河县强力推进信访积案百日攻坚专项行动开展，年底，市联席会议办公室交办香河县21件积案全部办结，按期结案率100%，息诉息访率90%。

【重点案件化解】 2017年，重点化解由问题楼盘和复员兵安置问题引发的信访案件(简称涉军信访)。问题楼盘是进京集体访的主要源头，涉军信访是最敏感的政治任务。香河县把解决问题作为息诉罢访的根本，既坚守政策底线，又坚持实事求是，千方百计解决问题。县委、县政府本着尊重历史、面对现实、担当负责的精神，制定了《解决房地产开发建设遗留问题的指导意见》，出台了8项具体政策措施，采取集中办公、并联推进、隔日调度的方式，区分轻重缓急，统筹安排协调，重点问题优先办、共性问题有序办，扎实高效解决项目手续补办、税费补缴、办理网签和登记办证等问题。1978—2014年,香河县符合安置条件的义务兵（含进藏兵）、转业士官、转业志愿兵、初级士官等4类人员计1018人，其中重点上访人员35名，已全部建立台账，一类一档、一人一册，并时时进行动态更新，涉军进京访保持“零”记录。在此基础上，组织开展“最美双拥人物”推选活动，精心培树典型、大力宣传典型，把转业军人的形象树起来，让转业军人的作风发扬光大，让信访的重点人转换成维稳的带头人，在转业军人间营造、弘扬正能量的浓厚氛围。

【依法处置工作】 香河县坚持依法行政，依法治理非访行为。在治理非访工作中，坚持一手抓宣传，一手抓治理，坚持把依法治理非访作为规范信访秩序的突破口，努力在全县营造依法、有序、文明的信访氛围。对于一些经反复教育，依然坚持长期缠访、闹访和煽动越级上访的人员，坚决依法予以严厉惩治，依法处置并在电视台公开曝光，切实维护正常的信访秩序，确保香河县继续保持进京零非访的工作成绩。

（李树明）

机构编制

【概况】 2017年，县机构编制委员会全面贯彻中央和省、市有关机构编制管理政策规定，领会各项改革精神，扎实推进各项改革工作。按照县委、县政府的各项工作安排，认真学习习近平总书记系列讲话，全面领会十八届五中、六中、十九大会议精神，结合“两学一做”学习教育实践活动，领会各项改革精神，扎实推进机构编制各项改革工作。在加强部门自身建设的同时，努力完善机构编制管理，不断提高机构编制管理工作水平。在机构编制人员信息平台建设、专项清理工作、社会信用代码赋码工作、机构职能调整、机构编制信息年度统计、事业单位法人登记管理、中文域名管理、机构编制问题整改、行政审批制度改革等方面工作均按中央、省、市有关规定和要求进行，取得显著工作成效。

【行政单位管理体制改革】 2016年12月30日，撤销河北香河环保产业园区、香河新兴产业示范区管理机构，统筹整合设置中共河北香河经济开发区工作委员会、河北香河经济开发区管理委员会，实行“一区三园”管理；稳妥推进纪检监察机构改革和组建县委巡察机构改革工作；配合环保机构监测执法垂直管理制度改革工作；开展综合行政执法体制改革试点工作，推进行业内综合执法改革试点和探索乡镇综合执法改革试点工作；2017年2月6日，香河县保密局更名为香河县国家保密局；4月28日，香河县社会管理综合治理委员会更名为香河县社会治安综合治理委员会，其香河县社会管理综合治理委员会办公室更名为香河县社会治安综合治理委员会办公室。根据《中共廊坊市委全面深化改革领导小组印发〈关于开展相对集中行政审批权改革工作实施方案〉》和市编委《关于同意设立香河县行政审批局的批复》，4月底，经县编委会、县委常委会和县政府常务会议研究，成立香河县行政审批局，确定第一批划转事项、人员编制划转方案等。2017年12月29日，撤销香河县监察局、香河县人民检察院反贪污贿赂局、反渎职侵权局、职务犯罪预防科等部门，将香河县人民检察院的反贪污贿赂局、反渎职侵权局、职务犯罪预防科相关职责、人员编制和领导职数划转至香河县监察委员会，香河县监察委员会与香河县纪律检查委员会合署办公，实行一套工作机构、两个机关名称，履行纪检、监察两项职能。

根据河北省《关于推进市县纪检监察机构改革和党委巡视机构建设的意见》和县纪委《香河县关于纪检监察机构改革和组建县委巡视机构的实施方案》，根据机构设置、编制、人员情况，于3月向市编办上报《关于县纪检监察机构改革和组建县委巡察机构的请示》，3月6日，市编办批复香河县纪委组建设立政法委纪工委、第一至第五监督室、县委巡察工作领导小组办公室。3月14日，县编委办拟定《关于印发县纪委、监察局职能配置、内设机构和人员编制规定的通知》，由县委办公室、县政府办公室联合印发。年内，全面完成纪检监察机构改革工作，为开创全县党风廉政建设和反腐败工作新局面夯实组织基础。

【事业单位管理体制改革】 4月28日，成立香河县地方海事站，在香河县交通局运输管理站挂牌。9月26日，按照中央、省、市《关于推进公证体制改革机制创新工作的意见》精神和要求，经县编委会研究，将河北省香河县公证处由行政体制调整为事业体制，完善事业单位人员聘任和管理制度，建立健全公证机构编制管理制度。9月，经县年内第二次编委会会议研究通过，为部分单位成立安全生产管理办公室，加挂安全生产管理办公室牌子；调整安监局监管股为监管一股、监管二股；为交通局、水务局和部分事业单位核定领导指数；为县人民法院设置审批委员会专职委员；12月28日，县红十字会由县卫计局中医股挂牌、合署办公调整为独立的群众团体。

【编制管理】 按照机构编制管理规定，创新机构编制管理方式，完善机构设置审批程序，进一步创新人员编制实名制管理办法，严格按照机构编制管理规定办理人员出、入编手续。2017年，调整县委科级以上干部任职编制手续71人，办理股级以下人员调整手续41人，调整教育系统校长、教师32人。为2016年香河一中招聘教师办理入编手续17人，为大学生村官办理事业单位工作人员聘用手续13人，省委定向招录选调生8人，县气象局招聘事业编制人员1人；办理减人手续180人（退休154人，死亡4人，调出7人，辞职14人，辞退1人）。县编委办每月按实际增减人员及人员调整情况，及时更新省、市、县三级联网的实名制信息平台数据。按照市编办6月初转发《河北省机构编制委员会办公室关于完善实名制统计相关指标的通知》要求，完善实名制系统中部分指标，新增“公安专项编制、检察院专项编制、法院专项编制、司法专项编制”类型。对政法系统人员信息进行更新、校对，对群团系统使用事业编制的机关，将编制及人员调整到机关中，使用“群团事业编制”。按要求录入，完善各单位“统一社会信用代码”。

【事业单位登记管理】 2017年底，事业单位法人年度报告工作完成180家，经保密审查后，在“廊坊市香河县编办.政务”（网站）集中公示178家事业单位法人年度报告，办理事业单位法人变更37家，新设立事业单位法人登记4家；对符合登记要求的部门进行了赋码登记，对相关部门法人进行变更登记。年内，共办理统一社会信用代码赋码69家。

【中文域名注册】 为规范域名管理，做好党政机关网站开办审核、资格复核和网站标识管理工作，县编委办及时转发了省、市《关于做好党政机关网站开办审核、资格复核和网站标识管理工作的实施方案的通知》。是年，注册中文域名并完成加挂网站标识单位440家，其中，政务域名78家，公益域名362家。香河县已注册的所有政务、公益网站的费用全部纳入县财政预算，由县财政统一支付。

【机构编制问题整改工作】 根据市编办《关于转发〈中央编办关于加强机构编制问题整改推进审批联动的意见〉的通知》精神，香河县就加强机构编制问题整改推进审批联动工作进行具体部署，安排全县机关事业单位进行自查，梳理本单位机构编制情况，根据自查整改要求，整理、汇总，建立问题整改台账。经查，存在人员编制问题1项，机构编制批复、改革方案两年以上不落实问题4项。将存在问题按时上报市编办，并于每月15日前上报整改进度。9月，根据市编办《关于抓紧开展机构编制问题整改工作的通知》要求，香河县在前期报送机构编制问题整改台账的基础上，完善台账，制定整改工作方案，梳理上报问题整改情况报告。11月，根据市编办《关于细化机构编制问题整改台账工作的通知》，香河县对问题整改台账的问题描述、问题原因、完成整改时间进行细化，按要求将整改台账报市编办。

【专项清理工作】 主要清理政事不分、政企（事企）不分、政会不分（简称“三不分”），由县政府办公室、县编委办牵头，负责“三不分”专项清理工作。县编委办拟定《香河县政事不分政企（事企）不分政会不分问题专项清理工作方案》，报政府办和纪委专项办。明确任务分工和责任关系，政事不分由县编委办牵头，政企（事企）不分由县财政局牵头，政企（事企）不分由县民政局牵头。重点清理行政机关、事业单位、企业、行业协会商会存在的“三不分”3个方面11个问题。县编委办将各相关部门上报的“三不分”自查自纠问题进行汇总，发现问题逐一纠正，全部按填报要求上报问题台账，上报市编办，将省、市对问题的反馈信息修改整理后报政府办和纪委专项办。在全面清理、自查自纠阶段，县编委办对清理出来的问题逐一编号登记、列出清单，对能够整改的要立行立改，对一时难以整改的制定整改计划，以各种形式督促整改。自查自纠“三不分”问题157项，其中，政事不分67项，政企（事企）不分51项，政会不分39项，全部完成整改。

【社会信用代码赋码工作】 按照中央编办关于印发《机关团体统一社会信用代码赋码工作有关问题办理意见》的通知、中央编办综合司关于国家税务总局系统所属行政机构统一社会信用代码赋码工作有关问题的通知、河北省编办关于河北省地方税务局系统所属行政机构统一社会信用代码赋码工作有关问题的通知等文件要求，继续开展机关、群团统一社会信用代码赋码工作。对符合登记要求的县国税局、地税局、县工信局、县交警大队等相关部门进行赋码登记。根据《中央编办关于开展机关、编办直接管理机构编制的群众团体统一社会信用代码赋码工作的通知》要求，对县财政局、县交通运输局、渠口镇、县审计局、县住房和城乡建设局、县检察院、县公安局、县人力资源和社会保障局、钳屯镇等部门法人进行变更登记。年内，共办理统一社会信用代码赋码69家。

【事业单位法人年度报告工作】 按照省、市安排部署，自2017年1月1日至3月31日，香河县全面开展2016年度事业单位法人年度报告工作（凡2016年7月1日前进行登记的事业单位法人，均要参加2016年度报告工作）。在具体工作中，县编委办坚持“三把关”。首先，把好时间关，根据“先易后难、积极稳妥”的思路，对年度报告工作进行合理的时间安排，确保年度报告工作如期完成。其次，把好材料关，根据年度报告工作的有关要求，对报送材料、年度报告书的内容进行严格审核检验，杜绝弄虚作假、隐报瞒报现象发生。最后把好公示关，经保密审查后，对可以对外公示年度报告的单位，在单位网站上自行公示。县事业单位登记管理局在“廊坊市香河县编办 . 政务”（网站）集中公示178家事业单位法人年度报告（保密局和机要局经举办单位保密审查同意不向社会公示)。年内，共办理事业单位法人变更 37 家，新设立事业单位法人登记 4 家。

【课题研究工作】 按照省编办《关于组织开展 2017 年度行政管理体制改革与机构编制管理课题研究工作的通知》要求，香河县编委办认真选择研究课题。香河县教育事业师资力量和教师编制不足直接影响教育事业的发展，因此，合理配置教师资源已成为加速香河县教育事业发展的关键因素。县编委办选择《环首都京津冀地区中小学教师编制需求变动趋势研究》作为此次研究课题。选定课题后，县编委办与县教育局联合进行课题研究。就全县教育资源与学生数量匹配情况进行分析，明确选题意义和目的，重点是县域中小学教师编制分布状况与需求趋势，并提出意见建议，7 月 30 日将课题申请书上报市编办。10 月初，上报的课题被省编办列为 2017 年度立项课题后，县编委办同县教育局开展调查研究，以中小学教师人员编制数量、分布状况为研究对象，查找中小学及幼儿教师短缺形成原因，研究解决意见建议，按时完成课题研究工作，于 10 月底向省编办提交研究课题结项申请书，2018 年 3 月，收到《河北省机构编制委员会办公室研究课题结项证书》。

（刘　颜）

香河县人民代表大会

责任编辑　陈述龙

综　述

2017年，县人大常委会在中共香河县委的领导下，认真学习贯彻中央十八届五中、六中、十九大和习近平系列重要讲话精神，坚持以习近平新时代中国特色社会主义思想为统领，坚持以人民为中心，紧紧围绕全县工作大局，认真履行宪法、法律赋予的职责，自觉做到与县委思想同心、目标同向、行动同行。围绕县委中心工作确定监督重点，推动县委决策落实。按照县委安排，2017年认真对问题楼盘、“散乱污”企业整顿、“煤替代”工作、扶贫攻坚、信访接待等重点工作进行监督检查。常委会重视群众来信来访工作，及时批转、督办群众来信来访32件。通过审议政府及职能部门的工作报告、组织执法检查、专题调研、专项视察等方式，对政府工作进行监督。全年审议政府及职能部门的工作报告12个，常委会组成人员及人大代表对司法、经济、环境等进行视察、检查8次，向“一府两院”提出意见、建议31条。年内，召开县人民代表大会1次、县人大常委会会议6次。

（刘娅东）

人大机构设置

【人大常委会领导机构】 2017年，香河县人大常委会为第十五届。年内，常委会有主任1名，副主任4名，其中女性1名。

县人大常委会主任、副主任成员

主　任：闫再兴

副主任：宋品仲

张浩波

周志广

张云华（女）

【人大常委会工作机构】 2017年，香河县人大常委会工作机构有办公室、代表联络科、政法科、经济科、文卫科。年内，机构设置没有变化。

办 公 室 主 任：周学军

代表联络科科长：王　雨

政法科副科长：高建平

经济科负责人：许燕海

文卫科负责人：张君铭（3月任）

人大重要会议

【人民代表大会会议】 2017年2月26—28日，第十五届人民代表大会第一次会议，在第一城国际会议中心召开。参会代表应到181名，实到180名，会期3天。会议主要议程：听取和审议《香河县人民政府工作报告》；审议香河县发展改革局《关于香河县2016年国民经济和社会发展计划执行情况的报告》；审查和批准《香河县2016年国民经济和社会发展计划执行情况与2017年国民经济和社会发展计划》；审议香河县财政局《关于2016年县本级预算及县总预算执行情况和2017年县本级预算及县总预算草案的报告》；审查《2016年县本级预算及县总预算执行情况》；听取和审议《香河县人大常委会工作报告》；听取和审议《香河县人民法院工作报告》；听取和审议《香河县人民检察院工作报告》；选举香河县第十五届人民代表大会常务委员会主任、副主任、委员；选举香河县人民政府县长、副县长；选举香河县人民法院院长；选举香河县人民检察院检察长；选举香河县出席廊坊市第七届人民代表大会代表。

会议选举闫再兴为第十五届人民代表大会常务委员会主任，宋品仲、张浩波、周志广、张云华（女）为副主任，选出人大常务委员会委员 18 名。选举王文强为香河县人民政府县长，齐建光、吴海斌、郭建永、刘凤顺、刘雪艳（女）、闫明杰为副县长。选举刘君为香河县人民法院院长，选举刘振华为香河县人民检察院检察长。选举香河县出席廊坊市第七届人民代表大会代表 31 名，其中市直下派参选代表 7 名，县内代表 24 名。

【人大常委会会议】 2月12日，香河县第十四届人大第四十四次常委会议 在县人大四楼会议室召开，县人大常委会主任张学义主持会议。会议根据《中华人民共和国全国人民代表大会和地方各级人民代表大会选举法》第 54 条规定，经过表决，会议接受闫明杰、刘宇、沈雪松、宋超、赵万兵5人辞去代表职务请求。

2月23日，香河县第十四届人大第四十五次常委会议 在县人大四楼会议室召开，县人大主任张学义主持会议。会议经过表决，决定接受李金亭辞去香河县人民检察院检察长职务请求。县人大常委会副主任刘建华受县人大常委会主任会议委托，向会议作《关于刘振华任职的提议》，并介绍刘振华的基本情况和任职理由。郭凤娟代表县政府作《关于提请吴海斌等任免职的报告》，并介绍拟任人员基本情况和任职理由。县法院院长刘君作《关于提请白海澎等任职的报告》，并介绍拟任人员基本情况和任职理由。吴海斌、刘振华在会议上分别作供职发言。经过表决一致通过，决定免去：杨建军县公安局局长职务、周志广县财政局局长职务、白颖浩县住房和城乡建设局局长职务、苏宽县交通运输局局长职务、刘雪艳县审计局局长职务、张云华县人力资源和社会保障局局长职务。

决定任命：吴海斌为县公安局局长、刘宇为县财政局局长、白颖浩为县交通运输局局长、高立军为县住房和城乡建设局局长、沈雪松为县审计局局长、孙宏伟为县人力资源和社会保障局局长。任命：刘振华为县检察院副检察长、代检察长、白海澎为县法院审判员、执行裁决庭副庭长、王松华为县法院审判员、调解庭副庭长、冯维娜为县法院审判员。通过任命人员向宪法进行宣誓。县人大常委会主任张学义为通过任命人员颁发任命书，同时代表县人大常委会对通过任命人员表示祝贺，并提出殷切希望。

会议审议批准代表资格审查委员会主任委员宋品仲所作代表资格审查报告，确认出席县十五届人民代表大会第一次会议的181名代表资格有效；研究召开县第十五届人民代表大会第一次会议的有关事宜。经过表决，会议审议通过召开香河县第十五届人民代表大会第一次会议的决定和大会主席团及秘书长建议名单、议案审查委员会建议名单、计划预算审查委员会名单。张学义介绍县人大常委会工作报告的起草情况，并征求各位委员的意见。

4月26日，香河县第十五届人大第一次常委会议在县人大四楼会议室召开，县人大常委会主任闫再兴主持会议。会议通过对县政府组成部门人员的任命。经过划票表决，会议一致通过，决定任命：刘奖波为县政府办公室主任、冯国祥为县发展改革局局长、姜建明为县教育局局长、吴海斌为县公安局局长、张福东为县监察局局长、蔡学平为县民政局局长、郭宏伟为县司法局局长、刘宇为县财政局局长、孙宏伟为县人力资源和社会保障局局长、张锦山为县国土资源局局长、杨海洋为县环境保护局局长、高立军为县住房和城乡建设局局长、陈宝东为县城市管理行政执法局局长、白颖浩为县交通运输局局长、李德军为县水务局局长、赵树军为县农业局局长、王立强为县卫生和计划生育局局长、沈雪松为县审计局局长、张涛为县市场监督管理局局长、成英杰为县安全生产监督管理局局长、康会伟为县统计局局长。

新任命的政府工作人员向宪法进行宣誓，宋品仲监誓。闫再兴为新任命的政府工作人员颁发任命书，并代表县人大常委会表示祝贺同时提出要求：要牢记使命，践行执政为民宗旨；要真抓实干，认真履行担负职责；要摆正更新，主动接受人大监督。

6月29日，香河县第十五届人大第二次常委会议，在县人大四楼会议室召开，县人大常委会主任闫再兴主持会议。会议经过表决，一致通过，决定免去孟庆强县政府副县长职务（挂职）；决定任命刘洪涛为县政府副县长（援疆）、黄友庆为县政府副县长（挂职至2017年9月）、王玮为县政府副县长（挂职至2017年9月）。

通过任命的政府工作人员向宪法宣誓，宋品仲监誓。闫再兴为通过任命的政府工作人员颁发任命书，并代表县人大常委会表示祝贺。同时希望通过任命人员要时刻牢记誓言，忠于宪法，忠于人民，围绕全县改革发展稳定大局，恪尽职守，履职尽责，为建设“美丽幸福新香河”做出积极的贡献；会议经过表决，通过《代表资格审查委员会建议名单》；听取和审议县政府关于香河县法律援助工作开展情况的报告，县司法局局长郭宏伟代表县政府作报告，县人大政法科作专题发言，各位主任、各位委员进行认真审议。会议指出，法律援助工作是一项社会公益事业，它是一项政府的责任和行为，由法律援助机构组织实施，体现了政府对公民应尽的义务，是国家社会保障制度中的重要组成部分。法律援助对保护公民合法权益、健全完善保障体系、构建和谐社会、维护公平正义、实现依法治国等方面起着重要的作用。

会议认为，近年来县政府及司法行政部门，坚持服务为民理念，发挥职能优势，做了大量卓有成效的工作，为香河县法治化进程做出积极贡献。在肯定成绩的同时，会议指出，从香河县实际情况看，法律援助工作仍然存在宣传力度有待加大、队伍管理有待加强、人员配备不足、协作机制不健全、覆盖面不够大等问题。

会议建议，要加强宣传沟通，进一步提高部门协作配合意识。县政府要加强宣传，切实提高法律援助的社会认知度；相关司法机关要结合办案情况，主动宣传法律援助知识，让人民群众了解法律援助途径；要加强沟通，探索建立法律援助联席会议制度，确保联动协作机制顺利运行；要切实做好国务院《法律援助条例》和省《法律援助条例》的贯彻实施，加强法律援助的制度建设和组织建设；政法机关和有关部门要主动配合，为法律援助工作人员办案提供便利。要采取有力措施，进一步加强法律援助队伍建设。县政府及行政主管部门要采取切实措施，择优招募一批精通法律法规、热爱援助工作的法律服务从业人员，充实法律援助中心及援助工作站；要不断壮大法律援助志愿者队伍，积极开展法律援助活动；要加强法律援助工作者、联络员的教育培训，不断提升服务能力；要及时总结表彰法律援助志愿者的先进事迹，弘扬公益意识与奉献精神；要逐步建立法律援助专职律师队伍，发挥法律援助服务主力军作用；要加强法律援助队伍的管理与考核，不断提高办案质量与服务水平。要强化财政保障，进一步加大经费投入力度。县政府要将法律援助工作经费和办案补贴纳入财政预算，建立法律援助基本经费保障机制；要对办理疑难复杂、有重大影响的法律援助案件实施奖励，充分调动援助案件承办人的积极性；要尝试建立法律援助经费的社会捐赠渠道，探索建立公益性的法律援助基金，接受社会捐助，专款专用，充分发挥社会力量和法律援助基金的作用。要落实政府责任，进一步扩大法律援助覆盖面。要切实落实政府责任，加强援助工作站点基础设施建设，扩大法律援助覆盖面；要加强法律援助服务窗口建设，完善便民利民措施，使困难群众就近、及时申请法律援助；要降低法律援助门槛，扩大法律援助范围，使法律援助惠及更多困难群众；要完善服务质量监管机制，努力为服务对象提供优质高效的法律援助；要减免相关费用，切实维护社会弱势群体和困难群体的合法权益。

10 月 31 日，香河县十五届人大第三次常委会议在县人大四楼会议室召开，县人大常委会主任闫再兴主持会议。会议审议批准县政府关于提请审议《关于〈财政投资工程手续办理工作的办法（试行）〉的报告》。会议进行认真审议一致通过，决定批准县政府关于提请审议《关于〈财政投资工程手续办理工作的办法（试行）〉的报告》。

会议指出，《关于财政投资工程手续办理工作的办法（试行）》的出台，对于加快财政投资工程建设进度，缩短各环节工作时限，提高审批效率，破解财政投资工程手续办理难题具体十分重要的意义。会议强调，县政府和各有关部门要各司其职，各负其责，坚持“急事急办，特事特办”和“法无授权不可为，法定职责必须为”思想，创造性地开展工作，为香河的建设和发展贡献积极力量；会议审议批准县政府《关于 2017 年度预算调整方案（草案）的报告》，会议认真审议一致通过，决定批准这个报告；听取和审议县财政局《关于 2017 年 1 至 9 月份财政预算执行情况的报告》。会议进行认真审议，会议认为，1—9 月，县政府及财税部门，紧紧围绕十五届人大一次会议批准的预算目标，聚焦“美丽幸福新香河”建设，充分发挥财政职能作用，确保全县经济社会平稳发展。肯定成绩的同时，针对香河县预算执行中存在的不足和问题，会议建议：要优结构拓财源，不断提高可持续发展水平。要把握京津冀协同发展战略机遇，抓紧引进京津外溢产业，以此优化产业结构，夯实发展基础。要大力扶持实体经济，巩固现有税源，培育新增财源。要利用好上级扶持政策和引导资金，促进香河县传统制造业上档升级。要努力发展战略性新兴产业和现代服务业，创造发展新动能；要抓增长保目标，高标准完成年度增收任务。税务部门要提高税收征管质量和效率，积极研判和把握经济运行态势，密切关注主体税种、重点税源动态变化，做好跟踪分析和及时跟进，采取有效措施弥补征税漏洞，确保应收尽收。政府和财政部门要科学合理控制政府债务，规范政府购买服务及投融资行为，科学研判债务承担能力，防范债务风险；要提绩效促平衡，努力增强财政保障水平。要充分发挥公共财政的保障服务功能，重点保障政策性刚性支出、重点工程重点项目建设和民生事业支出。财政、审计等部门要加强预算绩效管理和审计监督，全程密切关注预算编制、预算执行情况，不断提高资金使用绩效。县政府对拟列入预算的重点工程要至少提前半年办理相关审批手续，避免因审批手续不全影响工程推进。审批手续能办理完的工程，列入当年预算，否则列入下年度预算；要顺形势稳转型，更好适应财税政策调整。要进一步做好新财税体制变化后的效应分析和纳税跟踪调研，把握组织收入的主动权。同时，强化财政管理，有效应对营改增对给县财政的影响，促进县经济的更好更快发展；会议书面审议《县政府 2016 年财政决算报告》、县审计局《2016 年财政预算执行情况的审计报告》、县发改局《关于 2017 年上半年经济社会发展计划执行情况的报告》、县政府《关于 2017 年地方政府债券收支情况的报告》。

县政府常务副县长齐建光参加会议，并代表县政府就进一步做好以上几项工作作表态发言，县政府将针对本次会议提出的意见建议，全面梳理汇总，抓好贯彻落实。

12 月 27 日，香河县第十五届人大第四次常委会议在县人大四楼议室召开，县人大常委会主任闫再兴主持会议。会议审议县政府《关于 2017 年度预算调整方案（草案）的报告》（简称《预算报告》）。会议对该《预算报告》进行了认真审议。经过表决，一致通过。

听取和审议县卫计局局长王立强代表县政府作《关于卫生计生综合监督执法局队伍建设情况的报告》，会议进行了认真审议。会议认为，香河县卫生计生综合监督执法局成立一年多来，坚持执法为民理念，充分发挥职能优势，积极开展卫计监督执法，做了大量卓有成效的工作，为净化香河县卫计环境、改善县内卫计服务水平做出积极贡献。肯定成绩的同时，针对香河县卫生计生综合监督执法工作中存在的不足和问题。会议建议，县卫计局要充分认识监督执法工作的重要性和必要性，为做好监督执法工作打下良好思想基础。要加强组织领导，完善卫计监督执法体系建设，提高综合监督效能。要按照中央和省、市文件精神及工作部署，争取县委、县政府大力支持，确保卫计监督执法工作顺利开展；要注重业务培训，不断提升队伍综合素质。监督执法人员的综合素质直接关系到执法效果。卫计局要严把执法人员入口关，坚持将有法律知识，具备执法能力的优秀人员选入队伍。要在明确监督内容、任务同时，开展经常性岗位培训，努力提升执法人员的综合素质，打造一支素质高、能力强、作风硬的卫计监督执法队伍，为卫计监督执法工作奠定坚实基础。财政部门应给予充足的经费保障，以稳定卫计监督执法队伍，强化硬件支撑，改善监督执法条件，扩大执法监督的覆盖面，提升执法工作效率。同时，县卫计局要加强宣传，强化与相关职能部门的协调联动，推进执法工作顺利开展。

听取和审议县政府《关于 2017 年政府系统承办人大代表建议工作情况的报告》。会议对报告进行认真审议。会议认为，县第十五届人大一次会议代表建议交办以来，县政府高度重视，改进办理方式，不断加大投入，精心组织实施，代表满意率不断提高。肯定成绩的同时，针对个别部门存在的思想重视不够、办理质量不高等问题。会议建议，县政府和各承办部门要提高重视程度，要进一步强化责任意识和服务意识，尊重代表权力，认真倾听代表意见和呼声，以对人民负责的态度认真办理代表建议。要强化对办理工作的组织领导，把代表建议办理工作摆上重要日程，实行一把手亲自抓、负总责的办理机制，及时研究解决办理过程中存在的问题，确保办理工作顺利进行。要坚持归口办理制度，按代表建议的内容和要求进行分类登记、实施台账管理，提高交办工作的准确性和有效性。要建立完善催办督办制度，强化督促督导，稳步推进代表建议办理。要坚持走访、回访制度，认真倾听代表的意见和建议，坚持把代表满意不满意作为衡量办理工作质量的标准，把承办工作做深、做实、做到位。县政府和各承办部门要继续坚持办实事、求实效的原则，做好建议办理的复查和落实工作。对有能力办却还未办结的代表建议，要加大工作力度，加快办理进度，提高办理质量，切实把代表建议落到实处。促进建议办理从重答复向重落实的根本转变，从过程满意向结果满意的根本转变。对正在办理过程中的建议，要限期办结；对确实不能解决的建议，要及时向代表解释说明；会议书面审议县政府关于全县环境质量情况报告以及县人大常委会关于表彰人民的好代表和人大工作先进个人的决定。

县政府常务副县长齐建光参加会议，并代表县政府就进一步做好以上几项工作作表态发言，县政府将针对本次会议提出意见建议，全面梳理汇总，抓好贯彻落实。

人大工作与职能

【监督检查】 5月3日，县人大政法科组织人大代表旁听、评议法院案件庭审。为保证监督检查活动取得实效，在选定案件和选择代表上精心谋划，选取上诉较多的案件以及群众反映强烈的典型案件。庭审结束后，代表们对庭审程序、庭审纪律、司法礼仪、庭审能力、庭审技巧等逐项进行测评打分。通过旁听评议活动，加强法院与人大代表的联系，提高人民法院自觉接受人大代表监督的自觉性。促使法院庭审工作更加程序化、规范化。5月，为及时解决好群众关注的教育、医疗医保、卫生执法等领域存在的问题，组织部分市、县人大代表围绕城内中小学校基础设施建设进行监督检查，就存在的问题向县政府及有关部门提出合理化建议。先后组织部分市、县人大代表参加《中华人民共和国固体废物污染环境防治法》和《河北省固体废物污染环境防治条例》执法检查情况视察活动，为市人大提供了有价值的一手调研材料。

11月底，组织部分市、县人大代表围绕全县城乡医保执行情况等重大民生问题展开调研检查。会前，深入到相关部门，就相关内容分层次、有重点地进行走访、座谈，听取汇报，掌握实情。会上向政府及相关部门提出合理化建议。12月下旬，对县卫计局、综合执法监督局执法队伍建设情况进行审议监督。为使各项工作按照程序进行并达到预期目的，提前制定调研提纲，确定调研时间、调研方式、调研内容、调研对象，深入相关部门通过座谈、走访等形式进行调研。会上，就汇报单位的工作成绩与不足给予客观、公正评价。同时，就存在的问题提出科学合理建议。听取和审议县政府关于《年度环境状况和环境保护目标完成情况报告的意见》，常委会要将环境监督检查工作制度长期坚持下去，合力推进香河县环境保护工作取得更大成效。

【视察调研】 6月15日，县领导王文强、闫再兴、周志广、闫明杰和市人大代表及县直有关部门负责人陪同市人大视察组对香河县“煤替代”工作开展情况进行视察。视察组召开座谈会听取情况汇报，在肯定成绩的同时，指出存在问题。9月21日，县人大常委会副主任周志广，县人大代表及有关部门负责人陪同市农工委领导及市人大代表对香河县正大公司、一号橡胶坝、蒋辛屯镇河北吴村泊宇家庭农场移动式喷灌项目进行实地调研，召开座谈会听取节水工作开展情况汇报。

12月14日，按照县人大常委会重点工作安排，为进一步督促推动香河县重点项目开工、建设等工作开展，组织部分常委会组成人员和部分人大代表，对全县重点项目开工、建设情况进行视察。为使视察人员全面了解现状，经济科积极协调政府相关部门，打好前站，有侧重、有目的地筛选视察点，并就视察的各个细节，做了大量的准备工作。视察人员先后到香河县机器人小镇、中粮可口可乐华北生产基地、垃圾填埋场和乐农美联生态农场，认真听取项目负责人介绍和汇报，全面细致地了解项目开展运行情况。代表们一致认为香河县在对接京津、产业升级等方面取得明显成效，希望在今后工作中，继续抢抓京津冀协同发展重大机遇，以更加积极主动的姿态、更加精准有力的工作、更加严实过硬的作风抓好项目建设工作，为香河经济发展贡献力量。11月17日，为促进公安机关依法行政，组织部分人大常委会组成人员，围绕公安基层基础工作、公安信息化建设、治安防控体系建设、社会管理和服务等工作，深入交警大队、巡特警大队、看守所、蒋辛屯派出所进行视察，全面了解公安工作开展情况，推动公安工作再上新台阶。

【干部任前考法】 县人大常委会对被任命的人员进行任前法律知识考试，是认真履行宪法和法律赋予地方人大常委会的人事任免权和监督权。为使考试内容更好地体现人民意识、权力与责任意识，常委会政法科对考试试卷进行了重新命题，内容涉及《中华人民共和国宪法》《中华人民共和国地方组织法》《中华人民共和国突发事件应对法》《中华人民共和国公务员法》《中华人民共和国行政许可法》《中华人民共和国行政处罚法》《中华人民共和国行政复议法》《中华人民共和国法官法》和《中华人民共和国检察官法》。4月26日、6月29日，先后两次对24名提请人大常委会任命人员进行了任前法律考试。通过考法活动，进一步促进新任命的“一府两院”人员带头学法、知法、懂法，增强法制观念，提高执法水平，树立自觉接受人大及其常委会监督的自觉性，更好地为人民服务。

【来信来访处理】 处理人民群众来信来访是人大常委会一项日常工作，也是监督政府职能部门工作情况的一个有效途径。在接待群众信访中，耐心做好来访群众教育工作，正确引导来访人员依法上访，把情、理、法贯穿于处理问题之中。是年，共接收人民群众来信来访100余件。每件来信来访都做好记录，耐心解答，及时解决。批复归口部门认真办理，或会同有关部门共同做好信访人思想工作。信访工作做到来访有接待、来信有登记、交办有落实、事后有回音。按照信访案件办理程序转交并及时督促“一府两院”做好办理工作。尽量让群众满意，有效化解了矛盾，防止矛盾激化和越级上访等问题，促进了社会和谐稳定。

【代表建议督办】 坚持把督办代表议案、建议的办理作为支持代表行权履职的重要工作来抓，健全办理机制，全面提高议案、建议的办理质量和办理实效。认真做好交办工作，对会议及闭会期间代表提出的议案、建议进行整理、分类，及时将这些议案、建议转交政府及其他有关部门办理。加大督办工作力度，选择群众关心、涉及面广、落实难度大的议案、建议进行重点督办，有效提高了议案、建议的办成率和代表的满意率。为做好代表议案、建议的办理工作，县人大代表联络科会同政府办联合召开交办会，逐一落实承办单位，对代表议案、建议办理完成时间和程序提出要求。为深入了解有关部门议案、建议的办理情况，在人大常委会分管领导的带领下，深入县交通运输局、水务局、住建局等代表建议重点承办单位进行督办。通过走访、座谈、征询意见、实地查看、重点督办、电话催办等多种形式，加大对代表建议的办理情况跟踪督办和专题调研力度。并召开提案代表与承办单位面对面征询意见督办会，提高代表建议落实解决率，注重办理实效，切实解决实际问题。及时向代表通报办理情况，让代表更好地知情、参与和监督，确保人大代表提出的建议件件有落实，事事有交代。是年，共收到代表建议 49 件，解决落实 32 件，完成 65%，7 件下年度继续办理。

【代表工作】 为全面提高县、乡人大代表履职能力，9 月 29 日在县规划展览馆对香河县第十五届人大代表和市七届人大香河籍代表共计 200 余名代表进行培训。特聘请全国人大常委会代表资格审查委员会原办公室主任李伯钧，为代表讲授《正确认识代表职务，充分发挥代表作用》。与会代表深受启发，使代表牢记“人民选我当代表，我当代表为人民”的宗旨，激发代表为群众多办事、办好事的自觉性，代表意识、能力得到显著提升，推动人大代表整体工作再上新台阶。各乡镇人大主席团也根据工作安排对辖区内镇人大代表进行培训。为使代表更好行使自己的权利，给县级人大代表寄送《公民与法治》《中国人大》等刊物及学习资料。开展代表小组活动，征求代表对全县经济、法治、社会各项事业发展的意见、建议，发挥代表在经济社会发展中的作用。为方便代表之间的联络和沟通，扎实推进代表联络站建设。香河县共有省、市、县、乡四级人大代表 802 名，其中省人大代表 2 名，市人大代表 31 名（其中市直 7 名），县人大代表 181 名，乡镇人大代表 588 名。按上级要求，共需建代表联络站 27 所。截至年底，27 所联络站均已建设完成。

【基层人大工作】 通过以会代训形式，对乡镇人大履行人大主席、副主席职责、开展人大工作等方面进行工作指导。代表联络科工作人员多次深入各镇人大主席团，听取工作汇报，提出指导性建议意见。指导基层人大开展代表活动，增强代表与选民间的联系，逐步完善乡镇人大主席团建设，建立长效机制。

年初，县、镇人大换届工作的后续汇总、呈报等工作千头万绪，代表联络科工作人员指导基层人大严格按照上级文件要求对换届选举工作进行梳理，认真呈报各项选举数据，归档各项选举材料。

【人大代表和人大工作者先进个人评选】 为充分发挥代表作用，鼓励人大工作者发扬爱岗敬业精神，开展人民的好代表和人大工作先进个人评选活动。通过民主评选，共选出人民的好代表 17 名，人大工作先进个人 18 名。

【人事任免】 人大常委会坚持党管干部和人大依法任免有机统一，全年任命工作人员 33 人，接受辞职 6 人、免职 6 人。

（刘娅东）

香河县人民政府

责任编辑　陈述龙

综　述

2017年，县政府坚持稳增长、调结构，发展质效稳步提高。围绕提升产业层次，紧盯高端制造业和现代服务业两大主攻方向，实施重大产业项目20个，成功争列省重点项目10个，数量全市第一。香河机器人小镇获国家科技领军人才创新驱动中心、中国产学研合作创新示范基地和省、市科技企业孵化器等多项殊荣。全年引进培育创新型企业252家，新增规模以上工业企业10家、市级以上研发机构11家、科技型中小企业119家、科技小巨人企业7家、高新技术企业13家。

坚持严治理、优生态，环境质量明显提升。全年出动7.3万人次、1.5万车次，严格落实大气污染综合治理各项措施，高标准建成空气监测站点24个，关停治理“散乱污”企业951家、VOCs企业380家，清理散煤型煤生产经营网点73家。全县空气质量明显改善，综合指数由8.05降到6.21，同比下降23.05%，为年任务的3.5倍，目标完成率全市第一。投资13.5亿元全面完成286个村街8.7万户“煤替代”工程，高标准落实运行补贴。清淤疏浚百家湾排干渠等重点河渠24公里，启动实施小友垡排干渠综合整治等重点工程8项，4条主要河流、14条干渠落实县、镇、村三级河长负责制，有力保障了河流水体质量达标。植树造林1.75万亩，县域森林覆盖率达到42.4%，同比提高2.4个百分点。国家级湿地公园建设有序推进，潮白河完成综合治理工程初步规划设计，北运河完成8.6公里河道疏浚和2公里岸坡防护建设。

坚持抓建设、提品质，城乡面貌持续改善。全年新建改造各级道路126.8公里，筹划多年的平香线（平谷—香河）南延工程实质性开工建设，103国道中修、大香线南段拓宽改造等工程顺利通车。蒋辛屯220千伏、大罗屯110千伏等4座变电站和1000余公里中低压电网建设工程全面完成，全县新增供电容量48万千伏安，总容量跃升至原来的3倍。着眼于完善城市功能，多功能的文化艺术中心建成开放，高标准的便民服务中心投入使用，城乡公交一体化启动实施，城区主要公共区域免费Wi-Fi实现全覆盖，新城公园、体育公园等24座公园游园完成新建或改造，“国家园林县城”创建工作通过省住建厅评估验收，香河县被评为“全省2017年度县城建设示范标杆县”。美丽乡村建设，大力实施“五改四美”（改房、改水、改路、改厕、改厨，环境美、产业美、精神美、生态美），50个村街完成“三清一拆”（清垃圾、清残垣断壁、清庭院，拆违章建筑），21个村街达到省级“美丽乡村”建设标准，全县“美丽乡村”覆盖率提高到76%。

坚持增投入、惠民生，社会大局和谐稳定。始终把繁荣社会事业作为实现共享发展的核心抓手，城内第五小学新建、黄顾小学改造等12项重点教育工程竣工投入使用。运河文化大讲堂、大运河文化研究会相继成立，运河文化资源得到有效挖掘利用。坚持改革创新破制约，通过实施“一区三园”（开发区，农业高新技术园区、环保产业园区、新兴产业示范区）改革，园区管运机制更加完善，有力推动了园区建设，全年完成基础设施投入8.5亿元。县政府坚持依法行政，严格执行政府常务会议学法制度，始终把合法性审查作为重大决策的必经程序，自觉接受县人大、县政协及社会各界监督，政府工作的规范化、法治化水平进一步提高。

（杨　波）

政府机构

【政府领导机构】 香河县第十四届人民政府，领导班子由11名成员组成，其中有代县长1名，副县长10名。2月28日起，为香河县第十五届人民政府，领导班子由7名成员组成，其中县长1名，副县长6名。

政府领导成员

代县长：王文强（任至2月）
副县长：陈　刚（任至2月）
张玉林（任至2月）
杨建军（任至2月）
郭建永（任至2月）
刘凤顺（任至2月）
李艳霞（女任至2月）
刘洪涛（任至2月）
王　玮（挂职）
孟庆强（挂职）
黄友庆（挂职）
县　长：王文强（2月任）
副县长：齐建光（2月任）
吴海斌（2月任）
郭建永（2月任）
刘凤顺（2月任）
刘雪艳（女2月任）
闫明杰（2月任）
增补人员：刘洪涛（援疆6月任）
王　玮（挂职6月任）
黄友庆（挂职6至9月任）

【工作机构】 县政府工作部门有香河县人民政府办公室（挂香河县民族宗教事务局、法制办公室、金融工作办公室牌子）、香河县发展改革局（挂香河县工业和信息化局、香河县科学技术局、香河县商务局、香河县粮食局牌子）、香河县教育局、香河县公安局、香河县监察局、香河县民政局、香河县司法局、香河县财政局(挂香河县农业开发办公室牌子)、香河县人力资源和社会保障局、香河县国土资源局、香河县环境保护局、香河县住房和城乡建设局（挂香河县地震局牌子）、香河县城市管理行政执法局、香河县交通运输局、香河县水务局、香河县农业局（挂香河县林业局牌子）、香河县卫生和计划生育局、香河县审计局、香河县市场监督管理局（挂香河县工商行政管理局、香河县食品药品监督管理局、香河县质量技术监督局、香河县食品安全委员会办公室牌子）、香河县安全生产监督管理局、香河县统计局。县政府直属事业机构有香河县文化广电新闻出版（版权）局（挂香河县旅游局、香河县体育局牌子）

县政府重要会议

【县政府常务会议】 2017年，县政府共召开13次常务会议。

2017年1月3日，代县长王文强在县政府五楼会议室主持召开县政府第1次常务会议，审议通过《县建成区清洁型煤销售置换实施方案》。

3月23日，县长王文强在县政府五楼会议

室主持召开县政府第3次常务会议，审议通过《香河县2017年电代煤工程实施方案》和《香河县2017年气代煤工程实施方案》。

4月27日，县长王文强在县政府五楼会议室主持召开县政府第5次常务会议，审议通过《香河县2017年度保障性住房申请审核工作实施方案》《关于河北香河经济开发区改革发展的意见》《关于成立香河县行政审批局的意见》。

6月6日，县长王文强在县政府五楼会议室主持召开县政府第8次常务会议,审议通过《香河县普惠性民办幼儿园认定和管理暂行办法》《香河县实行河长制工作方案》《香河县农村公路工程质量监督管理办法》《香河县地方志事业“十三五”发展规划》。

8月11日，县长王文强在县政府五楼会议室主持召开县政府第10次常务会议,审议通过《香河县水污染防治工作实施方案》《香河县推进智慧城市建设工作方案》《香河县教学质量奖励方案（试行）》。

8月31日，县长王文强在县政府五楼会议室主持召开县政府第11次常务会议,审议通过《关于财政投资工程手续办理工作的办法（试行）》《香河县城乡客运公交一体化工作实施方案》。

10月20日，县长王文强在县政府五楼会议室主持召开县政府第12次常务会议,审议通过《香河县村街“煤替代”运行补贴方案》《香河县乡村旅游规划》《香河县残疾人事业发展“十三五”规划（2016—2020年）》。

11月14日，县长王文强在县政府五楼会议室主持召开县政府第13次常务会议,审议通过《关于完善农村土地所有权承包权经营权分置办法的实施意见》《香河县城市管理综合执法体制改革实施方案》。

注：因2、4、6、7、9次政府常务会议研究事项不宜对外公开，故未录入。

【县长办公会议】 2017年，共召开19次县长办公会议。

1月11日，副县长张玉林在县政府二楼会议室主持召开第1次县长办公会议，就房地产开发项目土地并证相关事宜进行研究。

3月13日，县长王文强在县政府二楼会议室主持召开第5次县长办公会议，就“煤替代”有关事宜进行研究。

3月21日，县长王文强在县政府二楼会议室主持召开第6次县长办公会议，就做好军队退役人员政策安置、“煤替代”、小“散乱污”企业和VOCs企业治理等工作进行专门安排部署。

4月5日，县长王文强在政府二楼会议室召开第7次县长办公会议，就H7N9禽流感防控、大气污染防治、安全生产、土地卫片执法检查等工作进行安排部署。

4月18日，常务副县长齐建光、副县长刘凤顺在县政府二楼会议室召开第8次县长办公会议，就大辛路（唐通线—义井大桥段）养护改造工程有关事宜进行研究。

4月25日，县长王文强在县政府二楼会议室主持召开第9次县长办公会议，就“电代煤”配套电网工程实施中遇到的问题进行研究。

5月2日，县长王文强在县政府二楼会议室召开第10次县长办公会议，就“煤替代”工作、大气污染防治、安洁垃圾填埋场整治及新建垃圾焚烧发电项目等工作进行安排部署。

9月4日，县长王文强在县政府二楼会议室召开第13次县长办公会议，就加快“气代煤”调峰储气设施建设相关工作进行安排部署。

9月18日，县长王文强在县政府二楼会议室召开第17次县长办公会议，就对口帮扶张北县相关事宜进行研究。

11月20日晚，县长王文强主持召开第19

次县长办公会议，传达落实11月19日全市“煤替代”工程紧急调度会议精神，并就香河县取暖保障相关工作进行安排部署。

注：因2、3、4、11、12、14、15、16、18次县长办公会议研究事项不宜对外公开，故未录入。

施政辑要

【概况】 2017年，县政府在县委的正确领导下，紧紧围绕“率先全面建成小康县，建设美丽幸福新香河”的奋斗目标，抢抓京津冀协同发展、北京城市副中心建设两大历史机遇，沉着应对区域经济下行压力不断加大的严峻挑战，直面问题楼盘整治、维稳安保、大气污染防治任务的严峻考验，妥善处理历史遗留的一系列难点问题。严格落实大气污染综合治理各项措施；为治理水污染，清淤疏浚重点河渠24公里，启动实施小友垡排干渠综合整治等重点工程8项，4条主要河流、14条干渠落实县、镇、村三级河长制；率先在全市出台解决房地产开发建设遗留问题的具体措施，多年积累的办证等问题基本解决；狠抓违法用地、违法建设“两违”治理，严格土地收储供应，建筑市场秩序明显好转。不忘初心、牢记使命、勇于担当、攻坚克难，推动全县经济社会发展实现了新的提升。先后荣获“全国创建无邪教示范县”“全省‘双拥’模范县”“全省农村股份合作制经济发展示范县”“全省首批全域旅游示范区创建单位”等多项国省级荣誉，并连续五届被评为“全国平安建设先进县”，第三次荣膺全国综治工作最高奖“长安杯”。

【“煤替代”工程】 京津冀及周边地区大气污染防治协作小组第六次会议审议通过的《京津冀大气污染防治强化措施(2016—2017年)》，将香河县全部行政区域划定为禁煤区。要求到2017年10月底前完成除电煤、集中供热和原料用煤外燃煤“清零”。3月30日，县政府印发《关于印发香河县2017年“电代煤”工程实施方案、香河县2017年“气代煤”工程实施方案、香河县“煤替代”工程领导小组成员名单的通知》（香政〔2017〕22号），由县发改局、住建局分别牵头开展“电代煤”“气代煤”工程。

“电代煤”表下工程方面，共涉及渠口、刘宋、五百户、淑阳、安平、钱旺、钳屯和新兴产业示范区8个镇、园区，98个村街30312户。全县共分为6个标段，通过公开招标选取6家施工企业及1家监理单位，分别为：一标段北京圣福来科技有限公司，二标段北京红塔环境工程有限公司，三标段石家庄华安热能科技有限公司，四标段宁波高新区健坤电热技术有限公司，五标段北京老万清洁供暖设备有限公司，六标段沧州长丰智能电器节能设备有限公司，监理单位为北京东方华太建设监理有限公司。按照“一户一宅一表”原则进行安装。电线一律采用国标铜线，入户主线10平方毫米铜线，支线4平方毫米铜线。每表每户3台蓄能式电暖气,其中1台3.2千瓦，2台2.4千瓦。9月30日，户表以下改造任务全部完成，累计完成30312户。通过招标，选取由河北福道注册安全工程师事务所负责质量验收，验收入户阶段入户率为100%，11月15日前全部验收合格。表上工程方面，由供电部门牵头实施，在县域内共实施电网建设工程162项，其中高压主网项目4项，分别为蒋辛屯220千伏输变电工程、西马家窝110千伏输变电工程、大罗屯110千伏输变电工程、顾家屯110千伏站主变扩容工程，新增变电容量48万千伏安。配网及村网项目新建及改造10千伏线路85条，长619.5千米。改造村网98个，新增配变压器 498 台，容量 17.3 万千伏安，低压线路 354.45 千米。

“气代煤”工程，百川燃气公司为施工主体，涉及 2017 年度 69 个村街 20698 户和 2016 年结转工程，共计 188 村街 57040 户，另外，2018 年储备户 3830 户。截至 12 月底，130 千米中高压管道、1408 千米村街低压管网及入户管线和壁挂炉安装、暖气连接等工程全部完成，企业自检及第三方验收也全部完成，57040 户已经通气取暖。为确保“煤替代”工程正常运行，10 月 30 日，县政府印发《关于印发香河县村街“煤替代”运行补贴方案的通知》（香政通〔2017〕14 号），“电代煤”补贴标准为 0.2 元/千瓦时，每户最高补贴电量 1 万千瓦时。给予配套生活用气补贴，按照每户保供 8 罐液化石油气（LPG）（每罐 15 千克）、每罐给予 50 元补贴，用户采暖季执行峰谷电价。“气代煤”气价补贴标准为 1 元/立方米，每户最高补贴气量 2000 立方米。农村居民煤改气采暖用气价格执行阶梯气价一档标准（2.15 元/立方米）。

【问题楼盘整改】 7 月 6 日，在第 12 次县委常委（扩大）会议上，副县长闫明杰传达“全市解决房地产开发遗留问题推进会议”精神，并研究香河县贯彻落实意见。会议要求对全县问题楼盘要进行再梳理。各相关部门要进一步强化认识，全县域、全时段兜底解决各项历史遗留问题，确保社会大局和谐稳定。要落实专班推动。针对开发主体资金断裂、拆迁难等疑难问题楼盘，专门成立小专班，明确由 1 名县处级领导任专班班长，城建系统 1 名局长、问题楼盘所在辖区具体负责，集中精力解决疑难问题。

为落实县委常委（扩大）会议精神，县委书记、县长亲自挂帅，成立解决问题楼盘工作领导小组，每周听取专题汇报，主管副县长牵头,城建部门建立工作专班，分包领办、隔日调度，高位推动问题解决。约谈企业主要负责人，明确提出只要问题楼盘不解决，对开发企业暂停供地、暂停审批新项目、暂停拨付资金、暂停享受优惠政策，取消参与县内工程的资格。按照“从简从旧从速”的原则，制定出台双倍供地保证金、容缺后补、先证后税等多项解决问题的具体政策措施，有效解决项目完善手续、补缴税费、办理网签和登记办证等问题。开辟手续办理绿色通道，房管、国土部门抽调选聘 33 名专职人员，增设站西办事处，合署办公，并联审批，取消节假日休息，加快登记办证速度，使多年积累的办证难等问题基本解决。

【维稳安保】 2 月 28 日至 3 月 15 日，全国“两会”安保期间，围绕环京 10 个通道，香河县公安局抽调警力 160 人，进驻安平检查站和京哈高速警务站，履行全国“两会”期间维稳安保工作。

3 月 1 日起，安平检查站、京哈高速警务站启动一级勤务，其他 6 个进京小路口和 2 个摆渡口，增设临时查控点。共检查进京车辆 109221 辆（次）、人员 175167 人（次），从中查获网上逃犯 6 名、涉毒和吸毒人员各 12 名，查获被盗抢车辆 1 辆、仿真枪 2 把、管制刀具 17 把、烟花爆竹 17 万头，劝返欲进京上访人员 10 人、“邪教法轮功”人员 6 人、重性精神病人 1 人，发放安检通行证 7229 张。5 月 14—15 日，“一带一路”高峰论坛安保期间，抽调警力 203 人，共检查进京车辆 11320 辆（次），人员 26430 人（次），查获涉军人员 20 人、吸毒人员 8 人、逃犯 2 人，查获烟花爆竹 20 万头、“低慢小”飞行器 1 个、弩和管制刀具各 1 把、仿真枪 1 支，发放安检证 1099 张。4 月上旬至 8 月 31 日的暑期安保期间，共检查车辆

282855 辆（次）、人员 491384 人（次），查获网上在逃人员 12 人、吸毒人员 10 人、涉毒人员 413 人、肇事肇祸精神病人员 3 人，劝返涉访人员 1501 人（其中非法传销组织“善心汇”人员 1430 人）、查缴“低慢小”飞行器 26 个、弩 2 把、仿真枪 3 把、管制刀具 4 把、电警棍 2 个，发放安检证 64593 份。10 月 5—24 日中共十九大召开安保期间，共检查车辆 239465 辆，检查人员 432906 人。查获网上逃犯 20 人，涉毒人员 199 人，吸毒人员 7 名，劝返涉访人员 68 人，查获仿真枪 13 支，危险化学品 297 件，“低慢小”飞行器 89 台，烟花爆竹 30 万头，管制刀具 34 把，核查涉恐关注车辆 20 辆，涉恐关注人员 12 人，查获并移交邪教人员 8 人（其中“全能神”|1 人、“法轮功”6 人），精神病人 7 名，善心会 1 名、一级临控 2 人，共发放安检证 12362 张。

【大气污染治理】 2017 年，“煤替代”“散乱污”企业整治、燃煤锅炉拆改、扬尘治理等各项工作取得阶段性成果，空气质量不断改善。香河县空气质量优良以上天数达到 239 天，同比增加 75 天，空气质量综合指数由 8.07 下降到 6.21，同比下降 23.05%，目标完成率 354.6%，居全市第一位。在环保部等十部委和京津冀六省市大力开展的 2017—2018 年秋冬季大气污染综合治理攻坚行动中，工作成效显著，全县 PM2.5 累计浓度每立方米 52 微克，下降 53.6%，重污染天数 1 天（比上年同期减少 23 天），同比下降 95.8%，四项考核指标全部位列全市第一位。

加强领导，增强大气污染治理合力。将大气污染综合治理工作列为一把手工程，定期研究部署和协调调度，确保工作无障碍推进。坚持政策引领，制定出台《关于强力推进大气污染综合治理的意见》（1+16 文件）等一系列文件，明确目标，厘清责任，为工作顺利开展提供政策支撑。坚持资源保障，全面加强大气治理人员队伍建设，增强工作合力，统筹安排财政专项资金专门用于大气污染防治工作。严格落实“党政同责、一岗双责”要求，建立县、镇、村（企）分包机制，形成立体式、全覆盖、无缝隙的三级网格化责任体系，以责任落实确保防治措施到位。

分类施治，强力推进大气污染治理各项工作。坚决取缔“散乱污”企业。组织召开三级干部动员大会，广泛宣传发动，深入排查，挂图作战，以壮士断腕的决心扎实推动“散乱污”工业企业治理。各单位日夜奋战，用 17 天时间完成纳入台账“散乱污”企业的整治取缔任务并通过验收。“散乱污”企业整治长效管控十项措施全面落实，严控严防“散乱污”企业反弹、滋生；深度治理 VOCs 工业企业。多次聘请环保专家进行业务培训和技术指导，引导企业增上环保设备。集中人力物力，积极推动 380 家涉 VOCs 排放工业企业全部完成治理并通过验收，重污染天气应急响应措施和采暖季错峰生产要求得到全面落实；高效完成“电代煤”配套电网工程。年内，完成新建 3 座变电站和扩建 1 座变电站工程，在原有供电容量 24 万千伏安的基础上，新增容 48 万千伏安，总容量增长 200%，实现历史性突破；新建 46.2 千米 5 条高压线路、塔基 205 座，占当年全市高压工程总量的 61.9%；新建改造 619.5 千米 10 千伏线路和 98 个村街 354.45 千米村网改造工程，新增配变压器 498 台，改造户表 30312 户，彻底解决了多年来电网设施和供电不足问题，有效保障了全县 3 万余户“电代煤”取暖增量需求，供电能力全面提高；全面取缔燃煤锅炉。深入开展“回头看”工作，对锅炉拆改工作进行再排查，对新发现的燃煤锅炉按要求全面落实拆除、改造措施，并进严格实行痕迹化管理；强化扬尘污染治理。严格落实行业监管和属地管理职责，全面加强建筑工地、道路遗撒、环卫清洁等方面治理工作，实行“以克论净”，严格落实扬尘管控各项措施。

创新方法，逐步完善监管长效机制，坚持科学研判，精准施治。增建14个城区微型监测点，高标准完成9个镇级市控小型空气站和第二中学省控空气监测站建设，为大气治理提供有力数据支撑。聘请专家指导，定期会商，重点时段坚持实行夜查、晨查、每日调度制度，全面提高治理成效。充分发挥大气污染防治一把手微信群和工作微信群应急联动指挥作用，大幅提高工作效率。按照“五定”（定区域、定人员、定职责、定任务、定奖惩）和“五有”（有地点、有人员、有制度、有档案、有车辆）要求，完善县、镇、村三级大气污染防治监管网络，实现属地管理、分级负责、无缝对接、全面覆盖。积极推进环保垂直管理体制改革，全力推进基层环保所建设。各镇、街道、园区环保所均挂牌成立，达到机构编制到位、人员到位、办公条件到位、仪器装备到位、经费保障到位、制度建设及网络化监管“六个到位”的标准，基层环保监管执法力量进一步增强。

【实施“散乱污”企业整顿】 2017年，为加大对“散乱污”企业整顿力度，香河县相继出台了《违法违规“散乱污”工业企业整治工作方案》和《集中整治“散乱污”企业专项实施方案》。成立专项工作领导小组，组织召开全县“散乱污”企业集中整治动员大会等多次会议进行专题部署和调度。建立完善网格机制，层层分包，压实责任，持续开展整治取缔和监督巡查。成立督查组，加强督导巡查，印发通报，挂图作战，扎实推动“散乱污”工业企业治理。各单位日夜奋战，用17天时间完成了纳入台账“散乱污”企业的整治取缔任务并通过验收。根据上级“回头看”工作部署，制定印发香河县《“散乱污”企业整治工作长效管控十项措施》，持续深入开展“散乱污”企业整治“回头看”工作，防治“散乱污”企业新增和死灰复燃。全县纳入“散乱污”企业951家，关停取缔946家，需整改升级企业5家。

【“两违”治理】 香河县高度重视“两违”（违法用地、违法建设）治理工作，将其作为服从服务北京城市副中心建设的实际行动，作为彻底整治规范城乡建设管理的重大举措。党政“一把手”亲自抓，全力以赴抓攻坚、促推进。全县共整改违法用地203宗1757亩，拆除违法建筑12.8万平方米。

强化领导，压实责任。成立以县委书记、县长任“双组长”的专项工作组，县四大班子领导，各镇、街道、园区和相关部门“一把手”全员上阵，逐区域、逐地块、逐建筑分包到人，落实责任；广泛宣传，营造氛围。利用电视、广播、报纸、微信等各类宣传媒体，大张旗鼓、旗帜鲜明地宣传相关政策，树立正面典型，曝光反面案例。领导干部带头，坚持以强拆促自拆，切实让群众感受到党委、政府的坚定决心，打消侥幸心理，形成浓厚氛围；铁腕推进，应拆必拆。坚持“一把尺子量到底”，各类“两违”不论面积大小，全部建立台账，以“零容忍”的态度，集中时间、集中人员、集中力量打歼灭战，以点带面，强势攻坚，拆除一项销号一项，不留尾巴，不留后患；严格督导，确保成效。抽调精兵强将组成专项督导组，建立“日反馈、周调度、月通报”工作机制，并把“两违”治理纳入领导干部考核的重要内容，奖优罚劣，兑现奖惩，以严肃问责倒逼工作落实。

【北运河综合整治】 北运河香河段生态综合整治工程位于北运河堤线以内，北起北运河京冀界，南至北运河冀津界，全长21.7千米，工程占地约26平方千米，总投资38.84亿元。功能定位为生态修复和生态保育，重点实施防洪、景观、水质提升和环境物联网工程，拟分两期建设，建设周期4年，运营期限暂定10年。该工程于2015年9月入选财政部第二批PPP示范项目，由香河县人民政府与中信国安投资有限公司、香河公有资产经营公司共同签订PPP项目合同。2015年12月成立中信国安（香河）环境工程有限公司，具体负责项目设计、建设、运营维护等工作，2016年9月正式开工建设。截至2017年12月，一期工程（曹店橡胶坝—土门楼枢纽）完成8.6千米河道清淤疏浚和2千米岸坡防护等水利工程、安运桥南北两侧约2.6万平方米景观工程、运河文化中心规划设计和施工准备等前期工作；二期工程可研报告已获省水利厅批复和县发改局立项批复，正在进行初步设计工作。

县政府综合协调

【概况】 2017年，县政府办公室紧紧围绕全县中心工作，牢固树立服务理念，切实发挥上传下达、综合协调作用，精心服务领导日常工作，强化与政府部门和基层单位之间的对接联系，对需要沟通衔接的工作积极协调、研究办法、统筹安排，确保县委、县政府各项决策部署高效落实。

【政务信息】 按照“抓住重点、关注热点、突出亮点”的工作思路，及时搜集整理香河县各条战线的重点亮点工作，充分展示全县经济社会发展的特色成绩。全年编辑刊发《香河政务信息》16期，上报政务信息450余条，其中被省市采用近40条；印发《政府快报》13期，既为领导开展工作提供了便利，又进一步促进了部门间工作相互沟通和交流。同时，在县政府网站及政务信息公开平台发布各类信息2600多条，切实保障了公众对政府工作的知情权和监督权。

【调查研究】 坚持从领导关注、发展急需、群众期盼的重大问题入手，展开调查研究。围绕产业结构优化调整、文化旅游产业发展、城市建设与管理、教育设施配备等具有紧迫性和前瞻性的课题，组织人员深入基层一线，摸实情，找对策。撰写《关于全县文化产业发展情况的调查与思考》《关于我县城市管理工作的调研报告》等调研文章11篇，政府工作简报12篇，有价值的工作建议纳入了领导的决策视野，为政府科学决策提供有益参考。

【办文办会】 文稿草拟坚持贯彻上级精神与把握领导思想相结合，高标准、严要求，严把政策关、事实关、语言关、格式关，全年共起草领导讲话及大型汇报材料500余篇，印发各类政府公文190多件。严格执行公文处理各项规章制度，规范流转程序，提高传文效率，全年共处理请示报告、电报传真等来文4800多件，切实做到及时传签，归档有序。会务组织注重细节、周密部署、配合默契，全年共组织召开各类电视电话会议和现场会250多场次，迎接环保部、省环保厅督查巡查等检查验收活动150余次，均圆满完成任务。

【政务督查】 重点突出“实、敢、精、深”四字。抓好《政府工作报告》五大类86项重点任务分解的督查督办，建立台账、倒排工期、责任到人，印发目标任务完成情况通报4期，全面推动政府中心工作优质高效开展。做好热点难点工作专项督查，先后开展园区基础设施投资、“散乱污”企业整治、“煤替代”工程、十九大期间信访维稳和安全生产等专项督查100余次，抓关键、找症结、想办法，确保政府各项重点工作稳步推进。对政府会议议定事项及领导批示落实情况开展督查督办，明确责任部门，专人盯办，一事一报，全年共撰写督查报告29期，“煤替代”日报42期，督办领导批交事项120余件，做到事事有结果、件件有回音。抓好省市重要决策部署落实情况督查。会同相关部门对各单位落实上级政策措施情况进行督导检查，制定方案、明确举措、加强调度，为确保上级政策落实到位提供有力保障。

【建议提案承办】 政府系统重视承办人大代表建议案和政协委员提案的办理工作。县政府办公室秉持“不搞形式、不走过场、诚恳对待”的工作理念，认真梳理建议提案内容，及时召开承办工作会议，按提件内容将议案、提案分交相关承办单位办理，明确办结时限，不定期开展工作指导，督促提件办理进度。切实把好回复关口，主动联系走访人大代表、政协委员，认真听取代表、委员的意见建议，积极改进完善，提高办理质量。2017年，政府系统承办的人大代表建议49件、政协委员提案67件，回复率达到100%，满意率达到97%。

【应急管理】 为有效应对极端天气及突发事件可能给人民群众健康和安全造成的伤害，要随时做好应急管理工作。进一步提高重污染天气应对能力。全年共按上级要求及时启动重污染天气预警11次，开展对应急响应措施落实情况检查20多次，有效保障了人民群众的健康和安全。完善应急管理信息台账，定期核对应急机构联系方式，加强应急联动机制建设，推进应急管理网络化、信息化、规范化，进一步健全县粮食局、供销社等重点单位应急物资储备台账。开展应急防范演练，组织消防、武警等部门，在学校、超市等人员密集场所开展火灾、地震等突发事件应急演练40余次，发放宣传单2000余份，切实提高了广大群众的安全防范意识。

【金融信用】 优化金融生态环境。全年举办银企对接会10余次，进一步畅通了投融资渠道。强力推进企业上市，选取了多家优质企业重点培育、定期跟踪，成功促成萨克森建材有限公司在新三板挂牌上市；防范和打击非法集资，多次开展集中宣传活动，不定期组织专项排查，坚持打早打小、防患未然。同时，积极配合公安机关，全力做好黄金佳案件第一次资金清退和金吉通案件投资人核查工作。全面构建社会诚信体系，依照信用奖惩制度要求，着力加强“双公示”信息报送工作，全年上报信用公示信息2000余条。积极与市人行、建行对接沟通，协调解决京哈高速香河主线收费站零钞规模紧张问题。

【农业产业化】 2017年，继续壮大龙头企业。大力培育科技含量高、带动能力强的产业化龙头企业，进一步增强核心竞争力，全年新认定市级龙头企业2家，通过监测合格企业10家。加强项目引进，重点谋划溪香樱桃园等10个高标准农业产业化项目，其中潮白花海等3个项目列入省重点申报项目。大力打造现代农业发展平台。万亩荷塘园区相继建成杨六郎荷花定情园等十余处历史人文景观。庆功台村被农业部认定为第七批全国“一村一品”示范村，乐农美联农场被评为市级现代农业园区。培树重点农业品牌，积极协助企业做好品牌认定管理工作，华香清真肉类有限公司、“姗姗鸡蛋”分别被评为第十一届廊坊市十大农业知名品牌和十大农业特色产品，桑梓乐园蔬菜等10

余种特色农产品纳入“9•26”农交会网站平台，进一步提高了企业和农产品的知名度、美誉度。

【政府法制】 认真落实领导干部和执法人员学法培训制度。2017年，共安排政府常务会前学法5次，组织新增行政执法和监督检查人员法律知识培训850余人次，有效提高了领导干部学法意识和执法人员依法行政能力。积极提供涉法服务，对政府拟签订的重要法律文书内容严格把关，及时提出参考意见。全年共出具法律意见书33份，提供法律意见建议50余次，有效维护了政府的合法权益。加强行政执法监管。认真开展执法案卷评查，对38个执法单位的行政处罚和许可案卷进行了评查，提出了整改意见，进一步规范政府部门的执法行为；做好行政复议工作。依法受理、办理行政复议案件，快速彻底化解行政争议。2017年，受理行政复议案件5件，行政诉讼案件54件，全部得到妥善处理。

政府办公室领导班子成员

主　任：刘奖波

副主任：崔大鹏　李向生　任宏伟

马洪磊　佟咏卉　周易祥

刘　颖（女）

（杨　波）

人力资源和社会保障

【概况】 2017年，人力资源和社会保障工作紧紧围绕“坚持创新驱动，实现绿色崛起，建设美丽幸福新香河”，扎实有序推进并圆满完成就业再就业工作、人事人才管理工作、社会保障工作、职称评定、工资福利等各项工作。是年，香河县人力资源和社会保障局（简称人社局）被河北省评为全省人力资源和社会保障系统先进集体、被廊坊市评为全市“青年之声”工作先进集体；城乡居民社会养老保险管理中心被廊坊市评为全市“共青团员先锋岗”。

【就业再就业工作】 2017年，接收高校毕业生746人，县内就业500人，县外就业231人，未就业15人，就业率98%。

加强职业技能培训。依托经认定的职业技能培训机构，根据劳动力需求变化不断调整培训计划，有针对性地开展“订单式”“定向式”“储备式”培训，不断提高企业职工技能水平。年内，共培训各类劳动力1128人。

加强公共服务能力建设。人力资源市场及时发布企业用工信息，不断满足市场用工需求。为实现“智慧香河”建设，开通了“香河人社局”微信公众号，主要功能包括政策解答、人社动态、招聘信息等。年内，有120余家企业在网上发布空岗信息，有诉求的1500余人在网上求职登记，800余人顺利实现就业。定期召开高校毕业生专场招聘会，有210人通过招聘会达成就业意向。

落实高校毕业生就业优惠政策。人社局对小微企业吸纳毕业两年内高校毕业生就业，签订劳动合同，缴纳社会保险，给予新增就业补贴、岗位补贴和社保补贴。2017年，共有27家企业吸纳符合就业困难对象认定条件就业311人，支付就业资金652余万元。

落实下岗失业人员就业优惠政策。认真落实灵活就业的下岗失业人员社保补贴政策、技能培训政策、企业吸纳岗位补贴政策，扶持创业人员自主创业，给予小额担保贷款贴息等。2017年，共为2000余名下岗失业人员落实各项就业优惠政策，支付促就业资金1085万元。

按照“劳动者自主择业，市场调节就业，

政府促进就业”的方针，全年新增城镇就业岗位8492人，完成全年任务的139%。下岗失业人员再就业651人，完成全年任务的130%；就业困难人员实现再就业246人，完成全年任务的164%；农村劳动力转移3000人，完成全年任务的100%，城镇登记失业率为1.12%。积极开展“春风行动”，为农村劳动者免费提供就业指导、职业介绍等服务，共发放宣传材料4万余份。每月15日、25日，在县人力资源市场定期举办招聘会。2月20日，举办“春风行动”人才交流洽谈会，54家企业参加招聘会，提供就业岗位1617个，进场求职人员约900余人，659人与相关企业达成就业意向。华联香百超市、华林印务等企业先后招用就业困难人员300多名。

【人事人才管理】 年内，按照严格选拔渠道、搭建培养平台、强化考核管理、规范使用程序的工作思路，着力推进人事人才管理。

注重选拔，拓宽视野选人。根据各单位申报的空编情况，组织事业单位公开招聘工作。从编报方案、发布公告、接受报名到组织考试、政治审查、办理入职等环节，严格程序、规范操作，做到公开、公平、公正，整个操作过程未发生投诉、举报等事件。年初，制定《香河县高层次人才引进奖励办法》，秉承“不为我所有，但为我所用”的原则，引进各类高技能人才133人，有效提高了医药、卫生、教育等系统职工整体水平。组织5560名专业技术人员参加继续教育，取得继续教育合格证书，提高了参训人员干事创业能力。

注重考核，强化责任管人。根据《事业单位工作人员管理条例》相关规定，从严管理各类工作人员，定期或不定期深入全县各单位，对工作人员政治思想状况、理论政策水平、组织协调能力、工作实绩等情况进行综合考核。评审通过高级职称97人，中级职称66人，初级职称136人。对全县59个单位7686名科级以下事业单位工作人员2016年度进行年度考核。评出优秀等次人员1234人，合格人员6398人，基本合格1人，不合格9人，不定等次44人，在优秀人员中评出嘉奖人员1047人，三等功人员187人，并及时颁发证书。

注重实绩，规范程序用人。坚持“德才兼备、以德为先、不拘一格”用人标准和“评实绩用人”导向。为教育系统面向社会公开招聘教师175名。对22个事业单位141名股级干部进行推荐、考察和测评，把那些想干事、能干事、干成事的年轻干部选拔到股级岗位上来，把那些混日子、不干事的人拿下来，做到程序规范，导向清晰，以提高各单位中层干部整体素质。

【公务员管理】 2017年，公务员管理工作围绕强化科室内部管理，理清工作思路，找准问题突破口，强化科室人员作表率的积极性、主动性，提升科室对外形象，使公务员进一步转变工作作风，增强事业心和责任感。全面启动公务员岗位培训，制定《2017—2020年香河县行政机关公务员培训实施意见》。采取分层次、分级别、分岗位，走出去、请进来的方式，组织对香河县1487名公务员进行培训，先期培训5期，每期7天，每期40人。9月24—30日，在清华大学举办以提升综合能力及学习十九大精神为主题的培训班，共办2期，培训90人。通过培训，有效拓宽参训人员视野，提高公务员行政能力。

年内，对2007年已经是行政机关实职副科，且未参加考试的6名公务员进行公务员补证工作；对2007年公务员考试考核成绩合格，但因受名额限制未登录，2017年底仍在公务员岗位的253名人员进行公务员补录登记工作。

完成2016年度政府系统607名公务员和参公人员年度考核并更新上报了公务员考核备案系统。其中优秀110人（其中三等功12人，占优秀比例 11%，嘉奖 98 人，占优秀比例89%），占总考核人数的18% ；称职497人，占总考核人数的82% ；基本称职0人；不称职0人。对公务员信息库中的各项数据整改和完善，做好数据库动态管理和更新工作，最大限度保证信息数据及时性和准确性。

【社会保障】 年内，积极贯彻实施《社会保险法》，依法推进社会保险扩面征缴。至12月底，机关事业单位养老保险参保单位212家，在职参保人员11869名，收缴养老保险费2.57亿元。离退休人员4452名，支付离退休人员统筹内养老金2.73亿元，统筹外养老金9496万元，合计36814万元。离退休费社会化发放率100%，机关事业征缴率达100%；企业职工养老保险累计参保31921人，新增958人，征缴保费1.55亿元，为5715名离退人员发放养老金1.1亿元；城乡居民养老保险累计参保人202485人，征缴个人保费1695万元，为已满60周岁符合政策退休的57938人发放养老金8500万元；企业职工基本医疗保险累计参保35875人，征缴个人保费1.44亿元，支出9752万元；城乡居民医疗保险累计参保274266人，征缴个人保费4114万元，为40360名城镇居民医保患者办理住院结算；工伤保险累计参保25058人，新增参保1005人，征缴保费1034万元，为198人支付工伤保险待遇615万元；失业保险累计参保11000人，征缴保费285万元，为220名失业职工支付待遇 129 万元。七项社会保险累计参保593021人次，征缴社保基金6.27亿元，支出社保基金5.73亿元，112631人次享受社会保险待遇。

【职称评定】 2017年，完成全县职称申报工作，其中正高职1人，副高职75人，中级职称27人，共计103人。为241名专业技术人员评审了初级专业技术职称，涉及教育、建筑、交通等行业。为2016年取得职称的教育、工程、卫生等系列358名专业技术人员办理并核发了专业技术资格证书。

【工资福利管理】 年内，根据河北省人力资源和社会保障厅、财政厅《关于2017年调整退休人员基本养老金的通知》精神，完成机关企事业退休人员增加退休金的审批工资，其中企业退休人员4789人，人均月增资143元；机关事业退休人员3599人，人均月增资161元。

根据冀政为机关事业单位部分工作人员调整工资文件精神，从2017年1月1日起，为机关事业单位符合条件的8726名工作人员调整工资，人均月增资84元。

根据县人社局《关于提高医疗补助标准的通知》精神，从2017年7月1日起，为9973名机关事业单位工作人员（含离退休人员）调整医疗补助标准，人均月增资750元。

【和谐劳动关系】 2017年，加大《中华人民共和国劳动合同法》贯彻落实力度。组织开展小型企业实施劳动合同制度专项行动，规范履行劳动合同，提高合同签订率。加快推行劳动用工备案制度。严厉打击使用童工、强迫劳动、非法职介、欠薪逃匿等严重违法行为。广泛深入开展劳动保障、法律法规宣传培训工作，增强用人单位守法意识。全力以赴做好农民工，特别是建设领域农民工的工资清欠力度，把不稳定的苗头解决在萌芽状态。进一步完善劳动争议调解仲裁制度，树立“仲裁为民”理念，将群众工作纳入仲裁工作的重要议程，提高仲裁效率，严把办案质量。加强对用人单位的指导和服务，切实加强调解仲裁队伍建设，加大争议案件柔性处理力度，提高案件调解率，保持劳动关系总体稳定。年内，共受理劳动争议案件180起，按争议类别划分，工伤赔偿争议案件79起，工亡案件2起，经济补偿18起，工资福利待遇案件81起；从用人单位性质来划分，外资企业6家，国有企业8家，私营企业135家。立案率比去年同期下降12.8%。其中，期限内结案179件（调解76件，裁决59件，撤诉44件），正在处理之中1件，期限内结案率为100%。涉案金额723.24万元。

全年，共接待咨询相关政策的群众372批次，通过工作人员的解释和疏导，大部分矛盾隐患在基层得到有效化解。不能化解的引导其申请仲裁，避免其上访。年内，未接到因劳动争议引起的上访案件。

【社保卡发放】 通过微信公众号、电视台、“赶集式”等宣传方式，大力推进社保卡的申请和使用，以确保社保卡整合的100余项功能陆续开通。截至11月底，全县已发放26万张。已经开通的职工医保功能实现了真正意义上的全国“互通”。社保卡的使用和直接结算的结合，为香河县招商引资、招贤纳才打通了瓶颈。

【健康档案建立】 2017年4月起，为28000余名医保参保人员免费进行体检，开支医保基金2000万元。将每人的体检结果录入管理系统，建立个人健康档案，及时提供健康指导、咨询。

领导班子成员

局　长：孙宏伟

副局长：刘长林　吴　凤

（杨连永）

民族宗教管理

【概况】 2017年，香河县民宗局在县委、县政府的正确领导和上级民宗部门的精心指导下，以中共十八届五中、六中全会及十九大精神为指引，深入学习贯彻习近平系列讲话和全国宗教会议精神，坚持贯彻和执行党的民族宗教工作基本方针，加强和创新民族宗教事务管理，妥善解决民族宗教领域热点难点问题，促进香河县民族宗教工作健康稳步开展。

【民族团结宣传教育】 以“民族团结一家亲同心共筑中国梦”为主题，制定《香河县“民族团结进步月”活动方案》，有计划、有步骤、多形式的在全县开展民族团结创建活动。制作印发《民族团结进步宣传笔记》1500本，民族团结宣传学生笔袋400个，全部发放到香椿营回民小学师生手中。组织民族小学学生在民族团结承诺墙上签字，使民族小学学生从小树立维护民族团结的理念。在香河县人民广场设立民族团结宣传站，摆设民族团结宣传展牌，发放知识手册、民族团结宣传环保袋。同时，在县城人口聚集区、少数民族村醒目位置悬挂民族团结宣传标语26幅，极大提高民族工作社会关注度。走访慰问少数民族困难户12户，并送去米、面、油等生活用品，让少数民族困难群众亲身感受到社会大家庭的温暖。

【民族村发展】 香椿营回民村自2015年被成功争列为全省少数民族特色村镇试点村，至年底，累计争取少数民族发展专项资金150万元，撬动社会及各方资金近亿元投入特色村寨创建工作。先后进行道路硬化、自来水管道、污水管道和雨水管道铺设。重点实施清真寺改造、违建拆除和墙面保温等工程，村内面貌焕然一新，回族群众生活环境得到进一步改善。开展基础设施建设同时，通过“《今日香河》”、“香河通”等宣传媒体，广泛宣传特色村寨创建成果，积极配合省厅做好特色村寨经验材料汇编和市民宗局对香椿营特色村寨的宣传片录制工作，形成多层次多角度立体宣传格局。

【民族维稳】 保定白沟清真食品事件后，县民宗局工作人员立即深入民族村，了解回族群众思想动态。充分发挥县伊斯兰教协会和回族上层人士作用，做好全县穆斯林群众的情绪安抚和稳控工作。县委统战部、县民宗局联合下发《关于做好民族维稳工作的紧急通知》，严格落实“一把手”责任制，站在民族宗教无小事高度，全力做好民族维稳工作。建立“香河民族宗教”微信群，发布民族政策摘要5篇，及时宣传正能量、正思想，争夺舆论主动权。同时，密切关注微信群、朋友圈等新媒体信息动态，形成网上网下监管合力。

中共十九大召开前夕，香河县宗教工作领导小组组织召开十九大安保座谈会，对全县民族宗教工作存在的问题和隐患，认真梳理，逐项研判。下发《关于做好十九大期间民族宗教领域维稳工作的紧急通知》，明确要求，落实责任。县伊斯兰教协会和佛教协会充分发挥桥梁纽带和传声筒作用，先后召开会议传达上级要求和部署十九大期间安保举措。发动成员从自身内部挖掘矛盾隐患，消弭于萌芽，确保宗教领域和睦和谐。引导宗教界代表人士在各自微信群中发声表态，号召广大少数民族群众和宗教信众，在大是大非面前立场坚定、原则分明、不传谣、不造谣、不信谣。同时，积极发挥宗教教职人员和场所负责人在少数民族群众和信教群众中威信高、影响大、群众基础好的优势，积极做好协调关系、化解矛盾、增进团结的工作。

【清真食品市场监管】 强化监管，维护清真食品市场稳定。建立县民宗局，县公安局国保大队、县食品药品监督局、县工商局和县伊斯兰教协会联合检查机制，不定期对全县范围内清真食品经营商户进行突击检查。完善全县清真食品市场动态管理台账，实时更新商户信息，做到情况清、底数明。聘请12名具有清真饮食习惯的少数民族群众担任清真食品义务监督员，发放“香河县清真食品监督证”，并实行监督有奖举报制度。充分调动监督员的积极性，增强民宗工作力量，形成监督检查合力。十九大召开之前，对全县108家清真饭店、摊点逐一进行排查，对外省籍经营的39家拉面馆，127名人员全部进行登记，指导14家清真饭店、摊点进行了整改，进一步规范了香河县清真食品市场秩序。

【宗教中国化推进工作】 按照习近平总书记在全国宗教工作会议上“积极引导宗教与社会主义相适应，必须坚持中国化方向”的指示精神，组织天主教、基督教、伊斯兰教、佛教教职人员、宗教场所负责人分别参加“坚持中国化方向”研讨座谈活动，引导各宗教积极挖掘宗教教义中与社会主义核心价值观相契合的内容，对宗教思想、教规教义进行符合时代进步要求的阐释，坚决抵制防范西方意识思想渗透，鼓励各宗教通过卧尔兹比赛、礼拜演讲等方式，引导宗教信众爱国爱教，与党和政府同心同向。积极开展新修订宗教事务条例和十九大精神宣传活动，通过组织培训、开展十九大精神学习座谈会等形式，迅速在全县民族宗教领域掀起学习高潮。九圣寺、城区基督教义井分部率先自发组织广大信众开展学习贯彻十九大精神和新宗教事务条例学习班，号召广大信众知法守法，依法依规开展宗教活动,既当好信徒,又做好公民。

【爱心奉献 践行慈善】 积极引导宗教界人士奉献爱心，践行慈善，弘扬“慈爱人间，五教同行”（五教：佛教、道教、伊斯兰教、天主教、基督教）宗教理念，展示香河县宗教界的良好形象。10月28日，重阳节之际，香河县民宗局组织九圣寺主持释法源法师及广大僧众20余人前往刘宋镇敬老院，看望慰问孤寡老人，九圣寺僧众为每位老人送去高档棉被、慰问金，共计3万余元。九圣寺僧众与老人们促膝交谈，询问老人们的身体情况和生活状况，嘱咐老人要好好保重身体，安享晚年，使老人感受到社会大家庭的温暖与关怀。

民宗局班子成员

局　长：赵志清

（刘文彪）

行政服务和公共资源交易

【概况】 行政服务和公共资源交易中心2012年11月建立，机构规格为正科级，核定事业编制12名，设常务副主任1名，副主任2名。内设机构有办公室、综合室、督查室、电子监察室（工作人员由县纪委监察局派驻）。行政服务和公共资源交易中心因机构改革，2017年8月撤销，成立行政审批局。在新机构未完善前，业务仍按原流程照常办理。

香河县行政服务中心（简称“服务中心”）在各窗口单位大力支持下，贯彻落实习近平总书记系列重要讲话、十九大精神，坚持以深化行政审批制度改革、全面提升行政效能为指导，进一步加强平台建设，优化服务流程，切实提高政务服务质量和效率。

香河县公共资源交易中心（简称“交易中心”）以优化服务为主线，全面加强内部管理。创新服务举措，规范工作行为，以更高的效率，更优的环境,整体推进公共资源交易服务工作再上新台阶。交易中心为全县各方交易主体提供快捷高效的服务平台，保障各类交易活动“公开、公正、公平”进行。

【服务中心强化服务观念建设】 按照“能快则快、能简则简、能优则优”的原则，对所有进场公共资源交易项目做到“主动办、现在办、马上办”，建立完善重点工程、民生工程项目“绿色通道”制度，扎实推进项目进场交易顺利完成。坚持原则性与灵活性相结合，协助招标人做好项目招标范围、招标方式、招标组织形式等招标方案确定工作，并根据项目具体情况，制定详细的招标计划，使重点项目招标得以顺利推进。至年底，服务中心共圆满完成交易534项，涉及资金21.63亿元，为各方交易主体节约资金2854万元，增加财政收入2.09亿元。其中，建设工程类项目164项，总投资9.61亿元，中标金额9.42亿元，为投资主体节约资金1909万元。政府采购182项，总投资2.46亿元，成交金额2.36亿元，节约资金943.76万元。土地公开出让11宗，起拍价7.66亿元，成交金额9.75亿元，增加财政收入2.08亿元。产权交易类项目177项，涉及资金927.34万元，增加财政收入114.51万元。

【服务中心工作稳步运行】 服务中心有13个行政审批部门集中办理行政审批和服务事项，共设窗口28个，承办事项74项。截至年底，中心共受理事项24301项，限时办结24178件，限时办结率为99.5%。同时，为更好的服务群众，中心继续落实首问负责、一次性告知、限时办结等27项工作制度。

【网上交易对接省市平台】 2017年，交易中心不断强化网络建设，积极通过政务外网与省、市平台对接，实现了交易主体网上注册；交易项目网上受理和时间场地安排；投标单位网上匿名报名和招标文件下载；网上投标、开评标过程电子化辅助。同时，交易中心按照省公共资源交易中心流程化管理要求，设置了交易受理部、交易组织部、交易评审部、交易见证部等岗位，按流程规定安排到交易平台的对应岗位，实现进场交易项目全流程网上规范操作，透明化管理。年底，中心交易平台建设完成，并和省、市一体化平台联通，实现交易公告实时发布，交易数据无缝对接，形成规则统一、公开透明、服务高效、监督规范的公共资源交易平台体系，并顺利通过省公共资源交易中心验收。

【交易中心制度建设】 交易中心始终坚持制度为先，以制度管人的宗旨。按照法定规则和操作程序，努力营造执行快速、管理到位、服务高效、保障有力的公共资源交易服务平台，为各类交易项目提供优质的招投标交易服务。对已经入驻的建设工程、产权交易、政府采购、土地出让等交易活动，完善了《进场交易申请流程》《国有投资建设工程项目招投标操作流程》《政府采购项目招投标流程》《国有土地挂牌出让流程》等10余项工作流程图。将交易活动各个环节，分别安排到对应科室，明确责任人员和工作时限，最大限度杜绝人为干扰，提高工作效率。

人员管理规范化。为全面提高交易中心工作效率和服务水平，树立快捷、高效的对外形象，中心先后制定《工作人员服务规范》《代理公司行为准则》《专家评委行为准则》《开标会现场注意事项》等文件，在招投标过程中，对工作人员、各方交易主体、专家评委行为进行全面规范，为各方交易主体提供全方位“保姆式”服务。

行政服务和公共资源交易中心领导班子成员

副主任：王艳文（常务，任至8月）
　　　　闫立国（任至9月）
　　　　单庆辉

（李景欣）

行政审批

【概况】 根据《廊坊市机构编制委员会关于同意设立香河县行政审批局的批复》（廊编〔2017〕3号）精神，经香河县机构编制委员会、县委常委会和县政府常务会议研究，2017年8月成立香河县行政审批局，为县政府工作部门。行政审批局为正科级单位，核定行政编制40名，设局长1名，副局长3名，内设股室9个；政务服务中心核定全额拨款事业编制23名，设主任1名，由行政审批局副局长兼任，内设股室3个。确定第一批划转项目、人员编制划转方案等。

【初步确定窗口排布】 新便民服务中心，通过前期与各单位协调沟通，大厅设有开放式工位132个。进驻行政许可事项和公共服务事项611项，划分社会保险服务区、便民服务区、办税服务区、房产交易服务区、公安户籍服务区、联合审批服务区六大专区。

【初步确定划转事项】 政府常务会上确定的第一批划转事项112项已划转到位。进驻县直单位30家，企业5家。进驻行政权力事项和公共服务事项611项。

行政审批局领导班子成员

局　长：王艳文（8月任）
副局长：闫立国（9月任）
　　　　崔文杰（9月任）

（李景欣）

纪检监察

责任编辑　陈述龙

综　述

中共香河县纪律检查委员会在中共香河县委和中共廊坊市纪律检查委员会的双重领导下进行工作。纪律检查委员会的主要任务是维护党的章程和其他党内法规，检查党的路线、方针、政策和决议的执行情况，协助党的委员会加强党风建设和组织协调反腐败工作。县纪律检查委员会全体会议选举常务委员会和书记、副书记，并由县委通过，报市委批准。县监察局和县纪律检查委员会实行合署办公。

2017 年，香河县纪检监察工作聚焦监督、执纪、问责主业，坚持挺纪在前，不断提升监督执纪水平，积极探索创新全县党风廉政建设和反腐败工作取得明显成效。香河县规范村街"小微权利"运行工作经验被新华网、长城网等 10 余家媒体报道和转载；村级财务审计工作经验相继在河北纪检监察网、省"两个专项工作"简报、省委办公厅内刊上刊发，得到省委、省纪委主要领导的高度重视和肯定，并在全市推广。

（郑肃然）

纪检监察机构

【纪律检查委员会领导机构】　2017 年 1 月，中共香河县第十届纪律检查委员会有委员 19 名，其中常委 6 名、书记 1 名、副书记 1 名。中共香河县第十一届纪律检查委员会于 2017 年 2 月 22 日由中共香河县第十一届委员会第一次全体会议选举产生，由 21 名委员组成，其中常委 7 名、书记 1 名、副书记 2 名。

纪委监察局领导班子成员

书　　记：刘振华
副 书 记：张福东　袁德永（2 月任）
常　　委：（不含书记、副书记）
王　辉　王东利　崔振起
田兆泉（2 月任）
监察局局长：张福东
监察局副局长：孙志坚

【纪委监察局工作机构】　2017 年 1 月，县纪委内设机构 14 个：办公室、组织部、宣传部、法规研究室（预防腐败办公室）、党风政风监督室（县政府纠正行业不正之风办公室）、信访室（投诉中心）、案件监督管理室、纪检监察一室、纪检监察二室、纪检监察三室、纪检监察四室、纪检监察五室、案件审理室、纪检监察干部监督室。人员编制 39 名，其中行政编制 22 名，事业编制 14 名，工勤编制 3 名。

3 月，撤销法规研究室，将其职能并入宣传部；撤销纪检监察 5 个室。设 5 个监督室，即：第一监督室、第二监督室、第三监督室、第四监督室、第五监督室。纪检监察室的名称统一改为"第 X 纪检监察室"。

12 月，县纪委内设机构 17 个：办公室、组织部、宣传部、党风政风监督室（县政府纠正行业不正之风办公室）、信访室、案件监督管理室、第一纪检监察室、第二纪检监察室、第三纪检监察室、第四纪检监察室、第一监督室、第二监督室、第三监督室、第四监督室、第五监督室、案件审理室、纪检监察干部监督室。

纪委办公室主任：尹卫国

纪委组织部部长：李阿芳（女，任至5月）

孟召辉（女，5月任）

委宣传部部长：王天明（5月任）

法规研究室（预防腐败办公室，3月裁撤）主任：孟召辉（女，任至3月）

党风政风监督室（县政府纠正行业不正之风办公室）主任：张文学

信访室主任：王国良（5月任）

案件监督管理室主任：

夏　征（女，任至5月）

李　杰（5月任）

纪检监察一室（3月裁撤）主任：

田兆泉（任至3月）

第一纪检监察室（3月建）主任：

栾　泉（5月任）

纪检监察二室（3月裁撤）主任：

武晓涛（任至3月）

第二纪检监察室（3月建）主任：

王建利（5月任）

纪检监察三室（3月裁撤）主任：

阮永鹏（任至3月）

第三纪检监察室（3月建）主任：

田兆山（5月任）

纪检监察四室（3月裁撤）主任：（缺职）

第四纪检监察室（3月建）主任：

李　平（5月任）

纪检监察五室（3月裁撤）主任：

李　杰（任至3月）

第一监督室（3月建）主任：

陈元贺（5月任）

第二监督室（3月建）主任：

刘世红（女，5月任）

第三监督室（3月建）主任：

任东艳（女，5月任）

第四监督室（3月建）主任：

李志军（5月任）

第五监督室（3月建）主任：

武晓涛（5月任）

案件审理室主任：

袁春颖（女，任至5月）

阮永鹏（5月任）

纪检监察干部监督室主任：

张兴华（任至5月）

【县纪委派出机构】 2017年3月，撤销香河县人民法院、香河县人民检察院、香河县公安局、香河县司法局派驻纪检委（组），设立政法委纪工委，为县纪委派出机构，机构规格为正科级，所需编制由县纪委监察局机关内部调剂解决。

政法委纪工委书记：秦淑慧（5月任）

园区纪检监察机构是中共香河县纪律检查委员会、县监察局的派出机构，实行合署办公，在中共香河县纪委、监察局领导下开展工作。2017年3月，设立河北香河经济开发区纪检组、监察室，负责河北香河经济开发区的纪检监察工作。到2017年12月，园区纪检组3个，设组长3名；园区纪工委2个，设书记2名。

香河县开发区纪检组（3月裁撤）组长：（缺职）

河北香河经济开发区纪检组（3月建）组长：

袁春颖（女，5月任）

香河县新兴产业示范区纪检组组长：

白焕廷

香河县环保产业园区纪检组组长：王安宇

香河县家具城纪律检查工作委员会书记：刘 静

香河县农业高新技术园区纪律检查工作委员会书记：程凤武

【县纪委派驻机构】 2017年3月，撤销县纪委派驻县直机关32个纪检组、国土资源局纪检组，将编制划归县纪委监察局机关

【县委巡察机构】 2017年3月，设立县委巡察组及巡察工作领导小组办公室，作为县委巡察工作领导小组日常办事机构，设在县纪委，负责巡察的日常工作，机构规格为正科级。县委巡察组在县纪委监督室挂牌，实行一套人马、两块牌子管理体制，机构规格为正科级。组长由正科级巡察专员担任，副组长由副科级巡察专员担任。

县委巡察工作领导小组办公室主任：李阿芳（女，5月任）

县委第一巡察组组长：陈元贺（5月任）

县委第二巡察组组长：刘世红（女，5月任）

县委第三巡察组组长：任东艳（女，5月任）

县委第四巡察组组长：李志军（5月任）

县委第五巡察组组长：武晓涛（5月任）

县纪委重要会议

【纪委全委会议】 2017年2月22日，县纪委召开第一次全委会议，以无记名投票方式，选举刘振华为书记，张福东、袁德永为副书记，选举王辉、王东利、崔振起、田兆泉为常委。

【工作会议】 2017年1—12月，县纪委召开7次工作会议。

1月24日，在县委七楼大会议室召开全县纪检监察系统工作会议。县纪委监察局班子成员，委局机关各室（部）负责人，各派驻纪检组长，各镇、街道、园区纪委（纪检组）负责人参加会议。会议传达省委九届二次全会精神和县委书记到县纪委调研讲话精神，县委常委、纪委书记刘振华结合学习贯彻中省纪委全会精神，作出具体安排部署。

5月22日，在县委三楼会议室召开乡镇纪委书记座谈会，县委常委、纪委书记刘振华出席会议并讲话。各镇（街道、园区）纪委书记（纪检组长）、委局部分班子成员及室主任参加会议。会上听取各乡镇纪委书记工作汇报，县监察局副局长孙志坚对《进一步加强镇（街道、园区）纪委（纪检组）科学履职的意见》和《镇（街道、园区）纪委（纪检组）2017年度履职情况积分制考核办法》进行解读，刘振华就进一步强化乡镇纪委履职讲具体意见。

6月9日，在县委七楼会议室召开全县“两个专项”（“一问责八清理”“微腐败”）工作推进会，县委副书记、县长王文强和县委常委、纪委书记刘振华出席会议并讲话，各镇、街道、园区及县直部门主要负责人参加会议。会上，王文强和刘振华分别就落实“两个专项”工作提出具体要求。

7月9日，召开整治农村基层“微腐败”暨村级财务审计工作现场会。邀请市委常委、市纪委书记魏国东，市纪委副书记、监察局局长李晓鹏，以及兄弟县市的纪委书记出席。会议现场观摩香河县规范农村“小微权力”运行、开展村级财务审计试点工作情况，观看《整治“微腐败”、助力“换届年”》专题片。钳屯镇党委书记张占春介绍经验做法，县委常委、纪委书记刘振华通报村级财务审计试点情况，县

委书记李桂强讲话，市委常委、市纪委书记魏国东对香河县工作给予指导。

7 月 21 日，县纪委在县委七楼大会议室组织开展年轻干部交流述职活动，县纪委监察局班子成员、室主任及股级以下干部参加活动。委局 10 名年轻干部围绕近两年工作情况进行脱稿交流述职，委局班子成员对述职情况进行评议，在肯定成绩同时指出不足。

11 月 27 日，省市召开深化国家监察体制改革动员部署电视电话会议后，香河县立即召开深化国家监察体制改革动员部署会议。县委书记李桂强出席并讲话，县直部门主要负责人、县纪委监察局班子成员及室主任参加会议。会上，县委书记李桂强作动员讲话，就转隶、组建、履职等方面讲具体意见。

11 月 29 日，召开县深化国家监察体制改革试点工作小组第一次推进会，县委常委、县委组织部长王宏民出席会议并讲话，县深化国家监察体制改革试点工作小组办公室成员单位相关人员参加会议。会上印发《关于成立香河县深化国家监察体制改革试点工作小组及办公室的通知》《深化国家监察体制改革试点工作小组办公室组成人员名单及主要职责》《深化国家监察体制改革试点工作小组办公室主要任务及各成员单位任务分工》，县委常委、县委组织部长王宏民和县纪委副书记、县监察局局长张福东分别就做好深化国家监察体制改革试点工作讲具体意见。

纪检监察工作与职能

【两个专项整治工作】 2017 年，开展“一问责八清理”和基层“微腐败”两个专项整治工作。县委书记、县长、纪委书记 3 人联名向乡镇党政“一把手”发出公开信，要求各乡镇党政“一把手”切实扛起主体责任、确保全县基层“微腐败”专项整治工作有力有序有效开展。县长、县纪委书记对牵头单位“一把手”进行“一对一”警示约谈 6 人次。组织全县党员干部集中开展两个专项工作专题学习活动，发放明白纸 5 万余张，悬挂条幅 474 个，向县“两代表一委员”发放《征求意见函》400 余份。以村街“两委”换届和基层“微腐败”专项整治为契机，在全县 300 个村街开展村级财务审计工作，共发现 9 类 682 余件问题。全县“一问责八清理”专项行动共发现并上报问题线索 993 件，全部整改完毕；基层“微腐败”专项整治工作排查问题线索 465 件，查实 172 件，整改完成 168 件。两个专项整治工作中共新建制度 187 项，完善制度 32 项，问责党员领导干部 6 人，问责党组织 21 个。

【落实“两个责任”】 2017 年，继续抓好“两个责任”[党委（党组）负主体责任、纪委负监督责任]的落实。制定出台《关于落实全面从严治党主体责任的实施意见》，从县乡村 3 个层面，分党委班子、班子主要负责人和班子成员 3 种类型，逐级逐类开列全面从严治党主体责任清单。通过签字背书、纪实管理、量化考核、严肃问责等具体措施，保证主体责任落实。是年，对履行全面从严治党主体责任不力的 21 个党组和 6 名党员领导干部进行问责。起草《香河县践行监督执纪“第一种形态”暂行办法》（“第一种形态”指党内关系要正常化，批评和自我批评要经常开展，让咬耳扯袖、红脸出汗成为常态），谈话提醒，纪委全程参与，变单纯监督为指导与监督并进。先指导后监督，切实让党委（党组）发挥主体作用。是年，县纪委会同各级党委（党组）对 73 名科级干部和 50 名科级以下干部进行提醒谈话，对 87 名干部运用谈话函询方式处置。针对审计中发现的问题，出台《农村“小微权利”规范运行实施方案》，并将“小微权利”工作列入对村干部“两考三评一定”[半年考察考核、年终考察考核；村街党员群众评议、执法执纪部门评审、基层党（工）委评签；定星级等次]重要内容。制定《村务管理监督工作办法》，开列监督清单39项，制定监督制度8项，层层明确责任41项，进一步扎紧制度笼子。7月9日，香河县召开整治农村基层“微腐败”暨村级财务审计工作现场会。市委常委、市纪委书记魏国东出席会议并讲话。各县（市、区）纪委书记、廊坊开发区纪工委书记参加会议。会前，与会人员观摩钳屯镇试点工作情况，集中观看《整治“微腐败”助力“换届年”香河县集中开展村官离任审计撬动“小微权力”规范运行》专题片。会上，县委书记李桂强汇报香河县落实两个责任情况，县委常委、县纪委书记刘振华通报试点审计情况，钳屯镇党委书记张占春做典型经验发言

【落实“八项规定” 严防“四风”反弹】 针对群众反映强烈的县直部门“中梗阻”问题，通过线上线下两种方式，邀请群众和企业代表对36家具有行政审批和行政执法权限单位的班子成员和中层科室负责人开展反向测评，发现并处理问题200余件，测评结果纳入个人廉政档案。紧盯关键节点，钉牢元旦、春节、中秋节、国庆节等重要节点，严防以各种名目发放津贴、补贴和礼品。明确和重申有关记录规定，严肃查究“四风”及违反中央八项规定精神问题。开展各类明察暗访110余次，通报批评党组织2个，追责问责16人，给予党政纪处分10人。召开县镇村三级干部警示教育大会，通报群众身边不正之风和腐败问题典型案件8起，编印《村官贪腐警示录—违纪违规典型案例剖析》，收集村官贪腐典型案例23件印发全县，以此进一步严肃党纪，强化震慑。编印《漫说〈中国共产党纪律处分条例〉》廉政教育读本，以漫画形式解读党规党纪。依托“清廉香河”微信平台，加大廉政宣传力度。年内，共发布“清廉香河”51期，推送廉政微信200余篇。

【案件查办】 综合运用批评教育、组织处理、纪律处分，全面执行党的六项纪律（政治纪律，组织纪律，工作纪律，生活纪律，群众纪律，廉洁纪律），既见“树木”又见“森林”。全县纪检监察机关共立案92件，年内结案91件，其中违反组织纪律类4件，违反生活纪律类19件，违反群众纪律类39件，违反廉政纪律类17件，违反工作纪律类12件。给予党政纪处分91人，涉及乡科级干部9人。其中，运用“第一种形态”98人次，占比51.8%。

【纪委信访管理】 县纪委全年共受理信访190件次，排查矛盾隐患60多个，及时发出预警信息30余次，开展信访监督12件次。

【纪检监察系统队伍建设】 机构改革全面完成，设立内设机构17个，监督类和纪检监察类机构编制占全部编制数量的70%以上。建立政法委纪工委和县级巡察机构，完成对县农业局、县工商局等5家单位首轮巡察，发现问题117个，线索33个，涉及干部41人，其中科级干部20人。制定《乡镇纪委科学履职的意见》和《乡镇纪委年度履职情况积分制考核办法》，建立月积分、季通报、年汇总的日常积分考核机制，规范乡镇纪委履职。制定《乡镇纪委区域协作交叉巡察（异地审查）工作办法》，探索“片区化监督执纪”新机制。

【纪检监察机关作风建设】 结合“两学一做”学习教育常态化，组织全体纪检监察干部认真

学习贯彻习近平总书记系列重要讲话精神、十九大报告精神，订阅《学思践悟》图书，人手一册，深刻领会文章内涵，树牢“四个意识”（政治意识、大局意识、核心意识、看齐意识），努力提高队伍思想政治水平。搭建培训交流平台，编印《香河纪检监察信息》9期，编印《〈中国共产党纪律检查机关监督执纪工作规则（试行）〉学习资料》读本等党纪党规学习系列口袋书，开设“纪检监察干部大讲堂”，邀请市纪委相关科室主任及业务骨干、县委党校的专家教授以及县检察院、法院等单位的相关负责人，对全县纪检监察干部进行专题辅导培训，2017年共开展集中培训7场次，培训人数达700余人次，纪检监察干部能力素质得到有效提升。

（郑肃然）

政协香河县委员会

责任编辑　陈述龙

综　述

中国人民政治协商会议香河县委员会（简称县政协），在中共香河县委的领导下，按照中国人民政治协商会议章程依法履行政治协商、民主监督、参政议政。县政协下设办公室、提案委员会、科技经济委员会、社会发展委员会，人员17人。

2017年，县政协常委会全面贯彻中共十八大、十九大会议精神，以习近平新时代中国特色社会主义思想为指引，牢牢把握团结和民主两大主题，围绕中心谋事，聚焦发展干事，关注民生成事，取得政治协商有亮点、民主监督有重点、参政议政有特点的显著成绩，为全面开创“美丽幸福新香河”建设新局面做出积极贡献。县政协常委会坚持围绕中心、服务大局，充分发挥县政协职能，把助推发展作为第一要务。充分发挥委员所处界别广泛优势，集中力量议大事、求实效，与县委、县政府共商香河县经济和社会发展大计，共谋社会主义新时代发展良策。针对香河县加快园区转型升级、环境综合整治、美丽乡村建设等方面工作存在问题和不足提出意见建议，得到县委、县政府及有关部门高度重视。常委会在开展建言献策和民主监督工作中，做到在参与中支持、在支持中服务、在服务中监督，着力推动香河县各项惠民举措落到实处。

（靳洪坤）

政协机构设置

【政协常委会领导机构】 2017年政协香河县第九届委员会有主席1名、副主席4名。在4名副主席中有非中共人士2名、女性1名、未驻会副主席1名。

政协香河县委员会领导成员

主　席：马文龙（2月任）
副主席：盛泽良（2月任）
　　　　李一超（女、2月任）
　　　　苏　宽（2月任）
　　　　刘奖波（2月任，不驻会）
秘书长：张天亮

【政协香河县委员会工作机构】

办公室
主　任：张天亮（2月任，兼）
提案委员会办公室
主　任：刘铁山（2月任）
科技经济委员会办公室
主　任：张春来　（5月任）
社会发展委员会办公室
主　任：王伟峰（2月任）

县政协重要会议

【政协全体会议】 2月26—27日，政协香河县第九届委员会第一次会议在第一城举行。会议听取和审议《中国人民政治协商会议香河县第八届委员会常务委员会工作报告》；听取和审议《中国人民政治协商会议香河县第八届委员会常务委员会提案工作报告》；列席县十五届人大第一次全体会议，听取并协商讨论《政府工作报告》，协商讨论其他报告；选举政协香河县第九届委员会主席、副主席、秘书长、常务委员；通过大会政治决议。

按照市委、县委关于县政协换届文件要求，政协香河县第九届委员会应聘委员165名。为给今后政协届中调整增补委员留有余地，暂聘委员160名，预留5名空额。界别设置为中共、无党派人士、工青妇科协、工商联、侨联、文化艺术与新闻出版、科学技术、农业、社会科学、经济、教育与体育、医药卫生、社会福利与社会保障、少数民族与宗教、特别邀请人士等15个。在160名委员中，中共党员为62名，党外人士为98名，所占比例分别为38.8%和61.2%；继续提名委员50名，占总数的31.3%，新提名委员为110名，占总数的68.7%。

政协九届一次全体会议应到政协委员160人，因事因病请假6人，实到154人。2月27日，通过投票选举方式，全票选举马文龙为香河县第九届政协主席，选举盛泽良、李一超、苏宽、刘奖波为副主席，选举张天亮为秘书长，选举常务委员29名。

【政协常委会议】 2月20日，县政协八届二十四次常委扩大会议在县政协机关三楼会议室召开。会议议程：讨论县政府《2016年全县经济社会发展情况》的通报和《关于县政协八届五次会议提案办理情况的通报》；县委统战部介绍政协香河县第九届委员会委员、常委推荐提名情况；会议决定政协香河县第九届委员会第一次会议于2月26—27日在一城召开，会期两天。会议审议通过《政协香河县第九届委员会第一次会议议程（草案）》《政协香河县第九届委员会第一次会议日程（草案）》；会议审议《中国人民政治协商会议香河县第八届委员会常务委员会工作报告（讨论稿）》和《中国人民政治协商会议香河县第八届委员会常务委员会提案工作报告（讨论稿）》，并协商确定两个报告的报告人；协商讨论政协香河县第九届委员会主席、副主席、秘书长、常委建议名单草案；协商讨论政协香河县第九届委员会第一次会议期间大会主席团成员、秘书长建议名单草案；主席团常务主席建议名单草案；大会副秘书长建议名单草案；提案审查委员会主任、副主任、委员建议名单草案；审议政协香河县第九届委员会第一次会议委员分组及组长建议名单；对政协全会工作做出安排。

4月20日，县政协九届一次常委（扩大）会议在县政协机关三楼会议室召开。会议议程：审议通过政协香河县委员会2017年工作要点及常委会、委组活动安排。

9月15日，县政协九届二次常委（扩大）会议在县政协机关三楼会议室召开。会议议程：组织常委对香河县重点工程进行视察，听取并讨论县政府《关于全县经济社会发展情况的通报》；听取并讨论县政府《关于政协九届一次会议提案办理情况的通报》；传达贯彻县委常委（扩大）会议精神，并对会议议题进行研讨；研究有关人事问题；部署县政协下一阶段重点工作。

11月22日，县政协九届三次常委会议在县政协机关三楼会议室召开。会议议程：学习传达贯彻中共十九大精神和省委九届五次全会、市委六届三次全会、县委十一届二次全会精神；参观视察香河机器人产业港。

政协工作与职能

【政治协商】 围绕县委、县政府中心工作，事关全县经济社会发展的全局性问题和社会各界关注的热点难点问题，开展形式多样的协商议政活动。在县“两会”期间，政协委员和人大代表一起协商讨论“一府两院”工作报告及其他报告，提出意见和建议68条。召开3次政协常委会议，围绕运河生态文化项目规划实施、重点交通路网规划建设、智慧城市规划实施等重点项目工程进行专题协商，提出加快推进项目建设进度、强化土地管控等具体意见建议。11月22日，组织委员实地参观香河机器人产业港智慧城市项目、太库（香河）科技孵化器有限公司、尼玛克焊接设备（香河）有限公司并提出意见建议。针对改善民生工作，向党外人士征求意见建议，提出规范小区物业服务管理、加快学校建设、持续改善交通出行、加强水环境治理、加大林木保护力度等意见建议30余条，为县委、县政府科学决策提供有益参考。年内，各专委会加强与工信、水务、文化、教育、规划、建设、卫生、环保、交通等部门的交流和沟通，就工业企业转型升级、基础教育建设、城镇化建设等进行协商议政。年内，县政协常委会组织教文体组委员利用两个月时间，先后深入十几所中小学校，对香河县城区教育发展现状进行调研，形成《关于加快城区学校建设，有效缓解学位紧张》的调研报告，为县委、县政府科学决策提供有益参考。

【参政议政】 坚持把服务发展、改善民生作为参政议政重点，政协九届一次会议期间，组织全体委员围绕县第十次党代会确定的工作目标和政府工作报告，与县委、县政府同频共振，共商发展大计，共谋转型良策。针对香河县加快园区转型升级、环境综合整治、美丽乡村建设等方面提出意见建议20多条，得到党政领导和有关部门的高度重视，协商成效明显。

【民主监督】 发挥提案民主监督的载体作用。通过听取县政府提案办理情况的通报和开展“年终盘点”提案办理结果等形式，加大提案的督办力度。制定出台《关于健全和改善政协提案办理制度的意见》，向全体委员发放《致委员的一封信》，引导委员精准选题，撰写高质量提案。坚持将反映社情民意作为政协“下情上达”的“直通车”，把了解和反映社情民意作为履行民主监督职能的拓展和延伸，及时将有价值的社情民意信息编发上报，为党委、政府提供决策参考。选派委员参加县纪委组织的行风评议活动，选荐50多名政协委员担任政府部门的执法执纪、党风廉政特邀监督员和监察员，为促进依法行政、推动行风建设发挥应有作用。

【提案办理】 县政协常委会着力构建提案办理工作协调有序的运行机制，制定出台《关于健全和改善政协提案办理制度的意见》，发挥提案民主监督的载体作用。通过听取县政府提案办理情况的通报和开展“年终盘点”提案办理结果等形式，加大提案的督办力度。县政协九届一次会议以来，共收到委员提案72件，审查立案68件。通过办理提案，一批人民群众关注的热点难点问题得到解决，切实发挥提案办理在民主监督中的重要作用。

【文史资料】 充分发挥文史资料“存史、资政、团结、育人”的作用，做好文史资料集存编撰工作，编印文史资料集存第十七辑《写在林木间的历史》，为展示香河文化特色，启迪教育后人，凝聚各界力量，宣传和扩大香河县文化影响起到积极推动作用。

（靳洪坤）

人民团体

责任编辑　王树春

综　述

2017年，香河县总工会、共青团香河县委员会、香河县妇女联合会、香河县科学技术协会、香河县文学艺术联合会、香河县工商联、香河县残疾人联合会、香河县计划生育协会等社会团体围绕县委工作重点、群众关心的热点和经济社会发展的难点，创新工作思路，探索服务路径，研究确立新方法，拓宽服务领域，充分发挥自身职能和党联系群众的桥梁纽带作用。年内，共青团香河县委员会荣获本年度“全市县级团委综合考评第一”荣誉称号；香河县妇联荣获廊坊市“三八红旗集体”荣誉称号；香河县妇联被评为廊坊市妇联系统网站信息工作优胜单位；荣获全市“诗文传家远 书香满廊坊”家庭诗书大会优秀组织奖；县文联在廊坊市组织的舞蹈大赛活动中，被市文联授予“优秀组织奖”；2017年6月，香河县计划生育协会被河北省委、省政府授予计划生育工作先进县称号。

香河县总工会

【概况】 2017年，香河县牢固树立创新、协调、绿色、开放、共享的发展理念，认真履行工会职责，着力抓好工会基层组织建设、推行普惠化服务、职工建功立业、劳动关系和谐企业创建、困难职工帮扶、“职工互助一日捐”、民主管理等重点工作。

【基层组织建设】 2017年，县、各镇、街道、园区总工会开展基层工会组建工作，成立基层工会组织建设工作督导小组，实行领导班子成员分包，定期对基层组织建设工作进行督导检查。至年底，全县各类法人单位建会率和25人以上单位建会率均100%；各类法人单位职工入会率96%；基层工会规范建设达标率95%；全县建会493家，涵盖独立法人单位768个，会员数49938人，职工入会率96%。全县493家基层工会组织共荣获133个县级荣誉、119个市级荣誉、39个省级荣誉、6个全国荣誉。蒋辛屯镇总工会被河北省总工会评为“河北省百家示范乡镇（街道）工会”。

【扶贫济困活动】 2017年，继续开展“职工互助一日捐”活动，全县捐款单位72个，捐款人数10430人，筹集资金41.72万元。年内，“职工互助一日捐”活动救助73人，救助金额47.7万元。按照省市总工会要求，开展职工互助一日捐“急难暖心”专项救助活动，8名职工符合条件，发放救助金4.6万元。开展创业就业扶持专项行动，深入实施精准帮扶，加强“造血”扶持，帮助全县困难职工、失业下岗所致困难职工、困难农民工实现创业就业愿望，为5名符合条件困难职工发放创业扶持金共计2.5万元，为1人成功办理无息借款，使困难职工真正解贫脱困，充分发挥工会组织在实施“大众创业、万众创新”中的作用。抓住每月困难职工来爱心超市领生活用品的时机，积极与困难职工沟通了解情况，对创业项目进行详细摸排，全年上报市总工会项目6个。开展困难职工救助活动，发挥职工服务中心职能，为困难职工排忧解难。采取集中救助和平时救急的方式，对全县困难职工家庭和到县总工会求助的困难职工进行帮扶。本着“工会就是职工的家，职工有困难找工会”这一原则，从最直接、最现实、最具体的问题入手，真心实意为职工群众做好事、办实事、解难事，做到“不让一名职工因经济困难而生活没着落、不让一名职工子女因家庭困难而辍学、不让一名弱者因无亲人照顾而无助”。春节期间，慰问 98 户困难职工，送去猪肉、毛毯、鸡蛋、洋葱、土豆等慰问品和慰问金。5 名因患大病的职工得到临时救助。2 月，对全县职工进行调查摸底，对所有困难职工重新建立档案，录入帮扶管理系统软件。年内，录入帮扶软件困难职工总计 84 人，其中特困职工 36 人，困难职工 44 人，极困职工 4 人。通过爱心超市平台，为困难职工每月提供米面油等生活必需品，标准为困难职工、特困职工分别是每人每月 100 元、120 元领物卡，保障了他们的基本生活。4 月 24—29 日，为 34 名困难女职工进行了免费“两癌筛查”(宫颈癌、乳腺癌筛查)体检。“金秋助学”活动中，7 名困难职工子女得到救助，发放救助金 1.54 万元。

【职工文化生活】 2017 年初，结合实际、充分发挥自身优势，举办以县总工会职工合唱团为骨干的慰问演出。以历届参加全县职工书画作品展为班底，组织书画爱好者参加廊坊市总工会举办的“中国梦 劳动美”首届全市职工书画大赛，县总工会被评为优秀组织奖，陈作均、张宝义荣获一等奖，董建明等 5 人荣获三等奖，黄玉刚等 9 人荣获优秀奖。年内，《香河县职工书画作品集》正式出版，作品集收藏了 56 名职工作者的作品，其中包含书法作品 50 幅，绘画作品 37 幅，印发 7000 余册发至基层工会组织及个人手中。举办书法兴趣培训班，报名人数 300 余人，培训职工爱好者 100 余人次。组织全县女职工参加河北省总工会开展的书香“三八”——“注重家教家风•培育家国情怀”读书征文活动,共收集全县女职工优秀作品 16 篇；开展女职工维权行动月活动，活动中发放《河北省女职工劳动保护特别规定》手册 200 余册。促进社会公众学法、遵法、信发、用法，在全社会形成“知法明荣辱、用法止纷争”的良好氛围，在县人民医院设立了“木兰有约”法律宣讲活动专场，累计有 200 余名女职工参加此次宣讲活动，并就女职工权益保障等问题和宣讲团成员进行了互动。

【劳动模范普查】 2017 年 4 月，按照市总工会的统一安排部署，全县开展劳动模范普查统计和核查工作。正式出版了《香河县市级以上劳动模范和先进工作者名录》，翔实描述广大劳模在不同岗位上发挥的引领示范作用。4 月 24—29 日，为全县 175 名劳动模范免费进行了体检。完善劳模健康档案，健全劳模定期健康体检机制，全面准确地掌握全县劳模的身体健康状况。10 月，下发《香河县总工会关于省部级困难劳模调查摸底和困难申报的通知》《香河县总工会关于统计审核 2018 年度市级职工劳动模范离退休后荣誉津贴情况的通知》，确保劳模享受相关待遇。

全县有全国劳模 2 名，省部级劳模 34 名，市级劳模 139 名。2017 年，香河县第一城酒业有限公司孙玉洁获得河北省五一劳动奖章，香河县人民医院脑血管科被评为河北省工人先锋号。

【普惠化服务】 按照市总工会提出的“提质、扩面、严管”的要求，扎实推进普惠化服务工作。加大宣传，与廊坊银行香河支行共同设计印制了宣传资料 5000 份，深入机关、企业宣传 23 次，现场激活工会会员卡 4 次，提高了基层职工对工会会员卡的知晓率。强化措施，有针对性地制定了四个“凡是”和“必须”的措施（即凡是来中心办事的职工必须出示工会会员卡；凡是新建立工会组织的企业必须全员办理工会会员卡；凡是要求返还工会经费的企业必须全员办理工会会员卡；凡是登记或变更工会法人资格的企业必须全员办理工会会员卡）。各部室共同努力，使工会会员卡扩面工作得到了有效开展。加强监督，香河县确定会员特约服务单位 117 家，不定期深入特约服务单位督查普惠化工作开展情况。打造品牌，进一步深化普惠化服务，2017 年 3 月，将“字里行间香河工会店”进一步升级改造，正式开业投入使用。职工健身房和乒乓球室通过升级投入使用，对持有工会会员卡的职工全部免费开放。成功举办首届会员家电普惠节、五一会员低价购电器和五一华联购物享折扣等会员优惠专项活动；工会会员在到“字里行间香河工会店”阅读，可免费领取咖啡等热饮 1 杯或爆米花 1 份；“十一”期间开展工会会员 5 元看大片、50 元游香山、生日蛋糕免费领、免费理发等四项专享活动。

领导班子成员

主　席：阮艳霞

副主席：韩智慧　李宏振

（周梦洁）

中国共产主义青年团香河县委员会

【概况】 2017 年，共青团香河县委员会（简称团县委）认真围绕“一个核心、双向吸收、三个培养”的指导思想，努力践行“服务大局、服务社会、服务青年”的工作职能，不断深化共青团改革的各项举措，狠抓具体落实，使共青团的各项工作和组织建设取得了新的进展。团县委荣获本年度“全市县级团委综合考评第一”荣誉称号。至年底，全县有基层团委 38 个，团支部 641 个，团员总数 1.05 万人。其中，2017 年发展团员 1400 人。

【主题教育实践活动】 组织认真学习贯彻落实十九大精神，以实际行动推动十九大精神入脑入心。11 月 3 日，团县委组织干部学习十九大习近平总书记所做的工作报告，对报告的基本内容、主要观点、总体精神进行了细致梳理并热烈讨论，纷纷表示这既是党对青年一代人提出的期望，更是对青年人提出的鞭策，今后工作中必须要增强“四个意识”，增强先进性和光荣感，一如既往地关心和爱护全县青年，倾尽全力为他们提供良好的成长环境和施展才华的舞台。全体机关干部参加了学习。

4 月 7 日，团县委制定下发了“一学一做”教育活动安排方案，要求各级团组织迅速认真开展相关教育实践活动，深入领会“一学一做”的重要意义，重点学习习近平总书记系列重要讲话精神尤其是关于共青团工作新理念新论述，结合自身实际，制定团课学习方案，深化团员的理论素养，提高全县广大团员青年的整体素质。先后组织实践活动 4 次，受教育群众达 145 人。

5 月 14 日上午，香河县一中团委组织开展了“成人、感恩、责任、奋斗”十八岁成人礼主题教育活动。全校 1300 余名年满十八周岁的同学参加了主题教育活动，纷纷表示从此以后一定要树立坚定的理想信念，增强公民意识和责任意识。另外，1300 余名家长参加了教育活动，共同见证学生长大成人这一庄严神圣的时刻。

【青年志愿者活动】 2017 年 3 月中旬，组织开展了“飞扬手中丝带，共享碧水蓝天”主题志愿服务活动。活动以倡议环保、低碳骑行及植树护绿活动为主要内容，引导广大青年关注环保，支持环保，参与环保，共同打造天蓝、地净、水清的生态环境。县委副书记杨波出席活动并讲话，各镇、街道、园区团委书记、企业单位代表、青年志愿者、优秀团员代表、骑行人员等共计100余名参加了此次活动。

3月底，团县委携手大水西服（香河店）开展了以“衣心衣意 情系园丁”为主题的西服捐赠活动。捐赠仪式上，县委副书记杨波到场并讲话。活动为钳屯镇红草湾小学、刘宋镇大田小学及蒋辛屯镇北吴村小学捐赠西服70余件，惠及受赠教师70余人。

5月，为纪念“五四”运动98周年暨建团95周年，引导广大青年继承和弘扬“爱国、进步、民主、科学”的“五四”精神，团县委于5月4日组织开展了以“弘扬五四精神，凝聚青年力量”为主题的“五四”表彰大会暨文艺会演活动。会议表彰了2016年度香河青年工作中涌现出的先进集体30个和先进个人100人，并通过精彩的节目为青年节献礼，热情讴歌了共青团与党相随的95年光辉历程。同时，联合宣传部、电视台等多家媒体集中报道先进，号召全县各级团组织和广大团员青年，向先进看齐，向先进学习，振奋精神，努力进取，掀起青年工作新高潮。

6月，组织开展了“爱眼日进光荣院慰问”活动。同仁岛眼镜店的青年志愿者到县光荣院，慰问了生活在那里的40余名孤寡老人和孩子，并为他们免费验光配镜，让老人们在关爱中安享晚年，让孩子们在关心中健康成长。

7月，按照团省委《“脱贫攻坚 团青建功”行动实施方案》文件要求，香河县深度对接张北县，以“张北所需、香河能为”为原则，组织17名基层团委书记一同慰问张北县台路沟小学，发放助学金及爱心物资合计22000元。

8月，团县委邀请“2017年河北省青年马克思主义者培养工程大学生骨干暑期实践班”一行到香河县参观学习。此次活动系继“国际青年组织论坛暨北京友好城市青年交流营”“野狐岭重温入党誓词”等活动之后又一次大型对外交流活动。作为团县委策划的“知行万里筑青春”系列活动之一，本次活动以“重温知青下乡岁月”为主题，为全省高校青年们安排了一系列贴近乡村、密切群众的行程。活动共邀请到团省委学校部部长郭荣辉、团市委副书记王媛媛和全省大学生骨干共计220余人。通过此次活动，青马班的学生干部们纷纷表示要珍惜身边的朋友，对待他们如同自己的兄弟姐妹一样，互帮互助，共同成长，在学生组织中找到归属感，家的感觉。

10月，开展了“情满重阳，温暖老人”重阳节慰问活动。先后组织部分基层团干部、志愿者代表共计12人，走访慰问了9户孤寡老人，给他们带去了米面粮油等生活用品，送去了温馨的节日祝福，让他们感受到团组织和广大青年对老年人的关心，拉近广大青年与老人们的距离，使尊老、敬老、爱老、助老的传统美德进一步得到继承和发扬。

11月，为庆祝中国共产党诞辰96周年和党的第十九次代表大会胜利召开，进一步增强党组织的凝聚力，提升广大党员干部的党性修养，组织开展了“贯彻十九大，团青颂香河”主题诗歌朗诵比赛活动。先后经过初赛、复赛和决赛三个环节，10名选手经过角逐，最终评出一等奖1名，二等奖2名，三等奖3名。

【希望工程】 2017年，希望工程以扶贫济困为重点，在全面、真实、准确、及时的掌握全县贫困学生的信息资料的基础上，向困难学生发放助学金。在“春季扶贫”活动中先后共争取省市级助学资金24200元，惠及全县中小学生38人。香河县希望工程工作成绩突出，作为廊坊市候选单位，被团市委推报到2016年度全省希望工程先进单位的评选活动中。

【共青团组织建设】 9月20日,共青团香河县第十二次代表大会在中信国安第一城胜利召开。县委书记李桂强，县委副书记杨波，县委常委、组织部长王宏民，县委常委、常务副县长齐建光，县委常委、统战部长董美辰，县人大常委会副主任张浩波，县政协副主席盛泽良出席大会。大会选举产生了共青团香河县第十二届委员会委员21名，候补委员9名；共青团香河县第十二届委员会书记1名、副书记2名，通过了关于共青团香河县第十一届委员会工作报告的决议。这次换届进一步完善了团县委机关的岗位设置，对全县各镇团委书记进行了全面调整，平均年龄从34岁下降到28.5岁。在全市中率先完成县级团委换届工作，成为全市典型。

12月19日，中国少年先锋队香河县第二次代表大会在县委七层大会议室召开。大会选举产生了少先队香河县第二届工作委员会及领导班子（王若璎任主任，王福忠任常务副主任，张川、王德永、王炳钧为副主任），听取并审议了题为《从小学习做人 从小学习立志 从小学习创造争当新时代少先队员 为建设美丽幸福新香河时刻准备着》的工作报告，并就中共十九大精神及县委十一届二次全会精神进行了深入学习，进一步明确了今后三年香河县少先队工作的指导思想和主要任务，同时号召全县广大少先队员为建设美丽幸福新香河做好全面准备。县教育局、县妇联等有关部门负责同志以及来自全县各镇、街道、园区的代表120余人参加了会议。

12月22日，香河县青年联合会第二届委员会第一次全体会议在县委七层大会议室隆重召开。大会选举产生了香河县青年联合会第二届委员会常委及领导班子（选举产生16名常委，选举马路为县青联主席，王若璎、王炳钧、宫玲为青联副主席），审议通过了《香河县青年联合会组织通则》《香河县青年联合会界别工作委员会工作条例》等一系列工作制度，听取并审议了题为《汇聚青年共识 奉献青春力量为建设美丽幸福新香河而努力奋斗》的工作报告，明确今后三年香河县青年联合会工作的指导思想和主要任务，并就中共十九大会议精神及县委十一届二次全会精神进行了深入学习，会议最后号召广大青年在香河县经济社会发展新的历史起点上谱写华美乐章。（涵盖香河县文化艺术、教育、医疗卫生、农业、新兴青年、公共管理、金融商务、法律、民族宗教、经济、技能人才、共青团共12个领域106名青联委员分6个界别参加会议）

【少先队工作】 香河县认真贯彻落实《少先队改革方案》文件精神，结合全县少先队发展实际情况，经过广泛调研，听取农村辅导员意见，借鉴兄弟县市的成功经验，实现了全县所有镇级中心总校配备一名少先队总辅导员的任务目标，9名少先队总辅导员统筹负责本辖区内的少先队工作和少年儿童权益维护工作。

11月初,举办香河县首届少先队活动课案例评选暨少先队辅导员培训班，就辅导员能力提升、少先队阵地建设、活动课策划与展示等少先队工作基础知识做了集中讲解。70名辅导员参加了培训。

做好2016年度先进少先队集体和个人的表彰工作。“六一”期间，为总结2016年度少先队工作经验，树立和宣传少先队事业的先进典型，在广大少先队员、少先队辅导员和少先队集体中形成人人争先的浓厚氛围，团县委联合县教育局开展了“评选 2016 年度香河县优秀少先队员、少先队辅导员和少先队集体”的活动，对 2016 年以来取得突出成绩的少先队集体和个人进行了表彰。评选本着“团教联合同标准、证书表格一编码”的原则，最大限度的保障受表彰的集体和个人的荣誉成果。39 个先进集体和 159 名先进个人受到表彰。

【共青团干部培训】 12 月 8 日，在县委书记讲党课活动中预留青年席位，15 名优秀团干部和青年代表聆听了县委书记李桂强讲授的题为《把握“四新”砥砺奋进　让党的十九大精神在香河落地落实开花结果》的党课，让与会青年对十九大精神有了更深层次的理解，在青年脑海中勾画了一幅在十九大精神指引下，香河蓬勃发展的壮观蓝图。通过党课的学习，团干部和优秀青年激情振奋、备受鼓舞，理清工作思路和方向，纷纷表示要为美丽幸福新香河建设奉献青春。

11 月 20 日，组织全县各条战线青年团干部共计 30 人集中学习贯彻县委十一届二次全会和群团工作会议精神，要求全县各级团组织紧紧抓住中央群团改革重大机遇，围绕县委中心工作，通过网上团建、青年工作阵地建设等多项具体举措，推动香河共青团的各项事业向纵深发展。号召全县各级团组织要以学习县委十一届二次全会精神为契机，深入具体的领会党的十九大精神，进一步增强新形势下做好群团工作的责任感和使命感，坚持围绕“创新驱动，绿色崛起，建设美丽幸福新香河”奋斗目标，以“五项行动”（煤替代安全工作小卫士行动、创新创业扶助行动、乡村振兴我当家行动、扶贫救助行动、青年思想引领行动）为切入点，推动各项具体工作落地生根，做好县党委的助手和后备军。

组织开展青年读书班活动。9 月 20 日，在召开共青团香河县第十二次代表大会期间开办了青年读书班，邀请县十一中李颖老师为大会代表作专题辅导，带领大家一同学习《习近平的七年知青岁月》《习近平总书记在河北正定工作的难忘岁月》和习近平总书记在省部级主要领导干部专题研讨班开班仪式上“高举理想信念伟大旗帜，不断胜利走向胜利”的讲话精神。130 余名代表听取了此次授课内容。

【青年创业活动】 11 月初，组织全县优秀青年开展创新创业培训交流会。交流会是“京冀青年协同创新创业云平台”（简称“云平台”）运行以来首次组织全县优秀创业青年参加，80 人参加交流会。

参评全市“共青团员先锋岗（队）”。以“学习理论走在前、立足岗位干在前、急难险重冲在前”为基本标准，突出政治性和先进性要求，突出发挥对广大团员青年的示范引领作用，团县委认真落实，大力宣传组织我县优秀单位、部门股室申报此项荣誉。活动中共 10 家单位部门股室申报此项荣誉，最终 7 家单位荣获此项荣誉。

选拔参加“振兴杯”全国青年职业技能大赛廊坊市初赛。引导动员广大青年职工提升职业技能，争创一流业绩，6 月，选拔出香河凯华齿轮 6 名优秀员工、香河旭明源汽车配件有限公司 3 名优秀员工，分三组，涉及两个工种，参加廊坊市初赛。

【青少年帮扶行动】 2017 年，团县委积极争取帮扶资金，共惠及全县 38 名家庭贫困的中小学生。

领导班子成员

书　记：马　路

副书记：王若璎

（胡炜东）

香河县妇女联合会

【概况】 2017 年,香河县坚持“群众所急、党政所需、群团所能”的工作定位，保持和增强妇联组织的政治性、先进性和群众性，深入推进镇（街道）、村（社区）妇联组织区域化建设和村、社区妇代会改建妇联工作。开展“基层服务年”活动，把工作落实在基层、把服务优化在基层、把成效展示在基层。找准服务妇女儿童与“两学一做”学习教育的契合点，用实际行动做深做实做细服务基层工作。在全市“三八”表彰中，香河县妇联荣获廊坊市“三八红旗集体”荣誉称号；香河县妇联被评为廊坊市妇联系统网站信息工作优胜单位；荣获全市“诗文传家远 书香满廊坊”家庭诗书大会优秀组织奖。香河县妇联在省妇联组织召开的新媒体建设工作会议、家庭文明建设工作会议和美丽庭院创建工作推进会上三次代表廊坊市做典型发言。

【素质教育培训】 2017 年，教育组织团结引导广大妇女群众听党话、跟党走，实施政治学习引领，加强学习，打造“书香妇联”。健全完善学习制度，通过每周五“党员集中学习日”、每周微信平台及时推送重点学习内容、每月一次全县妇联干部集体学习等形式，提高政治修养和理论水平，进一步统一思想，坚定信心，凝聚合力，形成发展共识，增强妇联干部的责任感和使命感，增强唯旗誓夺的创先争优意识。积极打造学习型、服务型、创新型妇联组织，全面提升基层妇联干部的业务能力和综合素质。以书香妇联建设活动为载体，组织开展妇联系统理论业务知识培训班，提升“妇女之家”“儿童之家”“妇女讲习所”建设水平。全年组织 6 次观摩学习，通过学习参观培训，使妇联干部能够通过自身独特视角探索新形势下妇女工作的新思路、新方法、新形式，积极主动、奋发有为地干好本职工作，服务发展大局。置身大局，深入学习宣传贯彻中共十九大精神。思想上高度重视，工作上狠抓落实，在全县各级妇联组织和广大妇联干部中持续掀起学习热潮。把深刻学习领会中共十九大精神作为一项重要政治任务，认真学习领会十九大报告中新的重要思想、重要观点、重大论断、重大举措，牢固树立“四个意识”，坚定“四个自信”，自觉维护以习近平同志为核心的党中央权威和集中统一领导，在思想上、政治上、行动上同以习近平为核心的党中央保持高度一致。县妇联领导班子带头学，带头全文诵读学、座谈讨论学、每日一问答题学，收听收看中央省市宣讲学，做到学思践悟，以学习贯彻十九大精神为统领，加强作风建设，锤炼信仰坚定，奋发有为，实干担当的干部队伍。妇联干部原汁原味学，通过个人自学、镇妇联和县直妇委会主任接力诵读学、集体交流分享学，演讲征文比赛展示学，学深学透，融会贯通，用党的十九大精神武装头脑、指导实践、推动工作。开展多层面培训,组建“巾帼志愿宣讲团”，面向全县妇联干部开展多形式、分层次、全覆盖的全员培训，深入村街、社区、校园、企业，面对妇女群众开展互动式的宣讲，用朴素平实的语言把十九大精神说清楚、讲明白。通过开设微信“巾帼心向党 建功新时代”学十九大谈感想专栏，各基层妇女结合自身工作与生活实际，广泛畅谈感想，深刻理解内涵，有效指导实践。创新开展特色宣讲，深入持续开展“巾帼心向党 建功新时代”和“不忘初心·牢记使命”专题学习活动。指导巾帼志愿宣传队编排成群众喜闻乐见的文艺节目，巡讲巡演进村街、社区、学校、企业，精心指导巾帼志愿宣传队、最美家庭、美丽庭院示范户编排深入人心、紧接地气的歌舞、快板、三句半等文艺节目。11月1日，联合五百户镇党委在六百户村文化广场举办了“昂扬奋进新时代同心向党再启航”大型文艺演出，参加演出人员均是县镇村妇联干部、巾帼志愿宣传队、巾帼志愿讲师、最美家庭和美丽庭院示范户代表，巾帼志愿宣传队深入到村街、社区进行宣传演出。寻找最美家庭，创建美丽庭院，妇女创业创新，巾帼志愿服务和“网上妇联”等香河妇联品牌工作丰富活动载体，创新提升妇联工作影响力。开展学习宣传中共十九大活动，县妇联微信公众平台开设3个有声学习版块：听君一席话，习近平总书记原声；聚焦核心词，解读中共十九大报告和新党章内容；我是诵读者，各级妇联干部、各界女性代表以诵读接力的形式，学习宣传贯彻中共十九大精神。开辟“学思践悟”专栏，推送学习宣传贯彻十九大好方法、新亮点，做到家喻户晓，入脑入心，引领全县广大妇女持久深入开展学习宣传贯彻党的十九大精神活动，11月5日，制定了《香河县妇联深入学习宣传贯彻党的十九大精神实施方案》，统领组织指导全县各级妇联组织以妇女讲习所、妇女之家、儿童之家、姐妹驿站为阵地，开展形式多样、活泼生动的学习宣传活动，举办“跟党说句心里话”演讲畅谈学习，优秀巾帼志愿者风采展示；“巾帼心向党诵读新时代”妇联干部诗词朗诵会，联合群团组织和职能部门开展多项主题活动。

【基层妇联组织建设】 贯彻落实妇联系统改革工作部署，推动基层组织建设科学化、制度化、规范化，夯实基层妇联组织基础，激发基层组织活力，通过三项措施推进妇联改革工作。做好镇级妇联改革工作,加强组织领导,坚持“党建带妇建”原则，妇联与县委组织部协调，制定下发《关于做好乡镇妇联换届选举工作的意见》通知，乡镇党委支持，切实把换届工作摆上议事日程，乡镇妇联换届工作顺利开展。县妇联派出一名副主席和业务负责同志到各乡镇指导换届选举工作，乡镇妇联换届选举工作依法依规有序进行。5月底，镇级妇联换届工作全部完成。对各镇党委推荐出来的主席、副主席建议人选从德、能、勤、绩等方面进行严格把关，形成“党委领导、政府支持、妇联牵头、各方参与”的镇妇联换届工作氛围，有效促进换届选举工作的顺利进行。全县各镇妇联换届选举工作人员进行集中培训，现场观摩乡镇换届选举工作全过程，规范有序地推动全县镇级妇联换届选举工作有序开展。

做好村级妇联会改联工作。采取试点先行的思路，以点带面，全面铺开，有效促进了会改联的整体推进。率先在基层组织坚强有力的市级“示范妇女之家”刘宋镇刘宋村进行会改联试点。在此基础上，完成省级示范妇女之家蒋辛屯镇潮北新城、渠口镇小圈村会改联工作，9月底，10个社区的会改联工作全部完成。结合妇联改革，开展服务妇女儿童工作，县妇联坚持“向下看，往下走”，构建开放式、服务型的妇联工作新模式。构建重心下移的服务模式，坚持“问计于民”，建立主席联系镇、村和妇女代表联系群众机制，每个季度开展一次基层大走访，畅通妇女群众参与妇联工作的渠道。坚持“问需于民”，服务下沉，推出10个类别的菜单式服务走进 “妇女之家”“儿童之家”“姐妹驿站”，妇女群众在家门口就能享受到“娘家人”的温暖贴心服务。构建力量下沉的工作模式，下沉到薄弱环节，注重妇女思想引领，扎实开展“基层服务年”，大张旗鼓组织学习、培训和巡讲巡演，特别是围绕弘扬社会主义核心价值观和学习宣传贯彻中共十九大精神，引领广大妇女听党话，跟党走，建功新时代。下沉到关键领域，家庭、家教、家风建设是各级妇联组织的重要工作，注重妇女素质提升，持续开展家长素质提升工程，举办母亲学堂9场，先后培训近两万农村和居民妇女，引领组织她们学知识，讲文明，展风采，积极参与社会活动。下沉到“源头地带”，注重家庭这一妇联工作阵地建设，常态化开展好家规、家训征集，好家风传承宣讲，最美家庭寻找表彰宣传，美丽庭院创建示范等活动。构建资源整合的协同模式，争取党政资源，整合全县各镇、街道、园区和各职能部门力量，建立健全“妇女儿童大服务、大帮扶”关爱机制，常态化开展面向基层妇女的免费“两癌”筛查，失独家庭学龄儿童救助，病困母亲关爱帮扶，留守儿童心理疏导，逐步形成了社会化的妇女儿童工作新格局。

【双学双比活动】 2017年，县妇联实施科技培训引导，“双学双比”活动在创新中进步提升，妇女创新创业的信心和能力进一步提升。围绕提升基层妇女科技素质，培养创新创业精神强和科技素质高的巾帼能手，增强创业信心、提升创业能力，组织实施巾帼创新创业行动，营造支持妇女创业兴业、敢于创新的良好氛围，积极引导妇女在服务业中实现创业就业；开展民宿、乡村旅游等技能知识培训。依托市巾帼现代农业示范基地、省级巾帼乡村旅游示范点——刘宋镇万亩荷塘、省市级巾帼现代农业科技示范基地——五百户镇桑梓乐园蔬菜种植基地、市级巾帼现代农业科技创业基地——安头屯镇木兰种植基地和渠口镇东泰缘种植专业合作社。有针对性地开展9批次农家乐、民宿旅游，莲藕、无公害蔬菜及苗木花卉种植培训活动。开展手工文化大赛、家政服务、月嫂及育婴师大赛等活动，激发广大女性的创业热情，增强创业自信心，提升创业创新能力，助力全市协同发展、转型发展、创新发展。8月底，举办了2期巾帼脱贫行动现代农业培训班，全县各镇、街道、园区妇联主任及所辖村街162名妇女代表参加了培训。安头屯镇兴隆庄村木兰种植能手刘玉兰讲解了木兰种植的有关技术和方法。联系“阳光大姐”家政服务公司，合作开展2期300人参加的家政服务、育婴护理等培训，为全县广大妇女提供创业就业的信息和机会。开展精准扶贫，实施扶智扶志，增强贫困妇女脱贫内生动力，让广大妇女在家门口就能赚钱，增强存在感、获得感和幸福感。

【巾帼建功活动】 2017年，继续深化“巾帼文明示范岗”创建活动，激励妇女创业建功，鼓励女职工立足岗位创新建功。开展以“巾帼创业行动”为主题的各种活动，通过开展演讲比赛、座谈会、先进事迹报告会、诗歌朗诵会等活动，展示妇女爱岗敬业、拼搏争先、无私奉献的良好风采，引导职业女性争做知识型、创业型、创新型女性。全年，开展岗位练兵、技能比武、技术交流等创建活动30场次，参与女职工万余人。

【文明家庭创建】 2017年，香河县以弘扬社会主义核心价值观为主要内容，以寻找“最美家庭”活动为载体，以家庭美德、家庭教育、家庭服务为主要内容，把家庭文明建设工作扎扎实实开展在基层，落实到家庭。新视角开展“最美家庭”创建工作。年初，启动了寻找、培树“最美家庭”活动，通过家庭自荐、群众互荐、村街（社区）评议，乡镇、街道、园区集中表彰，宣传“最美家庭”，用榜样的力量引领培育好家风。活动开展以来，参与寻找“最美家庭”人数达到50000人次，评选出镇级“最美家庭”450户。8月，举办全县首届最美家庭表彰庆典，对80户最美家庭进行大张旗鼓地表彰宣传，总结、提炼、完善活动成果，常态化开展最美家庭宣讲进村街、进社区、进学校、进企业，对传承美德、播撒文明起到了促进作用，受到了基层群众的热烈欢迎和广泛好评。宽领域开展家庭特色活动，开展“传家风、立家规、树新风”主题活动，通过报纸、电台、妇联工作会议、微信工作群广泛宣传发动，征集好家训好家规、家风故事，并向省里推荐了50条好家规家训和优秀家风故事。培树好家风，将朱子家训、范氏家训、曾国藩家训及在全县范围内征集到的优秀家规家训印制5000余份进行宣传发放。镇村妇联组织积极与辖区中小学联系，开展多场名篇鉴赏，“家书抵万金”征集和“家风家训伴我成长”宣传教育。多形式开展群众性文化活动。以群众喜闻乐见的戏曲、歌舞、小品、快板、书画、摄影等艺术形式，及文化墙、宣传橱窗、电子显示屏展示，宣传身边好人，颂扬道德模范。在“晒家风、传家规、守家训”主题巡展、巡讲、巡演中，动员广大群众积极参与，让百姓登台，群众做主角，用文艺形式宣传道德模范和优秀传统文化，引导群众自我教育、自我提高。深层次开展家庭教育工作，深入贯彻落实习总书记“三个注重”的重要指示及在第一届全国文明家庭表彰大会上的重要讲话，充分发挥妇女在社会和家庭生活中的独特作用，努力建设好家庭、培育好家教、传承好家风。下大力量把家庭建设工作抓实抓细抓好，开展丰富多彩、内容健康、特色鲜明的主题活动。向全县妇女发出“书香人生、魅力女性”的读书倡议，倡导书香润家、亲子共读、经典诵读；举办“书香溢家园、经典润心灵”专题讲座，特邀中国孔子研究院儒学会馆馆长李文文老师讲授学习经典、传承文化和家庭美德的相关知识；县妇联、宣传部、文体局、教育局联合开展了安妮花亲子共读活动，发动广大妇女和家庭参与100天阅读100本书的阅读挑战活动；积极组织3000个家庭参与上级妇联开展的“晒晒我的书架”读书分享活动；常态化开展家长素质提升工程，开办微信家长课堂、家教知识、家庭卫生保健和科学育儿讲座。在新华街道办珠光社区和淑阳镇举办了三场“文明家庭创建暨家庭教育”专题讲座，向家长们传授科学的家庭教育理念和方法；县妇联、县教育局、司法局、检察院联合开展“大手拉小手，成长的路上一起走”关爱未成年人思想道德建设活动，加大对未成年人法律知识宣传，预防违法犯罪发生，先后到二中、六中、九中等多所学校进行宣讲，收听收看人数达到800人次；开展廉政文化建设进家庭活动，通过向科级干部家属发出倡廉、助廉倡议书，讲述廉洁故事、征集廉洁家风家训、观看反腐倡廉教育片等，积极探索党员干部在家庭中建立自我教育、自我管理、自我提升的清廉家风新模式，使家庭真正成为反腐倡廉的重要阵地，组织两次科级以上干部家属参加的家庭助廉座谈会。

【美丽庭院创建】 2017年，香河县实施美丽庭院创建，为美丽乡村建设注入新动力。全县范围内开展以“人美”为核心的“美丽庭院”创建活动，助推美丽乡村建设，引领农村妇女立足家庭，带动家人，养成低碳、生态、环保的生活方式，营造和谐、优美、整洁的生活环境。强化宣传引导，在县电视台循环播放“争创美丽庭院，共建美丽幸福新香河”的倡议书及举办美丽庭院创建知识竞赛，通过走村入户，印发“美丽庭院”创建明白纸、宣传画册，制作发放印有“创建美丽庭院、争当最美家庭”的围裙、茶具、凉扇和可循环利用的无纺布宣传袋、激发广大妇女的创建热情，营造浓厚的创建氛围。创新活动载体，举办“美丽庭院”创建暨庭院经济实用技术培训班，实地指导农村妇女在日常生活中做到“物品堆放整齐美、卫生清洁环境美、花木茂盛绿化美、身心健康生活美”。丰富活动内容，在省级美丽乡村重点片区、村街主要街道文化墙、村务公开栏、阅报栏，集中展示征集到的好家规家训、道德模范和最美家庭先进事迹。宣传身边好人、树立道德标杆，增加美丽乡村、美丽庭院的文化内涵，更好地传播家庭美德和弘扬社会主义核心价值观。展示创建成果，开展“秀秀我的美丽庭院”和“美丽庭院随手拍”图片展暨“千户美丽庭院”评选活动。坚持宣传教育，示范引领，实践养成，美丽庭院“三位一体”实践路径，培树寻找宣传美丽庭院示范户，讲好美丽庭院故事，挖掘美丽庭院文化内涵，共培树美丽庭院示范户100个，美丽庭院中心户310个，并有11个“十佳百优”美丽庭院受到市妇联表彰。香河县培树的3个美丽庭院示范户代表廊坊市参加了全省美丽庭院评选。9月25至26日，在沧州召开的全省美丽庭院推进会上，香河县妇联代表廊坊市做了题为“坚持以家庭为中心的工作理念、打造以‘人美’为核心的美丽庭院”的典型发言，得到了省妇联领导的高度认可和好评。

【妇女儿童合法权益】 2017年，维权工作以强化普法宣传为重点，全力维护妇儿合法权益。利用“三八”维权周、“6·26”禁毒日、“11·25”国际反家暴日、“12·4”宪法日，大力宣传《中华人民共和国妇女权益保障法》《中华人民共和国未成年人保护法》《中华人民共和国反家庭暴力法》及“两纲”等法律法规，深入社区、村街广泛开展宣传教育活动，采用发放宣传单、制作宣传展牌、播放幻灯片、现场咨询、维权座谈会等形式，教育引导广大妇女增强依法维权意识，提升法律素质，让维权服务真正的接地气、下基层、贴民心。5月5日，廊坊市木兰有约法律宣讲走进香河，各镇街道园区妇联主任及部分村街妇女代表200余人参加了宣讲活动。11月，针对妇儿权益保护和矛盾纠纷排查处理等问题举办两期500人参加的专题讲座培训。全年共接待来信来电来访16次。

【关注关爱儿童】 2017年，对孤残病困儿童进行建档管理，开展“一对一”“多对一”常态化结对帮扶救助，70多个妇联干部积极参与的“爱心代理妈妈”活动受到留守儿童的喜爱。“六一”期间，自发捐资8000余元为10户困难失独家庭的学龄儿童们送去了救助金、书籍和文具。开展同心助童愿活动，捐资10000元为22名学习刻苦的贫困学生送上了企盼的自行车、护眼灯、拉杆书包、图书、足球等梦想礼物；为县特殊学校学生捐赠了价值10000元的低龄绘本图书，巾帼志愿者们亲手制作蛋糕和孩子们共庆儿童节。

领导班子成员

主　任：刘秀平

副主任：李姝瑾　杨立梅

（刘新梅）

香河县科学技术协会

【概况】 香河县科学技术协会（以下简称县科协）是全县科技工作者的组织，是在香河县委领导下的人民团体，是县委和政府联系广大科技工作者的桥梁和纽带。业务上受廊坊市科学技术协会指导。主要任务是普及科学知识，开展科技教育，推广先进技术，组织学术交流，维护科技工作者权益，充分发挥桥梁和纽带作用。机构内设办公室；综合股，有工作人员7人。

2017年，县科协坚持“协同发展、转型升级、又好又快”主基调和“生态优先、绿色发展”理念，扎实开展各项科普活动、科普示范基地和科技示范学校创建工作，加强对农民特别是农村党员、干部在乡青年的科技培训教育，为农村经济发展提供智力支持。认真履行桥梁纽带职责，建好“科技工作者之家”。突出以人为本的思想，不断健全和完善科技工作者联系制度，及时了解和掌握科技人员的需求动态，反映科技工作者的呼声和要求，为科技工作者排忧解难工作。

【全民科学素质提升工作】 开展青少年科技创新大赛活动。第 32 届廊坊市青少年科技创新大赛获得市级创新成果竞赛项目奖一等奖 27 项、二等奖 12 项、三等奖 11 项；获得科技创意项目奖一等奖 3 项、二等奖 7 项、三等奖 4 项；优秀科学幻想画一等奖 8 个、二等奖 15 项、三等奖 30 项；优秀组织奖 1 名；辅导员创新项目奖三等奖 1 项；青少年科学 DV 一等奖 1 项；获得优秀辅导员 25 名。组织全县小学生参加廊坊市 2017 年小学生反邪教绘画比赛，征集绘画作品 134 篇，参赛 134 幅作品，荣获一等奖 3 人，二等奖 8 人，三等奖 16 人，优秀奖 26 人。在各镇、村街建立基层反邪教组织，9 个镇、2 个园区、3 个街道办事处的镇级创建工作完成，所辖的 304 个村（居）委员会全部完成反邪教协会制度章程的制作和上墙。将反邪教工作常态化，提高抵御邪教侵蚀能力。

在加快推进科普信息化产业化建设工作中，结合本地实际实施河北省科协科普 e 站“135 建设计划”，按照有网络、有场所、有终端、有活动、有人员等“五有”基本要求，推动科普 e 站建设发展，实现科普服务精细分类和精准推送，让科普 e 站成为科普信息化的主要载体。建成河北省科普 e 站基础站 18 个，重点站 5 个。加强科技信息传播渠道建设，强化了应用服务。

【科技型中小企业帮扶创建工作】 在中小企业中，创建果篮科技开发有限公司、香河县吉祥天实业有限公司企业科协工作。帮扶创建科技型中小企业 3 家，分别是香河县宜家宝家具厂、香河县大明轩家具厂、果篮科技开发有限公司。

【科普益民、惠农工作】 不断探索市场经济体制下开展农村科普工作的运行机制，在农村建立了多种形式的科普示范基地（以下简称基地），以示范的方式普及农村先进技术和农业新成果、新品种，传播现代农村科技信息以及先进管理方法，成为提高社会公众科技文化素质和技能水平、带动农村群众科技致富的重要载体和科普设施。在促进农业科技成果转化、农村和农业经济结构调整、农业效益和农民收入增加等方面发挥了重要作用，取得良好的社会效益和经济效益。2017 年，县科协共投入资金 18 万元，为已建成的科普示范基地是千年古葡萄庄园、蒋辛屯镇三百户村、苍头村、岭子村、北李庄村建设了高标准的科普宣传栏，计 75 延米。

【科普宣传活动】 9 月中旬，县科协联合县防范办、县科技局、县教育局、县老科协、医学会、中医学会、药械学会、畜牧兽医学会、水利学会、林学会、农学会和县反邪教协会，在县新城广场组织开展以“创新驱动发展 科学破除愚昧”为主题的“2017 年全国科普日”系列活动。活动现场发放宣传图书 1500 册、活动主题的环保手提袋 10000 个，免费义诊 200 人次，接受农民朋友技术咨询 200 人次，发放农药 500 袋，肥料 300 袋，消毒液 5 箱；出动宣传车 1 台。科普志愿者 150 余人，受益群众15000多人次。

领导班子成员

主　席：陈建功

副主席：杨洪海　王健康

（卢雨莲）

香河县工商业联合会

【概况】 2017年,香河县工商业联合会（简称县工商联）认真落实服务“四个全面”战略布局，围绕“两个健康”积极履行职责，确立“干事树形象，以服务提地位”的宗旨目标，充分发挥政企桥梁纽带作用，在参政议政、协调服务、思想政治工作、党的建设、光彩事业等方面发挥了积极的作用。

【参政议政】 2017年，县工商联适应新形势下的新要求，围绕如何破解融资难题、企业转型升级开展调研活动，深入不同行业企业走访座谈，了解企业困难，收集非公有制经济人士的建议意见，并结合自身的工作实际，召开专题调研会议，形成《香河县工商联关于加强新形势下工商联工作的调研报告》。做好民企优秀人士推荐工作，注重发挥工商联组织和会员中人大代表、政协委员的作用，提交议案和提案5件。对新当选人大代表和政协委员积极引导，为美丽幸福新香河发展建言献策。

【政策宣传与培训教育】 2017年，县工商联开展形势政策教育，引导非公有制经济人士积极践行社会主义核心价值观，争做爱国敬业、守法经营、创业创新、回报社会的典范。十九大闭幕后，组织非公企业代表人士召开学习贯彻中共十九大精神座谈会，带领青年企业家参加廊坊市年轻一代民营企业家理想信念报告会，就学习贯彻十九大精神开展交流，坚定企业家听党话、跟党走的决心。通过工商联网站、“香河企业之家”微信公众平台，广泛宣传国家有关非公经济的政策法规和工商联亮点工作，切实当好党和政府的宣传员、传声筒。工商联网站群系统发布各类宣传稿件350篇，刊载总量居全市前列；贯彻落实省、市、县委有关加强企业家培训的批示精神，县工商联组织企业家到中南大学、新奥大学、贵州大学参加“优秀企业家决策与管理能力提升研修班”“大智移云高级研修班”和关于“创新管理”的培训，学习管理经验，提升广大会员企业管理水平，帮助企业转型升级，创新发展。

【千企帮扶工作】 按照省、市、县精准扶贫要求，做好省工商联“千企帮千村”精准扶贫工作，县工商联认真研究，组织香河中龙天骠资产管理有限公司、香河中意家居广场有限公司、香河顺达皮革商贸有限公司、香河恒泰建筑有限公司、香河华鑫集团有限公司5家优秀企业负责人到张家口市怀安县和康保县的6个贫困村的271名贫困学生进行教育扶贫，捐赠教育基金40万元。

【光彩事业】 工商联始终坚持在非公经济人士中开展“致富思源、感恩奉献”的教育活动，引导非公经济人士牢固树立正确的价值观和人生观，大力倡导思源感恩、回报社会精神，倾力履行社会责任，争做新时代表率。“六一”前夕，香河县工商联携女企业家协会为香河县儿童福利院捐款5000元，用于改善孩子们的日常生活；1月，香河县工商联组织发起，经民政局批准，注册成立香河光彩慈善会。9月，香河光彩慈善会为县一中贫困生捐助10万元，为河南省辉县市太行山区沙窑乡中心学校捐赠空调、电热毯及教学用品等价值10多万元。

香河光彩慈善会为全县民企和各界爱心人士的慈善奉献搭建了爱心通道和平台。

【基层商会建设】 2017年，加强工商联基层分会建设，更好地服务“两个健康”（非公有制经济健康发展和非公有制经济人士健康成长），工商联在基层商会建设方面，积极创新，开展引导培养和组织发展工作。5月，县工商联与江西省南康区工商联签订了友好商会协议，并在香河成立南康分会，建立相互沟通合作机制和信息资源共享平台，为双方会员企业在产业合作、科技研发、信息互联互通等方面给予有力支撑。

【工商联换届工作】 10月，全县完成基层分会换届工作，分别选举产生各分会领导班子并挂牌。香河县工商联基层分会换届为全县会员企业提供了质量高、速度快、渠道广的服务平台，同时提升了工商联组织影响力和覆盖面。

领导班子成员

主　　席：魏紫峰

常务副主席：孟繁华

副 主 席：李志海

（张玉华）

香河县残疾人联合会

【概况】 2017年，全县共有残疾人约21134人，占全县总人口6.7 %，已发残疾人证书10140人。在持证残疾人中，农村9523人，城镇617人。从残疾人类别看，视力残疾1306人，听力残疾626人，言语残疾124人，肢体残疾6264人，智力残疾800人，精神残疾571人，多重残疾449人。

2017年，县残联工作坚持抓重点抓亮点，扶贫助残、残疾人康复、残疾人救助、残疾人教育、残疾人培训等工作都取得了可喜成绩。年内召开了代表大会，完成了残联换届工作。香河县残疾人联合会（简称县残联），内设办公室和残疾人就业服务所，编制6人。

【扶贫助残】 开展残疾人扶贫工作，以各种形式安排、扶持200余名残疾人就业，并帮助8名残疾人实现网络就业，组织20余人参加了市残联举办的春季残疾人招聘会。为使残疾人发挥特长和潜能，并能得到充足的创业资金，县残联共投入7万元对14名符合条件的残疾人进行了资金扶持，用以帮助残疾人扩展经营范围、购置设备等。

【残疾人康复】 康复站建设工作，推动社区康复工作的全面开展，保证“人人享有康复服务”目标的实现，上半年，在珠光御景社区新建社区康复站1个，5万元建设资金拨付新华街道办事处。投资14.4万元，免费为肢体残疾人发放轮椅240台、座便椅89台、浴椅52台、腋杖30副、手杖40副、盲杖5副；投入资金9万元，为45名听力残疾人适配了助听器；投入资金9.2万元，为12名肢体残疾人安装了假肢。推进全县残疾人精准康复服务工作，按照《廊坊市残疾人精准康复服务行动实施方案》要求，对416名有康复需求的残疾人进行了评估，对有康复需求的残疾人进行辅具适配。对24名16周岁以下贫困残疾儿童实施了康复救助，发放救助资金32.4万元。

【残疾人救助及社会保障工作】 2017年，开展应急救助工作，全面解决残疾人因病、因灾、因子女入学等原因造成的各种困难，对66户贫困残疾人发放救助款35万元。根据省、市残联要求，完成全县享受低保的残疾人生活补贴和重度残疾人护理补贴的统计工作，享受生活补贴的残疾人713人，享受护理补贴的残疾人2819人。投入资金70余万元，依托淑阳镇卫生院精神病专科对23名精神残疾人进行了集中托养，采取托养加治疗相结合的康复治疗方法，疗效显著，减轻了患者的家庭负担，一定程度上维护了社会稳定。对全县138名持证精神类残疾人免费发放药品9.39万元。建立了接受社会捐赠，赈济贫困残疾人的“爱心超市”，发放棉被96床，棉衣160件，发放普通衣物6039件，从根本上解决贫困残疾人的生活问题。

【残疾人教育工作】 2017年，县残联与教育局、特教学校密切配合，完成全县未入学儿童的调查和残疾儿童少年义务教育招生入学核查工作；完成对符合条件的5名残疾人子女考生和残疾人考生的资助工作。开展“国际扫盲日”活动，结合残疾人基本服务状况和需求信息数据动态更新工作，掌握残疾人基本情况和文化程度。全县有残疾青壮年3287人，其中文盲和文化程度较低者140人。活动当天，中国残疾人联合会程磊、河北省残疾人联合会理事长朱丽杰以及省、市、县相关领导莅临现场参观指导，对香河县扫盲工作给予高度赞扬。

【残疾人职业技能培训】 根据市残联下达的任务指标，完成9期残疾人职业技能培训，培训残疾人450人次。其中，举办了珐琅工艺制作培训2期，农村种养殖实用技术3期，电子商务培训2期和中式面点培训2期。市残联为香河县300余户残疾人家庭免费发放32000只鹅苗，县残联聘请畜牧局防治站专家做了专题养殖讲座。市残联举办培训班3期，香河县为培训班输送学员40余名。2017年，县残联依托“香河县景泰蓝珐琅制品厂”，投资10万元，建立“互联网＋”就业创业平台。安装空调宽带，配置高标准办公桌椅、电脑。5月10日至8月10日举办了“互联网＋”创业人员培训再提高工程。投资2万元，对注册成立的残疾人网店进行了平台推广，聘请从事淘宝运营推广的专业老师对全县从事互联网工作的10多名残疾群众的业务技能进行再提高培训，推动残疾人“互联网＋”创业工作又好又快发展。

残疾人就业保障金征收，县残联与地税局密切协作，共审核199家用人单位，征收317.43万元，超额完成了2017年度残疾人保障金征收任务。

开展残疾人就业和培训实名制录入工作，根据省、市残联要求，完成了残疾人就业和培训实名制录入工作，残疾人就业200人，残疾人培训450人。录入率分别达到了99.8%、36%，在全市排名评比中名次第3名。根据省、市残联要求，按时、按质完成对10099名残疾人的基本情况调查工作，将调查结果进行整理、存档，同时完成网上更新工作。

【残疾人合法权益】 2017年，开展残疾人无障碍改造工作，继续实施贫困残疾人家庭无障碍改造工作。为38户贫困残疾人家庭和特教学校进行了无障碍改造，改造项目包括安装低位灶台、太阳能热水器、坐便器、房门、坡道、防滑地胶、院落平整及各种无障碍扶手等基础设施，改造工程全部完成，投资总额为28万元。残疾人家庭无障碍改造工作的实施，极大地改善了残疾人的生活条件，方便了残疾人出行，深受残疾人好评。开展信访及燃油补贴发放工作，县残联共接待残疾人来访15人次，残疾人的实际需求和困难都得到了圆满的解决和答复。同时，为22名残疾人发放机动轮椅车燃油补贴5800元。

【残疾人证办理】 全年，共办理残疾人证926

例，视力残疾91人，听力残疾62人，言语残疾12人，肢体残疾585人，智力残疾59人，精神残疾71人，多重残疾46人。其中，为不便离家的贫困残疾人上门办证90例。

【换届工作】 根据《廊坊市残疾人联合会关于各级残疾人联合会换届工作的指导意见》通知精神，经残联党组认真研究，召开香河县残疾人联合会第六次代表大会，2017年12月8日，代表153人听取了报告、讲话，选举产生了残联领导机构，选举孔立民为残联理事长，王艳茹、王雪山为残联副理事长，崔文生、周海川、张秀红、刘跃波、李长虹为残联理事，以及五大专门协会主席（肢残协会主席何永利，聋人协会主席张加明，盲人协会主席于忠，智力残疾人及亲友会主席杨福顺，精神残疾人及亲友会主席凌晨）。

【文体工程和助残环境工程】 开展冬残奥会运动员选拔工作，2017年4月，县残联推荐12名残疾人赴廊坊特教学校参加冬残奥会运动员初选，其中5名运动员通过了预选，位列全市前列。5月初，通过预选的5名运动员参加了冬残奥会运动员的选拔试训，刘宋镇张庄村张浩楠通过省残联的试训，入选省体工队，备选国家队。5月19—22日，廊坊市残疾人联合会在壹百剧院成功举办残疾人书画、摄影展，香河县残联获优秀组织奖。开展助残日工作，5月21日是第二十七次全国助残日，县残联围绕“推进残疾预防，健康成就小康”活动主题，组织残联全体干部到县委广场进行了宣传，发放宣传册3000册，宣传品3500件，发放残疾儿童慰问款10000元。

【美丽乡村建设投入】 2017年，县残联副理事长王雪山及两名工作人员驻安头屯镇东太平庄村，主要工作是美丽乡村建设。县残联投入4万元资金为苏艳国、邳国咂的危房进行了翻建。

领导班子成员

理 事 长：孔立民

副理事长：王艳茹　王雪山

（周海川）

香河县文学艺术界联合会

【概况】 2017年，香河县文学艺术界联合会（简称县文联），贯彻落实习近平总书记在中国文联第十次全国代表大会上的重要讲话精神，集中展示香河县书画创作新成果，推动全县书画艺术发展，编辑出版《香河文艺》4期，年内组织各类活动10次，专家讲座7次，组织协会建设、学习、研讨会11次。7月，在廊坊市组织的舞蹈大赛活动中，县文联积极组织舞蹈队参加比赛，被市文联授予“优秀组织奖”。

【文艺下乡活动】 2017年，香河县文联举办“迎新春书画展”和“送春联送百福”活动。为增添春节喜庆祥和气氛，春节前举办“迎新春书画展”，参展作品百余幅，受到书法爱好者和群众的欢迎。春节前还组织“送春联送百福”活动，书法家现场挥毫泼墨，书写春联、福字1000多对（幅）。到蒋辛屯镇仓头村开展“向党献礼 送艺下乡”活动。县文联组织书协、美协到交警大队和环卫局等单位开展书画慰问笔会活动，送去书法、美术作品60余幅。组织开展“药安食美”杯舞蹈大赛。全县44支队伍1000多人次参加比赛。举办廊坊市舞蹈大赛香河赛，有20支队伍获得廊坊市舞蹈大赛参赛资格并取得较好成绩，其中获得一等奖4个，二等奖8个，三等奖8个。举办“不忘初心 圆梦中华——喜迎党的十九大书画展”，参展作品100余幅。至年底，参观十九大主题书画展人数达8000余人次，取得很好的社会效果。

【文学艺术辅导】 2017年，在“文艺进校园”活动中，文联与教育局联合开展“书法进校园”活动，县书法家协会骨干人员每周到县三小、二中为广大师生免费辅导书法；在“文艺进校园”活动中在各中小学开展“文学进校园”活动，推动全县文学事业的发展和繁荣，促进文学经典在中小学校园中的推广传播。活动以专家讲座、交流会为主，聘请知名作家、评论家对学生创作进行指导。是年，聘请方卫平、贾兴安等6位作家进行7场讲座。

是年，成功举办“中国摄影家协会网站群走进香河影友联谊会”。来自京津冀周边摄影爱好者100余人参加活动。会上，中国摄影家协会副主席、河北省摄影家协会主席杨越峦举办专题摄影讲座。

是年，开展“京剧进校园”活动，先后到城内一小、星宇学校、淑阳镇矬口小学等十几所学校开展教学演出活动。开展进学校辅导小学员活动，在星宇学校等几所学校建立以小学生为主要成员的京剧剧社，每星期进校辅导一次，推进京剧进校园活动的开展。聘请专业院团京剧名家到香河县辅导，提高戏迷演技水平，多次聘请北京京剧院一级演员张树、一级琴师邱鑫等名家来剧社并和名家联谊配戏演出。

【文艺作品】 2017年10月下旬，学习宣传贯彻中共十九大精神，县文联组织作协、曲协、书协、诗词协会，创作一批宣传十九大精神的文艺作品。创作小说（随笔）8篇，诗词40首，大鼓书、快板各2篇，书法作品38幅。县委宣传部和县文联联合组织编写《公民道德与机关精神》《香河情•香河梦》两部书籍。

是年，开展“香河景•盛世情”征文评奖活动。聘请河北省作家协会副主席、中国知名作家、《散文百家》主编贾兴安到香河进行讲授文学课，创建“香河作家”微信公众平台并开通成功运行。

张玉清在文学创作出版小说集《途中的风景》，在《北京文学》2017年第1期发表短篇小说《五子棋》，在《长城》杂志发表《李秘书的秘密》，2017年第3期《人民文学》发表短篇小说《皮鞭》。11月，短篇小说《一百元》获得第二届河北省孙犁文学奖。张玉清入选河北省政府特殊津贴专家和廊坊市委组织部市管优秀专家。

是年，尹玉如重点整理京东民俗（包括香河）——《血脉中的记忆》，全书18万字，由中国电影出版社出版。协助香河县政协撰写《写在枝叶间的历史》一书，对香河县境内保存下来的30余棵的古树做了详尽的介绍。业余作者王德久的长篇小说《悲喜人生路》，全书40余万字。

是年，马军在全国报刊杂志公开发表杂文随笔70篇。受邀在《中国纪检监察报》“历史周刊”开办专栏。《说“悔”》入选中华书局主办的《中华活页文选》（2017年第3期）、《咸丰帝妙批驭重臣》入选《新智慧》文集第五辑(武汉出版社）。

是年，诗歌协会出版《香河诗词选》第一期。

是年，全县书法家参与各级书法展览达200人次，参展作品达300余幅，获奖人员50多人。

是年，香河县摄影爱好者参加“香河荷花节摄影大展”，有70多名会员创作作品1200

多幅（组）。评选出入选作品230幅（组），在宣传香河县生态、自然、人文等方面作出贡献。

是年，曲艺家协会编写《真想再活五百年》《赞香河“两学一做”学习教育》《文明多彩荷花节》《中国梦》等文艺作品。参加中央电视台七套元宵晚会节目录制，参加中央电视台七套《乡土》栏目节目录制，荣获牵手京津冀“欢乐进万家”第三届京津冀《京东大鼓书会》优秀表演奖，荣获力行传承鼓曲艺术2017年《马静宜杯》京津冀鼓曲票友公益展演赛三等奖，由中国文联出版社出版的“王从民京东大鼓作品集”一部。落实十九大精神，王从民创作京东大鼓《新》《不忘初心》等作品，邳万宇创作快板《十九大精神指征程》、崔琦和张鑫铭创作快板《看升旗》，杨东林创作京东大鼓《农民盛赞十九大》。

是年，音乐家协会张月江、刘国强、丁振邦等多次配合曲艺家协会在香河县文化艺术中心演出。

是年，香河影视家协会协助拍摄《天问》《工匠精神》《执法如山》等，与中央电视台发现之旅频道“美丽中华行”栏目签署战略合作协议。

是年，舞蹈家协会协助廊坊市舞蹈家协会举办廊坊市第三届舞蹈大赛香河海选赛，香河县选送的拉丁舞《森林变奏》获得廊坊市第三届舞蹈大赛第一名，原创舞蹈《花钹情怀》等节目获得一等奖。《剪纸姑娘》《欢乐童年》《梦幻八音盒》、独舞《我和月亮说说话》获得二等奖，《风酥雨忆》《乐呀乐嘟嘟》《缅桂花开》等节目获得三等奖。唐淑凤和赵秀花将香河原创歌手大转创作的歌曲《家在香河》创编成广场舞。

是年，戏剧家协会周金韦获全国戏迷大赛金奖，马铁芳获银奖。

领导班子成员

主　席：张　勇

副主席：张玉清　路咏梅

（周月如）

军　事

责任编辑　王树春

综　述

2017年，香河县武装工作在廊坊军分区党委和香河县委、县政府的坚强领导下，坚持以党在新形势下的强军目标和习近平系列重要讲话为指导，全面贯彻落实中共十八届六中全会及十九大精神，紧紧扭住听党指挥、履行使命、安全稳定等工作重点，扎扎实实打基础，认认真真抓落实，坚持不懈强作风，圆满完成各项工作任务，武装工作全面建设有了新的发展和进步。2017年，香河县人民武装部被廊坊军分区授予后勤管理与建设先进单位称号。

香河县人民武装部

【概况】 2017年，香河县人民武装部以党在新形势下的强军目标为指导，完成民兵、预备役部队的组织建设、军事训练、武器装备、兵役登记、兵员征集和政治思想等方面工作。香河县人民武装部（简称县人武部）是县委的军事机关，是县政府的兵役机关，受廊坊军分区和香河县委、县政府的双重领导。

【人民武装思想政治建设】 注重思想引领，不断强化“四个意识”，中共十九大胜利召开后，结合人民武装工作实际，引导广大党员干部深入领会精神实质，不断增强“四个意识”，坚定“四个自信”，自觉在思想上政治上行动上同以习近平为核心的党中央保持高度一致，确保中共十九大精神学得及时、学得到位、学得深刻。具体归纳为“六学”，即依托媒体及时学、党员干部引领学、深入一线宣讲学、梳理要点归纳学、学习讨论交流学、营造氛围跟进学。深入开展“两学一做”学习教育常态化制度化落实和“维护核心、听从指挥”主题教育，不断凝聚思想共识。认真筹划落实，为年度工作的开展提供了强大的精神动力。坚持每周四上午集中学习制度，突出7月26日，在“省部级主要领导干部”学习习近平总书记重要讲话精神、迎接中共十九大专题研讨班上的重要讲话、在庆祝建军90周年阅兵和庆祝大会上的讲话精神学习，注重交流心得和学习讨论，浓厚理论学习氛围。注重加强工作创新，不断增强阵地意识。武装部机关全体人员和专武干部先学一步、深学一层，紧贴工作特点，丰富教育形式，创新教育方法。注重用好各类网络传媒，积极开展网络宣传，增强网络宣传的实效性和影响力。观看《法治中国》和《将改革进行到底》纪录片，观看《建军大业》，重温党和军队辉煌历程，见证战火纷飞的年代，接受精神洗礼，确保政治坚定、思想稳定。

【民兵工作】 始终聚焦能打仗、打胜仗抓工作搞建设，军事工作指导思想端正。民兵组织整顿扎实稳固，按照“提高认识、统筹兼顾、任务牵引、军地合力”的总要求，经过组织准备、宣传发动、编组配干、官兵相识、集合点验、检查验收等阶段，全县开展民兵整组工作。民兵应急力量编实配强，落实省军区、军分区指示，紧贴任务实际，在县综合执法大队编组民兵应急队。集中人力、物力、财力，依托县职教中心，组织民兵应急力量就单兵队列动作、警棍盾牌术、防暴队形变换等科目开展了集中强化训练。通过10天训练演练，提高民兵应急分队处置各种突发情况的能力。民兵基层营连规范化建设得到巩固提高，按照廊坊市政府、军分区召开的基层武装部规范化建设示范观摩会要求，明确全县基层武装部规范化建设标准，规范软硬件内容，基层建设标准全面提升。

【兵员征集工作】 积极发挥政府兵役部职能，严格按照上级规定的时间节点，全力抓好兵员征集工作。下发征兵宣传方案，通过县电视台播放兵役登记公告、征兵宣传标语，实时报道征兵工作最新动态；制作雨伞、购物袋、宣传单等；利用香河征兵微信公众号，及时推送征兵政策。依托县医院体检中心，完成网络体检站建设。组织应征青年上站体检，经过复检、政考，层层筛选，按照程序组织审定新兵、新兵档案整理和运输等相关工作，确保全县圆满完成年度征兵任务。对预定新兵进行为期7天的封闭式役前训练。制作专题纪录片《我是一个兵》，全体预定新兵观看爱国教育影片《战狼2》。

【后勤建设】 按照“量入为出，平衡有余”的原则，科学编制年度预算；严格落实预算开支，无预算、超预算不开支；严格落实经费公开制度，大项开支和涉及干部职工利益的按规定向群众公开。严格落实后勤各项管理制度，制定《人武部财务管理细则》《干部职工管理细则》《固定资产管理细则》等；加强对财务核销、人员管理、资产管理的督导落实；加强车辆油料管控，车辆动用必须开具派车命令，加油车辆要牌、卡、票、登统计一致；持续加大基础设施和安全设施投入，坚持节俭办事原则，抓好后勤基础设施建设，安装太阳能路灯、网络呼叫系统、办公楼感应门升级改造、民兵应急器材库建设、警卫室改造、安装净水器、营门报警系统等，大大提升人武部的整体形象；后勤保障能力和水平稳步提升。

【双拥工作】 弘扬拥军优属的优良传统，“八一”期间，香河县四大班子领导分别慰问驻军官兵、军休所老干部，转达地方党委政府和全县人民对他们的关心和节日问候；各镇、园区、街道武装部对所辖区内的退伍军人进行慰问；县书法家协会的成员们一同走进驻军，开展“喜迎十九大 书法进军营”活动；驻香官兵参加县委、县政府开展的“三送三清三查”活动及创建文明城市活动，组织官兵深入村街参与煤替代工作；同时积极为驻香部队解决后顾之忧。

领导班子成员

部　　长：韩　超（任至7月）
　　　　　陈润彬（7月任）
政治委员：韩　超（7月任）
副 部 长：周海滨（4月任）
政工科长：尹志军（任至6月）
　　　　　吕宏彬（7月任）
保障科长：王仁宣

（后瑞新）

人民防空

【概况】 2017年，香河人防工作管理工作稳步推进两个直属公用人防工程建设和一个招商引资工程，完成初步选址。严格执行防空地下室建设标准和易地建设费收费标准。

【人防工程建设】 2017年，全县批建人防工程8个。

【易地建设费收缴】 截至2017年底，累计收缴易地建设费4亿多元，当年收取易地建设费3524万元。

【人防宣传教育】 确立新广场为宣传教育场所，城内二中、安平十小为示范学校，香城郦舍小区为示范社区。

【人防设施维护】 与物业公司签订责任状，定期检查人防工程的维护管理情况

领导班子成员

主　任：张年台（9月任）

（张　宇）

香河县国防教育办公室

【概况】 2017年，香河县坚持以宣传贯彻《中华人民共和国国防教育法》为主线，强化全民国防观念，提高全民国防意识，国防教育工作再创新高。

【机关干部国防教育】 在机关干部中开展纪念建军90周年观爱国影片活动，组织基层专武干部，县直部门副科级干部共计120余人观看影片《建军大业》。通过观看影片，全体干部重温党和军队光辉历程，再次见证那个战火纷飞的年代，接受精神洗礼。牢记历史，不忘初心，坚定理想信念，自觉担当有为。

【学校国防教育】 把中小学生作为重点教育对象，分别在香河县中小学校组织活动。香河二中、五中、七中、九中、十二中学生到盘山烈士陵园扫墓开展爱国主义教育，开展纪念中国人民解放军建军90周年国防知识竞赛，开展“国防知识宣传周”，在校园广播站、橱窗、各班黑板报中开辟内容为国防历史、国防知识的宣传专栏，在校园内播放滚动标语口号，增强学生履行国防义务的责任感。组织全县各中小学开展“传承红色基因，增强国家意识”为主题的活动，开展“网上祭先烈”等特色活动，通过微信为先烈送寄语、颂古诗、读佳作革命传统教育。利用班会课开展主题班队会等活动，引导学生尊重传统、继承传统、弘扬传统，增进爱党、爱国、爱社会主义情感。把军训作为加强中小学生国防教育的重要手段，年内，组织初高中新生军训5000余人次。贯彻《中华人民共和国国防教育法》，推动学校国防教育工作的深入开展，加强青少年学生的国防观念，提高书画艺术水平和综合素质，努力营造热爱祖国、勤奋学习、健康成长、报效国家的良好校园氛围，在全县中小学校举办了“瀚墨筑国防”为主题的青少年学生国防教育书法绘画大赛活动，对收集上来的300份作品进行评选，获奖作品辑印成册。

【民兵国防教育】 2017年，以民兵整组工作为契机，组织全县专武干部，民兵预备役人员，学习文件通知、国防教育法律法规。利用多媒体宣传，加大对广大群众的宣传教育。在《中华人民共和国国防教育法》颁布16周年和第17个全民国防教育日，通过文艺演出、电视台播放爱国影片和国防教育公益广告、在主要街道、路口、市场的LED显示屏播放宣传片等形式，广泛开展国防教育。

【国防教育宣传活动】 年内，参加省市“美丽河北•最美军嫂”评选活动，全县3名军嫂分别被省、市表彰。其中，崔建平被中共河北

省委宣传部、河北省民政厅、河北省军区政治工作局命名表彰为“美丽河北•最美军嫂”；崔建平、荆华颖、穆春鸟3人被中共廊坊市委宣传部、廊坊市民政局、廊坊军分区政治工作处、廊坊市国防教育办公室命名表彰为“美丽河北•大美廊坊•最美军嫂”。参加全省庆祝建军90周年“赞颂辉煌成就，赓续红色基因，支持改革强军”书画摄影展活动，全县收集上报作品35幅。结合征兵宣传，开展国防教育，悬挂宣传条幅，张贴兵役登记公告，印制宣传雨伞，利用村街广播等形式宣传征兵政策和国防政策法规。利用香河征兵微网站推送征兵政策和国防法规。组织新兵开展为期7天的役前封闭式集训，制作纪录片《我是一个兵》，为全体新兵慰问演出，观看电影《战狼2》。

领导班子成员

常务副主任：罗文龙

副　主　任：后瑞新

（后瑞新）

法 治

责任编辑 王树春

综 述

2017年，香河县认真落实中央和省、市政法工作会议部署，紧紧围绕“防控风险、服务发展、破解难题、补齐短板”这一主线，深入推进平安建设、法治建设和队伍建设，人民群众安全感和满意度不断提升，社会大局持续稳定。2017年5月，被“国务院防范和处理邪教问题办公室”评定为“全国创建无邪教示范县（市区）”，淑阳镇评定为“全国创建无邪教示范乡镇（街道）”，淑阳镇许台村、安平镇高庄村、新华街道办新华社区被评定为“全国创建无邪教示范村街（社区）”；9月，连续五届二十年被中央综治委、中组部评为“全国平安建设先进县”，第三次捧回综治维稳工作全国最高奖——“长安杯”。

公安工作加强“维稳处突”“严打整治”“治安防控”“行政监管”“队伍管理”等工作，完成中共十九大、全国“两会”“一带一路”高峰论坛、美国总统访华等一系列重大安保任务，为全县经济社会发展、群众生产生活创建良好的社会治安环境。香河公安局先后被河北省公安厅评为全国“两会”安保工作先进集体、荣记集体三等功、评为“党的十九大安保先进基层单位”，被廊坊市委组织部评为全市“先进机关窗口单位”。

检察工作以“强化法律监督，维护公平正义”为主线，深化“五检”（政治建检、业务立检、公信树检、素质兴检、科技强检）工作布局，履行宪法和法律赋予的职责，不断创新发展理念、体制机制、方法手段，坚持以司法办案为中心，大力加强检察监督，深入推进司法改革，为经济建设提供司法保障，各项检察工作取得新成效。2017年，香河县检察院被廊坊市检察院授予“优秀领导班子” 荣誉称号，被河北省委省政府授予“省级文明单位”荣誉称号，19人受到上级表彰，6人被授予“三等功”。

审判工作取得显著进展，受理各类案件件8375件，审执结7957件（含旧存），结案率95.01%，涌现出安头屯法庭等全国先进典型，连续两年被最高院评为“司法网络宣传工作先进单位”，获“市级文明单位”，荣立市级集体三等功，连续多年获“县级文明单位”“实绩突出领导班子”“先进基层党组织”等荣誉称号。荣获省级个人二等功，徐小垒获“最美香河人”称号。

香河县司法行政系统共受到先进集体表彰10个，先进个人17人次。香河县司法局被中华全国人民调解委员会协会评为2017年度人民调解室工作先进集体。被河北省司法厅、河北省人力资源与社会保障厅评为2017年度先进集体,被廊坊市委政法委评为全市政法系统先进集体，被廊坊市司法局评为司法行政系统优秀司法局，安平镇高庄村调委会主任高向明被司法部授予“全国模范人民调解员”称号。

2017年，香河县围绕依法行政、建设法治政府的目标，明晰思路，依法履职，把推进依法行政与加快经济发展结合起来，实现政府工作法制化、规范化。

政法委及综治

【概况】 中共香河县委政法委员会（以下简称政法委）是县委领导全县政法工作的县委组成部门。香河县社会治安综合治理委员会办公室（以下简称综治办）是协助县委、县政府领导全县社会治安综合治理工作的常设议事机构，与政法委合署办公，对全县政法、综治工作和维稳工作的具体政策措施的制定，督导落实，并对一定时期内的政法、综治维稳工作做出全局性部署。县委政法委内设5个股室，人员17人。

【社会治安综合治理】 增强人民群众安全感为出发点，提高预测、预警、预防各类风险能力，加强综治中心建设，加强五项建设，高标准如期完成省市确定的任务目标。集中精力合力攻坚，大力推进县、镇、村三级综治中心规范化建设，8月10日，在五百户镇组织召开全县镇村两级综治中心建设现场会，推动工作深入开展，县级综治中心“实战化指挥平台”建成，全县各镇、街道、园区及“333”工程(综治中心333工程：省里培树30个试点县，市里培树30个试点镇、县里培树30个试点村）中的30个示范村综治中心全部达到“三有五规范”（有场所设施、有工作力量、有规章制度，规范职责任务、规范工作架构、规范数据应用、规范业务流程、规范保障标准）建设标准，实现资源力量整合在基层、工作合力形成在基层、服务管理水平提高在基层。通过督导、调度、通报、问责等措施，不断加大各镇、街道、园区综治信息化建设工作力度，录入基础信息370588条，录入率达108.3%，完成严重精神障碍患者信息录入工作，其中卫计部门共录入1172人，民政部门共录入89人，公安部门共录入8人，残联部门共录入7人。本着全覆盖的原则抓好网格化管理建设，按照1000人以下的村街自成网格，1000人以上的村街可以划分两个或多个网格，县城区每200~300户为一网格的要求，将全县划分成592个网格，并组建网格员队伍，明确网格员职责，网格员手机APP预算款拨付到位，正在启动竞争性磋商程序。按照中央综治视联网统一技术标准，以政法网为依托，加快推进镇级综治视联网建设，实现与中央综治视联网直连直通，达到业务应用可视化、智能化、扁平化。全县14个镇、街道、园区综治视联网平台全部建成并实现联网应用。抓好“雪亮工程”（是以县、乡、村三级综治中心为指挥平台、以综治信息化为支撑、以网格化管理为基础、以公共安全视频监控联网应用为重点的“群众性治安防控工程”。通过三级综治中心建设把治安防范措施延伸到群众身边，发动社会力量和广大群众共同监看视频监控，共同参与治安防范，从而真正实现治安防控“全覆盖、无死角”。因为“群众的眼睛是雪亮的”，所以称之为“雪亮工程”）建设，县综治中心完成雪亮工程平台建设任务，公安分平台也同步建成。共预留接入视频数量5000路，已接入1140路。

【法治建设】 以法治政府建设为切入点，教育引导广大干部群众运用法治思维、法治方式干事创业，不断提升全民法治意识、法制观念。努力提升依法执政能力，认真贯彻落实上级关于党政主要负责人履行推进法治建设第一责任人职责的规定，将此项工作纳入干部培训和考核范畴。建立健全领导干部带头学法制度，组织专题讲座5次，系统地学习《中华人民共和国宪法》及修正案、《中华人民共和国行政处罚法》《中华人民共和国公务员法》等，领导干部参学率达100%。完善重大决策集体讨论研究的制度，规范办事决策会议制度，对“一把手”实行“三监督”（行政活动监督、重大事项报告监督、重大事项决策监督）制度。提升依法行政水平，大力推进法治政府建设，制定出台《进一步完善政府系统领导干部学法制度的意见》《2017年度县政府领导干部集中学法计划》等文件。建立起常务会前班子成员轮流讲法的学习制度，聘请7名经验丰富的律师作为县政府法律顾问。进一步加强行政复议、应诉工作。2017年，共收到行政复议申请8件，受理行政复议案件5件，维持4件，撤销1件。行政诉讼案件55件，其中胜诉48件，败诉3件，未审结4件。

加强法律法规执行监督，县人大常委会组织部分人大代表旁听法院庭审，认真做好信访接待和包案工作，及时批转处理涉法涉诉、涉选等来信来访18件次。强化人事任免工作，严格规范相关程序，共任命国家机关工作人员24人，并组织任命人员向《中华人民共和国宪法》宣誓。司法体制改革有序推进，香河县员额制、司法责任制、司法人员职业保障等三项改革工作基本完成。大力推进法治社会建设，在认真落实“谁执法谁普法”的普法责任制的基础上，充分发挥“五五”“六五”（连续两届10年）“全国法制宣传教育先进县”优势，深入开展“法律八进”活动，发放各类普法宣传资料22400余份，接待咨询800余人次，为全县中小学生开设法制课堂40余场次，受教育人数达3.4万余人次。

【政治系统维稳工作有效落实】 进一步完善多元化矛盾纠纷排查调处体系，不间断地组织开展“十大排查”，确保将所有不稳定因素吸附在基层，解决在县内。以情报信息为引领，对各类重点人员进行了重新摸底，重点人员和利益群体，按照属地管理原则，逐人落实单位、乡镇和村街的稳控责任，明确具体责任人，严格落实“五包”（包掌握情况、包解决困难、包教育转化、包稳控管理、包依法处置）措施，全力做好稳控工作。通过深化、细化各项维稳举措，有力地维护了社会大局的持续稳定，圆满完成了“两节”“两会”、暑期、十九大等重要节点的安保任务。

【防范工作】 加强全县重点人员摸排工作，按照省公安厅、省委防范办的安排部署在全县开展了为期半年的“风雷•敲门”行动，全县所有在册的“法轮功”“门徒会”“全能神”邪教及其他邪教和有害气功进行了逐一摸排，并进行了视频和信息采集。对死亡人员、迁出人员、迁入人员、异地管控人员分别制定了台账，对重点人员进行了重新筛查和整理。紧紧围绕全国“两会”安保、暑期安保、中共十九大安保等重要节点、重要敏感期进行了防控，落实重点人员“五包一”（副科级干部、包村干部、包村民警、村干部及家属分包一位重点人员）防控机制。积极开展“无邪教创建”宣传教育工作，组织全县干部进行反邪教知识培训，同时开展为期半年的大篷车巡回宣传活动，印制反邪教知识读本15000册，发放到各个村街的图书室，进一步加强了基层的阵地建设。

【政法系统队伍建设】 紧密结合“两学一做”学习教育活动要求，通过组织开展多种形式的学习教育活动，搞好“三个结合”，全面提高政法干警的党性修养和业务素养，不断增强依法履职的能力和水平。将“两学一做”与政法干警理想信念教育结合起来，落实理论中心组学习制度，抓好中心组集体学习，每周五下午集体学习，每次学习突出一个主题，认真策划，精心组织，进一步创新学习的形式和方法，加大专题讲座、重点辅导、理论研讨、重点发言的力度，增强学习的实用性和针对性。抓好机关普通党员干部的理论和业务知识的学习，制定了具体的学习计划，确保集中学习有记录，个人学习有笔记，有心得，有效提高了学习效率，坚定了理想信念。将“两学一做”与政法工作新形势、新要求结合起来。在深入学习党的十八大相关文件和习近平总书记重要讲话的基础上，专门组织召开专题研讨会，认真研读领会习近平总书记对政法工作作出的批示精神和中央、省、市政法工作会议精神，把握方向，认清形势，深入基层调研走访，聚焦问题短板，不断提高政法队伍的核心战斗力和凝聚力。将“两学一做”学习教育与全县社会发展大局结合起来，立足全县社会发展大局，立足政法工作实际，充分发挥政法队伍优势作用，为全县经济社会发展保驾护航。同时，不断加强政法工作宣传力度制定全年政法宣传工作计划，实行“月报告、季通报”制度，不断将政法宣传工作引向深入。全县政法部门共在市级以上媒体刊发各类稿件980篇，其中，国家级媒体刊发51篇，省级媒体刊发498篇，市级媒体刊发400余篇。

领导班子成员

书　记：樊亚峰(任至2月)
　　　　郭建永（2月任）
副书记：陈宝全（常务）
　　　　朱宝栋
　　　　吴海斌（2月任、兼）

（董　浩）

公　安

【概况】 2017年，香河县突出“安保大年”工作实际，科学部署，主动施策，加强“维稳处突”“严打整治”“治安防控”“行政监管”“队伍管理”等工作，完成中共十九大、全国“两会”、“一带一路”高峰论坛、美国总统访华等一系列重大安保任务，为全县经济社会发展、群众生产生活创建良好社会治安环境。香河县公安局先后被河北省公安厅评为全国“两会”安保工作先进集体，荣记集体三等功，被评为“党的十九大安保先进基层单位”，被廊坊市委组织部评为全市“先进机关窗口单位”。此外，全局共有17个集体、15名个人受到河北省公安厅表彰，13个集体、17名个人受到市级表彰。

【安全保卫】 2017年初，香河县把本年定位为安保年，主动担当维护稳定、拱卫京畿的政治责任。为打赢“安保”这场硬仗，紧紧围绕公安部“五个严防”“两个确保”“三个不发生”和省委、省政府“六个确保”工作目标，对全局民警实行严格政审，分3期进行12天的专题培训，提高参战人员的业务技能。在全国“两会”安保工作中，抽调巡警、刑警、交警、治安和派出所等部门警力，在安平公安检查站、京哈高速香河北站设立安检查控站点，对所有进京人、车、物进行安全检查；在治安防控方面，建立健全“一分钟处置”机制，巡警、武警及派出所联合开展巡逻防控，提高街面见警率、盘查率和管事率，有力震慑各类违法犯罪分子；在安全监管战线，杜绝重大安全责任事故。中共十九大安保工作是全年安保工作的重中之重，提前对香河县环京村镇、道路进行实地踏勘，通过综合评估，在安平检查站、京哈高速香河东站入口、京哈高速香河北站入口和唐通线凌家吴村进京路口设立警务站，抽调精干警力投入安检一线，对进京的车辆、人员、物品进行严格安检，杜绝各类危险因素途经香河县进入北京；集中巡防行动，将警力全部摆上街面，对重点行业场所、单位、要害部位、重要基础设施加强巡逻防控力度，确保不出现问题；全面加强枪支、民爆物品、易制爆危险化学品、散装汽油等危险物品的监管控制，确保不发生丢失、炸响等情形。

【依法惩治刑事犯罪】 2017年，香河县针对毗邻京津、交通便利、人员流动性强的特点，坚持“以打促防、打防并举”的原则，全力推进“打黑除恶灭霸扫痞”“三打击一整治”“百日攻坚”等专项行动，违法犯罪势头得到有效遏制。全年破获各类刑事案件268起，抓获犯罪嫌疑人345人，抓获逃犯170人（其中，历年逃犯28人），逮捕183人，起诉309人；打掉犯罪团伙22个，抓获团伙成员81人，从中破案28起，辖区发生的6起命案全部侦破。加大经济领域犯罪的打击力度，共立案26起，破26起，抓获犯罪嫌疑人28人，逮捕11人，起诉15人。10月12日，抓获涉嫌电信诈骗案犯罪嫌疑人崔某斐，侦破近年来多起电信诈骗积案；开展“雷霆1号”打击传销违法犯罪集中行动，清查废弃厂房320处、小区120个、出租房屋1600处，走访群众3400人，捣毁传销窝点35个，查处组织、领导传销活动案5起，抓获传销骨干10人，逮捕5人，起诉5人，冻结资金201.6万元，遣散非法参与人员491人，解救受骗大学生2名，铲除传销违法犯罪活动滋生土壤。“黄金佳”案件共核查稳控重点人员219人，顺利完成第一批资金清退工作，得到上级领导及投资人一致认可。在打击环境污染违法犯罪方面，联合县环保、工商等部门，关停取缔排污企业610家，取缔烧烤摊点155家，破获刑事案件32起，非法经营案件29起，刑事处理37人；查处行政案件6起，行政拘留9人。在食品药品安全方面，以全县食品、药品的生产、销售经营点为重点，开展联合执法检查36次，检查单位179家，发现销售假药线索9条，核查部（省）督协查案件23起，查实10人，查否37人，并以清查网络食品安全为重点，破获网络销售有毒有害食品案1起，批捕1人，采取强制措施3人；破获网络生产、销售假药案11起，拘留7人，批捕2人，有力震慑制售有毒、有害、假劣食品药品违法犯罪。

【治安管理】 2017年，共查处治安案件388起，处理违法人员827人，其中，查处涉黄治安案件16起，查处违法人员25人，治安拘留20人；查处涉赌治安案件97起，查处违法人员413人，治安拘留86人。在巡逻防控上，以开展“满天星”巡控专项行动为载体，紧紧咬住“高发案时段、高发案区域、高发案类型”，在网格化布警基础上，实行巡逻勤务包干模式，开展实兵武装巡逻，同时主动对接小区物业，共与28个小区物业建立联动机制，随时了解治安状况，收集案件线索，做好宣传防范。全年出动巡逻警力7.8万人（次），警车1.98万辆（次），盘查可疑人员8.5万人（次）、可疑车辆7.8万辆（次），抓获违法犯罪嫌疑人253人，打掉犯罪团伙8个。在治安管控上，加强对旅馆业、汽修业、娱乐场所的管控，持续开展清查行动，最大限度铲除违法犯罪滋生土壤。做好重要基础设施、内保单位的安全防范工作，对途经香河县的陕京（陕西—北京）四线天然气管线、盘通（蓟县盘山—通州）电网等重点部位，油、水、气、电等重要设施以及学校、医院等人员密集单位，开展不定期、滚动式安全检查，督促企业增加看护力量，强化物防、技防建设，确保全年未发生任何问题。另外，推进“天网”工程、“雪亮”工程建设，对拟改造、新建的前端视频监控，完成前期踏勘，为县域视频监控的加密覆盖打好基础。

【社会管理】 2017年，香河公安主动融入全县经济社会发展“一盘棋”，站在全县的高度想问题、做工作，同时立足本职，做强主业，保障民生。

加强道路交通管理。先后开展农村道路隐患、危化品运输、重点交通违法行为等专项整治行动，查处各类交通违法行为39万余起（其中，机动车未悬挂号牌979起，故意污损、遮挡号牌329起，无证驾驶741起，酒后驾驶412起，不按规定安装号牌1184起，违法停车57700起，超速行驶14896起，其他违法行为31万余起），有效净化道路交通环境。

加强消防隐患排查。以冬春火灾防控、夏季消防检查等行动为抓手，紧盯家具城、超市、宾馆、饭店、医院、学校等人员密集场所、易燃易爆企业，开展高频次、大力度的隐患排查治理，全县共检查单位9992家，下发责令整改通知书3684份，发现并整改火灾隐患9031处，查封单位28家，“三停”（停产停业、停止使用、停止施工）24家，处罚单位52家，罚款76.16万元。同时，组织消防演练40次，开展宣传20次，举办培训10次，累计培训人员4000余人，营造浓厚的消防安全氛围。

加强危爆物品管理。对全县10个烟花爆竹长期销售点，定期进行安全检查；对危爆物品，强化流向管控，严格实行网上审批；对可能私制、私藏、贩运爆炸物品的出租房屋、废弃窑洞、闲置厂房（院落）、物流企业等部位进行滚动式排查，及时发现、清除涉危涉爆隐患30余处。

深入开展打击涉枪涉爆专项整治工作。发布通告、宣传单2万余份，查处涉枪行政案件7起，行政处罚7人，收缴非制式气枪6支、猎枪1支、仿真枪1支、军用子弹186发、气枪铅弹496发。

加强户籍管理。开展“人像比对疑似重复户口线索核实处理工作”“死亡未注销人员信息核实工作”“解决无户口人员户籍登记工作”等专项行动，对183条疑似重复户口线索进行核实，核实182条，处理线索137条，注销重复户口人员19人；通过走访清查，对发现的无户口人员全部落实户口登记。

加强流动人员管理。适时组织开展流动人口和出租房屋清查工作，详细掌握流动人口底数，筛查重点人员，强化管控措施；升级改造流管平台，实行网上登记、网上办证、网上查询，并建立流动人口信息电子档案，提高居住证管理的规范化水平。

出入境与往来港澳台管理。购置港澳自助签注一体机，由原来人工签注需5个工作日缩减到立等可取，大幅提升工作效率。全年受理证件13911件，较2016年增长28.4%，其中护照7186件、港澳通行证6092件、台湾通行证633件，自助签注受理1836人（次），接待群众9500人（次），收到良好的社会效果。

【队伍管理】 香河县公安局积极践行“以人民为中心”理念，坚定政治立场，树立“四个意识”，全面加强队伍正规化、专业化、职业化建设。深入贯彻中共十九大精神，紧紧围绕新时代党的建设新要求，积极开展“迎接十九大、忠诚保平安”和“熔铸忠诚•砺警为民”主题教育实践活动，以思想政治教育、深化公安机关作风整顿等为载体，全面加强忠诚教育，党员民警的“四个意识”显著增强。加强从优待警工作，对本人或亲属患病的30余名民警进行走访慰问，发放慰问金，及时传达局党委的关怀和温暖，累计通过民警互助协会向83名会员发放互助基金18.8万元，为12名民警申报省市特困干警，争取资助金26.25万元，为9名同志申报工会困难职工和市局互助协会资助，争取资助金7.1万元，有效地解决了民警的实际困难。针对民警工作压力大、任务繁重、生活不规律的特点，组织公安系统所有民警、干部、辅警人员进行健康体检，同时启动战时奖励工作机制，对成绩突出的集体和个人进行即时奖励，先后申报集体三等功3个、个人一等功1人、二等功2人、三等功8人，审批集体嘉奖10个、个人嘉奖10人，通报表扬集体3个、个人8名，组织开展“送奖上一线”活动，现场颁发证书、奖金，有效激发广大民警的职业责任感、荣誉感。

领导班子成员

局　长：杨建军（任至2月）
　　　　吴海斌（2月任）
政　委：吴海斌（任至9月）
　　　　马小杰（9月任）
副局长：王建华　冯向东　肖广平
　　　　李长海

（马　静）

检　察

【概况】 2017年，香河县以“强化法律监督，维护公平正义”为主线，深化“五检”（政治建检、业务立检、公信树检、素质兴检、科技强检）工作布局，忠实履行宪法和法律赋予的职责，不断创新发展理念、体制机制、方法手段，坚持以司法办案为中心，大力加强检察监督，深入推进司法改革，为香河经济建设提供有力司法保障，各项检察工作取得新成效。

2017年，香河县检察院被廊坊市检察院授予“优秀领导班子” 荣誉称号，被河北省委省政府授予“省级文明单位”荣誉称号，19人受到上级表彰，6人被授予“三等功”。

【检察机关机构与队伍建设】 香河县人民检察院（简称县检察院）有办公室、政治处、公诉科、侦监科等内设机构16个，现有中央政法专项编制49个，实有52人，其中中央政法专项编制人员45名，地方财政编制人员7名。有检察官29人，其中19人为员额制检察官。党组成员9人，其中检察长1人，副检察长3人，其余5人分别为党组副书记兼检委会专职委员、反贪局长、反渎局长、检委会专职委员。

【控告申诉检察】 年内，畅通信访渠道，回应群众诉求，妥善处理来信来访控告申诉。开展大接访活动，周密部署“两会”、十九大等特定时期信访维稳工作。集中清理化解涉检信访案件，全年，受理信访案件42件，移送案件10件。妥善处理群众来访71人次，保持涉检涉诉进京赴省“零上访”。

【刑事检察】 年内，县检察院批准逮捕各类刑事案件174件221人，提起公诉257件301人。其中，批准逮捕非法经营、强迫交易、合同诈骗等扰乱市场秩序案件4件9人，提起公诉3件4人；开展打击侵犯知识产权和制售假冒伪劣商品犯罪专项行动，批准逮捕2件2人，提起公诉2件3人；严厉打击滥伐林木、污染环境等犯罪，批准逮捕3件3人，提起公诉5件6人，打击危害食品药品安全犯罪，提起公诉3件5人。推进刑事和解、轻微刑事案件快速办理等工作机制，决定不批捕17件28人，不起诉15件25人，防止和减少了社会对抗，促进了社会和谐。

【刑罚执行监督】 年内，县检察院办理羁押必要性审查案件4件，监督纠正监管活动中的违法案件15件。开展社区矫正专项检查5次，监督纠正社区矫正违法案件4件。把财产刑执行监督纳入检察监督的日常工作，全年共建立财产刑执行档案207份。

【反贪污贿赂】 年内，反贪污贿赂工作坚持“苍蝇”“老虎”一起打的办案方针，立案侦查贪贿案件4件12人，查办扶贫惠农领域案件2件6人，查办最高层级指定的厅局级干部受贿案1件3人；

【反渎职侵权】 2017年，立足认真履行检察工作职责，克服“发现难、查证难、处理难”三大难题，加大渎职犯罪查处力度，年内，查办滥用职权、玩忽职守等渎职侵权犯罪案件1件3人。

【查办和预防职务犯罪】 2017年，坚持打防并举、惩防结合、标本兼治的方针，着力提升预防职务犯罪工作法制化、社会化、专业化水平，不断推进反腐倡廉工作深入开展。年内，向发案单位提出检察建议18件，开展职务犯罪预防宣传和咨询，深入机关、企业、乡村、学校等举办预防宣讲16次。推动建立行业廉洁准入机制和社会诚信体系，办理行贿犯罪档案查询1088次。

【民事行政检察】 2017年，强化民事行政诉讼监督，坚持抗诉与调解并重，用调处的方法从源头上化解社会矛盾。全年共受理民事行政案件50件，其中受理审判程序违法案件19件，受理督促行政机关履职案件18件，受理民事执行监督案件12件。共提出检察建议50件，收到法院采纳37件。

【法律监督】 2017年，以“强化法律监督，维护公平正义”为主题，监督公安机关立案8件9人，监督撤案8件10人，追捕漏犯3人，追诉漏罪3条，对侦查违法行为提出纠正意见18件，监督行政执法处罚案件30件。办理对民事、行政生效裁判监督案件1件，提出再审查建议1件，办理违反审判程序违法监督案件19件，办理执行监督案件12件，办理行政机关不当履职案件18件，办理行政公益诉讼案件1件。

【监所检察】 2017年，以保障监管秩序为重点，加强社区矫正监管为中心，全年检查收押犯罪嫌疑人384人，检查释放、交付执行等出所377人，保障监管秩序稳定，建立全市首家社区矫正人员信息平台，全面、方便、快捷掌握社区服刑人员各种信息。

领导班子成员

检 察 长：刘振华

副检察长：丁福才　张金路　曹宏艳

（李林繁）

法　院

【概况】 2017年，香河县人民法院深入贯彻中共十八大、十九大、十八届历次全会和习近平总书记系列重要讲话精神，忠实履行宪法和法律赋予的职责，紧扣执法办案第一要务，自觉把审判工作融入全县工作大局，审判工作取得显著进展，受理各类案件8375件，审执结7957件（含旧存），结案率95.01%，涌现出安头屯法庭等全国先进典型，连续两年被最高院评为“司法网络宣传工作先进单位”，获“市级文明单位”，荣立省级集体二等功、市级集体三等功，连续多年获“县级文明单位”“实绩突出领导班子”“先进基层党组织”等荣誉称号。荣获省级个人二等功，徐小垒获“最美香河人”称号。

【审判机关机构与队伍建设】 香河县法院内设机构21个，含办公室、政治处、司法技术室、法警大队、立案庭、审判监督庭、民事审判一庭、民事审判二庭、民事审判三庭、调解庭、执行办公室、执行一庭、执行二庭、执行三庭、监察室、行政庭、刑庭、信访办、审管办、未成年人案件综合审判庭、书记官处。辖派出法庭5个，一乡一庭8个，正式干警106人，其中中共党员 100人，具有本科以上学历干警102人，3人取得硕士学位，1 人研究生在读，35人通过司法考试，5人取得三级心理咨询师资格。

【刑事案件审判】 受理各类刑事案件283件，审结282件（含旧存），结案率99.65%;判处罪犯301人。严厉打击危害国家安全、两抢一盗等犯罪，增强人民群众安全感；加大涉众型经济犯罪、环境污染罪打击力度，审结非法吸收公众存款案3件，保障金融秩序安全稳定；坚持教育、感化、挽救方针，寓教于审，参与社区矫正、回访帮教，对 15 名未成年犯实行轻罪记录封存，帮助23名失足青少年复学就业，重塑人生。未成年人案件综合审判庭获“全省维护妇女儿童权益先进集体”荣誉称号；加强人权保障，推进量刑规范化，坚持宽严相济、罪刑法定、疑罪从无，确保同罪同罚、罚当其罪。

【民商事案件审判】 受理各类民商事案件4784 件，审结 4577 件（含旧存），结案率95.67%。审结离婚、继承等案件830件，开展家事审判方式改革，创新预防化解家庭矛盾机制；审结买卖等合同案件 1454 件，推动社会诚信体系构建；审结金融借款、民间借贷等案件700余件，解决标的6亿元，保障金融秩序安全；针对房地产领域悔约、悔贷纠纷增多情况，发挥诉前调解优势，使近300件商品房买卖纠纷妥善解决，消除群体性事件隐患，保障房地产市场健康发展。

【行政案件审判】 慎重处理行政诉讼案件，加大判前协调力度，审结的 33 件行政诉讼案件中，13件以协调、撤诉方式解决。审查非诉行政执行案件442件，深化与行政机关的良性互动，提出司法建议 14 条，定期召开联席会议，邀请执法人员旁听，规范行政行为，推动法治香河建设进程。

【审判监督】 牢牢把握监督这个关键，不断实现人民群众对司法审判工作的知情权、表达权、参与权和监督权。主动向人大报告工作，加强与人大、政协联络，定期走访人大代表和政协委员，邀请人大代表视察工作、旁听案件36人次，召开座谈会2次，主动征求意见。邀请委员视察、旁听、参加会议、见证执行100余人次。重视检察机关对生效裁判提起的抗诉，支持检察机关履行监督职责，共同维护司法公正。举行开放日活动，邀请100余名群众代表观摩庭审、参观法院。坚持随案发放廉政监督卡，召开新闻发布会6次，畅通监督渠道，增进社会各界对法院工作的了解。圆满完成人民陪审员倍增计划，在全县增补人民陪审员至164名。坚持创新机制，建立庭前阅卷、合议、庭上发问工作机制，在参审范围、大合议机制构建上下功夫，尝试“3+4”“3+5”大陪审模式，发扬民主。人民陪审员共参审案件640余件800余人次，总结出在全省乃至全国可复制、可推广的经验，被新华网、《人民法院报》等报道。

【执行工作】 受理各类执行案件 3169 件，执行 2961 件（含旧存），结案率 93.44%。推进执行信息化、规范化建设，实现与工商、公安等协助单位对接，凝聚社会合力。强化执行威慑，穷尽执行措施，开展夜间、凌晨行动，实施围堵拦截，查控银行存款 9000 余万元，查封、扣押汽车 300 余辆、房屋 150 余套，拘留 58 人、罚款 5 万元，以拒执罪追究刑事责任 3 人，公布失信被执行人 500 余名，有效震慑"老赖"[1]，助力社会诚信体系建设，被省高院评为"基本解决执行难飓风行动先进单位"。

【法院信访管理】 强化矛盾排查化解，落实稳控责任，坚持院领导接访、首问责任制等工作机制，大力推广判后答疑、判后回访等工作制度，强化信访听证和督导，认真做好明理释法、化解矛盾和息诉息访工作，引导群众理性表达诉求。共接待群众来访 486 人次、处理来信 35 件次，确保全国"两会"、"七一"、国庆节、十九大等重大活动期间矛盾纠纷排查化解零死角、重大案件零炒作、赴省进京零非正常访。

【审判管理】 加强审判流程管理工作，使审判流程管理日趋科学化、规范化、精细化。对新受理案件全部录入案件流程管理系统，对已审结的案件督促及时报结录入，掌握每一个案件的进度，实行动态信息化管理，严格监控案件审理全过程，积极开展隐性超审限案件清理工作，保障案件质效的提升。完善绩效考核制度，实行人员分类定岗，确保法官、辅助人员、行政人员各司其职、各尽其责；把审判绩效录入档案，作为晋升、评优的重要依据；深入开展"两评查"活动，组织庭审观摩 22 次，评查裁判文书 1098 份，抓规范，促提高。

【深化审判公开】 以信息化建设为平台，以公开促公正，着力打造阳光、智慧法院。注重基础设施建设，全面完成监控高清升级改造、机房改造、网络提速改造工程，新建 2 个高清数字法庭和 3 个法官会议室，数字法庭达到 16 个；添置 30 台电脑、扫描仪及打印机等办公办案设备；建成执行指挥中心、四级专网等办公办案系统。完善官网、微博、微信等新媒体建设，官网发布信息 580 条，微博、微信发布信息 400 条，拍摄微电影《执行内外》及法官 MV《为民情无限》，被最高院、腾讯网等推送，提升了司法形象。在诉讼服务大厅设置显示屏系统、电子触摸查询系统，建成远程视频接访系统，建立数字化电子档案系统，完成历史档案电子卷宗归档工作，推进庭审语音识别、电子签章、智审系统等系统，提升信息化水平。最高院信息中心主任许建峰评价香河县法院电子卷宗同步生成工作走在全国法院前列。全力推进审判流程、裁判文书、执行信息、庭审公开、信访公开五大公开平台建设。公开案件信息 5972 件、裁判文书上网 3640 件，庭审直播案件 1048 件，增强司法工作透明度，全力打造"指尖上的阳光司法"。

【服务社会发展】 完善司法便民利民措施，回应人民群众关切期待，满足人民群众多元司法需求。健全"大立案、大服务、大调解"三大机制，方便群众"一站式"办理诉讼事项，提升窗口职能。开通弱势群体案件"绿色通道"，对 54 名困难当事人救助 200 余万元，对 180 名困难群众和特困企业办理减免缓诉讼费 260 余万元，让人民群众感受司法的人文关怀。开展巡回审判和调解 400 余次；开展法律"六

[1]老赖，专指欠了别人钱迟迟不还的人。法律意义上的"老赖"，一般是指在民商领域中的一类债务人，其拥有偿还到期债务的能力，但是基于某种原因拒不偿还全部或部分债务。主观上，"老赖"有故意拖延履行债务的恶意；客观上拒不履行到期债务。刑事附带民事案件中也出现"老赖"。从某种意义上说，"老赖"不但是指一类社会群体，而且可以说是社会转型阶段的一种社会现象。

进”活动，开展普法宣讲活动145场，受教育群众上万余人次；健全法官联系村街制度，组织法官深入绣水社区、钳屯镇尚店等村街宣讲十九大精神，开展“无讼社区”创建活动，助力经济发展和社会稳定。强化矛盾排查，落实稳控责任，坚持院领导接访、首问责任制，推广判后答疑、判后回访等制度，强化听证和督导，引导群众理性表达诉求。接待群众来访486人次、处理来信35件次。坚持全面、全程、全员调解，推行法庭工作新机制，依托“一乡一庭”，在各法庭设立人民调解窗口，加强对人民调解工作的指导。加强诉前调解，设立速裁团队，完善调解志愿者协会建设，引入律师进驻法律援助工作站，与人民调解组织联合成立调解室，减缓诉讼压力。

【深化司法改革】 遵循司法规律，有步骤、有秩序推进各项改革任务的落实。分两批次遴选32名法官入额，选任首批法官助理，招录聘任制书记员，建立以员额法官为中心的审判团队。平稳推进内设机构改革，优化审判资源配置，改革的内生动力得到有效释放。推进院长、庭长办案制度，院长、庭长回归审判一线；改革裁判文书签发制度，坚持有序放权，入额法官自行签发裁判文书，实现“让审理者裁判，由裁判者负责”。推进“三项规程”（《人民法院办理刑事案件庭前会议规程（试行）》《人民法院办理刑事案件排除非法证据规程（试行）》和《人民法院办理刑事案件第一审普通程序法庭调查规程（试行）》）试点，全面贯彻证据裁判规则，建立适用统一的证据标准，推动证人、鉴定人、侦查人员出庭，发挥庭审功能，防范冤假错案发生。选取试点案件13件，召开庭前会议10次，证人出庭8次，侦查人员出庭5次，庭审实质化改革初见成效。完善绩效考核制度，实行人员分类定岗，确保法官、辅助人员、行政人员各司其职、各尽其责；把审判绩效录入档案，作为晋升、评优的重要依据；深入开展“两评查”(庭审评查和裁判文书评查)活动，组织庭审观摩22次，评查裁判文书1098份，抓规范，促提高。

领导班子成员

院　长：刘　君

副院长：于向辉（任至9月）

　　　　侯东祥

（王树营）

司法行政

【概况】 2017年，香河县充分发挥司法行政职能作用，全面夯实基层基础、筑牢维稳根基，努力开拓法律服务领域，依法治理、人民调解、法律服务、法律援助、社区矫正等各项工作不断取得新成绩，努力维护全县社会稳定，构建和谐社会。抓班子带队伍、抓作风促效能、抓重点解难题、抓基层强基础、抓改革保稳定的思路，积极作为，真抓实干，奋力开拓，司法行政工作不断取得新的进展和成效。

香河县司法局担负着全县普法依法治理、基层司法、民间纠纷调解、法律服务市场管理等工作任务。内设职能科室8个，正式干警45名，下设4个律师事务所，1个公证处。镇、街道办事处、园区司法所14个和6个法律服务所。

2017年，香河县司法行政系统共受到先进集体表彰10个，先进个人17人次。香河县司法局被中华全国人民调解委员会协会评为2017年度人民调解室工作先进集体。被河北省司法厅、河北省人力资源与社会保障厅评为2017年度先进集体,被市委政法委评为全市政法系统先进集体，被市司法局评为司法行政系统优秀司法局，安平镇高庄村调委会主任高向明被司法部授予“全国模范人民调解员”称号。

司法鉴定工作稳步推进。县司法医学鉴定中心各项软硬件设施齐全，注册鉴定人员 12 名均为本科学历，其中包括 2 名副主任医师，10 名主治医师，鉴定人员均接受省级业务培训后上岗。2017 年共受理酒精检测业务 1024 件。

【律师工作】 2017 年，开展律师管理工作，积极服务和谐社会建设。深入推进村(居)法律顾问工作向纵深发展，全县 316 个村居实现“点对点、面对面”的法律对接服务。开展宣传活动 90 余次，接受法律咨询 8000 余人次，参与修订涉法文书 72 件，参与调解纠纷 355 件。

筹建涉法涉诉信访案件法律服务工作站，建立律师参与化解和代理涉法涉诉信访案件志愿人才库，推动涉法涉诉走向法治化、规范化；

在《新香河》报纸开设《以案说法》法治专栏，律师通过真实生动案例，深入普及法律知识，引导公民自觉遵守法律。

组织律师开展“法律八进”活动。11 月，多角度、多层次宣传法律知识，提高全民法律素质。

建立律师微信交流群，助力律师管理工作。年内，四家律师事务所(河北宝成律师事务所、河北正昊律师事务所、河北王文成律师事务所、河北薛凤元律师事务所)共办理各类案件 588 件，其中刑事案件 52 件，民事案件 348 件，经济案件 72 件，行政案件 12 件，非诉讼法律事务 51 件,法律援助案件 53 件，担任企事业法律顾问 65 家，解答法律咨询 1500 余人次。

【人民调解】 以精品调委会建设为抓手，不断促进人民调解工作深入开展，确保全县社会的和谐稳定。年内，全县共完了 23 个精品调委会的建设工作，结合各级调解组织严格落实“村（居）日排查、镇（街道）周排查、县月排查”制度，同时通过在“两节”“两会”及十九大期间在全县范围内分别部署开展了“民间纠纷集中排查调解活动”“民间矛盾纠纷动态排查、‘全面化解’专项攻坚行动”和“抓排调、搞宣传、保稳定专项行动”等三项活动，广泛深入开展矛盾纠纷排查化解活动。全县共组织各类排查 341 次，预防纠纷 204 件，排查出各类民间矛盾纠纷 1604 件，成功调处 1571 件，调解率 100%，成功率为 97.9%，没有调处成功的都落实了防范措施，有效地维护了全县的和谐稳定。

加强人民调解组织、队伍建设，在县综治办的组织协调下，香河县司法局与部分行政部门就成立专业人民调解委员会的工作进行了对接，按照上级要求完成了香河县医疗纠纷、物业纠纷、征地拆迁纠纷、食品药品安全纠纷人民调解委员会等 11 个专业性调委会。全年各专业性调委会共调解各类纠纷 212 件，其中，县医调委调解医疗纠纷 20 件，家具城调委会调解纠纷 162 件。

部署开展“公调对接”工作，按照市司法局、市公安局《关于协同做好矛盾纠纷排查化解工作的意见》要求，司法局与公安局进行对接，制定工作方案，成立组织领导机构。新华街道办、钳屯镇和五百户镇完成“公调对接”工作室的建设并开展了相关的调解工作。3 个调解室共调解纠纷 7 件。

【安置帮教】 2017 年，接收刑满释放人员 59 人。全县近五年共有刑满释放人员 345 人，帮教率、安置率均达 100%，有力地维护了社会稳定。

【社区矫正】 2017 年，香河县扎实开展社区矫正工作，提高社会治理能力。累计接收社区矫正人员 735 人（2017 年接收矫正人员 113 名），共计解除矫正 554 人。至 2017 年底，实有在矫人员 181 人，其中：缓刑 178 人、假释 1 人、暂予监外执行 2 人。社区矫正人员重新犯罪率一直控制在省控线 2%以下。

建好“两个中心”（ 社区矫正指挥中心和工作中心），解决执行缺位难题，推动社区矫正工作。指挥中心一期工程全部完成，指挥中心具备命令发布、监控管理、执法监督等功能，使香河县的社区矫正监管工作上了新台阶。指挥中心二期工程为在建工程，集视频会议、视频培训、视频监控、视频命令发布、电子档案管理等功能于一体，建成后真正实现社区矫正电子化管理。强化多项举措，提高教育管控质量，加强组织领导，逐所开展执法检查。围绕全年重点时段、重大节日和重大活动，分别开展暑期保卫、百日攻坚、十九大安全保卫等活动，下发实施方案，进一步夯实监管基础，严防脱管。

加强日常监督管理，严格要求和落实社区矫正人员每周以电话、每月以书面材料的形式向负责实施矫正的司法所汇报思想、工作、生活情况，司法所坚持定期走访了解并记入矫正对象个人档案。2017 年，提请对 1 名矫正人员给予治安处罚，对 18 名违反监管规定的社区矫正人员进行了警告。

抓好手机定位平台的管理，我们在十九大期间，坚持做到每天进行两次监督检查，不定期进行抽查，对发现的问题及时通过微信进行通报，平台定位率达到 90%以上。抓好教育矫正，把学习教育分成县局集中教育、司法所集中教育和矫正人员自学三种方式。还采取个别谈话的方式，对社区矫正人员开展思想教育、文化教育、社会公德教育。9 月 27 日至 28 日、10 月 16 日，分别组织社区人员进行了集中教育，组织观看了《辉煌中国》教育影片。举办教育培训 158 课时，受教育达 2690 余人次。组织有劳动能力的社区矫正人员开展社区服务，参加劳动人员达 2480 余人次。形成了分阶段、多层次的教育矫正工作模式。

利用多种形式，提高对社区矫正工作的认知度，将社区矫正工作纳入全县“七五”普法中来，先后发放宣传资料 1 万余份。为矫正人员专门编制印发《社区矫正工作 100 问》《社区矫正警示案例选编》。方便工作人员依法依规矫正，专门收集整理了《社区矫正工作文件汇编》。

【法律援助】 关注民生，服务为民，明确新形势下法律援助工作的核心价值。2017 年，法律援助工作主要是构建法律援助一体化网络，加强实体“窗口”建设，加快升级“12348”法律援助平台建设步伐，构建以法律援助中心为主导、法律援助工作站为支点、法律援助联络点为补充的法律援助三级网络，打造“半小时法律援助服务圈”，将法律援助和社会律师“窗口”值班融入平台建设，有效整合法律服务资源，提供“综合性、一站式”的法律援助服务，集中受理和解决法律服务事项。

完善质量服务标准，建立完备法律援助案件服务质量体系。按照《香河县法律援助案件质量评估方案》要求，突出对案件质量服务的评估和监督作用，综合采用旁听庭审、案件回访、案件评查、重大疑难案件讨论等方式提高案件质量和服务质量。

强化公检法司等部门联系协作，保障司法人权。深入探讨完善刑事案件法律援助工作机制的衔接，建立信息交换、援助申请征询转交、案件反馈等长效机制。在人民法院和看守所设有法律援助工作站，探索刑事案件中的法律援助无缝对接机制。

开展法律援助专项维权活动，提升基层站、点作用。相关部门协作，为军人军属特定群体提供“绿色维权通道”。对特定困难群体的特定需求，开展老年人、残疾人、未成年人、农民工等群体的专项服务活动，全面活跃基层站点作用。2017年，共审查指派法律援助案件297件，接待咨询2970余人次。

【普法宣传】 2017年，是“七五”普法第2年，县司法局、县法宣办利用各成员单位、各司法所在城区主要街道和人员密集的场所开展法律宣传活动。年内，共发放宣传资料30000余份，接受咨询1400余人次。从青年学生、机关干部、普通群众等不同普法重点对象的需求角度和获取信息的行为习惯出发，通过开展“法律八进”活动、户外广告屏等方式推动全社会崇尚法治氛围。

利用“香河普法”微信公众平台向社会宣传法律法规、展示普法先进典型、点评剖析经典案例，进一步拉近法律与用户的距离,利用农村社区阅报栏宣传，每月更换一次内容。

开展农村、社区法治宣传教育工作，共发放各类普法宣传材料12000余份，接待法律咨询390余人次，得到了群众的认可与好评。7月26日，此项活动被《人民日报》进行图文报道，引发强烈反响。

大力推进“谁执法谁普法”的普法责任制。以扎实的普法宣传工作让法治思维和观念进入群众的脑中心中，形成全民学法懂法守法用法的良好氛围。

完善领导干部、公务员学法用法工作，加强了党委(党组)中心组集体学法、政府常务会议会前学法、领导班子集中学法制度，健全完善领导干部法治培训、法制讲座、学法档案制度，推进政府法律顾问制度。联合组织部门，利用党校阵地，聘请法律专家和教授对全县股级以上干部进行了法律培训，取得了良好的效果。

组织实施干部法律知识合格证考试制度，把学法、考法成绩作为干部奖惩、晋级、任免及公务员考核的重要依据。全县各级领导干部参考率达到100%，全县90%以上的参考人员都能达到优秀，取得了良好的效果。

完善青少年法制教育机制，大力推进青少年学生法治教育。发挥学校法制课堂在青少年法制宣传教育中的主渠道和主阵地作用，让法制宣传教育“进课堂”“进教材”“进头脑”，把法制教育有机地融入日常教学中去。

开辟法制教育第二课堂，采取法院庭审旁听、法律故事大家讲、法律知识竞赛、矫正人员现身说法等法制实践活动，对学生进行生动、直观的法制教育。组织学生制作交通安全倡议书、交通知识传单、撰写《致家长的一封信》和举办交通安全知识法制教育报告会等形式，组织开展交通安全知识系列宣传活动，掀起了学习交通知识、规范交通行为、遵守交通规则的热潮。

深化“依法治校示范校”的创建工作，强化了专兼职法治副校长和法治辅导员作用，定期开展法治教育培训，推进平安校园建设，营造安全、文明、和谐的校园环境。全县在校生上法制课40余场次，受教育人数为3.4万余人次。

【公证工作】 以科学发展观为统领，充分发挥公证职能作用。2017年，香河县公证处建成公证行业培训基地，多家地市公证处到香河县公证处观摩信息化建设情况。香河县公证处对于继承权公证调整了办证流程，当事人可以通过网络进行咨询，准备材料，受理后香河县公证处即开始进行准备与核实，外地当事人可以通过电子邮件递交材料，只需在办证时来一次，半个小时左右就可以拿到公证书。

突破常规，自主研发。香河县公证处继高速扫描仪、身份证识别仪、指纹录入仪运用到办证中之后，又开始采用印刷可粘贴的批注条；对于告知书，采取上墙、音频、微信等诸多方式向当事人告知，建立严格规范的办证流程，实现公证管理制度化、科学化、人性化，确保公证质量，实现流程中专人接待咨询、统一受理、统一分配、专人办理、专人收费、严格出证、及时移送、专人归档、扫描的业务规范。通过这套管理系统，当事人基本在 20 分钟左右就可以拿到（简单的委托与声明类）公证书。

按照上级司法行政部门要求，配合相关部门在一个月内完成编办批文与事业单位登记工作，公证处由行政单位改制成事业单位。2017 年，共办理各类公证事项 1069 件，提供法律援助 12 件，提供法律咨询、代书文书 245 件。

确保公证事项真实合法，保障公证书在不动产管理部门和金融机构的正常使用。委托、继承等是公证处的常态公证证源，公证处通过定制的身份证指纹识别仪、人像识别仪及自己开发的办证系统，做到定制、高效办证，案卷质量在多次评比中得到好评。公证处为政府采购、招投标、土地招拍挂、保障性住房分配、新民居建设、回迁房分配等提供优质公证服务，并为县域内招商引资、企业落地等提供法律咨询服务。香河县公证处于 1982 年设立，至年底，30 多年来保持零投诉、零撤证的记录，多次被省、市评为优秀公证处。

【规范化司法所建设】 2017 年，香河县加强司法所的整体建设，不断提高规范化水平。推进规范化司法所创建工作，组织人员对全县 12 个司法所的规范化建设情况进行了深入、全面的调研，根据调研结果，研究制定了全县司法所规范建设巩固提高方案。加强基层档案管理工作，对全县各司法所的业务档案管理情况进行检查，促进司法所档案管理的规范化。开展司法所工作人员的业务培训工作，夯实司法行政基层基础工作，举办基层司法所工作人员业务培训 2 期，培训内容包括司法所和人民调解委员会的规范化建设、人民调解的业务技能、社区矫正工作实务、法律援助、法治宣传等业务知识。全县司法所的工作人员近 60 余人次参加了培训。通过培训，司法所工作人员提高了思想政治觉悟和业务水平，明确了工作目标，增强了工作责任感和做好基层工作的信心。

领导班子成员

局　长：郭宏伟

副局长：侯会文　任春艳

（简　聃）

法治政府建设

【概况】 2017 年，香河县围绕依法行政、建设法治政府的目标，明晰思路，依法履职，把推进依法行政与加快经济发展结合起来，逐步实现政府工作法制化、规范化。

【依法行政工作】 认真落实《法治政府建设实施纲要（2015—2020 年）》的总体要求，按照《香河县法治政府建设实施意见》规定，从依法全面履行政府职能，完善依法行政制度体系，实现行政决策科学化、民主化、法治化，坚持严格规范公正文明执法，强化对行政权力的制约和监督，依法有效化解社会矛盾纠纷，全面提高法治思维和依法行政能力 7 个方面对推进依法行政、加快法治政府建设做出总体部署。研究制定 2017 年法治政府建设工作要点，细化工作任务，明确责任分工，督导推动工作落实，确保法治政府建设有章可循，年度工作有重点、有计划、分阶段的有序推进。

【行政审批制度改革】 深化行政审批制度改革、全面提升行政效能，加强政务服务平台建设，优化服务流程；深入落实首问负责、一次性告知、限时办结等 27 项工作制度；切实提高政务服务质量和效率。县级政务服务中心现有 13 个行政审批部门集中办理行政审批和服务事项，共设窗口 28 个，承办事项 74 项。2017 年中心共受理事项 22091 项，限时办结 21981 件，限时办结率 99.5%。12 月，组建县行政审批局，审批局社会信用代码证书、公章刻印办理完成，确定领导班子成员及工作地点。新便民服务中心大厅设有开放式工位 142 个，初步整理出应进驻的行政许可事项 240 项，涉及单位 27 个，完善三级政务服务体系建设。继续做好中央和省、市取消下放行政审批事项衔接落实工作。先后两次衔接取消下放行政许可事项，其中衔接取消行政许可事项 11 项，承接下放 16 项，在规定时限内完成取消下放事项的衔接落实工作。

【行政规范性文件管理】 保证政府行政行为的合法性和科学性，完善行政规范性文件前置审查和备案审查管理制度，贯彻落实规范性文件“三统一”（统一登记、统一编号、统一向社会公布）规定。凡以县政府或县政府办公室名义出台的规范性文件，经县政府法制办合法性审查、备案后提交县政府常务会议讨论。规范性文件由政府法制办统一登记、统一编号、统一向社会公布。规范性文件管理严格按照《廊坊市规范性文件管理办法》的要求执行，按时归档上报、定时清理公布。年内，全县范围内开展规范性文件评估清理工作，清理出规范性文件 76 件，其中拟保留 49 件，拟废止 3 件，拟宣布失效 24 件。

【行政决策机制】 健全行政决策程序和内部决策规则，重大决策、决定严格按照《香河县重大行政决策程序规定》实行公开征求意见、专家论证、听证和合法性论证等制度。对社会涉及面广、与人民群众利益密切相关的决策事项，及时向社会公布，或通过座谈会、听证会、论证会等形式广泛听取意见，切实保障广大群众对政府重要决策的知情权、参与权和监督权；从程序上保证科学决策、民主决策和依法决策。加强对全县重大行政决策执行情况的跟踪、调查与反馈，提高决策的科学性和民主性。完善重大决策终身责任追究制度及责任倒查机制。

【清单管理制度】 按照省市通知要求，印发《香河县完善清单管理制度工作方案的通知》和《重新上报“两个清单”和权力运行流程图的通知》，对全县现有行政权力清单、责任清单、监管清单、行政许可事项目录、行政许可中介服务清单、负面清单、企业收费和罚没清单等 7 张清单进行动态调整，组织各有关部门研究编制并公开行政执法事项、随机抽查事项、生态环境保护监管责任、安全生产监督等清单。2017 年，全县清单数量 10 张，形成较为完善的综合清单管理体系。年内，县编委办牵头的行政权力清单、责任清单、行政许可事项目录和行政许可中介服务清单完成调整并在网站上对外公开；县工商局牵头的监管清单和随机抽查事项清单，县法制办牵头的罚没清单和行政执法事项清单，县物价局牵头的企业收费清单和发改局牵头的负面清单全部编制公开。

【三项制度改革试点】 按照国务院和省、市政府推行行政执法三项制度（行政执法公示制度、执法全过程记录制度和重大执法决定法制审核制度）改革试点工作的安排部署，香河县在推进行政执法三项制度改革试点工作中采取有力措施,主动而为,积极推动，县政府成立了三项制度改革试点工作领导小组。年内，制定出台了《香河县推行行政执法公示制度执法全过程记录制度重大执法决定法制审核制度试点实施方案》,明确工作任务14项工作任务，工作措施 32 项，针对每项工作措施提出具体工作要求、责任单位及完成时限。建立行政执法三项制度试点工作联系机制和月报制度，印发《关于建立推进三项制度试点工作联系机制和月报告制度的通知》，各部门明确专人负责沟通协调，确定联络员，实行月报告制度，建立工作台账和三项制度微信群。2017 年，香河县住建局创新举措建立“香河建设发展”微信公众平台，开启行政执法公示+微信公众号的新模式；县公安局严格执行行政执法全过程记录，实施“一案一盘”制，在推动全县三项制度改革试点工作中开拓了思路，提供了方法。

【规范行政执法行为】 年内，严格执法主体资格管理，采取集中审核方式，对全县罚没许可证进行年检，确认罚没主体 40 个。完善执法人员档案，持证人员网上公开制度，接受监督和查询，对不符合执法条件的人员进行清理。加强执法人员法律培训考核，由县法制办采取网络授课方式对全县 1086 名行政执法人员进行培训考核，从整体上提高执法人员依法行政素质和能力。规范行政处罚自由裁量权工作，按照《进一步贯彻落实行政处罚裁量基准制度的通知》要求，继续推行说理式执法文书和“三步式”（ 对初次违法的行政管理相对人先进行教育规范、再限期整改、最后依法处罚）柔性执法，严格规范行政处罚行为。健全行政执法监督机制，严格开展案卷评查活动，根据行政处罚案卷标准，对全县 38 个行政执法单位行政处罚案卷及行政许可案卷进行评查，对卷宗中存在问题的单位进行指导。

【专门监督和司法监督】 加强行政执法与刑事司法衔接工作，建立健全行政执法机关与检察、公安机关的协作配合机制，打击侵权假冒“两法衔接”平台联网率达到 100%。人大、政协、监察、审计等部门创新工作方式，加大工作力度，形成监督合力，将党内监督、民主监督、专门监督和司法监督落到实处。开展党风廉政建设，加强对政府投资项目、工程建设领域突出问题的监督检查和专项治理，严肃查处涉及拆迁拆违中的违法违纪行为。建立行政权力规范运行预警机制，惩治和预防腐败体系建设深入推进。

【行政复议、行政应诉】 认真贯彻执行《行政复议法实施条例》和《河北省行政机关行政应诉办法》。积极受理、办理行政复议案件，创新办案理念，完善行政复议听证质证、集体讨论、调解和解制度；依法出庭参加行政应诉案件，促进案件办理效果与社会效果相统一。严格按照《进一步加强行政应诉案件统计工作的通知》要求，加强行政复议、行政诉讼案件统计工作，及时上报。2017 年，共受理行政复议案件 5 件，维持 4 件，撤销 1 件。行政诉讼案件 55 件，其中胜诉 48 件，败诉 3 件，未审结 4 件。

【政府法律顾问】 根据中央及省、市文件关于“普遍建立法律顾问制度”的规定，按照香河县《进一步建立健全法律顾问制度实施意见》对法律顾问聘任方式、工作目标、服务内容的要求，经县政府研究决定，4 月，聘请张克峰等 7 名律师为县政府法律顾问，签订政府法律顾问聘用合同。年内，针对涉及县政府的各类涉法事项，提供法律意见建议 50 余条，切实维护了政府的合法权益。在重大合同、协议等签订过程中出具法律意见书 33 份，提高政府依法行政、依法决策的能力和水平。

【法治培训】 2017 年，严格落实《香河县人民政府进一步完善政府系统领导干部学法制度的意见》《2017 年度县政府领导干部集中学法计划》文件精神，灵活学习方式，健全学法制度，形成领导干部带头学法用法的长效机制。建立起县政府常务会议前全体班子成员学法制度，按照领导干部集中学法计划要求，年内，完成常务会议前学法 6 次，切实增强领导干部的学法意识和用法水平。完善领导干部任职前法律知识测试制度，落实领导干部任职前法律知识测试和任职期内依法行政考核机制，将考查和测试的结果作为任职的依据。

领导班子成员

主　任：朱红京

副主任：李晓勇

（孙建永）

综合管理

责任编辑　王树春

综　述

2017年，香河县发展改革工作克服房地产调控、生态环保治理、营改增税制改革等不利因素，完善综合治税举措，增强地方财政保障能力；优化调整支出结构，重点保障人员经费按时足额发放和机关正常运转；民生投入提高，支农惠农、社会保障、义务教育、生态环保等政策得到全面落实；构建公共财政体系，推进财政改革创新，促进运行机制更加完善，管理效能不断提升；扎实做好专项资金清理和监督问效，切实提高财政资金使用效益；做好年度计划编制实施、项目建设、争取上级政策和资金支持、服务经济发展、“十三五”规划纲要实施等工作。

统计工作，2017年，香河县加强统计队伍建设，推动统计改革，加大统计执法力度，深入基层开展统计调查研究，提高统计数据质量，优化统计服务，为全县经济社会发展提供前瞻性统计服务。

审计工作，认真履行审计监督职责，搞好审计服务，促进“稳增长、促改革、调结构、惠民生”系列政策措施落地生根，通过审计监督，强化对公共资金、国有资源、工程建设等重点领域审计监督力度，有效维护经济秩序，忠实履行审计监督职能，为财政增收节支做出突出贡献。

国土资源管理，严格国土资源保护，突出抓好耕地保护，严厉打击国土资源违法行为，推进生态环境治理，加强地质灾害防治；严格土地规划计划管理，强化土地供应；推进改革创新，根据不动产统一登记职责机构整合，做好不动产登记档案交接及登记工作。

物价管理工作，完成收费日常管理、收费报告制度、物业服务收费备案、民办幼儿园收费备案、水资源费改税、用水超额累进加价、供水价格调整、收费政策衔接、经适房成本核算、“放管服”改革工作、清理规范涉企经营服务性收费、推进公立医院按病种收费等工作；开展教育收费专项检查、节假日市场重点检查、假期旅游景点门票检查；做好价格认证和成本监审及价格管理工作。

工商行政管理，主要深入实施“多证合一”商事制度改革；全面推行“双随机、一公开”监管；优化市场经济秩序；实施商标品牌战略；开展专项执法行动；加强大气污染防治工作；加强质量监管；增强消费维权效能工作。

食品药品质量监督管理，加强食品、药品、保健食品、化妆品、医疗器械的监督管理工作。加大监督检查力度、加大食品药品抽样检验频次、开展专项整治、组织宣传教育活动、开展食品安全示范创建活动、加大违法行为查处等措施，确保了全县人民群众的饮食用药安全，杜绝重大食品药品安全事故。

质量技术监督工作，全面强化标准化、计量、质量、特种设备安全检查监督管理。全县特种设备注册登记5882台（在用5005台、停用877台）；16家企业获河北省名牌产品、优质产品和服务名牌，1家企业获廊坊市政府质量奖；依法检定、维修计量器具50556件（次）。

安全生产管理，开展乡镇安全监督规范化工作，所有镇、街道、园区设立安监站，对重点行业进行专项整治，排查整改各类隐患问题。加强安全生产规范化建设，安全生产经费投入910余万元；开展“安全生产月”活动，对各类从业人员进行安全生产培训；加强应急救援体系建设；加强安全生产大检查和安全生产专项整治活动；开展“利剑除患” 专项整治行动。

城市综合管理，全力以赴治脏、治乱、治违，规范治理新开大街、新华大街、淑阳大街、绣水街、迎宾路、永明路等各类违规行为。

农村经济管理，搞好农业承包合同的订立、管理、监督合同的履行。加强农民负担的监督管理，建立健全农民负担监测体系。建立和完善农村集体财务管理体系，健全各项规章制度，全面推行村有资金账目双代管的工作。建立三级财务公开网络，建立农村集体财务审计制度，监督审计农村集体经济活动和财务收支情况，做好乡镇农村财务结算中心工作人员培训管理和农村会计业务培训考核工作，建立培训档案，实行审计员、会计员持证上岗制度。

林业管理，坚持造林营林并重，新造、补植补造、改造提升并举，全力增资源、提质量、促效益，加快改善生态环境步伐；实现造林绿化由“扩规模”向“提质量、上档次、建精品、创亮点”转变，全力提升精品线和通道绿化档次，提高节点游园、村庄绿化标准，创建精品片区，实现全县域绿化、美化；加强有害生物防治，保护造林成果；严格林政资源管理，确保生物多样化。完成造林1.75万亩，森林覆盖率达到42.4%。

交通运输管理，搞好公路行政执法、公路养护管理、路政管理、公路运输行业管理、行政审批等工作，推动交通运输业发展。

计　划

【概况】 2017年，香河县积极克服房地产调控、生态环保治理、营改增税制改革等不利因素，完善综合治税举措，增强地方财政保障能力；优化调整支出结构，确保支出达到时间进度，并重点保障人员经费按时足额发放和机关正常运转；民生投入进一步提高，支农惠农、社会保障、义务教育、生态环保等政策得到全面落实；全力构建公共财政体系，推进财政改革创新，促进运行机制更加完善，管理效能不断提升；扎实做好专项资金清理和监督问效，切实提高了财政资金使用效益；把握政策机遇，发挥财政职能作用，更为有力地促进了县域经济发展。

【年度计划编制与实施】 2017年，香河县战胜各种困难挑战，坚持稳中求进、改革创新，紧紧围绕稳增长、调结构、优生态、惠民生，认真落实积极的财政政策，着力推进发展方式转变，全力保障改善民生，财政收入持续增长，财政支出保障有力，制定年度计划编制并实施，促进全县经济建设和社会事业发展。

一般公共预算执行情况。全县全部财政收入完成659008万元，占调整预算的101.4%。一般公共预算收入完成333338万元，占调整预算的101%。按照上述收入完成情况和现行省对县财政管理体制计算，全县一般公共预算可用资金595661万元，支出完成567711万元，占调整预算的98.9%，同比增长7.3%。安排预算稳定调节基金20000万元，结转下年支出5729万元，滚存净结余2221万元。上述收支中不包含上级下达的专项转移支付资金28831万元。若加入，则可用资金为624492万元，支出为587768万元，结转下年支出13588万元，结余为 3136 万元。

政府性基金预算执行情况。政府性基金收入完成 256932 万元，占调整预算的 102.8%，同比增收 6218 万元，增长 2.5%。全县政府性基金预算可用资金 168679 万元，政府性基金支出 161568 万元，占调整预算的 99.9%，同比下降 35%。若加入上级专款 1466 万元，则可用资金为 170145 万元，支出为 162457 万元，结转下年支出 7602 万元。

社会保险基金预算执行情况。社会保险基金收入完成 38776 万元，占预算的 60.9%，同比增长 37.3%；2017 年支出 31124 万元，占预算的 55.4%，同比增长 24.7%。全县社保基金年末新增结余 7652 万元，滚存结余 32081 万元。

2017 年，香河县没有国有资本经营项目，不涉及国有资本经营预算收支。

【“十三五”规划纲要编制实施】 “十三五”规划纲要编制已于 2016 年初完成编制并在香河县第十四届人民代表大会第六次会议上讨论通过。全县确立工作重点，找准切入点，按照规划纲要编制实施，经济良好有序运行。

【争取上级政策和资金支持】 及时掌握国家、省内专项资金的支持方向，对项目进行认真筛选、申报工作。香河县第三中学新建教学楼项目争取中央预算内资金 1300 万元；香河县环保产业园区污水管网工程项目争取中央预算内资金 2020 万元；中信国安第一城运河生态治理项目申请中央预算内资金 3000 万元；百川燃气村村通工程项目申请中央预算内资金 3000 万元。

【服务经济发展和领导决策】 推进全县经济平稳运行，经济数据是经济发展形势的“晴雨表”。面对复杂的经济形势，强监测、重协调、保要素、帮企业，建立全县宏观经济和投资形势监测月报、季报制度，强化对主要经济指标的监测分析，全面系统地跟踪全县经济运行动态。对影响经济运行保障性生产要素分析协调，特别对土地、资金、电力、原材料等生产要素重点关注。

【项目建设工作】 2017 年，省、市重点项目争列排在全市前列，全县 10 个项目列为省重点建设项目，10 个项目列为市重点建设项目，数量居全市前列，争取用地指标 290 亩。

2017 年，项目建设、项目管理扎实有效，完成投资亿元以上重点项目的统计、核实及反馈工作。全县共实施建设亿元以上项目 140 个，总投资 1240.4 亿元，完成投资 409.4 亿元，同比增长 18.4%，自开工累计完成投资 862.7 亿元。其中：农业项目 1 个，总投资 1 亿元；工业项目 41 个，总投资 160.5 亿元；服务业项目 21 个，总投资 251.9 亿元；房地产级基础设施项目 77 个，总投资 827 亿元。

【节能降耗】 2017 年三季度单位 GDP 能耗下降 7.2%，超额完成全年下降 3.5%的任务。加强锅炉整改力度，全县 10 蒸吨以上大型锅炉全部完成提升改造，10 蒸吨及以下小型锅炉全部拆除。

领导班子成员

局　长：冯国祥

副局长：马广济　许仕丰　王志强

（杜振江）

统　计

【概况】 2017 年，香河县加强统计队伍建设，推动统计改革，加大统计执法力度，深入基层开展统计调查研究，提高统计数据质量，优化统计服务，为全县经济社会发展提供前瞻性统计服务。

【统计内容】 2017年度所负责的专业统计有综合、农业、工业、能源、固定资产投资、对外经济、建筑业、房地产业、保障性安居工程、国内贸易、国民经济核算、劳动工资和社会保险业、科技、金融业、服务业、城市化监测、民营经济、文化相关产业、社会物流统计调查与核算、统计从业资格管理与继续教育、价格调查、基本单位名录库、普查1项，有年报统计表65种、定期报表53种。

【统计培训】 贯彻中央、省、市关于反对和制止在统计上弄虚作假的系列指示精神，采取积极措施，从各方面加大治假求实的力度。深入学习和宣传《中华人民共和国统计法》《中华人民共和国统计法实施条例》和河北省委办公厅、省政府办公厅下发的《关于深化统计管理体制改革提高统计数据真实性的实施意见》等法律法规，印发宣传条幅310条，统计宣传手册1500余份，组织开展统计法律法规知识培训3次，培训基层统计人员千余人次，在全社会营造知法、学法、守法的浓厚氛围。

【农村统计抽样调查】 城乡住户一体化调查。全县抽取10个村（居），共100户居民家庭作为调查对象，主要统计城乡住户基本情况、粮食收支、出售产品情况、住户总收入及纯收入、住户总支出情况、住户现金收入支出、住户购买商品房情况、主要粮食消费量、住户耐用消费品拥有量、农户固定资产投资等内容。2017年下半年完成调点换户工作。

【基层统计建设】 积极维护县乡统计网络，实际解决乡镇统计站计算机网络技术操作难题，负责对乡镇统计站计算机的日常保养和维护，确保县乡网络畅通。全县基层乡镇统计人员均能熟练使用网络完成统计数据传输，做到每日浏览省、市、县局网页。健全和完善乡镇、村街统计机构和专职统计人员的配置，实现乡镇统计站规范化管理，达到“四有”（有房、有牌、有章、有制度），且规范有序、工作运转良好；统计站工作制度、网络管理制度等各项制度健全，并装裱上墙；农业基础数据、分村台账健全，按时整理归档。召开由基层统计主管负责人和统计从业人员参加的业务会议，定期组织人员对乡镇统计报表质量进行专项审核、检查和监督，确保表间逻辑关系准确无误，严格执行报表时间和规定的报送程序，做到不迟报、不漏报、不错报。

【第三次全国农业普查】 2017年，确保第三次农业普查入户登记和数据传输工作圆满完成，组织精干力量，深入基层，走农户，入地头，对普查登记中存在的问题进行现场指导，对每个乡镇登记的普查表进行不定量的抽查，严把登记质量关，对业务不熟练的PDA操作员和登记普查员进行现场陪同登记培训，确保普查数据的真实可靠。严密部署农普登记复查与质量验收工作，按照省农普办统一安排，集中人力、集中时间、集中精力，多措并举，有针对性地及时解决突出问题，确保省农普办提出的三个“百分百”（入户率、准确率、签字率），做好复查验收工作。期间，县农普办组织专业人员针对普查登记中存在的问题对基层调查员和指导员在PDA上进行数据审核、修改、上传中应注意事项进行专门培训；对市农普办通报中的数据处理平台数据差错率、数据重复情况以及汇总数据与年报数据对比评估情况进行反复核实，对农普数据质量进行彻查，复查验收工作按时保质完成。做好第三次全国农业普查数据审核和验收工作，提高普查数据质量，按照省市农普办统一要求，县农普办抽调业务骨干根据省农普办修订的普查表数据审核关系，结合清查摸底调查情况，做到应统尽统，乡不漏村、村不漏组、组不漏户、户不漏项、项不漏数；通过计算普查指标的均值、众数、中位数、频数等发现可能存在的问题；对普查数据之间逻辑关系，包括表内数据、表间数据的逻辑关系逐一进行审核。做好农业普查资料归档整理和开发工作，对普查原始资料按照普通户、规模户和单位户等类别分别装订成册，按一定顺序编排装箱归档，存留大量备查资料，同时注重归纳总结普查经验和成果，广泛开展分析研究，为全县“三农”发展建言献策。

【统计监测】 加强经济运行趋势的分析，全面、及时、准确地掌握全县的经济运行情况，了解目标任务完成进度和经济运行质量，掌握全县经济运行现状。紧密结合县委、县政府的工作部署，密切配合、协同工作，多方收集数据，加强与上级统计部门、其他经济管理部门的沟通和联系，做好经济形势的分析预判。不断创新工作思路，积极探索新形势下统计工作的新方法，切实做到应统尽统，积极做好与县内相关部门和上级统计部门的业务的衔接，确保各项考核指标任务的顺利完成。加强对报表数据的收集、审核和汇总，强化结构性分析，既要注重数据间的逻辑关系和匹配性，对数据进行横比、环比和同期比较，提出切实可行的建议措施，提高统计预警监测水平。及时掌握经济社会发展动态的第一手资料，加强数据的匹配性，准确掌握经济运行情况，提高统计分析的准确性和针对性。加强对重点项目、重点企业、重点行业的统计数据监管和质量抽查力度，对基层统计工作进行有针对性的检查指导，切实做好数据的审核、分析和评估工作。

【统计调查】 认真开展新兴现代农业、战略性新兴产业、高技术产业、新兴现代服务业、互联网经济等重点领域统计调查。继续深化现代服务业统计改革，做好互联网经济、电子商务等统计调查。抓调研，力促全县经济转型，针对全县近年来因经济迅速发展带来的诸多问题，组织力量对全县现代服务业、文化产业，以及汽配城、石材城等新兴产业进行了专项调查，对产业发展带来的经济效益与整个发展阶段和人均收入应达到的水平存在的差距进行对比，揭示问题的主要原因，用精准的统计数据、客观公正的统计判断和实事求是的分析论证提出一系列合理化建议。

投入产出调查每五年进行一次，由国务院布置，2017 年是第七次全国投入产出调查。确保投入产出调查进度，加强组织领导、明确调查重点、及时排查问题隐惑、加大基层人员培训等举措，积极稳妥、扎实推进此次投入产出调查工作的开展。统计局党组高度重视此项工作，形成一把手牵头、分管领导负责、专业科室具体抓的工作机制，同时加强上下联动，建立镇（街道）工作联络员，专门负责调查期间与企业的业务衔接指导，形成“有人管、有人干、有人落实”的工作局面。准确把握此次全国投入产出调查的新变化新要求，编辑印制新的国民经济行业分类标准及时发放到基层企业。与相关部门加强协调，对新增加的农业部门、服务业以及“新兴经济”的调查进行重点布控；加强网络监管，确保“企业一套表”联网直报平台畅通无阻，保证基层数据录入审核和汇总。解决投入产出工作的难点问题，针对投入产出调查单位种类和指标数繁多、取材难度和工作量较大等问题，组织业务骨干经常深入基层企业向企业会计、出纳、统计、供销、生产等人员了解数据填报方面的问题，缕清问题根源，研究分析解决问题的办法，减少内部协调难度和基层工作负担。组织企业人员培训，把参加廊坊市2017年投入产出调查方案、录入汇总程序及统计法规培训作为重点来抓，本着“无一遗漏”的原则要求，把培训工作覆盖到全部被调查单位，确保每一名调查人员都能够真正理解投入产出的专业口径范围、指标含义、填报方法、审核关系等内容。在市局投入产出培训会议之后，再次组织各专业、镇（街道）联络员开展业务培训会议，务必做到调查制度熟、指标来源清、逻辑审核精。

组织开展城镇化发展统计监测、民营企业调查、规模以下工业企业抽样调查、城镇私营企业工资抽样调查、小康社会群众满意度调查和群众安全感系数调查等专项统计调查工作，为县委县政府指导全县经济建设、制定有关政策提供大量的专项统计调查数据。

【第四次经济普查前期准备工作】 做好第四次经济普查前期准备工作，定期开展经济普查，是认识国情、摸清家底的重大举措，是提高决策和管理科学化水平的重要基础性工作。根据《全国经济普查条例》规定，经济普查工作每5年进行一次，2018年将开展第四次全国经济普查。及早筹划，组织召开第四次全国经济普查筹备工作会议，结合历次经普、人普、其他抽样调查及第三次农业普查的工作经验，围绕第四次全国经济普查需要研究讨论的问题，就第四次经济普查的目的与意义，普查内容与指标设置，普查方式与组织实施，宣传动员与普查队伍建设等各环节，提前做好谋划。县政府成立以主管副县长为组长的香河县第四次全国经济普查工作领导小组。领导小组办公室由县统计局、县编委办、县民政局、县财政局等24个单位相关人员组成，内设综合组、普查业务组、数据质量控制组、数据处理组、执法检查组5个工作组，明确主要职责、任务分工及人员组成，具体负责全县第四次经济普查工作的日常组织和实施。领导小组办公室设在县统计局，负责日常工作。对各镇人民政府、街道办事处，县直机关各单位下发《香河县人民政府关于做好第四次全国经济普查的通知》，确保普查工作的质量。建立沟通机制，保持与相关部门沟通交流，广泛听取意见建议，了解当前生产情况，宏观把控全县经济发展的整体状况。向县政府领导讲明普查工作时间跨度长、难度大的特点，争取政府安排专项经费用于此次普查，为后续普查工作顺利开展做好充分的前期准备。

【统计服务】 加强统计预测、预警机制，搞好统计服务。制定统计报表相关工作制度，规范基础统计和原始记录台账，加强对统计资料的审核和管理，强化统计工作预测、预警功能，确保统计数据的真实性、准确性、匹配性和全面性。

坚持数据质量评估制度，定期组织专业人员深入基层，实地考察，摸清情况，加强指导，在对数据进行全面、深入、有联系的比对、分析、评估的基础上，对国民经济和社会发展计划主要指标进行全面分析论证，系统预测主要经济指标的运行趋势，集中解决主要经济指标间数据不匹配和存在的漏报漏统问题。

提供优质高效统计服务，全面提升新常态下统计服务水平，聚焦省、市、县重点工作任务，将统计监测、统计评价和统计预警有机结合，加大对综合性、关联性、行业性经济数据的分析研究力度，加强对县委、县政府关键性改革和政策实施效果的跟踪监测，扎实开展有关京津冀协同发展、生态文明建设、县域经济增比进位、战略性新兴产业、农业产业化、特色小镇、企业创新等统计监测，加强经济形势分析和预警预判，为县委、县政府科学判断形势、加强宏观调控提供参考依据。

根据省统计局统一安排，对县域内“一套表”调查单位单位名称进行核实修正，进一步规范“一套表”调查单位管理工作，切实提高“一套表”调查单位主要信息的准确性，为第四次全国经济普查清查比对工作的开展奠定了基础；以 2017 年统计用区划代码和城乡属性代码为基础，严格按照国务院《关于统计上划分城乡规定的批复》（国函〔2008〕60 号）、《统计用区划代码和城乡划分代码编制规则》（国统字〔2009〕91 号）和《关于做好 2014 年统计用区划代码和城乡划分代码更新维护工作的补充说明》（国统字〔2014〕64 号）的要求，依据行政区划和城乡属性变动情况，完成 2018 年县以下统计用区划代码、城乡属性代码以及变动情况资料的报送工作；根据《河北省现代服务业统计调查报表制度》的要求，在全县范围内开展 2017 年以来新增现代服务业法人企业核查工作，全面掌握全县现代服务业企业生产经营活动的基本情况，对县内重点 119 家现代服务业企业进行调查走访，为县委、县政府制定政策和规划提供可靠依据。

【统计改革】 继续推进统计制度方法改革，做好基本单位名录库的动态维护和管理，加强与编办、工商、税务、民政等部门的密切配合，搭建共用的基本单位数据库信息平台，实现信息资源共享。

推进统计管理体制改革，把贯彻落实好中央和省、市深化统计管理体制改革有关文件精神作为首要任务，进一步强化改革意识，强力推动统计管理体制改革各项目标任务的贯彻落实。

【统计执法】 继续强化统计执法，深入学习和宣传《中华人民共和国统计法实施条例》，明确统计活动主体的权利和义务。与税务、财政、发改、工商等部门沟通协调，分批次集中开展统计执法检查，净化统计工作环境。

规范统计执法检查程序，加大执法力度，完善各项检查制度，做到层层把关，逐级负责。加强对重点项目、重点企业、重点行业的统计数据监管和质量抽查力度，对基层统计工作进行有针对性的检查指导，切实做好数据的审核、分析和评估工作。针对因县域内环保治理力度的加大给生产企业带来的影响展开重点调查，提出合理化建议。坚持数据质量评估制度，定期组织专业人员深入基层，实地考察，摸清情况，加强指导，在对数据进行全面、深入、有联系的比对、分析、评估的基础上，对国民经济和社会发展计划主要指标进行全面分析论证，系统预测主要经济指标的运行趋势，集中解决主要经济指标间数据不匹配和存在的漏报漏统问题。

领导班子成员

局　长：康会伟

副局长：勾连卉

（朱金栋　邵亚海）

审　计

【概况】 2017 年，香河县坚持“全面审计、突出重点”原则，认真履行审计监督职责，搞好审计服务，促进“稳增长、促改革、调结构、惠民生”系列政策措施落地生根，取得实效。安排审计项目 542 个，完成审计项目 252 个，在审项目 290 个。审计金额 951464.08 万元，管理不规范资金253994.79万元，查处各类违规金额4218.3万元，审减金额13503万元，直接上缴财政36.9万元。通过审计监督，强化对公共资金、国有资源、工程建设等重点领域审计监督力度，有效维护经济秩序，忠实履行审计监督职能，为财政增收节支做出突出贡献。

香河县审计局是负责全县审计工作的政府职能部门。下设科室8个，即办公室、财政金融审计股、经济责任审计股、社会保障审计股、行政事业审计股、法制股、基建预决算中心、固定资产投资审计股。全局大专以上学历60人，占干部队伍的85%，职称业务人员33人，占总人数的一半。其中，注册会计师3名，中级会计师2名，中级审计师13名，国家一级建造师1名，造价工程师1名，中级工程师2名，助理工程师1名，助理会计师9名，初级审计师1名，助理审计师2名。其中拥有双证书以上的1人。

【政策落实审计】 2017年，按照审计署统一安排，组织对全县稳增长、促改革、调结构、惠民生、防风险政策措施落实情况进行跟踪审计。主要是稳增长、“三去一降一补”（去产能、去库存、去杠杆、降成本、补短板）、“双代”（气代煤、电代煤）跟踪审计。根据项目性质，认真进行梳理，注重“四严”（严把审计项目关、严把审计内容关、严把审计程序关、严把审计质量关），推动重大政策贯彻落实，促进经济平稳运行、健康发展。在“双代”审计中，以高度的责任感和紧迫感，全力做好气代煤电代煤跟踪审计。重点审计香河县政府及所属发改、财政、住建等部门，并延伸审计抽查了128个村、9558户，有关情况追溯到以前年度。

【财政资金审计】 2017年，香河县以规范资金分配管理，盘活财政资金存量，优化财政资金增量，调整财政支出结构，促进资金优化配置和提高财政资金使用绩效为目标，在掌握县本级预算执行和税收征管总体情况的基础上，重点关注财政存量资金规模和结构，关注财政支出结构和投向。

【固定资产投资审计】 2017年，做好固定资产投资审计工作，依法开展竣工决算审计，严格执行国家和现行工程造价政策及法律法规，坚持现场办公、实事求是、客观公正。依法开展工程量结算计价招标及标底预算审计，按照“抓住源头、审计关口前移”的原则，积极开展工程发包前工程量结算及预算控制价和标底预算审计，预防高估冒算、多计工程量等问题。依法开展建设项目投资效益审计，分别从立项程序、项目合同、招投标环节、资金流向等方面进行客观评价，促进固投效益的提高。安排审计项目477个，完成252个。重要和重大项目由审计局业务股室负责，其余项目安排中介审计，审计局负责做好指导和监督。

【财务收支审计】 2017年，对县地税局预算执行及税收征管情况审计，县本级预算执行及其他财政收支情况审计，[illegible]城县医院、县中医院、县哮喘医院20[illegible]年度经营情况、香河县第二中学财务收支审[illegible]香河县审计局配合财政局完成小金库专项[illegible]理。

【社会保障资金审计】 2017年，根据审计署统一安排，主要对2016年度10个保障性安居工程的计划、投资、建设、分配、运营等情况，及配套基础设施建设情况进行就地审计。该审计项目在2016年10月开始，至2017年4月中旬结束，审计金额3096.65万元。2017年度保障性安居工程审计工作有序开展。

【经济责任审计】 2017年，对32名主要领导分别进行经济责任审计，全面、客观、公正地评价县中层主要负责人的任期经济责任，规范有关部门的财务管理，规避审计风险，完成审计30个。配合张家口审计组对原香河县委书记王凯军进行离任审计，香河县成立领导小组，与审计组对接，进行沟通，圆满完成审计工作。

【加强对中介机构管理】 香河县共确定21家中介机构建立中介机构备选库（其中；工程造价公司8家，会计师事务所8家，评估公司5家）。2017年，主要抓规范和质量效率提高，制定出台并实施《关于聘请中介机构参与政府投资建设项目决（结）算审计管理办法》《关于中介机构审计流程》《关于项目交接的管理制度》《关于中介机构年度考核管理办法》等，4次组织召开中介机构会议并提出要求，各中介机构质量效率明显提高。

【强化审计业务管理】 2017年，香河县强化审计业务管理，以外出审计为契机，强化管理，锤炼队伍，认真学习，查找不足，提升香河县审计水平。根据上级审计机关统一部署，派出5组业务骨干参加外出审计。6月18日至8月31日，抽调4名业务骨干赴邯郸参与全省38名新提拔县委书记的离任审计工作。市审计局专门为香河县审计局发感谢信，对经责工作给予充分肯定。9月21日，抽调3名工作人员，由审计局一名副局长带队，对廊坊控股公司入场审计。11月，抽调1名工作人员参加固安县长离任审计。是月，抽调2名工作人员分别参加市巡视组、县巡视组审计工作。

领导班子成员

局　长：沈雪松（1月任）

副局长：杨秀华　姬德富

（王海秋）

土地资源管理

【概况】 2017年，全县土地总面积67.19万亩，其中耕地39.30万亩;园地0.04万亩;林地1.35万亩;草地0.43万亩;城镇村及工矿用地16.90万亩;交通运输用地2.83万亩；水域及水利设施用地5.83万亩;其他土地0.51万亩。其中农用地45.09万亩，占总面积的67.11%；建设用地19.49万亩，占总面积的29.01%；未利用地2.61万亩，占总面积的3.88%。农用地中，耕地39.30万亩，占农用地总面积的87.16%;园地0.04万亩，占农用地总面积的0.08%;林地1.35万亩，占农用地总面积的3.00%;其他农用地4.40万亩，占农用地总面积的9.76%;建设用地中,公路用地1.43万亩，占建设用地总面积的7.34%、水工建筑用地1.15万亩，占建设用地总面积的5.90%、建制镇3.39万亩，占建设用地总面积的17.39%、村庄12.66万亩,占建设用地总面积的64.96%、采矿用地0.31万亩，占建设用地总面积的1.59%、风景名胜及特殊用地0.55万亩，占建设用地总面积的2.82%；未利用地中，河流水面2.18万亩，占未利用地总面积的83.52%、其他草地0.43万亩，占未利用地总面积的16.48%。

【土地综合规划】 2017年，香河县在土地利用总体规划调整完善工作中，全面落实国家发展改革委等七部委《关于印发加强京冀交界地区规划建设管理的指导意见》和省政府办公厅《关于加强京冀交界地区规划建设管理实施方案》，坚决打破“一亩三分地”思维定式，强化统一规划、统一政策、统一管控。

按照省、市下达关于支持北京城市副中心

规划建设的有关要求，严格控制城镇开发强度，科学划定城市开发边界，严禁城区规模摊大饼式发展，尤其是与通州区相邻乡镇，在安排新增建设用地规模时杜绝贴边发展。支持环首都绿化带建设，严格与北京交界地区、潮白河、北运河两侧生态用地管控，科学划定生态保护红线。在优先保障生态用地、“十三五”期间重大项目用地需求的前提下，结合香河县永久基本农田保护成果和建设用地扩展边界，划定永久基本农田保护红线。全县在《通州区与廊坊北三县地区整合规划》正式完成后，对土地利用规划调整完善工作进一步衔接完善。

【耕地资源保护】 2017年，香河县贯彻执行“十分珍惜和合理利用每一寸土地，切实保护耕地”的基本国策，实行最严格的耕地保护制度。省、市规定香河县年度耕地保有量目标312750亩，基本农田保护目标260317.65亩。

建立耕地保护共同责任机制。县政府与9个镇及新开街道办、新华街道办、产业园区、示范区、县国土局及国土所签订耕地保护责任书。按照部、省考核办法要求，逐级开展耕地保护责任目标履行情况考核。全面建立“纵向到底、横向到边”共同责任机制。明确各级政府为耕地保护责任主体、政府主要负责人为耕地保护第一责任人。将耕地保护责任延伸到集体经济组织和农户，落实到每个地块，形成县、镇、村和农户齐抓共管的责任体系。

将耕地保护目标纳入政府年度考核评价体系，建立土地违法违规政府领导干部问责制、政府领导干部耕地和基本农田保护离任审计制度。明确各镇及新开街道办、新华街道办、示范区、产业园一把手作为第一责任人，对本行政区域内耕地保有量和基本农田保护面积负责。规定在各类考核、评优中，实行耕地保护“一票否决”。

贯彻落实《中共中央 国务院关于加强耕地保护和改进占补平衡的意见》（中发〔2017〕4号，以下简称《意见》）精神。改进管理方式、落实耕地占补平衡是适应耕地保护形势发展需要。改进耕地占补平衡管理，建立以数量为基础、产能为核心的占补新机制，通过“算大账”的方式，落实占一补一、占优补优、占水田补水田，促进耕地数量、质量和生态三位一体保护。国土资源主管部门高度重视、深刻领会，掌握要求、精心部署，更加科学、务实、高效地做好补充耕地工作，确保耕地占补平衡落实到位，严守耕地红线，保障国家粮食安全

完善基本农田保护各项制度。2011年12月20日，全县在乡镇基本农田保护区设立15块标志牌。根据国家、省关于基本农田保护有关法律、法规和规定，全县建立以责任制为龙头的各项保护制度，包括保护责任制度、基本农田保护区制度、占补平衡制度、基本农田保护监督检查制度、禁止破坏和闲置荒芜基本农田制度，形成基本农田保护长效管理制度体系。

【土地开发整理】 2017年,香河县按照《河北省土地整治项目管理办法》（冀国土资发〔2014〕19号）的要求，积极开展土地整治项目。完成香河县蒋辛屯镇北头百户村等3个村土地整治（占补平衡）项目，顺利通过廊坊市国土资源局验收（廊国土资耕验字〔2017〕22号）。项目建设规模26.58公顷，新增耕地面积10.21公顷（153.15亩），实际总投资862.56万元。

【土地利用】 2017年，香河县共供应国有土地12宗，面积25.02公顷(375.26亩)，出让金总额100407万元，其中，住宅用地供应9宗，面积22.81公顷（342.11亩），占全年总量的91.17%，出让金97346万元；商业用地供应2宗，面积0.58公顷（8.72亩）,占全年总量的

2.32%，出让金2038万元；其他用地供应1宗，面积1.63公顷（24.43亩），占全年总量的6.51%，出让金1023万元。

【地籍管理】 2017年，推进农村集体土地及宅基地“房地一体”调查工作。全县农村集体建设用地、宅基地“房地一体”调查工作，分三个标段，共计16个工作组同时开展工作，上半年以召开协调会的形式，积极与乡镇沟通，督促作业单位开展调查工作。应开展调查82497宗，完成地籍权属调查77187宗，占全部工作量的93.5%，完成地籍测量调查75859宗，占全部工作量的91.9%，房屋补充测量工作完成总工作量的70%。

是年，全县土地变更调查宗地数605宗，总面积5473.2亩。其中104个图斑认定为设施农用地并完成组卷。605宗地块通过实地调查举证，建立变更数据库，按照省厅意见两次修改上报，通过省厅初步审核，上报国家。

是年，全县第一次海洋经济调查工作完成外业调查工作，上报相关产业名录，进入档案整理阶段。

是年，开展全县第三次全国土地调查工作，成立香河县第三次全国土地调查领导小组，完成全县第三次全国土地调查工作实施方案的制定，上报政府申请项目资金。

【农村宅基地管理】 2017年，依据不动产登记操作规范（试行）、不动产登记暂行条例、不动产登记暂行条例实施细则等法律法规，发放宅基地不动产权证书314本，其中首次登记7本，补证登记41本，转移登记266本。

【土地储备开发】 2017年，促进集约节约用地，根据土地利用总体规划和城市建设总体规划，经省政府批准纳入政府储备库的新增建设用地5个批次，面积451.48亩。形成一套较为完善的收储工作流程，完成5宗存量建设用地收储工作，面积97.01亩。

【土地执法监察】 2017年，香河县按照省国土资源厅关于2016年度土地卫片6月底违法占用耕地比例降到15%以下的要求，经过半年整改，通过省国土资源厅验收，违法占用耕地比例降至5.22%，完成省国土资源厅要求6月底违法占用耕地比例降到15%以下目标。

清理违法占地专项行动中，经过积极整改，通过省国土资源厅验收，整改到位率77.2%，完成省厅9月15日前全部整改任务75%以上的要求。

全县有2支执法巡查队，负责全县土地巡查工作。全年出动执法人员1000余人次，主要巡查工业聚集区、基本农田保护区和村庄周围，尤其对基本农田保护区和村庄周围重点，加大动态巡查的力度，提高发现违法占地的效率。

全县新增违法用地52宗，面积409.87亩，全部立案查处并移交法院申请强制执行，拆除26宗，面积225.07亩。

【服务项目建设】 2017年，香河县累计争取用地指标741亩，其中市重点建设项目用地指标290亩；全年累计组卷上报用地指标451.48亩。是年，全面出具建设项目用地预审11宗，其中工业项目10宗，基础设施项目1宗。

【不动产登记】 香河县不动产登记中心自2016年7月18日开展工作以来，截至2017年12月31日，发出不动产权证书42207本，不动产登记证明26183张。其中，2016年发出不动产权证书11797本，不动产登记证明7605张，2017年发出不动产权证书30410本，不动产登记证明18578张。

2016年4月,香河县住房保障和房产管理局的房屋产权登记档案移交给不动产登记中心。2017年6月,香河县林业局将林地登记资料移交给不动产登记中心。

【地理信息工作】 2017年，香河县地理信息共完成测绘备案19宗，测绘汇交13宗，测绘综合执法巡查7次，未发现测绘单位违法从事测绘活动。按照要求上报本县内测绘地理信息行业的统计数据。香河县国土局在廊坊市年度县（市）国土资源局（地理信息局）地理信息工作绩效考核中获得优秀等次（廊国土资测字〔2017〕6号）。

数字城市是利用空间信息构筑虚拟平台，将城市自然资源、社会资源、基础设施、人文、经济等有关的城市信息，以数字形式获取并加载上去，从而为政府和社会各方面提供广泛的服务。是年，基础地理信息数据生产与入库、基础地理信息数据库管理系统、地理信息公共平台、应用示范建设和支撑环境建设建设任务全部完成，系统通过河北省基础地理信息中心的测试，2017年4月28日，质检站出具数据质检报告。11月16日，信息中心出具测试报告。12月15日，完成市国土局预验收工作。

领导班子成员

局　长：张锦山

副局长：马松柏　董金明　李鹤鸣

　　　　赵万华　张　浩　李长旭

（马冬伟）

物价管理

【概况】 2017年，香河县结合廊坊市物价工作会议精神及机关物价工作实际，加强物价管理工作，收费工作完成收费日常管理、收费报告制度、物业服务收费备案、民办幼儿园收费备案、水资源费改税、用水超额累进加价、供水价格调整、收费政策衔接、经适房成本核算、“放管服”改革工作、清理规范涉企经营服务性收费、推进公立医院按病种收费等工作；价格检查工作开展教育收费专项检查、节假日市场重点检查、假期旅游景点门票检查；做好价格认证和成本监审及价格管理工作。

【收费管理】 2017年，香河县加强收费日常管理，根据国家、省、市文件精神，及时对全县收费单位、收费项目、收费标准及收费文件依据进行调整；实行2016年度收费报告制度；对全县13家住宅小区进行前期物业服务收费备案；完成1家民办幼儿园收费备案，2家民办幼儿园正在备案；按照省市文件要求，水资源费改为水资源税，经政府常务会通过，将水资源税并入供水价格；按照上级文件精神，制定《关于工业用水实行差别水价和工商企业、服务业等用水实行超额累进加价的实施意见》，组织召开座谈会，征求县住房和城乡建设局、水务局及工业和信息化局等相关部门意见，提请县政府常务会议审议；对供水价格进行调整。物价局提交《关于调整香河县供水价格的请示》，县政府同意启动调整水价程序并同意聘请第三方机构参与成本监审；按照《廊坊市物价局关于废止部分价格收费文件的公告》（廊价规〔2017〕94号）文件要求废止生活垃圾处置费、供水价格及客运出租汽车价格收费标准文件，经县政府常务会通过参照原收费标准执行；制定阳光馨城经适房销售指导价格，经县政府同意，聘请第三方机构对阳光馨城经适房成本进行核算；落实县“放管服”改革工作要求，物价局联合财政局、编办编制并公布香河县行政事业性收费目录清单、香河县涉企行政事业性收费目录清单、香河县政府定价或政府指导价的涉企经营服务收费目录清单及香河县政府部门保留的行政许可中介服务收费清单，要求全县各收费单位及时编制并公布本单位涉企收费目录清单，制定香河县涉企收费目录清单动态调整机制；开展清理规范涉企经营服务性收费工作，全县各有关部门对所属单位涉企经营服务性收费进行自查自纠，取消不合法不合理收费项目，降低偏高收费标准，落实规范管理措施，要求县直各部门做好本部门所属的行业协会商会会费和其他收费公开公示工作；推进公立医院按病种收费工作，根据省市文件要求，正在积极推进县人民医院和中医院开展按病种收费工作。

【价格检查】 2017 年 3 月，香河县开展教育收费专项检查，组成检查组对全县幼儿园收费情况进行抽查。收费公示制度基本得到落实，收费比较规范，未发现违规收费行为。在元旦、春节、“五一”期间，统一部署，围绕与节日消费密切相关的农贸市场、大型超市、旅游景点、商务酒店及停车场明码标价等内容，对农贸市场和各家超市及进行重点巡查，密切关注粮油、肉蛋、菜、牛奶等与群众生活密切相关的主副食品、重点检查明码标价情况；对假期旅游景点门票进行检查，全县各经营单位执行有关价格政策，价格行为较规范，未发现变相提高门票价格等行为，停车场收费基本做到按标准收费并提供有效票据，明码标价执行良好，主要游览参观点使用中英文对照门票价目牌，游客反映较好。

【价格认证】 2017 年，香河县做好价格认定工作，坚持依法、公正、科学、效率的价格认定工作原则，严格按照规定的标准程序和方法扎实有效地开展价格认定工作。年内，共办理各类价格认定案件 137 件，其中出具价格认定结论书 109 件，不予受理 15 件，中止 4 件，终止 3 件，未完结 6 件。物价管理配合司法机关工作，为香河县打击刑事犯罪和维护社会稳定做出贡献；价格认定法规是价格认定工作的法律依据，是价格认定工作的灵魂。物价管理部门组织价格认定工作人员深入学习《价格认定规定》《价格认定行为规范》和《价格认定文书格式规范》等规定，在办理案件时有法可依，有章可循，避免不作为乱作为行为；为认真贯彻执行《价格认定规定》《价格认定行为规范》《价格认定文书格式规范》的规定， 8 月，价格认定工作人员到香河县公安局宣传《价格认定规定》《价格认定行为规范》《价格认定文书格式规范》等相关规定，并对《价格认定规定》和《价格认定行为规范》《价格认定文书格式规范》进行详细解读，对公安机关提出的问题耐心解答，树立价格认定工作依法认定的良好社会形象，提升价格认定工作的社会认知度，确保新《价格认定文书格式规范》顺利实施。

【政府定价】 年内，依据《国家发展改革委关于加强政府定价成本监审工作的意见》的文件精神，通过政府购买服务方式，引入第三方力量，对香河县“阳光馨城”经济适用房成本情况进行核算，客观、公正、全面、准确地出具成本审核报告。

【价格管理】 做好市场价格信息采集工作，专人对全县米、面、油、蔬菜的价格每周进行监测，实行周报告制度；做好廊坊市废止文件的衔接工作，按照《廊坊市物价局关于废止部分价格收费文件的公告》文件要求，涉及的相关文件上报县政府，按照县政府工作报告指示参照原文件执行。做好天然气和采暖用电相关价格政策的落实工作，按照廊坊市物价局 11 月 1 日下发《关于完善天然气和采暖用电相关价格政策的通知》的通知要求，及时将该文件下发至相关单位、企业，并做好督导工作。“电代煤”价格政策落实并宣传到各相关村街；“气代煤”价格政策经与香河县百川燃气公司进行沟通并于年内落实到位。

领导班子成员

局　长：崔振营（任至 8 月）

　　　　刘宝明（8 月任）

副局长：周贵友　王晓轩

（张卫新）

工商行政管理

【概况】 2017 年，香河县工商行政管理工作主要深入实施“多证合一”商事制度改革；全面推行“双随机、一公开”监管；优化市场经济秩序；实施商标品牌战略；开展专项执法行动；加强大气污染防治工作；加强质量监管；增强消费维权效能工作。

香河县工商行政管理局坐落在香河县城康宁路 13 号，局机关有派出机构 6 个，即城区分局、家具城分局、开发区分局、渠口分局、刘宋分局和经济检查大队，机构规格为副科级；有内设机构 8 个，即办公室、人教科、注册科、市场科、企监科、法制科、商广科和监察室，机构规格为股级；有事业单位 4 家，即香河县个体劳动者协会、香河县私营企业协会、香河县消费者协会和香河县民用品维修行业管理办公室，机构规格为股级。

【商事制度改革】 深入实施“多证合一”改革。在“三证合一、一照一码”（“三证合一”，就是将工商营业执照、组织机构代码证和税务登记证三证合为一证；“一照一码”则是在此基础上更进一步，通过“一窗受理、互联互通、信息共享互认”，实现由一个部门核发加载统一社会信用代码的营业执照）的基础上，自 2017 年 5 月 10 日起，在全省企业营业执照、组织机构代码证、税务登记证、统计登记、公章刻制备案、社会保险登记证“六证合一、一照一码”和个体工商户营业执照、税务登记证“两证整合”的基础上，通过“一窗受理、互联互通、信息共享互认”，将商务部门的对外贸易经营者备案登记表、贸易促进部门的出口货物原产地证明书登记证纳入“多证合一”改革，实行企业“八证合一、一照一码”和个体工商户“四证合一、一照一码”（ 营业执照、组织机构代码证、税务登记证、社会保险登记证），进一步降低市场准入的制度性成本。

2017 年 9 月 1 日起，在全省已实施企业“八证合一”和个体工商户“四证合一”的基础上，再将商务部门的再生资源回收经营者备案登记、文化部门的艺术品经营单位备案、旅游部门的旅行社分社备案登记证明和旅行社服务网点备案登记证明等四项涉企证照纳入“多证合一”改革（包括企业、个体工商户和农民专业合作社），实行企业“十二证合一、一照一码”，被整合的证照不再发放。

2017 年 9 月 30 日起，在全省实施“十二证”合一的基础上，将出入境检验检疫部门的出入境检验检疫报检企业备案、出口货物原产地证申领企业备案、商务部门的单用途商业预付卡（集团发卡企业、品牌发卡企业）备案和省直住房资金管理中心的企业住房公积金缴存登记（各市参照执行），商务部门的汽车供应商备案、汽车经销商备案、二手车经营主体（包括二手车经销、经纪、拍卖、鉴定评估企业）和二手车交易市场备案，交通部门的道路运输普通货运分公司设立备案、道路货运代理

（代办）经营备案、道路客运经营者设立分公司备案、船舶代理和水路旅客运输代理以及水路货物运输代理业务备案等 11 项涉企证照纳入“多证合一”改革，实行“二十三证合一”，以“信息共享”代替“企业跑路”，以“减证”促进“简政”，进一步降低市场准入的制度性成本，营造更加便利宽松的创业创新环境和公开透明平等竞争的营商环境。严格落实“先照后证”改革要求，认真做好“双告知”。工商前置许可审批事项由原先的 216 项减少至 32 项，减少 85.19%。企业注册后及时主动告知相关后置监管部门，在外网建立数据共享邮箱，定期发布相关数据。

完善市场主体快速退出机制，按照河北省《关于转发〈工商总局关于全面推进企业简易注销登记改革的指导意见〉的通知》要求，全国范围内推行企业简易注销登记制度改革，香河县工商行政管理局在 3 月 1 日前，将简易注销所需表格和材料清单全部印制完毕，在办事大厅发放企业简易注销登记程序宣传册。由企业自主选择一般注销程序和简易注销程序，完成简易注销登记 131 户。适应新型市场主体网上登记需求，推行工商登记全程电子化，完成电子营业执照试点工作。自 2016 年 10 月 15 日起，企业名称核准实行全程电子化办理，登记注册环节的全程电子化于 2017 年 8 月 1 日起执行，仅限于公司设立申请业务。在政府网站、工商微信公众号发布实施登记注册全程电子化的通告，将全程电子化的操作流程打印成册，指导企业办事人员进行全程电子化登记。

【全面推进“双随机、一公开”工作】 全面推行“双随机、一公开”（在监管过程中随机抽取检查对象，随机选派执法检查人员，抽查情况及查处结果及时向社会公开）监管。县政府起草《香河县“双随机 一公开”联合抽查实施细则》《香河县 2017 年度“双随机 一公开”监管工作推进方案》《关于报送“双随机 一公开”联合抽查工作开展情况的通知》等文件，为监管提供制度依据。推动 34 个相关部门结合实际建立并完善“一单两库一细则”（随机抽查事项清单，随机抽查对象库、执法检查人员名录库，随机抽查工作细则）和推进方案，做好对“双随机”成员部门的指导和督办工作。县本级汇总梳理抽查事项清单 357 项，建立市场主体名录库和执法检查人员名录库。组织系统内双随机抽查 3 次，共抽查经营主体 621 户。全县首次开展跨部门联合行动，工商行政管理局、县公安局、质监局、安监局、商务局 5 家成员单位，开展联合抽查工作 1 次，联合抽查企业 5 家。开展市场主体年报公示工作，截至 6 月 30 日，利用多种媒介和方式广泛宣传年报公示工作，累计发送短信提示七次 28 万余条，香河工商微信公众号推送 4 期年报信息，在《消费广场》和《时讯传媒》上刊登公告 30 天，在香河电视台重要时段发布公告 15 天，共接受电话及现场年报咨询 2000 余人次，对企业较多的银行、保险、通信、物流、代理记账的会计公司等 40 余家公司电话及上门督导年报报送。全县 2016 年度报告公示市场主体 24240 户，报送 19458 户，年报公示率 80.27%，其中企业 4443 户，报送 4176 户，企业年报公示率 93.99%；个体工商户 19484 户，报送 15013 户，年报公示率 77.05%；农民专业合作社共 313 户，报送 269 户，年报公示率 85.94%。

【优化市场经济秩序】 力促市场主体多增快长，全县新发展内资企业（含农民专业合作社）1721 户，与上年同期（1520 户）相比增长 13.22%。新注册企业中，注册资本（金）在亿元以上企业 7 户，5000 万元以上企业 21 户；

1000万元以上企业171户。全县内资企业总数达到6275户（其中公司及分公司企业5506户），其中注册资本（金）在亿元以上企业99户；5000万元以上企业222户，1000万元以上企业914户。新发展专业合作社40户，总量达到346户。新发展个体工商户3250户，总量达到21937户。全县市场主体总数为28212户，按全县36万人口计算，万人拥有市场主体数为783.67户。商事登记制度改革后，由于门槛的降低和注册便利化的提高，市场主体获得了爆发性增长。从新登记注册的企业来看，年内新登记1721户（2013年408户，2014年665户，2015年994户，2016年1771户）；从企业市场主体总量来看，年底总量6275户（2013年底1874户，2014年底2446户，2015年底3332户，2016年4886户），呈现蓬勃发展的势头。

【商标品牌战略】 继续实施商标品牌战略，服务发展水平明显提高。全县拥有驰名商标1件（香河天音乐器有限公司“爱迪牌”注册商标），河北省著名商标3件（香河第一城酒业有限公司“第一城”注册商标、中冶长城重型机械制造有限公司“CCLT”注册商标、河北华香清真肉类加工有限公司“京华香”注册商标），新增注册商标37件。采取动产抵押、股权质押、商标权质押等方式，帮助20家企业实现融资62.99亿元。为河北富都华创家具制造有限公司、香河县强力封头有限公司申报市级重合同守信用企业。扎实组织开展党建促企专项行动，全县建立非公党组织97个，覆盖非公企业233个。

【专项执法行动】 持续加大监管执法力度，开展集中整治不正当竞争、打击侵犯商标专用权、整治虚假违法广告、网监执法、合同格式条款整治等专项行动10余次。年内，查处销售侵犯注册商标专用权案件4起，共罚款7000元，查处虚假宣传案件5起，罚款13万元。打击传销规范直销，在坚持打防管控日常工作的同时，发挥工商执法的拳头作用以及打传办协调领导作用，推动全县打传攻坚行动深入开展，取得成效。制定打击传销工作实施方案，明确工作程序、重点以及各部门职责；督促各镇、街道办、园区签订打击传销承诺书，层层传导压力；印发关于开展打击传销专项行动的通告，通过电台电视台向社会传播并通过各小区村街张贴等方式，宣传传销的危害以及参与传销可能产生的法律后果；工商行政管理、政法委、公安局等部门就打传专项行动进行督导，促进全县打传专项行动全面有序开展。攻坚行动期间累计清查村街社区344个，清查出租屋1232个，通过清查线索，开展集中打击2次，捣毁窝点35个，遣散传销人员541人，破获组织、领导传销活动案1起，冻结资金201.6万元，批捕传销骨干头目5人。

【大气污染防治工作】 加强散煤治理，大力推进散煤、型煤销售网点清理取缔工作。全县域内有散煤销售网点64户，截至6月12日，清理取缔散煤销售网点64户，提前完成取缔任务。11月，对县域内7户有存煤的型煤经营网点下达《型煤存煤清零通知》，企业在11月20日前自行清理完毕。清理取缔散煤销售网点前，加大散煤质量抽检力度。2017年，全县有散煤经营户64家，实际经营27家。对全县散煤进行3次全覆盖抽检，抽检64批次，合格率100%。

【加强质量监管】 加大油品质量监管力度。先后开展油品质量执法检查突击月、攻坚月和麦收农机用油质量检查等一系列专项行动。全县成品油销售站点共53家，实际经营45家。

对全县成品油销售网点进行7次抽检，完成4次全覆盖检查，抽检油品397批次，合格率98.5%。全年查处不合格成品油销售行为6起，立案6起，结案6起，罚款22万元。

持续开展消费升级助力行动，推进放心消费进景区活动，在第一城、金钥匙家具城（均是AAAA级景区）开展放心消费进景区活动，助力旅游消费升级。为5家企业进行“星级服务示范店”授牌。推进红盾质量维权行动，以儿童用品、装饰装修材料、家具、家用电器、服装鞋帽等涉及民生商品、挥发性有机物产品等涉及大气污染防治工作相关的商品为重点，开展流通领域商品质量抽检工作，全年抽检流通领域商品93批次，其中抽检盘条、螺纹钢8批次，电线电缆12批次、电器开关、插座9批次、消防器材7批次、床垫及木质家具57批次。

【增强消费维权效能】 开展维权效能提升行动，大力推进“12315”“五进”（进市场、进社区、进企业、进农村、进学校）工作，加强“12315”体系建设，受理消费者投诉1225起，办结975起，办结率为79.5%；受理举报87起，办结67起，办结率77%。为消费者挽回经济损失近580万元。积极推进“诉转案”工作，在认真筛查“12315”投诉举报信息的基础上，梳理商品质量案件线索扩大案件源，全县诉转案立案2起，办结2起，罚款9万元。

领导班子成员

局　长：李　月

副局长：张建军　贾建民

（马宇龙）

食品药品监督管理

【概况】 2017年，香河县加强食品、药品、保健食品、化妆品、医疗器械的监督管理工作。加大监督检查力度、加大食品药品抽样检验频次、开展专项整治、组织宣传教育活动、开展食品安全示范创建活动、加大违法行为查处等措施，确保了全县人民群众的饮食用药安全，全年未发生一起重大食品药品安全事故。

【食品安全监管】 2017年，根据食品安全监管计划，对全县20余家食品生产企业进行约谈，签订《食品生产企业质量安全承诺书》；加强食品销售环节、餐饮环节的监管工作，全年共检查食品生产经营单位2052户次，提出整改意见3200条次，发放监督意见书2000份。立案查处各类食品违法案件71件，解决一批影响食品安全的问题。

【提升监管效能】 2017年，提高食品监管水平，多方筹措资金6万元，购置了执法记录仪、平板电脑等执法装备。投资30万元，配备了手持式食品安全快速检测仪等仪器设备13台（套），建成了设施齐全的食品快检室。充分利用快检设备，针对高风险品种进行快速检测，对出现问题的疑似产品进行重点监管。开展食品安全示范工程建设，重点打造第一城酒业有限公司、华联香百超市、五一路两侧餐饮单位三个典型，让全县食品经营企业学有目标、赶有榜样。

【食品安全专项整治】 2017年,相继开展农村食品专项整治、校园及周边食品安全整治、调味品专项检查、进口食品专项检查、网络订餐专项检查、粉丝粉条专项检查等一系列共10项专项整治工作。检查各类食品经营者630户次，对298户食品经营者提出整改意见587条次，发放监督意见书587份。

【规范药械市场秩序】 2017年，开展疫苗流通专项检查、农村城乡接合部药店诊所专项整治、互联网医疗器械经营专项检查、无菌和植入器械专项检查等药械专项整治，全年共对190家药品生产经营使用单位和123家医疗器械生产经营使用单位进行了监督检查，立案查处违法行为7起，净化全县药械市场经营秩序。加大不良反应上报力度，上报药品不良反应258例，医疗器械不良监测报告68例。

【“小餐桌”监管】 2017年，按照小餐饮的标准对全县53家“小餐桌”进行备案，按照学校（幼儿园）的要求进行监管。对其中存在问题的5家提出整改意见并及时进行复查，均整改到位。

领导班子成员

局　长：张　涛

副局长：张　江　胡振山　李金明

（王晨璐）

质量技术监督

【概况】 2017年，香河县质量技术监督全面强化标准化、计量、质量、特种设备安全检查监督管理。全县特种设备注册登记5882台（在用5005台、停用877台），其中在用电梯4017台，锅炉101台，压力容器281台，起重机械496台，场内机动车辆108台，游乐设施2台，在用设备使用登记率100%，注册设备比上年增加793台；16家企业获河北省名牌产品、优质产品和服务名牌，比上年增加8家，1家企业获廊坊市政府质量奖；依法检定、维修计量器具50556件(次)，比上年增加10000余件(次)。

【标准化管理】 2017年，继续深化标准自我声明公开工作，共有9项产品标准自我声明公开；申报采标1项(香河县香宝气体有限公司)；监督检查23家企业产品标准实施情况，未发现违法行为。

【产品质量管理】 2017年，加强品牌建设，获批市政府质量奖组织奖1个、个人奖1个，河北省名牌产品2个，服务名牌4个，河北省优质产品1个。组织质量培训，组织相关单位参加廊坊市政府质量奖培训、首席质量官培训、食品相关产品安全知识培训、《企业质量信用报告》编写应用暨新版质量管理体系标准宣贯培训、检验检测机构资质认定评审员培训考核、机动车安全性能授权签字人考核。开展制造业质量竞争力指数测算分析，组织香河第一城酒业有限公司、廊坊爱依瑞斯家具有限公司等46家规模以上制造企业填写《制造业企业质量竞争力指数测算调查表》。

【产品质量认证】 2017年，对生产许可证获证企业、获证实验室、3C认证企业开展监督检查，检查各类企业60家。开展认证认可检验检测助推质量提升问卷调查工作，组织晟朗（香河）电力电子有限公司等7家企业填写调查问卷。组织“质量月”“认证认可日”宣传活动，悬挂条幅和宣传展板50幅，发放宣传资料1000份。

【规范市场秩序】 2017年，强化监督抽查工作，配合省市两级联动抽查，对辖区内家具、水泥管、蓄电池、配装眼镜、食品相关产品等产品进行抽检，共抽取样品34批次。组织开展危险化学品、危险化学品包装物和容器、食品相关产品等重点获证生产企业专项监督检查，检查生产企业7家，未发现违法行为，保障了重点产品质量安全。加大稽查执法工作力度，严厉打击各类质量违法行为，妥善处理举报投诉20起。

【计量监督检查】 2017年，开展医用强检计量器具专项检查、加油机专项检查、定量包装企业抽查等专项监督检查活动，检查集贸市场2个，医疗机构4家，加油站43家、超市3家、定量包装企业3家。开展“5•20”计量现场宣传服务活动、“计量知识进校园”活动及免费检定家庭用血压计、体重秤和温湿度计等宣传服务活动3次。加强计量器具管理，组织全县40家单位加入“河北省计量器具管理综合服务平台”。

【特种设备安全监察】 2017年，开展电梯专项整治，对全县电梯使用单位的每一台在用电梯进行实地监察，检查电梯使用单位150家次，检查电梯2600余台，对存在问题的351台电梯下达了《特种设备安全监察指令书》。做好燃煤锅炉淘汰和改造工作，拆除燃煤锅炉74台，其中10吨以下燃煤锅炉73台，10吨及以上燃煤锅炉一台，全部办理了注销手续。新建燃气锅炉30台，其中15台已经投入使用。加强党的十九大召开期间特种设备安全保障。组织全县特种设备生产、经营、使用单位开展安全隐患自查，查死角、扫盲区，督促特种设备使用单位加强安全管理，整改安全隐患，完善各项规章制度和应急预案，全面落实安全主体责任，签订《特种设备安全保障工作承诺书》。共检查单位37家，设备200台，发现问题3个并完成督促整改。开展安全生产月宣传活动，联合有关物业公司、维保单位、特种设备检验所举办了特种设备安全知识进进社区活动，发放宣传资料2000份，悬挂宣传标语10条，展示安全宣传展版4块，接受群众咨询150人次。开展特种设备应急处置演练， 6月15日在香河县大鹏液化气站模拟了液化气储罐阀门渗漏及液化气钢瓶起火演练，提高对突发事故的处理能力。组织操作人员培训工作，培训叉车、起重机械类特种设备作业人员500人。

领导班子成员

局　长：王瑛

副局长：刘毅力　张景山（任至1月）
　　　　康子良

（周凤伟）

安全生产管理

【概况】 2017年，香河县全面落实安全生产责任制，开展乡镇安全监管规范化工作，所有镇、街道、园区设立安监站，对重点行业进行专项整治。召开各类安全生产会议251次，出动执法检查2102次，排查企业3416家次，排查整改各类隐患问题4607个并及时进行整改。加强安全生产规范化建设，安全生产经费投入910余万元；开展“安全生产月”活动，对各类从业人员进行安全生产培训；加强应急救援体系建设；加强安全生产大检查和安全生产专项整治活动；开展“利剑除患”专项整治行动。

安全生产监督管理局（以下简称县安监局）是香河县人民政府管理全县安全生产工作的工作部门。担负着监督管理全县安全生产工作，分析预测全县安全生产形势，发布安全生产信息、重大事故隐患问题及防范对策；对安全生产行使国家监督监察职权，组织协调重大安全事故的处理级和应急救援工作；负责对全县伤亡事故的统计分析，提出防范措施。业务上受廊坊市安全生产监督管理局指导，内设6个业务股室（办公室、综合协调股、监督管理一股、监督管理二股、安全生产应急救援办公室、职业卫生安全监督管理股）和 1 个执法监察大队（内设 3 个股级执法队），核定事业编制 39 人。

【全面落实安全生产责任制】 2017 年，香河县委、县政府高度重视安全生产工作，多次召开县委常委会和政府常务会，年初、半年均召开安全生产工作会，每季度召开安全生产委员会工作例会，专题研究全县安全生产工作，坚持将安全生产责任目标考核纳入全县目标管理考核范畴。在安全生产责任制上抓落实，强化主体责任。坚持层层签订安全生产责任状，形成主要领导亲自抓、分管领导具体抓、一级抓一级，层层抓落实的安全生产目标责任体系。落实安全责任，定期开展安全生产形势通报，及时对有关部门进行安全生产提示告诫。建立县领导包联镇（街道、园区）和县直部门工作制度，严格落实督导、检查、调度、帮扶、建议、宣传等职责，实现一级包一级、一级对一级负责。建立安全生产提示卡制度，提示提醒县领导及各镇（街道、园区）、各相关部门落实安全生产监管责任、督导检查责任和法规政策措施等，确保工作实效。全年共签订安全生产责任书 111 份，确保无一例安全事故发生。

【乡镇安全监督规范化】 2017 年，香河县以乡镇安监站规范化建设为抓手，全面提升基层监管水平。县编办发文，按照统一标准和要求在全县所有镇、街道、园区设立安监站，为事业单位，编制 3-4 名，站长由副科级干部兼任，并设副站长 1 名。投入资金 103 万元，为各镇、街道、园区安监人员配备了执法服装、防护服装、摄像机、便携式气体检测仪及电脑、打印机等装备设施，切实保障基层办公执法需要。基层安监站经费全部纳入县财政预算，在全市率先落实了乡镇安监人员每人每月 220 元的岗位津贴待遇，有效调动了基层工作人员的积极性。

【重点行业专项整治】 2017 年，持续深化危险化学品、烟花爆竹、道路交通、建筑施工、人员密集场所等重点行业领域专项整治，与遏制重特大事故专项行动、专项整治和安全生产大检查、打非治违工作紧密结合，将安全生产大检查中发现的严重非法违法行为和重大隐患，纳入“打非治违”和遏制防范重特大事故的重点内容，按照“全覆盖、零容忍、严执法、重实效”的总体要求和“管行业必须管安全、管业务必须管安全、管生产经营必须管安全”的原则，突出对重点行业领域的安全监管工作。对证照过期且仍在生产经营建设的企业，一律予以关闭取缔，加大无证无照黑窝点、黑作坊的排查力度，对存在非法违法、违规违章行为的企业，进行严厉打击，确保全县安全生产形势持续稳定。全年召开各类安全生产会议 251 次，出动执法检查 2102 次，排查企业 3416 家次，排查整改各类隐患问题 4607 个，全部进行整改。处罚金额 113.5 万元，是 2016 年的 2.3 倍。

【安全生产规范化建设】 2017 年，县编办正式下发《关于加强行业主管部门安全生产管理机构建设的通知》，在住建局、交通局、教育局、质监局等 19 个安委会主要成员单位，全部设立了安全生产管理办公室的内设机构，核定编制 2-3 名，全部落实到位，确保了所有行业领域都有机构履职、都有人员干事。年内，加大安全生产经费投入 910 余万元，同比增长 35%，强化安全生产基层基础建设。以政府购买服务的方式拨款 400 万元，对全县公立中小学、幼儿园、医院、敬老院等场所进行用电安全检测，消除用电安全隐患，廊坊市委书记批示在全市推广。

【“安全生产月”活动开展】 2017年6月16日上午，组织公安、交通、住建、质监等14家安委会成员单位，在金钥匙家具城开展“安全生产月”咨询日活动。通过设置安全宣传咨询台，发放各类安全知识材料，耐心解答安全生产问题，宣传安全生产知识，受到群众的广泛称赞。此次活动中，共印刷宣传品74种，设立宣传图板60块，悬挂各类宣传横幅100余条，发放安全生产知识手册、法律法规手册等各种宣传资料12560份，发放宣传品3740份，接受群众咨询3280人次，提高群众安全生产意识，营造浓厚的安全氛围，使安全生产深入人心。组织党政领导、机关单位、企事业单位员工进行安全生产知识答题活动，全县累计答题人数8.3万人次。开展“生产活动月”专题文艺演出活动。以“全面落实企业安全生产主体责任”为主题，全县各镇、街道、园区，安委会成员单位负责人及160余家重点行业企业负责人、安全管理人员400余人观看“安全生产月”专题文艺演出，为安全监管人员和企业人员上了一堂生动的安全教育课。

【从业人员培训】 2017年，开展生产经营单位“三项岗位人员”资格培训，培训危化和烟花爆竹企业分管负责人、安全管理人员培训班1期，培训270人次；一般行业主要负责人、安全管理人培训280人次；特种作业人员培训210人次。开展安全监管人员培训，组织全县安全监管监察人员培训，提升安监队伍的整体素质。5月15—19日，邀请安全生产专家进行了为期一周的集中业务培训，努力打造一支素质高、作风硬、业务精的安监队伍；组织开展网络培训，安全生产监督管理人员通过网络平台自主学习习近平总书记重要讲话精神、安全生产相关法律法规等知识；组织企业开展各类安全培训，包括节后复工培训、警示教育培训、工贸行业双控机制、诚信等级评定、智慧安监培训。开展“煤替代”宣传培训工作，完成对全县涉及“气代煤”工程的188个村街、710名乡村协管员及村街两委班子人员的再培训工作，共发放宣传材料1000余册，广泛宣传“气代煤”安全防范知识和基本常识，提高企业巡视员、乡村协管员的专业素质。聘请专家对涉及“气代煤”工程改造的村街进行燃气使用安全知识培训和实地入户指导，完成13个镇（街道、园区）188个村街的培训指导工作。培训采取实物、图例相结合的方式，重点讲解燃气阀门、燃气表和壁挂炉的日常使用方法及常见问题的处理办法，以及对燃气使用过程中易出现的问题、隐患进行模拟，将安全宣传的触角延伸到“最后一米”，筑牢基层安全防线。

【应急救援体系建设】 2017年，不断完善重点行业领域应急救援预案，加强应急救援机构、队伍和应急救援能力建设,配齐配强应急救援装备器材。围绕重点单位、要害部位、重点场所、重点领域，组织开展实战演练，特别是针对“煤替代”工程，加快制定完善切实可行的突发事件应急预案，强化部门联勤联动，提升协同作战和应急处置能力。在开展天然气泄漏事故桌面推演活动的基础上，以燃气泄漏为模板，制定印发燃气应急演练标准指导意见，组织“气代煤”村街逐个开展实战演练，进一步提升应急队伍和群众的实战应对能力。投资180万元，建立建设安全生产应急平台，对重点企业实行实时动态监控，实现互联互通和信息共享。

【安全生产大检查】 2017年10月20日，县政府以政府常务会议形式召开安全生产工作例会，县长王文强主持，专题部署各级巡查、督导发现问题的整改工作，要求各单位深入查摆问题，逐项分析安全隐患、逐项对照整改到位，督促企事业单位认真落实安全生产主体责任，并以“零”容忍的态度对重点部位、薄弱环节进行安全生产大检查，坚决遏制安全生产事故发生。联合督导工作确保实效，县政府抽调政府办、公安、安监、交通、消防、交警等部门骨干力量组成4个督导组，围绕重点行业企业、重点部位、重点区域、重点问题隐患整改等方面开展联合督导检查，督导检查结果形成专题报告在全县进行通报。充分发挥专家排查治理安全隐患的作用，提高安全隐患排查治理的专业化水平，对全县重点行业、重点部位、重点场所聘请专家进行全面检查，推动政府购买服务，聘请专家查隐患，部门监督落实的工作机制。开展隐患排查回头看工作，对全年经过专家检查的180家企业1738条隐患进行整改复查，列出整改台账，明确责任人，确保检查取得实效。

【安全生产专项整治】 2017年，扎实开展安全生产隐患大排查大整治大问责“百日攻坚”行动。成立了由县委书记李桂强、县长王文强任组长，其他副县长任副组长的领导小组，以县委办公室、政府办公室名义制定出台了《香河县安全生产事故隐患大排查大整治大问责“百日攻坚”行动实施方案》，明确了危险化学品及烟花爆竹、可燃性粉尘、交通运输、人员密集场所、消防特种设备、“煤替代”工程等12个行业领域整治重点。县委书记李桂强多次调度过问，带队到东南街出租房屋、家具城和部分企业进行现场督导、现场办公；县长王文强组织召开了全县“百日攻坚”行动动员会议进行专题动员部署。各镇（街道、园区）和相关部门分别召开了动员会议，成立了相应组织机构，切实为行动的扎实有效开展提供了有力保障。召开了全县重点企业负责人和安全管理人员400余人参加的安全生产“百日攻坚”行动动员大会，持续加大“打非治违”工作力度。大排查大整治大问责“百日攻坚”行动深入推进，12月5日，开展“利剑除患”行动，成立由县委书记、县长任组长，各位副县长任副组长，相关部门为成员的安全生产“利剑除患”专项整治工作领导小组，全面负责此项工作的组织实施。县委常委会专题听取工作开展汇报汇报，县四大班子领导参加“利剑除患”行动动员大会。县委书记李桂强、县长王文强、副县长吴海斌先后带队督导检查安全生产工作。

领导班子成员

局　长：成英杰

副局长：张洪伟　孙振河　高振宇　李增旺

（王志勇）

城市综合管理

【概况】 2017年，香河县城市综合管理全力以赴治脏、治乱、治违，累计规范治理新开大街、新华大街、淑阳大街、绣水街、迎宾路、永明路等各类违规行为7680起。至年底，香河县有城市管理行政执法车辆39辆，负责东到潮白河西岸，南到双安路，西到运河大道，北到京沈高速第一出口（含新兴产业示范区）的行政执法工作。

【网格化管理】 城区管理区域分成东、南、西、北四大片区，实行“三包四定”（队员包段、队长包片、班子成员包区域，定岗、定责、定人、定时）网格化精细管理模式。每个片区实行主管领导负责制，明确任务，夯实责任，扎实有效推进城市管理工作有序开展。充分发挥数字化城管平台作用，对城区各类违规现象进行动态化监管。

【城市管理全面管控】 采取“五加二”“白加黑”和错时工作、定点值守等工作制度，实现城市管理“时间全天候、区域全覆盖”。对城区主要路段加强巡查力度，重点整治占道经营、店外摆放、店外加工等行为。打造新华大街、新开大街、五一路、迎宾路等市容示范街，以线带面，全面提升城市品位。规范治理城区主要街路占道经营、流动经营、店外摆放、店外加工制作等各类违规行为 7680 起、规范夜间店外餐饮 630 起、查处校园周边流动餐车 420 起、处罚摩的 103 辆，全力维护城区良好环境秩序。

【户外广告规范化管理】 2017 年，按照市容市貌规范管理的要求，严格户外广告设置标准，美化城区市容环境。在户外广告管理上做到“重自治、强整改、抓后续、保长效”（重自治，即对认定为治理对象的广告招牌，尽量通过宣传引导促业主自行拆除；强整改，即对个别不愿意拆除的业主发放整改通知书，逾期不整改，则强化与人民法院的合作，申请强制拆除；抓后续，指拆除后并不放任自流，而是继续引导业主按照相关规定及时审批备案；保长效，即在整治工作实施的同时，逐步完善相关的管理机制，杜绝违规设置广告牌匾行为反弹）。在户外广告审批上做到“两提一帮”（两提，一是提前与门面的房东或物业联系，告知有商家做招牌前先到县城市管理行政执法局进行咨询，避免违规设置，造成不必要的损失；二是提前与商家业主讲解设置招牌需要提交的相关材料及程序，避免商家申请多次往返提交材料。一帮，是帮助指导商家如何制作招牌设计方案，包括材质使用、尺寸大小、色彩搭配等）。使商家制作的招牌符合规定，切实维护商家利益。全年审批广告牌匾 272 块，拆除违规广告牌匾 713 块、清理临时广告牌匾 865 块、清理各类违规小广告 10060 处、摘除破损违规条幅 582 条、制止店外装修行为 61 起，全面提升城市形象。

【县城区大气污染治理】 2017 年，严格按照《河北省大气污染防治规划》《廊坊市大气污染防治实施方案》的总体要求，多措并举，深入开展大气污染治理工作。治理露天烧烤，采取“夏病春治”的工作方法，提前对各烧烤门店、摊点下发《明白纸》和《整改通知书》，要求各烧烤经营者提高思想觉悟，积极主动进行整改，维护城市环境和空气质量，加大对露天烧烤（含流动烧烤）的治理力度，每天 18 点至 22 点，出动执法人员 30 人，执法车辆 9 辆，晚 22 点至凌晨 2 点，出动执法人员 12 人，执法车辆 3 辆，对城区主次干道及重要节点进行巡查。全年取缔露天（流动）烧烤（含铁板烧、炒冷面等）210 处，整改 71 处，教育当事人 400 人，暂扣作业工具 90 件。

【规范渣土车辆运输】 2017 年，对全县渣土运输单位进行摸底调查，为每辆渣土运输车辆建立档案，做到“一车一档”。全县 173 辆渣土运输车辆全部自行安装 GPS 卫星定位系统和密闭式自动苫盖系统。针对上路运输的渣土运输车辆，加大查处力度，采取蹲点值守与流动巡查相结合的方式，针对渣土车运输时段集中在晚上的特点，采取每天晚 20 点至 24 点，出动执法人员 25 名，执法车辆 9 辆，在全县范围内进行巡查；凌晨 0 点至早上 7 点，出动执法人员 12 名，执法车辆 6 辆，在重点路段、路口设置检查点，对苫盖不严、车身带泥、未按规定线路进行运输的渣土运输车辆和未按规定安装防撒袋的水泥罐车进行严格检查。全年检查渣土运输车辆3800车次、劝返警告不合格车辆620车次、处罚5辆，有效维护干净整洁的城市形象。

【市政设施监察】 2017年，对城市道路、绿化树木等市政基础设施实行全天候监控，全力维护市政设施的完好，方便群众出行。加大巡查监管力度，重点检查擅自挖掘道路、破坏树木和市政设施等行为，发现问题及时处理或修缮、更新。全年拆除市政硬化上地锁及障碍物51处、拆除私设坡道323处、拆除幼儿园私设围挡10处约1600余平方米、制止纠正破坏园林树木行为10起、监督市政设施60起、规范围挡30起、苫盖裸露土方3200平方米。

【完善数字城管体系】 2017年7月，数字城管系统和23个终端单位完成对接，数字城管系统全部组建完成，实现了城市管理问题标准化采集，促进城市管理更加快速、高效、精确、科学。累计上报案件约2100件，案件结案率逐步提高，数字化城管平台作用初步显现。

【建设施工管理】 2017年，对规划区内的建设施工项目进行逐一排查，排查出违法建设、违法圈地等行为72处，共计89338平方米，拆除86220平方米。

领导班子成员

局　长：陈宝东

副局长：张晓伟　李际明

（何建好）

农村经济管理

【概况】 2017年，香河县根据《河北省农业承包合同管理条例》，搞好农业承包合同的订立、管理、监督合同的履行。加强农民负担的监督管理，建立健全农民负担监测体系。建立和完善农村集体财务管理体系，健全各项规章制度，全面推行村有资金账目双代管的工作。建立三级财务公开网络，县级由农经局主管，镇级由农村财务结算中心主抓，村级由会计具体负责，全县统一公开时间、统一公开形式、统一公开项目内容，建立三级财务公开档案，财务公开做到经常性、连续性、真实性，促进村务公开和双基建设的发展。对全县农村经济发展状况、经营效果、收益分配、农产品成本等进行经常性调查研究、统计分析。建立农村集体财务审计制度，监督审计农村集体经济活动和财务收支情况，参与干部离任审计和年终审计。做好乡镇农村财务结算中心工作人员培训管理和农村会计业务培训考核工作，建立培训档案，实行审计员、会计员持证上岗制度。

【农村土地承包经营权流转】 2017年，香河县坚持“健全流转制度，规范流转形式，保障农民权益，促进农民增收”的工作思路，规范农村土地承包经营权流转，促进农业农村经济可持续发展。实现土地承包经营权流转52763亩，其中转包37932亩，互换2669亩，其他流转方式12162亩。签订土地流转合同7217份。所有流转出的土地全部进行了种植。加大农业结构调整力度，以农业产业化为手段，发展高效现代农业，土地集约规模经营取得初步成效。

【农村财务监督】 香河县以维护农村社会稳定，壮大集体经济为前提，积极探索农村集体

“三资”(资金、资产、资源)管理的发展思路，全面提升农村集体三资管理水平。自2012年10月财政投资80多万元进行房屋装修、光纤安装，购置电脑及软件等设施，建立香河县农村集体“三资”网络监管平台并正式运行以来，使村集体资金资产资源的管理更加规范化，标志着香河县“三资”管理迈上了一个新台阶。早在2007年，全县各镇与各村街分别签订“三资”委托代理服务协议书，建立乡镇委托代理服务中心，规范“三资”委托代理服务中心的各项制度，工作职责明确。在坚持村级所有权、使用权不变的前提下，规范村级公章委托代管，明确公章使用范围和程序，按照“谁签字谁负责”的原则，严格落实责任追究制度。建立健全村集体资金账务乡镇代管制度，全县300个村街资金财务全部实行乡镇委托代理，确保日常收支能够得到有效监管，坚决杜绝白条入账、坐收坐支等违规违纪现象。规范村集体资产资源处置，依托乡镇农经站或“三资”委托代理服务中心，各镇、街道办和园区分别建立“农村集体资产资源招投标服务中心”，设立专门办公场所，配备专职工作人员以及电脑、桌椅等软硬件设施。坚持“公平、公正、公开”的原则，严格程序、规范运作，实行“阳光操作”，及时化解可能出现的矛盾和纠纷，确保集体资产资源的保值增值。农村“三资”管理工作完善制度和创新管理模式，构建规范有序、经营高效、监督到位的农村集体三资管理体制和运行机制。充分发挥监管平台的作用，做到用制度管人，靠科技管账，用网络监管，以机制积累，形成农村“三资”管理的长效机制。

【农民负担监督管理】 年内，完成30个村街“一事一议”筹资筹劳建设项目的申报审核及25个村街“一事一议”工程的验收工作。完成了2017年度农民负担专项检查，自查和抽查结果显示，全县不存在加重农民负担问题。

【农业行政综合执法】 2017年，香河县围绕“打假、护农、增收”的宗旨，以实现全县农资市场经济秩序根本好转为目标，以建立良好的农资市场生产经营秩序为目的，突出重点，加大力度，大力整顿和规范全县农资市场经济秩序，开展农资打假工作，严厉查处各种制售假冒伪劣农资产品的违法违规行为，整体推进农资打假工作向纵深发展，切实保障农民群众和农资生产、经营单位的合法权益，保证农业生产的顺利进行。加强行政执法队伍建设，严格执法人员持证上岗和资格管理制度。年内，组织4名行政执法人员参加市法制办组织的行政执法考试，均顺利取得了行政执法证件。至年底，香河县农业行政综合执法持有行政执法证件8人。抓好农业依法行政工作，全县集中开展治理农产品质量安全专项整治“百日行动”“平安护航十九大”“农产品安全专场宣传”“绿剑”秋季集中执法等活动，以“平安护航十九大”为统领，组织开展全县农产品质量安全风险隐患排查和整治，以种子、农药、肥料等产品为重点，加强对农资经营户监督检查，重点打击门店不规范经营，出售禁限用农药，在常用投入品中违规添加禁限用、未登记农药，销售假劣农资等农资市场专项整治行动，整顿和规范农资市场秩序。通过专项行动，没有发现违法销售高毒高残留农药等违禁药品的行为,清理净化了全县农资市场,确保全县农产品质量安全形势持续稳定向好。

【农产品质量安全监管】 2017年，香河县切实加强农产品质量安全监管工作，落实《河北省农业厅关于印发〈农产品质量安全专项整治“百日行动”方案〉的通知》（冀农业安发〔2017〕33号）和《廊坊市农产品安全专项整治“百日行动”方案》（廊农安〔2017〕21号）文件要求，在全县集中开展治理农产品安全“百日行动”，保障农业产业健康发展和农产品质量安全为目标，坚决守住不发生重大农产品质量安全事件的底线，有效组织实施，确保百日行动取得成效，以专项整治为契机，建立健全农产品质量安全监督管理、执法检查、应急处置等各项工作制度，构建全县农产品质量安全监管长效机制。

【兽医兽药管理】 年内，开展“兽药及生物制品整顿工作”活动，执法大队、饲料办、畜牧科等相关业务科室人员，发放宣传资料400余份，派出执法人员600人（次），派出执法车辆150辆（次），对辖区内饲料生产经营单位、养殖场及奶站进行监督检查30次。制定《2017年香河县定点监测工作方案》《2017年香河县动物疫病监测实施方案》《2017年香河县动物疫病监测计划》等，指导全县的动物防疫工作。开展禽流感、新城疫、口蹄疫、猪瘟、蓝耳病等病的抗体检测工作以及布病、结核病净化工作。完成禽流感抗体检测600份，合格率97.5%;口蹄疫抗体监测500份，合格率94%;猪瘟500份，合格率94.5%;猪蓝耳病320份，合格率92%;布病320份，全部合格;结核病320份，全部合格。送检市局血样300余份，完成了监测任务。秋防期间，动物疫病流行病学调查组对香河县21个规模场、300个村街进行疫情排查，未发现任何可疑疫情。

【饲料管理】 2017年，香河县以饲料安全生产和质量安全为目标，贯彻落实《饲料和饲料添加剂管理条例》及相关法律法规，认真履行监督管理职能。3月17—19日，组织生产企业参加省饲料办和省饲料协会共同举办的饲料政策法规培训班，31日，参加市饲料办举办的培训班，重点内容是政策法规、安全生产及《饲料质量安全管理规范》培训，强化企业遵守法律法规意识。进行饲料质量安全的抽检，按照《廊坊市送省、部饲料样品任务安排》要求，4月中旬，抽检9批次规模养殖场的配合饲料、添加剂及预混料送省、部进行饲料违禁品专项检测，均未发现在饲料中使用违禁品的违法行为。按照《饲料质量安全管理规范》的要求重点落实饲料生产企业的生产行为，从进货、生产、销售逐环节进行把关，确保生产出符合质量安全的绿色饲料，与生产企业签订实施《饲料质量安全管理规范》责任书1份。督促企业如实做好生产记录，对存在问题的企业下达通知，限期整改。开展饲料安全生产月活动，活动中坚持“安全第一，预防为主，综合治理”的方针和“标本兼治、重在治本”的原则，坚持自查自改和拉网式检查相结合的方式对企业相关人员进行安全生产知识教育，提高安全生产意识并签订安全生产责任书。做好秸秆综合利用统计工作，在秋收期间每周按时上报秸秆青贮进度，完成秸秆青贮13.7万吨，其中全株青贮0.8万吨。

（苏绍辉　安立荣）

林业管理

【概况】 2017年，香河县坚持造林营林并重，新造、补植补造、改造提升并举，全力增资源、提质量、促效益，进一步加快改善生态环境步伐；实现造林绿化由“扩规模”向“提质量、上档次、建精品、创亮点”转变，全力提升精品线和通道绿化档次，提高节点游园、村庄绿化标准，创建精品片区，实现全县域绿化、美化；同时，加强对春尺蠖、美国白蛾等有害生物防治，保护造林成果；严格林政资源管理，确保生物多样化。2017年，香河县完成造林

1.75 万亩，完成全年造林任务，森林覆盖率达到 42.4%。2017 年 1 月，香河县林业局被县政府评为信息工作优胜单位；3 月，被县委宣传部评为新闻外宣工作“优秀集体”称号，“网络宣传工作优秀单位”称号；被县委县政府评为“创优争先荣誉单位，实绩突出领导班子”。10 月，被县委县政府评为“2016 年度创先争优领导班子”。9 月，经香河县林业局推荐的“牛奶葡萄”和“藕荷”分别荣获廊坊“红石沟”杯京津冀果王争霸赛铜奖和名优产品奖。

【森林防火】 2017 年，香河县切实做好冬季森林防火工作，全力保护绿化成果，促进全县生态文明建设，确保有效地预防和扑救森林火灾，确保不发生财产损失和人员伤亡。在森林防火重点时期，给各有关单位下发《香河县林业局关于切实做好冬季森林防火工作的通知》。各镇、街道办、园区坚持以人为本的指导思想和“预防为主、积极消灭”的工作方针，按照行政区域划分严格落实《香河县森林防火责任书》要求，认真履行森林防火职责，周密部署冬季森林防火工作，抓好各项工作措施落实。

广泛宣传，杜绝人为火患因素。充分利用各种媒体媒介，广泛深入开展防火宣传教育活动，尤其重视安全用火知识普及和紧急避险常识宣传，重视扑火伤亡典型案例的反面教育。针对村街种植大户，逐户督促做好对林间杂草、落叶的清理工作，严禁在绿色通道、片林内堆放秸秆，对片林通道区域内秸秆做到尽快及时清理。通过宣传，使“护林防火，人人有责”的意识深入人心，营造全社会自觉保护森林资源的良好氛围。

认真排查，清除森林火灾隐患。加大巡护检查力度，落实重点监控，严格落实火灾隐患网格化排查机制。特别是重大片林、重点区域、重点路段、绿色通道，进行全面彻底排查，对存在森林火灾隐患的区域立即整改、清理，消除火患，降低森林火灾发生概率。组织精干力量对各单位清除火患工作进行不定期抽查，对森林火灾隐患严重区域下达限期整改通知，确保清除火患工作落实到实处。

加强领导，严格落实防火责任。按照森林防火行政领导负责制“五条标准”[一是乡(镇)级以上各级森林防火指挥部及其办事机构健全稳定,高效精干;二是森林防火指挥部要明确其成员的森林防火责任区,签订防火责任状,加强对火灾预防工作的领导，并经常深入责任区督促检查,帮助解决实际问题;三是森林防火基础设施建设纳入同级地方国民经济和社会发展规划，纳入当地林业和生态建设发展总体规划；四是森林火灾预防和扑救经费纳入地方财政预算;五是一旦发生森林火灾,有关领导及时深入现场组织指挥扑救］的要求，落实森林防火责任制。按照森林防火责任书的要求严格落实，切实加强森林防火工作，组织做好森林防火排查、清理工作，解决好工作中遇到的问题。发生森林火灾立即上报县森林防火指挥部办公室，启动森林防火应急预案，确保人民群众生命财产安全。

1 月，落实政府与各镇政府、园区、街道办签订防火责任状。3 月 29 日，印发香河县林业局关于清明节火灾防控工作的通知。2 月 1 日至 5 月 31 日，在全县范围内组织开展代号“2017•1 号金钺行动”打击野外违法用火专项行动，出动宣传巡查车辆 30 台次，人员 120 人次，对县域的主要绿色通道、四河（潮白河、北运河、引沟入潮河、青龙湾河）八堤、大面积片林进行巡查。

【森林综合执法】 2017 年，牢固树立依法治林、依法兴林、依法护林、依法富林的执法观念，转变执法作风，强化执法人员素质，规范执法行为，做到文明执法、服务于民，使林业执法工作走向了规范化的轨道。

搞好《中华人民共和国森林法》《中华人民共和国森林法实施条例》《中华人民共和国野生动物保护法》《森林防火条例》《森林病虫害防治条例》等法律法规的宣传。5月5日，按照《香河县安全生产专项整治活动方案》要求，进行安全生产宣传活动，发放明白纸500余份。

加强野生动物保护，打击破坏野生动物资源的犯罪活动。3月1日至5月31日，组织开展了代号“2017•1号金网行动”打击破坏野生动物资源违法犯罪专项行动， 出动车辆30台次，出动执法人员120人次，清理整治餐馆饭店、花鸟市场等各类市场10个，巡护清查野生动物分布区等地18次。

加大对乱砍滥伐及损毁幼树案件的打击力度。2月1日至5月31日，开展严厉打击非法采挖、运输苗木、盗伐滥伐林木为主要内容的代号“2017•1号金剑行动”专项行动，出动车辆32台次，出动人员128人次，清理木材交易市场、收购站12处；清理木材经营加工场所13处。6月16日至10月31日，组织开展了打击违法占用林地代号为“2017•1号金盾行动”专项行动。出动车辆22台次，人员78人次，查处违法占用林地案件1起。根据林业相关法律、法规，对乱砍滥伐、乱占林地和损毁幼树的违法行为给予坚决打击，共查处林业案件21起，其中查处行政案件18起；移送公安机关3起。受理香河县公安局鉴定聘请书2份，出具现场鉴定2份，有效地打击违法毁林案件的发生，保护了林木资源。

【林业资源管理】 2017年，在林木检疫方面，依照《森林植物检疫条例》的规定，香河县进一步加强了森林植物调运管理和进出县管理，严防危险性病虫的传入和传出。在春季秋两季苗木运输的旺季，检疫人员深入各苗木交易市场、苗圃和种植基地开展检疫检查，并随时查验调入调出苗木，防止人为带入带出。开出调运检疫证20车次，其中木材调运检疫5车次，150立方米；苗木调运检疫25车次，调运苗木数量6.2万余株。根据生产种苗单位的报检，实施产地检疫苗圃基地6处400亩，出圃苗木7.5万株。经实地抽样检疫，未发现检疫对象，并按检疫规程签发产地检疫合格证。通过产地检疫、调运检疫，杜绝了林木病虫害的传播与漫延，从源头上保证了全县用苗安全。在管理方面，重点抓好林木采伐管理工作。对成熟林采取分期分批进行更新采伐，对中幼林进行间伐管理，对申请采伐的农户采取免费办理采伐证的办法促其尽快更新。共发放林木采伐许可证138份，采伐面积1296.9亩，采伐蓄积7974立方米。其中规划内林地发放林木采伐许可证82份，立木蓄积5329立方米；规划外林地发放林木采伐许可证56份，立木蓄积2645立方米。发放木材加工许可证2份。

（吕　剑）

交通运输管理

【概况】 2017年，香河县有汽车站长途客运班车16辆，10条线路，486座位；通利（廊坊市通利运输有限公司香河分公司）12辆，6条线路，352座位。有各种普通营运车辆4712辆，10135吨；危货运输企业1家，其中危险品货车4辆8吨，1辆危险品牵引车，危险品挂车5辆170吨。有双安驾校、东岳长江驾校2家，物流企业19家，二类维修企业30家，三类维修企业45家。有鑫瑞、通达、宝达、瑞隆、新越、铭浩6家出租汽车公司，出租汽车 724 辆，从业人员近 800 人。

【交通运输行政执法】 2017 年，香河县交通运输行政执法注重源头治理，对辖区内的车站、货场、驾校、维修厂点等运输场所登记造册，加大稽查执法力度。出动稽查人员 3250 人次，稽查各类车辆 1945 辆次。结合安全生产工作，在重要事件节点特别是春运期间，增加驻站人员，由每天 2 名增加到 4 名，对所管辖的 100 客运车辆全部检查一次。加强出租汽车市场监管，加大稽查力度，规范出租汽车经营行为。5 月，交通与交警、综合执法等部门密切配合，联合治理，净化出租客运市场，共依法查处违规运营车辆 40 辆。加强对散煤运输、危险货物运输、沙石运输的执法检查。全年，共出动执法人员 432 人次，执法车辆 74 辆次，宣传教育交通执法相对人 440 余次，检查普货车辆 260 辆次、危货车辆 74 辆次，处罚擅自改装车辆 10 辆、未采取必要措施防止货物脱落扬撒车辆 4 辆。

【公路养护管理】 2017 年，以提升公路整体面貌为重点，加大道路扬尘治理力度。每天上路巡查，对路面出现洒落物及其他杂物及时进行清理。8 台大型清扫车和 7 台大型洒水车全天上路作业，对路面进行不间断清扫和洒水降尘。国省干线公路每天清扫 2 遍以上，机械洒水 3~4 遍。全年累计清国扫路面 21063 公里，路面洒水降尘 36107 公里，清运垃圾 2117 立方米，整修路肩、边坡、绿化台 722.8 公里，抚育管理绿化 894.5 公里，清理排水沟 11.7 公里。“田路分家”工作与路域环境整治相结合，采取野外路段“一路两沟四行树”，过村路段硬化路肩、砌筑挡墙、栽花种草等形式，扎实推进“田路分家”，农村公路优良路里程占总里程的 85%。

做好公路的预防性养护，保持路面平整，组织人力、机械、材料，对干线公路和主要县乡公路的路面裂缝用灌缝胶进行灌注，对路面坑槽进行了挖补，共灌封路面裂缝 49890 延米，挖补坑槽 8675 平方米，修复路基水毁 787 立方米，施划标线 7786.81 平方米，更换唐通线新改建段井盖 50 个。消除道路安全隐患，坚持日常巡查制度，在堤顶路及其他路线的急弯、陡坡、高填方路段均设置示警桩、粘贴反光标识。加大桥梁的日常巡查力度，及时维修和更换损坏的栏杆，对长度不足的桥梁栏杆进行了接长。更换示警桩、百米桩、里程碑 327 块，维修桥梁 159 米，对大香线（大厂—香河）鶊池河桥、五一渠桥，平香线（平谷—香河）梁家务干渠桥损坏的桥面伸缩缝进行更换，干线公路全面消除三类以下桥梁（含三类），县乡公路危桥比例下降至 3.5%。

【公路路政管理】 2017 年，加强巡查，维护路产路权。按照国省干线公路每天巡查 2 次、县乡公路每周巡查 2 次的工作标准，安排执法人员随时对占道经营、非公路标志及其他影响公路交通安全行为的进行及时清理、制止，加大对散煤运输、危险货物运输、沙石车辆运输等未采取必要的措施防止货物脱落、扬撒的查处力度，对夜间损坏公路及公路附属设施的车辆进行查处，有效维护路产路权，依法清理在公路建筑控制区内未经批准擅自设置的非公路标志 150 块，清理公路用地内摆摊设点 125 处，治理在公路用地内堆放物品、倾倒垃圾、倾倒污水等 48 处，95 立方米；强化举措，治理超限运输，结合大气污染治理工作，采取路面治超与源头治超相结合的方式，交通与交警部门密切配合，大力治理超限运输车辆，交警部门对在公路上行驶的疑似超限运输车辆进行拦截，路政执法部门负责检测卸载，全年，检测车辆 8628 辆，卸载超限车辆 41 辆，干线公路超限车辆明显减少，超限率控制在 2%以下。加大对货源单位的监管力度，对 3 家政府公示重点货运源头企业（2 家搅拌站、1 家物流企业）实施巡查，出动执法人员 405 人次，巡查车辆 135 辆次，检查出站车辆 1106 辆次，未出现超限超载现象。

【行业管理】 2017 年，强化对客运、货运、物流、维修、驾驶员培训等道路运输行业管理，开展道路客运服务提升行动，全面推进司乘人员素质教育，着力提高职业道德水准，规范城乡客运班车和出租汽车文明服务用语，倡导文明服务。做好春运、“五一”、端午节、“十一”等运输高峰期及重要节点道路旅客运输工作，狠抓安全生产工作。春运期间，成立领导小组及其办公室，增加驻客运站人员，签订安全生产责任状 91 份，加强对客运企业安全检查，确保春节道路旅客运输工作畅通有序。提升全县出租车运营服务水平，下发《关于规范香河县出租汽车企业经营资质的通知》和《各出租汽车公司配齐相关管理人员的通知》，加强对企业收费和服务的监管。对 6 家出租汽车公司和 724 辆出租汽车进行年度审验，淘汰更新出租汽车 40 辆。严格出租汽车管理，统一标识，统一安装 GPS，统一运价。强化货运特别是对危险货物运输市场的管理，落实危货运输安全责任制和安全管理制度，确保安全生产落到实处。2017 年 4 月，成立香河县地方海事站，负责对县内河流水域交通运输进行监管。

【交通运输行业行政审批】 按照交通运输行业行政审批要求，严格落实首问负责制、限时办结制、一次性告知等制度，依法依规开展行政审批工作，最大限度方便群众办事。2017 年，涉及路政管理、运输管理和公路建设行政许可审批项目 20 个，审批营运车辆 411 辆、维修企业 3 家、物流企业 2 家，受理办结路政行政许可审批事项 13 起、涉及公路建设事项审批 3 个。

领导班子成员

局　长：白颖浩

副局长：王廷刚　韩凤龙　王立臣　孙瑞生

（李万勇）

农 业

责任编辑 王树春

综 述

香河毗邻京津，地处河北对接京津的最前沿，是河北的一块小飞地，有着良好的自身发展条件，香河主动适应经济发展新常态，以创新、协调、绿色、开放、共享五大发展新理念为统领，以都市现代农业为基本定位，以“提质增效转方式、稳粮增收可持续”为工作主线，扎实推进现代农业发展，实现了农业稳定发展、农民持续增收，全县走出一条“生态优先、绿色发展”新路。

2017年，全县国土二调耕地面积37.52万亩，家庭承包耕地面积36.37万亩。粮食播种面积23.67万亩，总产9.09万吨。瓜菜占地8.18万亩，播种面积13.8万亩；蔬菜总产量61.61万吨；禽类存栏205.56万只,其中蛋鸡157.56万只,肉鸭48万只;猪存栏5.69万头；牛存栏1.42万头；羊存栏5.98万只；水产品产量2470吨，捕捞产量260吨。重点实施了“两河”治理、河渠清淤、防汛抗旱、河长制推行、水毁工程修复、农田水利建设、水资源管理等职能工作，引进水利专项资金1018.39万元。以实施农业开发土地治理和产业化项目为抓手，通过政策引导、项目推动、资金扶持，有效促进了农业增效和农民增收。全年投入资金3279万元，争取土地治理项目2个，农业产业化项目3个，建设高标准农田17500亩，争取上级财政资金2594万元。全县农机总动力达到254600千瓦，农业机械装备结构进一步优化，100马力以上高性能大型拖拉机、微型耕整机、自走式小麦联合收割机、玉米联合收获机等农业机械发展迅速。拖拉机拥有量3780台，小麦联合收割机、玉米联合收获机拥有量达504台。

全县当年造林1.75万亩，全县实有林地面积29.1万亩，森林覆盖率达到42.4%，同比提高2.4个百分点。果树面积2.5万亩，占有林地面积8.59%。干鲜果品总产量2.95万吨，花卉种植0.65万亩，另外全县苗木种植达900亩。

畜牧水产养殖、水利、农业开发、农业机械等方面取得较好成绩。

农作物种植

【概况】 截至2017年底，粮食播种面积23.67万亩，总产9.09万吨。其中,小麦8.2万亩，单产391公斤，总产3.2万吨；玉米15.25万亩，单产383公斤，总产5.84万吨；其他0.21万亩，总产0.052万吨。秋季小麦播种面积7.3万亩；蔬菜秋冬播种面积1.58万亩，以棚室蔬菜为主。香河县农作物病虫草害发生面积257.7万亩次，防治面积176.65万亩次，挽回损失20318.13吨。实际损失1396.9吨。登记注册登记各类农机具79台套，其中大中拖49套，收割机30台。全县农业、蔬菜、农机等各业水平进一步提升，呈现出新的发展局面。香河县农业局先后荣获“河北省2016年度土肥水工作先进集体”称号。

【粮食作物生产】 2017年,粮食播种面积

23.67万亩，其中小麦8.2万亩，玉米15.25万亩，其他0.21万亩。粮食播面逐年减少，一年一茬播种面积增加。自实施良种补贴以来，小麦优良品种普及率90%以上，玉米优良品种普及率100%。香河县粮食主产区重点分布在县域东部和北部，包括渠口、刘宋、蒋辛屯、五百户、安头屯、钱旺6个乡镇。

【经济作物生产】 2017年，对全县各镇、环保产业园和新型示范区的蔬菜生产情况进行全面细致的摸底汇总，积极深入基地、市场搞好蔬菜生产调查，完成各项蔬菜统计汇报，准确掌握市场动态，为广大菜农提供准确信息。全县瓜菜占地8.18万亩，播种面积13.8万亩；蔬菜总产量61.61万吨；商品量60.63万吨、省外销量58.41万吨，蔬菜总产值66222.5万元。

【培育新型种粮大户】 2017年，全县共有农家乐、各类休闲农业园50多个。形成农家乐、休闲采摘、渔乐休闲、节庆休闲等休闲农业发展模式，涵盖农家乐、渔家乐、生态村、农业园区、休闲村镇等多主题、多类型，文化品位和档次不断提升，产业内涵不断丰富。每年通过举办荷花节、佛教文化节、第一城庙会等各具特色的节庆活动，不断提高知名度，直接促进了农业增效、农民增收。据统计，2017年，全县休闲农业与乡村旅游接待20多万人次，收入1.3亿元。

【蔬菜基地规模化发展】 香河的蔬菜种植正在由一家一户向集约化规模化发展,县域内较大规模的有桑梓乐园蔬菜产销专业合作社、康隆蔬菜产销专业合作社、绿德隆蔬菜产销专业合作社、香荷藕荷种植专业合作社、盛年华蘑菇种植专业合作社、绿福韭菜产销专业合作社、鲜速达蔬菜产销专业合作社、东泰缘种植专业合作社等8家蔬菜种植合作社；乐农美联生态农场、沟河湾生态家庭农场、荷香缘生态农场等3家新型经营农场。建设高标准连栋温室、日光温室等对蔬菜进行规模化种植。

【加强蔬菜品牌建设】 香河县注册蔬菜商标有6个，其中藕荷注册有“一品香荷”“荷情荷礼”“九品莲花”三个品牌，韭菜注册有“好四刀”，乐农美联生态农场注册蔬菜有“香美农果”商标、桑梓乐园蔬菜产销专业合作社注册有“桑梓乐园”商标。

【无公害蔬菜品种认证】 2017年，香河县加强蔬菜“三品一标”(无公害农产品、绿色食品、有机产品,以及农产品地理标志的简称)认证工作，14个无公害蔬菜品种完成认证，新增6个蔬菜品种、20公顷产地的无公害认证。做好无公害蔬菜认证工作及相关培训。接受2个合作社无公害产地与产品的申报申请，相关认证材料上报市局。组织安排相关人员参加无公害农产品内检员和检察员培训，取得相应证书。积极组织相关企业参与京津冀蔬菜产销对接大会及廊坊市农产品交易会，提升香河县无公害农产品的知名度。

【测土配方施肥】 2017年，香河县加强耕地质量建设，提高耕地综合能力，做好耕地质量监测与保护提升工作。围绕耕地质量监测与评价、耕地资源环境承载能力监测预警评价、化肥减量增效等重点内容全面开展工作。根据《2017年耕地质量监测与保护提升项目实施方案》要求，结合香河县实际情况，选取省级监测点。通过多次实地探查比较，综合考虑土壤类型、耕作制度、地力水平、耕地环境状况和管理水平等因素，确定成自务、前马房2个耕地质量监测点。按照《耕地质量监测技术规程》，综合考虑行政区划、土壤类型、土地利用、农业两区划定、农业特色产业布局、耕地质量监测点位已有信息的完整性等因素，科学布设耕地质量调查点位 40 个，完成土样采集 40 个、填写野外调查 40 份，取得土样化验数据 332 项次。按照农业部要求，委托具有相关土壤样品检测资质的检测机构承担检测任务。委托有相关资质的机构进行耕地质量等级变更评价，评价成果于 2018 年 3 月底完成，通过符合性验证。按照《河北省发展和改革委员会等十二部门关于开展河北省资源环境承载能力监测预警评价工作的通知》要求，以《资源环境承载能力监测预警技术方法(试行)》中农产品主产区的评价方法为指导，对香河县 2009 年至 2015 年土壤化验数据和地力评价数据进行了梳理汇总和分析，开展资源环境承载能力监测预警评价工作。大力推广化肥减量增效技术。通过测土配方施肥技术，精准施肥。测土配方施肥覆盖率达到 90%以上。鼓励农户施用配方肥，提高秸秆还田推广面积，开展有机肥替代化肥，推广宣传绿福韭菜施肥模式，以腐熟羊粪作为底肥，利用肥料中含有的大量有机质供给作物营养同时提高土壤的保水、保肥、抗旱能力，提高地温，增强作物抗寒抗病能力；应用沼液冲施改良土壤，增加土壤透气性。

【病虫测报发布】 2017 年，香河县农作物病虫草害发生面积 257.7 万亩次，防治面积 176.65 万亩次，挽回损失 20318.13 吨。实际损失 1396.9 吨，小麦病虫草害发生面积 38.7 万亩次，防治面积 33.8 万亩次。专业化统防统治面积 14.6 万亩次。发布病虫情报 9 期，农作物重大病虫动态周报 11 期，小麦病虫周报 26 期，蝗虫周报 21 期，发布模式报表 5 次。印发技术资料 2 万份，适时指导大田防治。

【农作物病虫害防治】 2017 年，香河县积极宣传统防统治，大力推进农药减量增效稳产实施方案。在农业部门备案的防治服务组织有 9 个，从业人员 32 人，拥有高效植保大型装备 16 台，中型装备 14 台，新购置植保无人机 1 架，利用机防队对小麦进行统防统治面积 14.6 万亩次，麦蚜大发生趋势得到遏制，有效减少了病虫危害。玉米病虫草害发生面积 124.72 万亩次，防治面积 31.14 万亩次。专业化统防统治面积 11.9 万亩次。 东亚飞蝗中等发生，发生面积 8 万亩，需防治面积 0.8 万亩。开发先进实用的现代化监测工具，研究虫情信息实时监测、自动记载和远程传输技术，进一步推进农作物重大病虫害监测预警信息化进程，由河北省植保植检站与浙江托普云农联系安排，在香河县钱旺镇和平街村开展托普云农智能虫情测报灯物联网系统试验。2017 年，蔬菜播种面积 10 万亩，病虫草害发生面积 64.67 万亩次，病虫草害防治面积 107.71 万亩次，专业化统防统治面积 14.87 万亩次。加强种子调运检疫管理，严格按照调运检疫规程进行种子调运检疫，凡调运植物及其产品必须由当地植保植检机构根据产地检疫合格证签发调运植物检疫证书。开具调运检疫证书时，仔细核实产地检疫合格证、品种、进销存数量及种子经营单位的各种信息，存档备查，探索建立植物疫情可追溯机制。

【农业技术推广】 2017 年，香河县针对小麦、玉米不同时期的生育特点提出了不同的管理意见，春季管理树立抗灾夺丰收的思想，以麦田锄划增温保墒为前提，强化以节水灌溉、合理减量施肥、科学节药综防为重点的绿色高产高效技术措施落实，要因地制宜，科学管理，保穗数、增粒数、争粒重，实现丰产丰收。抓好麦田锄划（镇压）保墒，促控结合，抓好春季肥水管理；做好预测预报，综合防治病虫草害。增强防灾意识，预防倒春寒及春旱。小麦生长后期因墒节水，科学用好开花灌浆水，强力落实“一喷综防”措施，拔除野麦杂草，做好田间去杂去劣。小麦秋种以绿色高产高效为目标，以节水优质为核心，以推广节水品种及配套技术和农机农艺相融合的规范化耕作播种技术为重点，进一步优化种植结构，全面提高播种质量，奠定小麦丰收基础。春玉米播种面积明显减少，仅为 2.3 万亩，较上年减少 3 万亩，夏玉米播种面积相应扩大。在管理方法上选用适宜优种，做好种子处理；抢时早播，提高播种质量；合理密植，实现高效群体；科学施足施好种肥；化学防除杂草；加强苗期病虫草害防治。夏玉米中后期管理及时中耕、化控防倒；重施穗肥，酌施花粒肥；科学用水，防旱排涝；加强病虫草害防治；人工辅助授粉；适期晚收，根据小麦的适期晚播时间，夏玉米收获时间推迟到 10 月 5 日。

【土地经营权确权颁证】 2017 年，香河县加大了土地承包经营权确权登记工作力度，落实《香河县推进农村土地承包经营权确权登记颁证工作实施方案》，严格执行中央、省、市有关文件精神，以“权属清晰、空间位置明确、四至边界清楚、面积准确”为目标，坚持“保持稳定、依法规范、民主协商、因地制宜”的原则，平稳有序地推动确权登记工作的开展。全县辖 9 个镇、2 个街道办事处、2 个产业园区，300 个村街，全县国土二调耕地面积 37.52 万亩，家庭承包耕地面积 36.37 万亩。财政拨付经费 1983.12 万元。通过开展招投标，确定两个测绘公司（河北恒华信息技术有限公司和河北天元地理信息科技工程有限公司）承担测绘工作。2017 年，以农业局文件形式下发了《2017 年农村土地承包经营权确权登记颁证工作推进方案》，进一步明确了 2017 年基本完成农村土地承包经营权确权登记颁证工作的目标任务。对淑阳镇、安平镇、五百户镇、钳屯镇、刘宋镇、渠口镇、安头屯镇、钱旺镇、蒋辛屯镇、新兴产业示范区、环保产业园、新开街道办事处、新华街道办事处共 13 个镇、街道办、园区的农经工作人员、包村干部及 249 个村街的村支书、村主任、村会计及有关人员分别进行了培训，完成 249 个村街的外业测绘工作，占全县应确权村街总数的 100%，完成二次公示无异议村街 247 个，占全县应确权村街总数的 99.2%，完成二次公示无异议的耕地面积 36.32 万亩，占应确权耕地面积的 99.13%；完善家庭承包合同 58270 份，占应完善合同总数的 99.38%；建立登记簿 58364 份，占应建立登记簿总数的 99.54%；完成数据库录入 247 个村，经营权证书印制完毕，完成市级核查。土地确权工作做到“六到位”（宣传培训到位、摸清底数到位、物资供应准备到位、民主决策到位、实际问题解决到位、选择开展村街到位）。

【落实惠农政策】 2017 年，香河县农业支持保护补贴统一标准为 119.00 元/亩。用于耕地地力保护的农业支持保护补贴资金全部拨付到各镇区、街道办事处、园区。是年，农业支持保护补贴资金 2594 万元，剩余资金 1.33 万元。当年未使用完的农业支持保护补贴资金以及上年结转资金，在下年度继续统筹安排用于农业支持保护补贴相关工作（剩余资金国库留存）。

【农民负担监测】 2017 年，香河县完成 30 个村街“一事一议”筹资筹劳建设项目的申报审核及 25 个村街“一事一议”工程的验收工作。完成 2017 年度农民负担专项检查，自查和抽查结果显示，全县不存在加重农民负担问题。

【农药化肥监管】 2017 年，全县集中开展治理农产品安全“百日行动”“平安护航十九大”“农产品安全专场宣传”等活动，以“平安护航十九大”为统领，组织开展全县农产品质量安全风险隐患排查和整治。开展食用农产品禁限用农药专项治理，突出工作重点，深入排查隐患。以蔬菜、薯类等食用农产品为重点，尤其是供应京津的蔬菜品种等，加强农药管理，规范农药使用，重点管控毒死蜱、克百威等我市禁限用农药的残留超标问题。加大对重点品种的监督检查和专项抽检力度，严防不合格食品流入市场。严打各类违法违规行为。开展“绿剑”秋季集中执法行动，以种子、农药、肥料等产品为重点，加强对农资经营户监督检查，重点打击门店不规范经营，出售禁限用农药，在常用投入品中违规添加禁限用、未登记农药，销售假劣农资等违农资市场专项整治行动，整顿和规范农资市场秩序。没有发现违法销售高毒高残留农药等违禁药品的行为。通过专项行动，进一步清理净化了全县农资市场。

【优良品种引进】 2017 年，香河县结合生产实际，宣传引导农民选择适宜优种，为夏玉米丰产丰收打好基础。根据当地生态条件和生产情况，选择适宜当地种植的“紧凑、耐密、抗倒”型优良夏玉米品种，如郑单 958、浚单 20、京单 28、京农科 728 等。选用的种子质量符合国家标准，良种普及率 99%。采用机械单粒精播方式播种的地块，种子发芽率 95%以上，确保田间出苗率和幼苗整齐度。

领导班子成员

局　　长：赵树军

副 局 长：印秀义　刘继承　杨建国

农经局局长：后瑞富

（苏绍辉）

林果业

【概况】 2017 年，香河县贯彻执行国家、省、市关于林业生态建设的方针政策和法律法规，以植树造林，提高森林覆盖率为目标，重点开展城区、村庄、社区、企业、河渠以及唐通线、倪李路、堤顶路等 6 条精品廊道绿化工程。果品、花卉平衡发展，林业病虫害防治得到加强。林业科技推广工作有序开展。全县当年造林 1.75 万亩，全县实有林地面积 29.1 万亩，森林覆盖率达到 42.4%，同比提高 2.4 个百分点。果树面积 2.5 万亩，占有林地面积 8.59%。干鲜果品总产量 2.95 万吨，花卉种植 0.65 万亩，另外全县苗木种植达 900 亩。

【植树造林】 以提升品质、创特色、增亮点为着力点，广泛开展城乡绿化提升行动，创建一批绿色城区、绿色村庄、绿色社区和绿色企业，让绿色融入生活、遍布城乡。完善城乡游园管护长效机制，巩固绿化美化成果。加大河渠、道路两侧环境整治力度，丰富沿线景观层次，重点打造唐通线等精品廊道，形成水网、路网、绿网“三网一体”景观格局。主要实施了绿色通道建设、补植补造、经济林、村庄绿化、林果网片建设、生态储备林、节点游园、绿化养护工程。

重点打造唐通线、倪李线、堤顶路等 6 条精品廊道；开展以 14 个省级重点村、10 个市级重点村为主的美丽乡村绿化，其中渠口镇小高坨村、五百户镇九百户村、蒋辛屯镇岭子村、苍头村、三百户村；充分利用河渠两侧的沙滩地、次耕地，营造速生丰产用材林和防风固沙林、名优经济林。

坚持产业互动，提升效益，着眼于绿、富、美的有机统一，按照生态、景观、经济效益相结合的原则，把造林绿化与推动传统农业升级结合起来，与创建“荷花之乡”、实施“两河”综合开发结合起来，与发展林下经济、旅游观光、休闲农业结合起来，推动林业的一产功能向二产、三产延伸拓展、互动发展。蒋辛屯镇百运达食用菌种植园林下经济种植已达 600 亩；渠口镇东泰缘农业合作社林下种植食用菌已达 300 亩。

推进“香河潮白河大运河国家湿地公园”建设，5 月 13 日，邀请北京林业大学教授雷光春和首都师范大学教授洪剑明，与中信国安和中冶置业集团两家公司就潮白河大运河国家级湿地公园（试点）规划建设进行沟通对接，就“两河”生态综合治理规划建设中存在的主要问题提出建议。北运河香河段生态综合整治一期工程，北起曹店橡胶坝南至土门楼闸，河道总长度 8.6 公里，主要对主河槽两侧各 100 米进行土地平整和绿化工作，完成 1300 亩，完成全年任务的 100%。2017 年，分别对新华街道办、淑阳镇、钱旺镇、刘宋镇的莲藕种植情况进行了现场测量。经核实，莲藕池塘和附属配套区域面积为 11817.96 亩。其中，钱旺镇 193.18 亩、淑阳镇 425.61 亩、新华街道办 266.23 亩、刘宋镇 10932.94 亩。

【果树技术培训】 2017 年，利用春季农闲季节，组织果树种植专业技术人员以分片包干的形式，重点就无公害果品的栽培技术、高毒农药的实际应用等专业技术对果农进行实地指导，促进果农对无公害果品生产的重要性和产生的经济效益的认识。9 月，香河县推荐的“牛奶葡萄”“藕荷”分别荣获了廊坊“红石沟”杯京津冀果王争霸赛铜奖和名优产品奖。全年，派出专业技人员 100 人次，培训果农 2000 人次，发放各种技术资料 2000 份。

【果品生产】 2017 年，全县范围内随机抽取 12 个地块，果树品种主要有苹果、梨、桃、葡萄等，无公害化生产取得了明显成效，达到了使用高效、低残留农药，施用有机肥，采用果实套袋技术等高科技生产标准。全县果品产量为 2.95 万吨，果树施肥浇水面积达 2.5 万亩。

【花卉生产】 2017 年，全县共完成花卉面积 0.65 万亩，完成全年任务的 100%。完成盆花 39 万盆，鲜切花 2562 万支，观赏苗木 150 万株。

【科技推广】 2017 年，按照《中央财政林业科技推广示范资金其他推广项目合同》（冀 TG〔2016〕014 号）和《香河县林下香菇标准化栽培技术推广项目 2016—2018 年实施方案》内容要求，组织技术培训 2 次。7 月 27 日，邀请廊坊市农科院教授侯桂森从食用菌的发展前景、林区种植食用菌菌种选择、香菇、木耳等食用菌的主要栽培技术和注意事项、林下经济主要发展模式、现代香菇产业化运营实用技术和林下香菇栽培技术规程等方面进行培训。培训采用电脑结合多媒体幻灯片演示，注重理论和实际相结合，引用了大量的现场图片、视频资料，起到了直观生动的作用。此次会议，还播放了《“老香菇”助力“小康梦”》《生态林间种食用菌》等技术视频，下发培训袋、《林下香菇标准化栽培技术》培训资料 200 余份，回答技术咨询 15 次。县林业局部分干部职工、各镇林业员、造林大户、香菇种植户等约 60 余人参加了培训。12 月 15 日，组织各镇、街道办林业站长、技术骨干、造林户、村干部等，赴天津静海实地参观学习林下香菇等食用菌栽培技术。

【林木管护】 落实管护责任。镇党委政府与承包人签订责任书，加强管护工作；利用广播、横幅、宣传标语等方式，加大《中华人民共和国森林法》等法律法规的宣传，增强群众爱绿护树意识，提高广大群众管护树木的自觉性，营造起林木管护的良好氛围；做好浇灌工作，各村对新植树木进行浇灌，及时埋坑封土进行保墒，防止水分蒸发，对树干下 1 米进行涂白，增强抗病和抗虫能力，针对病虫害及时组织喷打农药；强化督查落实，各镇成立林木督查小组，定期巡回对各村树木成活情况进行督查，不定期组织人员对造林成活情况进行督查，确保各村养护工作落实到位，巩固造林绿化成果。按照《香河县人民政府关于印发香河县重点通道绿化带和节点游园管护办法（试行）的通知》要求，强化管护标准，确保管护工作全面、细致。

【林木病虫害防治】 香河县林木病虫害主要有美国白蛾、春尺蠖等。2017 年，加强监测，完善预报体系。全县设立了 15 处黑光灯监测点，明确专人负责，详细记录各种常发病虫害的始发期、发生盛期和盛末期，指导全县的各种病虫害防治工作。2017 年，共编写印发各种林业有害生物的林业信息 10 期，下发防治通知书 2 期，飞防通告 600 余份，为全县的防治工作提供可靠的理论依据。

4 月 10—12 日，春尺蠖飞防。采用 EC120 直升机开展对春尺蠖的飞机防治工作，飞防作业面积 9.6 万亩，喷洒苦参碱药剂 4.8 吨。5 月 21—24 日和 9 月 11—13 日，在第一代、第三代美国白蛾幼虫发生期，利用 EC120 直升机进行了飞机防治，防治作业面积 26.4 万亩，喷洒苦参碱药剂 13.2 吨。飞防作业区域包括运河大道、运河两侧林带、运河左右堤、潮白河左右堤、京沈高速路、双安路、国安路、夏安路、香宋路、沟河左右堤、郁林苗圃片林、驻军片林、鶣池河及老武河故道等地段。通过药效检测，飞防效果良好，确保有虫不成灾。

遵循“突出重点，分区治理，属地负责，联防联治”的原则，在飞防工作开展的同时，充分发挥乡镇防治专业队的作用，在全县各镇、街道办、园区统一时间开展地面喷药防治工作，有效地控制了春尺蠖、美国白蛾等林业有害生物疫情的扩散和蔓延，防后虫口减退率达到 90%以上，使有虫株率和虫口密度降低至防控指标以下。全县共投入防治车辆 200 辆次，高压机动喷雾器 20 台套，喷烟机 20 台进行地面防治，防治作业面积 1 万余亩。美国白蛾地面防治，全县共组织地面防治作业面积 50.77 万亩，剪除网幕 1000 个，诱捕成虫 1300 多头，参与防治作业人员 3000 余人次，用于防治作业车辆 100 余辆，大型机动喷雾器 100 台套，共喷洒苦参碱、高效氯氰菊酯等药剂 20 余吨。

加大资金投入力度，确保防控的后勤供给。做好全县林业有害生物的防治工作，在争取上级财政拨款同时，香河县政府及时拨付有害生物防治预算 200 万元，专项用于春尺蠖、美国白蛾飞防、地面防治及防治人员的技术培训、药械的储备和监测费用等支出。县政府同时下发通知，要求各镇及有关单位积极筹措防治专项经费，保证防治的后勤供应。全县年内县、镇、村三级共落实防治经费 900 余万元。组建县乡防治专业队 25 个，整修、添置防治机械 80 台套，购置防治药剂 20 吨。

加强和规范林业植物检疫执法，严厉打击违法调运森林植物及其产品的行为，防止危险性林业有害生物的传播蔓延，巩固全县造林绿化成果，根据《京津冀协同发展 2017 林业植物检疫检查专项行动实施方案》的安排部署，结合香河县实际，积极配合响应京津冀林业有害生物协调防控工作。5 月 25 日，市、县联合开展京津冀协同发展林业植物检疫检查和检疫宣传活动，发放《森林植物检疫条例》《美国白蛾防治宣传手册》《杨树病虫害防治手册》《森林植物及其产品检疫办理事项手册》等宣传材料，出动宣传车3台次，宣传人员9人，悬挂横幅1条，发放宣传册500份，宣传单200份，接受群众咨询95人次。

【绿化亮点工程】 绿色通道建设工程重点打造唐通线、倪李线、堤顶路等6条精品廊道。通唐线绿化、亮化工程于2017年11月完工；堤顶路（右堤）景观绿化工程于2017年10月完工；倪李线（五百户段）景观绿化工程完成设计招标工作。涿密高速绿化在公路两侧100米范围内打造高标准绿化景观带，完成造林400亩。村庄绿化工程，结合美丽乡村建设，对村街进行绿化美化，蒋辛屯镇岭子村、苍头村、三百户村完成村庄绿化，栽植樱桃、山楂、法桐、银杏等1万多株，造林560亩。林果网片建设工程，利用潮白河、北运河、青龙湾河、引沟入潮河及老武河、鹔池河两侧的沙滩地、次耕地，营造速生丰产用材林和防风固沙林、名优经济林，完成造林1000亩。补植补造工程，对春季成活率低和缺株断带的小班、地块进行补植补造。对节点游园绿化、通道绿化、村庄绿化等工程，在补植补造的基础上，注重树种选择和景观配置，完成各项补植补造1200亩。经济林工程。全县栽植经济林3700亩，其中，胜强公司在蒋辛屯镇岭子村西流转土地500亩用于果园建设，聘请专业人员进行高标准规划，由专业施工队施工，完成栽植任务。生态储备林工程,已完成栽植5250亩，其中，渠口镇在沟河西侧，豆庄、蔡庄、卸甲庄、韩庄村集中连片栽植速生杨1000多亩。节点游园工程，由高氏集团出资在淑阳镇赶水坝村北潮白河边，打造了集休闲、运动于一体松林休闲运动公园,主要栽植松树、法桐、碧桃等，面积近100亩，并修建了步行道、篮球场、足球训练场、水岸观景平台，为当地群众休闲、运动提供了一个好去处。

领导班子成员

局　长：魏国龙

副局长：任宏伟　戴金锋　张建新

（吕　剑）

畜牧水产养殖

【概况】 2017年，香河县禽类存栏205.56万只,其中蛋鸡157.56万只,肉鸭48万只;猪存栏5.69万头；牛存栏1.42万头；羊存栏5.98万只；水产品产量2470吨，捕捞产量260吨。

年内，全县兽药经营持证率100%，兽药检验合格率95%以上，产地检疫开展面100%，农村散养动物的产地检疫率90%以上，经营屠宰动物检疫证持有率100%，病死动物及病害动物产品无害化处理率100%。

是年，根据全县养殖群众需要，分别在3月、5月、9月和11月，组织业务骨干分四期向全县广大养殖场（户）普及畜禽疫病防治、畜禽养殖、畜禽品种改良等先进实用技术，为3000名养殖群众和400个养殖场开展了服务活动，得到了全县养殖户的欢迎和好评。

2017年2月，获全省畜禽屠宰管理工作先进单位，以及河北省农业局举办“我为动监行业添光彩”活动中评为先进动物卫生监督所；3月，获全市“粮改饲”工作先进单位；获全市农产品品牌建设和农产品营销工作先进单位；以及全市畜禽屠宰管理工作先进单位。

【动物疫病防控】 2017年，加强动物疫病防控，认真组织做好春秋季强免和平时补针工作，确保全县高致病性禽流感、口蹄疫、高致病性猪蓝耳病、猪瘟、布病、鸡新城疫等强免项目免疫密度达 100%；加强防疫队伍建设，培训人员 630 人次；加强人畜共患病防治和外来病防范工作，使香河县两病净化工作达到标准；加强规模养殖场粪污治理，配合相关部门进行禁煤和使用清洁能源；加强动物疫情专家解析预警工作和防疫物资供应与储备工作，重大动物疫病防控工作得到保障。

【畜禽屠宰监管】 2017 年，全县产地检疫生猪 2.39 万头，牛羊 7.68 万头，禽兔 733 万只；定点屠宰检疫生猪 44 万头，牛、羊 48 万头，审核办理动物防疫条件合格证 31 份。举办培训班 2 期，培训人员 112 人次；无害化处理生猪 1.92 万头，共出动车辆 192 辆次，执法人员 384 人次；监督检查规模化养殖场（小区）114 家，全县共 10 家动物屠宰场，其中风险等级 A 级 11 家，B 级 2 家，共监督检查 60 次，出动执法人员 108 人次。动物卫生监督执法案件 9 件，罚款金额 0.14 万元、警告、责令改正 6 家。畜禽屠宰执法案件 1 件，罚款金额 4.6 万元，监督检查 60 次，出动执法人员 240 人次。

2017 年，香河县畜牧局畜禽屠宰管理办公室加大畜禽屠宰监督管理工作力度。开展畜禽屠宰监管工作专题培训，组织执法人员及屠宰场品质管理员认真学习《生猪屠宰管理条例》等畜禽屠宰管理方面相关法规文件，做好生猪定点屠宰管理工作及生猪定点屠宰管理工作中应注意的要点。广泛宣传畜禽屠宰监管工作，结合科技宣传月、食品安全宣传周和平时下乡等活动，深入屠宰场，养殖场，农村集贸市场，采用印发宣传资料、张贴标语、走访宣传等形式，大力宣传《中华人民共和国农产品质量安全法》《生猪屠宰管理条例》等法律法规，设立举报电话和电子邮箱，鼓励群众举报周围私屠滥宰、生猪注水、畜禽养殖过程中添加使用“瘦肉精”等危害严重的违禁药物的违法行为。开展生猪定点屠宰管理执法工作，组织执法人员对县内的生猪屠宰情况进行集中整治，对生猪屠宰情况进行全面摸底调查，坚决打击私屠滥宰和生猪注水等违法行为。

【畜禽食品安全】 强化产地检疫工作，落实产地检疫报检制度，深化产地检疫程序，尤其偶蹄动物出栏时，“瘦肉精”监测与产地检疫同步进行，规模养殖场填写《动物“瘦肉精”自检合格报告书（溯源单）》，达不到备案规模的动物养殖场（小区、户），在动物出栏前，填写《未添加使用“瘦肉精”保证书（溯源单）》。强化屠宰检疫，监管部门与屠宰企业签订肉食品安全责任状，与驻场官方兽医签订了责任状，驻场官方兽医严把检疫“四关”，切实保障出厂肉品的质量安全。

【动物源性食品安全】 2017 年，分别开展“饲料百日大检查”和“兽药及生物制品整顿工作”活动，畜牧局机关执法大队、饲料办、畜牧科等相关业务科室，13 名工作人员，累计发放宣传资料 400 份，派出执法人员 600 人（次），派出执法车辆 150 辆（次），对辖区内饲料生产经营单位、养殖场及奶站进行监督检查 30 次。

【水产品监管】 2017 年，全县水产养殖达 343 公顷，水产品总产量达 2700 吨。加强渔业法律、法规的普法宣传，提高广大干部群众保护渔业资源和渔业生态环境的法律意识，增强守法的自觉性。组织专门人员，张贴和散发宣传资料，强调私捞滥捕，电鱼、炸鱼、毒鱼对渔业资源的破坏性，以及使用违法网具捕鱼的重要性。更多认识和了解《中华人民共和国渔业法》，提高全民环保意识和忧患意识，增强保护渔业资源的自觉性和主动性。不定期地对全县水域进行巡查，维护正常的渔业生产秩序。建立群众性护渔组织，初步形成了覆盖全县各主要水域的监督举报电话。统一各方的思想和行动，动员全社会重视、支持水生野生动物资源保护工作。对全县的饭店和水族馆，花鸟鱼虫市场进行突击检查，对辖区内养殖水生野生动物进行监督。确保依法行政，文明执法，真正为渔业经济的可持续发展起到保驾护航作用。

领导班子成员

局　长：王德嵩

副局长：王铁成　勾丽红（6月任）

（安立荣）

农业开发

【概况】 2017年，香河县以实施农业开发土地治理和产业化项目为抓手，通过政策引导、项目推动、资金扶持，有效促进了农业增效和农民增收。全年共投入资金3279万元，实施地治理项目2个，农业产业化项目3个，建设高标准农田17500亩，其中，争取上级财政资金2594万元。2018年1月，香河县被河北省农业开发办公室评为“河北省2016年度农业综合开发资金和项目管理先进县”,连续四年荣获全省“项目和资金管理工作先进县”。2017年，全市项目拉练中，2014—2016年度高标准农田项目总成绩全市排名第一，50头奶牛养殖扩建项目排名第一，年产30万公斤设施蔬菜种植扩建项目排名第二。

【高标准农田项目建设】 至2017年5月，香河县2016年度高标准农田项目工程完成，项目总投资1235万元，安排在五百户镇石辛庄村、田各庄村，刘宋镇太平庄村、刘庄村、德辛庄村、张庄村、刘宋村、程官屯村8个行政村，建设规模9500亩。项目建设的主要内容：更新机井58眼，购置安装水泵及配套109套，安装井台井盖52套，安装智能配电柜57套；铺设输水管道21.30千米，安装机井首部58套，安装进水口58套，安装出水口及保护装置426套，购置三通540个、弯头350个；架设高压线1659米，安装地埋铠装电缆24.20千米，新增变压器9台；修建过水涵洞17座，修建水闸1处，修建转弯半径10处，修建作业通道180处；修建小型标识牌2座；硬化5米宽水泥路1900米，4米宽水泥路6000米，3米宽水泥路1410米；栽种胸径5厘米馒头柳5000株；实施示范推广项目1项，示范推广种植小麦新品种“石优20”3000亩。项目全部完工，顺利通过市级检查验收，名列全市第一。

2017年农业综合开发高标准农田建设项目总投资1040万元，涉及五百户镇的南周庄村、南张庄村、霍刘赵村，刘宋镇的辛立屯2个镇4个行政村，建设规模8000亩。项目建设主要内容：更新机井34眼，购置安装水泵132套，安装井台井盖132套，安装智能配电柜132套，安装机井首部132套；铺设输水管道15.0千米，安装进水口34套，安装出水口及保护装置485套，配套管件三通200个、弯头200个；架设高压线570米，安装地埋铠装电缆27.5千米，新增变压器6台；修建过水涵洞9座，维修涵洞式水闸1座，修建转弯半径8处，修建作业通道200处；修建小型标识牌2座；新建硬化4米宽水泥路6250米，新建硬化3米宽水泥路2050米；栽植馒头柳4000株；实施示范推广项目1项，示范推广种植小麦新品种“石优20”4000亩。至年底，主体工程全部完工。

【产业化项目建设】　香河县 2016 年度产业化项目全面竣工，2017 年 5 月，顺利通过市级验收。50 头奶牛养殖扩建项目由聚鑫奶牛养殖专业合作社承担建设，项目总投资 410 万元，其中财政资金 196 万元，企业自筹资金 214 万元。主要建设内容为：改扩建牛舍 4 栋，面积 8524.8 平方米，新建水泥路 2210 平方米，排水沟 293 延米、11 立方米 TMR 饲料搅拌机 2 台、风机 48 台；年产 30 万公斤设施蔬菜种植扩建项目总投资 264 万元，其中财政资金 126 万元，企业自筹资金 138 万元。主要建设内容为：扩建新型冷暖温室 14 栋；水泥路及场地硬化 1410 平方米；修建排水设施 680 米；铺设农电线路 1165 米；修建管理房 45 平方米；购置设备 24 台套。

2017 年，年产 35 万公斤设施蔬菜种植扩建项目顺利实施。项目由香河县东泰缘种植专业合作社承担建设，总投资 330 万元，其中财政资金 154 万元，企业自筹资金 176 万元。建设内容为建设四季棚 25 栋，管理房 25 间，配套卷帘机 25 组；修建水泥道路 1424 平方；安装 160 千伏安变压器 1 台，架设农电线路 420 米；修建排水沟 420 米；铺设防渗管道 505 米。至年底，主体工程完成总工程量的 60%。

领导班子成员

主　任：安国亮

副主任：路春艺　侯景田（任至 1 月）
　　　　赵建新

（李士丽）

农业机械

【概况】　2017 年，香河县以农业和农村经济结构战略调整为主线，以服务农业产业化、建设现代农业为重点，加大先进适用农机新机具、新技术的推广力度，农业机械装备结构得到进一步优化，装备水平得到较大提高。农业机械装备总量持续快速增长。全县农机总动力达到 254600 千瓦，农业机械装备结构进一步优化，100 马力以上高性能大型拖拉机、微型耕整机、自走式小麦联合收割机、玉米联合收获机等农业机械发展迅速。拖拉机拥有量 3780 台，小麦联合收割机、玉米联合收获机拥有量达 504 台。

【惠农政策】　落实农机购置补贴政策效果显著。全县共落实中央购置补贴资金 400 万元，农机购置补贴工作全面完成。全县共补贴农户（组织）87 户，补贴农机具 137 台（套），其中大中型拖拉机 63 台，补贴资金 189.11 万元，占全部资金的 47.28%；收获机械 35 台，补贴资金 162.58 万元，占全部资金的 40.64%（其中玉米收获机械 24 台，小麦收获机械 6 台，饲料收获机械 2 台，秸秆粉碎还田机 3 台）；其他各类农机具 39 台，补贴资金 5.11 万元，占全部资金的 1.28%。报废更新机具 39 台，报废补贴资金 43.20 万元，占全部资金的 10.80%。农机购置补贴的实施，极大地激发了农民的购机用机热情，提高了香河县农机保有量，推动农业机械更新换代，使农机装备结构得到较大优化，保障了农业现代化的稳步发展。

【农机社会化服务】　农机安全监理工作不断加强。在农机安全监管方面始终坚持“安全第一、预防为主、综合治理”的方针，切实加强组织领导，明确责任，加大田间、场院执法检查力度，强化宣传，不断改善监理装备，提升水平，以切实加强农机从业人员遵纪守法意识、安全生产意识为切入点，开拓创新，扎实工作，实现了多年来无重大农机安全事故发生。

【新机具新技术引进推广】 新机具新技术得到推广应用。新机具、新技术推广工作是将最新科技成果转化为现实生产力的重要前提。近年来，在农业机械化新机具新技术引进、试验、推广方面坚持因地制宜、分类指导、各型并举原则，有选择地发展农机具，不断满足农机与农艺协调发展需要。在全县推广普及了玉米免耕精量播种技术、小麦免耕播种技术的推广，并进一步完善了基层农机技术推广体系建设，得到大面积普及应用。

【农业机械化进入新阶段】 农业机械化作业水平不断提高。农机装备水平的提升为农业生产提供了强有力的物质支撑，越来越多的农业生产环节实现机械化，越来越多的劳动力从农业生产中解放出来。小麦耕种收已经全部实行机械化，随着玉米收获机械化程度的大幅提升，畜牧养殖机械化程度逐步提高，农机化作业已由产中向产前和产后延伸，作业领域不断拓宽，有效促进了农业综合生产能力不断增强，实现土地产出率、资源利用率和劳动生产率大幅提高。

【农机销售与维修管理】 加强农机安全生产监督管理工作。坚持“安全第一、预防为主、综合治理”的方针，认真落实安全生产责任制，进一步建立健全农机安全生产监督管理长效机制。规范拖拉机、联合收割机等农业机械及驾驶员的管理，严把安全技术检验关、驾驶员考试关，提高农业机械技术状态和驾驶员操作水平。抓好重点农时季节的农机安全生产，减少农业机械事故，防范重、特大农业机械事故发生。加强农机监理装备建设，强化农机安全监督管理手段。开展农机安全宣传教育和创建“平安农机”活动，提高农业机械驾驶操作人员的安全意识。加强农业机械维修管理，提高维修质量，保护农机手合法利益。

（苏绍辉）

水　利

责任编辑　王树春

综　述

2017年，香河县优化水生态环境和服务社会发展，探索适应新形势、新常态的水务工作方法，做好各项水务工作，为经济社会全面协调发展提供坚强有力的保障。重点实施“两河”（北运河、潮白河）综合治理、水利工程建设、河渠清淤、防汛抗旱、河长制推行、水毁工程修复、农田水利建设、水资源管理等职能工作。2月，香河县水务局被廊坊市委、市政府评为2016年度水利改革发展考核优秀单位。

水利工程建设

【概况】 2017年，香河县积极引进水利资金，加强水利工程建设，重点推进中信国安投资有限公司北运河环境工程PPP项目建设，实施县级闸桥建设，进行“两河”（北运河、潮白河）治理及橡胶坝景观建设。

【水利规划编制】 为防治水旱灾害、合理开发利用水土资源，水利规划是水利建设的一项重要的前期工作。根据香河县发展改革局关于印发编制《香河县国民经济和社会发展第十三个五年规划纲要》的通知，并结合香河县水利事业的现状，香河县水务局编制了香河县水利发展“十三五”规划。主要规划工程项目有北运河香河段区域生态综合整治PPP项目、潮白河综合整治工程、青龙湾减河橡胶坝工程、国营扬水站更新改造工程、节水灌溉工程、闸桥工程、水系治理土方工程、供水工程、水资源的开发利用、节约、保护等。

【水利资金引进】 2017年，香河县引进水利专项资金1018.39万元。其中，中央水利发展资金9.27万元（冀财农〔2017〕76号），用于农业取水户纳税基础信息调查建档。特大防汛抗旱中央补助资金30万元（冀财农〔2017〕65号），用于抗旱；2017年中央水利发展资金（地下水超采综合治理试点资金）776.42万元（冀财农〔2017〕66号），其中，用于农业水价综合改革733.72万元、非农取水在线监测35.2万元、水量在线监测7.5万元；调整2017年度部分均衡性转移支付（地下水超采综合治理）通知资金44万元（冀财预〔2017〕66号）；2017年中央水利发展资金156万元（冀财农〔2017〕78号），用于水利发展；2017年水库移民后期扶持资金2.7万元（冀财农〔2017〕71号），用于水库移民。

【北运河环境工程项目工作】 2017年，推进总投资38.84亿元的中信国安投资有限公司北运河环境工程PPP项目建设，实施第一期投资9.17亿元中信国安大运河生态整治环境工程建设，内容包括河道清淤与岸线防护、滨水湿地、荷花公园景观提升与滨河景观工程、游船码头、运河驿站、运河文化中心、防洪堤建设、环境物联网8项工程。工程建设中。

【水利桥闸建设】 2017年，继续实施2016

年度县级闸桥建设，投资1872.26万元对老武河韩庄闸、北排干刘庄节制闸、东干渠雀林院闸、香五西侧排干首闸、香五西侧排干五百户闸、老武河首闸、北排干后独立桥、自流渠池屯北桥、梁务干渠阎胡套南桥、梁家务干渠炭户东桥、梁家务干渠焦康庄东桥、牛济河排干小高坨桥、连接渠戴家阁桥、霍刘赵排干南周庄桥、香绣渠石辛庄桥、香绣渠庆功台东桥、窝头河三岔口桥共17座闸桥进行维修或重建。年内，三岔口桥新建、戴家阁桥、阎胡套桥、南周庄桥、老武河首闸、焦康庄桥、炭户东桥、池屯北桥重建工程完工。实施2017年农田水利基础设施建设，投资1584.43万元，包括五一渠首闸、新梁家务干渠北头百户闸、鹧池河打鹧户枢纽（包括打鹧户闸、连通涵、打鹧户排涝泵站）、荒凌庄扬水点，工程处于招标阶段。

【北运河生态治理】 2017年，曹店橡胶坝至土门楼闸之间8.6公里清淤扩挖疏浚，及河岸两侧各100米的绿化景观工程。完成2公里岸坡防护工程，完成接收土地范围内原始地貌测量。11月7日，完成《北运河香河段生态综合整治工程PPP项目二期工程可行性研究报告》，省水利厅出具审查意见。

【潮白河综合治理】 2017年，潮白河香河段生态综合整治工程规划范围上起大厂界，下至潮白河三号橡胶坝下游宝坻界，左右幅延为现状堤顶路，河道长度26.48公里，总面积2570公顷。1月24日，完成《潮白河项目备忘录》签订，编制完成PPP立项建议书,确定设计单位。7月28日，县政府通过潮白河综合整治整体概念规划及一期景观提升方案，完成可行性研究报告初步成果。水务局、淑阳镇政府和新华街道办3家联合对核心段堤脚路范围的征拆情况进行详细摸底统计，对核心段右堤范围内的拆迁内容完成签字确认，对潮白河香河段两堤内征拆内容进行定性统计。

【橡胶坝景观建设】 香河县潮白河小高坨跌水橡胶坝附属工程位于荣各庄扬水站下游约560米，年内，工程完工蓄水，两侧滩地设计总面积为6.10万平方米。橡胶坝两侧滩地设置钢结构廊桥及三处12米高景观台；临近主河槽橡胶坝平台处设置景观柱。场区西部部分设置悬臂式花架一处，共5跨，高度3.0米，长度13.2米；钢结构砌石观鸟亭一处。场区中部设置走廊式花架一处，花架宽度3.2米，长度9.6米，顶部木花架采用75×250毫米经防腐处理的木材。临近橡胶坝广场一侧设置景观题字石2座，错开交叉布置。东部场区内设置不规则小广场，面积255平方米。河道北侧主要设置风车2处，一处膜结构的景观亭，体现郊野性质的风貌。小高坨橡胶坝附属工程的建设，构建香河县生态水系、生态绿道、生态观光三套体系。小高坨橡胶坝分为4个分区的设计框架结构，重点打造南侧景观，形成郊野生态的景观区，总体构筑"一河、两区、多景"的总体布局景观。

小高坨跌水橡胶坝（2018年9月，牛宝森摄）

农村水利

【概况】 按照党中央、国务院和省委、省政府各项兴水惠民决策部署以及水利部关于全面深化水利改革、加快补齐补强水利设施短板的总体要求，香河县加强组织领导，创新体制机制，强化规划统筹，规范建设管理，重视运行管理。按照统筹规划、系统治理，因地制宜、突出重点，建管并重、协调推进的原则，大搞农田水利基本设施建设工作。

【建设资金保障】 2017年，香河县对农田水利基础设施建设加大财政资金投入力度，全年共落实农田水利设施建设资金3023.92万元。其中用于渠口、蒋辛屯、钱旺三镇及新兴产业园区的干支渠清淤投资682.65万元，清淤干支渠13条，清淤渠道长度25.88千米，清淤土方32.58万立方米；百家湾、田贾庄排干清淤工程投资544.89万元，清淤干渠5318米，清淤土方19.17万立方米；铁佛堂村排水工程投资215.57万元，开挖回填土方2.54万立方米，石方780立方米，铺设Φ1000钢筋混凝土管道646米；田贾庄排干引流工程投资243.4万元，开挖回填土方3.62万立方米，砌石1240立方米，铺设Φ1200钢筋混凝土管道801.4米；新建、重建韩庄、五百户等闸桥17座，投资1337.41万元。

【管护经费落实】 2017年，香河县落实农田水利工程管理人员经费543万元，落实维修养护经费544.8万元，其中2017年中央维养资金项目建设工作，对荣各庄泵站、小友垡泵站、田贾庄泵站、百家湾泵站、庆功台泵站和商汪甸泵站进行维修养护，使用中央公益性水利工程维修养护经费156万元。

【河渠清淤】 2017年，潮北灌区清淤工程设计清淤长度60.36千米，清淤土方86.2万立方米，完成清淤34.00千米，完成清淤土方50万立方米。百家湾排干清淤1135米。田贾庄排干清淤完成前期准备工作，完成3795棵树木清场、完成施工作业面占地补偿工作；田贾庄排干引流工程，完成闸体主体工程建设、17眼检查孔和排水口护砌，成功引流。

【农田水利基础设施工程】 2017年，农田水利基础设施工程包括五一渠首闸、新梁家务干渠北头百户闸、鹳池河打鹳户枢纽（包括打鹳户闸、连通涵、打鹳户排涝泵站）、荒凌庄扬水点。工程总投资1584.45万元。五一渠首闸位于香河县淑阳镇赶水坝村东，建于1974年，设计过闸流量20立方米每秒。五一渠是香河县潮南灌区重要的引水干渠，五一渠首闸是渠首引水闸，担负着渠道重要的蓄水、灌溉任务，对农业丰收起到保障作用，此工程为重建工程。北头百户闸为新建工程，拟建闸址位于香河县蒋辛屯镇北头百户村北新梁家务干渠上，新梁家务干渠设计流量为12立方米/秒，渠道边坡1∶2，底宽6米。梁家务干渠是香河县潮北灌区重要的引水干渠。鹳池河打鹳户枢纽位于香河县蒋辛屯镇打鹳户村东鹳池河上，包括打鹳户闸、连通涵、打鹳户排涝泵站。打鹳户闸设计过闸流量为21立方米/秒，该闸建设年代较早，多年运行，年久失修，大部分工程损坏严重，急需重建此闸。打鹳户排涝泵站，原设计排涝流量为0.5立方米/秒，为灌排两用泵站，控制排涝范围包括后骆驼港以东，丰收渠与鹳池河之间约1.6平方公里的低洼区域。荒凌庄扬水点位于香河县五百户镇荒凌庄村东北，是一座排涝泵站，旨在解决李庄南部的涝水灾害，促进农业发展，提高粮食产量，重建该扬水点。

【节水灌溉工程】 2017年，完成高效节水灌溉工程建设面积3280亩，完成投资361.71万元，其中中央投资307.81万元。其中：农业开发高标准农田建设项目铺设防渗管道21.3千米，工程投资186.71万元；喷灌工程，工程投资150万元，负责喷灌1000亩；土地治理工程防渗管道灌溉面积150亩，投资25万元，工程全部完工。

防汛抗旱

【概况】 2017年，香河县防汛抗旱工作，紧紧围绕全县中心工作，以保障经济社会发展、人民群众生命财产安全和社会和谐稳定为目标，立足于防大汛、抢大险、抗大旱、救大灾，早安排，早部署，明确责任，突出重点，扎实落实各项防汛抗旱措施，做到科学防汛抗旱两手抓两不误，确保了“有汛防汛，有旱抗旱”，确保全县度汛安全和社会经济平稳发展。

【雨情水情】 2017年，全县降水较多年同期略少，1—9月累计降水456毫米，较多年同期（508.8毫米）减少10.4%。1—5月累计降水63.6毫米，较多年同期(80.6毫米)减少21.1%。6—9月累计降水392.3毫米，较多年同期（427.2毫米)减少近8.2%，其中6月降水69.5毫米，较多年同期（77.8毫米）减少10.7%，7、8月全县降水明显偏少，其中7月107.9毫米，比多年同期(165.9毫米)减少35%，8月全县降雨量较多，降水214.9毫米，比多年同期（136.5毫米）增加57.4%，由旱转涝的转换较为迅速，给全县防汛抗旱工作造成较大的压力。

【防汛备汛工作】 2017年，全县防汛工作立足于防大汛、防旱汛，认真贯彻上级防指的安排部署，在县委、县政府的领导下，县防指成员单位和各镇、街道办、园区分工协作、通力配合，从思想、组织、队伍、技术、物资等方面着手，扎实有效的开展了防汛各项工作。落实各项防汛责任制，完善各项预案修订和物资储备工作，全县组建了群众抢险常备队13个、后备队300个、应急打桩班13个，各镇（街道、园区）根据辖区特点，有针对性地组织了不同形式的防汛抢险培训和防汛应急演练，提高了抢险队伍的实战能力。

开展防汛检查，消除安全隐患。按照市防办“关于全面开展防汛大检查的通知”要求，迅速安排部署，于3月中下旬组织人员对全县的河道堤防、闸涵泵站等防洪工程设施进行全面检查。对查出的问题认真登记备案，制定切实可行的解决方案和应急措施。

修订完善预案，做好应急调度准备。根据全县实际和现有水利工程情况，对《香河县防洪预案》《香河县除涝预案》《香河县抗旱预案》《香河县行洪区灾民转移安置方案》等进行修订和完善，切实提高各类预案的针对性和可操作性。

健全机构，落实责任。汛前对县防汛抗旱指挥部组织机构和组成人员进行充实调整，确定由县级领导和有关单位包河、包堤、包站、包城区、开发区的防汛责任制。各镇、街道办事处、园区按县防指要求于汛前对镇村两级防汛组织进行调整，落实责任。

开展河渠清障，提高排沥能力。县防汛抗旱指挥部起草并下达清障通知及任务，于6月16—30日在全县范围内集中开展河渠清障专项行动，按照“谁设障，谁清除”和“属地管理”的原则由各镇、街道办事处、园区及相关部门负责组织实施本辖区河渠内影响行洪的各类阻水障碍清除工作。县防汛办于主汛期前对各单位清障情况进行督导，共清除各类阻水障碍51处，提高河渠排沥能力，有效降低由排水不畅造成的洪涝灾害损失。

加强抢险队伍建设，提高抢险救灾能力。

以各镇、街道办事处、园区和村街为单位共组建群众性抢险常备队13支9200人，后备队300支15000人，应急抢险打桩班13支780人。各镇、街道办事处、园区根据辖区特点，有针对性组织不同形式的防汛抢险培训和防汛应急演练，丰富抢险队伍抗洪抢险知识，强化应急处置能力，提高协同作战水平。

强化物资储备，保障抢险需要。汛前对防汛物资进行检查、维护和保养，对超过储存年限、已不能发挥抢险救灾作用的物资及时报废更新，确保在险情发生时物资能保质保量及时到位。同时向各镇、街道办事处、园区及部分县直单位号用物资24种，抢险救灾车辆130辆，抢险工程机械16台。为全县的防洪安全提供强有力的物质支撑。

严格防汛值班，确保汛情汛令畅通。保证汛情汛令及时上传下达，强化汛期防汛值班。自6月1日起，严格执行24小时值班和领导带班制度，汛情紧急时党政一把手要亲自带班，值班人员全部上岗待命，密切注视雨情、水情变化并及时上报，全力做好应对各种险情的准备。

【水毁工程修复】　北运河曹店跌水橡胶坝水毁修复工程，曹店跌水橡胶坝始建于1995年10月，位于北运河王家摆桥下游250米，全长105.6米，宽80米，坝高3.5米，一次引蓄水量2183万立方米。本次修复工程主要是修复两岸护坡、重建上游铺盖和下游海漫。该项工程是规划北运河治理分部工程之一，修建跌水橡胶坝的目的调整河道纵坡，利于汛期原河道泄洪，利用橡胶坝汛后蓄水，开发利用北运河水资源。该工程于1996年5月31日竣工并投入使用，后经过二十多年的运用，并且经历1996年8月、2012年7月、2016年7月19日等多次洪水冲击，特别是"12·7"洪水，对橡胶坝损坏严重，上游浆砌石铺盖坍塌，下游海漫大面积冲毁，抛石防冲槽段损坏，坝袋两端翼墙浆砌石平台损坏。"7·19"洪水之后，在左岸下游侧形成大坑，致使冲刷严重，河床水流不稳，加剧左右岸和海漫段的损坏，影响橡胶坝的正常运用。香河县"7·19"水毁工程曹店橡胶坝水毁修复工程，总投资676.05万元，按照原规模修复两岸护坡，对消力池下游海漫和上游浆砌石铺盖进行拆除重建，项目完工验收。

【抗旱应急工程】　2017年，提高抗旱能力，加强引水调度，1—10月，累计引蓄地上水3800万立方米，有效缓解了抗旱用水压力，保障全县播种灌溉。完成2016年度抗旱应急工程建设收尾工作，投资50万元，在9个镇、街道、园区（五百户镇、钳屯镇、渠口镇、刘宋镇、安头屯镇、安平镇、蒋辛屯镇、环保产业园区、新兴产业示范区），24个村街，新打100米深配套机井50眼。做好2017年抗旱应急工程的招标工作，工程总投资30万元，工程内容为新打100米深机井25眼，涉及5个镇（五百户镇、钳屯镇、渠口镇、刘宋镇、安头屯镇）、1个园区（环保产业园区）的12个村街。

【重点部位防守】　城市内涝是防汛工作最突出的问题，汛前将所辖城区排水主干渠道上的节制闸全部提起，有效减少城市内涝情况的发生。各镇农村易涝地带，在汛前对辖区内支渠进行清淤改造，八大扬水站加强值班值守，遇较强降雨及时开车排水，确保农田积水能及时排除。

【预测预警】　确保第一时间了解雨情、汛情和闸坝的运行情况，增加信息预警预报的准确性和及时性，对全县扬水站、橡胶坝的通信设备进行全面细致的检测维修，健全无线超短波通信系统，同时积极与上下游进行协调，建立信息联络制度，增加信息预警预报的准确性和及时性。

水资源保护

【概况】 2017年，香河县加强水资源管理保护工作，实施河长制，做好水费征收及税费改革工作，加强水政执法，保障农村饮水安全，推进水价综合改革工作。

【水资源管理】 2017年，根据《廊坊市水务局关于开展入河排污口摸底排查工作的通知》（廊水资〔2017〕43号）文件要求，对县域内所有入河及渠道的排污口进行了一次拉网式排查，摸清辖区内排污口设置情况，全县共有18个入渠排污口，实地统计出入渠排污口上报廊坊水务局。严格实行取水许可制度，按照审批程序办理，截至2017年底，全县发放取水许可证59套，其中，年内发放取水许可证28套。

【水土保护】 2017年,香河县加强水土保持工作力度。以治理水土流失、改善生态环境为目的，以改革和创新机制为动力，强化水土保持预防、监督、执法工作，大力查处水土保持违法违规行为，在加快水土流失综合治理的同时大力推进生态修复，推进全县生态建设。

【完善河长制工作机制】 2017年，深入推进河长制工作，香河县成立由副县长刘雪艳为组长，水务局局长李德军为副组长，环保、建设、农业等部门为成员的领导小组。领导小组下设办公室，办公室设在县水务局，具体负责推进“河长制”各项工作。按照河北省、廊坊市推进河长制工作的安排部署，结合香河县实际编制了《香河县实行河长制工作方案》，6月20日，以县“两办”名义下发实施。各镇、街道、园区也结合各自实际制定《镇级河长制工作方案》，并印发实施。在潮白河、北运河显著位置树立省级河长制牌匾13块，在鲍邱河显著位置树立市级河长制牌匾1块，共计14块。在小友垡排干、鹧池河等重点河流显著位置树立县级河长制牌匾300块。制定河长名单公告制度、河长制县级会议制度、河渠信息共享制度、2017年工作督查方案、河长巡河制度、河长制工作考核办法及2017年考核验收实施方案共6项制度，县级总管、镇（街道、园区）村分级负责的责任机制和公平公正激励问责的奖惩机制两大机制，为实行河长制提供制度保障。抽调水务、环保相关专业人员6名作为技术参谋，为县级河长履行职责提供专业技术支持。根据《香河县实行河长制工作方案》设置机构，报县政府申请县“河长制”办公室编制。落实河长制管理，启动河长巡查踏勘工作。结合汛期工作，县、镇级河长亲自到所包河段进行现场踏勘212次，巡查中发现问题并及时给予解决。

【水费征收】 2017年，依法追缴2016年及征收2017年的河道工程修建维护管理费，切实做到统一账户，统一票据，统一征管程序，征缴河道费297.79万元。开展水资源税改革工作，进行水资源税水量核定工作，自水资源费改税以来，水务局与地税部门构建了“水利核准、纳税申报、地税征收、联合监管、信息共享”的管理模式，水务局向地税部门移交取用水户55家。由水务局为取用水户安装取用水计量设施，定期核查，按时完成取用水量的核定，向地税部门申报。7月初，开展农业水资源税认定工作，组织学习《关于做好农业水资源税纳税人认定工作的通知》和《关于开展农业水资源税纳税人认定以电折水基础信息调查的通知》文件，水务局与县供电局沟通协调，进行农灌用电电力终端计量设施调查工作。县供电局将执行农业电价用电户及电力终端计量设施信息表提供给水务局。水务局与县农业局、林业局、畜牧局共同核定出养殖大户 49 家，种植大户 108 家，林业种植户 32 家。对调查结果进行汇总，建全基础信息台账。

【水政执法】 2017 年，加强执法检查，对水事违法案件及时查处，防微杜渐，维护水法权威。开展河渠执法检查和“飓风行动”，针对县域河渠管理范围内非法采砂取土、违法占地、林木采伐、管道光缆穿越等工作采取不定时巡查方式。开展主干渠道、堤防管理范围内非法占地清理执法活动，对严重侵占水利工程用地、影响行洪安全的非法占地行为进行取缔，有效维护河道行洪安全。执行水行政执法程序案件 1 起，收缴罚款 10 万元。

【农业水价综合改革】 2017 年，香河县作为全市整体推进县,采用“超用加价”农业水价改革模式，建立精准补贴机制，充分发挥价格杠杆作用，促进农业节水。按照市委、市政府规定的时间节点要求，完成县级领导小组成立、实施方案编制、改革公告发布、用水户协会建立和用水台账建立等工作。建立健全农业水价综合改革工作监督检查和绩效考核机制，出台《香河县农业水费收缴、管理、使用办法》《香河县农民用水协会年度绩效考核办法》《香河县农民用水协会规章制度》《香河县农民用水奖补资金管理使用办法》。节水奖励资金全部落实到位，打入县级农民用水协会账户。对用水量进行精准测量，得出水电折算结果，核定出用水户水费缴纳额度及节水奖励资金金额后，即可将节水奖励资金通过村街农民用水协会发放到用水户手中。

【农村饮水安全工程】 年内，完善水厂建设，保障农村人饮安全。渠口水厂位于香宝路北侧钱旺镇钱旺村东，占地 25.26 亩，设计日供水规模 3 万吨。继续推进渠口水厂水源井和外管线铺设。五百户水厂总投资 3544.45 万元，设计日供水量 6600 吨。三强水厂扩建工程完成 2 眼水源井建设，推进 2 座清水池、2 眼水源井及管网铺设。以上项目具备供水条件，尚未正式供水。

领导班子成员

局　长：李德军

副局长：李永亮　王银瑞　张凤霞

（李淑伟　王婧暄）

财政　税务

责任编辑　张和华

综　述

2017年，财政收入稳中向好，全部财政收入完成659008万元，占调整预算的101.4%。一般公共预算收入完成333338万元，占调整预算的101%。其中国税收入实现稳定增长，累计入库26.6亿元，同比增收7.62亿元，同比增加40.2%；地税入库各项收入355070万元，按可比口径，增收60923万元，增幅20.71%。

财　政

【概况】 2017年，财政局机关已连续19年被市委、市政府评为“市级文明单位”，连续两年被省委、省政府评为“省级文明单位”全年获得“河北省农业综合开发资金和项目管理先进县”“河北省国有企业财务决算工作通报表扬单位”等9项县级以上表彰。

【一般公共预算收入】 年内，全部财政收入完成659008万元，占调整预算的101.4%。一般公共预算收入完成333338万元，占调整预算的101%。其中，国税部门完成69847万元，占公共预算的21.0%，地税部门完成195256万元，占公共预算的58.6%，财政部门完成68235万元，占公共预算的20.4%；

【一般公共预算支出】 年内，财政一般公共预算支出587763万元，全年支出进度完成98.6%（考核标准95%）。

2017年12月香河县一般公共预算支出情况表

表5

支出项目	调整预算数（万元）	本月支出（万元）	累计支出（万元）	占调整预算（%）	上年同期（万元）	比去年同期增减（%）
1. 一般公共服务	45345	7278	45332	100.0	36517	24.1
2. 国防支出	24	—	24	100.0	25	−4.0
3. 公共安全	22284	2709	20994	94.2	19556	7.4
4. 教育	78886	9169	77547	98.3	61349	26.4
5. 科学技术	1147	122	1147	100.0	10978	−89.6
6. 文化体育与传媒	3911	1241	3907	99.9	3930	−0.6
7. 社会保障和就业	53260	8947	53260	100.0	43501	22.4
8. 医疗卫生	33039	3833	33034	100.0	29884	10.6
9. 节能环保	82837	27796	80759	97.5	14937	440.7
10. 城乡社区事务	172462	10300	172461	100.0	218183	−21.0

续表 5

支出项目	调整预算数（万元）	本月支出（万元）	累计支出（万元）	占调整预算（%）	上年同期（万元）	比去年同期增减（%）
11．农林水事务	71304	20626	69441	97.4	73677	－5.7
12．交通运输	14431	5647	14429	100.0	7364	95.9
13．资源勘探电力信息等事务	6096	526	6093	100.0	9214	－33.9
14．商业服务业等事务	1074	289	1073	99.9	1261	－14.9
15．国土资源气象等事务	1834	185	1834	100.0	1862	－1.5
16．住房保障支出	5429	988	3678	67.7	10300	－64.3
17．粮油物资储备管理事务	522	27	520	99.6	487	6.8
18．其他支出	1223	—	—	—	640	－100.0
19．债务付息支出	31	—	1223	3945.2	1324	－7.6
20．债务发行费	1000	—	7	0.7	3	133.3
21．援助其他地区支出	—	—	1000	—	—	—
支出合计	596139	99683	587763	98.6	544992	7.8

【政府性基金收支情况】 2017 年，财政局科学编制预算，加强预算执行管理，全年政府性基金收入累计完成 256932 万元，全年政府性基金累计支出 162457 万元，完成了收、支任务，为全县各项事业的发展提供了有力的财政资金支持。

【教育文化投入】 年内，累计投入 9527 万元用于农村薄弱中小学的基础设施建设，实现了义务教育均衡发展；根据上级文件精神，按照农村义务教育经费保障标准，使全县小学生公用经费标准人均达到 685 元，初中人均达到 885 元。全年累计投入义务教育资金 2700 万元；全年累计发放普通高中助学金 238 万元，资助学生 2618 名；大力支持教育事业发展，全年累计投入资金 9527 万元用于农村薄弱中小学的建设，实现了义务教育的均衡发展。文化建设方面，全年用于文化体育与传媒支出 4058.61 万元，其中文化投入 1228.81 万元，文物保护支出 7.59 万元，新闻出版广播影视投入 2412.12 万元，其他文化体育与传媒支出 410.1 元，极大丰富了广大群众的文化需求，有力地促进了全县文化事业的发展

【财政监督】 2017 年，财政局按照财政工作职能，分别对“小金库”“惠农资金”和“政企不分”等三项工作进行了专项清理整顿。在“小金库”专项清理中共涉及 261 个单位，其中党政机关、事业单位涉及 204 个，社会团体涉及 45 个，国有企业涉及 12 个。通过清理共发现问题 141 个，涉及 102 人，涉及金额 513 万元。对清理检查中发现的问题全部进行了整改并完善了建章立制。在“惠农资金”专项清理中共发现各类问题 333 件，涉及金额 371 万元，全部完成整改。在“政企不分”专项清理中发现的 51 件问题，9 月底前全部完成整改。

【政府采购管理】 2017 年，通过公开招标、询价采购、谈判采购等多种形式，全年共完成采购 284 次，采购金额 53953 万元。通过实施

政府采购，共节约财政资金 4690 万元，节约率达到 7.99%。

【节能减排】 2017 年，加大节能减排力度，支持发展绿色交通。投入 2211 万元收购原有 1-5 路老旧耗能的城乡客运班车，同时投入 7000 万元采购 100 辆新能源公交车，从而实现县域内客运班车全覆盖。

【大气污染防治投入】 全年累计投入大气污染防治资金 70816 万元，支持“煤替代”工程。其中 57040 户完成“气代煤”，30312 户完成“电代煤”。对 1882 台（共计 787 蒸吨）10 蒸吨以下的燃煤锅炉进行取缔和淘汰。在此基础上，又投入 4934 万元资金用于环境监测体系建设和环保执法队伍建设，使全县环境监测能力和环境执法能力得到进一步加强。

【惠农补贴】 全年涉农资金投入 16905 万元，其中农业补贴发放 2864 万元，资金通过“一卡通、一折通”的形式全部发放到农户手中；全年农村公共服务投入 2585 万元；农村“一事一议”财政奖补建设项目投入 871 万元，涉及 24 个村街，项目建设 24 个，受益人口 2.5 万；投入 3000 万元，用于健全农村环境卫生长效机制建设；投入 28228 万元，促进美丽乡村建设上档升级。

【投资评审】 财政投资评审中心，发挥财政投资评审职能，坚持“客观、公平、公正”的评审原则，践行“不唯增、不唯减、只唯实”的财政投资评审理念，对县域内重大、重点项目和民生工程建设项目，依法依规做好政府投资项目评审工作，全年对项目总投资 98100 万元、191 项工程建设项目进行评审。审定金额 88400 万元，审减资金 9700 万元，平均审减率 9.79%。

【社会保障投入】 全年累计投入资金 4830 万元，用于城乡居民养老保险；投入低保资金 1058 万元，使 1747 名低保对象的基本生活得到保障；城乡居民医疗保险正式纳入市级统筹系统，6 月 30 日前完成新型农村合作医疗保险基金上缴工作，累计上缴金额 13196 万元；投入 920 万元福利彩票公益金用于殡仪馆、养老院及农村老年活动中心等项目建设；投入 781 万元用于经济适用房、廉租房、公租房等各项补贴。

【医疗卫生事业保障】 把医疗改革作为全县医疗卫生事业的重点，并将医疗改革资金足额纳入财政预算。全年投入 2947 万元用于公立医院改造升级，投入 1808 万元用于基层卫生院和基本公共卫生服务项目建设。

领导班子成员

局　长：刘　宁

副局长：孟宪奎　　李长青　　张宝栋

（贾　强）

国家税务

【概况】 国家税务局，围绕中心任务，坚持从严治税，从严治队，强化税收征管措施，规范税收执法，优化纳税服务，税收收入实现稳定增长，累计入库 26.6 亿元，同比增收 7.62 亿元，同比增加 40.2%。

【国税征收】 国家现行税收管理体制是分税制，从 2016 年开始，国税征收范围调整，中央收入包括：消费税、车辆购置税、关税、海关代征的进口环节增值税。中央与地方政府共享收入包括增值和税企业所得税，2017 年，增值税中央占 50%，地方占 50%；企业所得税，铁道部门、各银行总行、海洋石油企业缴纳的所得税归中央。其余部分为中央占 60%，地方占 40%。

【纳税登记和纳税申报】 至 2017 年 12 月 31 日，县国税局登记总纳税户数为 11735 户，其中企业 5015 户，个体 6720 户，一般纳税人 1762 户。

【发票管理】 全面加强增值税发票管理，严格落实实名办税制度，规范增值税发票领用规定和流程，实施纳税人发票风险等级管理，推行高风险纳税人“灰名单库”，实施申报数据与发票信息全面比对，优化发票风险研究工作机制、发票风险监控应对工作机制，全面加强内控机制建设，加大增值税发票稽查力度，加强发票风险管理工作监督与评价。全面加强其他票种管理。

【国税系统税收减免】 2017 年，国务院推出六项减税政策，县国税局采取多种措施积极贯彻落实新政策。县国税局加强组织领导，明确责任分工，成立领导小组，制定实施方案；全方位宣传国务院六项减税措施及国税部门贯彻落实政策的各项举措，扩大政策影响面；及时向县级党委及政府汇报工作情况，争取地方党委、政府的大力支持；面向全县国税系统税务干部开展全员培训，按照省、市局下发数据建立台账，对台账中的每一个纳税人实行点对点优质服务，面对面精准辅导，保证每一户纳税人都能吃透、理解政策；主动和地税部门联系，强化国地税合作，加强联动形成合力，共同研究落实措施，共同开展培训辅导、共同进行宣传报道；优化纳税服务，开辟绿色通道，安排专人负责解答减税政策咨询，引导纳税人办理相关涉税事项。是年，县国税局减免各项税收近 1.12 亿元,其中，增值税减免 5585.8 万元、消费税减免 198.8 万元、企业所得税减免 2929.0 万元、车辆购置税减免 1617.3 万元、城市维护建设税减免 311.7 万元。

【税种管理】 加强货物劳务税管理。继续加强增值税管理，做好营改增各项后续工作。组织开展车购税专项检查。加强企业所得税管理。完成上年度企业所得税汇算清缴。开展税种登记清理核查工作，摸清户籍底数。强化申报环节监控，对零税额预缴企业、预缴比例偏低区域及汇缴异常纳税人严查申报真实性。

加强国际税收管理。加强非居民税源控管，提高对外支付税务备案管理质量，加强税收协定待遇管理，做好非居民企业重组有关事项的核查工作。加强关联申报管理、同期资料管理和利润监控，扩大筛选反避税案源，着力集体办案，提高反避税工作质效。更新“走出去”纳税人清册，实施动态监控，着力抓好对大企业的“走出去”境外税收管理服务。

加强出口退税管理。拓宽平台功能，加快退税进度，实行分类管理。加强重点出口企业培训，指导企业尽早收齐单证、及时申报。加强预警分析，抓好函调管理，提高评估核查效果，有效防范出口骗税。深化征退税衔接，抓好出口货物应征税核实工作，确保出口货物视同内销征税到位。

【税收征管】 加强征管基础工作。实现对纳税人档案的信息化管理，县国税局加大电子档案与实名办税的推行力度，对办理涉税业务实名管理，对领取使用发票纳税人跟踪管理。2017 年，县国税局实名登记系统户数 11904 户，完成 10154 户，实名户数比例为 85.3%；电子档案采集系统户数 12167 户，完成采集 10952 户，电子档案采集比例为 90.01%。进一步推进简政放权，落实企业纳税人“五证合一、一照一码”以及个体工商户“两证整合”。是年，县国税局“五证合一、一照一码”新增主体户数4253户，信息确认户数3258户，信息确认率76.6%。推进风险管理。县国税局充分利用系统数据，按户监控，控管源头。认真分析落实数据比对信息，组织风险应对，开展纳税评估工作，对存在的风险疑点问题及时应对与处置，纳税评估工作取得明显成效。是年，对用电量、财政性资金等信息进行评估与核查，对房地产、家具、金融等行业进行纳税评估。加强国地税合作。认真落实《国家税务局、地方税务局合作工作规范（3.0版）》，坚持以创新推动国、地税合作，逐步建立健全信息交换、执法同步、联合评估、联合稽查等机制，这些新举措和新机制，为国、地税双方在实现信息共享、提高税收执法科学性等方面发挥重要作用。除此之外，国、地税双方还实现联合开展宣传与培训、联合开展纳税信用等级评定等合作项目。

【营业税改增值税】 在继续执行好营改增各项新政策基础上，县国税局对营改增申报纳税情况逐月分析，对全面推开营改增试点一整年情况进行系统分析和全面总结，继续开展营改增“政策大辅导”，提高辅导的覆盖面、针对性和实效性。深入研究各细分小行业经营特点，抓好分行业配套管理。利用第三方信息强化房地产、建安和生活服务业的后续管理，降低执法风险，堵塞征管漏洞。是年，全县营改增行业组织税收收入分别为建筑业34430万元、金融业16786万元、房地产业111610万元、居民服务业992万元。

【税务稽查】 县国税局稽查局认真贯彻落实省市稽查工作会议精神，结合税收收入形势，围绕整顿和规范税收秩序这根主线，深入贯彻落实总局提出的总体工作要求，以查处税收违法案件为重点，切实加强税收专项检查和发票专项整治工作，着力以查促收、以查促管、以查促查，实现稽查工作质量和效率全面提升，查处收入成果明显。2017年，县国税局稽查局共办理并结案11件，查补税款1200余万元；组织企业自查3次，累计自查补缴税款6000余万元。

【国税系统信息化建设】 为加快推进“互联网+政务服务”，深入落实“便民办税春风行动”，县国税局加快“云办税厅”建设步伐，对办税服务厅进行升级改造，将柜台外区域改造为云体验厅和自助办税区，配备8台计算机用于“云厅”登录，纳税人在自助办税区，自行登录“云厅”，即可办理相关涉税业务。同时，与之配套9台自助办税终端，通过自助办税终端，纳税人可以实现自助领取发票、发票验旧等功能。大力推广二维码一次性告知，纳税人只需要用手机扫描对应二维码，即可得知办理业务所需相关资料及办理流程等事项。另外，县国税局还对办税厅无线Wi-Fi进行改造升级，满足纳税人通过手机终端办理相关业务及纳税人在厅等候期间上网放松的需求。

【国税系统纳税服务】 持续推出办税便利化措施。多渠道推广预约办税系统，积极推广二维码便捷办税，全面落实办税厅值班制度，提供咨询服务、延时服务，最大限度方便纳税人办税，减少纳税人办税时间成本。全面加强云办税厅建设，办税厅无线网建设，购置9台自助办税终端，积极引导纳税人充分利用自助终端办税。

全面落实“放管服”改革举措。依据《全国税务机关纳税服务规范（3.0版）》，及上级各项工作部署，从纳税人“怎么办”视角出发，从“准备什么资料、表单怎么填、在什么地方办、办多长时间”四个方面着手，深入了解纳税人办税体验。在全面遵从依法办税、依规办税的基础上，尽可能地对办税流程加以改进，提升服务质效，予纳税人方便。全面加强纳税信用管理。2017年，县国税局依托金税三期纳税信用管理系统，全面开展2016年度纳税信用评价工作。全县共有658户纳税人参加评定，其中A级纳税人43户，B级纳税人597户，C级纳税人9户，D级纳税人9户。县国税局依规将43户纳税信用A级纳税人名单对外公布。县国税局被省国税局确定为河北省国税系统个体工商户纳税信用评价试点单位，探索推进守信联合激励、失信联合惩戒机制建设。

领导班子成员

局　长：赵福强

副局长：李宝良　臧德会　聂关昌

（任海龙）

2017年香河县国税系统纳税一千万元（含）以上企业统计表

表6　　单位：万元

序号	纳税人名称	纳税额
1	北京顺鑫农业牛栏山生产基地	45079
2	香河第一城酒业有限公司	9888
3	香河神盛商贸有限公司	2
小计	——	54969
4	香河县农村信用合作联社	13453
5	香河鼎泰园区建设发展有限公司　（华夏）	10978
6	旷世基业房地产	10129
7	展望房地产	9451
8	富力（香河）房地产开发有限公司	5949
9	香河恒康房地产开发有限公司	4920
10	荣盛（香河）房地产开发有限公司（荣盛）	4466
11	香河县逸景房地产开发有限公司	3502
12	香河孔雀郡房地产开发有限公司　(华夏）	3459
13	香河理想嘉业房地产开发有限公司	3415
14	香河县华宇房地产开发有限公司新世界名苑项目部	3399
15	香河县城镇房地产综合开发有限公司（三强）	3181
16	香河嘉华房地产开发有限公司　　（华夏）	2678
17	河北万特房地产开发有限公司（荣盛）	2567
18	香河县华宇房地产开发有限公司蓝山庭苑项目部	2548
19	香河金汉房地产开发有限公司	2476
20	香河中安房地产开发有限公司	2421

续表 6

序号	纳税人名称	纳税额
21	香河县城镇房地产综合开发有限公司尚乘华府项目部	2323
22	香河恒泰建筑有限公司	2222
23	香河京御房地产开发有限公司　（华夏）	1902
24	天悦房地产公司	1901
25	喜临门北方家具有限公司	1858
26	香河县胜强房地产开发有限公司　（华夏）	1764
27	香河县华宇房地产开发有限公司潮白新村西区项目部	1701
28	河北美联房地产开发有限公司	1623
29	骏豪凯星（香河）房地产开发有限公司（华夏）	1566
30	香河富泰房地产开发有限公司	1558
31	百川燃气公司	1539
32	荣盛房地产发展股份有限公司香河分公司（荣盛）	1475
33	香河县华宇房地产开发有限公司华宇经典项目部	1453
34	香河益民村镇银行	1375
35	万通房地产公司	1288
36	香河京汉房地产开发有限公司	1259
37	国网冀北香河县供电有限公司	1251
38	上海绿地集团香河投资开发有限公司	1053

地方税务

【概况】 香河县地方税务局地处县城新开大街 70 号，县局内设机构 6 个，分别是办公室、税政法规股、征收管理股、人事政工股、收入规划核算股和监察室。派出机构 7 个，分别是稽查局、征收分局、税源监控分局、城区税务分局、家具城税务分局、渠口税务分局和五百户税务分局。2017 年底，全局在编人员 106 人，平均年龄 43.02 岁，其中党员 84 人，团员 12 人，学历大专以上 101 人。

【地税征收】 2017 年，地税入库各项收入 355070 万元，同比减收 26524 万元，减少 6.95%。按可比口径，增收 60923 万元，增幅 20.71%。其中，税收收入完成 324725 万元，同比减收 29526 万元，减少 8.33%，按可比口径，增收 57921 万元，增幅 21.71%。营改增税制改革后，地税管辖各类纳税人共计 12555 户，其中企业 5196 户，主体税源是房地产业和建筑业。是年，房地产业和建筑业合计纳税 276401 万元，合计占纳税总量的 85.11%，其中房地产业纳税占 72.52%、建筑业纳税占 12.59%。纳税 500 万元以上企业共 54 户，纳税总额 232592 万元，占纳税总量的 71.63%，其中房地产企业 42 户。

【地税征收管理】 县地税局负责企业所得

税、个人所得税、资源税、城建税、房产税、印花税、土地使用税、土地增值税、车船税、契税、耕地占用税、水资源税和环境保护税等税费的征收管理。地税局坚持组织收入原则，结合本县实际制定征管措施。

【征管稽查】 2017年，将土地增值税清算列入年度创新项目，以“互联网+税务”新思维为引领，以土地增值税清算软件为支撑，积极探索土地增值税清算新模式，全年完成不动产项目清算28个，累计清算入库土地增值税5.1亿元；充分发挥稽查威慑作用，税务稽查以金税三期为依托，按规范标准严格操作，把规范落实与稽查“一岗双责”、稽查执法办案、提高征管水平相结合，充分发挥威慑作用，2017年度，共查补入库各类税费、滞罚款合计5558万元，其中四环节入库1945万元，督导自查企业6户，入库税款、滞纳金总计3613万元；充分发挥税源风险监控作用，紧紧抓住应对前进行数据分析、应对中规范应对标准、应对后对进行总结归纳三环节，坚持“层层把关”的风险审核机制、风险管理通报机制、绩效考核通报机制。全年风险管理成效1.48亿元，风险管理成效贡献率为5.24%，超出年初4%预定目标，风险分析识别命中率99.13%，征管努力程度5.82%，各项指标全部超过绩效标准。

【企业所得税汇算清缴】 2017年，全县应汇缴企业896户，汇缴面达100%，入库税款10305.67万元。其中定率征收企业602户，占汇算清缴企业的67%，共缴税款5231.16万元；核实征收企业294户，占汇缴企业的33%，汇缴入库税款5074.51万元。是年，企业实际应纳所得税额90197.68万元，比上年同期增长51588.46万元。其中盈利企业132户，实现销售收入105.68亿元，利润总额21.94亿元，全年应缴纳企业所得税90243.32万元,已预缴所得税额79937.65万元，预缴率达89%。

【地税系统税收减免】 继续落实各项税收优惠政策，尤其是国务院新出台的6项减税政策后，通过下户走访等形式对企业进行分类宣传辅导。年内，办理优惠退税71户，退缴税款1606万元。

【地税系统信息化建设】 随时掌握现有信息化设备的数据范围、占用空间、服务器状态等情况，根据人员变化及时调配计算机、打印机等硬件设备，根据电子设备更新制度，做好各股室软硬件安装、系统升级调试等工作，为全局工作提供有力保障，较好地完成全年各种培训、视频会议调试、防雷检测、智能服务大厅建设等保障工作。

【网络安全防护】 升级光纤宽带，提高网络安全防护能力。年内，举办网络安全知识讲座2次，要求全体工作人员加强网络安全知识学习，掌握必要的网络安全防范技能，提高网络安全意识，养成自觉保护信息安全的良好习惯。加强全面检查，每半年进行一次全面检查，排查安全隐患。

【地税系统纳税服务】 以《国家税务局、地方税务局合作规范3.0》为抓手，建立国地税互联机制，在税务登记、欠税公告、纳税信用评价、涉税事项提醒、纳税人学堂等方面都实现良性开展，国地税合作进一步深化。充分利用QQ、微信群大力推广微信预约预审平台、12366手机App、电子税务局等便民办税软件，引导纳税人多走网路、少跑马路。微信预约预审平台关注户数达4838，开展电子税务局培训会6次，培训1100余人次，2474户纳税人开始使用该平台。多样的纳税形式受到纳税人好评，在省局对纳税人满意度调查活动中获得全市第一名。

领导班子成员

局　长：李和海

副局长：侯重庆　杨立民　岳景奇　秦福民　张育才

（尹　超）

2017年香河县地税系统纳税一千万元（含）以上企业统计表

表7

单位：万元

序号	纳税人名称	纳税额
1	香河鼎泰园区建设发展有限公司	329959220.5
2	荣盛房地产发展股份有限公司香河分公司	141962059.9
3	廊坊瑞盛投资股份有限公司	133107352.1
4	香河县胜强房地产开发有限公司	118891579.3
5	富力（香河）房地产开发有限公司	104070460.8
6	香河恒康房地产开发有限公司	99553117.01
7	香河京御房地产开发有限公司	86015228.99
8	香河县城镇房地产综合开发有限公司	83667669.18
9	荣盛（香河）房地产开发有限公司	79374383.04
10	香河中商房地产开发有限公司	73017761.22
11	骏豪凯星（香河）房地产开发有限公司	63828877.46
12	香河理想嘉业房地产开发有限公司	58846778.1
13	荣盛兴城投资有限责任公司	57540612.32
14	香河县龙盛房地产开发有限公司	57110614.97
15	香河嘉华房地产开发有限公司	54746666.26
16	河北万特房地产开发有限公司	50882822.7
17	香河金汉房地产开发有限公司	50620189.31
18	香河县盛达房地产开发有限公司	48448503.03
19	香河孔雀郡房地产开发有限公司	48268157.15
20	香河县华宇房地产开发有限公司蓝山庭苑项目部	40021468.04
21	香河县城镇房地产综合开发有限公司碧水蓝天项目部	34325041.52
22	香河忠信房地产开发有限公司	32020265.95
23	香河县贵都房地产开发有限公司	31861464.71
24	香河县华宇房地产开发有限公司新世界名苑项目部	26518582.03
25	香河县华宇房地产开发有限公司	25535877.36
26	香河富泰房地产开发有限公司	24795056.26

续表 7

序号	纳税人名称	纳税额
27	中信国安第一城国际会议展览有限公司	23090076
28	北京顺鑫农业股份有限公司牛栏山酒厂香河生产基地	23002452.55
29	廊坊旷世基业房地产开发有限公司	22941351.69
30	河北美联房地产开发有限公司	22876472.91
31	荣盛建设工程有限公司	21845399.3
32	香河金港房地产开发有限公司	19293697.2
33	香河中安房地产开发有限公司	18667413.44
34	香河锦绣香江房地产开发有限公司	18660848.98
35	香河县华宇房地产开发有限公司潮白新村西区项目部	17209975.69
36	香河县华宇房地产开发有限公司天琴湾二期东区项目部	15958319.84
37	香河御景置业房地产开发有限公司	15936682.16
38	香河国元房地产有限公司	15827454.04
39	香河万通房地产开发有限公司	15797254.03
40	香河第一城酒业有限公司	15465439.63
41	香河县城镇房地产综合开发有限公司尚乘华府项目部	14987623.01
42	廊坊京御房地产开发有限公司	12977444.99
43	香河县华宇房地产开发有限公司华宇经典项目部	12252349.2
44	香河恒泰建筑有限公司	10421529.59
45	香河万利通实业有限公司	10318027.19
46	香河县逸景房地产开发有限公司	10286856.22

交通　电力

责任编辑　张和华

综　述

交通运输业稳步发展。2017年，货运周转量48779万吨公里，比上年同期下降20个百分点。公路交通条件不断改善，全县公路通车总里程为1054.24公里，县境内高速公路2条，全长25.314公里。公路网密度为2.30公里/平方公里。大桥15座，中桥8座，小桥126座。年末实有大型载货汽车434辆，中型载货汽车201辆，小型载货汽车2667辆，大中型载客汽车28辆。年内，对公交车进行改造，1-5路72辆载客汽车被政府收购。

国网冀北电力有限公司香河县供电分公司（以下简称“公司”），是国网冀北电力有限公司下属的趸售县级分公司，公司共有员工331人，固定资产4.91亿元。2017年，被冀北电力公司评为“两年攻坚战工程建设先进集体”和“2017年度配电专业精益化管理先进集体”。

交　通

【概况】　香河县交通运输局，主要负责全县综合运输体系的规划协调，组织拟定并监督实施全县公路、轨道交通、地方铁路等行业规划，制定全县交通运输行业科技政策、技术标准和规范，指导全县公路、轨道交通、地方铁路安全生产和应急管理，承担全县公路、轨道交通、地方铁路运输市场、交通运输基础设施建设市场监管责任和国防交通战备等工作，负责交通运输国有资产管理和交通运输专项资金的管理、使用，共有编制301名。县国防动员委员会交通战备办公室设在交通运输局。交通运输工作，按照京津冀协同发展和全县经济社会发展总体思路，推进交通运输事业发展。2017年3月，香河县交通运输局被廊坊市农村公路工作领导小组办公室授予“农村公路建设养护管理工作先进单位”荣誉称号，公路养护中心被授予“农村公路五星养护中心”称号。9月，县道香北线（香河—河北屯）、村道（大香线—北三百户—王店子—河北吴村）两条道路被评为廊坊市“美丽乡村•最美农路”，乡道香武线（香河—武清）、村道程庆线（程官屯—庆功台）—荷花池获得廊坊市“美丽乡村•最美农路”提名,12月份，香河县被河北省交通运输厅授予“四好农村路”省级示范县荣誉称号，并获得150万元专项奖励基金。

【路桥建设】　公路交通条件不断改善，全县公路通车总里程为1054.24公里，县境内高速公路2条，全长25.314公里（京哈高速长21.3公里、密涿高速长4.014公里）；国道1条（103线），长3.9公里；省道共3条，全长55.3公里，其中，大香线（大厂—香河）长23.5公里、唐通线（唐山—通州）长26.7公里、平香线（平谷—香河）长5.1公里。地方道路1092条，长969.726公里，其中：县道4条，总长60.5公里，（香河—河北屯线长22.7公里、倪庄—李庄线长18.6公里、香河—河西务线长12.5公里、蒋福山—渠口线长6.7公里）；乡道16条，总长 98.6 公里；堤顶路 5 条，总长 72.65 公里；村道 1073 条，总长 737.976 公里。公路网密度为 2.30 公里/平方公里；大桥 15 座，4198.3 米，中桥 8 座，412.95 米，小桥 126 座，2341.1 米。2017 年，完成香务线养护改造工程、连村道路养护改造工程、危桥改造工程、老夏安线凤港减河桥改建工程、唐通公路亮化工程前期工作，并开展各环节招标工作。五一路（唐通线—双安路段）大修及养护改造提升工程 5 月 31 日正式开始断交施工，11 月初，大修工程及名家居 CBD 至双安路段加宽工程主体完工；国道 103 线北京界至天津界段预防性养护工程 6 月 6 日正式开工，全长 3.87 公里，6 月 25 日主体完工；倪李线大修工程（北务屯—刘宋镇段）7 月 14 日正式开工建设，受刘宋镇总体规划影响，年内，完成刘宋至王家务 1.2 公里施工。包括镇村自建道路在内，全年新改建、大中修各等级公路 126.8 公里（不含市政路）。此外，运河大道北延工程项目建设方案确定，全面开展项目前期工作，潮白河特大桥方案经 9 月 21 日与国家海委科技咨询中心对接，获初步认可，并启动防洪评价工作；通宝路（蒋渠线-通航路段）工程华夏公司开展征地前期工作，设计公司完成施工图设计；平香线南延工程道路工程进场施工，潮白河大桥建设工程《防洪评价报告》4 月 15 日获得海委正式批复，7 月 17 日获市发改委批复，瑞盛公司开展项目招标工作，9 月 28 日河道防护工程设计开标，中标单位完成现场踏勘，进行施工图设计；密涿高速公路梁家务互通连接线（香河段）工程原省批双向四车道项目，廊坊市公路工程管理处于 1 月 16 日发布招标公告，并于 2 月 17 日确定中标单位。香河县拟加宽为双向八车道项目，按照市局总体要求在省批 41.5 米占地范围内先行实施双向八车道施工，下一步再实施机非分隔带、非机动车道、人行道及绿化带建设。按县政府与市交通运输局签订的《密涿高速公路廊坊至北三县段梁家务互通连接线项目建设协议书》约定，香河县承担地方配套资金 729.3442 万元。加强大气污染治理，4 月 1 日，公路管理站平香线料场年产 8 万立方米沥青混凝土整治项目集料大棚工程正式开工建设，建筑面积 10130.57 平方米，10 月 15 日完工，并投资 88 万元更新稳定土拌和站。结合项目实际情况，香河县交通运输局经向上级申报，整体切块下达香河县 2017 年度用于农村公路建设补助资金 201 万元。

【城乡客运公交改造】 2017 年 8 月，仅用 3 天就完成 1 至 5 路共 72 辆城乡客运班车收购工作，同时积极与廊坊交通运输集团商谈合作事宜，达成合作意向，制定《香河县城乡客运公交一体化工作实施方案》，8 月 31 日、9 月 11 日的县政府常务会议、县委常务会议分别通过此方案，9 月 25 日政府批准廊坊交通运输集团为香河县公交客运特许经营单位，10 月 11 日，香河县交通运输局与廊坊交通运输集团签订《香河县城乡客运改造运营初步协议》，11 月 9 日，成立香河慧安公共交通运输有限公司，11 月 15 日和 12 月 15 日进行两次新能源公交车采购开标，因合格投标企业不足三家而流标。

【省级文明县城创建】 在省级文明县城创建工作中，注重新时代中国特色社会主义理论学习，开展文明单位创建，并利用五四青年节、安全生产宣传咨询日、“12·4”法制宣传日等集中开展中国道路宣传教育；组织交通运输系统志愿者到香河汽车站开展志愿服务活动，协助工作人员对旅客及行包进行安全检查，帮助老弱病残孕及需要帮助的旅客提放行李、协助上车，向司乘人员宣传文明服务标准和规范；

9月至10月，组织交通运输系统广大干部职工到珠光御景小区和运管站家属楼持续开展“访千楼万家，创文明县城”周末文明行动志愿服务活动，送政策，送知识，做调查，营造浓厚创城氛围；加大公益广告宣传力度，在京哈高速公路出口、香河汽车站、机关办公楼前设置大面积双幅面公益广告宣传栏，在城乡客运班车、出租汽车车体及站牌上张贴公益广告，在机关电子显示屏播放宣传标语；加强交通运输系统信用信息系统建设，扎实推进城乡客运班车公交化改造工作，出租汽车连续第九年开展“免费接送高考生”志愿服务活动；持续加大投资力度，实施农村公路建设，切实提供全县农村公路建设水平。

领导班子成员

局　长：苏　宽（2017年1月止任）
　　　　白颖浩（2017年1月起任）
副局长：王廷刚　韩凤龙
　　　　王立臣　孙瑞生

（李万勇）

电　力

【概况】 国网冀北电力有限公司香河县供电分公司（以下简称“公司”），是国网冀北电力有限公司下属的趸售县分公司，公司共有员工331人，固定资产4.91亿元。2017年10月，被冀北电力公司评为“两年攻坚战工程建设先进集体”和“2017年度配电专业精益化管理先进集体”。

【供电安全生产保障】 2017年，公司实现连续安全生产12106天，圆满完成全国“两会”、“香河家居文化节”、十九大等重要保电供电任务，全年未发生七级以上人身、电网、设备、信息系统事件。2月13—15日，组织开展本年度《国家电网公司电力安全工作规程》以及工作票签发人、工作许可人、工作负责人等三种人员的培训和考试工作。公司331人参加培训考试，平均成绩93.94分，无考试不及格现象。2月起，开展农村电力设施隐患排查治理工作，至12月31日，排查整改各类安全隐患13332处。按照市公司要求，分别在3月、9月进行集中电力设施保护宣传工作，通过新闻、广播、微信、上街宣传等多种形式的宣讲，发放宣传材料5万余份，解答群众安全用电咨询800余人次。全年累计清理树障56104棵。8月，公司加大对工作现场特别是“电代煤”现场的监督检查力度，全年检查施工现场338个，在施工现场稽查过程中发现并制止违章行为45例。

【电网建设】 完成罗屯110千伏输变电工程，变电站工程及线路已于10月27日投运；渠口35千伏双电源线路工程于11月20日顺利投运；完成蒋辛屯220千伏线路工程施工协调任务，蒋辛屯220千伏变电站于12月1日投运；完成西马窝110千伏线路工程并于12月29日成功送电。6月20日，锡盟—泰州±800千伏特高压直流工程香河段全部架通，共计塔基42基。9月15日，扎鲁特—青州±800千伏特高压直流工程香河段全部架通，共计塔基39基。

【“电代煤”工程】 根据《京津冀大气污染防治强化措施（2016—2017年）》（环大气〔2016〕80号）和《廊坊市大气污染防治强化措施实施方案》要求，香河县开展“电代煤”改造工作。5月11日，公司成立“电代煤”工程建设领导小组，工程总计188项。其中，村网改造工程128项，10千伏项目新建改造工程60项。累计新增变压器498台；10千伏新建与改造项目619.5千米；0.4千伏线路改造

354.45 千米；总投资 4.15 亿元。10 月 20 日，所有工程已全部竣工，全县 30208 户取暖供电需求得到妥善解决。

【营销服务】 2017 年 9 月，按照县委、县政府关于《香河县“散乱污”企业整治工作长效管控十项措施》的通知，供电公司严防严控 1000 余家“散乱污”企业重新供电。11 月，按照《廊坊市物价局关于完善天然气和采暖用电相关价格政策的通知》（廊价管〔2017〕118 号）要求，对“电代煤”区域 30208 户进行“电采暖峰谷电价”调整工作。按照冀北公司工作要求，开展星级供电所创建工作。11 月 8 日，淑阳镇供电所被冀北公司评为四星级供电所。

全年售电量累计完成 13.73 亿千瓦时，同比增加 1.31 亿千瓦时，同比增长 10.51%。售电均价累计完成 573.06 元/千千瓦时，同比减少 4.28 元。电费回收率完成 100%。线损率累计完成 6.69%，比上年同期上升 2.92 个百分点。受理新装变压器申请 208 户、增容变压器申请 80 户。推进电能替代，实施 24 个电能替代项目，完成替代电量 5558.06 万千瓦时。

【十九大保电工作】 10 月，中共十九大召开期间，公司成立十九大保电领导小组，每天安排 4 人以上在岗值班，属地单位安排 500 千伏护线员搭建临时帐篷，每日不间断看守、巡视线路，共完成 111.77 公里属地化线路、78.407 公里 35 千伏线路以及 1481.144 公里 10 千伏综合线路的巡检工作。集中处理各类设备缺陷 46 处，3 支“党员保电突击队”、3 个应急抢修驻点、3 个全天候看护点，共计 70 人的保电队伍始终奋战在保电一线。

【电力系统机关党建】 2 月 6 日，公司召开一届一次职代会暨 2017 年工作会议，职工代表及列席代表 85 人参加会议。7 月 31 日，中国人民解放军第 90 个建军节来临前夕，公司举行庆“八一”在职复转退伍军人座谈会。9 月 1 日,公司举办 “卓越廊电•同心同行”羽毛球精英选拔赛，共有 30 余人参加此次比赛，最终选出 4 名选手代表香河参加廊坊公司的比赛。9 月，按照县创城指挥部指示精神，公司开展“周末文明行动”志愿服务活动，助力省级文明县城创建工作。11 月 20 日，公司召开全体党员大会，参会党员 103 人，选举产生新一届两委班子。党委委员：于涛、王智永、刘会生、吴长松、陈大志、庞宝松。纪委委员：王世祥、吴长松、郭丽娜、黄静、谭月华（全部以姓氏笔画为序）。全年，在中央电视台、电网头条、人民日报、华北电业等各级媒体发表稿件 400 余篇，未发生影响企业形象的舆情事件。

领导班子成员

经　理：刘会生

副经理：于　涛　王智永　庞宝松　陈大志

（杨晓艳）

邮政通讯

责任编辑　张和华

综　述

邮电通讯事业迅猛发展，年末固定宽带用户数 90460 户，移动宽带用户数 138275 户；年末固定电话 28710 部，移动电话 397525 部。

邮　政

【概况】 中国邮政集团公司河北省香河县分公司（原香河县邮政局，2014 年更名），现有从业人员 116 人，其中:合同用工 61 人，劳务工 14 人，劳务承揽人员 41 人。分公司机关职能部室 2 个，专业经营单位 6 个，邮政支局(所)10 个，委办邮路 2 条，邮路总长度 54 公里（单程）。城乡投递段道 5 条（总长度 200 公里），农村投递路线 17 条（单程长度 1450 公里），邮政生产用车辆 11 辆，自有房屋建筑面积 6467.16 平方米（其中生产用房面积 4527.01 平方米）。

【通讯渠道建设】 2017 年，香河县分公司把重点工作放在渠道的建设上，做实服务站点，整合营销资源，配备足够的营销人员，投入到电商分销业务中，年内，分公司累计投资 73.08 万元，其中，基本建设投资 73.08 万元（新建钳屯、钱旺两个空白乡镇网点投资 36 万元、机要室改造投资 7.99 万元、安平邮政网点改造投资 11.09 万元、安平仓储投资 18 万元）。

【扩展邮政业务渠道】 2017 年，香河县分公司大力发展渠道建设，实行规范管理，通过集中政策、集中资金的方式，新建邮掌柜商户 91 个，完善三农站点 26 个，累计建成便民服务站 100 个，落实各项网点管理制度，实现网点管理规范化和制度化，拓展了市场。全年分公司累计完成业务收入 1541.25 万元，完成年计划的 106.29%。其中，代理金融业务实现收入 759.88 万元，完成年计划 96.31% ；快递包裹业务实现收入 214.13 万元，完成年计划 93.10%；电子商务业务实现收入 84.67 万元，完成年计划 105.84%；分销业务实现收入 224.82 万元，完成年计划 140.51%；发行投递业务实现收入 107.78 万元，完成年计划 100.73%；集邮业务实现收入 50.94 万元，完成年计划 72.77%；函件广告业务实现收入 2.01 万元，完成年计划 36.83%。

领导班子成员

总 经 理：赵鹏初

副总经理：张庆玲

（芮文颖）

联通公司

【概况】 中国联合网络通信有限公司香河县分公司是中国联通在河北省的分支机构，也是具有全业务经营资质的省级电信运营企业之一。主要经营 GSM/WCDMA/第四代数字蜂窝移动通信业务移动电话、固定电话、宽带等基础通信产品和信息应用、信息内容、系统集成等综合信息服务产品。至 2017 年底，移动用户为 95525 户，宽带用户为 52460 户，固定电话 26800 户。年内，主营业务收入完成 8109.6 万元。分公司下设营业部 9 个，现有自有厅 6 个，自办他营厅 6 个，社会渠道 61 个，社区便民服务站 150 个。服务于全县各单位及 300 个村街的通信业务需求，肩负着全县的通信保障任务。

【推进划小承包体制】 2017 年，按照《河北联通瘦身健体精简机构实施方案》和《廊坊联通全场景划小承包方案》结合分公司业务运营和固网保有的支局长定位，实施农村营业部承包，进一步深化推进末梢机制体制改革，完成城区综合网格小 CEO 竞聘、组织机构调整及人员双选工作。

【通信设施增建维护】 2017 年，县域实现 100MB 宽带全覆盖，并升级 1 个 1000MB 精品社区（宽带由 40GB 提升至 80GB）；新建开通 4GB 基站 22 个，至年底达 278 个、室分 2 个；完成基站设备安装，开通卡顿基站扩容 22 个，卡顿基站新建 20 处，开通 3 个；网络优化 59 个，驻地网小区建设 9 个；大客户应急工程 49 项，抢修维护 1774 次；新增光缆 106 皮长公里；装机移机维修当日通率 88.74%，服务满意率 94.43%，虚假闭单率 10.13%；完成全县 29 个 2G 基站、用户接入（EPON）设备 516 台、关停接入网点 18 个设备下电工作；机房整治完成 14 个；用户光纤接入（OLT）万兆扩容 20 台套，升级端口 28 个，并直接连到宽带接入服务器（BAS）和业务路由器（SR）；末梢渠道（NFC）和专营渠道分别完成 144 家和 65 家。

领导班子成员

总 经 理：付育红

副总经理：苏学武　盖天宇

（李竹青）

移动公司

【概况】 中国移动通信河北有限公司香河分公司位于廊坊市香河县府前街 12 号，现有干部职工 96 人，是一个集前台客服和后台支撑于一体的现代化办公场所，公司分设综合部、市场部、网络部和政企客户部四个职能部室，同时下设 3 个乡镇营销部、8 个自办厅，渠道网点遍布全县各乡镇村域，是全县最大的通信运营商之一。

【移动网络建设与优化】 全年工程建设指标稳步提升。至 2017 年底，网运行自有基站 42 个，光缆长度 1100 公里，主城区有 23 个基站。年内，实现了 4GB 网络的深度覆盖。长期演进技术（LTE）工程建设全部开通，共建设开通室分上百台，珠光御景、山水田园、自在城、家具城新建小区等全部完成 4GB 覆盖，香河京汉君庭、紫宸悦府等建设开通了微基站，有效解决区域网络覆盖薄弱问题，根据日常拨测及用户感知的调查，对网络进行优化处理，扩大覆盖范围，提高网络质量。以光纤到户为核心，移动家宽业务发展迅速。年内移动宽带已覆盖 150 个点位，覆盖客户 7.2 万户，包括 91 个自然村和 60 多个居民小区。至年底，县城区覆盖 51000 户，覆盖率 50%以上；在农村 300 个行政村中，已完成建设 91 个村，覆盖率 30%以上，覆盖 2.8 万户。

【移动客户实名登记】 2017 年底，香河移动公司市场占有率为 66.8%，在县域内覆盖 100%服务场所和所有村镇。按照河北省通信管理局《关于组织开展电话用户实名登记工作联合检查的通知》，公司对部分实名制属性不符合客户进行多次外呼回访，引导客户通过多渠道进行系统修改或补录，做到100%符合省通信局联合检查的要求。公司通过节假日进行短信问候，加强日常走电访解决客户在实际使用中反映的各种问题，增进与客户之间的沟通。借助节日气氛给客户送去温暖，向集团双人及全球通个人VIP客户发送祝福短信，在集团维系中本着“先友后单”“4GB进政企，现场业务受理”等模式提供服务。

【移动通讯公益事业建设】 2017年，公司以助力地方经济发展、服务当地企业为己任，做到恪尽职守，回馈社会。先后为“一城草莓音乐节”“国华影视基地观牡丹游园活动”“香河荷花节”“一城国庆节大庙会活动”等大型公益活动提供优质通信保障服务。并以实际行动助力香河绿色经济区建设，在新小区建设等工程项目开工的同时，及早介入，深度参与，进一步加快通信基础设施建设，优化经济发展环境。

领导班子成员

总 经 理：陈瑞东

副总经理：周文武

（李 娜）

电信公司

【概况】 中国电信集团公司香河分公司现设6个部门，4个农村支局，2个城区支局，5个自办厅，人员共计97人。主要经营固定电话、移动通信、卫星通信、互联网接入及应用等综合信息服务。现拥有“天翼”“天翼飞young”“天翼e家”“天翼领航”“天翼WiFi”等服务品牌，服务号段为133、153、189、180、181、177、173、199，另外1349为中国电信集团卫星通信有限公司卫星电话号段。

【电信业务服务质量提升】 2017年，在提升服务水平方面，公司制定多项措施：推行装维服务五个一标准，即一双鞋套，一块抹布，一块垫布，一张服务卡，一张服务质量监督调查表；推行装维工作十步曲，即上门之前需预约，入室前后需沟通，现场实施需谨慎，综合布线需规范，安全规范需遵守，实施完毕需认证，准确无误再验证，指导用户很关键，结束莫忘再提醒，清理现场显素质；推行首问责任制，用户宽带或电视报修后3小时之内联系，并上门维修，实行“谁联系谁负责，谁维修谁售后，不推诿敢担当”；无条件装机，有电信布线资源的小区或村街，实施无条件装机，为用户尽心服务，尽快安装完毕；当日装当日修，城区范围每天16点前办理的用户保证当日安装，18点前报修的故障单日维修完毕，故障不隔夜，网络保畅通。

【电信网络建设】 2017年，宽带网络新增覆盖22000户，累计达到18万户。

领导班子成员

经 理：钟 凯

副经理：张艳涛

（李翠晶）

商贸服务业

责任编辑　张和华

综　述

2017年，全县商贸服务业总体表现平稳，消费品市场进一步复苏，呈现稳中有升态势，全年商贸服务业实现增加值106.9亿元，同比增长10.1%；社会消费品零售总额85.4亿元，同比增长10.8%。

商务管理

【概况】　香河县商务局是县政府商务管理职能部门，成立于2006年5月，在香河县发展改革局挂牌。主要承担对外开放、招商引资职能，酒类流通发展规划、整顿和规范市场经济职能，原商业、外贸、物资部门承担的行政管理职能，以及药品流通管理职能。2017年，局机关设办公室、对外贸易股、投资服务股、酒类监督管理股、市场整顿规范管理办公室、机电产品进出口办公室等6个职能股室，现有干部职工29名，其中，副科级以上领导干部8名，工作人员21名。

【商贸流通】　2017年，全县社会消费品零售总额实现85.4亿元，比上年增长10.8%。其中，限额以上企业（单位）消费品零售额6.6亿元，增长13.6%。分城乡看，城镇市场发展快于乡村市场，城镇市场实现零售额36.8亿元，比上年增长16.0%，乡村市场实现零售额48.6亿元，比上年增长7.1%，城镇市场高于乡村市场8.9个百分点；按消费形态分：批发零售实现零售额72.7亿元，同比增长10.9%，住宿餐饮实现零售额12.7亿元，同比增长10.1%。

【对外开放】　2017年，全县进出口总值5.5486亿元，同比上升19.2%，其中出口总值5.0762亿元，同比上升19.3%（完成市考核任务数的79.1%），进口总值4724万元，同比上升18.0%。是年，新增外贸进出口权企业（香河国漫窗业有限公司、香河强胜电动车厂）2家，至年底，全县注册外贸出口企业97家，29家企业有进出口业务。其中，汽车配件出口额占全县出口总值的56.1%,同比上升24.86%；电子零部件出口额占全县出口总值的17.5%,同比上升2.11%。外贸出口主要以亚洲、欧洲、北美洲等包括美国、印度、英国、德国、法国等15个国家为主。出口主要产品为汽车配件、玩具、乐器、家具、电子产品等。

【招商引资】　2017年，全县项目招商有新突破，接待来访客商200余人次，接触各类项目信息80余条，接待世界五百强领导人及行业专家考察5次，接待知名企业或品牌50人次，洽谈跟进的重点项目有：北京二商城市居民社会保障基地、金豆医疗大数据、掌合天下电商连锁、食品特色小镇、香河国际食品城、香河未来科技城、网库硅谷小镇、华夏通航小镇、稻香村生产基地、旺旺生产基地、欧富朗电商产业园、武汉理工大学新能源汽车创新技术产业园等。

【会展商务】　组织参加“5·18”廊坊经贸

洽谈会，北汽（香河）汽车配件供应基地项目作为省重点合作项目在会上签约，德国尼玛克中国自动焊接设备生产项目等4个重点项目在市会上签约。香河强胜电动车有限公司、香河凯华齿轮有限公司、香河金华帝制品有限公司、香河华北制冷设备有限公司等4家进出口企业在“国际产能合作展进出口商品展”参展。县商务、发改、工信等部门与会议对接，分别参加“2017年河北——世界知名企业对接洽谈会”“2017中国园区创新发展高端会议”“京津冀大气污染防治高峰论坛”等系列会议和高峰论坛。

【营商环境改善提升】 2017年，成立优化营商环境专项整治工作组，制定《香河县营商环境集中整治行动总体方案》，采取一对一帮扶举措，对征集到的“企业招工难、与京津地区相比，缺少人才引进激励政策”等10条问题和意见全部进行整改；对征集到的“停电影响居民生活、居住证申领时限与实际不符”等的与营商环境无关的54条问题和意见，与相关部门进行了协调和沟通并初步得到解决。

【电商产业】 2017年，全县比较有代表性的电子商务企业有：安旭网络、亿彪居民服务、美家尽有、迅捷、尚雨、汇创网络等家。农村电商全覆盖走向深入，在基本实现农村电子商务全覆盖的基础上，着力深入推进“农产品进城”和“工业品下乡”双向流通渠道有效运转。“好乡亲365”公司推进服务站功能最大化，将银行、保险、人力资源、缴费等功能植入，同时整合快消品业务及家电需求业务，截至9月，服务站以快消品为主实现订单290万元，同时带动相关企业投资29万元；县级服务中心功能进一步完善，实现为龙头企业、农民合作社、农村电商创业者等提供人员培训、品牌培育、营销推广服务等功能。现有入驻企业2家，研发农产品2种；公司整合上游服务商23家，组织培训4次，参加人员500人次，村级服务站可以提供网购产品2000余种。

【成品油市场监管】 加强督导培训，提高油站主体责任意识。2017年，针对不同时段重点工作，以印发通知等形式，先后8次进行督导，6次组织加油站站长油气回收治理专项培训，并提出明确要求，同时加大检查力度，年内，共出动检查车辆100余车（次），检查成品油经营户300余家（次），督导加油站落实大气污染防治；严把进油渠道，确保使用国家第六阶段车用汽油（即国六）标准成品油质量，要求经营户必须从正规的、资质齐全的供油企业进油，保证固定进油渠道，对所有成品油批发企业资质进行备案；加强加油站点内外的宣传标识管理，保证站外宣传标识及站内加油机、泄油口、罐区等处粘贴的完全为“国六”标识；相关制度和证件上墙，对加油站相关的规章制度及成品油零售许可证、危化证、营业执照等都要原件上墙，并悬挂、张贴在营业室醒目位置，做到罩棚标识名称证号与经营批准证书一致；加强购销台账管理，企业每一次进油的票据复印件都及时在购油台账上粘贴，并将对应表格填齐，每天销售的油品及时在销售台账上填报，做到购销台账的粘贴真实、及时，不弄虚作假；加强油气回收系统维护及操作员工培训，成品油经营户制作一次油气回收流程牌和二次油气回收系统日常维护牌，泄油时按照一次油气回收流程牌正常使用一次油气回收系统，保证泄油区油气回收管口干净。站内常备油气回收系统的易损部件，随时对加油枪皮套等易损器件进行检查并及时更换，对加油站员工进行培训，正确操作，坚持扶枪加油，杜绝挂枪加油，严防跑冒滴漏现象发生，保证油气回收系统正常使用对已停止使用的加油机和加油枪，断电摘枪，并做出停止使用明示；对高温季节和敏感、严控期间，做到错峰装卸油，同时做到高温季节、高温时段，敏感地区油站错峰加油。加油站对自助加油顾客派专人进行专业技术指导，避免出现渗漏、滴油等现象；聘请第三方资质公司进行专业检测，2017年，除6月份各加油站自聘有资质的公司进行油气回收检测以外，1月、9月、12月，分三次委托河北科友环保科技有限公司对全县正常经营的42家加油站的油气回收装置的液阻、密闭性、气液比进行三个轮次真实、可靠的检测，根据检测结果，河北科友环保科技有限公司为全部达到合格标准的42家加油站出具了资质检测报告；专项治理，2017年1月，联合工商、环保、公安等部门联合制定《关于开展全县油品质量及油气回收装置检查专项行动的方案》和《关于开展香河县油品质量执法检查专项整治行动的方案》，全年共联合检查加油站4批（次），对检查中发现的问题均已整改到位。

领导班子成员

局长：佟明顺

副局长：唐永志　李　刚　杨智勇

杨　军

（王立辉）

粮食流通

【概况】 香河县粮食局是县政府主管粮食流通和粮油储备的职能机构。内设办公室、人事股、财审股、监督检查股、行发股5个职能科室。2017年，经县政府批准，与发改局、财政局、农业发展银行等三部门协调联动，共同完成县级储备粮轮换1000吨任务目标，并完成粮食交易14万吨，实现利润20万元。

【危仓老库改造】 协调联动，推进危仓老库改造升级，夯实粮食流通基础。香河县兴旺粮油有限责任公司（原渠口粮库）的筹建，利用中央和省专项资金141万元，由县财政提供部分配套资金，企业自筹资金17万元，项目占地面积18.4亩，总投资654.9万元，拆除两个旧粮仓，新建两个具有1.5万吨仓储能力的新粮仓并设置粮食化验室和粮情监控系统，同时淘汰一批陈旧老化的设备，重新购置一批运粮、储粮设备;兴军粮油有限责任公司（原香城粮库）仓储维修改造，把9个旧粮仓。改建成低温仓，用于肉类存储，供应周边部队；对20世纪60年代的地磅全部拆除，重新安装监控安防系统建设，并统一采购地磅、电叉车、低温设备、货物输送机等配套设备设施;兴业粮油有限责任公司（原五百户粮库）低压线路改造，利用省以上专项补助资金60万元，新安装200千伏变压器1台，并更换全部线路，同时还统一采购了输送机、粮食装载机等粮库设备设施。

领导班子成员

局　长：李英辉

副局长：王　宇　李　阳　赵德忠

（安　娜）

供销商业

【概况】 2017年香河县供销商业全年累计完成销售收入1980万元，上缴国家税金15.8万元，实现利税84.9万元。

【供销合作组织体系建设】 以合作社建设为抓手，推进组织体系创新。按照省市社要求，发动农民根据各镇产业特色创办专业合作社，同时，还以“党支部+村委会+农民合作社”三位一体的模式，为合作社提供服务和帮助并进行管理。

【供销合作服务体系建设】 以农民培训班为抓手，推进服务体系建设。提前进行精心准备，针对农民的不同需要确定课题、邀请教师，做到精准培训，以提高培训效果；专项培训小组深入田间地头，运用投影设备图文并茂、深入浅出地以灵活的培训方式对种植户们进行培训，提高农民的文化素养和职业技能。全年共组织各种培训班10余次，参训人员达2000余人次。

【供销合作金融体系建设】 以农村产权交易中心建设为抓手，推进金融体系建设。把农村产权交易中心建设作为全县深化农业和农村体制改革为重点，成立由主管县长为组长、供销社主任为副组长及有关部门负责人为成员的县农村产权交易中心筹建工作组，并制定《香河县农村产权交易中心组建方案》和《关于深化供销合作社综合改革的实施意见》，12月8日完成公司注册登记，并就该中心选址、人员配备等事宜进行安排。

【供销合作经营体系建设】 以传统业务为抓手，推进经营体系建设。进一步完善农资流通网络建设，改进网络服务终端，扩大连锁配送规模，让农资直接入田到户。全年共有加盟店57家，其中镇级加盟店16家，村级41家；直营店17家。全年累计销售化肥4368吨，同比增长11%，农药139吨，同比增长9%。

【盐政管理】 按照国家、省、市《盐业监管体制改革方案》要求，研究制定《香河县盐业监管体制改革方案》。通过做好公司职工的思想政治工作等方式，保持队伍稳定，确保改革期间的食盐质量和供应安全;加强盐业产销网络建设，依托县盐业专营有限公司，开展连锁配送，提升盐业流通现代化水平。全年，累计购进盐产品1638吨，销售盐产品1529吨，其中小包装盐839吨，多品种盐32吨，日晒盐128吨，精制盐130吨，工业盐300吨。

领导班子成员

主　任：张玉宝

副主任：王宏伟　高红云

（那方元）

烟草专卖

【概况】 香河县烟草专卖局（营销部）内设5个科室：办公室、财务科、专卖监督管理科、营销服务科、内管派驻组，在岗职工36人，内退职工10人。

【烟草经营】 以规范经营为重点，不断提高服务质量，保持销售平稳、结构优化、效益增长的良好发展态势。2017年，全年累计销售卷烟15276箱，完成全年目标14842箱的102.92%，同比减少40箱，降低0.27%；实现单箱销售金额26633元，同比增加930元，提升3.62%。其中省产钻石卷烟销售1539箱，占总销量10.07%，同比增加357箱，提升30.20%。

【烟草市场监管】 以市场管理、打假破网、治理卷烟非法流通为重点，保持严控严管的高压监管态势，坚持内管外打，打管结合，综合治理。2017年，查处涉烟案件135起，其中5万元以上案件11起。查获各类违法卷烟233.78万支，其中假冒卷烟16.42万支，走私烟11.64万支，真品卷烟205.72万支。实物案值103.80万元，上缴财政罚没款9.02万元。

领导班子成员

局长、经理：白文涛

副 局 长：蔡志清

副 经 理：马 淳

（成志云）

物流市场

【概况】 香河物流行业有仓储物流和快递物流。仓储物流主要集中在家具城附近，为全国各地家具购买商提供家具运输服务；快递物流分布全县不同区域，主要是为网购人员提供快递服务。

【仓储物流】 香河仓储物流市场是在家具产业蓬勃发展的引领下自发形成的一个松散式后继产业。仓储物流在形成和发展过程中逐步形成了“大、中、小”三个特点，至2017年底，全县共有物流经营实体343家，其中19家取得了道路货物站（场）经营许可证（1家三A级、18家二A级），324家无道路货物站（场）经营许可证。经营地点在家具城周边，有120家左右在北方、大通、亨瑞达、八方四个物流园区集中经营。210家左右在家具城周边分散经营。物流目的地覆盖全国22个省、5个自治区、4个直辖市（不含港、澳、台），物流从业人员达13000余人，从业车辆10000余辆，货物年周转量在148000万立方公里以上。

（李万勇）

【快递物流】 至2017年底，香河共有快递物流15家企业，其中，圆通和中通2家获得加盟许可，其他EMS、京东、百世、申通、韵达、顺丰、天天等13家快递物流品牌企业均为分支机构。2017年，完成业务量977.33万件，实现收入14486.05万元。

（胡 懿）

旅游业

【概况】 2017年，香河县旅游业，以全域旅游创建为统揽，围绕县委“创新驱动，绿色崛起，建设美丽幸福新香河”的目标，以第一城等核心景区为载体，面向京津、放大优势、突出特色，打造特色旅游产品，以“运河驿站 荷香香河”为旅游品牌，努力把全县创建成为京津周边独具魅力、功能完善的旅游休闲目的地。年接待游客457.2万人次，实现旅游收入16.5亿元。

【旅游市场开发】 在由新华网主办的“2017旅游新格局、新业态、新品质暨第五届旅游业融合与创新论坛”上，香河县荣登2017年最美中国榜，并荣获2017年度《中国国家旅游》京津冀最佳休闲旅游目的地奖。中信国安第一城运河生态文化旅游项目、国安第一城AAAAA景区提升项目入选河北省旅游重点项目；第二届“中信国安杯”廊坊乡村旅游创客大赛圆满落幕，经过比赛，有15个项目晋级决赛，香河创客选手，有4个项目在比赛中晋级决赛，居全市第一。河北省首届“不得不”旅游精品评选结果揭晓并在省旅游投融资大会上发布：香河肉饼被评为“不得不品的十大特色美食”，香河国安第一城庙会被评为“不得不享的十大休闲体验”。锦绣潮白景区获评国家AA级旅游景区。9月，河北省旅游工作领导小组下发通知，香河县被列入首批省级全域旅游示范区创建名单。

【香河旅游推介会】 6月20日，“香河旅游推介会暨2017香河荷花节新闻发布会”在北京鸟巢举行。推介会由廊坊市旅游发展委员会、香河县人民政府主办，香河县旅游局、香河县旅游协会承办，建行京津冀旅游一卡通、北京凯弘德信息咨询有限公司协办。河北省旅游发展委员会、廊坊市旅游发展委员会、香河县人民政府、北京市通州区旅游发展委员会、天津市武清区旅游管理服务中心、香河县旅游局、廊坊各县（市、区）旅游局、香河县旅游协会等相关领导以及旅游企业、景区负责人、京津冀地区旅行社、自驾游俱乐部、骑行俱乐部、京津冀三地主流媒体等代表，共计200余人参加大会。“香河旅游”微信首次网络直播，观看人数达153491人，总点击量达16万人次。河北新闻网进行现场直播。“香河旅游推介会暨2017香河荷花节新闻发布会”是河北省第一个在北京鸟巢举办的推介会的县，人民网、新华网、中国网、搜狐、新浪、中国日报网、新华社、环球日报、河北经济日报等40余家媒体对推介会进行报道。

【香河荷花节】

万亩荷塘

（2015年8月，旅游局提供）

6月28日，在中信国安第一城、刘宋镇万亩荷塘分设主会场和分会场启动2017香河荷花节。廊坊市旅游委相关负责人，县四大班子领导参加启动仪式。三河市、大厂县等兄弟县市旅游局相关负责人、县工商局、食药监局、环保局等单位负责人参加启动仪式，新华社、人民日报等中央媒体，北京日报、北京晚报、天津日报等省级媒体，廊坊日报、廊坊都市报等市县级媒体；腾讯、网易等网络媒体，以及环京视角、天津旅游、廊坊发布、香河通、今日香河、你好香河等微信公众自媒体参加启动仪式。“香河旅游”微信公众号及网易对启动仪式盛况进行直播。

2017年香河荷花节启动仪式

（2017年6月，旅游局提供）

荷花节自6月28日至8月31日，历时两个月时间，开设逛皇家园林、赏万亩荷花、游乡村嘉年华等活动。其中诗词美文征集、旅游商品设计大赛暨香河礼物评选、旅游摄影大展、特色美食评选作为本届荷花节的重要活动。11月14日，“2017香河荷花节活动总结暨成果发布会”在香河文化艺术中心举行。河北卫视对“2017香河荷花节活动总结暨成果发布会”进行播放。

9家特色美食餐厅在荷花节总结暨成果发布会上获奖

（2017年11月，旅游局提供）

荷花节共吸引全国各地 70 余万名游客光临香河赏荷观光、休闲度假。除京津冀地区游客外，更有大量来自辽宁、内蒙古、山东、山西、河南、安徽、吉林、江苏等外省市游客及部分外籍游客光临香河荷花节，仅刘宋镇万亩荷塘最高峰时日人流量突破 3 万人次。

【乡村旅游培训】 8 月 22—26 日，乡村旅游培训班分别在南京农业大学和浙江大学举办。安平镇、刘宋镇、安头屯镇、蒋辛屯镇、五百户镇乡村旅游片区负责人，各镇重点旅游企业和重点村街负责人、美丽乡村办、农业局等县直部门主管领导参加。培训从地点、参加人员，行程制定都得到县委、县政府领导大力支持。县旅游局经过近半年的了解和咨询，报经县委、县政府领导同意后，确定南京农业大学和浙江大学为乡村旅游培训理论课堂，8 月 22 日，香河县乡村旅游培训班在南京农业大学逸夫楼报告厅举行,南京农业大学人文与社会发展学院旅游管理专业副教授、博士刘庆友作了题为《乡村旅游转型与升级》的报告；人文与社会管理学院党委书记、研究员朱世桂对“如何提高乡村旅游的综合吸引力”进行了讲授。最后由中国民俗学会中国餐饮文化研究专业委员会副主任、江苏观光休闲农业协会副会长、江苏旅游学会休闲与乡村旅游研究分会会长、人文与社会发展学院院长杨旺生教授就乡村旅游发展中存在的问题进行讲授。在现场教学中，实地考察了桠溪国际慢城、巴布洛生态农业园和美丽乡村水墨大埝。8 月 24 日，香河旅游培训班在浙江大学培训中心进行理论培训。浙江大学饭店管理研究所副所长、浙江大学旅游系副教授（博士）黄浏英作主题为“美丽乡村建设与乡村旅游”专题讲座。在现场学习中，实地考察了桐庐县美丽乡村荻浦村，德清县庾村、劳山村和仙谭村的精品民宿。培训班结束后，参训人员围绕镇、村乡村旅游规划的制定、实施，重点项目的谋划和打造，以及旅游品牌的塑造和核心竞争力等话题，进行交流讨论，通过理论培训和实地考察，提高了参训人员对乡村旅游专业知识的理解，提高了认识，开阔了视野，丰富了知识，交流了经验，明确了方向，拓展了思路，增进了友谊。

领导班子成员

局　长：何永齐

副局长：程志伶　赵　爱

（韩金凤）

文化娱乐业

【概况】 香河县文化广电新闻（出版）局文化娱乐业管理部门，是县内娱乐网点的监管部门，主要负责互联网网上服务营业场所监管、经营性互联网文化单位监管、营业性演出监管、娱乐场所监管、美术品经营监管、印刷业监管、出版活动监管、电影发行放映单位监管等。

【娱乐网点】 2017 年，全县共有互联网上网服务经营场所 29 家，文艺表演艺术团体 11 家，娱乐场所 9 家，影院 3 家。

【娱乐监管】 主要推行“双随机”机制，即随机抽取被检查对象、随机选派检查人员，依照法定职责对被抽查单位日常经营项目进行监督检查的抽查，明确抽查事项，结合随机抽查事项清单以及日常监督管理的重点、难点和人民群众关注的热点问题，将网吧管理、营业性演出管理、艺术品市场管理等项确定为“双随机”抽查的重点；建好“两库”，即市场主体名录库和执法检查人员名录库，对市场主体单位名称、具体地址、法定代表人(负责人)姓名和电话等核心要素进行登录。同时建立行政执法人员数据库；建立抽查企业诚信清单，将被抽查企业的主体责任落实信息、监督检查信息、违法违规处置信息等全部记入企业信用档案。

（薛永亮）

石油专卖

【概况】 香河石油公司全称为中国石化销售有限公司河北廊坊香河石油分公司，隶属国有特大型企业中国石油化工集团。公司设在香河县新华大街40号。公司设经理、副经理各一人，经理兼任党支部书记。公司现有在营加油站11座，分布县内7个乡镇。干部职工共计72人。

【业务经营】 2017年，全县在营加油站共有11座，实现县域7个乡镇全覆盖，主要经营成品油零售及小额配送。随着经营销售体制不断完善和硬件设施的改造，非油品销售列为年度考核计划。全年完成成品油销售2.68万吨，位于家具城南第二加油站继续保持万吨站销售业绩。

【环保改造和油品升级换代】 2017年，根据省公司计划安排，为确保环保要求，加油站地下储油罐全部改为双层罐。至年底完成4座加油站改造工程；对公司所属11座加油站冬季采暖锅炉全部更换为新型环保电热锅炉，主城区加油站加装油气回收在线监测设备；对所售油品进行替换升级。6月底全部置换为国六（VI）标准。

领导班子成员

经　理：杨春林

副经理：韩凤嵬

（马瑞庆）

工业　建筑业

责任编辑　杨东林

综　述

2017年，全县工业经济单位6295家。从业人员9.1万人，累计实现增加值102.7亿元，同比增长9.2%；实现营业收入573.6亿元，同比增长9.2%；实现利润39.8亿元，同比增长8.1%。上缴税金7.8亿元，同比增长4.7%。是年，全县规模以上工业企业161家，累计实现总产值368亿元，同比增长4.8%；实现增加值76亿元，同比增长3.9%。6月，全省民营经济考核，香河县位列第六名。全年，全县淘汰“散乱污”企业951家。

加强对建筑市场管理，规范建筑市场秩序，制定《关于进一步加强建设领域拖欠农民工工资管理的通知》《香河县建设领域农民工工资预储金和保障金管理暂行办法》，加强报建审批监管，招投标监管，工程质量监管，安全生产与建筑工地扬尘监管，建筑节能监管和建筑市场稽查管理。

工业企业管理

【概况】 2017年，全县开展企业集中联系服务行动，围绕稳增长、调结构、促转型，针对企业存在的问题和面临的困难，逐一帮助协调解决。发挥鼎力担保公司作用，积极为企业贷款提供担保。全年共完成业务担保10笔，为企业提供贷款担保6100万元，累计金额6.56亿元人民币。全县申报河北省重点技改项目2项，委托贷款2项。申报企业研发机构认定33家，申报并获批河北省中小企业名牌产品4项。

【经营体制】 2017年，全县规模以上工业企业160家。其中，国有企业1家，有限责任公司9家，股份有限公司1家，私营企业16家，私营有限责任公司122家，港澳台商独资企业2家，中外合资企业3家，外资企业6家。

国有企业　国网冀北香河县供电有限公司。

有限责任公司　河北京之韵家具有限公司、香河县翰森家具有限公司、香河万水环保材料有限公司、香河蓝信商用展柜制作有限公司、香河华鑫非织造布有限公司、香河县高氏印务有限公司、香河海潮制件有限公司、香河长富德纸制品有限公司、北京多维联合集团香河建材有限公司。

股份有限公司　香河县九矗热力有限公司。

私营企业　香河县渠口镇店子务村联合板金厂、香河县顺利建材机械厂、香河县工达工艺品厂、香河县京华泡沫厂、香河县巨丰海绵厂、香河县汇通板金厂、香河县顺达商标彩印包装厂、香河县防火设备厂、河北省香河县北务屯计量器具厂、香河县明超计量器具厂、香河博迅电器设备厂、香河县胜优印刷包装厂、香河县建华冶金机械厂、香河县三强水厂、香河县淑阳镇诚信达纸制品厂、香河县万泰泡沫厂。

私营有限责任公司　香河瀛洲办公家具有限公司、香河众旺木业有限公司、香河亿华泡沫有限公司、香河华瑞气体有限公司、香河中邦玻璃有限公司、香河博远商品混凝土有限公司、香河泷凯达家具有限公司、廊坊聚成实验室工程技术有限公司、香河兴源建丰木业有限公司、香河锦澜非织造布有限公司、香河海琳仪表有限公司、嘉晟（香河）家具有限公司、香河强胜电动车制造有限公司、香河祥达印刷包装有限公司、香河县忠信厨房设备有限公司、香河果园印刷有限公司、香河江源机械制造有限公司、香河县新华印刷有限公司、精波仪表（香河）有限公司、香河广山铝业有限公司、香河凯华齿轮有限公司、河北永拓节能玻璃有限公司、香河天易铝窗有限公司、香河萨克森金属建材有限公司、香河县胜强混凝土有限公司、香河伟业新型门窗有限公司、廊坊精兰办公家具有限责任公司、香河鑫宏强胜家具有限公司、香河县百川燃气销售有限公司、河北宏泰铝业有限公司、河北敏嵘建材有限公司、香河县御娇龙家具有限公司、香河县正信电器设备有限公司、香河三兴商标织造有限公司、香河县博远玉嵌有限公司、廊坊银丰科艺家具有限公司、香河县希泉泡沫有限公司、香河县华鑫泡沫有限公司、香河县燕岭重型锻造有限公司、河北佳森纸业有限公司、香河华欣纸业有限公司、香河双安禽类屠宰加工有限公司、香河椰宝棕制品有限公司、香河县中辰铝业有限责任公司、香河雅伊华家具有限公司、香河洋鑫博傲钣金制造有限公司、廊坊爱依瑞斯家具有限公司、河北安旭专用汽车有限公司、廊坊栢林三优家具有限责任公司、香河格瑞混凝土有限公司、香河县怡欣纤维制品有限公司、香河宝冠塑业助剂有限公司、廊坊帅康机械有限公司、香河县中兴铝材有限责任公司、北京多维联合集团香河钢结构有限公司、河北欧班家具有限公司、喜临门北方家具有限公司、香河县通利达福利纸业有限公司、香河县友邦电器设备有限公司、香河燕通纸业有限公司、香河华北致冷设备有限公司、中冶长城重型机械制造有限公司、香河县金江办公设备有限公司、香河县康泰机械制造有限公司、香河富士嘉利纸制品有限公司、香河京华玻璃制品有限公司、香河宏鹏非织造布有限公司、香河县恒通纸业有限公司、香河天音乐器有限公司、河北华香清真肉类加工有限责任公司、香河县宏远机械有限公司、香河县华海肉类有限公司、香河港龙汽车配件制造有限公司、香河县汇丰粉沫涂料有限公司、香河华林印务有限公司、香河华诚汽车工程塑料有限公司、香河万丰链条输送设备有限责任公司、香河金华帝金属制品有限公司、香河天兴纸制品有限公司、香河县通达电器设备有限公司、香河县力强琴业有限公司、香河县天润达纸制品有限公司、香河县兴华金属制品有限公司、河北峻宇锅炉有限公司、香河汇利丰压延塑胶有限公司、香河县龙津生物工程有限责任公司、香河然成金属构件有限公司、香河奥尔利金属制品有限公司、香河亚辉铸造有限公司、香河县华美铝业有限公司、香河旭日达纸制品有限公司、廊坊华兴现代建筑材料有限公司、香河云龙锻造有限公司、香河荣生工艺品有限公司、香河东方电子有限公司、香河县强力封头有限公司、香河县汇通非织造布有限公司、香河国富家具有限公司、香河新艺达包装有限公司、香河超达纸品包装有限公司、香河县江河电器设备有限公司、香河瑞康衣业有限公司、河北星耀稀有金属材料有限公司、河北天域九五电气有限公司、香河县闻泰印刷包装有限公司、河北新仟瑞新型建材有限公司、河北富都华创家具制造有限公司、廊坊艾科曼材料有限公司、香河龙勇木业有限责任公司、香河国瑞智测试设备有限公司、香河县恒通电气设备有限公司、香河旭明源汽车配件有限公司、香河昆仑化学制品有限公司、香河富强包装制品有限公司、香河虹森家具有限公司、河北双叶家具有限公司、香河第一城酒业有限公司、香河县银洲电器设备有限公司、香河宏元家具有限公司、汇天威（香河）科技有限公司、河北发华尔圣家具有限公司、香河县鑫鼎盛家具有限公司。

港澳台独资　河北美梦思家具有限公司、廊坊成和办公家俱工程有限公司。

中外合资　香河金柏包装技术开发有限公司、香河华美粉末冶金制品有限公司、香河华美齿轮有限公司。

外资企业　晟朗(香河)电力电子有限公司、北京泰来华顿低温设备有限公司香河分公司、北京建安特西维欧特种设备制造有限公司香河分公司、香河伊斯曼乐器有限公司、香河正大有限公司、赛铭瑞汽车零部件（廊坊）有限公司。

【企业培训】　2017 年，组织专项培训 71 次，培训人员 100 余人次。4 月，组织香河港龙汽车配件有限公司、香河凯华齿轮有限公司等 25 家企业参加廊坊市规模以上工业企业研发机构认定辅导工作培训；6 月，组织香河国瑞智测试设备有限公司、香河洋鑫博傲钣金制造有限公司等 3 家企业参加核电装备制造发展机遇暨核电国际化高端供给研讨会；7 月，组织香河县恒通电器设备有限公司参加在中国科技大学举办的中小企业经营管理领军人才培训；7 月，组织一城酒业到石家庄参加食品诚信体系建设工作培训会；9 月，组织香河县华海肉类有限公司、河北华香清真肉类加工有限责任公司等食品企业参加廊坊市食品工业企业诚信体系建设工作培训会；10 月，萨克森建筑新型材料（廊坊）股份有限公司赴省参加银企对接培训洽谈会；11 月，组织 15 家企业参加廊坊市工业设计对标培训会；11 月组织廊坊爱依瑞斯家具有限公司等 15 家开发区企业参加财务管理咨询培训活动。

【企业产品展览】　香河县机器人产业港参加 2017 年“5•18”廊坊国际经贸洽谈会暨智能先进装备项目对接洽谈会；4 月，组织河北华香清真肉类加工有限责任公司参加在陕西西安曲江举办的第九届中国西安国际食品博览会暨丝绸之路特色食品展及山东烟台举办的 2017 年第十二届东亚国际食品交易博览会；7 月，第一城国安创客，太库孵化科技有限公司参加 2017“创客中国”创新创业大赛及第三届河北省工业设计大赛及首届中国工业设计展会。

【实施品牌战略】　2017 年，萨克森建筑新型材料（廊坊）股份有限公司、廊坊精兰办公家具有限公司、香河东方电子有限公司、廊坊栢林三优家具有限责任公司等4家企业生产的产品获得2017年河北省中小企业名牌产品称号。申报河北省特色产业名县（家具产业）。香河县海潮制件有限公司申报并获批省级“专精特新”产品，获得省级 20 万元奖励资金。国安创客和太库科技两家企业申报河北省小型微型企业创业创新示范基地项目；巨川节能科技有限公司获得省级新产品新技术企业称号。

特色产业

【概况】　2017 年，香河县在家具制造、金属制品、汽车配件、印刷包装等 4 个行业形成规模特色产业。全县特色企业 3373 家，从业人员 55586 人，实现营业收入 255.95 亿元，同比增长 10%；实现增加值 46.67 亿元，同比增长 7.6%；利润总额 19.84 亿元，同比增长 7.3%；

上缴税金 2.33 亿元。

【家具制造及配件产业】 2017 年，全县有家具企业 2103 家，从业人员 25130 人。实现营业收入 94.14 亿元，同比增长 10.4%；实现增加值 17.23 亿元，同比增长 9.0%；利润总额 6.88 亿元，同比增长 8.9%；累计纳税 9031 万元，同比增长 18.8%。纳税超过百万元的家具制造及配件的企业 11 家，分别是喜临门北方家具有限公司、廊坊爱依瑞斯家具有限公司、嘉晟（香河）家具有限公司、香河兴源建丰木业有限公司、香河众旺木业有限公司、河北富都华创家具制造有限公司、河北双叶家具有限公司、香河县希泉泡沫有限公司、香河瀛洲办公家具有限公司、香河县怡欣纤维制品有限公司、廊坊成和办公家具工程有限公司。

【金属制品业】 2017 年，全县有金属制品企业 1145 家，从业人员 20619 人。实现营业收入 107.96 亿元，同比增长 12.7%；实现增加值 20.03 亿元，同比增长 7.8%；利润总额 9.05 亿元，同比增长 7.9%；上缴税金 8378 万元，同比增长 31.5%。北京多维联合集团香河钢结构有限公司、北京多维联合集团香河建材有限公司、北京泰来华顿低温设备有限公司香河分公司、香河县中辰铝业有限责任公司、香河县宏远机械有限公司等 6 家企业纳税超过百万元。

【汽车配件业】 2017 年，全县有汽车配件企业 17 家。从业人员 4295 人。实现营业收入 26.98 亿元，同比增长 5.7%；实现增加值 4.34 亿元，同比增长 5.9%；利润总额 1.88 亿元，同比增长 4.2%；上缴税金 3137 万元，同比下降 20.9%。香河旭明源汽车配件有限公司、香河海潮制件有限公司、河北安旭专用汽车有限公司、香河凯华齿轮有限公司、香河港龙汽车配件制造有限公司、赛铭瑞汽车零部件（廊坊）有限公司等 6 家企业纳税超过百万元。

【印刷包装业】 2017 年，全县有印刷包装企业 108 家。从业人员 5542 人。实现税收 2734 万元，同比下降 16.5%。实现营业收入 26.86 亿元，同比增长 2.9%；实现增加值 5.05 亿元，同比增长 2.9%；利润总额 2.02 亿元，同比增长 2.7%；上缴税金 2734 万元，同比下降 16.5%。香河县高氏印务有限公司、香河富士嘉利纸制品有限公司、香河金柏包装技术开发有限公司、香河县通利达福利纸业有限公司、香河超达纸品包装有限公司、香河华林印务有限公司、香河华欣纸业有限公司等 7 家企业纳税超过百万元。

【其他行业】 2017 年度，其他行业共纳税 71510 万元，同比增长 23.3%。其中一城酒业集团累计纳税 58751 万元，同比增长 20%，占其他行业纳税额的 82.1%。

【大智移云产业】 “大智移云”产业是廊坊市重点产业，也是香河县实现传统产业升级重点发展方向。香河县在“大智移云”产业相关企业进行调研摸底，筛选凯华齿轮智能化车间企业，申报廊坊市“大智移云”产业发展重点项目。2017 年 6 月，香河凯华齿轮有限公司和香河县通达电器设备有限公司被确定为 2017 年省级“互联网+”制造业重点培育项目企业。

【两化融合在线评估】 按照廊坊市工业与信息化局要求，在香河县规模以上企业开展“河北省两化融合在线评估”工作，年内完成在线填报企业 50 家。

【公共免费 Wi-Fi 建设运维】 年内，公共免费 Wi-Fi 在全市率先完成，累计安装 ap 设备 645 个。截至 2017 年底，网络注册总人数达到 10.7 万人次，每周约有 4 万人次连入“i-xianghe”，每天 Wi-Fi 连入峰值在 3000 人左右。为加强政务网络整合工作，制定了《香河县电子政务外网升级改造升级方案》，逐步完成相关单位接入工作。截至年底，政务网络接入单位 40 家。

领导班子成员

局　长：姚立民（任至 8 月）
　　　　石宝智（8 月任）
副局长：黄书惠（女）
　　　　王宏然
　　　　张东生

（邱雅楠）

建筑业管理

【概况】 2017 年，香河县有建设单位 31 家，施工单位 25 家，监理公司 19 家，在建工地 116 处。全年，共核发施工许可证 53 个，总建筑面积 230.13 万平方米，工程总造价 47.29 亿元，结转 13 个，新开工 40 处，办理监理备案 45 项，完成建筑工程、市政基础设施工程合同备案 61 项，合同总额 456861.44 余万元，其中公开招标项目 17 项，非国有资金投资建筑工程合同备案 41 项，邀请招标项目合同备案 2 项。

【工程质量监管】 2017 年，受理建筑工程质量监督注册登记手续 56 项，报监（包括补办）56 项，完成建筑工程竣工验收监督 58 项，办理竣工验收备案手续 58 项。加大巡查力度，发现问题，下发整改、停工通知单，全年共深入施工现场检查 500 余次，下发质量整改通知单 326 余份，对 15 个违法工程项目进行了行政处罚。

【建筑业安全生产规范化建设】 开展“安全生产百日大检查”“安全生产专项整治”及建筑施工现场扬尘治理活动，严格遵循“全覆盖、零容忍、严执法、重实效”原则，抽查全县在建工地。年内共办理建设工程安全监督备案 46 份，办理起重机械使用登记 189 台，出动检查车辆 850 台次、人员 910 人次、下发检查记录 230 份、相关文件通知 3000 余份、排查一般安全隐患 490 处,并全部整改到位。

【建筑节能监管】 2017 年，完成新建建筑节能备案登记 40 项，面积 338 万平方米，执行绿色一星标准达到 98%。其中 14 个公共建筑全部按节能 65%标准设计，26 个居住建筑全部按节能 75%标准设计，建筑节能标准执行率达 100%。居住建筑全部设计了太阳能热水系统，其中采用一体化技术 30 个，建筑面积 157 万平方米。完成节能专项验收备案 35 项，面积 200 万平方米。推广建筑保温与结构一体化技术，建设、施工、监理单位严格按照规范化标准、一体化技术进行施工和监理。

【建筑市场管理】 加强执法队伍建设，采取协调联动的执法工作机制，加强对工程项目事前预防、事中控制、事后查处的规范化执法。2017 年，下达《责令改正通知书》40 份，下达《行政处罚决定书》69 份，收缴罚款 911 万元。

【建筑领域清欠】 依法依规将建筑企业违法行为记入省建筑业企业信用综合评价平台，情节严重的清出建筑市场。对 1 家建筑企业在施工过程中的违法行为记入省建筑业企业信用综合评价平台。解决拖欠工资信访问题，年内解决农民工上访案件 42 起，涉及农民工人数 563 人，涉及金额 5000 万元。

【农民工工资保障金管理】 严格执行《香河县建设领域农民工工资预储金和保证金管理暂行办法》。23 家建设单位缴纳了农民工工资预储金，23 家施工单位缴纳了农民工工资保证金。

领导班子成员

局　长：高立军（1 月任）

副局长：张年台（兼人防办主任，9 月任）

周君林

（张　洋）

五城建设

责任编辑　杨东林

综　述

2017年，中信国安第一城国际会议展览有限公司实现战略转型，机制创新，打造文化旅游产业，发展影视文化产业，成功举办“旅游季”和“京津冀大庙会”及品牌赛事，完成国际学校建设，为第一城再次腾飞奠定基础。家具城共有33座单体展厅，7500余家企业入驻，打造“南有顺德，北有香河”的北方家具商贸之都，在广告宣传，内部管理，产品质量，人员培训等方面得到加强。大爱城•香河国家养老示范基地坐落于香河县渠口镇，可提供居家养老、社区养老、机构养老等养老模式，建设以养老为核心的大爱医院，大爱幼儿园，北京景山学校香河大爱分校等配套设施。香河石材城位于安平镇，为顺应北京调整产业布局需要，吸引北京西直河地区石材商户入驻，现有A,B,C三个展区，700余家商户入驻。中国京津冀汽车零部件物流交易中心完成第一期建设和招商工作，项目进展顺利。

中信国安第一城

【概况】　中信国安第一城国际会议展览有限公司位于香河经济开发区,仿北京古都风貌,集中华古今文化精华,融会展,观光,娱乐,美食,购物,休闲,度假于一体的大型综合性古典园林景区,占地266.67公顷。分内城、外城两大部分。由一个中心,五大景区,88组景观构成。1992年10月18日开工兴建,1998年4月28日正式开放。2017年，“第一城”战略转型、机制创新，转型文化旅游产业迈出实质性步伐，前门大街重新修建，酒店等区域软硬件升级改造，影视、养老、国际学校等资源陆续引进。是年接待游客65万人次。“第一城”定位大文化旅游平台，综合发展影视、教育、文化、体育、酒店等多业态、多产业。东西翼楼、民族风情街项目陆续启动，“大庙会”“旅游季”以及品牌赛事成功举办，国际学校建设基本完工，影视特效基地落成使用,为第一城再次腾飞奠定了坚实基础。

【京津冀中华大庙会】　1月27日至2月2日，即除夕至正月初六，举办第三届京津冀中华大庙会。庙会包括民俗、皇家、美食、时尚、文化、亲子六大主题，其中包括京津冀民间花会大会演、瑞龙祥狮闹皇城、迎春民俗灯会、老北京风情实景演绎以及杂技、绝活、杂耍、叫卖等各种民俗活动。在相声专场、川剧变脸、皇太萌儿童剧等演艺活动基础上，乌克兰的女子乐团表演古典与爵士、摇滚与现代相结合的全新音乐盛宴。大庙会期间举办“冰雪嘉年华”，有迎冬奥室内冰雕展、雪圈运动、旋转飞蝶，香蕉船、雪橇车、雪地赛车、雪地悠波球等十余种冰雪项目。年货大集，大庙会呈现近30项精彩活动,吸引海内外游客25.8万人次。

【京津冀国际旅游季】　5月28日，举办INTRO电子音乐节。6月25日，举办世界聋人小姐先生大赛中国总决赛。10月12日，举办世界老式汽车中国巡礼等活动，诠释“旅游+”

产业新常态。

【体育赛事】 5月28日，举办第五届中国国际象棋精英赛。在前期足球、篮球基础上，向羽毛球、击剑拓展。与北京市什刹海体校、北京市篮球运动协会等开展深入合作。在互联网+体育大概念下，完成自身平台开发，得到北京市篮协官网独家运营权,通过举办各类赛事，吸引多方媒体关注，促进第一城品牌提升，提高区域经济发展。

【会议接待】 年内，对美容行业、赛事培训、金融保险、医疗行业进行重点开发，与铂澜迪美业等系列会议成功洽谈，接待一龄博士、艾美国际、慧宇教育等，与会小二、向荣国际、慕辰会议等平台合作,接待会议团队139批次，完成销售额约6800 万元。

【影视文化建设】 按照国家级文创产业园区的创建标准，谋划产业布局，突出“文化”概念，促进产业落地。9月19日，与北京电影学院达成战略合作，在第一城引进影视文化相关产业，共建 “北京电影学院青年电影人才培训基地”和“北京电影学院产学研创作实践基地”。特效影视基地于2016年投入使用。2017年10月，与胡玫导演的红楼梦剧组合作, 投资2.5亿元，启动二期影棚建设。

【酒店改造】 2017年，投资约9834万元，启动正安宫酒店升级改造工程。11月17日，与洲际酒店达成合作协议，拟挂牌“皇冠假日酒店”。

【打造文旅品牌】 2017年“第一城”与中国棋院、共青团中央、北京电影学院、金融工委、百年巨匠、刘宇一等单位合作,内涵丰富的“第一城”已经成型，文旅品牌初步建立，为县域文化旅游增加新内容。

【第一城东西翼楼项目】 2017年第一城对前门商业街进行改造，启动建设东西翼楼，项目融入民族文化，集博物馆、艺术品交易、美食等于一体，将提升第一城的经营业态及文化内涵。

2017年第一城旅游项目建设情况汇总表

表8

分类	数量（个）	名称	项目资金（亿元）
新开项目	2	正安宫酒店改造	0.98
		东西翼楼改造	0.18
小计			1.16
在建项目	3	前门东西翼楼	2.5
		国安新桥影视	2
		运河PPP项目	9.71
小计			14.21
总计	5		15.37

（秦　伟）

家具城

【概况】 2017年，香河县家具城共有经纬、红星美凯龙、居然之家、金钥匙、嘉亿龙、中意、月星、鑫亿隆、汇美、鹏大、顺隆、贵都、北广、明泰来、中唐、春城、华汇、顺美、新时代、兴华、京达、京华随缘、美家源等33座单体家具展厅，商品涵盖家居、办公、宾馆套房、红木、中高档沙发、软床、户外、藤艺、工艺品等各类家具，总面积300万平方米。城内入住企业7500多家，知名品牌1500余个，产品除重点销售北方十余个省、市外还远销东北亚、欧美和非洲等部分国家和地区。

【家具行业获得荣誉】 2017年3月，中国香河国际家具城被中国保护消费者基金会评为“维护消费者权益—3•15满意单位”；3月，家具城管委会培训学校被香河县妇联评为“巾帼文明示范岗”；4月，家具城管委会被中国家具协会评为“2016—2017年度中国家具行业信息工作先进企业”；6月，中共香河县家具城工委被中共香河县委评为“先进基层党组织”；9月，香河家具城管委会获得由中共香河县委、香河县人民政府颁发的“创文明县城爱心企业奖”。

【国际家具展览会】 2017年4月10—20日，香河家具城与中国家具协会、河北省家具协会共同举办首届“中国•香河国际家具展览会”。参展企业7500多家，知名品牌1500余个，搭建室外展馆31座，外地参展企业181家，邀请各地采购商、经销商4万余人次，参观购买约50余万人，市场交易额56亿元。

【专业培训】 2017年，对新上岗导购人员基础培训，从业人员轮训，聘请著名讲师为从业人员进行高端培训，提高服务软实力。参加培训人员3687人次，提高销售人员的服务意识和服务水平。

【广告宣传】 提高广告宣传的针对性和时效性,对500公里范围内地区加大宣传力度,在唐山,秦皇岛,承德,张家口,保定,沧州以及辽宁,内蒙古等投放电视广告,建立服务办事处,开通免费班车,实现环渤海经济圈的全覆盖。利用“五一”、“十一”黄金周在中央电视台，北京、唐山、秦皇岛、沧州、承德、保定、张家口、赤峰、葫芦岛、锦州等地方电视台投放广告,在沧州电视台、唐山电视台播放香河国际家具节专题片。

【物流管理】 整合物流企业,制定《香河家具城物流企业服务规范》,细化服务标准,实现统一管理,统一标识,统一服务。在物流设备,信息,管理方面实现资源共享。至年底共有家具物流企业341家。

【家具城消防安全管理】 按照日巡查、夜抽查、季联查方式开展消防安全检查工作，组织开展应急疏散演练，通过多种途径进行消防知识宣传，提高工作人员安全意识；成立以管委会主任为组长，相关科室、家具城派出所、家具展厅负责人为成员的消防安全领导小组，负责家具城的消防安全工作。按照定区域、定人员、定责任的要求，建立以家具展厅为单元的三级消防网格化管理体系。形成各司其职、相互联动、综合监管的工作格局，使安全管理工作规范化、科学化、精细化、长效化，把安全生产工作列入考核范围。

领导班子成员

主　　任：王占栋
常务副主任：揣柏文
副 主 任：张树合　李万青　高东武

（王利永）

大爱城

【概况】 大爱城•香河国家养老示范基地项目，于2010年入驻香河，是民政部“爱晚工程”养老示范项目。项目总占地面积320公顷，规划建设用地200公顷，总建筑面积300万平方米。项目由大爱城投资控股有限公司投资建设，大爱城控股创立以“大爱”为核心价值的市场化养老服务体系，以“大爱•书院式养老”创新模式整合养老服务、健康医疗、终身教育、现代农业四大产业，建设市场化、规模化、全龄层、全配套的亲情健康养老社区，构建多元化养老格局。香河大爱城社区为住户提供居家养老、社区养老、机构养老三大类多元服务。

【大爱城设施建设】 2017年底建设完成项目包括香河大爱书院、养生公馆、大爱酒店、大爱医疗中心、大爱城一期。2017年总开工面积437404.2平方米。香河大爱医院、婴幼园、北京景山学校香河分校、体育中心、酒店、生态农场、商业中心等正在建设中。

【大爱城规划建设】 养老服务核心载体大爱书院规划有独立生活区、协助生活区、专业护理区、记忆支持区等区域，提供全方位养老服务。北京景山学校香河分校于2017年秋季开学。

（张　越）

石材城

【概况】 香河石材城是在首都北京重新调整产业布局，顺应产业转移的背景下，2014年由在北京西直河地区经营多年石材的闽商与香河三强实业集团联合投资兴建，集石材展示、生产加工、石材交易、物流配送、电子商务为一体的专业化石材交易中心。

【规划建设】 香河石材城位于安平镇南部，103国道两侧。总规划占地200公顷，其中一期占地107公顷，总建筑面积100万平方米，完成投资20亿元，该项目分A区、B区、C区。A区，包括石材加工区、石材大板展示区、成品工艺品展示区；B区包括石材大板展示区、成品工艺品展示区、国际石材会展中心、物流仓储区；C区包括石材加工区、石材大板展示区、配件配套综合服务区。2014年5月开始接洽，7月开工建设，2016年试营业。

【产业拉动】 香河石材城是县政府规划承接北京各类市场的核心项目。利用京津冀产业优势，借助华北、华中、东北广大市场潜力，快速发展，坚持体制创新、管理模式创新，创造符合市场经济的运行机制，为投资者打造配套完善、运作顺畅、宽松高效的投资环境。香河石材城为河北省重点项目。可提供一万人的就业岗位，同时拉动服务行业。

（徐　倩）

中国京津冀汽车零部件物流交易中心

【概况】 中国京津冀汽车零部件物流交易中心由河北香河三强实业集团和国水海洋投资（北京）有限公司共同开发投资建设。项目占地106.67公顷，计划投资162亿元，建设汽车零部件中心150万平方米，汽车商贸综合体110万平方米。项目建成后将成为中国最大的汽车配件交易中心，年销售额可达567亿元，税收17亿元，可为14000人提供就业岗位。交易中心主要经营汽车展销、汽车零部件、美容装饰、修理改装、汽保工具等项目，涵盖德系、日系、美系、韩系、国产等汽车品牌，并配有大型物流交易中心，项目以现代化仓储物流为基础，以“互联网+”大数据为依托，“B2B、O2O、B2C”相结合的混合运营模式，线上线下同时交易的商务区。

【汽配城设施建设】 项目一期占地40公顷，2014年10月筹备，2015年6月开工，2017年7月投入6.1亿元，建成占地20公顷，建筑面积19万平方米，共有31栋建筑，1326间商铺的市场。项目计划建设110万平方米汽车商贸综合体及60万平方米国际展览中心，满足整车及零部件的展览展示，为汽车文化交流提供平台。

【汽配城招商引资】 2017年8月27日，在中国京津冀汽车零部件物流交易中心，举办中国京津冀汽车零部件交易物流发展论坛，探讨京津冀一体化形势下“互联网+汽车零部件”产业模式对汽车后市场运营现状及未来运用大数据化的物流、金融结算等因素对汽车产—销—修的影响。北京市商委、河北省商务厅、北京汽车配件业商会和廊坊市有关领导及商户代表共1500多人参加。中国京津冀汽车零部件物流交易中心被中国汽车后市场总会命名为“全国汽车零部件贸易中心”；与中国汽车工业配件销售有限公司达成战略合作协议。至年底一期商铺被商户全部预订。

（李国强）

香河机器人小镇

责任编辑 杨东林

综 述

香河机器人小镇，位于河北香河经济开发区，创建于2009年，原名香河县机器人产业港，2017年2月更名为香河机器人小镇。小镇在机器人产业的战略布局下，吸引来自京津地区的科技研发、高端制造等产业落户香河，加快香河县产业转型升级、结构优化步伐。香河机器人小镇通过人才对接、金融服务、市场推广和孵化加速等产业服务平台，构建完整的机器人产业生态圈，为创新驱动发展提供平台和持久动力。

自2016年国家发改委发布《关于加快美丽特色小（城）镇建设的指导意见》后，打造“特而强”的产业，“聚而合”的功能，“小而美”的形态，“新而活”的机制成为香河机器人小镇的发展目标。使香河机器人小镇成为产业特色鲜明，人文气息浓厚，生态环境优美，多功能叠加融合，机制体制灵活的特色小镇。截至2017年底，已有尼玛克、汇天威等112家国内外知名机器人企业入驻投产。

机器人小镇建设

【概况】 香河机器人小镇总规划面积3.7平方公里，形成以机器人产业为主导，集智能制造、孵化加速、创意展示、工业旅游等功能于一体的智慧科技特色小镇。小镇采取景区化营造、智慧化运营，打造成为全国领先的“可视化＋机器人”的智慧产业工业区；建立可视化智慧运营管理体系，依托城市智能监控指挥中心，构建城市运营管理中枢，打造小镇会客厅形象展示门户；构建人性、专业、共享的城市服务体系，提高产业竞争力，促进民生幸福；围绕机器人主导产业，打造机器人在城市运营中的创新应用，打造产城融合名片。小镇按照景区标准，打造可参观的智慧运营中心、可游玩的小镇魅力动线、可体验的小镇创意文化、可参与的小镇风情活动，实现景镇融合。2015年8月至今，廊坊市科技企业孵化器、廊坊市机器人产业技术研究院、河北省重大项目加速器、科技部科技领军人才创新驱动中心（香河）相继落户机器人产业港。香河机器人产业港引进北京航空航天大学、河北工业大学、中国机械自动化研究所3所高校、科研院所资源，并与人工智能研发领域前沿的两所知名大学东北大学和沈阳工业大学签订战略合作协议，推动香河机器人和人工智能产业创新升级。

【产业基础】 2017年底，香河机器人小镇已汇聚德国尼玛克、伊贝格、宏远皓轩、汇天威、星和机器人、精波仪表、影能机器人、太库科技、硬蛋科技等112家企业入驻投产，美国ATI、安川都林等国际机器人龙头企业相继签约。小镇建立资本驱动、人才驱动、孵化加速、供应链服务、政务服务、市场推广、第三方服务、生活配套于一体的全方位产业服务体系。

【明星企业】 安川都林机器人应用设备（北京）有限公司。成立于2003年，是机器人产业领域“四大家族”之一的日本安川电机与韩国排名第一的喷涂&涂胶机器人企业都林机器人应用技术有限公司的合资公司，致力于自动化涂装系统的设计、研发及相关工程工作。安川都林于2017年9月26日签约，2018年5月正式入驻投产。安川都林香河工厂由预组装生产线、研发实验室、培训设施、材料仓库、科技展厅等组成，可同时进行100台以上中上涂机器人、50台以上底涂机器人的组装及离线调试工作。

尼玛克焊接技术(北京)有限公司，成立于2006年，由德国MIMAK GMbH与德国SNG公司共同投资，是国际著名的汽车行业电阻焊机供应商，也是机器人焊钳技术的发明者，拥有多项世界先进技术，获得ISO9000、CCC认证。尼玛克于2016年6月28日签约， 2016年8月30日入驻香河机器人小镇，主要为汽车车身焊装生产线提供专业焊接设备，现已具备电阻焊机系列产品的研发、设计、生产能力，可年产2400台手动焊钳、600台机器人焊钳、1000 台焊接控制柜。市场覆盖中国及亚洲地区、俄罗斯、非洲、南美洲，客户包括北京奔驰、一汽奥迪、一汽大众、北京汽车，广州本田等。

北京汇天威科技有限公司。成立于 2005年，是国内3D打印行业龙头企业。该公司自主研究开发的FDM成型技术3D打印机，具备成型幅面大，速度快，工作稳定，成本低等优点。2017年，汇天威有7款成熟的自主研发产品，广泛应用于科研院所、学校、工业生产、医疗等领域。2016年3月2日签约，2016年5月19日入驻香河机器人小镇。

北京宏远皓轩谐波传动科技有限公司。成立于 2011 年，是国内龙头机器人核心零部件—谐波减速器、传动及特种传动技术的自主研发制造专业化公司，在机器人减速器行业处于国内领先地位。产品应用于各类轻型工业机器人/机械臂、医疗机械、测量/分析/试验机器、精密包装机械、半导体制造装置、FPD制造装置、通信装置、航空航天机器、数控机床、雷达卫星地面站等精密传动系统。2015年10月31日签约，2015年12月15日入驻香河机器人小镇。

北京大呈机器人科技有限公司。成立于2007年，是国内首批从事机器人本体设计研发的高新技术企业，曾获得科技部中小企业创新基金支持。该公司专注于自动化焊接、焊接机器人和高端焊接设备及焊接工装的研发、应用及推广，为制造业升级转型提供焊接自动化整体方案。2017年，公司共获得8项发明专利、6项实用新型以及软件著作权，掌握机器人控制器、驱动控制器、机器人和运动控制算法及机器人本体结构设计四大核心技术，其自动焊接机器人系统广泛应用于汽车、五金、家具、冶金、机械、仪表、科研等领域。2017年6月26日签约入驻香河机器人小镇。

深圳飞马机器人科技有限公司。成立于2015年2月，致力于民用超小型无人机系统的研发、生产及销售。经过近10年在无人机行业的技术积累，结合IT领域产品设计、工业化制造经验，飞马机器人致力于为客户提供便捷易用的工业级无人机及创新的消费类无人机产品。飞马自主开发的“无人机管家”软件，是业内技术领先的无人机数据获取及处理的一站式智能软件系统。2017年5月3日签约，2017年6月3日入驻香河机器人小镇。

【科研成果】 3D仿生代理的情感人机交互系统。该系统是基于北京航空航天大学模式识别与人工智能实验室的多模情感识别与情感表达融合技术开发的，具有情感感知与表达功能，能够通过采集用户的音视频信号，实时感知用户表情和语音中包含的六种基本情感信息。通过人脸与汉语语音进行多模情感识别，采用3D仿生代理进行情感表达，实现人机情感交互。

图像识别的三维运动平台监控系统。该系统支持直驱平台实现二维、三维或多维的超高速超精密运动，精度和分辨率均在微米级。可应用于工业机器人和机械手、LED封装装备、办公机具、精密机械制造业、石油化工业、航空与国防工业、半导体加工及芯片制造业、激光及检测设备、医疗设备等。

机器人曲面抛光系统。该系统拥有6个自由度，提高机器人的灵活性，保证机器人的接触刚度。关键技术包括恒压力抛光、抛光轮轮径检测与自动补偿、抛光轮快速更换。

“X-Cut”数控切削参数优化系统。该系统由北京航空航天大学高效数控加工技术研究应用中心自主研发，并建立了完善的技术培训和服务体系，在国防科技工业“千台数控机床增效工程”的100余家企业成功应用。

机器人离线编程系统（RobotCAX）。该系统利用计算机图形学，在计算机上建立机器人及其工作环境的模型，开发规划算法。通过对模型的控制和操作，生成机器人控制程序，对机器人进行轨迹规划。

高功率密度永磁电机。该项目能够有效提高电机的功率密度，实现系统输出力和力矩的提高，完成系列化的旋转和直线永磁电机的系统设计、样机加工和性能测试。

射线数字成像的检测与质量控制系统。该系统具有实时射线成像（RTR）、数字射线成像（DR）和三维层析（3D-CT）成像的功能，已为航空、航天、能源、核工业和特种设备行业开发多套应用设备，均已投入实际使用，获得了良好效果。

舵机伺服特性半实物综合仿真测试设备。主要包括电动负载模拟加载测试设备、舵机刚度和模态测试设备、机械式正/反操作力矩加载台、剪切冲击负载测试台、舵机复合加载台等。

北航系列舵机伺服特性搬实物仿真测试设备。该设备可根据客户需求定制，具有自主知识产权。

医用胶囊微型机器人。该项目在微驱动方面的技术积累为胶囊微型机器人的相关研究和样机开发创造了有利条件。项目研究成果具有完全的自主知识产权，申请并授权国家发明专利5项。

（黄金晶）

园区建设

责任编辑　杨东林

综　述

2017年，香河县4个园区（河北香河经济开发区、香河县农业高新技术园区、河北香河环保产业园区、河北香河新兴产业示范区）建设取得较快进展，各项事业突飞猛进。在基础设施，项目建设，招商引资，社会事务等方面效果显著。按照《中共河北省委、河北省人民政府关于加快开发区改革发展的意见》（冀发〔2016〕12号）文件精神，与省市对接，优化整合思路，加快推进开发区（园区）优化整合。本着“突出重点、先易后难、稳步推进”的工作原则，在《关于河北香河经济开发区改革发展的意见》中保留环保产业园、新兴产业园党工委。围绕“搭平台、上项目”的工作核心，制订适合园区产业发展规划：河北香河经济开发区以智能制造产业园，以机器人制造为主；环保产业园以节能环保产业为主；新兴产业园以商贸物流、总部经济、电子商务和文创产业为主。充分发挥三大运营商在园区主体建设和招商引资优势，推进开发区发展建设。2017年，完成开发区改革工作，优化营商环境，增强发展动能，走加快转型、绿色发展、跨越提升新路。

河北香河经济开发区

【概况】　1993年1月经河北省政府批准成立，是省政府确定的省级重点工业园区。区内开发用地面积12.7平方公里，规划面积21.6平方公里。至2017年底，园区内共有企业186家，其中三资企业44家（包括区内注册区外经营企业）。2017年，完成工业增加值24亿元，主营业务收入40亿元，财政收入6.35亿元，实际利用外资592万美元，固定资产投资24.3亿元。

【开发区招商引资】　2017年，新入园企业28家，签约项目42家，储备项目36家。安川都林、ATI、百纳信达、飞马无人机、捷诺鸿达、尤尼梅特等项目入驻。引进企业高管和专家级人才150余人，带动就业3000余人，预计实现年产值30亿元，年税收2600余万元。

【投资环境】　开发区以园区建设为重点，不断完善工业区路网及给排水工程，铺设污水管网、燃气管道，实施电力迁改，高标准开展环境提升工程，打造标识性强、特色明显的运河景观大道，凸显开发区环境优势，为项目建设创造优越发展环境。机器人大厦完成设计，运动公园开工建设，公交车站进入园区，建设7号路连接大香线临时工程；启动6号线北延工程。园区内道路实现小闭环，开放式道路工程。

【开发区项目建设】　机器人核心零部件产业园（北区）完成主体封顶，进行内、外部装修，机器人核心零部件产业园（南区）、机器人核心零部件（本体）产业园、机器人系统集成产业园、机器人应用产业园1期、机器人通航展培1期、机器人通航展培2期、机器人大厦等重点项目于2017年底全面开工建设。

【提升园区品牌】 举办2017香河人工智能创新高峰论坛、国内首届机器人创客电视大赛等活动，组织中国廊坊国际经济贸易洽谈会，世界机器人大会等大型展会，接待十九大新闻中心考察团等媒体采访，扩大园区影响力。

【开发区大气污染治理】 落实建筑工地内全覆盖或洒水抑尘措施，增加路面清扫、水洗，做好绿化带的清洗。对餐饮业烟尘、油烟污染及室外露天烧烤进行专项整治，推进企业VOC治理，燃煤锅炉拆改工作。至2017年底，8家涉VOC排放企业全部安装除尘设施，18台10蒸吨及以下锅炉全部拆改到位，确保区内生产企业全部达标排放。

领导班子成员

主　任：高宏伟

副主任：王治军

（靳雪丽）

香河环保产业园区

【概况】 园区总人口12547人，起步区面积17.87平方公里，建成区面积8.8平方公里。2017年，财政收入8373万元，占全年任务的185.53%，同比增长49.5%；完成工业总产值10.33亿元，同比增长24%；完成固定资产投资28.97亿元，占全年任务的91.1%，同比增长18.5%。

【环保产业园区基础设施建设】 2017年，累计完成投资3.4亿元，完成景观大道东延前期工程；铺设完成双安路（安平—安头屯）污水管网6千米、香宋路（香河—刘宋）污水管网3千米，并已全部通水，两座污水泵站开始运行；建设完成燃气及管网工程建设；完成园区道路绿化升级工程。

【环保产业园区招商引资】 2017年，引进稻香村食品项目、中科金豆国家医疗大数据项目、东方电子科技有限公司香河生产项目、中天聚合节能科技有限公司香河生产项目、北方名贵木材交易暨展示中心项目，总投资43亿元。

【环保产业园区项目建设】 2017年，中粮可口可乐、喜临门北方家具、河北双叶家具等16个项目入驻。在建项目4个，分别是中粮可口可乐项目，2017年4月试运行，11月30日正式生产，全年完成投资7亿元。原子高科同位素项目，总投资10.512亿元，规划占地10公顷，总建筑面积80336平方米。香河汇文节能科技有限公司项目，年产100万套半导体控温系统及100万套整机系列产品项目，一期已经建设完成，生产线在安装调试中。新建全友家具香河工业园项目。

【环保产业园区基层组织建设】 园区有基层党组织19个，其中机关支部1个、企业支部3个、村街支部15个；党员666人，农村党员605人，农村女党员85人。预备党员12名、转为正式党员9名，入党积极分子32名。新建企业支部1个（中粮可口可乐公司）。前彭家务、石辛庄、东延寺3个后进村全部转化。加强党建规范化制度化建设，重点对中粮可口可乐等3个支部活动场所进行硬件设施建设。做好农村“两委”换届准备工作，为换届选举奠定基础。推进全面从严治党。

【环保产业园区美丽乡村创建】 前彭家务、后彭家务、南王庄子、南刘庄、孙家庄、铁佛堂、石辛庄等7个美丽乡村建设村街完成地下给水管网铺设3.7万米，地下污水管网铺设3.5万米，雨水管网铺设16681米，外墙涂抹灰30余万平方米，道路两侧硬化18万平方米，道路两侧绿化2万余平方米，种植树木2.8万株，安装路灯1506套，硬化村内主路14万平方米。刘庄子和石辛庄分别新建二层楼村民中心，共计2500余平方米。石辛庄村修建两处共4675平方米公园。

【环保产业园区煤改气工作】 园区15个村街，开通燃气户如期供暖。开展“散煤清零”工作，全部取缔对辖区内原散煤销售点，严厉打击运输、销售散煤行为，与开通燃气户签订“禁煤承诺书”。清理散煤1500吨。严格对园区内70家燃煤锅炉企业的107台锅炉进行有效管控。

【环境卫生整治】 2017年，园区15个村街及辖区内主干道卫生实行长效管理机制。新建垃圾池10个，集中清理坑塘52个，清理垃圾8万余立方米，清理秸秆1万余亩。累计整治拆除违章建筑27处，检查VOCs企业71家，查封45家，对31家偷排企业进行处理。扑灭田间野火47起，清理流动摊点52个，没收违章牌匾14块，制止违法生产行为62起，排除消防隐患37处。

【环保产业园区大气污染防治】 年内，停产整治不达标的VOCs企业46家，关停取缔企业26家。接到信访举报46件次，对其中8家企业采取“两断三清”（断水、断电、清厂房、清产品、清设备）处理，为46家符合环保规划的VOCs企业和47家符合环保规划的非VOCs企业办理环评手续，为12家VOCs企业和12家非VOCs企业办理排污证，取缔“散乱污”企业56家，清理取缔露天烧烤摊点8个，对2个搅拌站和裸露地面全部进行防尘网铺设苫盖，对42个坑塘统一治理并安装指示牌。

【环保产业园区社会保障工作】 完成15个村街的扶贫建档立卡，完成46户60周岁以上孤寡人员从低保转入特困人员供养。落实农保、农合各项惠农政策，参保率均达98%以上。完成63个保障房申请户初审。村村通工程修路11条，总长14.7公里。

【农业水利】 年内，完成15个村街的农业普查，春季造林620亩，植树37200余株。平香线（平谷－香河）南延土地流转和地上物清理工作进度完成80%。清理闸3座，清淤1000余米。成立园区河长制办公室，建立巡查机制，对辖区内5段河渠明确10名村级巡查员分段负责，制作设立河长制标识牌15张。

【安保维稳】 年内，接待群众来访296件次，其中集体访36件次，个人访260件次，涉及来访群众568人。信访案件41件，已化解36件，化解率为88%。网上办理信访案件135件，案件受理率100%，案件答复率100%，满意度评价率98%，县督查室交办案件2件，全部办结。完成各项安保任务。

【环保产业园区安全生产】 组织开展安全消防大检查6次，专项整治检查和“安全生产月”活动4次。全面开展冬季消防安全隐患整治，建立健全各村街、企业的安全组织机构。下达停产整改通知54份，关闭整改不合格企业40家。严查危化企业，对7家企业存在安全隐患问题整改到位。安全生产专项检查76家，发现安全隐患58处，整治完成42处。加强村街“气代煤”的安全使用常识宣传培训，制作安装展版88块，印发宣传册1000余本。在辖区学校门口、集市开展食品药品宣传活动3次，发放宣传资料380份，办理食品小摊点备案卡62份。

【宣传思想文化建设】 掀起学习宣传贯彻落实十九大精神的热潮，成立宣讲报告组，副科级以上领导干部深入村进行宣讲，利用微信等新媒体，宣传中共十九大精神和相关政策性文件。加大信息宣传，丰富文化载体，在《河北经济日报》《廊坊日报》《今日香河》，以及香河电视台等各类媒体刊发信息40余篇。积极开展"我们的节日"系列活动，组织开展"迎新春象棋比赛""大秧歌跳起来"等活动。为庆祝中共十九大，分别在15个村街举行主题文艺巡演，在刘庄子村举办"不忘初心、牢记使命"文艺演出2场。

【从严治党】 全面推进党的政治建设、思想建设、组织建设、作风建设、纪律建设。坚守纪律规范，严格落实责任。提前做好农村"两委"换届纪律宣传，正确引导、严肃对待。切实履行党风廉政建设"两个责任"，严格落实"一问责八清理"和"基层微腐败"两个专项行动，提升机关效能。通过基层群众反映、企业主举报等问题线索，共查办案件64件，查实15件，查否49件。

领导班子成员

主　　任：张显民
常务副主任：冯　勇
副 主 任：刘洪涛　王建军

（庄英艳）

河北香河新兴产业示范区

【概况】 2017年，财政收入完成22294万元，占预期目标的104%。公共财政预算收入累计完成10326万元，占预期目标的100.9%。国税完成10249万元，地税完成12045万元。固定资产投资完成22.26亿元。3月，被香河县委、县政府授予"美丽乡村建设先进单位""项目建设先进单位"；11月8日，在中国产业园区大会入围20强，获得主榜单"2017年度中国产业园区金项目TOP20"大奖。"片长制"基层管理模式被河北日报、河北电视台等媒体报道。

【新兴产业示范区基础设施建设】 2017年，全年共完成投入4.65亿元。其中，投入24940.24万元，完成道路管网及便道工程6.8公里；投入6241.8万元，完成三座桥及一座箱涵的修建；投入540万元，建设给水管网3200米；投入9800万元，完成污水管网8.9公里；投入1386万元，完成道路绿化3万平方米，亮化1.8公里；投入3421万元，完成3D打印一期建设。

【新兴产业示范区项目建设】 开工项目有：香河3D打印产业，计划总占地26.7公顷，2017年8月开工建设，计划总投资15亿元，其中前期建设计划以鑫山南侧地块为起步，主要建设研发中心、中试厂房、标准化厂房、综合服务中心、科研成果展示中心等，项目年总收入为1.8亿元，税金及附加0.52亿元。已签入园协议项目：香河电子商务外包产业园项目，计划占地5.87公顷，包括互联网创新创业中心、电子商务企业总部培育基地、互联网020品牌体验中心、综合配套服务中心、跨境电子商务服务外包中心、电子商务服务外包产业园金融（支付）服务平台、网商俱乐部、电子商务培训基地与人才输送平台、电商交流平台、院校实训基地、孵化区、成长区、孵化成型区等，为电子商务产业提供相应的服务。北京二商京津冀城市生活保障基地项目，总占地800公顷，总建筑面积122万平方米，主要建设冻肉产品交易中心、香河公用保税库、农产品交易中心、猪肉及副产品深加工基地等。华电集团香河燃气能源站项目，主要建设4台20万千瓦级千瓦燃气—蒸汽联合循环热电机组配置，总装机80万千瓦，占地26公顷，其中一期工程建设2台20万千瓦级机组，选用机型为9EMAX，投资15亿元，占地13.3公顷，配套建设供热管网，建成后可直接供热到户。北大培文学校项目，通过与北京大学合作，引进北京大学优质教育资源，在香河建立北大培文合作学校，该项目计划占地13.3公顷，总投资10亿元。香河公用型保税库项目，包括食品/冻品商贸区、电子信息产品国际商贸区、奢侈品国际商贸区。总占地面积33350平方米。其中，封闭性海关监管区域将设立海关监管的保税仓库（仓库面积10000平方米）、海关监管楼、查验场所等。香河食品专项自贸区（含香河特色食品小镇）项目，建设北方最大的进口食品集散交易平台，重点服务北京、天津两座城市，打造成为我区域北京非首都城市功能疏解承载项目。已签订框架协议待签订正式协议项目：泉康投资北汽香河汽车零部件供应基地，联东U谷工业地产项目，鸿坤创新产业投资公司合作项目。重点在谈项目有，博士伦仓储和包装基地项目，捷通大数据机房研发运维中心，河北精英集团旗下河北叶罗丽玩具科技有限公司项目，中农联控股有限公司项目，宇培集团项目。

【新兴产业示范区大气污染治理】 高标准推进“气代煤”“电代煤”工程。京东新城社区4个村街（前骆驼港、挠子庄、匠庄、小朱庄）于11月上旬完成集体供暖。完成10个“气代煤”村街2690户和3个“电代煤”村街939户的供暖任务。完成高压塔基和10千伏线路工程塔基补偿工作，为全县电代煤工作推进提供有力保障。对95家散落在村街的“散乱污”小企业、小作坊进行清理整顿。

【新型农村社区建设】 对京东新城社区进行升级改造，优化社区基础设施、环境卫生，对社区内路面、灯杆、垃圾桶进行更换，对商铺环境卫生进行治理，对社区内外绿植进行补种、修剪，争创园林式社区。打造全新的便民服务中心，实现4个村街（前骆驼港、挠子庄、匠庄、小朱庄）集体办公，努力创建清洁、平安、文化、服务的社区品牌。

【新兴产业示范区“两违”治理】 从源头上控制“两违”（违规占地、违法建设）现象发生。年内，完成违规占地整改6宗，制止违法建设4宗。

【新兴产业示范区安全生产整治】 坚持“严把关、抓到底”的安全工作机制。对辖区内120余家企业进行安全生产检查，发现安全隐患120余次并已整改到位。发放《中华人民共和国安全生产法》200册，安全知识宣讲进村入户。在村街主要位置悬挂安全生产警示标语190条。2017年辖区内未发生一起安全生产事故。

【示范区信访维稳工作】 建立“平时掌控，重点监控，依法处置，妥善化解”长效管理机制，坚持“小事不出村、大事不出区”方针，秉持“排得出、稳得住、化得了”理念，按照“人要回来、事要解决”原则，变上访为下访，将矛盾解决在基层，对以百家湾，祁羊店，打卜户、纽约公园等地集体访化解在萌芽状态。2017年，全年信访总量同比去年下将20%，全年共受理群众来信来访28件，办结27件，办结率达96%。

【天网广播宣传平台建设】 创建语音自动播报工程，利用智能中控系统与村街终端进行“实时对讲”“紧急播报”“定时播放”，实现“园区播报，村村收到”的效果。同时，以园区《广播之声》为平台，每天早中晚 3 次对党的理论知识、环境治理、大气污染防治、政策、等进行播报。年内，共录制《广播之声》286 期，对中央、省、市、县及园区工委、管委工作实施意见及相关政策、进行宣传报道 1230 次。通过天网工程现有线路，嫁接打造“区内控制，统一播出”的一体化硬件系统，通过广播营造正确舆论导向，被县委宣传部在全县推广。

【新兴产业示范区党建工作】 建立主要领导干部包片负责、中层干部党建指导、党支部书记具体实施，抓在经常的党建网格化工作格局，在提升干部队伍工作效能的同时，将基层组织工作坚持抓、抓坚持，重点抓、抓重点。利用新闻媒体、阅报栏、户外广告、电子显示屏、广播、建筑围挡、宣传橱窗等多种形式，宣传党的路线方针政策和十九大精神。在微信平台设置十九大专栏，第一时间把党的声音传到基层。打造高水平社区党建平台，积极探索以社区党组织为核心，“四个三”相结合的社会管理方式，形成了“工委+开发企业+社区+党员”的四级党建联动共建队伍，建立了“引导+服务+联系+赢得”群众工作机制，发挥红色阵地作用，实行了社区“四位一体”网格化管理、基层党支部双轨运行的管理机制。

领导班子成员

主　　　任：许胜永

常务副主任：曹国藩

（马　丹）

农业高新技术园区

【概况】 2017 年，香河县农业高新技术园抓好现代农业、都市农业的发展建设，续建、新建现代农业项目 4 项，强化园区功能，引进、示范和推广农业新品种、新技术 3 个，为涉农企业提供服务 10 余次。

【农业园区项目建设】 潮白河畔现代农业示范园项目，位于香河县安头屯镇孙庄子村东南，潮白河南侧，占地 133 公顷，集名优特新果蔬种植、林下生态养殖、旅游观光、采摘、体验、垂钓、餐饮、住宿等功能于一体,年接待游客 1 万余人次。辛农夫有机生态庄园，位于香河县刘宋镇刘宋村东侧，占地 13.3 公顷，生产有机生态高端农产品。左岸农业东方古葡萄庄园项目，占地 66.7 公顷，集葡萄种植、酿酒、休闲娱乐、生态旅游、度假于一体。由张家口市宣化引进马奶葡萄苗，采取传统的漏斗架方式栽培。乐农美联生态农场项目，占地 20 公顷，是温室特色种植、特种养殖、生态旅游观光、农事体验、餐饮娱乐于一体的现代都市农业，有 15000 平方米阳光暖棚种植区、20000 平方米蔬菜种植大棚区、25000 平方米精品采摘区、10000 平方米珍味养殖区、园林水系区及农家特色小吃街、办公区等。新恒昌蛋鸡养殖项目，2017 年，存栏 120 万只蛋鸡。

【项目引进】 2017 年引进藏香猪、腊木、钙果、树莓等 4 个新品种，引进养殖新技术、栽培新技术、新型节能温室技术各一项。

领导班子成员

主　　　任：安国亮

常务副主任：杨振亮

副　主　任：薛福燕　　田建鑫

（黄德军）

建设　环保

责任编辑　杨东林

综　述

2017年，加强规划编制、市政规划管理和建设项目规划管理工作。推进市政重点工程进度，完成S271省道综合改造工程、五一渠污水方沟绕家具城嘉亿隆厅工程、秀水街（矬口方沟）至污水处理厂铺设污水管线工程等25项工程及市政零星工程。完成188个村街57040户的气代煤任务，有效控制环境污染。加强供热、供水、供气等服务设施建设。改善农民居住环境，处理农村生活垃圾，完善特色小镇建设，制定《香河县农村危房改造方案》，提升村镇建设水平。完善城镇住房供应体系，加快保障性住房建设，制定《关于进一步加强房地产市场调控意见的通知》和《关于进一步促进房地产市场平稳健康发展的实施意见》，推动房地产市场健康发展。办理新建商品房交易28203件，交易面积266.97万平方米。办理二手房交易5229件，交易面积49.96万平方米。协征税款3.39亿元。挂接首次登记楼盘349件，挂接抵押楼盘9607件，挂接查封、解封楼盘778件。挂接变更、更正楼盘125件。二手房网签签约5317套，签约面积49.41万平方米。严格执行《住宅专项维修资金管理办法》和《香河县物业维修基金管理办法》，提高物业服务水平。提高环境卫生作业水平，扩大作业范围。制定《香河县环卫局关于环卫工人工资调整办法》《香河县环卫局车队组长岗位职责》《香河县环卫局驾驶员岗位职责》《香河县环卫局驾驶员奖惩制度》和《香河县环卫局关于实行内设机构和工作人员目标绩效管理办法的实施方案》，加强岗位培训，强化安全意识，开展以农村垃圾治理一体化，垃圾分类试点、垃圾填埋场整治、垃圾焚烧发电等项重点工作。围绕大气和水环境治理两项重点工作，加强环境执法工作，开展燃煤锅炉淘汰、治理VOCs工业企业、开展油烟净化工程、完成空气质量监测点位建设工程。协调联动，深入开展水污染治理。按照《廊坊市水污染防治工作实施方案》通知要求，制定“十三五”期间（2016—2020年）香河县水污染治理目标、任务，编制《香河县饮用水水源地环境保护规划》，保证集中式饮用水源地水质100%达到或优于Ⅲ类。投资308万元，完成平安污水处理厂改造工程，提升污水排放标准［化学需氧量≤40毫克/升、氨氮≤2.5（3.5）毫克/升 、总磷≤0.4毫克/升］。提标改造三强污水处理厂。由原设计日处理量2万立方米/天，扩容至3万立方米/天，达到北京市地表B类排放标准。三强污水处理厂制定完成工程可行性研究报告，正在报批环评手续、立项中。新兴产业园污水处理厂管网建设。10月底，完成规划污水管网44.7公里，提高收水率。完成信息联网工作,在工业聚集区的3个污水处理厂（安头屯污水处理厂、蒋辛屯污水处理厂、香河开发区污水处理厂）全部完成与市信息中心联网。两河（北运河、潮白河）生态环境治理,北运河、潮白河国考断面共3个。聘请水污染防治专家组对“两河”水污染防治工作进行指导。小友垡排干渠生态治理项目于6月9日进场施工，年底前完成90%治理工程。通过采取截污、清淤、增建218米生物砾石床、种植水生植物建湿地等，提高水体水质，确保干渠水体水质达到市里下达的考核目标。田贾庄排干渠生态治理项目已制定完成生态治理方案，并确定了专业施工队伍。开展纳污坑塘环境污染排查治理工作，制定《纳污坑塘排查整治工作实施方案》，在14个镇(园区、街道办)全面开展排查整治工作，年底前，共排查出坑塘340个，其中有水坑塘163个，无水坑塘177个。完成治理有水坑塘119个，无水坑塘全部治理完成。

城乡建设规划

【概况】 2017年，香河县城乡建设规划以“坚持品质引领，统筹城乡建设，夯实协同发展硬支撑”为统领，围绕“一区三县”互动共赢，推进“统一规划、统一政策、统一管控”，加强与通州规划对接，加强完善规划体系建设，加强智慧城市和海绵城市建设，服务全县道路管线改造升级，提升香河县城市功能和综合承载力。

【规划编制】 2017年，香河县在编及完成规划27项，新启动规划5项。香河县城乡总体规划，2016年8月启动修编，2017年，由省住建厅组织多次对接《通州与北三县整合规划》，就香河在北京副中心的功能分工和定位、规划的规模、空间布局、生态廊道等方面进行研究，至年底总体规划完成初步方案；专项规划，至年底地下空间利用规划、环卫设施规划、行政办公设施规划、文化娱乐设施规划、体育设施规划、社会福利设施规划、城市抗震防灾规划、防洪规划和人防工程规划共9个专项规划，初步方案编制完成；建设规划管理信息系统（数字规划）规划。2016年8月启动规划编制，2017年完成规划编制；2017年底编制完成城市暴雨公式和排水防涝综合初步方案规划；乡镇规划，镇村体系规划正在编制初步方案阶段，待香河县总体规划完成后，完善细化方案编制。2016年11月，启动乡镇总体规划修编及控制性详细规划，2017年完成安头屯镇、钱旺镇、五百户镇和蒋辛屯镇初步方案编制，渠口镇和刘宋镇正在初步方案编制。2017年3月，安头屯镇总体规划通过专家评审，并获县政府批准实施。2016年9月启动香河县美丽乡村规划编制，2017年底，完成初步方案编制。是年，启动并完成美丽乡村省级片区总体规划；香河县城乡风貌规划研究，香河县城乡风貌规划研究项目共5项，2017年城乡整体风貌研究已完成准成果，特色风貌街区规划设计、特色民居风貌规划研究和总体城市设计完成初步方案，休闲观光农业建设规划在编制中，待香河县总体规划完成后，进一步细化完善规划编制；2017年年初启动安平镇特色小城镇总体规划；新启动5项专项规划，2017年7月，香河县启动县城区智慧城市、城区地下综合管廊、城区海绵城市、城市照明、城区电动汽车充电基础设施共5项专项规划编制。

【市政规划管理】 年内推进交通路网规划建设。加强对外交通规划，完成廊平铁路选址；拓展城市骨架，围绕新城区建设，完成永清路、永盛路主干道工程规划，初步形成北起新华大街，南至绣水街，东起永泰路，西至运河大道的城区主干网建设；丰富路网结构，打通城市道路“毛细血管”。完成向阳街老旧居住小区道路的新、改、扩建道路工程规划，缓解主、次干路的交通压力。至年底，香河县城区现有道路总里程70公里，增加道路面积4.5万平方米；推进“路网交通工程”建设。完成香务线（双安路-天津界）维护改造工程、连村公路养护改造工程、农村公路危桥改造工程等19

项道路工程的规划。

煤改电、电力、供排水规划：至年底煤改电工程完成新建大罗屯与钳屯站联络线路、新建顾家屯与金辛庄站联络线路、顾家屯站新增出线、西马家窝站新增出线4条煤改电工程线路的规划；电力工程：完成供电线路“一进四出”（“一进”：220千伏进蒋辛屯变电站。“四出”：110千伏出线至西马家窝、110千伏出线至姬庄、110千伏出线至大罗屯、110千伏出线至香河110千伏变电站）五条线路规划。完成“陕京四线”高压天然气管线工程规划，并已修建完成。完成廊坊北500千伏变电站选址在打卜户村东，完成北京东至通州500千伏线路选址规划；供排水工程：完成香河渠口水厂工程规划和香河渠口污水厂工程规划。

【建设项目规划管理】 2017年，共核发建设用地规划许可证19份，总占地面积29.27公顷；核发建设工程规划许可证34份，总建筑面积173万平方米；核发临时建设规划许可证1份；核发市政项目建设用地规划许可证1份：市政项目建设工程规划许可证1份。共核发28个建设项目竣工规划核实证，完成10个项目竣工规划核实报告。

领导班子成员

局　长：李爱兵

副局长：张海军　孙　勇

城区建设

【概况】 2017年，实施市政重点工程25项，公共设施建设3项。S271省道景观综合改造工程。全长17.38公里，占地约126万平方米，总投资约3亿元。北段（大厂县界至京哈高速出口）全长5.38公里已完工，投资约1.2亿元。南段（除南六标段）已完工。五一路道路综合改造工程。全长6.5公里，北起京哈高速香河出口，南至规划南环路，总投资约1.36亿元，全部完工。新建矬口排水管网项目。全长1780米，总投资约2080万元，完成污水管道顶管施工1230米，雨水管道完成400米。南侧临时蓄水池及北侧引水池已修建完成，正在开挖老方沟修建新方沟，已完成投资1040万元。新建永盛路工程，工程全长350米，总投资约360万元，于2016年4月进场施工，目前已竣工验收，其中完成主路面沥青混凝土铺设5800平方米，辅路便道砖铺设1470平方米，雨水管道铺设280米，污水管道铺设270米，新装LED路灯14套。

【市政设施建设】 燃气市场：年内香河县百川燃气销售有限公司累计完成投资3805万元，敷设高压管线6.5公里，共签订合同120080份，其中203个住宅小区，423个工商业，截至12月底，管道燃气已累计开通燃气用户90500户。供水市场：年内在胡庄子、北岗子新打井4眼。配套管网增压设备。日供水能力6万方，每天供水量1.5万方。供热市场：全县有热力公司3家，分别是葆丰热力、九矗热力、三强热力，入网供热面积1300万平方米，管道长度300公里，新入网100万平方米，物业换热站及二次管网移交供热公司工作，实行供热公司直管到户。

【城区道路修缮及排水管网养护】 年内城区街道补修沥青路面7610平方米，新华大街两侧维修石材2800平方米，新开街两侧维修石材2240平方米。市政维修更换城区破损井盖211个，疏通堵塞管线及污水检查井35处，清理城区主要街道雨水收集井内垃圾，防止堵塞管道口，共计清理500余处。汛期制定防汛应急预案，对城区防汛设施两个排水闸和一个排水提升泵进行全面检查维护，保证汛期排水闸、提升泵随时启用。完成东干渠黑臭水体治理，五一渠在治理中。新华大街与五一路交口进城方向道路改造工程已完工投入使用。

乡村建设

【概况】 以美丽乡村和特色小镇建设为重点，改善农村生活环境，提高群众生活质量，2017 年，完成危房维修改造 10 户，煤改气 57040 户，加强对小城镇规划修编和规划审批工作指导。

【农村危房改造】 强化对农村危房改造工作的监管，确保质量达标，制定《香河县农村危房改造方案》，规范农村危房改造程序。2017 年，农村危房改造 10 户，其中翻建 5 户，维修 5 户，总投资 13 万元，其中中央补助资金 12 万元，县级补助资金 1 万元。

【煤改气工作】 煤改气涉及 188 个村街 57040 户。至年底，所有村街壁挂炉与燃气表全部安装完毕，138 公里高中压全线贯通，188 个村街 1340 公里低压管网全部置换通气，完成验收、开卡工作。 代煤地埋率，规范化操作率，施工人员标准化操作率，质量管控覆盖率，宣传覆盖率，燃气安装设施免费率，村街“两员”（农村安全巡查员、安全协管员） 覆盖率均达到 100%。

【特色小镇建设】 2017 年，按照分类指导，重点引路，梯次发展的原则，先规划设计，后批地，再建设，完成各镇小城镇规划编修工作和部分镇规划审批工作。

（张萧霞）

房地产

【概况】 2017 年，认真宣传贯彻执行《中华人民共和国城市房地产管理法》，全面推进保障性安居工程工作，组织协调保障性安居工程的建设管理、保障性住房补贴及房源的申请、审核、确认和分配工作；整顿房地产开发市场，对商品房预售许可、预售资金监管、买卖合同审批和备案、市场监管及开发资质审核、申报等严格管理；监管房屋交易工作，对新建商品房、二手房的交易业务受理，二手房购房资格审查，二手房网签，二手房交易资金监管等；做好商品房物业维修基金的收缴和支出管理工作；对小区物业管理，业主与物业公司矛盾纠纷进行协调解决并对物业公司的资质审核、申报工作，新建商品房前期物业备案工作。

【住房保障】 2017 年，廊坊市下达香河县城市棚户区改造任务指标 1000 户，分别安排在绣水经典、富泰花园两个项目中落实，已全部交付使用。完成阳光馨城经适房、限价房 1-7# 楼的备案手续及交付使用工作。完成 195 户家庭选择配租公共住房，签订《公共住房实物配租合同》，收取租金 488058 元。

【预售审批管理】 依法依规把好预售审批关，按照受理、审核、许可、公示等工作流程，对达不到预售条件的项目不予发放预售许可证。严格审核商品房预售资金使用、拨付情况，对预售资金拨付实行三级审查，保障预售资金用于项目建设，防范商品房交易风险。2017 年共办理商品房预售许可 74 个，预售面积 130.12 万平方米，预售套数 16286 套；审批商品房 18632 套；资金监管项目 64 个，监管金额 85.2 亿元。

【规范房地产市场】 严格落实法律法规，完善房地产开发企业、物业服务企业、房地产经纪机构的备案制度，全面规范房地产市场秩序，确保房地产市场健康有序发展。协助企业做好资质申报、年检、备案工作，对企业提供的资料进行严格把关后报市审批。2017年，全县房地产开发企业100家；物业服务企业57家；房地产经纪机构246家。

【房地产市场监管】 规范房地产市场经营秩序，组织召开房地产开发企业和房地产经纪机构会议，印发规范房地产市场秩序的通知。加强巡查队伍建设、增加巡查频次，加大对销售公司等中介机构巡查监管力度，规范企业销售行为。严厉打击无证售房、捂盘惜售等违法违规行为。2017年，商品房项目专项检查6次、日常巡查130余次，查处违规预售、违规代理销售、超资质开发、中介公司为不符合交易条件的房屋提供服务等违法违规行为18起，处罚金额59.5万元。

【物业管理】 按照相关政策法规审查新建小区备案材料，严把物业用房及配套工程关。全年审核并办理大运河孔雀城、绿地•博雅苑、香河城上城等10个物业招投标备案业务，办理物业前期备案手续33件次。新建小区物业备案率为100%。重点处理物业管理活动中的违法违规行为，协调业主与物业公司之间的矛盾。2017年，处理信访18起，接转市长热线36件，物业矛盾纠纷下降60%。执行建设部、财政部关于《住宅专项维修资金管理办法》和《香河县物业维修基金管理办法》，保障业主资金安全。2017年，支取维修资金836.07万元，对14个小区涉及7382户的电梯、墙面、防水等设施进行维修，分摊面积72.06万平方米。

领导班子成员

局　长：马宝生

副局长：赵万兵

赵　松

李志军（任至5月）

（范运杰）

环境保护

【概况】 2017年，香河县以提高环境质量为目标，加强环境基础设施建设，加大环境监管力度，重点开展大气、水环境整治，各项环境污染指数大幅下降，环境质量得到有效改善。根据全省环保机构执法垂直管理制度改革会议精神，5月27日，廊坊市环保局领导到香河县环保局举行揭牌仪式，香河县环保局更名为廊坊市环保局香河分局。

【空气质量】 2017年，香河县二级以上天数239天，比2016年同期（164天）增加75天，达标率65.5%，比2016年增加20.2%。全县空气质量综合指数年均值为6.21，同期下降率23.05%，综合指数完成率354.6%，在廊坊市排名第一；PM2.5年均浓度为56微克/立方米，在廊坊市排名第二；SO_2同比下降率38.46 %，在廊坊市中排名第二；O_3（臭氧）年均浓度值为170微克/立方米，在廊坊市中排名第1，同比下降率14.14 %，在廊坊市排名第一；NO_2（二氧化氮）年均浓度为36微克/立方米，在廊坊市中排名第二，同比下降率16.28 %，在廊坊市排名第二。

【大气整治】 2017年，香河县在大气专项整治活动中，共出动执法人员3300余人（次），执法车辆1150余车（次），开展夜查、晨查110余次，现场检查污染治理运行设施1260余台，对存在违法行为的96家企业提出整改意见，制定整改措施200余条，取缔“散乱污”企业946家，立案处罚企业46家，行政拘留9人，刑事拘留2人。

【淘汰燃煤锅炉】 2017年，省环保厅下达香河县10蒸吨及以下燃煤锅炉淘汰任务98台共218.32蒸吨的任务。年内共淘汰燃煤锅炉1900余台，超额完成燃煤锅炉淘汰任务。

【工业企业VOCs治理】 2017年，针对《环保部京津冀强化措施方案》中涉及的香河县家具企业VOCs治理任务，聘请环保专家对涉及VOCs企业进行业务培训和技术指导，加大环保执法力度，集中治理散乱污企业，引导企业采取集中喷涂、集中治理的方式，降低污染负荷，散乱污企业得到有效整合，313家涉及VOCs排放工业企业全部完成治理任务。

【油烟净化】 年内，组织开展餐饮业油烟污染专项整治行动，111家餐饮企业及事业单位安装使用高效油烟净化设施，对设施安装使用情况不定期检查和达标检测，在检查中发现油烟净化装置保养不及时、油烟净化器不能正常运行的企业，下达现场执法通知书，要求限期整改，逾期不改正的，依法实施停业整顿并予以处罚。建立饮食服务业油烟污染长效监管机制，对存在油烟污染和噪音污染的餐饮企业进行后督察，对违法违规企业从严查处。

【空气质量监测】 2017年，香河县新增省级监控点位（第二中学）1处，市控监测点位（乡镇级）9处，市县级监控点位14处，为环境质量改善提供有力支撑。

【水环境质量改善】 2017年北运河出境土门楼断面水质COD、氨氮、总磷指标均值分别为28.92毫克/升、3.80毫克/升、0.32毫克/升，优于2016年水质分别高达44.39%、72.08%、72.42%；潮白河出境大套桥断面水质COD、氨氮、总磷指标均值分别为31.54毫克/升、3.60毫克/升、0.41毫克/升，优于2016年水质分别高达25.44%、13.88%、50.6%。

【项目建设环评】 严格执行国家产业政策，提高环保准入门槛，对不符合国家产业政策的建设项目坚决不批。不定期开展批后项目监督检查，及时掌握建设项目工程进度，督促项目业主配套建设环保设施，对未批先建项目下达停建通知并按有关规定进行严肃处理。2017年，共审批建设项目733个，其中房地产类2个、工业类731个,完成建设项目竣工验收217个。

领导班子成员

局　长：杨海洋（任至9月）
　　　　刘全顺（9月任）
副局长：徐凤兰　朱宏昌

（宋国凤）

环境卫生

【概况】 2017年，香河县各类清运、清扫车辆60辆，清扫保洁面积400万平方米，每天清运生活垃圾400吨。继续实行24小时综合作业法。机械化清扫率90%，比上年增长10%。全年上门收集户2500家次。集中清理暴露垃圾散点300余个，共清理生活垃圾和建筑垃圾1100余吨，散堆固定垃圾点由三年前300多个减少到10余个。2017年垃圾转运点达20处；果皮箱、垃圾桶、地埋箱等各类垃圾收集设施达到3000多个，其中中型以上收集设施50多个；旱厕改为水冲式公厕2座、增设无障碍移动公厕 14 座、增设无障碍设施及无障碍通道固定公厕 4 座、各类旱厕、水冲公厕共计 50 座；固定式垃圾中转站 3 座；移动式垃圾中转站 2 座；沟通协调 350 余家商铺利用门楣的 LED 显示屏宣传环境卫生、公共道德等常识；在汇文金街设立“垃圾不落地，香河更美丽”文明示范一条街；香河环卫微信公众平台发送信息 1000 余条，累计点击量 300000 次，20000 人加入关注。

【农村垃圾治理】 按照河北省美丽乡村建设办公室《关于申报农村环境整治和垃圾治理示范县及垃圾分类和资源化利用示范点的通知》要求，香河县确定安平镇、蒋辛屯镇、钱旺镇、安头屯镇，钳屯镇等 5 个镇为垃圾分类和资源化利用示范点。年内已经启动垃圾分类工作，下发了《香河县垃圾分类试点工作实施方案》，制定了垃圾分类工作计划，按照垃圾分类试点的要求，推进农村生活垃圾源头分类，引导农户在家中做好生活垃圾的分类，重点是做好干湿分离，实行“村收集、镇转运、县处理”的城乡一体化垃圾处理模式。全年累计清理积存垃圾 502066.8 立方米，清除残垣断壁和路障 4740 处，做到了全县 300 个行政村户有垃圾桶、村有中转箱、乡镇有转运压缩运输工，农村垃圾收运处理率超过 95%，无害化处理率达到 90%以上，覆盖面达 100%。县财政按照每村 10 万元标准，对全县农村环境卫生整治进行奖补，共计 3000 万元。全县有中小型垃圾公共收运桶（箱）2511 个、大型垃圾收集池（箱）1626 个、小型垃圾清扫车 335 辆、中大型机械收运车 275 台、保洁员 908 人。采取购买社会服务的方式进行农村生活垃圾的清运治理。

【垃圾分类】 年内深入机关学校 10 余次，宣传普及垃圾分类工作，对全县学校、党政机关、工厂等 100 余个有食堂的单位的用餐人数、餐厨垃圾产生量进行摸底调查。并为城区更换 780 个果皮箱，在果皮箱两侧均贴上明显的垃圾分类标志，更换分类垃圾桶 800 余个，为饭店、门店等商户统一配发餐厨垃圾桶 180 余个

【安洁垃圾填埋场整改】 8 月中旬进驻填埋场施工，对厂区内不规范的堆土进行整形平整；对全场外露的垃圾进行灭蝇、除臭；采用 HDPE 膜对全场外露垃圾覆盖。到年底填埋场已完成垃圾整形约 87000 平方米，喷洒除臭灭蝇药剂约 90000 平方米，垃圾堆场表面 HDPE 膜覆盖、焊接约 86000 平方米。工程期间，组织周边村庄的村民代表到填埋场进行实地参观，12 月中旬，县人大代表到填埋场进行了参观考察。

【新建垃圾焚烧发电项目】 项目用地测绘工作已完成，计划用地总面积 233.74 亩。

【环卫系统荣誉称号】 2017 年环卫局先后荣获“环保工作先进单位”“省级文明单位”“微信平台运行先进单位”“新闻外宣工作先进集体”“廊坊市学雷锋活动示范点”“先进基层党组织”等荣誉称号。

领导班子成员

局　长：肖　鹏（1 月任）

（宿小娜）

支油支铁

【概况】 香河县支油支铁办公室成立于 2009 年 6 月。主要负责油田、铁路、石油天然气管

道工程建设的前期论证；协调工程建设中与地方的关系，调处有关权属纠纷；负责石油天然气管道设施安全的监督管理工作；负责油田、铁路工程建设征用土地和临时占地及地上附着物的补偿。设办公室、财务室、支油股、支铁股。为香河县直属事业单位，人员编制8名，实际用人编制14名。

【支油工作】 协调中石油对三强公司负责的石油管道改线工程办理相关手续,召开协调会议，现场实地勘察，制定迁改方案;与秦京石油管线宝坻站联系，协调交通局,对百川燃气公司管道穿越通唐公路所涉及的路灯及涵洞进行协商;协调中石油天然气有限公司北京分公司做好陕京四线宝香西联络线管道运行后的地貌恢复工作，与秦京输油管道,陕京四线天然气管道等单位签订安全生产责任书，严格做好安全生产工作，认真履行安全生产职责，完善安全生产各项规章制度及应急预案。

【支铁工作】 研究制定《京唐铁路香河段建设征收补偿实施方案》，对大罗屯110千伏变电站线路与京唐铁路交叉、铁塔公司挪塔、百川燃气公司管道穿越等事宜召开协调会，加强巡察督导，防止沿线抢栽抢种抢建现象发生；与京唐城际铁路有限公司、省市有关部门沟通，了解有关政策规定，认真研究项目建设融资方案、站场规模、土地综合开发等情况，为政府决策提供依据;经廊坊市铁路建设指挥部办公室统一安排，通过抽签方式确定了香河县京唐铁路征地拆迁工作的评估公司为廊坊市益华房地产评估公司、河北省财瑞资产评估公司、河北恒佳不动产评估公司，做好京唐铁路征地拆迁地上物登统工作，制定京唐铁路地上物登统工作实施方案。

领导班子成员

主　任：高文鹏

副主任：计凯丰　张金权

影视基地

综　述

2017 年，香河县打造文化产业，创建品牌效应，采取政策扶植，政府帮助等多种形式，对中信国安新桥影视基地和国华影视基地加大支持力度，打造集旅游观光、影视拍摄、休闲度假、餐饮娱乐为一体的多功能影视基地。

中信国安新桥影视基地

【概况】 位于中信国安第一城内,总投资 15.3 亿元,2016 年 5 月由中信国安投资有限公司投资建设，是中信国安集团拓展影视文化产业，打造国际化电影工业体系的重要举措，基地建筑面积 6 万平方米，全部功能布局和技术标准均由好莱坞专家指导，国内顶尖行业专家参与设计。主要建设摄影棚、影视特效中心、电影创客中心、影视会展中心、影视金融服务中心、影视主题娱乐馆、办公楼及附属用房等，集影视特效、影视会展、影视金融服务、影视主题娱乐馆为一体影视拍摄基地。

【国际交流与合作】 2015 年第五届北京国际电影节期间，中信国安新桥影视数字化技术服务平台与好莱坞金牌制片人汤姆•德桑托（Tom DeSanto）、好莱坞电影特效大师杰夫•克莱泽（Jeff Kleiser）、马特•贝克（Mat Beck）、宙奥•汉尼克（Joel Hynek）等签署战略协议。

【影视人才培训】 与北京电影学院、温哥华电影学院、THE FOUNTRY 建立战略合作，并联合多家国内教育机构，共同开展面向社会的影视职业人才培训，为行业输送后备力量，打造影视制作行业的创客基地和大学生创业基地，为中国电影市场输出高端人才。

【基地建设】 基地秉持用世界语言，讲中国故事的理念，致力于打造高品质，全流程的影视制造服务体系，作为国内最先进的电影一站式制作平台，基地建设投资 8.4 亿元，一期渲染农场建设已完成，二期 13210 平方米的影棚主体和音、视频功能房间建设包括录音棚、动效棚、对白棚、虚拟演播室、音频编辑室、视频编辑室、服装间、化妆间、动作捕捉棚、3000 平方米影视棚等已全部建设完毕。三期建设的 4 个 3000 平方米影视棚，1 个 2000 平方米影视棚，1 个 6000 平方米影视棚已经开工建设。

（秦伟）

香河县国华影视基地

【概况】 香河县国华影视基地创建于 2007 年，2009 年被省政府纳入《河北省文化产业振兴规划》目录，并被评为“省文化产业示范基地”，2011 年被香河县委评为“2011 年度文化建设先进集体”，2012 年被河北省委评为“河北省十大文化产业项目”，2013 年被廊坊市委评为“廊坊十大重点文化产业项目”，2017 年被河北省委评为“河北省优秀文化企业30强”。基地投资人刘国华 2015 年被河北省评为“燕赵文化之星”，2016 年被中国广播电视协会评为“全国文化产业年度风云人物”。多年来该基地累计投资 6.8 亿元，建有封闭式摄影棚 8 座，总面积 19 万平方米，棚内仿建北京琉璃厂一条街、松竹斋、荣宝斋、四大牌楼、永定门、明清街、民国街道、王爷府等古建筑。户外欧美风情小镇外景地已初具规模，成为导演、演员休假场所和个人工作室，并为欧美题材的影视剧提供外景拍摄。2010 年，中国广播电视协会电视制片委员会对全国 138 家 “影视指定拍摄景地”的评选中脱颖而出，在获准挂牌的 9 家基地中位于第四，是河北影视集团指定拍摄基地，该基地以新兴的影视文化旅游为理念，将影视创作与特色旅游相结合,形成了参与性、体验性的影视旅游产业链。

【国华影视基地项目建设】 影视基地集中力量打造实体景观项目建设，实景打造毛主席专列、抗日战场、国防体验营、民国码头、天鹅湖、鸳鸯湖、荷花池、华府庄园、牡丹园、月季园、桃园、欧洲风情小镇、职业体验小镇、仙人洞、动物园、私家农场、水上餐厅、国华酒堡、文化创意广场等景观二十余处，并有四星级大佛快捷宾馆、明星楼等满足剧组及游客入住，已实现中国移动无线网络全覆盖，完成天鹅湖木栈桥、观景台建设及周边道路硬化、园林树木种植工作，种植冠幅 2 米的牡丹王、伊丽莎白月季王等珍贵花木，天鹅湖湖内水面放养天鹅、鸳鸯、丹顶鹤、孔雀、鱼鹰、野鸭等数十种国家一、二级野生保护珍禽。

【影视剧拍摄】 基地自成立以来已有好莱坞影片《最后一小时》，影视剧《狼烟北平》《百年荣宝斋》《决战黎明》《家有儿女 5》《春天的故事》《百年往事》《幸福来了你就喊》《神话》《徐悲鸿》《辛亥革命》《太极拳》《雨中的树》《新亮剑》《赵氏孤儿》《搜索》《愤怒的摄影师》《天下人家》《四十九日祭》《王稼祥》《国家命运》《绣春刀》《道士下山》《上将洪学智》《少帅》《阿修罗》《阳光劫匪》《欢乐英雄》《惊天大爆炸》等 30 多部影视剧在此取景拍摄。2017 年元旦在香河天下第一城与河北卫视合作举办“走基层进香河大型文艺演出”活动。

（周广海）

金融业

责任编辑 刘士刚

综述

2017年，香河县银行业贯彻执行国家货币信贷政策，加快改革转型，完善创新手段，增加新金融产品，信贷经营有序发展。保险业适应民众需求不断提升服务质量，全方位拓宽市场，承保金额和保费收入稳步增长，各类保险业公司和部门达到了41家。截至2017年底，银行业各项存款余额 508.7亿元，各项贷款余额 620亿元。

中国人民银行香河支行

【概况】 2017年，中国人民银行香河支行（简称香河人行）有在职员工 26 人，其中男职工 19人，女职工7人，党员17名。专业技术人员 16人，中级职称9人，初级职称7人。离退休人员 13 人，其中党员 7 人。年内，香河人行稳步推进金融工作，提高金融机构对货币政策意图的领会和对宏观金融形势的认识，增强政策执行力；积极贯彻落实宏观评估政策，确保投放进度符合宏观审慎评估要求，实现广义信贷总量稳步增长；香河县“主办行”支持新型农业经营主体 132 家，贷款累放额达到39413万元，贷款余额33614万元；稳健的货币政策在辖区内得到有效贯彻落实。

【维护金融安全稳定】 扎实做好存款保险现场核查和评级工作。进驻香河联社和香河益民村镇银行进行现场核查，对两家法人机构存款保险进行评级打分；严格落实金融机构重大事项报告和风险提示制度，加强预警与提示，将风险隐患消灭在萌芽状态；加强利率监测分析，建立利率政策执行情况反馈制度，分析各金融机构利率政策执行效果，提高其贷款定价能力。督促金融机构维护好辖区市场利率定价秩序，控制风险，稳健经营。加强贷款行业分布风险监测，重点监测两高一低、产能过剩及房地产行业，企业贷款风险变化，及时通告各金融机构，并作为信贷投向调整的政策引导依据；加强对地方法人金融机构的风险监测分析，及时掌握辖区内法人金融机构流动性状况，防止因流动性不足引发支付风险问题；开展防范和打击非法集资宣传活动，对辖内各类金融风险开展摸排和评估，组织金融机构认真开展自查；认真贯彻和监督金融机构执行河北省、廊坊市和县政府关于加强房地产市场调控的文件精神，积极落实好差别化住房信贷政策。

【提升金融服务水平】 开展3.15维权宣传和“金融知识普及月”宣传活动，组织各金融机构根据业务特点及不同客户群体，进行有特色的金融知识普及活动。通过开展全方位、多元化的金融知识普及活动，深化社会公众对金融风险知识和风险责任的理解，增强金融消费者权益保护意识；加大推进“首都溢出产业—香河石材城与金融服务全面对接”项目的金融服务与支持力度，累计发放贷款近16亿元。信用联社为石材城251家企业、商户开立基本账户，并为210家企业安置了POS机；强化业务操作管理，确保基础工作安全稳健运行，制定《香河县金融机构支付结算业务准入操作指引》，在全辖区参照执行；做好人民币管理，深化人民币冠字号码查询工作，督导金融机构做好硬币零辅币自助兑换；组织辖区金融机构开展反假币宣传及“反假小超人”网络知识有奖答题活动，做好人民币流通管理和假币收缴工作，做好国库经理，强化国库监管，防范业务风险；加强征信管理，开展征信宣传，做好《廊坊市中小企业贷款网上对接平台》《廊坊市中征应收账款融资服务平台》两个系统平台推广，做好反洗钱；加强外汇制度建设和政策宣传培训，积极开展非现场核查和现场检查，提升外汇工作水平。

【强化制度、安全履职】 修订完善《差旅费管理实施细则（试行）》加强财务管理。认真落实中央“八项规定”严格控制费用开支；严格车辆管理，严禁公车私用；加强公务接待管理，加强保密、印章管理；加强档案管理，年底经县档案局现场考评验收，顺利通过 AAA 标准认证；做好安全保卫管理，严格落实“安全第一，预防为主”的工作方针，认真落实工作责任，确保香河人行安全稳定无事故；每季度召开党组会，对安全保卫工作进行研究部署，进行安全形势教育，引导大家主动将安全意识融入业务工作的每一个岗位和环节。坚持值班制度，改善值班条件，使值班环境更加温馨、整洁、舒适；加强防护设施建设，对办公楼临街防护网、对营业厅对外大门进行更换，营业厅安装了门禁系统；加强应急管理。对各项应急预案进行调整完善，组织应急宣传培训，进行了国库会计数据集中系统应急演练，提高大家应急应对能力。

【加强学习、提高素质】 加强领导班子建设。坚持中心组理论学习，全年中心组集中学习 14 次，中心组成员坚定理想信念，加强党性修养；加强干部队伍建设。抓好职工教育培训，集中举办银行礼仪、心理健康、交通法规、保密法、档案管理、宪法相关内容等培训；组织开展节日主题活动。“三八”节召开女工座谈会，“八一”前夕，组织复转军人到《运河生态城记忆展览馆》参观；积极开展职工之家建设。每月初为当月过生日的员工送上一份生日蛋糕和生日贺卡。组织职工在县人民医院进行全面体检，保障职工身体健康。在全体职工中开展合理化建议活动，让职工充分履行主人翁的参与权。

【学习促党建】 认真落实党建工作责任制。落实全面从严治党主体责任，年初在工作谋划时将党建工作、业务工作一齐谋划、部署、推动，每季度召开党组专题会听取党建工作汇报，对党建工作进行研究部署；认真落实“三会一课”制度。全年召开党员大会 9 次，召开支部会议 14 次，召开党小组会 24 组次，上党课 5 次；扎实推进“两学一做”学习教育。制定《“两学一做”学习教育常态化制度化的实施方案》和《学习安排表》，细化每一阶段的学习内容，学习要求和学习形式，统一配置学习笔记本；加强党员学习教育。制定了《学习宣传贯彻党的十九大精神的实施方案》和《学习计划安排表》，聘请县党校高级讲师为全体员工进行十九大报告的宣读讲解，统一配发十九大报告原文和新党章等学习资料；学习十九大报告原文、对比学习新党章，深刻领悟习近平新时代中国特色社会主义思想和从严治党的新要求。开展“送学上门”，将新《中国共产党章程》、十九大报告辅导读本等学习资料送到退休老党员手中，使学习十九大精神全覆盖。召开座谈会，以党小组为单位召开“学习十九大精神，让工作生活更精彩”为主题座谈会。组织青年员工召开学习宣讲十九大座谈会，引领他们坚定理想信念，不忘初心，牢记使命，坚定信心，对国家未来有信心，对人行未来有信心，对发展有信心。召开党员学习交流会，结合岗位实际畅谈对十九大一系列新思想、新论断、新观点等重大理论成果的理解和认识。开展十九大知识测试活动，促进大家对十九大精神的理解与贯彻；组织全体党员进行远程培训课程的学习，通过学习，提高党性意识，强化理想信念。积极开展支部特色活动。“七一”前夕，组织党员干部到迁西喜峰口大刀园，青山古城遗址，进行爱国主义教育。组织全体党员面对党旗重温入党誓词，开展培育和践行社会主义核心价值观学习教育活动，在机关外墙和办公楼楼道悬挂宣传展牌，营造文化氛围。

【人行系统党风廉政建设】 认真落实党风廉政建设责任制。党组每季度召开会议，研究部署党风廉政建设和案件防范情况，分析廉政建设中存在的问题及薄弱环节；制定《落实“两个责任”实施办法》，坚持签订廉政建设主体责任书，将责任落实到具体人；加强监督制约。坚持重大事项集体决策制度，严格按照党组会、行长办公会议事规则，坚持召开程序、参加人员、会议记录符合规定。实行《岗位风险提示提醒监督管理办法》，2017 年共收到提示提醒单 26 份；加强对执法检查人员的监督，进场前进行廉政谈话，检查后进行廉政回访；加强岗位风险防控，对员工开展“八小时以外”行为分析和风险排查化解，对退休人员进行电话回访并记录，消除案件风险隐患；加强反腐倡廉教育。组织大家观看《女贪官忏悔录》等教育警示片，学习《典型案例通报》及《廉政风险提示》，警示大家要管住小节，常思贪欲之祸，常除非份之想，筑牢反腐倡廉思想防线。2017 年开展警示教育 5 次；开展党规党纪教育。组织党员干部认真学习《中国共产党章程》《中国共产党廉洁自律准则》《中国共产党纪律处分条例》《中国共产党问责条例》等党规党纪，教育引导党员干部牢固树立党的意识和组织纪律观念，牢固树立底线意识。

行　长：樊振华

副行长：侯玉江　杨松龄

（刘建蓬）

中国工商银行股份有限公司香河县支行

【概况】 2017 年，中国工商银行有限公司香河县支行（简称工行香河县支行）围绕“竞争力、效益、安全”三个关键词，促进经营管理，实现再提升,是年，工行香河县支行各项存款余额 45.72 亿元，存款日均 89 亿元，占廊坊市总增量 87%，廊坊市排名第一。各项贷款余额 133.28 亿元，较年初增加 21.42 亿元,其中个人贷款余额 114.2 亿元，全省排名第二位，是全省三家贷款过百亿的支行之一。2017 年，工行香河县支行完成中间业务收入 1856 万元，完成全年目标任务。工行香河县支行实现拔备前利润 3.42 亿元、净利润 2.57 亿元，分别较同期多增 6364 万元和 4671 万元,增幅为 22.86% 和 22.18%，创历史性新高，连续四年入围全省县域支行经营绩效十强；连续 34 年无重大案件、无重大差错和事故。年内，工行香河县支行荣获县委、县政府“创优争先成绩显著单位”，领导班子被县委命为“优秀领导班子”，并受到县委、县政府嘉奖。工行香河支行荣获总行级 “安全管理星级支行”、香河工行职工之家被河北省分行命名为“先进职工之家”；工行香河县支行分别荣获“廊坊分行先进单位”、廊坊分行“案件防范工作先进单位”。

【贷款渠道拓宽】 工行香河县支行牢牢把握京津冀协同发展的机遇，加强与香河县委、县政府及各职能部门的沟通对接，紧盯重大项目信息源头，做到第一时间获取源头信息，及时开展营销对接，优先筛选重点项目纳入营销储备库，并建立重点推进项目清单。在项目营销中，全力做好“四个”对接，即对接政府项目、对接园区招商、对接产业集群、对接优质客户。针对营销中存在的问题，支行逐级向上级行反馈，通过联合会商，推进重点项目的营销落实。2017年，工行香河县支行累计发放贷款39.16亿元，其中：个人住房按揭贷款34.55亿元，项目贷款 4.61 万元。全行个人贷款余额达到133.28亿元，县内同行业排名第一。年内，香河县城镇房地产开发有限公司投资建设的“香河建材装饰博览交易中心”项目，是河北省重点支持项目，工商香河县支行向其发放商用房开发贷款3.19亿元，累计为该项目发放商用房开发贷款7.09亿元、为盛达置地投资有限公司发放新农村（小城镇）建设贷款1.35亿元，主要用于“运河新村一期新民居建设”项目，项目建设规模总建筑面积23.71万平方米，总投资9.6亿元。

【存款业务提升】 工行香河县支行坚持存款“行长抓，全行办”的方针，强化整合营销理念，形成“人人想存款，人人抓存款，时时抓存款，”的存款营销大格局。全面落实省行提出的“三抓工程”抓日均增长、抓市场竞争、抓客户拓展，突出储蓄存款在个人金融资产配置中的核心地位，牢牢抓住源头资金流向，以创新产品推广吸引新存款、新客户。公司存款主要是完善客户分包机制，逐户落实责任和目标；用好工商注册信息库、大额资金平台等系统，提高源头营销获取率。机构存款则是抓住财政、社保、公积金、部队资金分配格局调整机遇，紧盯进度，积极对接，全力抢占市场份额。为实现资产与负债业务的均衡发展，全行积极推进“大零售”业务发展战略，“以个人住房消费贷款客户为载体，通过挂接大零售产品，推进大零售产品业务发展，提升大零售业务对全行经营的贡献度”。围绕提升同业竞争力这一核心目标，工行香河县支行抢抓机遇、锐意进取、克难攻坚，成功完成商品房预售资金监管账户和农民工预储金监管账户的争揽工作，为全行对公存款稳步增长打下坚实基础。至年底，各项存款余额45.72亿元。

【工行业务创收发展】 年内积极推动大零售业务转型，做大储蓄、理财、基金保险等个人金融资产池，做强年轻客户和中高端客户群等客户基础，加快信用卡、私人银行、支付结算精品产品营销，更好发挥大零售业务盈利稳定器和压舱石的作用，打造新常态下效益增长的多元支撑。加强资源整理、承接非首都功能疏解、PPP等领域的市场拓展和业务推广，实现融资额、收入额双提升。扎实推进网点转型，打造服务新业态，积极树立全渠道发展理念，深入研究分析客户、渠道、产品三者之间的匹配关系，使每一个渠道成为与客户的链接点、业务的触发点，提高客户满意度和忠诚度。认真落实总行互联网金融发展要求，以手机银行、工银e支付、融e购、融e联等推广应用为基础，加大宣传力度，强化软硬件资源保障，实现人人会使用、人人能营销，努力把移动金融服务融入客户的日常工作和生活。积极探索智能化银行建设，打造“物理+虚拟”线上线下一体化渠道体系，实现以互联网思维制胜网点转型,用极致思维做服务，用简约思维做产品，打造完美个人金融生态圈。

【不良贷款防控】 坚持“两手抓、两手硬”，妥善处理好风险防范与业务发展的关系，切实提高合规意识、风险意识、制度意识，确保全行各项工作在正解的轨道上健康发展。彻底转变“重贷前，轻贷后”“重不良，轻关注”的观念，将逾期贷款催收和不良贷款压降工作常态化，确保资产质量控制在较好水平。2017年，全行不良贷款余额476万元，不良贷款率0.036%，远低于全省平均水平。

行　长：宋　琳

副行长：康　强、段晓光

（杨福祥）

中国建设银行股份有限公司香河支行

【概况】 2017年，中国建设银行股份有限公司香河支行（简称香河建行）贯彻落实“机构业务营销年”活动，各项业务持续稳妥发展。一般性存款41亿元，实现利润2.79亿元。客户总量30万户，结算账户新增 175 户。各项贷款余额97 亿元。 是年，香河建行的个人有效客户新增 19000 户，人民币结算账户新增175 户，新增处领先地位。

【普惠获嘉奖】 在“决战收官季普惠促转型”小企业业务专项营销竞赛活动中，仅用 31 天的时间，在2017年12月中旬，率先超额完成上级分行下发的 1600 万元的普惠金融贷款新增任务，获得省级百佳网点奖，达到香河建行服务地方经济的目的。

【建行业务拓展】 成功营销全县教育系统 77 所学校老师的年终奖的代发，完成燕赵乡情卡3200张营销业务，代发工资业务6600笔，代发金额达到3300万元。商户拓展652 户，系统商户数量始终在分行前位。

【缴费平台建设】 2017年，香河建行在缴费平台的开拓、应用上,得到了省分行电子银行业务部的大力称赞。截至 12 月底，营销香河县第一幼儿园和香河县第二幼儿园缴费笔数达12000笔，缴费金额800多万元。香河县教育系统的 30 多个学校，已使用香河建行的缴费平台。

【建行系统机关党建】 加强党员阵地建设，增强党员的归属感。按照党组织的要求，重新布置“党员之家”，结合支部实际，增设报刊架，充实学习资料柜，巩固党员学习、教育、活动的场所。创新党建活动形式，与分行综合管理部、香河庆功台村支部联合开展“不忘初心，牢记使命”主体党日活动，增强党员的使命感。规范党员发展，严格标准，把好关口。注重在一线网点和优秀青年骨干中发展党员，年内支委会确了定一名入党积极分子，另一名预备党员按程序已转为正式中共党员。

【建行机关环境建设】 2017年，香河建行贯彻落实上级行“关爱员工10件实事”的要求，6 月集中力量抓员工食堂改造，经过一个多月的努力，食堂从环境到用餐模式、饭菜式样、都得到了员工的满意认可；改善员工的办公环境，把香河建行后院地面进行整修，改造老化线路，方便职工生活。

【风险防控管理】 香河建行始终把风险防控合规工作放在突出的位置。组织全员签订《合规承诺书》，观看专题片，对全员进行教育，组织的“我就是最后一道防线”的主题征文赛，全员参赛，利用这些活动，使合规入脑、入心；强化信贷业务检查，强化贷款过程管理，落实贷后各项工作的规定动作；加强到期逾期贷款的管理，对于个人贷款，密切关注不良及逾期变化，坚持电话催收、上门催收、诉讼保全的力度不放松；加强营运主管管理，发挥其在防范操作风险上的作用；加强员工的安全责任意识，教育全体成员，注重讲政治、顾大局，坚持从大局出发，注重前瞻性、针对性，履行促一方发展，保一方平安的责任，为业务发展提供强有力保障。

行　长：张殿刚

副行长：张晓洁、贾朝辉

（杜旭霞）

中国农业银行股份有限公司香河县支行

【概况】 中国农业银行股份有限公司香河县支行（简称香河农行）是国有商业银行，行政隶属中国农业银行廊坊分行。香河农行有员工113人，设5个部室，即综合管理部、财会运营部、风险与信贷管理部、个人金融部、公司业务部。香河农行下辖8个营业网点，其中城区5个，安平、渠口、刘宋三个乡镇各1个。2017年，中国农业银行香河农行本外币各项存款余额783389万元，比年初增加38292万元。本外币各项贷款余额988217万元，比年初增加301151万元。实现拨备后利润26396万元，实现中间业务总收入2490万元。全年未发生不良案件，被河北省农行、廊坊市农行评为2017年度先进单位。

【考核激励约束机制建立】 深入推进绩效考核系统建设，制定《2017年度综合绩效考核实施细则》，各营业单位还根据内部各岗位实际，制定二次分配方案，最大限度细化考核、量化奖惩，调动积极性，激发提速发展的原动力。开展评比，激发员工的工作热情。发挥工会职能，开展丰富多彩的文体活动，拓展训练，满足员工情感、精神上的需求，增强员工的归属感、团队的凝聚力。

【农行业务扩展】 农行香河支行以服务“三农”为使命，为更好地服务客户，努力拓宽渠道建设，加大电子机具布放,提高分流率。2017年，新增了4个离行式自助银行，至年底分布在各大集贸市场和各镇的10个离行式自助银行运转正常，为客户提供了方便快捷服务。

【农行业务宣传】 年内，农行香河支行在县城主要街道、各大社区、中小学开展反假币宣传、小微企业金融服务宣传月活动、3.15金融消费者权益保护宣传周活动、银行卡助农取款服务宣传周活动、防范和打击非法集资宣传教育活动、打击防范电信诈骗集中宣传活动、“金融产品进乡村”等活动，普及征信、信用和金融知识，加强中小企业和农村信用体系建设，营造良好的信用环境，百姓安全防范意识得到提升。

【农行系统党风行风建设】 努力推进学习型党组织建设，采取党委书记、党支部书记上党课、开展党日主题活动，召开支部党员大会或座谈会等形式，筑建“两学一做”常态化学习机制，深入学习中共十九大报告、习近平系列重要讲话、《中国共产党廉洁自律准则》《中国共产党纪律处分条例》，突出党性教育的针对性和实效性。着力创建创先争优长效机制，开展“亮标准、亮身份、亮承诺、比技能、比作风、比业绩、群众测评、党员互评、领导点评”的“三亮、三比、三评”共产党员创先争优活动，组织党员开展承诺践诺活动，唤醒党员意识，立足本岗，勇挑重担，敢于担当。开展“党员营销突击月竞赛活动”,做到“学用结合 知行合一”。系列活动的开展，提升了党员领导干部的思想意识，政治立场更加坚定。实现纪委书记专职化，凝心聚力抓好党风廉政建设和纪检监察工作，努力营造风清气正的业务经营氛围。

行　长：王从新

副行长：韩春兵　韩　伟

（郎瑞芸）

中国农业发展银行香河县支行

【概况】 中国农业发展银行香河县支行（简称香河农发行）是香河县唯一一家农业政策性银行。主要职责是按照国家法律、法规和方针、政策，以国家信用为基础筹集资金，承担国家规定的农业政策性金融业务，代理财政支农资金的拨付，为农业和农村经济发展服务。2017年，香河农发行在岗员工18人，1个党支部，党员13人（其中在职党员11人）。

【农发行业务存款】 农发行属农业政策性银行，不吸收个人存款，现有存款均来自与香河农发行有信贷关系的26个企业。是年各项存款余额35448万元，比年初增加8541万元。

【农发行贷款】 2017年,各项贷款余额89541万元，全年累放贷款82812万元。

【农发行贷款营销管理】 2017年，香河农发行向中信国安（香河）环境工程有限公司发放一般水利建设中长期贷款49622万元，用于北运河香河段生态综合整治项目一期工程；向香河国兴环保产业园建设有限公司发放其他新型城镇化建设中长期贷款33000万元，用于香河县环保产业园区污水管网工程；营销政府主导的美丽乡村、农村路网、污水管网等项目，主动向政府主管领导及相关部门汇报、沟通，赢得了县委、县政府领导及相关部门的理解与支持；做好存量贷款的收回、续贷工作。年内，完成县级储备粮轮换贷款190万元，对存量中长期贷款按期足额收回贷款本金1875万元。

【农发行机关党建】 香河农发行学习贯彻习近平总书记十九大报告及系列重要讲话精神，落实中央、总、分行党委全面从严治党的决策部署，牢固树立“抓好党建是最大政绩”的理念，坚持“两手抓、两手都要硬”，坚持支部书记与党员、群众谈心谈话制度，引导广大员工坚守正道、弘扬正气，以信念、人格、实干立身；规范召开民主生活会，引导党员干部坚持用好批评与自我批评的武器，敢于直面问题、动真碰硬、红脸出汗、触及灵魂，开展积极健康的思想斗争,促进批评与自我批评常态化，及时公布民主生活会召开情况和整改落实情况，主动接受群众监督。督促党员领导干部严格执行双重组织生活制度,既认真参加领导班子民主生活会，又以普通党员身份参加党小组的生活会；坚持以上率下，严格落实《支部议事规则》，重大事项坚决做到集体研究，民主决策，坚持用制度管权、管人、管事，不搞“一言堂”或暗箱操作。严肃贷审委、财审委、风管委、评先委等各类委员会和领导小组职能，支持依规独立开展工作，行使职权，保障重大事项民主决策，阳光操作。规范审批流程，分事行权、分岗设权、定期轮岗、强化内部流程控制；加强干部管理。坚持党管干部原则，按照好干部“五条标准”，激发干事创业激情。香河支行把党风廉政建设纳入全年工作目标，做到与其他工作同部署、同检查、同考核。组织员工学习十九大会议精神，贯彻落实党内监督条例和党员领导干部廉洁从政若干准则，加强对党员领导干部的理想信念教育和廉洁从政教育，广泛开展示范教育、警示教育等，促进全行党员和领导干部的廉洁自律。认真落实上级行党委、纪委“两个责任”清单。按市分行制定的《关于建立和完善县级支行党风廉政建设监督机制的意见》《中共中国农业发展银行廊坊分行纪律检查委员会委员履职考核办法》，做到党风廉政建设有人管、有标准、有考核。明确各部室负责人，为本单位党风廉政建设第一责任人，并签订责任书，层层分解任务，层层落实，形成横向到边、纵向到底、覆盖完整、责任落实的党风廉政建设责任体系。参照市分行建立党风廉政建设和案件防控季度联席会议制度，各条线参与，全方位排查，超前性预警，抓早抓小抓经常，努力建设“不能腐”“不敢腐”“不易腐”的监督机制。

行　长：陈书龙

副行长：郑铁龙

（成　薇）

中国银行股份有限公司香河支行

【概况】　中国银行股份有限公司香河支行（简称香河中行）隶属于中国银行廊坊分行的县级支行，经中国银行业监督管理委员会批准建立。主要经营：办理人民币存款、贷款、结算、票据贴现业务。代理发行金融债券、代理发行兑付政府债券。代理收付款项业务，办理信用卡业务。代理保险业务，外汇存款、外汇贷款、外汇汇款、外币兑换。国际结算、结汇、售汇业务。个人实盘外汇买卖、资信调查、咨询、见证业务,经中国银行业监督管理委员会依照有关法律、行政法规和其他规定批准的业务。香河中行内设5个部室（中心）及2个分理处，员工48人。

【中行存款业务】　至2017年底，各项人民币存款余额275654万元。其中，人民币公司存款余额132295万元。人民币储蓄存款143349万元。外币存款折美元666万美元，其中储蓄存款422万美元。企业存款244万美元。国际结算量86.46万元，

【中行贷款业务】　至2017年底，各项人民币贷款余额629390万元，比年初增加232104万元。其中个人消费贷款624171万元。公司贷款3500万元。

【中行其他业务】　2017年，继续加大不良资产清收力度，催收人员和律师密切配合，多次电话、上门进行清收，至12月底，消费贷款不良余额403.69万元，不良率0.06%。关注类消费贷款余额1252.86万元。银行卡不良资产余额4万元，不良率0.23%。

【中行工作创新】　加快智能柜台建设，中国银行已试点投产智能柜台项目，运用前沿技术和互联网思维，对柜台流程进行大刀阔斧的重塑再造，使柜员效能大幅提升。2017年，中国银行提出智能柜台要覆盖50%的网点，力争覆盖70%的网点。香河中行位于京津冀协同发展的关键区域，此项工作正在积极运作。是年底，香河中行完成营业部网点升级改造工作，布局更合理，客户体验更佳。

【中行业务扩展】　坚持存款立行，保持存款稳定。公司存款方面，通过做大做强理财业务，授信业务，行政事业，金融机构等，实现存款的稳定增长。个人存款方面，通过大额存单、社保卡等优势产品，抢抓热点存款、代发薪客户，坚决打赢个人存款翻身仗；扩大客户基础，突破发展瓶颈。公司客户方面，狠抓单位银行

结算账户、有效客户、新模式中小企业客户、大客户的维护工作。个人客户方面，持续抓好代发薪的拓展、存量客户挖潜与提升、中银E商、ETC的推广等，完成30户助农服务点的签约，持续扩大客户基础；狠抓国际结算，确保领先地位。将进一步提升国际结算和跨境人民币市场份额，采取各种有效措施确保香河中行市场优势地位；调整信贷结构，保持存贷平衡。公司贷款方面，香河中行重点投放收益高、附加值高、能够带来存款的房地产项目，新兴城镇化建设、新模式中小企业和新模式中型客户。个人贷款方面，紧抓房贷不放松，充分利用香河县的地域优势，尽最大能力抢占京津冀的住房贷款市场，加大域外发展力度，大力发展县域内二手房业务，多次举办二手房中介机构座谈会，扩大传统产品优势，提前完成贷款余额全年发展目标。

【中行系统党风行风建设】 香河中行严格履行“一岗双责”，把党建工作于业务发展同规划、同考核、同问责，真正做到两手抓、两手硬。5月9日，香河中行与中共香河县平安街道党委就党建共建工作开展专题活动。双方就党支部及各支部建设情况、党员情况、业务职能以及“两学一做”学习开展情况作了详细交流与讨论，从而形成了两个支部间的工作互动和资源共享，力促创新学习方式，提高党建水平。

行　长：袁茂林

副行长：李松林　庞建斌

（靳善雯）

香河县农村信用合作联社

【概况】 香河县农村信用合作联社（简称“信用联社”）成立于2006年。信用联社设有19个部室：办公室、人力资源部、授信审批部、安全保卫部、稽核部、监察部、计划财务部、会计结算部、风险资产管理经营中心、风险监控部、党委办公室、科技部、业务拓展部、营业部、客户经理部和4个客户经理分部；有20个信用社和8个信用分社，工作人员358人。2017年，各项存款余额139.54亿元，比年初增加16.54亿元。2017年12月28日，香河县农村信用合作联社获得河北省银监局关于“河北省香河县农村商业银行股份有限公司”开业的批复。

【拓宽存款】 信用联社各网点结合本地实际，扎实开展进街入户营销工作。不走过场，真心实意为客户着想，组合营销，用实实在在的服务将客户吸引到信用社。全员营销家具城商户存款业务。要求每名员工要营销两户家具城商户，就近在各信用社开户，开通网银、手机银行、PS机业务，按月通报，纳入考核。拓展对公存款，提升服务手段，宣传农信社结算渠道和电子银行渠道的便捷性，增强对单位结算客户的吸引力。主动与财政部门沟通协调，争取更多的财政性存款；继续强化柜面服务，用优质服务吸引客户、留住客户，促使客户将后续资金、家庭存款转入信用社。

【拓展贷款】 2017年底，信用联社贷款余额91.86亿元，比年初增加11.92亿元。年内，贷款营销目标向中小客户倾斜。要求每名信用社主任每月营销两户有效客户；分部客户经理每人每月要营销四户贷款客户，并要求每人不少于20户有效存量客户群；同时推出了二手房按揭贷款业务。

【信用社不良贷款清收】 截止到2017年底，清收表内不良贷款5278万元，收回表外不良贷款1391万元。实行全员清收，把“清非”

工作与年度考核、工资奖金、评优评先、竞聘上岗挂钩，打造全员“清非”工作氛围；开展“清非风暴”活动，各客户经理分部每月至少要组织一次全体信贷人员和信用社主任参加的清非风暴集体活动；建立“清非保证金”制度，从全体信贷人员和信用社主任的绩效工资中拿出一定份额，联社统一调剂，按照清非工作的完成进度，按比例发放；加大依法清收力度。对信誉状况差、多次催收无果的不良贷款户，采取上门催收、委托催收、招标催收、公告催收等方式清收，力争使全部失信被执行人进入“失信被执行人黑名单”。

【电子银行业务】 提高各网点对电子银行业务重视程度，发展各项电子银行业务，使其成为促进存款增长的有力工具，提高各网点职工对电子银行业务的重视程度；继续提高 IC 卡的使用率，借助“惠生活联盟”活动，提高客户的使用量，将常用的磁条卡及时更换成 IC 卡，加大对沉淀卡的清理工作；落实客户回访工作，提高电子银行的使用率和电子银行交易占比；组织各网点对电子银行客户的回访；落实“农信村村通”提升工作，按省联社的有关要求，将 EPOS 机升级改造成智能 POS 机，发展适合业务发展的新农户，在保证质量的前提下完成“农信村村通”提升工作指标 。2017 年底，手机银行存量 2.2 万户， IC 卡替代率实现 58.88%；电子银行交易占比实现 66.16%，自助机具活跃率 74.52%,农信村村通完成率 56.8%，中间业务收入 2699 万元。

【风险防控体制】 强化内控合规和案件风险防控，开展警示教育，提高员工依法合规经营意识和案件风险防控意识。做好重点机构、重点岗位、重点业务领域和重点环节风险隐患排查，及员工参与社会非法集资风险的排查，及时发现并消除各类风险隐患；完善稽核管理体制，树立以“发现问题”为导向，着力提高稽核工作的检查效能，强化稽核发现问题的惩处力度，确保检查到位、整改到位、问责到位；做好信息科技及电子银行风险防控，建立健全信息科技和电子银行业务风险防控体系，理顺、量化日常管理工作和操作流程，明确科技运行和电子银行产品的风险点，全力保证经营和业务系统安全稳定运行；全面强化物防、技防、人防的综合治理力度，及时排查隐患点，进一步推动安保工作开展，做好防爆、消防等预案演练。

【星级网点建设】 2017 年，信用联社把做好硬件建设，提高客户认知度为突破口，开展创建星级网点活动，推进网点布局标准化和服务流程标准化，加大星级网点上档升级的工作力度。年内打造五星级网点 11 个，四星级网点 9 个，三星级网点 9 个。

【信用社服务机制建设】 树立服务意识，全面落实“网点晨会”制度，规范大堂管理和前台礼仪服务，认真落实员工行为规范，竭诚为客户提供方便、快捷、高效的金融服务；抓投诉管理，强化考核机制，化解客户投诉。对有效投诉推行快速解决机制，防止事态扩大化；加大对营业网点的服务质量、环境卫生、仪容仪表和工作纪律等方面的突击检查，及时整改日常工作中存在的问题，形成制度化、规范化、常态化的长效机制，促进服务质量的全面提升。

董事长：王宝生

监事长：冯宝祥

行　长：王元伟

副行长：孙学辉　郑存利　朱建功

（王惠书）

中国邮政储蓄银行股份有限公司香河县支行

【概况】 2008年5月28日，中国邮政储蓄银行股份有限公司香河支行（简称香河储蓄银行）成立，下辖1个支行、6个代理网点。香河储蓄银行内设4个部室：综合管理部、三农金融部、营业部、公司部，有34名职工。6个代理网点香河县城2个，渠口镇、刘宋镇、安平镇、蒋辛屯镇各1个。2017年，存款余额为104030万元，其中个人存款余额60741万元，公司时点余额43289万元，理财日均保有量13918万元；支行零售类贷款业务总结余170760万元，年度净增56972万元；其中个贷结余168175万元，小企业结余2585万元。2017年，香河邮储银行营业部工会小组被全国总工会授予“全国模范职工小家”荣誉称号。

【邮储银行支持地方经济发展】 香河储蓄银行大力支持地方经济发展，坚持服务“三农”、服务中小企业、服务城乡居民，发挥邮政金融网络优势，强化内部控制，合规稳健经营，为广大城乡居民及企业提供优质金融服务，着力推行“两小”贷款业务的发展，即以小额贷款业务为依托，以小企业贷款业务为依托，支持中小企业发展。以客户需求为中心，针对不同客户的发展需求创新多个贷款产品，增加了光伏贷、快捷贷、创业担保贷款、专业大户贷款、再就业贷款、税贷通、医院贷、热力贷、污水处理贷款等多种贷款品种，在审批和利率执行方面，本着“审批速度快、利率执行低、不收取任何手续费”的原则进行业务发展，更好地支持地方经济建设。

【邮储银行系统党风廉政建设】 香河邮储银行把党组织的政治优势转化为推动创新发展优势，实现业务、效益提升和党建全面协调发展。全面组织开展“强基固本”工程建设，形成以《党支部工作手册》为记录载体，以党员活动室为活动阵地，以“三会一课”制度为主要内容的基层党组织建设模式；签订《党风廉政建设责任书》，开展领导班子民主测评及民意调查、党风廉政建设责任制落实情况自查等工作，全面提升党务工作者素质作为基层党建的基础，抓好党务教育培训这个基础，充分发挥党支部的战斗堡垒作用和党员的先锋模范作用，

【内控管理】 香河邮储银行根据市分行要求，加强法治合规管理，加大不良资产责任认定履职力度，提升工作效果。强化反洗钱管理人员履职，通过落实反洗钱工作通报制度，提升反洗钱工作质量。有效遏制资金案件高发势头，严格执行并组织员工开展学习《内控优化学习手册》和《中国邮政储蓄银行员工违规行为处理办法》，要求每位员工都要清楚知晓禁令内容和处理办法，并对禁令内容进行自查活动，查找自身是否有违反禁令的行为，开展案件风险排查工作，完善内控建设，确保经营管理工作健康运行。

行　长：庄维宝

副行长：魏文彬

（李长健）

香河益民村镇银行

【概况】 香河益民村镇银行股份有限公司（简称：香河益民银行）是廊坊银行控股发起、经中国银行业监督管理委员会批准、工商行政管理部门注册登记、具有独立法人资格的新型农村金融机构。香河益民银行2009年筹备建设，2010年9月16日正式挂牌开业，是河北

省首批，廊坊市首家获批开业的村镇银行。香河益民银行现有职工 87 人，平均年龄 28 岁，是一支年轻化、专业化、高素质的金融服务队伍。香河益民银行内设 6 个职能部室：综合办公室、计划财务部、风险管理部、运营管理部、业务发展部、人力资源部；设 6 家营业网点，分布在香河县城、渠口镇、五百户镇、刘宋镇、安平镇、蒋辛屯镇。截至 2017 年 12 月末，各项资产总计 16.89 亿元，较年初增长 3.36 亿元，增幅 24.83%；存款总额 15.56 亿元，较年初增长 3.18 亿元，增幅 25.72%；贷款总额 9.35 亿元，较年初增长 2.31 亿元，增幅 32.86%；实现拨备前利润总额 3411.23 万元，纳税 1076.18 万元，净利润 2042.32 万元，效益指标创历史新高，各项主要监管指标均达到监管要求。

【企业文化】 香河益民银行在开拓业务的同时，不断充实和完善属于益民银行专有的企业精神和文化内涵，提出“亲民、务实、创新、高效、廉洁”的企业精神，成为全行统一思想和行为规范的纲领。制定的“快、活、净”三字原则和“做裁缝店不做服装店”的产品设计理念，成为全行信贷文化建设的中心内容。坚持的“风险为本、有舍有得”的风控理念，为全行风险文化建设制定了主基调。贯彻实施的“以人为本，以行为家”的家文化理念，确保全行团结一心，和谐发展。

【益民村镇银行服务对象】 香河益民银行始终坚持“支农支小”的市场定位不动摇，制定“立足县域、专注小微、造福三农、惠及于民”经营理念，把服务对象和发展着力点放在“三农”，特别是面对日趋激烈的同业竞争环境，制定了“错位竞争”的发展策略，深入研究广大农村金融需求特点，有针对性地开发“接地气”的服务产品，赢得了广大农民的信赖与支持，从而掌握了发展的主动权。

【战略目标】 香河益民银行始终坚持“四大发展战略”，即大爱战略、创新战略、本土化战略和联动战略。

“大爱战略”，大爱是一种文化，香河益民银行服务的对象是广大农村和农民，必须要用爱心、细心和耐心去打动客户，用大爱去拉近与农户的距离。

“创新战略”，香河益民银行以创新的思维不断丰富自身产品，用高效率的服务吸引客户，不断深入研究三农需求特点，不断量身订制特色产品，不断开展集群化营销业务，让客户想来存款，能贷上款，真正办成农民自己的银行。

“联动战略”，香河益民银行是在社会一片质疑声中成长起来的新型农村金融机构，必须走联动发展的路子，切实加强与县、乡、村三级政府的联动，加强与发起行的联动，为全行的发展增添动力，在信息科技、功能开发以及大额贷款等方面加强与其他大型商业银行的联动，做到资源共享、优势互补。

“本土化战略”，香河益民银行是根植于香河大地上的本土银行，要把发展的“根”深深植入香河这片沃土，吸收发展所需要的“营养和水分”，做到全行的业务要本土化，员工队伍要本土化，思维方式要本土化，努力把自身打造成为香河百姓自己的银行。

【服务三农与小微贷】 始终坚持“做裁缝店不做服装店”的产品设计理念，深度研究涉农领域融资特点，找准贷款营销与有效防范信贷风险的结合点，继续在“快”“活”“净”上做文章，继续坚持政策要求，沉下身子、眼睛向下，围绕农户开展贷款业务。自开业以来共推出了金口碑、乐业贷、创富通三大系列八项产品及“牛羊乐”“菜农乐”“武宁商贷通”“信用联盟”“小微贷—益信贷”等9个专项产品，贷款客户可依据其自身生产经营、回款周期情况，自主选择贷款期限和还款方式，有效满足广大客户多种资金需求。截至2017年末，已有117户小微企业完成网上注册，香河益民银行与32户小微企业建立了信贷关系，为21户小微企业发放贷款10990万元。

【益民村镇银行加强网点建设】 2017年，蒋辛屯支行顺利开业，蒋辛屯是香河益民银行的第六家营业网点，作为香河县唯一一家“本土银行”，始终把“服务当地百姓” 打通便民金融“最后一公里”作为自身发展的目标，把“做香河老百姓自己的银行”为指导思想，始终致力于为商户、农村居民提供高效快捷的金融服务，将优质服务辐射、输送到乡村末梢。为广大群众提供开户、存取款、贷款、网上银行、手机银行等一系列银行服务，举办理财讲座、公益活动，为广大客户提供高效便捷金融服务，丰富居民的业余文化生活。

【功能建设】 移动支付产品上线。为拓展支付渠道，丰富业务产品，实现手机移动端收款（支付宝、微信支付等）集成，使商户支持主流扫码支付，迎合消费者支付习惯，给商户提供便利收费环境。1月3日，“钱e付”业务成功开通。商户无需复杂申请手续即可拥有这些收款功能，相比传统POS收款，商户接入门槛更低、手续更简便、费率更优惠；财税库银系统上线。为完善服务功能，拓宽结算渠道，为客户提供优质、便捷服务， 8月22日财税库银系统上线，完成与财政部门、税务机关、中国人民银行国库财税库银税收收入电子缴库横向联网，实现了税款申报、缴纳、划解、入库和对账业务的电子化，方便纳税人税款的缴纳；支付宝快捷支付开通。8月25日支付宝快捷支付功能终于上线，实现支付宝绑定银行卡，进行快捷支付，进一步完善业务功能。加入农信银支付清算系统。11月10日，与兴业农信银中心签订协议，开始加入农信银系统。加入农信银系统后，可实现与全国信用联社之间的柜面互通，大大增强业务竞争力；自助语音客服中心建立。12月14日，为进一步提升金融普惠服务水平，为广大客户提供优质服务，提高综合竞争力，组织开始建设客服中心系统，客服中心提供电话银行的功能，客户通过拨打客服电话进行自助电话银行，满足客户对各类存、贷款及其他业务的咨询，对账户信息、账户流水的查询，挂失等紧急业务的需求。客户体验到更加专业的电话客服服务，为客户提供更加专业的解答，及时为客户处理相关问题，提升服务水平。

【获得荣誉】 凭靠优质的金融服务，得到老百姓的一致认可。“支农助小”的成果，多次被《金融时报》《河北日报》《廊坊日报》、廊坊电视台等媒体报道，对在支农助小践行社会责任等方面所做的努力，政府、银监局等监管部门多次提出表彰，被廊坊银监分局评选为“支农服务先进单位”和“青年服务基层联系点”。在经营业绩持续刷新的同时，注重风险管理水平的提升，高度重视内控机制建设和人员队伍建设，保持零案发的案防成绩，荣获廊坊银监分局颁发的“案件防控与安保先进单位”光荣称号；2017年上半年经河北银监局审定，监管评级正式晋升为“二级行”队列。

2017年，香河益民村镇银行继续秉承支农助小的经营理念，践行村镇银行的社会责任，在全年工作中坚持稳中求进、开拓创新的工作思路，稳增长、控风险、谋发展、提质效，内抓管理、外树形象，以理念创新和科技创新为引领，不断提升服务水平和服务能力，被中国银行业监督管理委员会廊坊监管分局评为“廊坊市银行业2017年度支农服务先进单位”。

【党风建设】 在党支部书记的带领下，深化开展“两学一做”学习活动，贯彻学习习近平总书记系列重要讲话精神，全面落实中央八项规定，加强作风建设，严守政治纪律和政治规矩，充分发挥党的优良传统，切实牢记使命、履行职责。2017年，香河益民村镇银行党支部被授予“先进基层党组织”荣誉称号。

领导班子成员

行　长：张　杰

副行长：刘国庆　张　彬

（贾　松）

河北银行股份有限公司香河支行

【概况】 河北银行股份有限公司香河支行（简称香河支行）2012年12月28日开业，有员工17名。2017年，河北银行香河支行积极进取、各项业务再上新台阶，实现业务规模、经营效益的同步提升。存款：截至2017年底，香河支行各项存款时点余额163858万元，减少111065万元。贷款：香河支行各项贷款余额255643万元，增长18137万元。个人贷款余额237251万元，增长98723万元。

【体制改革】 2017年机构改革，公司授信从香河支行脱钩，涉及副行长及业务骨干。香河支行提前谋划，妥善安排，加大公司业务人员培训和轮岗力度，配套相应的奖罚措施。至年底，柜员都能达到综合柜员的岗位要求，1、2级柜员占比达到100%，2名员工取得总行营业室主任的任职资格，4名员工取得理财经理资格，5名员工取得1、2级客户经理资格，能够独立开展项目申报。克服了人员总量减少、骨干流失造成的不利影响。确保香河支行重大项目营销以及重点工作任务的圆满完成。

【业务拓展】 2017年，香河县房地产市场迅速膨胀，商品房资金监管业务在支行全面快速增长，支行抓住机遇，把业务拓展到房地产业。年内，支行个人贷款发展迅猛，全年增长近10亿元。

【行风建设】 2017年，香河支行扎实开展“抓合规、强管理、促发展”活动，开展“不忘初心跟党走 牢记使命当先锋”学习十九大精神主题活动。结合实际，定期组织案件风险排查和员工行为排查活动，做到培训日常化，演练实战化，提高全员合规操作与风险防范的自觉性和主动性，实现全年安全无事故。领导干部严格规范自身言行，带头廉洁自律，勤政廉政，坚持求真务实的工作作风，为员工做出表率，在全行营造了风清气正的工作氛围，促进了支行业务健康发展。

行　长：石学成。

副行长：田德良

（杜　治）

沧州银行香河支行

【概况】 沧州银行香河支行2013年1月18日成立，内设营业室、信贷部、存款部3个部室，员工26人。2017年，沧州银行香河支行贯彻落实各项监管政策，规范经营，凝聚人心，创新服务，改进机制，强化营销，严控风险，大胆管理，认真履行职责，圆满完成上级行下达的各项目标，业务经营健康、有效、快速发展。至年底，沧州银行香河支行各项存款余额61.01亿元，比年初增长9.02亿元，超额完成存款任务。支行贷款余额11.38亿元，较年初下降1.59亿元，全年实现利润总额1.4亿元。

【沧州银行服务创新工作】 2017年，沧州银行香河支行统一思想，主动作为，把存款营销放在首位，制定营销策略，利用汇款、支现、服务上的优势，积极开展房地产账户营销，壮大客户群体，圆满完成既定的存款任务目标；统一谋划，持续发力，拓展营销工作渠道，利用代发机关事业单位工资机遇，宣传业务，彰显服务品质，扩大香河支行的知名度和客户认可度，为存款营销工作长久发展打下良好基础，拓宽了营销发展渠道；年内，狠抓网点的文明服务，落实文明服务制度，不断提高文明服务水平。制度建设方面，严格按照制度治行原则，重新制定和完善有关文明服务各项规章制度。在服务效率方面，提出了限时服务要求，柜员要严格遵循15分钟让客户离行的办理业务时限，让客户不在业务室耽误时间。在业务品种方面，换位思考，急客户所急，想客户所需，最大限度满足客户需求。

【党风促行风】 沧州银行香河支行贯彻落实香河县委、县政府的各项工作精神，切实加强和改进党风建设，充分发挥党组织的战斗堡垒作用和党员干部的模范带头作用，建设一支思想过硬、作风正派、清正廉洁的领导队伍，把党和群众的利益放在首位，不谋私利，落实党风廉政建设工作责任制，切实在落实上下功夫，在实际行动中求成效。中共十九大胜利召开后，立即组织学习十九大精神，教育引导党员深入学习贯彻十九大精神，自觉在思想上政治上行动上同党中央保持高度一致。

【强化内控管理】 2017年，为继续保持连续多年零案件发展势头，支行深入分析新常态下银行业案件防控严峻形势，积极开展案件隐患专项整治活动，大力开展业务检查，有效防控业务风险发生。支行成立专项领导小组，明确专项检查责任分工，安排专人负责相关检查工作，明确整治重点，并且制定严密的专项检查实施方案，明确各阶段工作任务，最终做到各项业务、制度、人员、轮岗、对账等全覆盖。支行加强安防制度建设，严格落实安防制度刚性约束，检查发现的问题，按照银监会的处罚标准和河北银监局制定的处罚四项原则进行无缝对接、从严处罚，加大责任追究力度。

【推进县域经济】 立足县域经济发展实际，强化信贷政策与县域产业发展的有效衔接，制定金融服务方案，努力调整贷款结构，积极扶持小微企业发展。年内，为解决无抵押物中小企业融资难问题，经多方努力与县政府投资的香河鼎力担保公司建立独家合作关系，总行为其审批的担保额度为4亿元。支行抓住机遇，积极与担保公司相互推荐优质客户，加大合作力度，增强支行同业市场竞争力。至2017年底，支行合作担保客户31户，担保金额18510万元，较年初新增1户，增加950万元，为香河县经济快速、健康、可持续发展做出了贡献。

行　长：李会民

副行长：潘志春、吴　铭、张晓霞、卢冠全

（王　楠）

廊坊银行香河支行

【概况】 2017年，廊坊银行香河支行秉承构建“县域金融生态链”，深度融入香河经济，稳步推进各项业务发展。支行下辖新华大街支行和安平小微支行两家二级网点，员工34人。是年，各项存款余额30.54亿元，其中对公存款余额25.89亿元；储蓄存款余额4.66亿元。日均存款31.46亿元，其中对公存款日均27.98亿元，零售存款日均3.57亿元。廊坊银行香河支行表内外授信业务余额为11.59亿元，其中表内外对公授信余额4.04亿元，零售贷款7.54亿元，全年实现净利润6724万元。

【信贷服务】 2017年，廊坊银行香河支行积极支持企业发展，解决企业融资难、融资贵的问题，累计审批企业授信额度19.6亿，支持香河鸿坤地产、恒康地产、御景置业、凯华齿轮等一批优质企业。此外，还有多笔对接或上报的授信业务申请，累计金额达41亿元，涵盖香河县域地产业、家具业、高新制造业等多个行业。且廊坊银行香河支行还在积极介入以政府为主导的产业投资基金、基础设施建设及棚户区建设等领域，参加政府组织的房地产按揭额度协调会，为政府解决问题出谋划策，并积极协调总行简化流程，准入部分急需解决的项目楼盘；积极协调按揭额度，确保协助政府解决购房者遇到的困难；协调贷款利率，与相关政府部门或企业相互配合，向早已进行贷款申请但未能发放贷款的购房者发放与其申请时相同的低水平利率，平复了购房者的情绪。至年底，发放按揭贷款近1600笔，金额约7.5亿元，有效解决购房者的贷款需求和企业的回款问题，提供了对政府相关部门和企业的金融服务。

【提升服务水平】 2017年，廊坊银行香河支行不断丰富存款、理财、贷款等金融服务产品，满足城乡居民的投资及消费需求。加大便民服务水平的提升，先后开发上线热力代缴费系统、城镇职工医保微信缴费等功能，减少缴费排队等待时间。中国银行业协会组织的全国星级网点评选工作，廊坊银行香河支行获评4星级网点。

【廊坊银行业务宣传工作】 廊坊银行香河支行积极参与县金融监管部门组织的征信、反假、反洗钱、非法集资宣传以及金融知识进万家等宣传活动，发放各项宣传单页6000余份。积极推进工会会员卡和居民健康卡的发卡和宣传工作，在县总工会和县卫计局的帮助下，实现工会会员卡发卡2万多张，实现居民健康卡发卡近27万张。依托双卡的开立，支行携带设备推行上门激活，现场讲解和宣传金融知识与产品，提升客户服务体验，深化普惠金融服务，践行廊坊银行是廊坊人的银行这一服务宗旨。

【案防教育】 廊坊银行香河支行在积极服务地方经济，服务城乡居民的同时，还注重培训的制度化、规范化建设，把案防教育融合于学习教育、专业培训、合规文化建设、创建合规单位等最踊跃、最积极的因素，使案防教育深入到每一名支行员工。充分利用晚上时间坚持学习，重点学习案防教育的目的意义，各业务岗位应知应会的专业知识、法律法规、规章制度和操作规程，案防教育的有关文件、资料等，使全体员工明确了案防教育的重要意义和作用，从思想上树立了主动合规、人人合规、合规光荣、违规可耻等意识，增强贯彻执行规章制度的自觉性和主动性，为案防教育工作的扎实有效开展打牢了坚实的思想基础。同时，充分利用金融违法犯罪及监管处罚案例，进行讲解剖析，开展警示教育，在全员范围内初步树立了风险意识，形成了不愿违规、不能违规、不敢违规的良好氛围。

行　长：张　磊

（周朋霏）

张家口银行香河支行

【概况】 张家口银行香河支行，原名“张家口市商业银行股份有限公司香河支行”。2016年2月23日，更名为张家口银行香河支行。2017年，张家口银行香河支行在职员工21人，香河县本地人占比90%，设3个部室，即客户部、营业室、办公室。年内，张家口银行香河支行坚持“真诚为客户 共赢求发展”，竭诚为香河县居民提供便捷、优质的服务。至2017年底，存款余额191969万元，日均存款余额206581万元，贷款余额29347万元。全年累计开卡4211张，开发理财新客户343户，理财余额144221万元，实现每周发行至少五款理财产品供广大客户选择投资，理财产品全部实现预期收益。

【张家口银行创新工作】 2017年，张家口银行香河支行积极创新，全面贯彻“三段论”（方向论、问题论、方法论），行内试行“三会一表”（共识会、质询会、复盘会、日清表），全面提升工作效率与员工职业素养。

【张家口银行业务扩展工作】 积极开展各类对公业务，结合香河县发展特点，围绕房地产行业积极营销预储金、拆迁补偿款、机构类存款；与各大房地产公司建立合作关系，开展业务营销。2017年，成功营销香河镇村拆迁补偿款2亿元。为切实做好社区服务，坚持每周三为周边百姓进行免费测量血压、血糖，并定期组织开展各类公益讲座。坚持每周为香河一中校园2台自助机具加钞，保证设备正常运行，方便校园师生资金使用。

行　长：孙学谦

（孙文静）

兴业银行股份有限公司香河支行

【概况】 兴业银行是经国务院、中国人民银行批准成立的首批股份制商业银行之一，成立于1988年8月，总部设于福建省福州市，2007年2月5日，正式在上海证券交易所挂牌上市。兴业银行股份有限公司香河支行（简称香河兴业支行）2013年10月18日正式开业，隶属兴业银行股份有限公司廊坊分行。辖内拥有一个网点和一个社区营业网点。香河兴业支行内设4个部室，即企业金融部、零售信贷部、营业厅和营业室，在编人员27人。兴业银行香河支行主要经营范围包括：吸收公众存款，发放短期、中期和长期贷款。办理国内外结算，办理票据承兑、贴现。代理发行金融债券，代理发行、代理兑付、承销政府债券，买卖政府债券、金融债券。从事同业拆借，从事银行卡业务，提供信用证服务及担保。代理收付款项，提供保险箱服务。外汇存款、贷款、汇款、担保及外汇票据的承兑和贴现，外币兑换，代客外汇买卖，买卖和代理买卖股票以外的外币有价证券。资信调查、咨询、见证业务，中国银行业监督管理委员会授权的其他业务。

【兴业银行存款业务】 至2017年底，兴业银行香河支行各项人民币存款余额157000万元，比2016年底降低5783万元。其中人民币公司存款余额113500万元，较2016年底降低13659万元；人民币储蓄存款余额43500万元，较2016年底增加7876万元。

【兴业银行贷款业务】 至2017年底，兴业银行香河支行各项人民币贷款余额252547万元，较2106年底增加37638万元。其中公司贷款余额3700万元，较2016年底降低17850万元；个人贷款余额248847万元，较2016年底增加55488万元。

【兴业银行其他业务】 截至2017年底，兴业香河支行各项人民币理财存量达到179200万元，较2016年底增加80067万元。其中人民币公司理财存量162900万元，较去年底增加72700万元；人民币个人理财存量16300万元，较去年增加7367万元。综合金融资产204000万元，较去年底增加72000万元。2017年，创新产品有兴闪贷、快速经营贷款；与京东金融合作推出小金卡以及新客户专享理财业务。

【兴业银行创新工作】 为提高工作效率和服务质量，支行推进网点标准化转型服务。利用移动设备提高工作效率，提高客户服务满意度。年内，兴业银行香河支行增加配置移动PAD（平板电脑）和身份证识别设备各3台，实现厅堂管理和零售信贷业务电子化和便捷化。提高支行产品营销的成功率，降低营业厅分流办理业务的压力，有效提高员工的工作效率和服务质量。随着互联网和智能手机的发展，兴业银行香河支行推出网络办理信用卡业务，客户只需点开兴业银行员工发送的推荐办卡的链接或者扫描支行员工分享的二维码，即可在手机或者其他移动终端设备上填写相关信息申请办理信用卡，免去了客户手动填写信用卡申请表中各项信息的烦琐流程，而且最快五分钟就可知道审核结果，提高了办卡效率，免去客户在申请信用卡过程中的漫长等待，提升客户的满意度。

【兴业银行业务扩展工作】 随着外部经济环境与形势的变化，大力吸收存款再次成为重要任务和目标。兴业银行香河支行在公司业务方面坚持发展存款业务、资产业务，代发工资业务，利用现金管理产品、结构性存款、企业理财等满足广大企业客户需求。同时要求客户经理深入企业，开展调研，并及时向上级银行反馈企业需求，根据企业需求创设新兴产品。零售业务方面以按揭贷款业务为基础，以快速经营贷、兴闪贷、消费贷以及全网收单等业务为抓手，依托产品和优质服务赢得客户。

【兴业银行党风行风建设】 抓好党员作风建设，是带动行风建设的重要保证，因此兴业银行香河支行定期组织“两学一做”学习教育培训，切实加强并努力推进党风廉政建设，定期召开支部党员大会，完善党建工作。组织学习中共十九大重要报告、习近平总书记系列重要讲话精神，组织党员进行党的知识竞赛，提升党员严于律己、廉洁自律、服务于民的思想意识。

领导班子成员

行　长：张立军

副行长：成际安

（韩子月）

保险业

责任编辑　刘士刚

中国人民财产保险股份有限公司香河支公司

【概况】　中国人民财产保险股份有限公司香河支公司，位于香河县淑阳镇康平路6号。公司设有：经理室、综合部、理赔分部、三农事业部、营销服务部、续保团队和6个农村营销服务部（淑阳营销服务部，安平营销服务部，钳屯营销服务部，安头屯营销服务部，刘宋营销服务部，渠口营销服务部）。2017年，全年实现保费收入5068.6万元，其中机动车保费收入3516.06万元；企财险保费收入468.81万元，非车非农保费收入1046.84万元，综合成本率34.55%，综合费用率32.76%，综合赔付率91.91%，为保户提供上亿元风险保障，缴纳税款266.23万元，代收代缴车船使用税486.97万元。

【人民财险经营险种】　机动车辆保险、企业财产保险、种植险、养殖险、家庭财产保险、团体人身意外伤害保险、货物运输保险，以及各种责任保险。

【客户端服务方式】　台承保服务，电话承保平台，网上承保平台，专业营销员上门承保，理赔绿色通道。

【人民财险员工素质建设】　员工服务水平、业务技能，关乎企业的形象、生存和发展，保险服务更是如此。公司始终把员工的业务素质，服务技能的提升作为工作的重中之重，紧密联系工作实际和特点，有的放矢，积极组织各种培训、讲座、观摩，把业务理论知识，服务行为规范，学懂弄通，并适时组织考核、观摩，促进业务素质和服务水平上档升级。良好的企业形象，优质的规范服务，过硬的业务素质，24小时的全天候服务，承载和促进了公司业务发展，热情、规范、准确、快捷服务体现在承保理赔全过程，保单一天快递到家，小额赔案当天进账。

【做好政策性保险】　种植险，养殖险，城镇居民大病保险等政策性保险业务中，努力把政府的惠民政策和人保的有效服务有机结合。通过承保和理赔服务全过程，把党和政府对人民群众的关怀送到人民群众手中，用辛勤工作和忠于职守，使人民群众切身感受到党和政府惠民政策的温暖，享受改革发展的红利。2017年，种植险、养殖险，大病保险等政策性保险，公司共完成保费2021.97万元，为人民群众提供上亿元风险保障，赔款958.53万元，使人民群众在自然灾害和财产损失上得到及时补偿。 2017年，公司以改革为动力，创新发展模式，持续发力，保费收入达到5068.6万元，为公司可持续发展奠定坚实基础。

经　理：韩艳青

副经理：王二永　孙大宝

（齐兆发）

中国人寿保险股份有限公司香河支公司

【概况】　中国人寿保险股份有限公司香河支

公司（简称香河支公司），成立于1996年，隶属中国人寿保险股份有限公司，副部级央企，总部设在北京。香河支公司是中国人寿保险股份有限公司下设的四级机构。香河支公司下设有个险、银保、团险3个发展渠道，综合、客服两个部门，现有内勤员工37人，外勤员工1937人，设立6个营销网点，分别是渠口、五百户、蒋辛屯、安头屯、刘宋、安平。2017年，保费总量达到23821.35万元。首年标保3802.35万元，达成全年任务指标的109.26%；首年期交7473.59万元，其中十年期交5398.25万元，达成全年任务指标的125.92%；5~9年期交1339.03万元，5年以下期交736.31万元；趸交2250.59万元，达成全年任务指标的109.73%；长险首年3802.35万元，完成全年任务指标的109.26%；短期险保费1430.31万元，完成全年任务指标的112.98%。赔款支出539.82万元,全年医疗给付415.98万元,死亡给付247.06万元，满期给付5342.68万元，年金给付1252.49万元。

【小额保险业务】 年内，推行小额保险服务，发挥保险稳定器的功能。按照"政府引导、公司试办、农民自愿"的原则推动农村小额保险。中国初步建立社会保障体系，存在着保险覆盖面小，保费投入不足等问题，无法全面满足农村低收入群体对保险保障的潜在需求。小额保险具有保费低廉，保障适度，保单通俗，理赔简便等特点，是小额金融的重要组成部分。公司抽调人力深入到农村宣导小额保险的重要意义，在部分村落建立起小额保险制度，将小额保险办成真正的惠民工程。2017年，实现大病给付415.98万元，意外险给付539.82万元，老百姓老有所养、病有所医，发挥了保险机构的社会稳定器的作用。面对日益激烈的竞争压力，需要不断培养销售人员来促进公司的发展。面向村街、乡镇招募驻村（社区）代表，长期对外招聘销售人员。对于条件优秀的人员要求可以适度放宽，来到公司可以兼职，工作时间可以灵活掌握，有效解决社会上一批失业人员的再就业难题，实现社会资源的有效配置，缓解就业压力，实现双赢，公司既得到了发展，个人价值也得到充分体现。

【保险服务理念创新】 香河支公司秉承"成己为人，成人达己"的"双成"文化理念，优化柜面服务，柜面大厅设置咨询台及资料填写区，更新叫号设备，节省客户办理业务时间。同时做到与时俱进，推行电子化服务，客户可以随时随地查阅个人的保单信息，可以实现个人保单信息变更、银行续期账户变更等多种业务的办理，有效实现对客户的专享服务。优化客户的投保环节，一改往日填写投保资料的烦琐，通过国寿e店实现资料的录入填写，逐步完善投保环节，节省客户投保的时间，享受到电子化服务的便捷。

【强化保险业诚信服务意识】 加强保险营销员诚信教育，强化诚信服务意识。利用大小晨会宣导《诚信文化建设工作管理办法》相关规定，强化销售人员的风险防范意识，坚决杜绝代签名、销售误导等不合规行为的发生。

经　理：彰井霞

副经理：韩雪春 朱学平

（王翠鑫）

中国太平洋财产保险股份有限公司廊坊香河支公司

【概况】 2017年,中国太平洋财产保险股份有限公司廊坊香河支公司（简称廊坊香河支公司），以客户需求为导向，深入践行"稳健一生、追求卓越”企业核心价值观，按照“稳中求进,战略转型”工作方针,转变经营理念和发展方式,强化服务意识，利用便捷承保、快速理赔等管理方式，业务规模充分扩展，实现跨越式发展。全年完成保费收入 1157.92 万元，其中车险业务 1125.99 万元，非车险业务 31.93 万元。全年累计赔款 420 万元。2017 年，廊坊香河支公司被市级公司授予“2017 年度先进集体”。

【太平洋财险完成年度计划】 年初,按照市公司加快县机构业务发展实施办法,确立“迅速转变观念,拓展渠道业务”经营思路。充分发挥车险、非车险、电销、代理和银保 5 个专业销售团队作用。按照渠道,有针对性地进行集体开展公关。一季度，围绕业务综合拓展，开展“你追我赶比速度,时间任务双过半”业务销售竞赛。二季度重点开展车险赛中赛，重点与车商、代理公司、银企部门建立合作关系。下半年,开展“增强信心,挑战自我,力争业务取得突破性发展”业务推进活动。四季度，开展“转型发展强续保,岁末攻坚我当先”续保业务销售竞赛。至年底，全年保费收入圆满完成年度计划。

【公司规范性建设】 以加强公司规范化客户需求为导向,按照《窗口服务礼仪规范》《门店日常管理规范》《客户投诉处理规范》，进一步推进公司标准化、规范化建设。窗口服务礼仪做到统一门店标识、统一服务礼仪、统一服务用语、统一员工服装。将“机动车保险承保须知”“机动车保险投保提示”“交强险投保提示”“理赔服务流程指南”悬挂上墙,让客户对保险政策一目了然。加强门店日常管理,时刻保持柜面卫生整洁,工作井然有序。

【提高赔付效率】 为提高理赔效率,缩短赔案周期,香河太保财险公司再次减少理赔环节,将单证收集的环节和查勘环节合并,即查勘人员必须在查勘环节搜集索赔单证,当时不能收集齐全的,由查勘人员自行找当事人解决,并与绩效工资挂钩,提高案件审结速度,同时配合总公司开通的短信提醒服务,方便客户监督。明确投诉处理工作标准,制定电话服务礼仪规范、客户挽留服务规范、客户建议接受与处理规范、值班管理规范等。坚持每季对规范化管理落实情况进行一次检查,半年进行一次总结,表彰先进,督促后进。

经　理：殷宝义

（殷宝义）

中国太平洋人寿保险股份有限公司香河支公司

【概况】 2017 年，中国太平洋人寿保险有限公司香河支公司（简称太平洋寿险香河支公司）紧紧围绕“服务年”这一主题，活动推动销售，服务打造市场，知识答解问题，真诚感动客户，端正态度，改进方法，截至 12 月底，全年保费收入 1379.51 万元，支付各类理赔案件 110 件。

【治乱打非合法经营】 为贯彻落实全国金融工作会议精神，太平洋寿险香河支公司强化治理保险非法经营、市场乱象，采取自查自纠、日常监管等措施，坚持合法合规经营，禁止业务员夸大保险收益，禁止擅自印制保险产品宣传资料，严厉打击业务人员通过短信、微信、朋友圈等传播虚假信息。为确保工作顺利推进，定期对营销员部署治乱打非内容，要求业务人员自查自纠，发现问题，及时整改。

【太平洋寿险队伍建设】 在队伍建设上，招募具有大专以上学历人才，是年，太平洋寿险香河支公司具有大专以上学历人员 219 人，占全员 78%。针对近年来新员工增多现状，建立以老带新机制，鼓励晋升发展，创新发展。通过培养绩优，加大新员留存，拉动业务规模和人力资源健康发展，至 2017 年底，太平洋寿险香河支公司新增业务部 1 个，主管团队发展到 25 个。

经理：李路嘉

（张秋桂）

中国平安保险(集团)股份有限公司廊坊中心支公司香河支公司

【概况】 中国平安保险（集团）股份有限公司廊坊中心支公司香河支公司（简称平安香河支公司）成立于 2005 年，位于香河县淑阳镇新华大街。房屋使用面积 330 平方米，三层楼，一层为客服门店,二层为管理职场,三层为理赔接待室。平安香河支公司现有员工 14 人。平安香河支公司下设经理室、综合管理部和客服理赔部。2017 年，平安香河支公司年 元，非车险保费收入 114.59 万元。2017 年，香河支公司合计缴纳税款 577.8 万元，其中为客户代收代缴车船使用税 455.78 元。

【平安保险经营险种】 主要经营机动车辆保险，企业和家庭财产保险，责任险，团体、个人意外险等险种。

【车险电子化】 年内，平安财险率先在河北地区开启车险电子化时代，从车险报价、客户投保确认、到车险商业保单，全程实现电子化操作，保证客户自己投保的真实性与可靠性，简化流程。同时响应低碳环保的号召，平安香河支公司已经实现车险客户 90%网上投保，电子保单使用率已高达 97%。

【服务造就客户满意】 平安车险一直致力于“全自助、全方位、全天候”服务，客户只要下载“平安好车主 APP”即可获取理赔指引信息，可以在线交单理赔，时时查看查勘员位置，使每一位平安客户都可以将查勘员装在口袋中。2017 年，平安产险香河支公司，为使平安广大客户可以享受更加便捷、专业的服务，经过资质、品质审核筛选，在香河县城和主要镇建立了 6 家平安车主服务中心，出险客户拨打“95511”报案以后，客服会根据位置，线上指派就近合作网点进行现场查勘，同时客户还可以从车主服务中心享受定损、理赔、修车等一站式服务。

经　理：侯建英

（韩　薇）

中国平安人寿保险(集团)股份有限公司香河支公司

【概况】 中国平安人寿保险股份有限公司廊坊中心支公司香河支公司（简称平安寿险香河支公司）成立于 2010 年，位于香河县秀水街亚太城，有四层办公楼，使用面积 980 平方米；一层为客服门店，另三层为营业部。公司内勤 4 人，业务员 420 人。2017 年，平安寿险香河支公司年保费收入合计 2366 万元。

【平安人寿经营险种】 主要经营人寿保险、重疾险、个人意外险、住院医疗等多种险种。

【平安寿险率先推出电子化业务】 平安寿险香河支公司响应政策，率先推出电子投保平台，客户只需通过手机端 APP 即可完成投保全过程（包括投保书阅读、签字、回执回销等）。

保证客户自己投保的真实性与可靠性，简化流程，平安寿险已经实现客户95%网上投保确认。

【“金管家”业务】 平安寿险香河支公司一直致力于“专业让生活更简单”的宗旨，客户只要下载“金管家”即可获取保单全部信息，可以在线交单理赔。

经理：孙伟

（孙伟）

中华联合财产保险股份有限公司香河支公司

【概况】 中华联合财产保险股份有限公司香河支公司（简称中华财险香河支公司），成立于2007年1月30日，位于香河亚太城。公司建立以来，坚持“稳发展、调结构、保质量、要效益”的原则，持续拓展业务范畴，不断壮大队伍，业绩稳步增长。公司现有4层办公楼，面积400平方米。员工19人，营销员36人。近三年平均保费3000万元，人均保费160万元。

【中华联合财险业务拓展】 业务涵盖了车险、企业财产险、意外险、责任险、家庭财产保险。2017年，公司加大业务力度，通过明确专人跟进服务，合作汽车经销商7家，成功入围香河环卫局新购车辆保险项目和香河民用燃气保险项目。

【快捷服务】 为满足市场和客户的服务需求，2017年推出中华财险承诺的车险标准服务内容。电话4001999999和网上e.cic.cn投保，出单48小时内免费送单上门；客户上门投保，双方对保险事项达成一致后，20分钟内出具保险单证；中华保险cic微信客户端，指导客户现场自助理赔。异地出险，全国通赔通付；www.cic.cn网站自主查询承保理赔信息，365天360度全方位受理客户咨询、投诉，为客户提供更贴心的服务；紧急救治投保车辆损失险的11座及以下非营运车辆客户，免费享有全国非事故车辆道路救援。

经理：赵子斌

（张　媛）

名阳保险销售有限公司香河分公司

【概况】 2017年，名阳保险销售有限公司香河分公司（以下简称名阳香河分公司）遵守中国保监会的各项法律法规,发奋经营,全体员工团结一心,锐意进取，全年实现保费收入1736.86万元，完成年度计划146.7%，特别是健康险保费同比上年度增幅52%。全年服务理赔案件273起，其中死亡案件5起，重大疾病案件3起，通过率100%。

【营销模式创新】 名阳香河分公司在香河县九个乡镇、3个街道办、3个园区，按市场需求成立15个独立营销团队，专人负责，按不同的市场实行不同的营销策略，推广不同的保险产品。面对市场营销模式陈旧，业务人员基础知识差，缺乏营销积极性的情况，名阳香河分公司推出“自由化空间管理”的新模式，把客户信息收集、专业化平台产品设计、人性化客户沟通、单证专业化签署、续期催缴及后期保单服务形成多个模块，独立成型又合理组合形成系统专业的业务流程。营销的职业化和易操作性解决了业务员留不住的问题，使年内有效人力达到108人。

【名阳保险业务拓展】 借助京津冀一体化优

势，把京、津二市适应香河地方的保险业务引入香河县，拓展业务。例如：在企业财险方面，中小家具厂面临当地保险公司不承保的现状，名阳香河分公司及时和北京长安责任保险公司签订合作协议，为香河百余家企业签订财产承保合同，稳定企业者的经营信心，增加安全感。名阳香河分公司凭借多年积累的市场经验，和多家保险公司合作设计开发了多款新产品。例如：“企业雇主责任险”的上市与推广，在法律层面解决了企业经营中工伤方面的负担。

【思想教育助保险业绩提升】 在强化“保险姓保”为中心的产品服务前提下，不断对员工加强思想领域及人生观教育。倡导以中国梦、名阳梦、保险让生活更美好、名阳让保险更美好的职业理念，以“人性完美、财富自由”为座右铭，通过微信平台，不间断的向公众传播正确的保险观念，推动名阳保险业绩不断提升。

经理：李慧民

（李慧民）

河北三玉利保险代理有限公司香河分公司

【概况】 河北三玉利保险代理有限公司香河分公司（简称香河分公司），成立于2011年6月24日。香河分公司位于香河县城新开街55—2云天国际广场西侧。公司代理的业务有：人寿保险、平安保险、太平洋保险、中华联合保险、阳光保险、天平保险、太平保险、中煤保险、泰山保险等多家车险、企业财产险、家庭财产险、意外保险、学平险、人寿健康保险、养老保险、投资理财险以及互联网平台保险。公司有内勤员工6名，外勤员工55名，查勘员1名，查勘理赔车1部。2017年车险规模保费1500万元，非车险规模保费180万元，全年理赔案件1000余起，理赔金额超过400万元。

【保险服务理念提升】 公司坚持“真诚、专业、便捷、择优”的服务理念。内勤员工苦练基本功，熟练掌握各家主体保险公司的承保政策，出单费率和出单技能，做到“快、省、准”。

【公益事业】 公司始终坚持“送出一份保单，幸福一个家庭”的企业文化思想。在香河环卫工人节上，公司为150名环卫工人送去了保额高达1650万元的人身意外伤害保险，确保环卫工人在高风险的工作岗位上有高保障。2017年，河北三玉利保险代理有限公司香河分公司荣获香河县环境卫生管理局颁发的‘最美商户’荣誉奖牌。

经理：李晓军

（李晓军）

中国大地保险财产股份有限公司廊坊中心支公司香河营销服务部

【概况】 中国大地保险财产股份有限公司廊坊中心支公司香河营销服务部（简称香河营销服务部），成立于2005年12月6日。香河营销服务部秉承“车辆保险、财产保险、意外伤害险、健康保险共同发展”的理念，扩大投保渠道，吸引优秀人才，2017年保费收入726万元，同比增长15.6%，其中车险675万元，非车险35万元，意外险16万元。

【大地保险业务运作】 香河营销服务部95590专线365天×24小时专线畅通。95590全国统一服务专线，全天候提供报案、咨询、投诉、承保理赔信息查询和客户回访等服务。

接到报案后10分钟内与客户联系，在约定的时间内查勘。10万元以下车险案件1个工作日内赔付。对保险责任明确、索赔材料齐全的10万元以下的车险赔案，与客户达成赔偿协议后，1个工作日内付款。车险小额案件快赔。对保险责任明确的5000元（含）以下车险小额非人伤赔案，可以现场定损或采取微信自助查勘，远程定损，现场收集索赔材料，限时赔付。

【小额人伤保险赔付】 提供小额人伤现场调解、住院伤员定期探视、伤残鉴定陪同、医疗救援指导；对案件事实清楚、损失金额基本确定的，可根据客户需求提前赔付。全国通赔，就近理赔。方便客户在异地出险时，就近接受理赔服务，不收取异地理赔费用。

【优化微信理赔服务】 强化服务机制不断完善，加大服务软硬件设备的投入，不断提升基层窗口服务水平。为进一步让广大客户真切感受到大地保险的服务真情，公司进行了升级优化。让微信理赔更友好，客户能随时随地的掌握理赔进度；让电话直赔更快捷，让简易快赔更智慧，客户通过手机拍照就能自动理赔；人伤理赔更温情，对人伤案件提供全程关爱服务。

经理：崔丽超

（凌　珍）

泰康人寿保险有限责任公司河北廊坊香河营销服务部

【概况】 泰康人寿保险有限责任公司河北廊坊香河营销服务部（简称香河营销服务部），隶属泰康人寿保险有限责任公司河北廊坊中心支公司，成立于2003年1月，位于廊坊市香河县府前街康府嘉苑1号商住楼。至2017年底，个险在册业务142人，内勤2人。

【泰康寿险业务营销】 负责营销员培训及日常管理、收取营销员代收的保险费、投保单等单证；分发保险公司签发的保险单、保险收据等相关单证；接受客户的咨询和投诉。2017年，香河新契约标准保费1005万元，同比增长30%。

【泰康保险一站式服务】 2017年，泰康人寿推出健保通直付式理赔服务，免申请、零等待，核心业务系统与医院IT系统直联对接，实现客户出院一站式结算，此项业务已与香河县中医院签订协议并完成系统安装。

（白　鹭）

新华人寿保险股份有限公司廊坊中心支公司香河营销服务部

【概况】 新华人寿保险股份有限公司廊坊中心支公司香河营销服务部（简称香河营销服务部），隶属新华人寿保险股份有限公司。香河营销服务部成立于2005年5月，位于香河县新华大街东段北侧白庙路口东侧。有员工52人，其中内勤员工4人。

【业务范围】 主要经营个人意外伤害保险、个人定期死亡保险、个人两全寿险、个人终身寿险、个人健康保险、团体意外伤害保险、团体定期寿险、团体终身保险、经中国保监会批准的其他人身保险业务等。

【新华寿险主要业绩】 2017年，香河营销服务部总保费收入1356.15万元。新契约期交保费301万元，短险保费20万元。全年受理理赔案件113件，理赔金额71.40万元。处理监管投诉案件2件，其中立案2件。单证齐全、责任清晰、5000元以下小额赔案1小时内处理完毕，标准赔案2日内处理完毕。公司推出365×24小时“95567”热线电话、柜面通过快速业务通道、VIP服务通道等特色服务，为客户提供一站式、覆盖保单全生命周期的60余项保全、理赔服务。

经理：崔大朋

（崔大朋）

教 育

责任编辑 刘士刚

综 述

2017年，是香河县教育实施“十三五”规划承上启下的重要一年，同样是全面建设教育现代化强县的关键之年。香河县教育工作以中国共产党十八届五中、六中全会和中共十九大精神为指引，办好人民满意教育为宗旨，提高教学质量为核心，提升教育内涵为抓手，凝神聚力，锐意攻坚，学前教育、义务教育、普通高中教育、职业教育、成人教育、特殊教育、广播电视教育、民办教育稳定有序发展。学前三年入学率95%；小学入学率100%、巩固率100%；初中入学率100%，年巩固率99.5%；高中阶段入学率95%。2017年，中小学教育获得国家级奖励6项，省级奖励8项，市级奖励31项，县级奖励50项。县教育局被授予“第十七届华人少年作文比赛优秀组织奖”“廊坊市教育工作先进集体”“廊坊市先进基层党组织优秀领导班子”荣誉称号。香河县职业教育中心被评为“第七届河北省教育系统优秀志愿服务先进单位”，香河一中被评为“全国生态文明教育示范学校”，香河二中被评为“河北省教育工作先进集体”，香河三中被评为“全国语文教师专业化发展工程基地校”，蒋辛屯小学被评为“河北省优秀志愿服务品牌学校”。

教育结构

【概况】 香河县共有各级各类学校164所（含私立学校），其中小学68所，初中10所，高中2所，中等职业学校、教师进修学校、特殊教育学校、广播电视学校、青少年活动中心、成人教育总校各1所，乡镇成人学校9所，国办幼儿园3所，注册民办教育机构66所（其中幼儿园50所，短期培训机构12所，民办学校4所）。教职工5416人（含民办教师1090人），在校生67246人（含民办幼儿6121人）。

【学前教育】 香河县有独立幼儿园53所（国办3所，民办50所）。相比2016—2017学年度增加5所，其中新建国办幼儿园1所（香河县第三幼儿园），新注册民办幼儿园4所（向阳幼儿园、金子塔幼儿园、慧德爱婴新华幼儿园、晨光幼儿园）。全县在园（校）幼儿15127人，其中县直幼儿园1398人、小学附设幼儿班7608人、民办幼儿园6121人。全县幼儿园教职工共计1100人，其中国办幼儿园159人、民办幼儿园941人。

【小学教育】 香河县有小学68所，其中独立设置少数民族学校1所（五百户镇香椿营回民小学）。相比2016—2017学年度增加1所，（城内第五小学）。小学在校生31921人，其中寄宿生2203人，少数民族896人。2013年小学一年级在校生4609人，至2017年小学五年级在校生4666人，小学五年保留率101.24%，增长原因为近几年随迁子女增加较多。全县小学教职工2403人，其中专任教师2339人。

【初中教育】 香河县有初中 10 所，在校生 10765 人，其中寄宿生 3637 人,少数民族 416 人。初中教学班数 207 个，2015 年初中一年级在校生 3155 人，至 2017 年初中三年级在校生 3262 人，初中三年巩固率 103.39%，增长原因为近几年随迁子女增多。初中教职工 958 人，其中专任教师 880 人。

【普通高中教育】 香河县有普通高中 2 所(香河县第一中学、香河县第三中学)，在校生 7126 人，其中寄宿生 4913 人、少数民族 280 人，教学班 118 个，教职工 644 人，其中专任教师 555 人。香河县第一中学是河北省示范性普通高中、省级重点高中；年内，有教学班 73 个，学生 4401 名，在岗教师 425 名，校内多媒体教学设备、计算机教室、电子备课室、理化生物实验室、通用技术专用教室、图书馆等教学设施齐备；2017 年，周斌以 702 分成绩夺得廊坊市理科状元，圆梦清华；本科一批上线人数 819 人，上线率 57.27%；本科二批上线 1350 人，上线率 94.5%；获得“全国生态文明教育示范学校”。

【职业高中教育】 全县有职业高中 1 所。职业高中在校生 2256 人，其中成人中专非全日制学生 220 人、职业高中在校生 2036 人。职业成绩取得历史性突破。67 名同学分别参加两类高考，其中 22 名学生参加天津市春季高考，上线率 100%。本科上线 4 人，分别被南开大职高中教工 101 人，其中专任教师 96 人。2017 年，学校对口高考学滨海学院、天津大学仁爱学院录取；45 名学生参加河北省对口单招考试，全部被报考院校录取，其中包括河北旅游职业学院、承德石油高等专科学校等多所省内实力院校。职教中心首次获得县政府教学质量奖；7 名教师在业绩及荣誉方面获得省级表彰，其中 1 名教师荣获河北省优秀教师荣誉称号，2 名教师荣获河北省职业院校信息化教学大赛三等奖，2 名教师在省“创新杯”教师信息化说课大赛上获“创新杯”奖。1 名同学在省技能大赛中获得三等奖。在县教育局组织的第 21 届全国教育教学信息化大赛活动中，10 名老师的课件作品、8 名老师的微课作品、1 名老师的教师网络空间荣获一等奖、6 名老师的课件作品荣获二等奖。2017 年，职业教育与北京翰文教育科技有限公司、北京商鲲教育控股集团、天津职业技术师范大学附属技师学院、泊头职业技术学院等 20 余所院校开展合作办学，共享优质教育资源，创新办学模式，有针对性地培养专业技术人才。

【成人中等专业学校】 2017 年，香河县有教师进修学校 1 所，教职工 49 人，其中专任教师 38 人。年内，组织 400 名中小学教师远程培训；完成 175 名新教师的入职培训。

【特殊教育】 全县有特殊教育学校 1 所。在校生 51 人，教学班数 5 个。教职工 12 人，其中专任教师 11 人。

【民办教育】 全县有全日制注册民办高中 1 所（实验中学），在校学生 178 人；有注册小学 3 所（星宇学校、少林文武学校和景山学校大爱城分校），在校学生 1099 人；有注册民办幼儿园 50 所，在园幼儿 6121 人。相比 2016—2017 学年度增加 2 所（实验中学、景山学校大爱城分校）。

教育教学与教学研究

【概况】 2017 年，香河县教育办好人民满意教育为宗旨，提高教学质量为核心，提升教育内涵为抓手，积极抓好各级各类学校教育教学工作。

学前教育，以国家、省、市关于大力发展学前教育的文件精神为指导，扎实落实学前教育三年行动计划，积极创设高标准办园环境，不断规范幼儿园管理，提高幼儿园的保教质量。

小学教育，坚持以提高教育质量为工作重心，规范教学常规管理，全力推进“兴趣课堂”教学模式，开展跨学校跨区域教研活动。

初中教育，全力推进“有效课堂”教学模式，推进课程改革向纵深发展，延续校本教研、校际教研、县域教研模式，为广大一线教师及教学管理人员搭建平台。

普通高中教育，以香河一中省级示范性高中为龙头，牢固树立品牌意识，强化内部管理，不断增强发展潜力和整体实力。

职业教育，以立德树人为根本，以服务发展为宗旨，以促进就业为导向，适应县域产业技术进步和生产方式变革以及社会公共服务的需要，深化体制机制改革，深化产教融合、校企合作。

特殊教育，坚持“以人为本 以爱为根”的教育理念，不断完善激励机制，优化管理过程，全力推进素质教育，努力提高特殊教育办学水平。

民办教育，加强基础设施建设和设备投入，逐步改善办学条件；强化安全管理与防控，加强师资队伍建设，努力提高教育质量。

【学前教育教学】 贯彻落实《3~6 岁儿童学习与发展指南》、教育部新颁布的《幼儿园教育指导纲要》和学前教育三年行动计划，创设高标准办园环境，不断规范幼儿园管理，提高幼儿园保教质量。坚持以游戏为基本活动，保教结合，寓教于乐。3 月，开展全县幼儿园“等级类别达标月”和《3~6 周岁儿童学习与发展指南》学习月活动，促进各园对纲领性文件的理解与落实；4 月，围绕 “运动•健康主题活动月”，组织开展丰富多彩的体育活动，培养幼儿竞争、合作、团结、勇敢等良好品格，促进生命健康和谐成长。5 月下旬，组织全县教育系统庆“六一”文艺会演，推动全县幼儿艺术教育普及与发展。6 月，通过开展“学前教育宣传月”活动，幼儿家长对《3~6 岁儿童学习与发展指南》以及幼儿园保教工作有了深入认识与理解，让科学的早期教育走进千家万户，形成了全社会共同关注、共同培育幼苗的良好育儿环境。9—12 月份，开展的幼儿园支持策略案例评选、“我是小歌手”唱歌比赛和幼儿园区角游戏评比等活动，调动一线教师钻研教材、强化提高业务水平的积极性，促进幼儿园的教学教研，提升教师的专业素质和教育水平。

【九年义务教育教学】 落实县教育局 “加强教育教学管理，提高教育教学质量”的工作重心，进一步规范教学常规管理，全力推进“兴趣课堂”和“有效课堂”教学模式，延续校本教研、乡镇区域教研、县域教研三级联动教研模式，充分发挥教研员及骨干教师的辐射带动作用，促进教师专业发展，提高教师业务水平，提升整体教育教学质量。3 月，开展初中数学、物理、生物优质课评比，30 名教师参加活动。

3—4 月，开展中小学教学常规督导检查，主要内容包括学校管理、课堂教学、校本教研、学生发展、档案管理等方面，教研员通过现场听课、参与校本教研、查阅过程性档案资料等方式对各单位进行检查指导，针对存在的问题提出合理建议，以规范教学常规管理，促进学校发展。

4 月 10 日，组织中考体育测试。测试中，全体监考人员本着公平、公正、公开的原则，认真测试，秉公监考，受到市级巡视员的好评。

3—5 月，分别组织了中小学乒乓球比赛、中小学学田径运动会、“香河县人民医院杯”暨第二届全民运动会少儿门球赛、中小学篮球比赛以及中小学足球比赛等 5 项比赛。其中运动会是一年一度的重大赛事，香河县四大班子、县直有关单位负责人、教育局班子全体成员均出席开幕式。本届运动会中，高中女子组跳远和 200 米两个项目打破县级记录。

5 月，为提升教师业务技能，推进教师专业化发展进程，检验教师对课标、教材重难点的把握以及综合评价能力，举行“小学教师评价技能”大赛，共有 104 名教师参赛，其中 65 人获奖；为激发学生英语学习兴趣，提高英语口语表达能力，9 日举行高年级英语情景剧比赛，现场参赛学生和观摩共计 140 余人，其中 81 名学生获奖，19 名教师获得优秀指导教师奖，5 个单位获得优秀团体奖。

9 月，为加强各学校常规教学工作管理，推动全县教学工作顺利开展，确保教学质量的稳步提高，开展“小学教学联查暨优质课评选”活动，联查主要内容为学校管理、领导教师档案、课例和班级图书角等。活动历时一个月，共评选出语文、数学、英语、科学优质课 26 节，优秀指导教师 30 人次。

9 月 27—29 日，在廊坊市第十三届中学生田径运动会中，荣获女子甲组团体第一名、乙组第二名和男子甲组团体第四名、乙组团体第二名。

9 月 20—10 月 27 日，开展中小学体育音乐教学工作联合检查，内容主要包括优质课评选，大课间、档案资料、教案、听课记录、常规体检、晨午检制度等。期间听体育与健康室外课 23 节、室内健康课 15 节、音乐课 24 节。

10—11 月期间，参加廊坊市初中英语、地理、历史优质课评比，香河县 7 名教师获奖。

11—12 月期间，组织开展香河县中小学生田径单项赛、“国土资源杯”少儿门球赛和中小学生长跑接力比赛。全局上下高度重视，教育局多次召开筹备会，强调安全、强调赛风赛纪，以确保比赛顺利进行。

12 月，为全面提高课堂教学效率，培养和选拔特长生，彰显学生的个性，举行中小学语文、数学、英语知识技能竞赛，为学生搭建展示才华平台，促进教师专业成长；参加廊坊市小学语文、数学、科学、心理健康优质课评比，香河县 5 位教师获奖。

【普通高中教育教学】 强化质量意识，抓好拔尖人才培养和特色高中建设，充分发挥香河一中省级示范性高中龙头作用，牢固树立品牌意识，强化内部管理，不断增强发展潜力和整体实力，努力办成教育质量高、文化底蕴深、社会影响力大的特色优质学校，提升香河县教育知名度。香河一中坚持“以质量求生存，以严格管理谋发展，尊重个性，挖掘潜力，让每位学生走向成功”办学理念，经过努力，学校逐步走上了“以德立校，科研兴校，质量强校，文化润校”内涵发展之路；细化教学常规管理、加强教研组建设，开展各类竞赛教学活动，各类优质课获得省市县奖励 120 人次；注重教师素质提高，培训教师 1200 人次，走出去培训 110 人次；强化高考成绩突破，年内成为“廊坊市文明校园”，步入廊坊市先进行列，正在向全省名校进军。

香河三中树立“普高加特色多元发展”办学宗旨，着眼学生长远，拓展升学途径，深受社会广泛认可。建立科学评价体系，全面提高学生综合素质，实行激励式管理模式，激发学生内在潜能，实现高中教学质量新提升。加强高考研究，把握高考方向，因材施教，寻找促进学生进步最佳方法，提高备考工作针对性。

【职业教育教学】 职业教育技术中心以立德树人为根本，以服务发展为宗旨，以促进就业为导向，适应县域产业技术进步和生产方式变革以及社会公共服务的需要，深化体制机制改革，深化产教融合、校企合作。2017 年，与北京瀚文教育科技有限公司开展汽车运用与维修专业的人才培养合作模式，与 20 余所兄弟院校开展合作办学，并尝试进行职业教育的国际化合作，增强办学吸引力。

职业教育技术中心统筹师资力量，抓住社会需求，新开设电子商务专业及 3D 打印技术专业，将实践课与文化课比例调整至 1∶1，有效优化了课程结构，在理论培养基础上，为增加学生实际操作经验创造条件。探索与学生身心特点相适应的教学改革，开设茶艺课、书法课、手工课、礼仪课、军事课，市级非物质文化遗产宋代斗拱及省级非物质文化遗产五行太极通臂拳课进入课堂；启动大规模社团建设，开设乐器、书法、武术、合唱、模特、足球等社团近十个，引进国家级非物质文化遗产香河中幡参与社团建设中来，学校素质教育途径得到延伸。

职业教育技术中心教育教研工作卓有成效，荣获廊坊市教育工作先进集体，一名教师获河北省优秀教师荣誉称号，2 名教师荣获河北省职业院校信息化教学大赛三等奖，2 名教师在省“创新杯”教师信息化说课大赛上获奖。在第 21 届全国教育教学信息化大赛活动中，10 名老师的课件作品、8 位老师的微课作品和一名教师的“教师网络空间”荣获一等奖，6 名老师的课件作品荣获二等奖，所有获奖作品全部被县教育局推荐参加全市教育教学信息化大赛。

职业教育技术中心教育教学质量稳步提升。对口高考成绩取得历史性突破，67 名同学分别参加两类高考，上线率 100%；学校应届毕业生合格率 100%，就业率保持在 96%以上，学校获得县政府教学质量奖和“廊坊市五四红旗团委”、“河北省教育系统优秀志愿服务先进单位”等荣誉称号。

【教师继续教育教学】 香河县教师继续教育与教学能力提高工作由香河县教师进修学校承担，负责开展中小学教师继续教育科目培训、科任教师培训、骨干教师培训、师德培训、学历提高培训、新任教师培训、新任小学校长上岗等培训。年内，选拔 2 名辅导教师到石家庄参加培训，选派 3 名骨干教师参加国培培训。举办每人一节公开课活动，进行集体教学研究，提升教师队伍整体教学能力和综合水平。

【特殊教育教学】 特殊教育学校坚持“以人为本 以爱为根”的教育理念，不断完善激励机制，优化管理过程，全力推进素质教育，努力提高特殊教育办学水平。

特殊学校严格按照特殊教育课程纲要，开齐开足国家课程，并针对残疾儿童特点开展综合实践活动和技能培养。学校开设了我会洗脸、我会洗衣、我会做饭等生活技能课，并经常组织学生参加校内植树、义务环境卫生清理、残疾人文艺演出等社会实践活动。

【民办教育教学】 县教育局以“规范管理，提高质量”为中心，以制度建设为重点，督导民办学校、幼儿园加强基础设施建设和教育教学设备投入，逐步改善办学条件；强化安全管理与防控，完善应急机制，保障正常教育教学秩序；加强师资队伍建设，与公办学校同时开展师德教育和业务培训，教师授课水平和综合素质明显提高。2017年，8名民办学校教师被县政府评为县级优秀教师。

教师队伍

【概况】 香河县各级各类学校共有教职工5416人，其中县直幼儿园159人、小学2403人（含附设幼儿班教师380人）、初中958人、普通高中644人、职业高中101人、成人中等专业学校49人、特教学校12人、民办教育机构1090人。

全县各级各类学校教职工中，其中在编4326人、民办学校1090人。

全县各级各类学校教职工中，其中基础教育5266人、中等职业教育150人。

【学历结构】 幼儿园（不含附设幼儿班）专任教师649人（其中民办园514），均为高中阶段毕业及以上，学历达标率100%；专科及以上学历494人，占76.12%。研究生毕业1人。

小学专任教师2339人（其中民办小学10人），均为高中毕业以上，学历达标率100%；专科及以上学历2316人，占96.82%；本科及以上毕业1343人，占56.15%；研究生毕业18人。

初中专任教师900人（含九年一贯制学校初中部）均为专科及以上学历，学历达标率100%；本科及以上毕业800人，占88.89%；研究生毕业9人。

高中专任教师555人，本科及以上毕业551人，学历达标率99.28%；研究生毕业44人，占7.93%。

职业高中96名专任教师,本科及以上毕业94人；研究生毕业1人，占1.04%。

成人中等专业学校38名专任教师专科毕业16人；本科毕业22人。

香河县特殊教育11名专任教师中高中阶段毕业1人，专科毕业4人，本科毕业6人。

【年龄性别结构】 幼儿园专任教师649人(其中民办园514)，24岁及以下136人、25~29岁279人、30~34岁124人、35~39岁76人、40~44岁23人、45~49岁9人、50~54岁1人、60岁及以上1人。

小学专任教师2339人（其中民办小学10人），24岁及以下108人、25~29岁318人、30~34岁205人、35~39岁689人、40~44岁430人、45~49岁355人、50~54岁241人、55~59岁46人。

初中专任教师900名（含九年一贯制学校初中部），24岁及以下45人、25~29岁45人、30~34岁74人、35~39岁311人、40~44岁236人、45~49岁131人、50~54岁49人、55~59岁9人。

高中专任教师555人，24岁及以下15人、25~29岁51人、30~34岁122人、35~39岁170人、40~44岁109人、45~49岁59人、50~54岁28人、55~59岁1人。

职业高中专任教师96人，29岁及以下2人、30~34岁41人、35~39岁28人、40~44岁18人、45~49岁7人。

成人中等专业学校专任教师38人，29岁及以下1人、35~39岁6人、40~44岁9人、45~49岁7人、50~54岁14人、55~59岁1人。

专任教师男女比例，幼儿园女教师占97.53%、小学女教师占83.41%、初中女教师占68.64%、高中女教师占68.65%、职业高中女教师占68.75%、成人中等专业学校女教师占94.74%、特殊学校女教师占72.73%。

【职称结构】 幼儿园专任教师649人（其中民办园514），中学高级22人、小学高级41人、小学一级98人、小学二级2人、小学三级 2 人、未定职称 484 人。

小学专任教师 2339 人（其中民办小学 10 人），中学高级 94 人、小学高级 1081 人、小学一级 977 人、小学二级 38 人、小学三级 13 人、未定职称 189 人。

初中专任教师 900 人（含九年一贯制学校初中部），中学高级 244 人、中学一级 482 人、中学二级 113 人、中学三级 3 人、未定职称 58 人。

高中专任教师 555 人，中学高级 131 人、中学一级 235 人、中学二级 160 人、中学三级 4 人、未定职称 25 人。

职业高中专任教师 96 人,副高级 40 人、中级 44 人、初级 12 人。

成人中等专业学校专任教师 38 人，副高级 7 人、中级 26 人、初级 5 人。

特殊教育 11 名专任教师，中学高级 1 人、小学高级 5 人、小学一级 5 人。

基础设施及教育装备

【概况】 结合教育实际和生源变化，科学规划学校发展布局。2017 年，教育系统共启动实施了总投资约 3.8 亿元的 64 项工程建设项目，建筑面积约 14.6 万平方米。教育装备投入 5605 万元。

【基础设施】 年内，新建城内第五小学、建第三幼儿园，整体翻建第十三中学、梁家务小学教学用房、安头屯小学教学用房、西延寺小学教学用房、前楼小学教学用房、李庄小学教学用房、成自务小学教学用房、河南吴村小学教学用房、池套小学教学用房、牛济河小学教学用房 12 项工程已竣工；钳屯小学新建教学楼、店子务小学新建教学楼、安平三小新建教学楼、雉口小学新建教学用房等 22 项工程正在施工，确保早日投入使用；第三中学新建综合楼、第六中学新建食堂宿舍楼、第二中学新建综合馆、周庄小学新建教学楼、石虎小学新建教学楼、第十二中学平房改造等 30 项工程正在办理土地、规划、环评、立项、招投标、施工许可证等相关手续，确保将各项工程建成惠民工程、德政工程和发展工程。

【教育装备投入】 围绕现代化教育设备为教育教学服务这一目标，继续推进“宽带网络校校通、优质资源班班通、网络学习空间人人通”和教育资源公共服务平台及教育管理服务平台建设。2017 年，共投入资金 5605 万元，用于补充、更新教育技术装备，进一步提升教育现代化水平。其中，投入 235 万元为中小学接入光纤专线网络，投入 248 万元为 18 所学校建设校园网，投入 173 万元补充 55 套教学设备，投入 98 万元建设 3 个录播教室，投入 110 万元购置幼儿玩教具和监控设备，投入 1189 万元建设教育局信息中心，投入 675 万元为新建城内第五小学购置教学设备，投入 486 万元为第十三中学购置教学设备；同时，为迎接省督导评估特申请资金 2391 万元，用于弥补教育装备缺口。第二中学、城内第二小学顺利通过“市级信息化教学示范校”评估验收。

教育管理

【教师队伍建设】 优化师资队伍结构。年内，面向全国公开招聘200名优秀大学毕业生补充教师队伍，促进学校可持续发展。开展校长教师交流，合理均衡教育资源，逐步缩小城乡、校际差距。2017 年，通过互动、培养、支教形式交流校长、教师达 126 人。加强教师能力培训。依托中小学教师继续教育网、基础教育教师培训网，组织全县中小学幼儿园教师 3904

人参加全员远程培训。选派85名教师参加国培计划、京津冀三区市研修、省级骨干教师培训项目，培养区域教学骨干。“走出去、请进来”，利用北京师范大学、国家教育行政学院等高等院校和教育培训机构优质培训资源，组织多项大规模、高层次培训研修活动，培养高水平、专业化干部教师队伍。年内，组织中小学校长、骨干教师和学科专任教师，到北京、天津、南京、承德、保定等地参加专题培训、教学观摩和教学研讨等活动，聘请专家来香河县讲学，培训中小学校长、业务干部、专任教师、班主任1500余人次，进一步提高队伍专业素质和业务水平。利用网络资源，组织780名教师参加小学《语文》及初中《道德与法治》《语文》《历史》等学科教育部统编教材网络培训，进一步增强教师对新教材的准确理解和把握能力。加强师德师风建设。深入学习贯彻《中小学教师职业道德规范》，广泛开展“以校为本”的师德教育活动，引导教师以德立身、以德施教。组织开展师德论坛征文和当代教师风采微视频征集活动，展示教师爱岗敬业、无私奉献精神风貌，树立师德典型。组织师德巡回报告活动，邀请廊坊市师德巡回报告团来香河县做报告，320名教师聆听了报告，香河县2名教师作为报告团成员，到其他区县做演讲报告。以专项治理、严惩重罚为手段，继续对教师补课行为进行明察暗访，不定期到各学校与校长、教师、家长代表及学生代表座谈，问询教师有偿补课行为，发现问题从速从严进行查处。全县学校和在职教师有偿补课行为治理成效明显。激发教师工作热情。制定出台《香河县教学质量奖励方案（试行）》，设立教学质量奖励专项资金，一中、二中、三中、六中、七中、职中6个单位被香河县委、县政府授予“教学质量先进集体”，发放奖励资金327.5万元用于教师绩效奖励，进一步调动广大教师工作积极性。加强教师人文关怀。组织教师进行免费体检一次；为76名教师申请“职工互助一日捐”“金秋助学”“急暖暖心”资助；为29名教师申请中央彩票公益金“励耕计划”和幼儿项目资助；申请工会经费，为所有教师发放福利，提高教师待遇。利用教师节大好时机，大张旗鼓表彰99名优秀教师，6名优秀教育工作者，30名农村10年以上优秀教师和教育工作者，33名农村工作30年以上的在岗教师和教育工作者，营造尊师重教浓厚氛围。张志莲被评为“河北省模范教师”，杨海山、邢海红、刘硕、钳立锋被评为“河北省优秀教师”，钳立锋被评为“河北省德育和思想政治教育工作先进个人及河北省中小学优秀班主任”，李晓东、梁建峰、陈敬源被评为“河北省教育工作先进个人”，26名校长及教师被授予“廊坊市中小学骨干校长”“廊坊市教育工作先进个人”“廊坊市优秀乡村教师”“廊坊市优秀乡村教育工作者”“廊坊市最美教师”等荣誉称号。

【教学常规督导检查】 3—4月和9月，组织开展中小学教学常规工作督导检查，内容包括学校管理、课堂教学、校本教研、学生档案资料，针对存在的问题，提出合理化改进意见。

【全县中小学田径运动会】 4月26—27日，在香河一中体育场举行中小学生田径运动会，县四大班子、县直有关单位负责人、教育局班子全体成员出席开幕式。本届运动会高中女子组跳远和200米两个项目打破香河县记录。

【英语情景剧比赛】 5月9日，举行小学高年级英语情景剧比赛，现场参加比赛的学生和观摩的老师共计140余人，其中81名学生获奖，19名教师被评为优秀指导教师，5个单位荣获优秀团体奖。此次活动，激发学生学习英语的兴趣，提高英语口语表达能力，有力地推动了英语教学工作的开展。

【"小学教师评价技能"大赛】 5月，举行"小学教师评价技能"大赛，104名教师参加比赛，其中65位教师获奖。通过比赛，提升教师的业务技能，推进教师专业化发展进程。

【开展学科竞赛活动】 11月和12月，为全面提高课堂教学效率，培养和选拔特长生，彰显学生个性，举行中小学语文、数学、英语知识技能竞赛，为学生搭建展示才华的平台，同时也促进教师专业成长。

学校安全及信访稳定

【教育系统安全管理】 按照安全工作"党政同责，一岗双责，失职追责"要求，香河县教育局积极构建安全工作网格化管理体系，教育局、学校、教师层层签订年度安全目标管理责任书，做到安全管理全覆盖。全年投入安全保障资金1194万元，积极维护教育系统安全稳定。聘请专业机构对16所中小学5万余平方米校舍进行安全检测；对学校消防、电气设施进行检测、补充和更换；购买保安服务，实现学校保安正规化管理；为85所中小学、幼儿园更新夜视视频监控、警棍、钢叉等防范器械装备。

【信访稳定】 认真贯彻落实县委、县政府关于加强社会矛盾纠纷调解工作的相关文件及会议精神，全面深入排查信访隐患，及时妥善化解矛盾纠纷，全年全系统没有发生影响稳定的群体性事件和大规模上访案件，信访案件办结率100%，有效保障了教育教学工作的健康和谐发展。

教育成果

【省级督导评估通过验收】 按照"提前谋划、高点站位"原则，精心筹备省政府教育督导评估和省语言文字督导评估两项迎检工作，11月21日，省督导组对香河县教育和语言文字工作进行全面评估，认定香河县在教育投入、队伍建设、校园文化、各类教育发展、语言文字等方面成绩突出，经验值得推广。香河县是代表廊坊市接受河北省语言文字评估工作的唯一试点县。

【农村小学附设幼儿园通过验收】 2017年，东口头幼儿园、黄顾幼儿园、钱旺村幼儿园、西马家窝幼儿园、鲁口幼儿园、红草湾幼儿园、鲁家务幼儿园等7所农村小学附设幼儿园顺利通过廊坊市教育局验收，被评定为河北省农村示范性幼儿园；前土门楼幼儿园、安平三小幼儿园、小河各庄幼儿园、王刘圈幼儿园、香椿营幼儿园等5所农村小学附设的幼儿园通过县教育局验收，被评定为河北省农村一类幼儿园。年内，全县农村幼儿园中已有省级农村示范性幼儿园35所，一类以上幼儿园56所。

【中考成绩再上新台阶】 2017年，全县共有3044名考生报名参加中考。与上年相比，三所高中录取分数线稳中有升。省级示范性高中香河一中录取的最低控制线461分，比上年提高1分；香河三中录取分数线380分，比上年提高15分；香河职教中心录取分数线240分，比上年提高20分。

【高考再创历史最高水平】 2017年，香河一中高考成绩取得近十年来最大突破，进入全市先进行列，香河县高考报名人数2401人，参加统考人数 1888 人。香河一中本一上线 819 人，上线率 57.3%；本科以上上线人数 1350 人，上线率 94.5%。周斌以文化 702 分的优异成绩荣获廊坊市理科状元，跻身全省前十名，被清华大学录取。

【参加省青少年科技创新大赛】 参加河北省第 33 届青少年科技创新大赛，香河代表队荣获青少年科技创意项目一等奖 3 项、二等奖 3 项；竞赛项目一等奖 4 项、二等奖 3 项、三等奖 1 项；青少年科技创新大赛科学幻想画一等奖 2 项、二等奖 2 项。

【部分个人成就及奖项】 张宏纬的作品发表在人民教育出版社网站，张宏纬的作品，统编语文一年级上册第六单元专题课程《姓氏歌》，19 个视频课例被人民教育出版社网站发表；张静获省级优质课二等奖，河北省校本课程优质课评比活动中，第十中学张静老师所讲授的《抱幡》一课，获省级二等奖；第十一中学教师李颖被评为河北省特级教师。2 名教师在河北省足球教师技能大赛中获三等奖。

香河一中王晓波申报的河北省教育科学研究“十三五”规划课题《六维思维导图教学法在高中化学教学中的应有研究》顺利通过专家评审，成功立项。

领导班子成员

局　长：姜建明

副局长：吴贺伟　韩艳明

（程金友　路　志　张炳江　凌殿国　范江文　钱宝林　刘　俭　陈志华　李志军　冯晓明）

科学技术

责任编辑　刘士刚

综　述

2017年，香河县科技工作围绕企业科技、创新平台建设、气象测报、地震监测展开,科研项目的研究主要在医学领域。是年，香河县新增河北省中小企业134家，位居廊坊市前三位，占任务的147.25%，超额完成廊坊市下达的91家的任务目标。医学研究实现4项科研成果，地震监测通过市级验收，气象预测工作获得县级先进单位。

【概况】 2017年，香河县共有科技型中小企业513家；科技小巨人企业、高新技术企业、市级以上研发机构分别达到25家；市级科技企业孵化器、市级众创空间分别达到2家，市级企业技术研发中心达到36家；市级重点实验室、市级产业技术研究院、省院士工作站、国家级众创空间各1家。气象9个监测点运转正常，符合现代化预报标准；地震监测运转正常。

【创新平台建设】 2017年，香河县不断壮大创新创业平台，新增省级科技企业孵化器1家（香河鼎泰园区发展建设有限公司运营的“香河机器人产业港”），市级科技企业孵化器1家[太库（香河）科技孵化器有限公司运营的“人工智能产业孵化器”]，市级众创空间1家（香河鼎泰园区发展建设有限公司运营的“香河机器人创客空间”）。

协同创新平台：2017年，香河县鼓励跨区域创新合作平台发展，搭建协同创新平台3家。即：省级国际科技合作基地1家（太库香河国际联合孵化器），市级协同创新基地2家（香河人工智能与机器人协同创新基地、中信国安科技文化产业创新基地）。

星创天地申报：2017年，申报河北省星创天地3家，即：香河新恒昌养鸡有限公司，香河县盛年华蘑菇种植专业合作社，香河晟隆奶牛养殖有限公司。

【科普宣传】 2017年9月22日，由县科协牵头，全县10个单位以发放宣传资料、书籍，悬挂条幅标语等形式，在新城广场组织主题为“创新驱动发展 、科学破除愚昧”的科普宣传。是年12月4日，香河县委文化广场开展以“学习贯彻十九大精神、维护宪法权威”为主题的法制宣传活动。开展《中华人民共和国科学技术进步法》《中华人民共和国促进科技成果转化法》《中华人民共和国专利法》《中华人民共和国科学技术普及法》《河北省科学技术普及条例》等方面的宣传；现场摆放展牌2块，发放相关宣传资料1000份，接受现场科技法律咨询100人次。

【科普基地申报】 2017年，香河县申报科普基地2家，即：乐农美联无公害蔬菜培植科普基地和香河机器人小镇科普基地。

【科技项目研究立项】 2017年，香河县共申报医疗卫生类廊坊市自筹经费科技项目15项。

其中县中医院5项：高血压与脑小血管病的相关研究、滋阴清热安神法结合理疗治疗阴虚火旺型失眠的临床观察、早期口服盐酸舍曲林对脑卒中后抑郁的预防研究、圆韧带悬吊术在子宫脱垂病人手术后预防阴道顶端脱垂的研究、自组方与穴位贴敷结合治疗肺炎支原体感染后慢性咳嗽的临床研究。县人民医院8项：PBL教学法结合院前急救流程在急诊护理查房中的应用研究、注药泵持续泵入喷他佐辛注射液治疗胰腺炎急性期疼痛的临床研究、HY-D电脑排结石Ⅱ型治疗仪联合叶金排石胶囊治疗输尿管结石的临床研究、彩色多普勒超声在小关节疾病中的诊断研究、中线输液导管应用于神经外科中期液体治疗的临床研究、牙槽骨良性病变致牙缺失的种植牙修复临床研究、术前静脉滴注20%甘露醇液对短眼轴白内障超声乳化术的临床研究、超声乳化联合人工晶状体植入术治疗超高度近视合并白内障对视力与眼压的影响研究。河北绿农食品检验服务有限公司两项：廊坊市水源水和生活饮用水重金属成分调查研究、廊坊市果蔬中农药残留现状分析研究。

【科技项目验收】 2017年，共完成科技项目验收6项。其中，农业项目2项：设施蔬菜安全生产智能监控与决策创新创业基地项目、设施香菇种植技术集成与示范项目，两个项目获得40万专项资金支持。医疗项目4项：手法松解及理疗联合“肩三针”治疗肩周炎的临床研究、京津冀地区孕妇早期与中期甲状腺功能检查结果的临床研究、自拟培元定喘组方配合卡介菌多糖核酸注射液腧穴注射治疗支气管哮喘临床研究、河北省创新型企业建设项目研究。

【科技成果】 2017年，香河县取得河北省科技成果4项：手法松解及理疗联合“肩三针”治疗肩周炎的临床研究、京津冀地区孕妇早期与中期甲状腺功能检查结果的临床研究、自拟培元定喘组方配合卡介菌多糖核酸注射液腧穴注射治疗支气管哮喘临床研究、按压胸骨上窝联合浅部吸痰法用于中颅脑损伤气管切开患者的研究。

【知识产权】 2017年，香河县落实国家、省、市各级知识产权优惠政策，面向全社会广泛开展专利申请和知识产权保护宣传工作，引导鼓励发明创造和自主创新。截至是年底，全县专利授权136件，其中发明专利13件；专利申请278件，其中发明专利41件；万人发明专利拥有量为2.74件，增量为2.11件，增量位列廊坊市第三名。香河家具城成功获批为国家级知识产权保护规范化市场。

【科技培训】 香河县联合廊坊市生产力促进中心，在香河太库科技孵化器有限公司，举办廊坊市科技创新券首次政策宣讲会，组织50余家县内科技型中小企业参加了培训。

（路凤彦）

地震监测

【概况】 2017年，香河县地震监测工作设有一个股室，隶属香河县住建局，有工作人员4人。是年，地震监测重点从“法制建设、监测预报、灾害预防、应急救援”四个方面展开工作，实现了地震监测正常运作,通过市级验收。

【防震减灾与法制宣传】 2017年，香河县坚决贯彻实施防震减灾法律法规，坚持依法办事，建有3人地震工作执法队，执法人员全部持执法证书上岗。香河县的股级干部培训课程中，设有防震减灾课程，借以推动防震减灾知识的传播。年内，防震减灾部门组织3次《防震减灾法》街头宣传活动，总计发放防震减灾宣传资料2000余份，涉及群众3000余人。

【地震监测硬件建设】 2017年，“地震前兆观测台站”新建项目立项，进入招标阶段。是年，投入8.5万元专项资金，对安头屯地震观测台站进行翻修，改善电路铺设，为观测工作提供有力保障。防震减灾工作与防灾学院合作，观测结果共享。香河县有宏观观测点15个，其中市级骨干点2个。年内，由于养殖户变动，骨干点减少1个，地震办在香河县五百户镇新建立地震宏观观测点1个，并经通过市局验收，骨干点的数量还是2个。香河县灾情速报系统不断完善，灾情速报人员和防震减灾宣传人员均为每村一人。是年，建立香河一中“防震减灾宣传点”，充实应急救援防震减灾书籍，推进中小学校预警台站和预警信息服务系统试点建设，县第一中学成为香河县第一个预警信息接收点。

【地震灾害设防】 香河县防震减灾管理办法规定，不经过县级地震主管部门批准的建设工程，一律不予发放规划许可证和施工许可证。做好五代中国地震动参数的贯彻落实，不符合新抗规的项目一律不予审批，确保新建、改建、扩建工程达到抗震设防要求。年内。教育系统共改造危房面积213366平方米，涉及学校18所，改造后的校舍抗震设防烈度为8度，抗震构造措施9度，符合本地区中小学建设标准。地震办不断加强农村新建民居的技术指导，赠送农村民房抗震知识系列挂图，引导农村新建民居采取抗震设防。2017年的“5·12”和“7·28”地震宣传重要时段，地震监测部门开展多种多样的科普宣传，街头宣传2次，到校园赠送防震减灾书籍2次，播放防灾减灾类电影3次，指导学校进行地震应急疏散演练1次，组织地震应急桌面演练1次，向社区和村街赠送宣传书籍活动4次，香河县电视台对宣传活动进行了大篇幅的报道。

【地震应急救援】 2017年，香河县各级人民政府和县直各部门全部完成了本单位地震应急预案的编制，在县地震办备案，并逐年更新指挥人员，学校、医院、电力、输油气管线和危化品企业单位全部完成地震应急预案的备案。

地震应急演练。2017年7月28日，香河县住建局举办了地震应急桌面演练活动，全局所有人员参加了活动。是年5月12日，县地震办组织香河县城内二小进行了地震应急疏散演练，演练用时4分零2秒，共计疏散学生3050人。组织学生观看防震减灾动画电影《今天•明天》，通过动画的形式向学生普及防震减灾知识。

地震应急救援队伍、装备。香河县专业地震应急救援队伍是住建局30人编制的抗震救灾排，隶属于香河县防灾减灾连，配有专业救援器材库，由抗震救灾指挥部统一调配。2017年7月，香河县人武部组织全县专业应急救援队伍进行为期半个月的集体训练。香河县完善防震减灾地震现场工作队装备配置，先后投资6万余元购买应急救援服、防割手套、防穿刺靴、救援绳、对讲机等装备，由县抗震救灾指挥部统一管理。香河县住建局与团县委共同合作招募4支地震应急救援志愿者队伍，并组织应急救援志愿者队伍参加廊坊市举办的地震应急培训。

应急物资储配和避难场所建设。香河县有地震应急避难场所8个，2017年新建香城郦舍小区地下人防工程兼地震应急避难场所，并悬挂了指示牌。民政部门生活必需品储备库储备帐篷100顶、被褥400条、行军床20张；县商务局与三家大型超市签订以购代储协议；县食药监局、供电公司、各通信公司分别建立了自己的应急物资储备库，县抗震救灾指挥部负责指挥震时的物资调配。

地震应急指挥和信息发布。地震办筹建人防应急指挥中心兼地震应急指挥中心项目建设，通过建立指挥中心，完善地震信息处理共享与分发技术平台，服务政府抗震救灾工作。

【防震减灾保障】 防震减灾规划。香河县城区整体规划中包含了防震减灾内容，由规划局负责编制。防震减灾经费投入。香河县防震减灾工作专项经费列入全县财政预算，包括“地震前兆观测台站”项目资金和“地震宣传费”“地震应急避难场所建设费”和“地震宏观观测点建设费”，切实做到专款专用，确保防震减灾工作的资金保障。防震减灾示范单位建设。2017年，地震办与教育局、房管局、县委农工部共同合作开展示范单位创建工作，创建师范学校一所、示范社区和示范村各一个。防震减灾组织和责任体系。香河县抗震救灾指挥体系健全，防震减灾工作领导小组办公室设在县政府，抗震救灾指挥部成员单位和人员发生变动时，由县政府负责更新相关信息。防震减灾工作由县政府列入各单位的年度考核内容，确保相关单位防震减灾工作落到实处。

主管副局长：张年台

（魏莹洁）

气　象

【概况】 香河县气象局是香河县人民政府主管气象的职能部门，业务上受廊坊市气象局指导，现有工作人员7名，其中参公4人，工程师1名，大专以上学历占100%。全县设有9个区域自动站，气象监测属于国家一般站。2017年，香河县气象局党支部被香河县委授予先进党支部。

【基础业务保持稳定】 自动站、区域站运行正常，观测资料数据传输及时有效。落实气象灾害监测设施维护，对9个区域自动站及时进行维护，并适应现代化要求，将安头屯、蒋辛屯镇二站升级，其余未升级四站列入2018年升级计划。按照《河北省地面气象观测无人值守改革试点工作方案》开展试点工作，即保持现有观测方式又实践改革观测方式。是年，局站分离远程观测模式运行良好。

【基本建设有序推进】 2017年5月10日，五百户新观测站业务用房通过市局验收组验收。5月31日,临时房内光纤、监控、业务用电脑等成功搬至业务用房,正常运行。6月初,完成观测站大门、自动门、路面、采暖、屋内弱电等改造；6月1日，完成业务楼拆除工程。8月31日，取得建设施工开工许可证；11月2日通过基础验收。

【公共气象服务】 制定《香河县气象局2017年决策气象服务周年方案》,积极参加市县会商，不断提高天气预报的准确性、灾害预警的时效性、气象服务的主动性、防灾减灾的科学性。对辖区内农民合作社、专业大户、农业企业等新型农业经营主体信息进行了重新核实，做好直通式服务。密切监测天气变化，认真做好服务，根据天气情况及时制作相关服务材料并报送到县委、县府、人大、政协及各相关单位，共报送雨情信息26期，预警信号89期，气候评价及公告11期、环境气象报告56期、其他预报服务产品116期，全年服务产品共计298期。节假日、重大活动主动及时服务。为春节、春运、全县“两会”、元宵节、清明节、香河家具节等及时提供专题气象服务，受到各界一致好评。深入田间，靠前服务。积极开展冬小麦返青期、拔节期苗情调查，测定土壤墒情，积累相关资料，为进一步服务农业生产打下基础。认真做好汛期气象服务各项工作。汛前调整充实了汛期气象服务领导小组，制定《2017年汛期气象服务工作方案》《2017年汛期气象服务工作应急预案》。入汛后，严格执行各项汛期服务工作制度，坚持汛期24小时领导带班，行政、业务双岗到位值班制度。由于制度健全，措施得力，组织、认识、设备到位，汛期各项气象服务工作得到顺利开展。

【气象服务防灾减灾】 气象灾害防御指挥部办公室完成实体化运行，发布了人员任职文件、完善了工作流程，落实了1名地方编制人员。6月21日，召开气象灾害防御指挥部会议，全年出台文件9期。编办发文批复，同意在香河县气象灾害防御中心加挂气象灾害防御指挥部办公室和突发事件预警信息发布中心两块牌子。为进一步加强气象信息员队伍建设，提升重特大气象灾害应对能力，及时对全县信息员进行了核实和更新，并对信息员进行了培训。以气象防灾减灾绩效管理为抓手，将气象灾害防御纳入乡镇政府职责。突发事件预警信息发布系统，实现辖区气象预警责任人全覆盖。重大预警信息实现电话自动“叫应”；完成9个乡镇的气象灾害应急预案的收集和上报，确定19个气象灾害防御重点单位并在政府网站进行公示；淑阳镇气象灾害防御标准化乡镇向国家气象局申报，安平镇高庄气象防灾减灾示范村通过省气象灾害防御指挥部认证，使气象灾害防御效果得以提升，出色地完成了各项目标任务。健全部门协调联动机制，实现信息共享。加强与环保局合作，开展重污染天气联合会商；联合县政府应急办，加强预警平台建设，及时发布重污染天气预警；与供销合作联合社联合发文,共同推进为农气象服务。

【强化气象管理职能】 健全制度，定期开展安全检查。成立了“安全生产工作领导小组”，建立健全了制度和管理办法。春季、汛前对人影作业、气象监测仪器设备定期检测，避免带病工作；定期检查更换消防器材；日常对设备性能随时检查，确保不出现责任性事故。从气象服务本职出发，不断完善监测体系，完成年度气象灾害风险普查，精细到乡镇的气象灾害基础息数据库得以完善；提高预报水平，增强预警时效，努力为政府决策、社会经济发展和各行各业安全生产提供气象服务，为全社会趋利避害提供科学依据。依法履职，加强行业监管。加强防雷执法安全监管，与住建局、规划局、房产局等11个部门联合发文，优化建设工程防雷许可。同政府应急办、安监、民政一起，调查摸排涉及雷电、暴雨等的敏感行业、部门、区域、设施，建立了监管对象数据库。完善部门间联合监管机制，开展重点单位气象灾害防御执法检查。对于排查出的隐患，对相关单位及时提出整改意见。加强释放气球的审批和监管，在“两会”等重要时期，严格气球审批和现场巡查，发现安全隐患及时进行制止。加强人工影响天气作业安全、弹药安全、射界安全等管理，加强日常检查和演练，确保人影作业安全。

【气象安全宣传】 年内，先后利用“3·23”气象日、“5·12”防灾减灾日、安全生产月等节日开展气象宣传活动。对气象法律法规、防雷减灾知识、探测环境保护等内容进行系统的宣传。期间，共发放宣传材料 5000 余份，气象宣传手册 1000 本。政务网发布信息 52 条，《中国气象报》2 篇，CMA 网 2 篇，《廊坊都市报》2 篇。接受县电视台采访 2 次。

【弘扬关爱文明】 积极营造创建河北省文明县城工作的良好舆论氛围，创新载体，丰富内容，多渠道、多形式开展创建宣传工作，把气象科普知识宣传带进千家万户。着力落实好离退休干部的政治待遇和生活待遇。在日常工作中，积极征求老干部的意见建议；在中秋、重阳节前夕，慰问退休老干部，带去节日的祝福和关心；在老干部因病住院期间，前去探望，送去组织的关怀。继承和发扬民族优秀传统文化，组织全体职工举行"端午节"包粽子活动，并广泛开展了"博爱一日捐"活动

【廉洁自律，强化党建】 党支部高度重视党风廉政建设工作，上下联动，层层落实，形成反腐倡廉工作的整体合力。严格按照《廊坊市气象部门党风廉政建设主体责任和监督责任清单》，将党风廉政工作逐条逐项分解落实，主要领导切实履行党风廉政第一责任人职责，并且进一步明确领导班子成员责任。党支部严格按照上级党委的要求，及时传达中央和上级党组织的指示、决定、文件和会议精神，落实党员"三会一课"制度,不断增强党性理念，关心群众生活，努力为群众办实事、办好事。按照廊坊市局党组和县委、县政府的安排，积极推进"两学一做"常态化学习教育活动。在香河县"庆七一"表彰会上，气象局再次荣获"先进基层党组织"荣誉称号。经中共香河县委研究决定，成立了香河县气象局党组；气象局党组认真贯彻落实市局党组、县纪委党风廉政建设工作部署，切实履行"一岗双责"。认真落实中央八项规定精神，开展了"四风"问题回头看、"一问责八清理""不作为、乱作为、慢作为"方面的整治工作，有效地提高了党员干部的自身素质。

领导班子成员

局　长：宋仕锋

副局长：马春平　李学军

（赵春森）

文化　体育

责任编辑　刘士刚

综　述

2017年，香河县文化事业健康发展，功能齐全的文化艺术中心落成使用，标志香河县文化事业跨进新时代。群众性文化活动蓬勃开展，文化下农村，文化进校园异常活跃，演出和辅导演出达220场次；作家张玉青、马军佳作连篇，张玉青入选河北省政府津贴专家和廊坊市委组织部市管干部；杂文家马军2017年发表清正廉明方面杂文70余篇，被中纪委聘为中国纪检报资深作家；方志馆建设、地方志撰写取得丰硕成果，积累了丰富的经验；方志馆建设，成为香河县文化建设一大特色，在河北省处领先地位。香河县文化广电新闻出版（版权）局设有办公室、文化股、文化体育市场股、广播电影电视管理股、文物管理股和体育股6个股室。局机关下辖香河县文化市场行政执法队、香河县文化馆、香河县图书馆3个事业单位。2017年，文化工作按照县委、县政府提出“建设美丽幸福新香河”的目标，积极探索新时代文化广电新闻出版工作规律，着眼于“群众文化群众办”，放手一批群众性文化活动，发动社会团体，把工作重心放在意识形态阵地管控和文化惠民政策的贯彻落实上，促进了文化繁荣。是年，香河县被廊坊市授予“书香之县”称号，文化广电新闻出版（版权）局被香河县委、县政府评为优秀领导班子和创优争先荣誉单位，被香河县委评为先进基层党组织。文化市场行政执法队先后被省、市评为服务农民、服务基层文化建设先进集体，蒋辛屯镇获河北省“书香之镇”称号，刘宋镇的刘宋村获河北省“书香之村”称号。

文化

【概况】　2017年，香河县文化工作以香河县文化艺术中心落成交付使用为亮点，标志着香河县文化基础设施建设提升到一个新水平。集图书馆、影院、剧场、文化馆戏楼、乒羽中心、艺术家工作室、文博馆、多功能展厅于一体的香河文化艺术中心，于2017年4月28日正式对外开放，结束了香河文化场馆不足的历史；文博馆的落成，开辟了香河县文化场馆建设的先河。香河县文化艺术中心致力于为全县人民奉献多姿多彩的文化服务，对提升人民群众的艺术素养和文化品位，起到不可估量的作用。2017年，文化艺术中心累计进馆2万余人次，开展文化大讲堂、主题展演、文化艺术赏析、戏迷天天演等惠民活动120场。作为香河文化事业发展载体，文化艺术中心成为香河人民的精神家园。

【全民阅读】　2017年，香河县投资50万元，建起香河县网络图书馆，在机关、学校、医院等人口密集场所设置“云数字”图书阅读机11台，购置1万张图书卡，于2月在县规划展馆举行发放仪式，为图书爱好者提供在线阅读书籍50000册，在线听书30000集；与建成投入使用的县图书馆、镇图书室、村农家书屋和流动图书馆、学校图书馆以及社会阅读空间相配合，实现了阅读空间全覆盖，彻底结束了香河阅读空间不完整不整齐的历史。是年，香河县组织开展书香系列评选活动，评选出书香学校7个，书香之镇14个，书香村街30个，书香家庭100个。组织青少年开展挑战100天读书活动，即100天读100本书，以此推动全民阅读活动。民间还成立朗诵协会，组织原创作品朗诵和经典诵读，有力推动了全民阅读。

【戏曲文化传承】 香河是西路评戏的发源地之一，戏曲文化有丰厚底蕴。为推动传承戏曲文化，2017年5月28日和11月9日，著名评剧表演艺术家张德福和刘淑琴两位老师喜收香河徒弟成祥、周春荣。在刘淑琴和崔东坡两位老师的指导下，香河县文化馆重新排演了红色经典剧目《江姐》选场。2017年，戏曲进校园、进农村举办培训演出二十余场。

【文化惠民演出】 剧场演出。县文广新局会同县总工会、县文联、县广播电视台等联合举办元旦、春节、“五一”、“六一”、“七一”、“十一”等重大节日演出，组织创建文明县城演出、重阳节戏曲演出、十九大精神宣传演出和廊坊市调演。广场演出。5月16日至10月初，在新城广场组织演出17场。下乡演出。组织4支队伍深入到镇村演出100场。组织5支文艺宣传队伍演出近100场，活跃了香河县农村文化生活。

【文物保护】 印发《香河县人民政府办公室关于进一步加强文物保护和管理工作的通知》，将县馆藏文物移至县文化艺术中心文博馆，对公众免费开放。对大运河沉船进行抢救性发掘，清理发现船有3舱，为明代城砖运输船只，出土完整的青砖113块，酱釉碗4件、青花瓷杯1件、鸡腿瓶2件、酱釉罐1件、元丰通宝铜钱1枚，另有青花瓷器残片、圈足底、黑釉瓷器口沿、缸胎罐残片、残缺鸡腿瓶等遗物，均已妥善保存。沿大运河两岸安装界碑和界桩，向上级文物部门报送《关于审批北运河香河段河道整治及建控范围内的环境整治工程设计方案的请示》，进行运河沿线的文物勘探工作。为保护好、传承好、利用好大运河文化，推进运河文化研究，成立大运河研究会，开设运河文化大讲堂。

【社团组织活动】 2017年，香河县有文化类社团组织5家，体育协会22个和3个俱乐部。这些社团组织，在对外文化交流方面发挥了作用。篮球协会参与组织一城体育馆开馆篮球赛事，参与组织中信国安第一城篮球大师赛。朗诵协会参与河北省第三届惠民书市“书香燕赵”朗诵大赛荣获第三名的好成绩，选手李美玲获得个人二等奖；摄影学会组织美丽幸福新香河摄影比赛；香河画院在文化艺术中心组织首次大规模的书画作品展，来自京津和香河县130余名作者参加了展览活动。

【文化市场建设】 推进依法行政。明确责任主体，完善监管制度，严格事前指导审批、事中引导扶持、事后监督管理的工作机制，认真做好审批、换证工作。对全县79家印刷企业进行年检，其中包括出版物6家，其他印刷品12家，包装装潢60家，排版制版1家。此次年检，77家印刷企业按时申报年检材料，两家企业申请终止印刷经营活动。推进执法改革。印发香河县“扫黄打非”进基层工作细化方案和补充细化方案两个文件，召开全县“扫黄打非”进基层推进会议，督导各镇街道园区成立“扫黄打非”领导小组，在村建工作站，在企业设监督点。开展专项整治行动。制定《关于开展2017年度网吧专项整顿治理的实施方案》

《关于开展“两会”期间文化、广电、出版物市场专项检查行动的通知》《关于组织开展书博会期间出版物市场专项治理行动的通知》《关于印发“扫黄打非四个专项行动”实施方案的通知》《关于组织开展重大活动期间文化、广电、出版物市场专项治理行动的通知》《党的十九大期间“扫黄打非”双月行动方案》5个文件，认真开展文化市场整治、校园周边环境整治和“扫黄打非”专项行动，共出动执法人员1300余人次，车辆380余辆次，检查企业720家次，办理案件3件。联合安监局、国土资源局就消防安全、“问题地图”展开执法检查，共检查书店、影院、图书馆8家次。强化软件正版化。本着“健全组织、明确措施、突出重点、强化引导”的总体工作思路，明确目标，把握主线，积极部署，努力打造使用正版软件工作的新亮点。2017年，通过发放摸底调查表等方式对香河县的现有电脑台数、正版软件数进行了一次详细的统计，软件正版化工作共涉及44家，总人数1925人；有计算机938台，共计安装正版操作系统、办公软件和杀毒软件2701套。

【消防安全工作】 文广新局是消安成员单位，消防和安全生产是文广新局两项责任重大的工作内容。按照“管行业必须管消防和安全生产”的原则，重点对辖区内网吧、歌舞娱乐、电影院等人员密集场所及文保单位进行安全生产专项检查。加强领导，明确职责。在原有安全生产领导小组的基础上进行调整，进一步明确职责分工，切实加强对安全生产工作的组织领导，健全安全生产组织，细化安全生产措施，严格安全生产责任制，加大安全生产的执法检查力度，强化安全管理，消除各种隐患，杜绝各类安全事故的发生。全面排查，集中整治。结合“两节”全国“两会”“十九大”和今冬明春为重要节点工作，把安全生产工作与消防检查紧密结合，按照全县统一部署，制定工作方案，细化工作内容，强化对全县文化市场的执法检查力度，全面排查不安全因素和事故隐患，确保香河县文化市场环境安全稳定。加强宣传，营造氛围。在加强排查、集中整治的同时，还通过制作宣传展板、悬挂宣传横幅、发放宣传资料，向广大群众宣传安全生产法律法规和生产、生活中的安全常识。同时，与“一带一路”高峰论坛、创建文明城市等工作相结合，认真指导各文化经营场所开展消防安全宣传教育工作，在各网吧、影院、KTV滚动屏循环播放安全宣传知识外，网吧、KTV在系统启动后、影院在电影播放前，播放安全生产宣传片，使得人人心中有安全、处处懂安全，筑牢人们思想上的“防火墙”，全年没有发生一起消防和安全生产事故。

【文化剧社】 香河县春艺评剧社 1993年成立，谢勇、刘桐为领导，剧社有25人，平均年龄60岁。演奏和演唱深受群众喜爱。春艺评剧社冬季白天周一、三、五为活动日，晚上周二、四为活动日。2017年8月中旬，春艺评剧社到三河县参加庆祝中国共产党十九大召开大型演唱会。8月28日，香河举办评剧大赛，杨秀兰荣获金奖。12月，京津廊举办评剧大赛，春艺评剧社荣获集体三等奖。

（李百万）

香河县童欣京剧研习社 2017年7月27日正式成立。京剧研习社由苏宝桐任会长，李秉军任副会长，成员20人，平均年龄60岁。8月28日，香河举办京剧大赛，王剑伶荣获金奖，并把1000元奖金交给剧社作为会费。京剧研习社得到了企业家的赞助与支持，紫辰集团为剧社赞助20000元，安徽籍邓英发为剧社赞助3000元。

（李百万）

香河县祥和剧社　1997年至2007年名为为香河县长虹俱乐部，2008年改名香河县祥和剧社，取祥瑞和谐之意。剧社以吴志祥为首的全体京剧戏迷朋友，始终把传承民族文化、弘扬京剧国粹、当作一项重要的责任。冬季室内练段子，夏天街头为群众演唱，与群众互动，深受好评。

祥和剧社主动深入村街和学校进行慰问演出。2017年7月、12月，先后到渠口镇小圈村、安头屯镇商汪甸村、刘宋镇庆功台村和城内第一小学、第二小学、星宇学校、钳口小学进行演出。演出过程中，边演唱边讲解戏曲知识，宣传十九大精神，农村和学校反应热烈，百姓和师生纷纷登台互动，其乐融融。

2007年9月28日，香河县举办京剧大赛，李春玲、邱喜良、刘玉会、刘全红等四人荣获二等奖。2017年10月1日，由文化部、北京市人民政府主办、文化部艺术司、中共北京市委宣传部、北京市文化局、北京市教育委员会协办的环球票友大赛中，周金韦彩唱《文昭关》荣获大赛金奖。

（李百万）

香河县荷韵之声艺术团　香河县荷韵之声艺术团2016年成立，演员大部分来自原县评剧团，他们有扎实的基本功和丰富的舞台经验，其中国家二、三级演员有十五人。

2017年连续参加县级组织的“幸福香河大家唱”广场文艺演出、“送文化下乡”“戏曲进校园”以及庆“七一”“八一”“创建省级文明县城”“庆祝十九大胜利召开”等主题文艺演出。同时代表香河县参加廊坊市“月来月有戏”“喜迎十九大•爱我香河情”等文艺演出。

邀请著名评剧表演艺术家刘淑琴和著名琴师崔东坡指导排练了红色经典剧目《江姐》选场，这是香河中断近二十年后又重新开始排戏。2017年重阳节在香河文化艺术中心首演成功，2018年初，《江姐》选场参加京津廊评剧大奖赛，以总分第一的成绩，斩获优秀剧目奖、导演奖、表演奖、伴奏将，节目受到专家评委一致好评。

荷韵之声艺术团（2017年4月20日“送文化下乡”文艺演出　田立平摄）

八方艺术团　八方艺术团成立于2012年，是由王福军个人出资建立的公益性艺术团体。艺术团在八方物流中心建排练舞台，自筹资金购置流动舞台、灯光、音响、服装、道具等。配合县委县政府组织开展文化惠民演出。2014年被评为河北省服务基层服务群众先进单位。

王福军自幼喜爱文艺，早在十年前就自掏腰包购置各种高档音响设备，把喜爱文艺的朋友聚到一起以歌会友。他对文艺的热情随着时间的推移日趋高涨，直到2012年，他创办了八方艺术团，在这条“自拓自走”的文艺道路上，他结交了许多朋友，同时，也正是这些朋友对他创办八方艺术团给予了极大的支持和帮助。2013年王福军荣获基层文化工作带头人称号,2014年4月王福军被任命为香河县曲艺家协会副主席。

八方艺术团采取开放式管理，团内人才济济，高潮时演职人员达上百人。团内演员王从民、邳万宇,都是河北省非文化物质传承人,多名演员在省市乃至北京多次获奖。其中邳万宇是快板艺术艺术家常志的亲传弟子；程祥受过北京评剧院知名老师的真传,2017年初拜评剧小生泰斗张德福为师。

八方艺术团成立的当年配合文广新局举办了2012年庆十八大“八方杯”红歌大赛,受到了领导和社会的好评。

2017年，参加县级组织的“幸福香河大家唱”广场文艺演出、“送文化下乡”“庆七一”“八一”“创建省级文明县城”“庆祝十九大胜利召开”等主题文艺演出，丰富了香河县的文化娱乐生活。同时，八方艺术团还到缺少文化娱乐生活的农村、社区、工厂、敬老院等地演出，送去了文化，送去了爱心。

几年来，八方艺术团创作的情景剧《英雄赞歌》、小品《妈妈的生日》以及自编自演京剧《红梅赞》《智斗》和《花木兰》等文艺作品，开展送文化下乡文化惠民活动，受到广大群众的喜爱与好评。

八方艺术团庆祝建党96周年在环保产业园区文艺演出

（2017年7月　程艳军摄）

广播电视

【概况】 2017年，香河县广播电视台内设6个机构：办公室、财务室、新闻宣传中心、广播电视广告信息中心、广播电视运营监管保障部、广播电视节目评审部。宣传单位7个：电视台节目中心、电台节目中心、广播电视活动中心、电视台播控中心、新媒体中心、电视制作中心、微波站。人员编制48名。年内，广播电台安全播出7896小时,播出新闻1266条；播出单田芳评书12部，共计2528集。电视台制审完成入库节目素材电视剧4160集，电影445部，文艺类节目播出223小时（含重复播出情况）；是年下载影视剧62部，2480集；制作1200集，初审入库900集；中国电视艺术家协会第五届全国市县电视台推优活动中，香河广播电视台报送的《时尚香河之老树客栈》荣获电视栏目一等奖；《微缩的古建筑》荣获电视专题节目一等奖；广播电视台被廊坊市委宣传部评选为“服务群众文化先进单位”。

【电视台播出】 香河综合、香河影视、香河资讯三个频道每天播出影视剧类节目32小时、播出文艺类节目10小时、播出新闻类节目1小时30分（含转播）、播出公益广告65分，全年播出原创节目及各类专题21个、各类文艺晚会14场、原创节目精选26期。特别是在县“两会”新闻播出，文明城市创建活动播出，十九大新闻转播等重大政治敏感时段，播出前端人员都尽心尽职，表现出色，确保安全播出，为观众提供了丰富的精神食粮。

【广播电台节目与播出】 2017年，广播电台自办了《戏曲嘉年华》《快乐驿站》《流行音乐》《中国笑星》等娱乐节目，深受广大听众喜爱。电台圆满完成香河县“两会”、文明城市创建、大气污染防治工作的相关宣传报道工作。是年初，广播电台与县交警大队合作，开办香河交通广播。香河交通广播是河北省首个县级交通广播栏目，2017年1月1日开播。开播以来，以“传播党的声音、追踪新闻热点、剖析交通百态、服务百姓生活”为宗旨，充分展示香河县交通建设成就和交警人物风采。香河交通广播分设了早八点钟的《向快乐出发》和晚五点十分的《畅行晚高峰》两个直播板块，节目播出后得到社会各界广泛认可。香河交通广播播出600小时，近700万字稿件。节目中设有“向快乐出发”“直播间日记”“京津冀文化名人走进直播间”等板块。

【正能量新闻导向】 广播电视台在实际工作中，不断探索增强新闻的温度、厚度、维度，围绕社会关心的热点、焦点做新闻，增强实用时效性。坚持正能量的舆论导向，在《香河新闻》中发稿件1445条，开辟《你我共同携手创建省级文明县城》《走基层促落实》《热议十九大喜看新变化》等11个专栏，及时全面地报道了中国共产党香河县第十一次代表大会、县十五届人大一次会议和政协香河县第九届一次会议，以及2017中国•香河国际家具展等重大新闻事件。是年，香河广播电视台新闻稿件在中央电视台上稿4条，河北省电视台上稿12条，廊坊电视台上稿456条。

【栏目锻造香河特色】 香河广播电视台精心锻造品牌节目，相继开办了《时尚香河》《一起出发》《美丽香河我的家》等一系列突出香河本土文化、接地气、上档次的名片栏目，不断满足广大群众日益增长的精神文化需求，为本土观众打造一台内容丰富、雅俗共赏、各取所需的视觉盛宴。广播电视台精心组织策划的大型综艺互动性栏目《美丽香河我的家》，深入香河县各镇、街道、园区、村街及企事业单位，在将丰富多彩的文艺节目带到老百姓身边的同时，通过宣传片介绍、部门领导访谈、记者寻找发现、地方特色才艺展示互动等综合形式，全面展现香河县美丽乡村建设、优势产业、旅游资源、民俗文化、招商引资等，使各级各部门的亮点和特色全面展现于节目当中，给观众奉上一道道具有鲜明地域特色，人文底蕴深厚，乡土味十足的精美文艺大餐。

【抓住载体宣传香河】 广播电视台成功举办了2017年春节联欢晚会、春到新农村、“大爱香河 文明共享”10余场大型文化活动。以欢快、通俗、多样的形式，给全县观众带来一场场精彩的视听盛宴。春节联欢晚会和少儿春节联欢晚会还被廊坊电视台选用并数次播出，充分展示了香河县经济社会发展成果、展现了香河人民昂扬向上的精神风貌。

成功举办2017年香河春晚，同时举办元宵节晚会暨“香神杯”春晚节目颁奖盛典。营造了喜庆祥和的节日氛围，为全县人民奉上了丰盛的“精神大餐”。

成功举办2017年少儿春晚。通过歌曲、舞蹈、朗诵、器乐等丰富多彩的节目形式，展示艺术教育成果和少年儿童的精神风貌与艺术风采。

承办“春到新农村”大型综艺节目。香河电视台积极与CCTV—7《乡村大世界》栏目组进行对接，承办以“春到新农村”为主题的大型综艺节目，集中展示香河在新农村建设中的突出成就，提升香河对外的知名度和美誉度。

举办大型亲子互动闯关活动。电视台精心组织由400组家庭共同参与的“全家争做文明人——小手牵大手全家总动员”大型亲子互动闯关活动。此次活动以400组家庭的文明示范与带动，将文明意识和良好行为习惯传递给每一位社会成员，助推香河县文明城市品质的有效提升。

举办“大爱香河、文明共享”大型创城公益晚会。晚会将文明行为、文明思想通过舞台，透过艺术形态向人们传递文明理念，传导文明力量，营造“大爱香河、文明共享”的创城浓厚氛围。

举办“美丽香河我的家”专场活动。举办蒋辛屯、刘宋、交警、妇联四场“美丽香河我的家”专场活动。活动将丰富多彩的文艺节目带到老百姓身边，推动经济发展。

广播电视台在“教师节”颁奖盛典活动中，承担导演、节目编排、录制、播出等大量工作，为香河县重大活动的开展提供强有力的支撑。

【新媒体建设】 微信平台以“权威信息发布，聚焦百姓热点”为宗旨，每天及时将最权威的新闻报道和民生资讯等内容进行推送。香河县重要活动、会议、节日期间，开设专题版块，做好新闻宣传引领工作。微信平台拍摄并制作的“全景香河”VR于5月26日正式上线，是利用航拍技术手段展现香河良好形象、彰显城市特色和独特魅力的宣传力作。微信平台已展示第一城、家具城、建材城、汽配城以及县内主要街道、路口、广场等标志性地标，点击量突破14万次。是年8月微信平台开通直播功能，观众可通过手机随时观看香河县举办的大型活动，微信平台已对香河县十余场大型活动进行网络直播，累计点击量接近20万人次。

【提升香河美誉知名度】 广播电视台应邀出席由中国网络视听节目服务协会、中广新型媒体研究院、现代旅游业发展协同创新中心等单位联合主办的“一带一路最美驿站”媒旅大会，及在北京鸟巢隆重举行的“香河旅游推介会暨2017中国•香河荷花节新闻发布会”，对香河在京津冀协同发展中良好的区位优势以及香河的第一城、家具城、影视城三张旅游名片，万亩荷塘、美食文化、香河•荷香等旅游资源进行了全方位的推介，使香河的知名度，影响力进一步提升，对香河经济社会发展发挥了积极的促进作用。广播电视台主动与央视对接，积极配合《中国影像方志》之香河篇的录制工作，在央视媒体更加深入全面地宣传香河的历史传统、文化特色、经济发展以及丰富的自然资源，充分展示香河的时代风貌，进一步提升香河在全国的知名度和美誉度，并使香河县历史人文、社会事业存史立志。

【助力文明县城创建】 香河广播电视台深刻认识到肩负的职责和使命。紧紧围绕创建文明县城工作的安排部署，精心安排，有序实施，充分发挥媒体宣传和舆论引领职能作用，展开全方位、多角度、立体式宣传，在全县积极营造浓厚的创城氛围。《香河新闻》中开设《你我共同携手 创建省级文明县城》专栏，利用消息、访谈等多种形式，对创城工作进行大张旗鼓地宣传报道，充分展示香河县文明创建活动动态，形成了高潮迭起的创城舆论声势。广播电视台加大了制作刊播公益广告和宣传标语工作力度，围绕弘扬社会主义核心价值观、关爱未成年人、弘扬优秀传统文化等内容，制作播出一批寓意深刻、影响力强的“讲文明，树新风”公益广告；将《2017最美香河人典礼》《2017纪念长征胜利晚会》《争做“文明小使者”大型公益户外闯关活动》等公益文艺节目进行巡展，充分发挥榜样的感召力、影响力，带动社会文明程度和公民道德素养的提高；充分发挥广播电台和新媒体微信平台的宣传优势，围绕县城建设、城乡环境综合整治、居民教育等进行了多形式广泛的宣传，力促全县人民的文明素质提升，城市文明程度明显提高，助力全县省级文明县城创建工作圆满完成。

【完善设施，推进转型】 香河县县域执行的是无线模拟化覆盖,迫切需要在广播电视村村通基础上进一步提高水平和质量，实现由粗放式覆盖向精细化入户服务升级，向数字化清晰接收升级，由传统视听服务向多层次多方式多业态服务升级。为此，广播电视台因地制宜、因户制宜推进数字广播电视覆盖和入户接收，设立广播电视播出前端，前期设备正在安装调试阶段。国家大力推广和普及 IP 电视技术、促进三网融合的重要政策相继出台，为更好地传播香河广播电视节目，做好新闻宣传工作，广播电视台积极与中国联合网络通信有限公司香河县分公司合作，将广播电视台两套节目接入联通网络电视平台，推进 IP 电视发展。这种网络机顶盒+电视的模式，改变了传统电视的单向传播方式，观众不但能享受视频点播等互动内容，还可以实现电视的不定时回看。观众可以根据个人情况随时了解香河新闻信息，观看香河电视节目。

【广电人才队伍建设】 优化人才队伍结构，引进高学历、复合型的专业人才，为广电发展提供坚实的人才战略储备；提高员工队伍整体素质，加强在职培训和岗位考核，建立职责分明，层次合理的员工激励制度，使广大员工能把实现自我价值与做好本职工作有机结合起来，充分发挥积极性和创造性；先后分批次组织一线工作人员外出学习培训，曾到浙江传媒学院、中国传媒大学等高等学府考察学习；营造优秀人才脱颖而出的环境，从制度上保证干实事，出实绩的人能充分施展才华和抱负，使各类人才有地位、有成就感和荣誉感。通过事业、待遇、感情和制度等多种途径，激励人才、吸引人才、留住人才。

【获得荣誉】 2017 年，在中国电视艺术家协会第五届全国市县电视台推优活动中，香河广播电视台报送的《时尚香河之老树客栈》荣获电视栏目类一等奖，《微缩的古建》荣获电视专题类一等奖，《香河县 2017 年少儿春晚》荣获综艺晚会类一等奖。广播电视台喜获最具发展活力“全国 20 强市县电视台”荣誉称号。香河电视台被香河县委宣传部评为 2017 年度新闻外宣工作“优秀集体”、2017 年度微信平台运行工作先进单位，荣获市委宣传部“服务群众文化先进单位”。

领导班子成员

台　长：史长城

副台长：陈洪全　孙红霞

（魏　静）

档　案

【概况】 香河县档案局是香河县委直属事业局，执行政府档案行政职能，业务上受廊坊市档案局指导。1987 年 1 月，香河县建立档案局，隶属香河县人民政府。1996 年 4 月香河县机构改革，档案局与档案馆合并，一个机构两块牌子，属县委事业局。2002 年 4 月机构改革，档案局为香河县委直属事业局。主要任务是：在县委、县政府和上级档案行政主管部门的双重领导下，贯彻执行档案工作的法律、法规和方针政策，协调各有关方面力量，制定本县档案事业发展计划和档案工作的规章制度，并组织实施；负责对香河县内其他机关、团体、企事业单位的档案工作进行监督、指导，组织并指导县内档案理论与科学技术研究，档案保护、档案教育、档案宣传及档案管理人员培训。香河县档案局内设机构有办公室、执法指导股、编研管理股，工作人员 10 人。

【档案接续工作】 机关档案工作是档案事业

的基础，为确保归档文件准确完整，整理规范，香河县加大对全县各立档单位的指导力度，2017年已完成全县立档单位2016年度档案接续工作。立卷合格率县直达到95%以上，乡镇达到90%以上。

【档案信息化建设】 2017年县档案馆有136个全宗，馆藏档案总计32434卷、26510件。按照省、市档案信息化工作的部署，近年来，档案局积极争取县财政资金，大力推动档案信息化建设，2017年完成档案扫描98万页、目录著入12万条，有效加快了档案馆的档案数字化进程。

【档案工作培训】 2017年6月，香河县举办了年度档案工作培训会，分期分批对全县83家单位的档案员进行了业务培训，并于9月27日再次组织乡镇档案员到廊坊市参加为期两天的业务培训，通过理论讲解、实际操作等形式有效提升了全县档案工作者的业务水平，学员反映良好。是年，县档案局还安排机关人员参加档案管理能力提升研修班，有效提升了档案工作业务水平。

【档案工作执法】 按照年初工作要求，香河县开展《中华人民共和国档案法》宣传的同时，继续推进档案法制建设，并加大档案执法检查工作力度。县档案局指导股先后对香河县检察院、香河县技术监督局等45家单位进行了档案业务指导，对于督查过程中存在的问题和不足及时提出意见和建议，要求及时整改，基层机关档案规范化管理水平得到提高，也为档案目标管理认证单位，顺利通过省、市复验奠定了良好的基础。

【档案升级认证】 为顺利完成2017年的档案升级认证工作，县局指导股对基层机关档案员进行了专门的业务培训，收到了实效。2017年，已完成5家立档单位的档案升级认证工作，其中检察院AAAAA级；安头屯镇政府、人行、国土局3家单位AAA级；环保产业园AA级。是年，香河县档案整体升级认证工作位居全市前列。

【档案开放、利用】 按照《中华人民共和国档案法》年满30年档案应向社会开放的规定，香河县档案馆1987年以前应开放的档案，已经全部向社会开放，共计17748卷，其中永久卷10130卷，长期卷7618卷。2017年开放763卷，其中永久334卷，长期429卷。香河县借助馆藏档案、现行文件利用中心作平台，共接待社会各界档案利用者830余人，查阅档案达4786卷次，为香河县经济建设、编史、修志、落实政策、机关查考、调解纠纷、核实工龄、工作调动、户口迁移、复退伍军人安置、学术研究等方面提供了大量翔实的第一手资料，解决了大量的问题，增强了社会档案意识，扩大了档案工作的知名度。尤其是20世纪70、80年代民办教师查阅档案人次较多。在档案查阅工作中，许多民办教师接到教育局通知后来到县档案局，情绪比较焦急，根本说不清需要查什么内容。工作人员耐心细致询问，努力为他们提示各种有用线索，帮助他们找准查阅目标，再按照查阅要求，逐一细心查找，宁可多翻阅档案卷宗，也不让一丝材料漏网，千方百计为民办教师查阅到所需文书档案。2017年，民办教师类查阅人次就达100余人，翻阅卷宗近800卷。

【档案接收工作】 档案资源是档案事业发展的基础。为抓好档案资源建设，不断丰富馆藏，2017年，档案工作继续接收各立档单位2008

年以前档案进馆，已接收钱旺镇、档案局、信访局和县委 4 家单位档案进馆，共计 161 卷,3544 件（合 273 卷），总计 434 卷。全年收入馆藏的图书和三级党报合订本共计 48 册。是年初，香河县职教中心原校长高福成，专程向香河县档案局捐赠了一部《鲁家务高氏家族大西院简史》。这部简史由远祖追踪、祖建基业、后裔概况等七部分组成，简要记述了从明万历年至今高氏家族的发展情况，高老先生从酝酿到完成历经十五年时间。高老先生此次捐赠，不仅丰富了香河县档案局馆藏资源，也为香河县社会捐赠活动起到了积极的引导示范作用。

领导班子成员

局　长：肖凤双

副局长：吴国际

（吴　华）

地方志工作

【概况】 2017 年，香河县落实《全国地方志事业发展规划纲要》和《全国年鉴事业发展规划（2016—2020 年）》要求，本着“多出精品，不出纰漏”的原则，完成了为省、市方志部门提供年鉴稿件工作；创建“互联网+地方志”；香河县方志馆落成并对公众开放；开通廊坊市首家县级网站“香河方志网”，注册和应用微信订阅号、服务号和“今日头条”客户端三个新媒体平台；《香河县志（1979—2008）》出版发行；编纂《香河年鉴（2017）》，取得丰硕的成果。香河县方志办主任高景全受到全国通报表彰。

【《香河县志（1979—2008）》出版发行】 2017 年，香河县志编纂完成并由方志出版社出版发行。第二轮《香河县志（1979—2008）》从 2009 年 4 月启动编修，历时 8 年，经过全体编修人员的不懈努力，于 2017 年 5 月出版发行。《香河县志》紧扣改革与发展两大主题，行文 169.4 万字，全方位、多视角展示县域改革开放三十年的发展历程和风采，是一部集思想性、科学性、资料性、权威性于一体的县情百科全书，是宣传香河的总名片。

【《香河年鉴（2017）》编修工作】 2017 年，《香河年鉴（2017）》实现了当年编辑，当年出版。《香河年鉴（2017）》以 525 千字的文字总量系统记述了县域内自然、政治、经济、人文、社会等方面的年度资料，以 2016 年香河经济建设和社会发展为重点，出色完成《全国年鉴事业发展规划（2016—2020 年）》中提出的“一年一鉴，公开出版，年内出版”的规定任务，助力香河县年鉴事业迈上高速、高效的新台阶。《香河年鉴（2017）》采用分类编纂法，分为类目、分目、条目三个层次。共设 24 个部类，涉及近 150 个机关和企事业单位，初稿撰人近 200 人，征集到的文字资料 700 多千字。

【方志馆建设】 2017 年，功能齐全的香河县县级方志馆落成并对公众开放。方志馆面积 4094 平方米，馆内陈列重新校订和翻印的明万历四十八年、清康熙十七年、民国 25 年的香河县志，集存和收藏了第一轮、第二轮新编修的香河县志以及和外埠交流互换的地方志、综合年鉴、四库全书等重要文献资料 3000 余册。方志馆把地方志存史、资政、育人的社会属性重新回归社会，彰显地方志事业的历史责任和时代担当。

【互联网与地方志工作】 2017 年 6 月，开通廊坊市首家县级方志网站“香河方志网”。注册和应用微信订阅号、服务号、“今日头条”

客户端三个新媒体平台。以创新思维谋思路，以社会思维促发展，以用户思维强服务，以协作思维聚力量，以快速思维提效率的实践出发，以“互联网+方志”的新常态，立体化、多维度，讲述香河动人故事，传播香河悠久历史，宣传香河方志文化，普及香河舆情知识。至年底香河方志网开通及微信订阅号、服务号、“今日头条”客户端三个新媒体平台注册应用，累计发布各类信息近千条，受关注阅读量3，4万次，“今日头条”客户端推荐量突破10 万条。“互联网+地方志”新常态成为展示香河发展成就的新窗口。

【方志宣传工作】 2017年，信息报送22篇，省方志办《工作简报》采用6条；《河北方志头条号》采用6条；《河北地方志》刊登2篇，修志体会文章3篇，论文9篇，其中一篇入选中国地方志学会方志学分会2017年年会；廊坊日报采用2篇，市简报采用1条。在中指组下发《关于印发2017年全国方志馆工作通报表扬活动实施方案的通知》中，香河县方志办主任高景全受到全国通报表扬。

领导班子成员

主　任:　高景全

副主任 ：李志楠

（王树春）

文学艺术

【概况】 2017年，香河县文学艺术界联合会（简称县文联），贯彻落实习近平总书记在中国文联第十次全国代表大会上的重要讲话精神，集中展示香河县书画创作新成果，推动全县书画艺术发展，编辑出版《香河文艺》4期，年内组织各类活动10次，专家讲座7次，组织协会建设、学习、研讨会11次。7月，在廊坊市组织的舞蹈大赛活动中，县文联积极组织舞蹈队参加比赛，被市文联授予“优秀组织奖”。

【迎新春书画活动】 2017年，香河县文联举办“迎新春书画展”和“送春联送百福”活动。为增添春节喜庆祥和气氛，春节前举办“迎新春书画展”，参展作品百余幅，受到书法爱好者和群众的欢迎。春节前还组织“送春联送百福”活动，书法家现场挥毫泼墨，书写春联、福字1000多对（幅）。

【“向党献礼 送艺下乡”活动】 6月27日，县文联组织张中行国学会、香河书法家协会、香河美术家协会、香河音乐家协会人员并邀请廊坊市书法家协会副主席王显东，到蒋辛屯镇仓头村开展“向党献礼 送艺下乡”活动。

【专题文艺演出】 6月30日，县文联与文广新局、工商联共同承办以“同心共筑中国梦”为主题的庆祝建党96周年专题文艺演出，通过歌曲、舞蹈、诗朗诵等形式，歌颂新中国的伟大成就和美好生活，表达对党和祖国的热爱之情。慰问在酷暑期间工作在第一线的广大职工，县文联组织书协、美协到交警大队和环卫局等单位开展书画慰问笔会活动，送去书法、美术作品60余幅。

【“药安食美”杯舞蹈大赛】 5月9—19日，组织开展“药安食美”杯舞蹈大赛。全县44支队伍1000多人次参加比赛。大赛丰富了全县城乡人民群众文化生活，推动群众文化繁荣发展及全民健身运动深入开展，促进群众舞蹈队伍水平整体提高。

【廊坊市舞蹈大赛香河赛】 6月上旬，在香河文化艺术中心举办廊坊市舞蹈大赛香河赛，全县近40支舞蹈队伍参加比赛。经过选拔，有20支队伍获得廊坊市舞蹈大赛参赛资格并取得较好成绩，其中获得一等奖4个，二等奖8个，三等奖8个。

【喜迎中共十九大书画展】 十九大召开前夕，在艺术中心举办“不忘初心 圆梦中华——喜迎党的十九大书画展”，参展作品100余幅。艺术家们以书画的形式，歌颂中国共产党的领导，回顾党的光辉历史，展示中共十八大以来取得的丰硕成果，集中反映香河县艺术家热爱党、热爱祖国、热爱人民、热爱生活的高尚情怀，是全县书画艺术水平的集中展示、精品展示和全景展示。至年底，参观十九大主题书画展人数达8000余人次，取得很好的社会效果。

【文艺创作】 10月下旬，学习宣传贯彻中共十九大精神，县文联组织作协、曲协、书协、诗词协会，创作一批宣传十九大精神的文艺作品。创作小说（随笔）8篇，诗词40首，大鼓书、快板各2篇，书法作品38幅。这些作品辑印成册，发到机关、学校、社区、农村，以文艺的形式宣传党的十九大精神。大力弘扬具有中国特色社会主义的社会公德、职业道德和家庭美德，全面理解和深刻认识社会主义核心价值观，形成积极向上的世界观、人生观和价值观，回顾香河的人文历史，展现发展的新成就，县委宣传部和县文联联合组织编写了《公民道德与机关精神》《香河情•香河梦》两部书籍，辑印成册，发到县里各单位。

【“书法进校园”活动】 2017年，在“文艺进校园”活动中，文联与教育局联合开展“书法进校园”活动，组织学校书法爱好者，以书法为载体，书写十九大和香河县委十一次全会精彩篇章。县书法家协会骨干人员每周到县三小、二中为广大师生免费辅导书法，使广大师生对书法这一传统文化有了更进一步的了解，书写水平也得到较大的提高。县文联与教育、行政事业单位、社会各界喜爱书法的人士组织起来，相互沟通合作，组织书法笔会和交流研讨会，使书法艺术走向学校，创造良好的艺术氛围。

【“文学进校园”活动】 2017年，在“文艺进校园”活动中在各中小学开展“文学进校园”活动，推动全县文学事业的发展和繁荣，促进文学经典在中小学校园中的推广传播，并在中小学校园中培养和发现优秀教师作者、学生作者，结合省市文联开展的文艺志愿者服务基层活动，在部分中小学校中开展了“文学进校园活动”，以推进素质教育，激发学生的创作热情。活动以专家讲座、交流会为主，聘请知名作家、评论家对学生创作进行指导，与学生面对面交流创作经验，解答学生在文学创作方面遇到的问题。是年，聘请方卫平、贾兴安等6位作家进行7场讲座。

【作家协会】 2017年，作协进行领导班子换届，制定《香河县作家协会章程》，开展“香河景•盛世情”征文评奖活动，参与学习宣传贯彻十九大精神散文、诗歌创作征集活动，聘请河北省作家协会副主席、中国知名作家、《散文百家》主编贾兴安到香河进行讲授文学课，创建“香河作家”微信公众平台并开通运行。

张玉清在文学创作上取得较大成绩，出版小说集《途中的风景》，此书为明天出版社暑期中学生阅读书籍，在全国儿童文学界很有影响。在《北京文学》2017年第1期发表短篇小说《五子棋》，在《长城》杂志发表《李秘书的秘密》，2017年第3期《人民文学》发表短篇小说《皮鞭》。11 月，短篇小说《一百元》获得第二届河北省孙犁文学奖。张玉清入选河北省政府特殊津贴专家和廊坊市委组织部市管优秀专家。

2017 年，尹玉如重点整理京东民俗（包括香河）——《血脉中的记忆》，全书 18 万字，由中国电影出版社出版。协助香河县政协撰写《写在枝叶间的历史》一书，对香河县境内保存下来的 30 余棵的古树做了详尽的介绍。业余作者王德久的长篇小说《悲喜人生路》，全书 40 余万字，正在洽谈出版事宜。

2017 年，马军在全国报刊杂志公开发表杂文随笔 70 篇。受邀在《中国纪检监察报》“历史周刊”开办专栏。《说“悔”》入选中华书局主办的《中华活页文选》2017 年第 3 期）、《咸丰帝妙批驭重臣》入选《新智慧》文集第五辑（武汉出版社）。

【诗词协会】 香河诗词协会鼓励激发广大会员参加诗词大赛，在廊坊市地震局、廊坊日报社共同举办的 2017 年廊坊市防震减灾文化作品征集活动中，会员江旭的诗词《浣溪沙》荣获三等奖。在荷花节诗词大赛中，会员王新、赵金堂、白志苹、杨洪卫荣获优秀奖。在香河作家协会举办的征文赛事中，会员王新、赵金堂获优秀奖。按县文联要求，为县委宣传部创作童谣 200 首。创作的童谣语言活泼，富有音韵，朗朗上口，通俗易懂。童谣的内容想象丰富，富有情趣，深受孩子们的喜爱。在廊坊市诗词学会的《廊坊风韵》征稿活动中，广大会员积极投稿，被采纳 50 首。是年出版《香河诗词选》。通过香河县人民广播电台等多种宣传平台，积极、广泛地征集诗稿，征得诗稿 800 余首。组织专业人士对诗稿认真斟酌，经过初选、复选、再选的严格把关，终集结成书。

【书法家协会】 2017 年 4 月，完成香河书法家协会第三次换届选举工作，选举姜为华为香河书法家协会主席。活跃两节期间的文化生活，香河书法家协会启动书法下基层、入企业、进校园、入社区活动。先后到尹氏装饰公司、华创集团、钳屯大理石厂、维也纳歌厅、梁氏养殖基地、茗居书画院、大爱城等众多名星企业举行笔会和送春联活动，把书法家近千余幅作品和数百条春联献给广大企业干部和职工。把书法带进校园，协会先后到香河二中、三小开展书法进校园活动，奉献作品达 200 余幅、春联数百条，受到了方大教职员工的好评。2017 年春节前，组织书法家先后到土山、钳屯、北吴村、安平等村镇开展迎新春送春联活动，给群众送去春联千余条。部分书法家还在北吴村、三百户村参与中央电视台农民频道春节晚会录制工作，大大提高香河的知名度，给广大群众带去文化娱乐和享受。7、8 月份，协会启动书法下基层慰问一线职工活动，广大书法家不辞辛苦、不畏炎热，先后到马家窝驻军、交警大队、消防中队和环卫局进行慰问献书法活动，参与者 50 余人次，献作品 300 余幅。提高调动广大书法家不断学习和提高技能的积极性，8 月份，组织由 30 名书法家参加的万亩荷塘大型采风和笔会活动，拉近书法家之间距离，增进相互之间了解，在此基础上搭建香河与周边县市书法家之间学习平台，组织会员骨干分别到大厂、平谷、怀柔、密云、涞水、天津武清采风、学习，拉近与周边县市书法家的距离，提高全县书法家的书法水平，为繁荣香河县的文化事业创造良好的条件。年内，组织笔会达 50 余场，参与人数 800 余人次，向社会奉献作品数千幅。积极调动广大书法家参加各级书法展览的积极性，香河书法家协会积极组织书法家展前培训和多方位打造之外，鼓励他们积极参加省、市书协举办的各类书法培训，并给予引导和支持，不但提高他们的技能水平，也激发了他们参与各项展览活动的荣誉感。2017 年，全县书法家参与各级书法展览 200 人次，参展作品 300 余幅，50 多人获奖。

【摄影家协会】 2017 年 6 月，香河摄影家协会组织影友参加“香河荷花节摄影大展”，大展正式启动后，多次组织动员广大影友进行创作。70 多名会员创作作品达 1200 多幅（组）。评选出入选作品 230 幅（组），在宣传香河县生态、自然、人文等方面作出贡献。组织开展大型优秀作品展，精选全县各处优秀作品，涵盖内容广泛，包括自然、人文、城市建设、景区景点、河流、美食、非遗、民俗活动等等。制作成精美相框在香河艺术中心进行展出。成功举办“中国摄影家协会网站群走进香河影友联谊会”，来自京津冀周边摄影爱好者 100 余人参加活动，中国摄影家协会副主席、河北省摄影家协会主席杨越峦举办专题摄影讲座。积极组织摄影爱好者参加省市及其他地区的摄影活动“牵手京津冀聚焦新廊坊”摄影展、省妇联主办的“美丽庭院，景美心美”征稿、市文联迎十九大影展、我身边的廊坊，群众摄影艺术展、张家口蓝鲸杯摄影赛、大美崇礼摄影展、尚义大青山摄影展，等等。年内，摄影家协会配合县政协对县域古树行跟踪拍摄，利用一年时间，完成一整套古树资料影像。美丽乡村建设继续跟踪拍摄，完成所有在建美丽乡村资料图片。对未进行改建的村庄进行资料性的存档拍摄。

【曲艺家协会】 年内，曲艺家协会参加荷韵之声艺术团的巡演、戏曲进校园、周末晚会、下工厂、进社区，到农村演出百余场，宣传教育群众，传达正能量，唱香河新变化，人民幸福生活，老百姓获得感，努力提高演艺水平，编写出《真想再活五百年》《赞香河“两学一做”学习教育》《文明多彩荷花节》《中国梦》等人民群众喜欢听，记得住的文艺作品。2017 年，曲艺家协会主席王从民被香河广播电视台聘请为文化艺术顾问；香河县春节联欢晚会中表现突出被授予特别奉献奖；参加中央电视台七套元宵晚会节目录制、参加中央电视台七套《乡土》栏目节目录制，荣获牵手京津冀“欢乐进万家”第三届京津冀《京东大鼓书会》优秀表演奖；荣获力行传承鼓曲艺术 2017 年《马静宜杯》京津冀鼓曲票友公益展演赛三等奖；由中国文联出版社出版的“王从民京东大鼓作品集”一部，在全国曲艺界具有很大影响力。落实十九大精神，王从民创作京东大鼓《新》《不忘初心》等作品，邳万宇创作快板《十九大精神指征程》，崔琦和张鑫铭创作了快板《看升旗》，杨东林创作了京东大鼓《农民盛赞十九大》。

【音乐家协会】 2017 年 8 月，香河县委宣传部组织的“大美香河，送文化下乡”的活动中，音乐家协会编排精彩节目到安平镇王家摆村慰问演出，受到全体村民的欢迎。张月江、刘国强、丁振邦等多次配合曲艺家协会在香河县文化艺术中心演出，共同学习宣传贯彻十九大精神。

【影视家协会】 年内，香河影视家协会协助拍摄《天问》《工匠精神》《执法如山》等，与中央电视台发现之旅频道“美丽中华行”栏目签署战略合作协议，为香河县的文化宣传创造了央视平台。

【收藏家协会】 香河收藏家协会进一步规范协会管理，积极开展学习培训活动，提高会员自身素质，弘扬中华优秀传统文化，推广香河县域特色收藏品牌，推动香河收藏文化产业规范健康发展。2017 年 7 月 2 日，在位于香河县教师进修学院西侧立泽花园商住楼的香河收藏家协会总部，隆重召开理事大会，大会通过关于原协会主席宗国伟辞去主席及法定代表人职务的请求，并全票选举李进成为第二届收藏家协会主席及法定代表人。11 月 5—6 日，在香河爱亿家生活广场收藏品市场召开第二届全国古玩交流大会，来自黑龙江、吉林、辽宁、北京、天津、河北、山西、山东、河南、安徽等省市的收藏爱好者 600 余人参加交流会，成交量 100 万元以上，在京津收藏品市场首创新高。11 月 6 日，香河收藏家协会由秘书长王磊一行 5 人到山西介休学习交流，并达成协议共建环首都收藏文化城。

【舞蹈家协会】 2017 年 6 月，舞蹈家协会协助廊坊市舞蹈家协会举办廊坊市第三届舞蹈大赛香河海选赛，香河县近 20 个节目进入决赛，香河县选送的拉丁舞《森林变奏》获得廊坊市第三届舞蹈大赛第一名，原创舞蹈《花钹情怀》等节目获得一等奖。《剪纸姑娘》《欢乐童年》《梦幻八音盒》、独舞《我和月亮说说话》获得二等奖，《风酥雨忆》《乐呀乐嘟嘟》《缅桂花开》等节目获得三等奖。唐淑凤和赵秀花将香河原创歌手大转创作的歌曲《家在香河》创编成广场舞，并于 11 月 21－22 日，对全县各个舞蹈队的领队进行培训。

【戏剧家协会】 年内，香河县戏剧家协会开展“戏曲下乡”宣传活动，先后到钳屯镇红庙村、渠口镇小圈村、刘宋镇庆功台村等十几个村街巡回演出，收到很好的社会效果。开展“京剧进校园”活动，先后到城内一小、星宇学校、淑阳镇矬口小学等十几所学校开展教学演出活动。开展进学校辅导小学员活动，在星宇学校等几所学校建立以小学生为主要成员的京剧剧社，每星期进校辅导一次，推进京剧进校园活动的开展。定期去县文化艺术中心演出，全年演出上百场。与兄弟剧社下乡联谊演出，和大厂、三河、北京以及香河本土等戏迷票友下农村、企业开展联谊演出活动 30 余场。聘请专业院团京剧名家来香河县辅导，提高戏迷演技水平，多次聘请北京京剧院一级演员张树、一级琴师邱鑫等名家来剧社并和名家联谊配戏演出。2017 年，戏剧家协会周金韦，获全国戏迷大赛金奖，马铁芳获银奖。

领导班子成员

主　席：张　勇

副主席：张玉清　路咏梅

（周月如）

体　育

【概况】 2017 年，香河县全民健身活动落实《香河县全民健身实施计划》（2016—2020）。是年，成功举办香河县第二届全民运动会，体育对外交流活动持续开展。香河县设有体育股，工作人员 3 名。全县体育总会 1 个，体育俱乐部 3 家，体育协会 22 家。

【乡村体育设施】 为落实《香河县全民健身实施计划》，给群众提供更多更好的体育健身设施，投入财政资金 548900 元，为 39 个村街社区配备了健身器材，为闫胡套村建设了健身广场。亚太城广场、渠口镇文化广场配备了健身路径。14 个美丽乡村重点村配备了健身路径或一场两台，设施拉动客观上促进了群众健身活动。

【群众体育活动】 2017 年，香河县有体育活动丰富多彩，是年组织 800 人参加了健身操展示；举办了京津冀大联盟足球赛、一城杯篮球赛、羽毛球赛、象棋赛、围棋赛众多赛事。香河县培训了100名社会体育指导员，推进第一城冰雪嘉年华项目，发展冰雪运动，冬季接待群众38000人次。

2017年4月—11月，组织举办了香河县第二届全民运动会，从4月份第一场足球预选赛拉开帷幕，历时八个月。此次全运会共设足球、台球、中国象棋、健身长跑、篮球、武术、跆拳道、田径单项、自行车、钓鱼、羽毛球、乒乓球、毽球、门球和马拉松等19个项目，比2015年香河县第一届全民运动会增加了徒步、瑜伽、网球和围棋等4个比赛项目。第二届全民运动会参赛选手达12000多人。是年6月16日，香河县第二届全民运动会在香河体育场隆重举行开幕仪式，县长王文强、县四套班子分管领导和全民健身成员单位主要负责人共同出席，廊坊市体育局派人到会祝贺。此次全运会呈现出参与人员多、辐射面广、开放度高、企业热情支持和媒体关注更强烈等特点。足球比赛进行了88场，武术比赛500余人参加。世界冠军王浩受邀来香河县与乒乓球迷现场互动；原中国军事学院教授侯振山、中国国家拳击队首位队长王亚为、北京体育大学王华峰教授亲临武术比赛现场给予了热心指导。运动会得到了人民网、凤凰网等百余家媒体关注，“香河头条”“香河通”“香河城市新媒体”等微信平台全程报道了全运会赛事。

【竞技体育成绩】 2017年在对外赛事中，香河县获得廊坊市第四十四届钓鱼比赛获团体冠军，并囊括个人前三名。廊坊市青少年游泳锦标赛获男子组团体第一名。廊坊市青少年跆拳道获女子团体第一名。香河县足球队代表廊坊市参加河北省五人制足球超级联赛，最终以8胜1平1负的骄人战绩获得亚军。

（付　奎）

卫生和计划生育

责任编辑　刘士刚

综　述

2017年，香河县推进卫生和计划生育工作改革，加强公共卫生与计生服务，实施两孩政策，探索公立医院改革，提高卫生计生工作整体水平，各项工作健康发展。年初，香河县代表廊坊市接受省财政厅、省卫生计生委2016年度基本公共卫生服务项目省级复核，取得94分的好成绩，名列全省前列，廊坊市级考核第二名，廊坊市财政局按照奖励先进的原则，奖补香河县资金20万元；是年6月，省委、省政府授予香河县“计划生育工作先进县”。

医疗卫生

【概况】 2017年，香河县有医疗机构411所，卫计系统工作人员863人。县级医院4所：香河县人民医院、香河县中医医院、香河县气管炎哮喘医院、香河县妇幼保健院。乡镇卫生院15所：刘宋中心卫生院、安平中心卫生院、渠口中心卫生院、钱旺镇卫生院、淑阳镇卫生院、钳屯镇卫生院、蒋辛屯镇卫生院、五百户镇卫生院、安头屯镇卫生院、东鲁口医院、石虎医院、香城医院、李庄医院、金辛庄医院、梁家务医院。村卫生室295所，其中集体产权190所。

【医疗设施设备】 2017年，香河县加大硬件投入，县人民医院购入肿瘤放疗用大型直线加速器、西门子双源128排炫速CT、PET/CT、海扶刀无创治疗子宫肌瘤系统、电子胃肠镜、电子十二指肠镜、乳腺微创手术系统医疗设备125台件，设备达到三级医院水平；县中医院投资700万元，先后购进德尔格麻醉机、查特眼震电图仪、耶格大肺功能仪、光学相干断层扫描（OCT）、徕卡手术双目显微镜、肌电图仪等10万元以上设备13台件；购进熔浆机、光学显微镜、血流变分析仪、新生儿黄疸治疗箱、骨质疏松治疗仪、裂隙灯等10万元以下设备仪器52台件，全部投入使用。

【卫生计生队伍建设】 2017年，香河县卫计系统在编工作人员851人，其中卫计局机关65人、县级医院460人、乡镇卫生院247人、疾控中心48人、卫计综合监督执法局25人、药品配送中心6人。

职称结构：香河县卫计系统正副主任医师40人、主治主管医师290人、医师级169人、医士级115人。

人员结构：卫计系统干部574人、固定工64人、合同制225人。

人员类别：卫计系统行政106人、工勤108人、医疗561人、防保88人。

学历：卫计系统工作人员本科177人、大专368人、中专244人。

乡医：2017年，香河县共有乡医301人，其中乡医主治医师49人、乡医师147人、乡医士87人。

【医疗技术】 2017年，香河县人民医院在技术上与三甲医院对接，开展了海扶刀无创治疗子宫肌瘤、椎管狭窄人工骨桥成形术、颈内动脉栓塞急诊介入取栓术等新技术31项，突破性医疗技术67项，多项填补省市技术空白，达到国内领先水平。香河县中医院发挥中医特色，骨科成功开展廊坊市首例第三代踝关节置换术，骨科还开展全膝关节置换术、人工全髋、颈腰椎前路术、断指（趾）再植术、肩袖损伤关节镜下肩关节成形术、肩颈部肿瘤切除术、肘关节置换术；外科开展腹腔镜手术、各类肿瘤手术、开胸、开颅等；内科开展心脏起搏器置入术、心脑血管超早期溶栓、颅内血肿介入微创治疗等；妇产科开展妇科肿瘤、阴式子宫切除术；急诊科成功抢救心脏骤停患者多例，全院技术水平再上新台阶。

【妇幼保健】 新生儿保健：2017年，香河县助产机构接生活产5337人，新生儿疾病筛查及35项免费筛查覆盖率103%；听力筛查5252人，筛查率96.5%；先心病筛查4290人。

儿童保健：2017年，香河县7岁以下儿童30874人，保健管理30165人，儿童保健管理率97.7%；3岁以下儿童系统管理11994人，3岁以下儿童管理率94%；5岁以下儿童营养评价20147人，查处体弱儿796人，5岁以下儿童死亡17例，死亡率千分之3.66。

孕产妇及高危孕妇管理：2017年香河县活产4822人，系统管理4267人，产后访视4396人，住院分娩率100%，高危孕产妇774例。县人民医院设有孕产妇及新生儿抢救中心，开辟“绿色通道”，保障危重孕产妇和新生儿得到及时抢救与治疗。孕产妇死亡率为0。

农村孕产妇住院分娩补助：2017年，1—7月农村户籍孕产妇1908人，每名农村孕产妇住院分娩补助出院即补，补助1911人，补助率100.1%。此项工作已于2017年7月28日终止，与农村合作医疗和社保并轨。

叶酸发放：2017年服用叶酸人数5425人，依从人数4210人，服用依从率77.6%，发放叶酸23263瓶，随访人次数20494人，增补叶酸知识调查人数3972人，知晓3819人，知晓率96.15%。

预防艾滋病、梅毒、乙肝母婴传播项目：2017年孕期HIV抗体检测5761人、梅毒检测5761人、乙肝五项检测5761人、梅毒阳性3人、乙肝阳性223人。

【卫生防疫】 突发公共卫生事件及重点传染病：2017年，香河县累计报告法定传染病1748例，其中人感染H7N9禽流感报告1例，手足口报告647例，布病报告25例，水痘报告414例。是年6月1日，香河县第三小学水痘疫情暴发，初次报告10例，累计报告35例，无重症及死亡病例，疫情得到有效控制。11月1日，香河县成自务小学水痘疫情暴发，报告13例，无重症及死亡病例。传染病发病率十万分之646.25，死亡率十万分之1.09。

慢性病及重症精神病人管理：2017年，香河县慢性病建档42987人，其中高血压病建档33293人，规范管理26198人，管理率78.69%；糖尿病建档9694人，规范管理7827人，管理率80.74%；重症精神疾病建档1254人，在册患者人数1220人，在管1125人患者检出率3.3‰。

地方病监测：2017年5月，香河县疾控中心把全县划分东、南、西、北、中5个片区，采集41份水样进行水碘监测，6月对安平镇、渠口镇、蒋辛屯镇、安头屯镇、淑阳镇5所小学开展碘缺乏病监测采样工作。监测期间共采集普通居民食用盐120份、儿童尿样120份、孕妇尿样60份、孕妇家中食用盐60份。抽样监测为控制地方病提供了客观分析基础。

国家免疫规划落实情况：全县累计接种卡

介苗 4681 剂次，接种率 100%；脊髓灰质炎疫苗 17285 剂次，接种率 96.2%；百白破疫苗 21740 剂次，接种率 98.8%；麻疹类疫苗 10307 剂次，接种率 99.6%；乙肝疫苗 16232 剂次，接种率 99.4%；百白破 4761 剂次，接种率 98.6%；A 群流脑 11340 剂次，接种率 98.9%；A+C 群流脑 7041 剂次，因疫苗供应不足，导致接种率仅 84.2%；乙脑 10672 剂次，接种率 99%；甲肝 4939 剂次，接种率 98.6%。

结核病疾控：香河县疾控中心共接诊疑似结核病病人 707 人次，综合医疗机构共报告疑似肺结核病人 77 例。

【农村医疗卫生】 乡镇医疗机构：2017 年，香河县共有乡镇卫生院 15 家，其中：中心卫生院 3 家（刘宋、渠口、安平）；乡镇卫生院 6 家（安头屯、五百户、钳屯、淑阳、钱旺、蒋辛屯）；非镇所在地一级综合医院 6 家（石虎、东鲁口、金辛庄、香城、李庄、梁家务）。在职人员 448 人，其中执业医师 107 人，助理医师 70 人，执业护士 40 人，检验师 12 人，药剂师 29 人，无证人员 153 人。

业务用房与设备设施：15 家乡镇卫生院业务用房近 2.7 万平方米，千元以上医疗设备 439 台（件），床位 485 张，每千人口基层医疗机构床位数达到 1.3 张。

医药改革：香河县于 2010 年启动基层医药改革，乡镇卫生院全部实行“药品零差率销售”。2010-2017 年，香河县财政每年拨付收支差额补助资金 2546.17 万元。

乡镇卫生院运营：2017 年，乡镇卫生院总门诊 25 万人次，住院 2.5 万人次，业务收入 3138 万元。15 家乡镇卫生院中，业务收入 500 万元以上的有 2 家（渠口中心卫生院 747 万元，安头屯卫生院 584 万元）。

基本公共卫生：2017 年，香河县基本公共卫生服务经费人均 55 元（中央资金 60%、省、县各 20%）。2017 年廊坊市基本公共卫生服务项目考核，香河县位居廊坊市第一名。

村卫生室：2017 年，香河县有村卫生室 298 家，村医 298 名，其中 2012 年新建集体产权村卫生室 191 家，建筑面积 80~130 平方米，四室分开、医疗设备配置齐全。土地由村委会无偿提供，房屋产权归村集体所有，医疗设备及其他固定资产由乡镇卫生院统一管理。村卫生室在业务技术、人员聘用、药品器械、财务管理、绩效考核等方面，由辖区乡镇卫生院实行一体化管理。每季度对村卫生室基本公共卫生服务项目实施情况进行考核，根据考核结果拨付补助资金。对实行乡村一体化管理的村卫生室，按村街户籍人口每人每年给予 10 元药品零差率补助，高于全市每人 8 元标准。年内，283 家村卫生室纳入一体化管理，实现基本公共卫生服务全覆盖。

【医共体建设】 2017 年，按照“试点先行、逐步推开”的原则，由香河县人民医院与渠口卫生院率先在全省开展组建医共体试点，在医院公益性、人员身份、财政投入、职能“四不变”的前提下，实行人员、资金、业务、绩效、药采“五统一”管理，建立完善分工协作、人员流动、双向转诊、信息共享等工作机制。选派专家定期到卫生院坐诊查房，建立远程会诊中心，通过检查数据实时传输，制定科学适宜的治疗方案，提高诊断准确率，节省患者就诊时间。

【家庭医生签约服务】 2017 年，香河县出台《家庭医生签约服务实施方案》，组建由全科医生、基本公卫人员、护理人员、村卫计专干组成的 53 个家庭医生团队，通过上门访视、健康教育、慢性病管理等形式，为签约群众提供个性化服务，每年至少为 65 岁以上老年人开展 1 次免费体检；为 0~6 岁儿童、孕产妇、高血压患者等重点人群开展 4 次随访服务。签约居民达 13.6 万人，其中高血压、糖尿病患者等重点人群 9 万人，签约率分别达到 36%和 66%。建档立卡的 60 户贫困人口全部签约；组织医务人员进村入户提供免费体检，贫困群众到县级医院就诊，实行“一免三减”（免挂号费，减 50%床位费、10%检查费、5%治疗费），并享受“先诊疗后付费”服务。

【基层卫生服务】 改善基础设施条件。2017 年，投资 4000 余万元，实施钳屯、五百户、渠口、安头屯四家卫生院改造工程。投资 700 余万元，购置大型彩超、全自动生化仪等基础检疗设备。计划投资 1580 万元，对淑阳、刘宋 2 家卫生院进行改造升级。实施“双下沉”工程。建立城乡医疗机构对口帮扶机制，每所县级公立医院对口帮扶 3~5 家乡镇卫生院，通过专科帮扶、人才交流、专家坐诊、技术支持等方式，推进县级公立医院优质资源向基层延伸。安头屯卫生院、刘宋中心卫生院、渠口中心卫生院、淑阳镇卫生院被评为国家群众满意的乡镇卫生院，五百户卫生院、钱旺卫生院被评为河北省群众满意的乡镇卫生院。

【医疗卫生管理】 包括医疗质量管理、依法执业管理、医疗纠纷处置、白内障患者复明工作、卫生计生综合监督执法。主要负责机构，有香河县卫生和计划生育局医政股、调解室、香河县卫生计生综合监督管理局。

【医疗卫生监督】 2017 年，卫计综合监督执法共出动医疗卫生监督人员 800 余人次，执法车辆 400 余辆次，监督检查私立医院 10 家、门诊部 40 家、个体诊所 20 家、村卫生室 300 余家。立案 45 起，结案 45 起。共罚款人民币 15.1 万元，没收非法所得 0.9922 万元。

【非法行医专项整治】 2017 年，取缔黑诊所、口腔游医等 13 家，没收处方 3 本、药品 2 箱、血压表等医疗器械 3 件、广告牌 2 块；受理群众举报案件 8 起，办结反馈 8 起。年内，查处 1 起“非法为他人实施终止妊娠手术”案件，罚款人民币 2 万元，没收非法所得人民币 1922 元。

【公共卫生重点监督】 2017 年，卫计综合监督执法局辖区内公共场所日常监督总计 166 家，消毒产品计 1 家，餐饮具消毒 2 家，共计监督 335 次，并进行平台录入。辖区内新办理公共场所卫生许可证 57 家，变更公共场所卫生许可证名称 3 家，公共场所卫生许可证延续 7 家，公共场所卫生许可证注销 37 家。处罚案件 1 起，即廊坊大润发超市有限公司未取得公共场所卫生许可证擅自营业案，已结案，处罚结果为警告并罚款人民币 10000 万元，责令其立即改正违法行为。

【生活饮用水卫生监督】 2017 年，香河县对 10 家二次供水小区（香城郦舍、我家公坊、英国宫、京汉君庭、大爱城小区、安平孔雀城、共青社小区、紫藤堡小区、富力新城、公园壹号）严格按照国家规定的《二次供水设施卫生规范》《河北省生活饮用水卫生监督管理办法》进行专项逐一排查检验，并无发现异常。对 5 家水厂（香河县三强水厂、香河县现代水业有限公司、香河县双安水厂、香河县潮东水业、香河县平安水厂）逐一进行全面排查，并依据《生活饮用水标准》对每个水厂的水质进行快速检验，检验包括浑浊度、色度、臭和味、肉眼可见物、PH/消毒剂余量进行检验，并无发现异常。对学校饮用水有自备井的学校进行重点检查，建议学校对自备井设立防护区，增设相应的防护栏、独立井房，完善相关制度和防控预案，并检查监督学校的水质监测报告。

【放射诊疗监督复核】 2017 年，香河县共有 18 家放射诊疗单位，重点监督检查放射诊疗许可证和放射工作人员证情况，设备性能、场所检测情况，放射防护用品的配备情况，放射工作人员个人剂量监测及职业健康监护情况，辐射危害告知、辐射危害警示标志设置情况，建立《放射卫生管理档案》《职业健康监护档案》《个人剂量监测档案》情况。年内，新办许可证 3 家，复核 2 家。

【学校卫生监督巡查】 2017 年，香河县对辖区 81 所学校进行了 2 次监督检查，传染病预防查看学校卫生管理制度和传染病应急预案等相关制度预案，检查学校传染病防控措施落实情况，详细查看学校晨午检记录、因病缺课、病因追踪、复课康复证明和教室消毒等相关记录，对传染病防控措施进行监督指导，下达卫生监督意见书。年内，香河县对 16 家镇卫生协管站开展 4 次巡回督导，对学校卫生巡查 228 次，医疗卫生巡查 1128 次，生活饮用水巡查 720 次。发现问题 4 次，已报有关执法科室监督整改。

【卫生许可证申办】 2017 年，香河县发放公共场所卫生许可证 59 个。对符合条件的审批事项均在 5 个工作日完成，超时限审批率为零，窗口满意率 100%。

计划生育

【概况】 香河县卫生和计划生育局，主抓全县计划生育。卫生和计划生育局设有规划法制股、信息统计股、家庭发展和基层指导股、流动人口管理股、药具站、回访中心、宣传教育股；各乡镇设有卫计办，村设卫计专干，实行小组长负责制。2017 年，香河县总人口 352343 人，2016 年 10 月至 2017 年 9 月出生 5750 人，符合政策生育率 98.37%，人口出生率 16.44‰，人口自然增长率 10.39‰。截至 2017 年 10 月，办理第一个子女生育登记卡 1481 个，第二个子女生育登记卡 1944 个，再生育审批（三孩）76 个。截至 2017 年 11 月初，卫计局送达《征收社会抚养费决定书》和《催缴通知》325 份，征收社会抚养费 96 万余元。

【综合治理与救助】 2017 年，香河县印发《关于集中整治“两非”专项行动实施方案》。7 月底，组织卫计、食药监、公安等部门开展联合执法检查，查处案件 1 起。卫计局牵头在全县组织开展了“圆梦女孩志愿行动”，对 12 名自立自强、积极上进、品学兼优的计生贫困家庭女学生进行了集中救助，每人发放 1000 元救助金和学习用具。各镇（街道、园区）以不同的方式开展了救助活动。

【落实计生奖励扶助政策】 2017 年，香河县为城乡 12500 名子女未满 18 周岁的独生子女父母，落实每人每月 10 元的奖励，总计 144 万元；为 261 名退休独生子女父母分别落实 3000 元的一次性奖励，共计 78.3 万元；为 5637 名奖励扶助对象，落实每人每年 960 元的奖扶金，共计 541.152 万元；将独生子女死亡人员特别扶助金，由每人每年 4800 元提高到 10800 元，将独生子女伤残人员特别扶助金由每人每年 3600 元提高到 9000 元；年内，为 169 名特别扶助人员落实特别扶助金 125.67 万元，为 184 名应届考生办理了农村独生子女高考加分手续。以上各项奖励落实率均达到 100%。

香河县为新增计划生育失独家庭发放每户 2 万元的一次性救助，为独生子女伤残家庭发放每户 1 万元的一次性救助，共计 29 万元。为符合条件的计划生育特殊困难家庭夫妻及伤残子女报销住院治疗费自费部分的 50%，共计 8.0727 万元，并为其发放住院期间护工补贴每人每天 100 元共计 3.2 万元；为 1 名生活不能自理的失独人员发放生活护理补贴 2 万元；为特殊家庭夫妻、子女缴纳参加新型农村合作医疗或城镇居民基本医疗保险个人缴费部分，共计 2.895 万元；实施养老保障制度，为符合条件的计生特殊家庭成员参加城乡居民养老保险的,按照规定给予参保缴费补贴，共计 1.16 万元；对 60 周岁及以上的计生特殊家庭夫妻，给予每人每月 100 元养老补贴，共计 9.24 万元；60 岁以上独生子女及双女户父母每人每年奖励 120 元，共计 67.644 万元；为领取独生子女父母光荣证的农村独生子女 6715 人进行每人 100 元的意外伤亡投保，投入资金 67.15 万元。

【流动人口均等化服务】 2017 年，卫计、教育联合在淑阳镇大罗屯中心小学开展主题为："关注流动人口健康，人人参与共建共享"的流动人口健康促进"动车组"启动仪式，开展流动人口服务进校园、进社区等服务活动。投入 12.8 万元，为县镇村三级流管工作人员更新了 60 部移动终端机，完善了信息平台的建设工作。开展便民服务，继续依照"十分钟结办制"简化流程、规范办证、缩短办证时间，为 260 名流动人口办理了电子婚育证明，切实为外出务工人员提供便利。

【宣传教育】 2017 年，卫计局共在市级以上报刊、电视、网站等新闻媒体，刊播卫生计生工作宣传稿件 67 篇。为喜迎十九大胜利召开，卫计局与县电视台联合录制两期电视节目，宣传全县医疗卫生事业取得的成绩和医改给群众带来的实惠。

【卫生计生服务回访】 卫计局回访中心于 2016 年 5 月正式建成，10 月投入使用。自建成以来，先后对全县一胎服务登记卡、再生育审批、孕前优生检查、独生子女奖励扶助等服务人群、计划生育育龄妇女小组长进行回访，总回访人数 1915 人。

【计生优质服务】 2017 年，香河县推出以免费接送、优生检查、免费早餐、优生培训、发放资料等为主要内容的"免费优生检查项目服务套餐"，全面开展免费孕前优生健康检查。年内共为 1141 名服务对象提供了免费孕前优生健康检查，宣传覆盖率达到 98%、优生知识知晓率达到 97%、优生咨询指导率达到 100%，完成廊坊市下达目标人群任务数。

在以村药具室为主发放渠道的基础上，不断拓宽发放途径，充分利用城镇社区、医疗卫生等社会资源，本着"十分钟药具服务圈"的原则，在城镇设置人工发放点 56 个、新增自助发放机 30 台，全部标注在百度地图上，提高了免费避孕药具的易得性。

领导班子成员

局　长：王立强

副局长：刘金宝、李德玺

（张　靖）

计划生育协会

【概况】 2017 年，香河县有各级计划生育协会组织 325 个，会员 3.8 万人；会员小组 2590 个，会员之家 325 个，其中优秀会员之家达到

50%以上。2016年4月，香河县被中国计生协列为计生基层群众自治示范项目县，人口和计划生育工作一直处于廊坊市的领先水平，2017年5月份被河北省委、省政府授予“计划生育工作先进县”称号。

【计生基层群众自治示范项目县创建】 2016年4月，香河县被中国计生协列为计生基层群众自治示范项目县，中共香河县委、县政府及时成立由县委副书记、副县长任组长，卫计局局长王立强、计生协常务副会长彰景文任常务副组长，卫计局、计生协各股室站、各镇、街道办、园区计生主管为成员的计生基层群众自治示范县创建领导小组，领导小组下设办公室，计生协常务副会长彰景文兼任办公室主任，负责项目的组织领导和协调，及时制发了《中国计生协河北省香河县计生基层群众自治示范县项目实施方案》。

【计生宣传工作】 2017年5月29日是中国计生协成立37周年纪念日，县卫计局和计生协共投入7万多元，印制了25000份生育政策法规、妇幼健康、青春健康的知识折页，制作168块基层群众自治宣传展牌。在母亲节及“5·29”活动期间，淑阳镇，钱旺镇、新华街道办分别开展了为贫困母亲理发、送康乃馨、免费体检等宣传服务活动，受到广大群众的一致好评。发挥计生协组织网络优势，组织村级协会会员包户联系群众和育龄妇女，通过串门、聊天等形式进行宣传。

【奖扶工作】 2017年,投入144万元为20126名城镇和农村独生子女发放独生子女费,三年来，共投入229.2万元为20363名城镇和农村独生子女发放了独生子女费;投入59.3万元为4939个计生家庭落实了新农保补助；投入34.64万元为13950个计生家庭落实了新农合补助。对90户独生子女死亡、伤残家庭进行了慰问，分别按2万、1万标准全额发放了救助公益金。为全县45周岁以上独生子女死亡和伤残家庭建立亲情关爱档案，吸收各级、各行业志愿者166名定期为特扶家庭提供帮助。积极开展“金秋助学”活动，是年，为6名贫困大学生发放救助金1.8万元,累计为59名贫困大学生发放救助金17.7万元。

【计生协会作用】 协会承做当骨干。首先，整合组织网络。对村原有的会员小组、育龄妇女小组进行整合，划分出协会小组，民主选举出小组长。会员与群众根据双方自愿的原则，建立联系户，从而形成了两委—协会—理事会—会员小组的组织网络和协会会长—理事—秘书长—会员小组长—会员—会员联系户的工作网络。其次，明确协会的职责任务。各基层自治村制定了《村计生协承做计划生育工作规范》，在村党支部直接领导下，协助村民委员会通过计生协会组织网络和工作网络搞好人口计生工作。第三，开展亲情服务，做到“五上门,五到人”即婚前婚后上门,生育政策宣传到人；避孕药具发放上门,使用方法指导到人；产前术后随访上门,生殖保健服务到人;流动人口管理上门，婚育证明办理到人；排忧解难帮扶上门，利益导向优惠到人。通过“面对面”、“手拉手”、“心贴心”的服务，拉近了群众与“两委”之间的距离，改善了邻里关系，营造了和谐的计生工作氛围。

【诚信计生】 依法建章立规矩。全县各村街按照村民委员会组织法、国家计划生育“一法三规”和《河北省计划生育条例》等法律法规开展基层群众自治工作，结合村情和群众需求，不断修订完善《村民自治章程》和《计划生育公约》。章程和公约中明确规定党支部、村委会和村民代表大会的计划生育职责，明确计生协会地位，承担计划生育的工作任务，明确群众的权利义务等。依据章程和公约内容，各村村委会和育龄群众之间都签订了双向承诺书，明确双方的责任和义务，约束彼此的行为，全力打造“诚信计生”。目前，全县90%以上的育龄群众都和村委会签订了诚信承诺书，形成了村委会与育龄群众守约、践诺的和谐计生工作氛围。

【计生工作实行基层群众自治】 群众参与做主人。实行基层群众自治，使群众实行计划生育的合法权益得到维护，参与村计生事务的民主权利得到实现，工作方法从原来的强制干预转化为群众自觉自愿的行为，把生育权、选择权交给群众自己，使群众真正从过去的被动受管变为主动参与，由管理对象变为管理主人，真正成为计划生育的主体和主人。全县300个村都建起了村务公开栏，村民通过村务公开栏了解村里的发展以及计划生育各项工作开展情况，对公开内容进行监督，对公开内容不实的及时向村监督小组举报，督促村两委改正。基层群众自治让群众实实在在成了村里的主人、代言人。

领导班子成员

会　　长：焦国强
李艳霞（任至2月）
郭建永（2月任）
常务副会长：彰景文
副 会 长：佟艳华（1月任）
秘 书 长：贾金红

（李　晶）

学习宣传中共十九大精神

责任编辑 马 军

综 述

中共十九大是在全面建成小康社会决胜阶段、中国特色社会主义进入新时代的关键时期召开的一次十分重要的大会。全县广大干部群众以习近平新时代中国特色社会主义思想为统领，加强组织领导，准确领会把握中共十九大精神的思想精髓、核心要义，原原本本、原汁原味学习好中共十九大精神。坚持全面准确深入，坚持昂扬向上务实，调动各方力量、集聚各种资源、运用各样形式，广泛动员、创新载体、渲染氛围、全面覆盖，推动中共十九大精神进企业、进农村、进机关、进校园、进社区、进网站，真正让中共十九大精神家喻户晓、深入人心。通过学习宣传，广大党员干部自觉地用中共十九大精神武装头脑、指导实践，推动“创新驱动，绿色崛起”的强大动力，戮力同心、开拓进取，为建设美丽幸福新香河做出新的更大贡献。

组织领导

【前期准备】 在年初的全县宣传思想文化工作会议上，县委对迎接学习宣传中共十九大进行了安排部署，把“迎接十九大、学习十九大、宣传十九大”作为全年工作主线。制定下发《香河县迎接党的十九大宣传工作方案》和《关于进一步深化迎接党的十九大宣传工作的实施方案》。8月始，在全县各主要路段和显著位置设置投放迎接中共十九大召开的宣传展牌、造型20余组，在全县各主要街道悬挂国旗1000余面，为学习宣传贯彻中共十九大精神奠定坚实舆论基础。

【组织十九大开幕式的收听收看】 十九大召开前夕，县委专门下发通知，对全县收听收看中共十九大开幕式进行安排部署。县委理论学习中心组成员，全县各级党组织、各部门、各单位、各人民团体集体收看开幕式盛况，认真聆听习近平在大会上作的工作报告，并就十九大报告展开了交流研讨。

【贯彻十九大精神部署会召开】 10月31日，县委理论学习中心组召开集中学习会议，对全县学习宣传贯彻落实好中共十九大精神进行研究部署。11月7日，县委宣传部组织召开中共十九大精神学习宣传贯彻工作调度会议，深入研究学习宣传中共十九大精神各项工作。11月10日，召开县委十一届二次会议，审议并通过了《中共香河县委关于深入学习宣传贯彻党的十九大精神全面开创“美丽幸福新香河”建设新局面的决定》和《中共香河县委关于学习宣传中共十九大精神的实施方案》，对全县学习宣传贯彻党的十九大精神进行再安排再部署。全县各单位各部门纷纷召开专题会议，对本单位本部门本系统学习宣传贯彻十九大工作进行安排部署，在全县掀起了学习宣传贯彻十九大精神高潮。

学习宣传方案

【目标要求】 以习近平新时代中国特色社会

主义思想为统领，准确领会把握中共十九大精神的思想精髓、核心要义，原原本本、原汁原味学习好中共十九大精神。坚持广泛动员、创新载体、渲染氛围、全面覆盖，推动中共十九大精神进企业、进农村、进机关、进校园、进社区、进网站，在全县掀起学习宣传中共十九大精神热潮，真正让中共十九大精神家喻户晓、深入人心。积极引导广大党员干部用中共十九大精神武装头脑、指导实践、推动工作，切实把思想和行动统一到中共十九大精神上来，把各方面的力量凝聚到实现中共十九大提出的各项目标任务上来，把学习中共十九大精神转化为推动“创新驱动，绿色崛起”的强大动力，戮力同心、开拓进取，为建设美丽幸福新香河做出新的更大贡献。

【具体安排】 专题学习。各级党委（党组）理论学习中心组开展专题学习，领导带头，以上率下。各级党委（党组）中心组要制定学习计划，采取专题辅导、研讨交流、讲党课等形式，组织中心组成员集体学习中共十九大精神，确保领导干部先学一步、学深一层。各级党委（党组）中心组成员妥善处理工学矛盾，结合工作实际，撰写不少于10000字的读书笔记和不少于3000字的体会文章。县委中心组成员和乡科级党委（党组）中心组组长的体会文章择优在《新香河》报纸上刊发。广大党员干部把学习中共十九大精神纳入“两学一做”学习教育常态化制度化范畴，举办学习宣传中共十九大精神专家辅导报告会，参加全县广大党员干部中共十九大精神培训轮训，开展“不忘初心 牢记使命”主题教育和中共十九大精神知识竞赛等系列活动，确保中共十九大精神全员覆盖，深入人心。

学习教育。县总工会、县妇联、团县委积极发挥自身职能优势，深入基层一线，进企业、进学校、进家庭，和基层职工、妇女及团员青年零距离、面对面，结合五年来生产生活各方面发生的喜人变化，通过召开座谈会、交流会、报告会、文艺演出、主题演讲、发放学习资料等灵活多样的形式，推动中共十九大精神学习宣传活动在基层遍地开花。县教育局组织全县各学校，进一步落实立德树人的根本任务，通过校园广播、国旗下讲话、班队会等活动载体，将学习宣传中共十九大精神与青少年思想政治教育工作结合起来，使学习宣传更加生动形象、灵活多样，增强感染力、吸引力。

集中宣讲。制定《香河县党的十九大精神集中宣讲工作方案》，实现宣讲全覆盖。领导干部带头宣讲。县四大班子领导结合分管工作，认真编写宣讲提纲，经县委主要领导审阅后，分赴所分包镇、街道、园区和分管部门开展宣讲辅导，为各级领导干部带头宣讲树立标杆示范；各镇、街道、园区党（工）委书记深入基层一线进行宣讲，副科级以上领导干部分赴所辖村街、社区、企业进行宣讲；县直各单位一把手作为第一主讲人负责本单位、本系统的宣讲工作；走基层巡回宣讲。选调县内政治素质强、政策理论水平高的领导干部和党校教师成立县委宣讲团，面向基层党员干部开展走基层巡回宣讲，面对面向党员干部群众宣讲政策、解疑释惑；开展“理论+”宣讲。广泛开展分众化、对象化、互动化宣讲，整合基层义务宣教员、老党员、老干部、道德模范、文艺演出队等不同层面人员组建宣讲队伍，围绕干部群众所思所想所盼，以喜闻乐见的形式开展多样的“理论+”宣讲，让干部群众乐于接受、便于参与；课堂教育宣讲。将中共十九大精神作为学校思想政治教育和课堂教学的重要内容，按照新修订的有关教材，组织广大教师学习宣讲中共十九大精神，在全县中小学校组织开展主题班会、主题征文、主题朗诵等活动，推动中共十九大精神进课堂、进师生头脑。

新闻宣传。县电视台开设“热议十九大 喜看新变化”“深入学习宣传贯彻党的十九大精神”专栏，集中播发全县各单位各部门和广大基层党员干部群众学习宣传中共十九大精神新做法新成效。在《香河新闻》前后和每天的黄金时段，持续滚动播发十九大精神公益广告宣传标语。《新香河》报纸，开设“深入学习宣传贯彻中共十九大精神”专栏，集中刊发全县学习宣传贯彻党的十九大精神的基层鲜活典型和先进经验，拿出版面持续刊登党的十九大精神公益广告，在全县形成学习宣传贯彻中共十九大精神的强大舆论声势。

对外宣传。以中共十九大精神引领航向，紧扣香河发展具体实际，围绕香河发展的新思路、新举措、新成就，加强与中央、省、市级主要新闻媒体的沟通对接，加大对上供稿力度，努力在中央、省级大报大台推出一批重头报道，形成对外宣传香河的强大声势。同时，围绕学习宣传贯彻中共十九大精神，挖掘一批鲜活的典型人物和事迹，组织中央、省、市、境外媒体记者，深入香河县基层一线，开展集中采访行活动，把香河县学习宣传贯彻中共十九大精神的亮点成效宣传出去。

网络宣传。充分发挥新媒体覆盖面广、影响力大、互动性强的特点，通过网络专题、微信矩阵、H5 等多种形式进行网络宣传。积极发挥“微信联盟”作用，协调组织全县各单位微信公众平台和社会上比较有影响力的自媒体，每天至少推送转发 1 篇以上关于中共十九大精神的宣传内容，让广大干部群众随时随地学习领会中共十九大精神。加强网上网下互动，通过网络直播、网上论坛、知识竞答等形式，吸引广大网民参与。加强与国内各大新闻网站、知名商业网站的对接，集中推送反映香河深入学习宣传贯彻中共十九大精神特色亮点的重头报道，放大宣传效应，扩大香河影响。加强网络舆论引导，充分发挥网评队伍的作用，有针对性地推出一批学习宣传贯彻中共十九大精神的网评文章、言论，汇聚充沛的网络正能量。

阵地宣传。充分运用基层宣传阵地、基层宣传队伍，组织基层义务宣教员、理论骨干等进入阵地、走上讲台，针对群众最关心的现实问题，开展多种形式的中共十九大精神微讲座，发挥企业、农村、机关、学校、街道社区、社会组织等基层党组织作用，宣传党的主张，贯彻党的决定；充分利用各村街阅报栏，及时张贴宣传各级党报党刊关于对中共十九大精神的阐释注解和理论文章，把中共十九大精神不断向基层延伸。制作中共十九大精神专题宣传展板，通过图解的方式对中共十九大精神精髓要义进行阐释，让基层群众看得懂、悟得深，不断推进中共十九大精神入脑入心；以中国梦为主题，继续组织好“中国梦•赶考行”教育活动，强化“四个意识”，弘扬赶考精神，引导党员干部不忘初心、牢记使命、砥砺奋进；开展“365 百姓故事汇”活动，重点讲好基层一线党员干部群众在学习贯彻中共十九大精神过程中涌现的感人事迹，进一步增强基层群众对习近平新时代中国特色社会主义思想的认同感、自豪感；辑印中共十九大精神简易读本、《图解十九大报告》口袋书，图文并茂地概括党的十九大精神的学习要点，让党员干部群众随时利用“碎片化时间”阅读学习；把“三下乡”活动打造成中共十九大精神新的宣传平台，运用群众语言开展特色宣讲，把中共十九大精神送到千家万户。

文艺创作和群众文化活动。紧紧围绕中共十九大关于文化建设方面的新思想新要求，组织全县文艺工作者、艺术家，深入基层一线，精心创作一批反应和宣传中共十九大精神以及全县五年来社会发展变化的艺术作品；开展群众性文化活动。牢固树立以人民为中心的导向，结合2018年元旦、春节期间的文化活动，组织开展文艺下基层演出300场，组织开展“全民运动会”“京津冀毽球比赛”“篮球比赛”“文化艺术节”“红色评剧编排演出”及中共十九大精神诵读活动等群众性文化体育活动，通过寓教于乐的方式，引导广大人民群众自觉学习宣传贯彻中共十九大精神。

公益广告宣传。按照属地管理原则，突出动作快、覆盖广、内容准、特色新的特点，充分利用电子显示屏、灯杆道旗、建筑围挡、文化墙体、户外广告、宣传橱窗等多种阵地载体，做好中共十九大精神的公益广告宣传，把党的十九大精神有机融入各类生活场景中，浓厚社会氛围，扮靓城市环境。县工商局负责全县商场、宾馆的公益广告宣传工作；县交通局负责县城内公交车、出租车、车站等地的公益广告宣传；县民政局负责全县街路牌的公益广告宣传；县建设局、县园林局负责所辖广场的宣传栏投放工作，每个广场至少投放1处公益广告宣传栏；县建设局负责候车厅的公益广告宣传工作。各镇、街道、园区负责指导所辖村街、社区做好公益广告宣传工作。

精神文明创建活动。将学习宣传党的十九大精神，纳入文明村镇、文明单位、文明校园、文明家庭创建评选范畴。组织开展“最美香河人”“最美交警”“最美司机”“最美环卫工”“最美护士”等系列道德模范评选活动，用先进典型的感人事迹诠释十九大精神，积极弘扬时代新风，传播社会正能量。广泛开展移风易俗、弘扬时代新风行动，弘扬科学精神，抵制腐朽落后文化侵蚀。积极发挥村民议事会、道德评议会、禁赌禁毒会、红白理事会作用，推进农村移风易俗，树立文明新风。推进诚信建设和志愿服务制度化建设，以志愿服务制度化、品牌化、常态化、全民化，推动党的十九大精神在香河转化为生动实践。

【强化意识形态领导】 落实意识形态工作责任制。深入贯彻落实中共十九大报告中关于意识形态工作的决策部署，强化党委(党组)主体责任，扎实推进意识形态工作责任制落实情况监督检查，将意识形态纳入各级领导班子和领导干部综合考核，使意识形态工作由“软任务”变成“硬约束”。将中共十九大精神学习宣传贯彻作为意识形态工作情况专题督查的主要内容，通过开展专题督查传导责任压力，不断把学习宣传贯彻中共十九大精神引向深入。

舆情研判和风险管控。持续开展净化舆论环境专项整治，严厉打击整治谣言和有害信息，净化社会舆论，营造良好社会氛围。高度关注网络舆情，加强网络舆情的搜集力度，及时掌握社会各阶层思想动态，围绕社会各阶层关心的热点难点问题，有针对性的做好思想引导工作。全面排查风险点，加强预警预判，及时发现和处置苗头性倾向性问题，坚决防控风险传导扩散。

阵地管理。严格落实主管主办和属地管理原则，加强对报告会、研讨会、讲座论坛、学校课堂的管理，绝不给错误的思想舆论提供传播渠道。严格把好宣传导向，加强对各级各类媒体的监管，严格宣传纪律和工作纪律，把好导向关、内容关。加强对文化市场、图书市场、群众广场、演艺场所排查整顿清理，深入开展“扫黄打非”，有效净化社会环境。

【工作要求】 高度重视，精心组织。全县各级党组织把学习宣传中共十九大精神纳入重要议事日程，精心组织、周密部署，严格督导、狠抓落实。结合自身实际，细化工作方案，制定任务书，明确责任分工，把学习宣传各项工作落实到部门、落实到人员、落实到具体时间节点，确保各项任务落地见效。

把握方向，坚持导向。坚持党管媒体、党管意识形态，坚持团结稳定鼓劲、正面宣传为主，坚持讲导向不含糊、抓导向不放松，在政治上、内容上、程序上、技术上全方位把好关口，切实做到用中共十九大精神统一思想、凝聚力量、坚定信心、振奋精神，推动主旋律更加高昂、正能量更加强劲。树立“一盘棋”思想，各级各类媒体联动、对内对外宣传并举、网上网下同频共振，统筹做好中共十九大精神学习宣传和日常性工作宣传，协调安排共同推进，最大限度形成合力、凝聚共识。

改进创新，增强效果。坚持贴近实际、贴近生活、贴近群众，创新形式载体，探索方法手段。运用和总结以往的成功经验，把握宣传规律，不断改进创新，把工作做新、做实、做活。要突出思想内涵，增强鲜活生动的内容，用具体事例和身边典型，让老百姓听得懂、能领会、可落实，使工作更接地气、富有成效。

加强考核，实施问责。将学习宣传贯彻党的十九大精神作为重要考核指标，纳入领导班子和领导干部考核内容，对学习宣传贯彻情况进行考核，对考核优秀的予以表扬，对考核不合格的予以通报批评。组织、宣传部门开展多种形式的经验交流，召开学习经验交流会，宣传先进典型，交流学习成果，把成功做法转化为制度措施，不断把学习宣传贯彻中共十九大精神引向深入。

学习宣传方式

【学习培训】 中共十九大胜利闭幕后，县委通过多种形式深入开展各种宣讲、培训活动，确保全县各级党员干部能够把思想和行动统一到中共十九大确定的各项决策部署上来，统一到中央、省委、市委、县委对学习宣传贯彻十九大精神的重大要求上来，大力兴起学习宣传党的十九大精神的强大热潮。

专题辅导。11 月 7 日，县委组织全县各级党员领导干部，集中收听收看了中央宣讲团成员，全国政协副秘书长、办公厅研究室主任舒启明所作的中共十九大精神宣讲报告。11 月 24 日，市委中共十九大精神“走基层”宣讲团一行，到淑阳镇、蒋辛屯镇潮北新城社区、淑阳镇前套村进行十九大精神宣讲，进一步增强了全县广大党员干部对十九大精神的理解。12 月 8 日，县委书记李桂强作题为《把握“四新”砥砺奋进 让党的十九大精神在香河落地落实开花结果》的专题党课，为全县党员干部进行党的十九大精神专题辅导。

专题宣讲。制定下发《香河县学习宣传贯彻党的十九大精神集中宣讲工作方案》的通知，在全县开展中共十九大精神集中宣讲活动。县四大班子领导率先垂范，结合分管工作，认真撰写宣讲提纲，分赴所分包镇、街道、园区、和分管部门开展宣讲辅导。各镇、街道、园区和县直各单位各部门一把手在本单位本部门进行宣讲 100 余场，赴各村街、企业、社区、学校宣讲 400 余场，使中共十九大精神宣讲实现了全覆盖。

专题培训。县委组织县内优秀理论宣讲教师和宣讲员赴省、市参加理论宣讲员培训。县委党校组织全县股级及股级以下干部开展党的十九大精神专题培训班 2 期，并赴西柏坡开展“不忘初心、牢记使命，坚定理想信念”专题培训班，进一步深入领会习近平总书记新时代中国特色社会主义思想，使中共十九大精神进一步入脑入心。县电视台开辟了十九大学习专栏，聘请党校高级教师丁云梅做了 2 期十九大精神解读的电视讲座。印发《党委（党组）理论学习中心组中共十九大精神专题学习计划》，进一步引领广大领导干部深化对党的十九大精神实质和丰富内涵的学习研究。

【新闻宣传】 把牢舆论导向，浓厚宣传氛围。县电视台和《新香河》报纸分别开设“喜迎十九大 建设美丽幸福新香河”“热议十九大 喜看新变化”“深入学习宣传贯彻党的十九大精神”专栏，集中播发全县各单位各部门和广大基层党员干部群众学习宣传中共十九大精神新做法新成效。全年共播发相关新闻58条，《香河新闻》前后宣传十九大精神标语每天播发6条，每天播发4次，电台同步播出《香河新闻》内容。中央、省、市等重点报刊媒体对全县中共十九大精神学习宣传报道稿件共计30余篇。同时，积极发挥县内“新媒体联盟”的载体平台作用，推送转发中共十九大精神微信素材1800余条，让广大干部群众随时随地学习领会大会精神。

筑牢宣传阵地。积极发挥全县各类宣传阵地作用，利用宣传栏、文化墙、阅报栏、村街“大喇叭”、户外显示屏等各类宣传载体，多视角、高密度、全方位宣传报道中共十九大精神，使中共十九大精神宣传无死角全覆盖。至年底，县域内共制作投放特色造型30处，户外宣传展牌640余块，制作悬挂十九大精神宣传道旗2000余面，户外大型电子屏和各商铺LED电子显示屏97处，各类宣传橱窗202个，建筑围挡6896平方米，城区内公交站亭40余处。设计制作中共十九大精神宣传展牌500套，在全县各村街和各县直单位显著位置进行投放。发放“学习贯彻党的十九大精神”宣传挂图100套，并要求各单位各部门根据自身实际用电子版直接印刷挂图，并通过电子屏等多种形式进行宣传展示。同时，通过编印“口袋书”“明白纸”，制作宣传袋等方式，进一步将学习宣传十九大精神引向深入。

开展特色宣传。在传统的学习宣传方式上，全县积极探索，努力实践，不断创新各种宣传形式。在全县组织开展学习宣传贯彻中共十九大精神专场文艺演出。集中创作一批宣传十九大精神的文艺作品，包括小说（随笔）8篇，书法作品38幅，诗词40首，京东大鼓、快板各2篇。积极组织开展文艺下基层、“文艺进校园”等各类演出、讲座300余场。此外，通过组织开展原文诵读、诗歌朗诵、知识竞赛等系列主题活动，持续兴起全县学习宣传中共十九大精神热潮。

【集中宣讲】 领导干部带头宣讲。县四大班子领导要率先垂范，先学一步，结合分管工作，认真编写宣讲提纲，经县委主要领导审阅后，分赴所分包镇、街道、园区和分管部门开展宣讲辅导，为各级领导干部带头宣讲树立标杆示范；各镇、街道和园区的党（工）委书记作为第一责任人，既要深入基层一线进行宣讲，也要组织副科级以上领导干部分赴各村街、社区和重点企业等进行宣讲。县直各单位一把手作为第一主讲人负责本单位、本系统的宣讲工作。

县委宣讲团集中宣讲。由县委宣传部会同县委党校等有关部门选调政治素质好、政策理论水平高的领导干部和党校教师等成立县委宣讲团，到各村街、社区、企业、学校等，采取辅导报告和互动交流的方式，进行“走基层”宣讲，面对面地向党员干部群众宣讲政策、解疑释惑。

开展面向基层的分众化、对象化、互动化宣讲。整合基层义务宣教员、老党员、老干部、道德模范、文艺演出队等不同层面人员组建宣讲队伍，围绕干部群众所思所想所盼，以喜闻乐见的形式开展多样的“理论+”宣讲，让广大党员干部群众乐于接受、便于参与，不断把中共十九大精神学习宣传贯彻工作引向深入。同时，充分利用各级各类宣传文化阵地和资源，通过标语、橱窗、公益广告、电子屏幕等方式，直观形象地宣传中共十九大精神，做到内容与形式有机统一，规范化和标准化有机统一，在全县营造良好的政治氛围、舆论氛围、社会氛围。

开展新媒体宣讲。充分利用微信群、微信公众平台等新媒体，及时推送学习热点和学习专题，让广大党员干部群众随时随地学习领会中共十九大精神。开展“十九大精神朗读者”活动，将中共十九大报告作为首选内容，精心设置“朗读者”主题，引导全县广大党员干部群众反复读报告、认真学选段，充分展示我县广大党员干部群众学习贯彻中共十九大精神的高涨热情，唱响主旋律，传递正能量。

附：

党委（党组）理论学习中心组党的十九大精神专题学习计划

为深入学习宣传贯彻党的十九大精神，全面推动各级党委（党组）理论学习中心组深入学习党的十九大精神，进一步引导各级领导干部切实把思想和行动统一到习近平新时代中国特色社会主义思想上来，统一到党的十九大确定的重大决策部署上来，根据中央和省、市、县委工作部署，制定党委（党组）理论学习中心组党的十九大精神专题学习计划如下：

一、指导思想

高举中国特色社会主义伟大旗帜，以习近平新时代中国特色社会主义思想为指导，全面贯彻落实党的十九大、省委九届五次全会、市委六届三次全会和县委十一届二次全会精神，进一步引领广大领导干部深化对党的十九大精神实质和丰富内涵的学习研究，紧密联系全县经济社会发展实际，突出学以致用、用以促学，不断增强“四个意识”、坚定“四个自信”，切实提高领导能力和工作水平，在奋力开启新时代建设美丽幸福新香河新征程中展示新气象、实现新作为，以良好的学习成效和务实的工作作风推动党的十九大精神在香河落地生根见效。

二、推荐专题

第一专题：党的十九大主题和主要成果

主题是大会的方向、报告的灵魂。中国共产党人的初心和使命，就是为中国人民谋幸福，为中华民族谋复兴。这个初心和使命是激励中国共产党人不断前进的根本动力。大会通过了习近平同志代表第十八届中央委员会所作的报告，产生了以习近平同志为核心的新一届中央领导机构。深刻理解党的十九大主题和主要成果，坚定决胜全面建成小康社会的信心和决心。

第二专题：习近平新时代中国特色社会主义思想

党的十九大立足时代和全局的高度，着眼中国特色社会主义事业长远发展，提出习近平新时代中国特色社会主义思想。要深刻领会把习近平新时代中国特色社会主义思想确立为党的指导思想的重大意义，深刻领会习近平新时代中国特色社会主义思想的重大历史贡献，深入学习习近平新时代中国特色社会主义思想的丰富内涵和“十四个坚持”的基本方略。

第三专题：过去五年的工作和历史性变革

过去 5 年来，以习近平同志为核心的党中央提出一系列新理念新思想新战略，出台一系列重大方针政策，推出一系列重大举措，推进一系列重大工作。5 年来的成就是全方位的、开创性的，5 年来的变革是深层次的、根本性的。这些历史性变革，对党和国家事业发展具有重大而深远的影响。

第四专题：中国特色社会主义进入新时代

党的十九大明确提出了中国特色社会主义进入新时代，是承前启后、继往开来、在新的历史条件下继续夺取中国特色社会主义伟大胜利的时代。新时代意味着新起点、新任务、新要求。深入学习领会中国特色社会主义进入新时代的重大意义，深刻理解新时代中国共产党的历史使命。深入学习伟大斗争，伟大工程，伟大事业，伟大梦想，紧密联系、相互贯通、相互作用，其中起决定性作用的是党的建设新的伟大工程。

第五专题：我国社会主要矛盾的变化

党的十九大明确提出，我国社会主要矛盾转化为人民日益增长的美好生活需要和不平衡不充分的发展之间的矛盾。深入学习领会我国社会主要矛盾变化的依据和重大意义。深刻理解我国社会的主要矛盾，同社会主义初级阶段既要联系，也有区别。牢牢把握社会主义初级阶段基本国情，牢牢立足社会主义初级阶段最大实际，牢牢坚持党的基本路线。

第六专题：两个一百年奋斗目标的战略部署

党的十九大将全面建设社会主义现代化国家的进程分两个阶段来安排。第一个阶段，从2020年到2035年，在全面建成小康社会的基础上，再奋斗5年，基本实现社会主义现代化。第二个阶段，从2035年到本世纪中叶，在基本实现现代化的基础上，再奋斗15年，把我国建成富强民主文明和谐美丽的社会主义现代化强国。深入学习从十九大到二十大，是“两个一百年”奋斗目标的历史交汇期。我们既要全面建成小康社会、实现第一个百年奋斗目标，又要乘势而上开启全面建设社会主义现代化国家新征程，向第二个百年奋斗目标进军。

第七专题：贯彻新发展理念，建设现代化经济体系

实现“两个一百年”奋斗目标、实现中华民族伟大复兴的中国梦，不断提高人民生活水平，必须坚定不移把发展作为党执政兴国的第一要务，坚持解放和发展社会生产力，坚持社会主义市场经济改革方向，推动经济持续健康发展。深化供给侧结构性改革，加快建设创新型国家，实施乡村振兴战略，实施区域协调发展战略，加快完善社会主义市场经济体制，推动形成全面开放新格局。

第八专题：健全人民当家作主制度体系，发展社会主义民主政治

发展社会主义民主政治就是要体现人民意志、保障人民权益、激发人民创造活力，用制度体系保证人民当家作主。中国特色社会主义政治发展道路，是近代以来中国人民长期奋斗历史逻辑、理论逻辑、实践逻辑的必然结果，是坚持党的本质属性、践行党的根本宗旨的必然要求。坚持党的领导、人民当家作主、依法治国有机统一，加强人民当家作主制度保障，发挥社会主义协商民主重要作用，深化依法治国实践，深化机构和行政体制改革，巩固和发展爱国统一战线。

第九专题：坚定文化自信，推动社会主义文化繁荣兴盛

发展中国特色社会主义文化，就是以马克思主义为指导，坚守中华文化立场，立足当代中国现实，结合当今时代条件，发展面向现代化、面向世界、面向未来的，民族的科学的大众的社会主义文化，推动社会主义精神文明和物质文明协调发展。牢牢掌握意识形态工作领导权，培育和践行社会主义核心价值观，加强思想道德建设，繁荣发展社会主义文艺，推动文化事业和文化产业发展。

第十专题：提高保障和改善民生水平，加强和创新社会治理

带领人民创造美好生活，是我们党始终不渝的奋斗目标。必须始终把人民利益摆在至高无上的地位，让改革发展成果更多更公平惠及全体人民，朝着实现全体人民共同富裕不断迈进。优先发展教育事业，提高就业质量和人民收入水平，加强社会保障体系建设，坚决打赢脱贫攻坚战，实施健康中国战略，打造共建共治共享的社会治理格局，有效维护国家安全。

第十一专题：加快生态文明体制改革，建设美丽中国

我们要建设的现代化是人与自然和谐共生的现代化，必须坚持节约优先、保护优先、自然恢复为主的方针，形成节约资源和保护环境的空间格局、产业结构、生产方式、生活方式，还自然以宁静、和谐、美丽。推进绿色发展，着力解决突出环境问题，加大生态系统保护力度，改革生态环境监管体制。

第十二专题：坚持走中国特色强军之路，全面推进国防和军队现代化

全面贯彻新时代党的强军思想，贯彻新形势下军事战略方针，建设强大的现代化陆军、海军、空军、火箭军和战略支援部队，打造坚强高效的战区联合作战指挥机构，构建中国特色现代作战体系，担当起党和人民赋予的新时代使命任务。

第十三专题：坚持“一国两制”，推进祖国统一

“一国两制”是解决历史遗留的香港、澳门问题的最佳方案，也是香港、澳门回归后保持长期繁荣稳定的最佳制度。解决台湾问题、实现祖国完全统一，必须继续坚持“和平统一、一国两制”方针，推动两岸关系和平发展，推进祖国和平统一进程。

第十四专题：坚持和平发展道路，推动构建人类命运共同体

中国将高举和平、发展、合作、共赢的旗帜，恪守维护世界和平、促进共同发展的外交政策宗旨，坚定不移在和平共处五项原则基础上发展同各国的友好合作，推动建设相互尊重、公平正义、合作共赢的新型国际关系。

第十五专题：坚定不移全面从严治党，不断提高党的执政能力和领导水平

中国特色社会主义进入新时代，我们党一定要有新气象新作为。打铁必须自身硬。党要团结带领人民进行伟大斗争、推进伟大事业、实现伟大梦想，必须毫不动摇坚持和完善党的领导，毫不动摇把党建设得更加坚强有力。

三、有关要求

1. 加强组织领导。各单位各部门要把学习贯彻党的十九大精神作为当前和今后一个时期的首要政治任务。深刻认识学习党的十九大精神的重大意义，紧密结合本单位本部门实际，作出专题部署，提出具体要求，切实组织好学习和讨论、交流活动，增强学习的吸引力和感染力。

2. 注重学习实效。各单位各部门要牢固树立问题意识，坚持实践导向，把中心组学习与贯彻落实中央和省、市、县委重大决策部署结合起来，与推动“两学一做”学习教育常态化制度化结合起来，根据学习内容及实际情况，不断改进学习方式方法，真正把党的十九大精神转化为做实做细做好各项工作的实际行动。

3. 营造浓厚氛围。各单位各部门主要领导干部要带头参加专题学习，带头交流发言，带头作学习笔记，带头撰写体会文章，努力营造人人学习、时时学习、处处学习的浓厚氛围。同时，要利用好互联网、微信公众号等新兴媒体平台，推动学习工作有序深入开展。

（孙欣慰　刘春林）

文明城市创建

责任编辑　马　军

综　述

按照省、市创城重要会议精神和县委、县政府的安排部署，根据《省级文明城市测评体系（2017年版）》的内容和要求，以习近平总书记系列重要讲话和省、市创城工作的安排部署为指导，把创建省级文明县城的各项标准转化为各级各部门和广大人民群众的常态长效工作目标，建设一个环境优美、秩序优良、服务优质、人民群众满意的文明县城。实现城区绿化美化，街道整洁卫生；基础设施齐全，生活舒适便利；社会秩序良好，人际关系和谐；社会风气优良，友善互帮互助；市场诚信经营，文化氛围浓厚；服务用语文明，管理优质高效的目标。创建绿色、宜居、和谐、活力、特色的省级文明县城、文明社区，推动城镇建设管理水平明显提高，经济建设、文化建设、生态文明建设全面发展。

以基础设施建设为抓手，改善城区环境面貌；以“立体化全覆盖”为标准，浓厚文明创建氛围；以“人人参与”为目标，丰富创城主题活动；以“全域创建”为重点，提高城乡文明水平；以“六好标准”为依托，推进文明校园创建。

经过全县上下的共同努力，文明城市创建工作取得显著成绩：7个单位被评为“廊坊市2017年度创建工作先进单位”；8人被评为“廊坊市2017年度创建工作先进个人”；2名志愿者被评为“2017年度廊坊市学雷锋志愿服务先进典型”；香河志愿者协会被评为“2017年度廊坊市最佳志愿服务组织”；2个项目被评为“2017年度廊坊市最佳志愿服务项目”；新华社区被评为“2017年度廊坊市最美服务社区”；2所学校被命名为“2017年度廊坊市文明校园示范校”；6所学校被命名为“2017年度廊坊市文明校园”；10名教师被命名为“2017年度廊坊市文明教师”；10名学生被命名为“2017年度廊坊市文明学生”；10名教师被命名为“2017年度廊坊市文明校园创建优秀组织工作者”。

拆违拆陋

【宣传发动】　按照县委、县政府的统一安排部署，以“拆违建就是保发展、拆违建刻不容缓”的要求自我加压，以“方法总比困难多”为理念，细致抓好谋划，发扬担当精神，形成宣传、拆除、盯守、接访四大环节协调联动一盘棋格局，强力推进拆除违建攻坚行动。充分利用村街广播、微信平台、张贴明白纸、发放彩页等方式进行广泛宣传，做到家喻户晓、人人皆知。

【组织实施】　大力整治城中村私搭乱建，坚决做到翻建房屋一户一档，并加大巡查执法力度，共拆除违规建筑61处，共计5万余平方米，签订保证书、承诺书80份，收集涉及违建信息320余条。

拆除违法建设、违法圈地等行为86220平方米，拆除违规广告牌匾713块、清理临时广告牌匾 865 块、清理各类违规小广告 10060 余处、摘除破损违规条幅 582 条、制止店外装修行为 61 起，拆除市政硬化上地锁及障碍物 51 处、拆除私设坡道 323 处、拆除幼儿园私设围挡 10 处约 1600 余平方米、制止纠正破坏园林树木行为 10 起、监督市政设施 60 余起、规范围挡 30 余起、苫盖裸露土方 3200 余平方米，全面提升了干净整洁的城市形象。

绿美亮净攻坚行动

【公园建设】 新城公园增绿。香河新增绿地面积 2.5 万平方米，绿地率为 70.6%，达到综合性公园评价标准。其中栽植乔木 398 株，花灌木 7.7 万余株，摆放时令草花 1.2 万盆，新铺草坪 1.7 万平方米。

体育公园建设。公园总面积约 7.8 万平方米，绿地面积约 6.9 万平方米，绿地率为 87%。硬化面积约 1 万平方米。增绿 7.8 万平方米。其中栽植高度 7~8 米油松和高度 2 米以上白皮松 300 株，共计 28441 株乔木、32259 株花灌木，共增绿 10.3 万平方米。

【道路绿化工程建设】 绿地小区外西侧及北侧行道树及绿化带栽植工程、永盛路北延段行道树及绿化带工程，年底前全部完成。共增加绿地 5200 平方米。栽植日本樱花、白皮松等 4 种乔木约 200 株，卫矛、小檗、迎春等 4 种花灌木 1500 平方米 6.6 万株。建成重檐八角石亭一座及硬化铺装 400 平方米。

N3 路（称作永通路）两侧行道树及绿化带工程，已进场施工。

城区绿化整体完善提升工程，年前全部完成。即：城区街道行道树补植工程；老叟园、乐畅园、府前街绿化带补植工程；五一路景观带补植工程；北外环补植工程；县委广场补植提升工程；新城公园设备维修工程。为了给大家提供一个更好的休闲娱乐场所，老叟园新建塑胶广场，县委广场东南角的假山进行改造升级，在实用性的基础上提升了美观度。

【国家园林城创建】 筹建大型综合性公园。至年底达成初步意向，建设一座大型综合性公园。公园位于淑阳工业园东，占地 66.67 公顷；充分利用城中空置地块。为破解绿地空间不足难题，经过摸排、踏勘，对城区内 40 余个空置、闲置地块完成了登统、建档。对现状、属性、权属人、用地性质、土地手续、规划手续等进行实质性接触。

【营造节日氛围】 为积极营造欢度国庆的节日气氛，在广场、公园、主干道节点实施鲜花摆放工程，选用花期较长的花卉，注重多花色、多品种的搭配，采取平面摆花和立体摆花相结合的方式，制作出丰富的景观效果，营造出热烈的节日气氛，为城区装扮出花团锦簇、姹紫嫣红的国庆景观，共摆放鲜花 36.8 万盆。

【社会绿化工作】 对城区范围内各单位、小区对照标准，查漏补缺，进一步提高绿地率和绿化覆盖率，组织申报园林式单位、园林式小区活动。2017 年，富力新城花香盛景别墅区、潮白半岛、大运河孔雀城英国宫、蓝山庭苑 4 个小区被评为“市级园林式小区”；鸿坤罗纳河谷小区、大运河孔雀城小区、香城郦舍、紫藤堡 4 个小区被评为“省级园林式小区”；新城公园被评为“省级四星级公园”。

【绿地养护管理】 建立健全养护管理长效督查机制，确保绿化日常养护整体水平的提升。每天对城区绿化进行巡查，确保及时发现问题解决问题；完成各类苗木的浇水、修剪工作；

加强病虫害防治工作，最大限度降低了病虫害的危害。

文明城市建设行动

【文明城市创建活动展开】 以基础设施建设为抓手，改善城区环境面貌。针对基础设施建设、交通秩序、市容市貌等方面的短板和问题，每周组织相关单位负责人进行专项督导调研和现场办公。维修城区主次干道10000余平方米，城区疏通排水管道20余处。更换分类垃圾桶1000余个，新增分类标识1800余个。规范占道经营3300余处，拆除私搭乱建85880平方米，取缔露天烧烤60余处，拆除违规广告牌匾262块，清理橱窗灯杆广告7500余张，清理灯箱广告216块，摘除破损条幅315条，清理僵尸车152辆，没收宣传单5.8万余张。进一步完善了隔离栏、红绿灯等必要的交通设施，在城区主要街道施画标线4200平方米，每月早高峰出动警力达1600人次，县志愿者协会每天早晚高峰均有志愿者在主要路口配合交警对交通秩序进行管控。县文化艺术中心、县医院农家博物院、便民服务中心、长途客运站正式投入使用。公交化改造进展顺利，投入6000余万元，采购新型环保公交车。通过一系列的综合整治，城区环境面貌得以明显提升。

以"立体化全覆盖"为标准，浓厚文明创建氛围。全县升级改造街道道旗1500余面，户外大型公益广告牌20余个，临街建筑围挡1.7万余平方米，安装大型社会主义核心价值观造型119组，协调LED电子显示屏近800块，设置宣传栏650余个，宣传墙体10000余平方米。完成道路街路牌及公交站亭灯箱广告升级改造工程。发送创城宣传信息20万余条，印制了创城宣传册2万余册，创城知识折页6万余份，社会主义核心价值观海报1.5万余张，诚信经营宣传海报3000余张，在城区500余辆出租车上投放了创城公益广告。

以"人人参与"为目标，丰富创城主题活动。连续4年开展"最美香河人"暨道德模范评选表彰活动。先后2次组织四大班子领导及全县各单位共同参与大型创建主题宣传活动，积极倡导"小手拉大手""全民参与"，大幅提升创建工作的群众参与率和满意率。积极开展"培树表彰最美家庭""最美交警""最美司机""门前五包十大优秀商户"等评选表彰活动。在全县范围内倡导"光盘行动"，积极开展"文明交通""爱心环卫一条街"活动，营造了人人参与文明创建的良好氛围。

以"全域创建"为重点，提高城乡文明水平。积极开展以"访千楼万家、创文明县城"为主题的"周末文明行动"，98个单位分包100余个城内小区，共建文明社区。同时，各镇、园区环境卫生整治行动正全面开展，核心价值观、移风易俗、讲文明树新风公益广告投放有序，特色小镇、美丽乡村建设与文明县城创建实现了统筹推进。

以"六好标准"（领导班子建设好、思想道德教育好、活动阵地好、教师队伍好、校园文化好、校园环境好）为依托，推进文明校园创建。累计投入资金100余万元，设立文明校园创建、爱国主义教育、善行功德榜等内容的宣传专栏300余个，核心价值观公益广告400余处。香河县共有2所学校（香河县第二小学、香河县第八中学）被命名为"2017年度廊坊市文明校园示范校"，6所学校（香河县第三中学、香河县第一小学、香河县第四小学、香河县刘宋中心小学、香河县𫔎口中心小学、香河县第十一中学）被命名为"2017年度廊坊市文明校园"，10名教师被命名为"2017年度廊坊市文明教师"，10名学生被命名为"2017年度廊坊市文明学生”，10 名教师被命名为“2017 年度廊坊市文明校园创建优秀组织工作者”。同时，积极开展“全省中小学生爱国诗文书画征集大赛活动”“第五届美德少年评选表彰”等主题活动，香河县有 2 名学生获“美德少年提名奖”。此外，投资 20 余万元在香河县第二中学东侧建立未成年人心理健康辅导站 1 个。

在过来的创建工作中，以县委书记、县长挂帅的创建工作指挥部，多次召开县委常委会、专项工作调度会，对“省级文明县城”创建工作进行研究部署，全县上下形成了统一领导、保障有力、协调联动的工作格局。7 个单位（香河县执法局、香河县环卫局、香河县新华街道办事处、香河县新开街道办事处、香河县淑阳镇、香河县教育局、香河县精神文明办公室）被评为“廊坊市 2017 年度创建工作先进单位”，8 名同志被评为“廊坊市 2017 年度创建工作先进个人”。

【典型人物评选】 协调团委、妇联、工会等多个部门，连续第 4 年举办道德模范暨“最美香河人”评选表彰活动，活动将镜头和焦点对准基层，各级各部门积极推荐“香河好人”候选人近百名，最终确定 2017 年度入围人选 10 名，并于 12 月中旬进行了隆重的表彰活动，在全社会形成学习、关爱、敬重、争当道德模范的浓厚氛围；积极参与“最美廊坊人”评选活动，认真开展“中国好人榜”和“善行河北 网评河北雷锋”推荐评选活动，分别推荐香河县 5 名“中国好人榜”候选人和“善行河北 网评河北雷锋”10 名候选人，进一步弘扬文明新风尚，传递社会正能量；开展好廊坊市第六届道德模范评选表彰活动，上报香河县候选人 10 名。同时，在《新香河》和电视台开辟“小人物 正能量 核心价值观在身边”专栏，并积极利用微信公众平台宣传道德模范的先进事迹，全力将“香河道德模范”打造成引领社会风尚的道德长城，激励广大干部群众从自己做起、从身边做起、从平凡小事做起，为建设“美丽幸福新香河”贡献力量。

【发挥文明城市创建典型带动作用】 大力开展文明单位、文明村镇创建工作，通过观摩、督查、通报活动，促进各单位之间的经验交流，特别是督促窗口行业、执法部门进一步规范行业行为，提高服务质量和诚信度，转变工作作风，提高服务水平，在创建文明县城、文明行业等实践活动中更好的发挥示范带动作用，2017 年，全县共有省级文明单位 9 个、市级文明单位 43 个，各级文明单位结合自身工作职能，规范行业行为、提高服务质量和诚信度，进一步提升了为民服务水平。安平镇堡上村被命名为“全国文明村”；积极推进社会主义核心价值观涵育基地建设工作。县医院“农家博物院”坚持宣传和弘扬传统文化、乡贤文化、红色文化和社会主义建设实践中形成的先进文化，积极宣传展示社会主义核心价值观；大力推进“乡村学校少年宫”建设工作，进一步完善教育阵地建设，全县共获得上级奖补资金 23 万元，4 所小学分别获得补助资金 5 万元，1 所小学获得补助资金 3 万元。

【开展公共文明创建活动】 推动移风易俗深化文明村镇创建工作。按市文明办要求，上报 10 个移风易俗示范村和 1 个示范乡镇；积极开展“我们的节日”系列主题活动，在清明节、端午节等时间节点，结合实际，把活动作为培育和践行社会主义核心价值观的有力抓手，精心组织实施；在学雷锋日积极开展大型志愿服务活动，组织好公共文明创建活动，积极开展“身边环境自己动手清扫”主题活动，继续深入实施“文明交通行动计划”，在全县范围内弘扬了“奉献、友爱、互助、进步”的志愿精神。共有2名志愿者被评为“2017年度廊坊市学雷锋志愿服务先进典型”，香河志愿者协会被评为“2017年度廊坊市最佳志愿服务组织”，2个项目被评为“2017年度廊坊市最佳志愿服务项目”，新华社区被评为“2017年度廊坊市最美服务社区”。

（孙欣慰 李盼 王春明 马丽娜 何建好 陈彩霞）

社会生活

责任编辑　马　军

综　述

2017年，全县居民社会生活有了明显的进步。养老保险、医疗保险、新型农村合作医疗，平稳增长，防范风险能力进一步提高。社会福利与救助、慈善事业、社会事务管理发挥作用加强，受到社会广泛肯定。居民生活持续得到改善，积极和谐的社会效应日益显现。被河北省有关部门授予“全省就业服务工作先进集体”“全省人力资源社会保障系统先进集体”“省级双拥模范县”等荣誉。

养老保险

【企业职工基本养老保险】 积极推进《中华人民共和国社会保险法》贯彻实施，依法推进社会保险扩面征缴。城镇职工养老保险累计参保31921人，新增958人，征缴保费1.55亿元，为5715名离退人员发放养老金1.1亿元。

【机关事业基本养老保险】 机关事业单位养老保险累计参保11869人，征缴保费2.57亿元，为4452名离退休人员发放养老金2.73亿元。

【城乡居民基本养老保险】 城乡居民养老保险累计参保人202485人，征缴个人保费1695万元，为已满60周岁符合政策退休人员57938人发放养老金8500万元。

失业保险

失业保险累计参保1.1万人，征缴保费285万元，为220名失业职工支付待遇129万元。

工伤保险

工伤保险累计参保25058人，新增参保1005人，征缴保费1034万元，为198人支付工伤保险待遇615万元。

医疗保险

【城镇居民医疗保险】 2017年是市级统筹的第一年，城乡居民医疗保险累计参保274266人，征缴个人保费4114万元，为40360名城镇居民医保患者办理住院结算。总计补偿101251人次，总补偿金额18358.18万元。

统一执行《廊坊市城乡居民基本医疗保险实施细则》（廊政办〔2016〕77号）、《廊坊市城乡居民大病保险实施细则》（廊政办〔2016〕78号）、《廊坊市城乡居民基本医疗保险门诊特殊疾病管理办法》（廊人社规〔2017〕1号）政策。

【城镇职工基本医疗保险】 城镇职工基本医疗保险累计参保35875人，征缴1.44亿元，支出9752万元。

社会保险基金管理

企业职工基本养老保险、机关事业基本养老保险、城乡居民基本养老保险、失业保险、工伤保险、城镇居民医疗保险、城镇职工基本医疗保险，七项社会保险累计参保593021人次，征缴社保基金6.27亿元，支出社保基金5.73亿元，112631人次享受社会保险待遇。

社会福利与救助

【五保供养】 全县共有特困老人1374人，其中三所中心敬老院集中供养181人，供养标准每人每年11520元。分散供养1193人，与每位分散供养老人签订一份协议、确定一名负责人、建立一份个人档案、每月按时将供养经费拨付到信用联社，再由其打到个人存折。分散供养标准每人每年11520元。

【城乡居民最低生活保障】 城乡低保对象实行分类施保，动态管理。全年新增低保对象273人，注销1550人。7月始，城乡低保标准提高到600元/月。至年底，香河县城镇低保对象172户，272人，人均月补差527元，共发放城镇低保资金182.8万元。农村低保对象877户，1475人，人均月补差543元，共发放农村低保资金874.8万元。

【特困群众医疗救助】 资助城乡低保、五保对象、孤儿参加新农合、城镇医疗保险，并享受“一站式”服务机构住院治疗时即时结算服务政策，实现了城乡医疗救助制度与城镇基本医疗保险制度、新型农村合作医疗制度的资源共享、同步结算。年内医疗救助4688人，救助资金215万元，临时救助74人，救助资金12.66万元。

【救灾救济】 2017年5月，制定《自然灾害救助应急预案》《行洪区转移安置方案》《香河县自然灾害救助暂时办法》，完成了日常灾情统计上报工作。是年冬春，灾民救助2450户，补助资金支出75.46万元。继续推行农房保险，共投资72万元，为全县8万户农房投保，出险42次，为42户理赔39.6万元，有效保障了农民的财产利益。

社会事务管理

【婚姻登记】 2017年，办理结婚登记3289对，离婚登记2005对；补办结婚登记1351对，离婚登记120个；办理收养登记4例。合法登记率和登记合格率均为100%。

【民间组织管理】 全年完成13个社会团体14个民办非企业的登记工作，至年底，全县社会团体和民办非企业总数分别达到79个和66个。认真贯彻执行中组部《关于规范退（离）休领导干部在社会团体兼职问题的通知》精神，严格规范全县党政机关领导干部在社会团体中兼职问题。按照县统一安排部署，全年共清理32名党政机关工作人员在社会组织中兼职问题，及时清退7个党政机关为社会组织提供办公用房。

【社会养老幸福工程】 香河县民政事业服务中心综合楼项目，位于县光荣院内，规划总用地面积1.16万平方米，总建筑面积1.66万平方米，容积率1.44，绿地率19%，停车位32个，总投资3000余万元，已列入县财政预算，至年底项目已顺利施工。

【老龄工作】 做好全县高龄补贴发放工作，全年共为8101名80岁以上高龄老人发放高龄补贴资金600万元，为全县60岁以上老年人办理老年优待证1800本，有力推进香河县老年事业的发展，提高了老年人生活质量。

【殡葬管理】 继续推行文明殡葬、健康殡葬，规范丧葬用品市场，有力维护了殡葬管理秩序，年内火化遗体2560具，火化率连续29年稳定在100%。

【地名管理】 严格规范地名命名更名。年内批准建设单位小区名称10个，整改过于洋化、名不副实的名称申请30余次，所有地名名称申请资料齐全、程序合理、名实相符。做好地名词典编纂工作。香河县地名词典释条涉及位置、人口、面积、经济特点、历史沿革、地名来历、交通状况等十余项内容，至年底已将成果上报市局审核。

【行政区划】 年内与北京通州区签订了《界限联合检查实施方案》和《平安边界协议书》，为省界之间和谐稳定奠定基础。

【社区建设】 至年底，由14个社区居委会增加到44个，部分社区成立了老年活动室，能够为社区老年人提供不少于3项的居家养老服务，极大解决了社区居民日益增加的生活需求，顺应了城市发展需要。

【拥军优抚】 加强军民共建和谐社区活动和军地互办实事，顺利完成了省级双拥模范县的迎检工作。按时足额发放优抚对象抚恤补助金，全年发放抚恤补助资金1432万元。优抚对象住院医疗费用做到及时报销，为101名重点优抚对象报销住院费用26.7万元，为37名重点优抚对象解决生活困难5万元，为861名重点优抚对象发放门诊补助61.9万元、冬季取暖补助26.1万元。积极筹措资金9万元，为4户重点优抚对象重建和修缮了危房，确保全县重点优抚对象的住房安全。继续开展为优抚对象送凉爽、送温暖活动，筹措资金46万元，为全县861名重点优抚对象每人发放一张凉席、一桶食用油、一袋大米和一个电饭煲，让他们感受到了党和政府的关怀。

【退伍士兵与军休干部安置】 年内，共接收转业士官6人，自主就业退役士兵103人，发放自主就业退役士兵一次性经济补助金434.1万元。对47名有培训要求的退役士兵进行职业教育和技能培训，提高了就业能力。同时，认真做好退伍军人的日常信访接待及上级部门的情况报表上报工作，耐心解读政策，争取信访人员理解，保障了退伍军人的合法权益，维护了社会稳定。

居民生活

【概况】 2017年，香河县委、县政府紧紧围绕“稳增长、调结构；严治理、优生态；抓建设、提品质；增投入、惠民生；转作风、提效能”的奋斗目标，推动全县经济社会发展实现了新的提升。经济发展环境日益改善，企业经济效益不断提高，带动城乡居民收入稳步增长。城镇和农村居民人均可支配收入分别达到39914元和16567元，同比分别增长8.7%和8.6%。

【农民生活】 2017年度，农村居民可支配性收入16567元，增长8.6%。

【城镇居民生活】 是年，城镇居民可支配性收入39914元，增长8.1%。

（杨连永　牛凌璇）

乡镇 街道

责任编辑 马 军

综 述

2017年，香河县乡镇（街道）党委、政府全面贯彻落实中共“十八大”、“十九大”及省市县委全会精神，按照“全面建设美丽幸福新香河”的总体要求，积极进取，主动作为，创造性开展工作。在基层党建、文明城市创建、意识形态、“煤替代”工程、散乱污治理、拆违拆建、生态环境、民生福祉等都取得了显著成绩，圆满完成年度工作目标任务，受到各级领导机构的肯定与表彰。其中，获国家级荣誉5项：淑阳镇获国家卫计委国家流动人口动态监测试点考评第一名，五百户镇跻身全国千强镇、位列第864位，安头屯镇荣获全国统计调查工作先进集体，安平镇堡上村获得第五届全国文明村镇称号，刘宋镇获得全国一村一品村镇称号。获得省级荣誉10项：五百户镇桑梓乐园合作社和鲜速达合作社被评为农村股份合作制经济发展示范组织，安平镇堡上村被评为2016年度省级文明村，安头屯镇获得第二十一届农产品交易会铜奖，刘宋镇被评为河北省基层示范组织、省级现代农业园区，钳屯镇被评为2017年度河北省建设领域统计工作先进集体、河北省第三次全国农业普查先进集体，钱旺镇获得2017年度河北省建设领域统计工作先进集体，平安街道办获得2016年度河北省五四红旗团委荣誉，3个小区被评为省级园林式小区。获得市、县级表彰的有若干项。

乡 镇

【概况】 香河县辖9个镇，300个行政村，面积448平方千米，总人口257634人。2017年，财政收入273441万元。农村居民人均可支配收入16567元，同比增长8.6%；耕地面积37.52万亩（2.5万公顷），家庭承包耕地面积36.37万亩（2.42万公顷）。粮食播种面积23.67万亩（1.58万公顷），总产量9.09万吨；瓜菜占地8.18万亩(5453公顷),播种面积13.8万亩（9200公顷），蔬菜总产量61.61万吨；禽类存栏205.56万只,其中蛋鸡157.56万只，肉鸭48万只；猪存栏5.69万头；牛存栏1.42万头；羊存栏5.98万只；水产品产量2470吨，捕捞产量260吨。

【淑阳镇】 镇政府驻地位于县城新开街站西小区、县政府驻地西南部，距县政府1公里，全镇辖28个行政村街（朱庄、大王庄、许台、杜屯、孟庄、郎庄、池套、前套、后套、大罗屯、小罗屯、前小屯、后小屯、赵庄、姬止务、河南止务、河北止务、孙止务、姚止务、王止务、宋止务、凌家吴村、河南吴村、郭辛庄、赶水坝、金辛庄、矬口、计庄子）。总面积25.66平方公里，播种面积935亩，总人口25516人、7232户。2017年工业生产总值18.74亿元，财政收入15.6亿元。固定资产投资23亿元。

基层党建 至年底，淑阳镇已建立党的基层组织53个，其中，党委1个，党总支3个，党支部49个，党员1536名，建立完善党支部书记述职、经验交流会等制度，镇机关及28个村街全部接通远程教育网，正常开展远程教育。召开专题会议研究后进村集中整治工作，成立工作组，明确后进村包村领导为第一责任人，包村干部分工负责，通过调查，制定整改方案，列出工作重点，排出整改期限。年底前，凌家吴村、河南吴村、郭辛庄、赶水坝4个后进村转化工作已全部完成。扎实开展“两学一做”学习教育常态化、制度化，制定学习方案，组织镇、村党员干部开展集中培训学习会。开展“党委书记讲党课”专题培训以及科级干部下村宣讲活动。推行“钉钉”交流平台、谈心交流制度，实行竞争、自荐上岗机制，鼓励机关干部毛遂自荐、竞争上岗。在农村“两委”干部中，划分星级等次，考虑工作量、任职年限、绩效考核成绩等因素落实经济待遇，切实激励先进、鞭策后进。落实《从严从实加强党员管理十项机制》，实施党员先锋指数积分管理，建立失联等问题党员预警通报、党员违纪惩戒等机制。

民主法治建设　“3·15”和“12·4”等法律宣传日在主要街道、工地、机关等地方悬挂标语10余条。主管领导每月组织安排一次法律法规集中学习。详细摸排社区矫正人员情况，对工作情况、家庭住址、生活状态进行更新。至年底矫正人员56名，每名矫正人员安排2名帮教责任人，每个季度走访一次，保证信息随时更新。通过主动申请、上级委派等方式接收法律援助案件135起，其中成卷35件，口头咨询100件。

农业基础设施建设　2017年，种植杨树、果树等树木3万余株，共计500余亩，在赶水坝堤北侧，建成节点游园，完成绿化面积40余亩。对唐通线两侧绿化带内的金枝国槐进行槐尺蠖治理。成立老三员（农技员、农机员、兽医员）核查登统领导小组，悬挂条幅60余条、发放明白纸3000余份，依法依规对所有参报老三员的人员身份进行审核、认定、登记，并进行公示，上报县农业局。建立健全防汛机制。确立常备队650人、后备队1000人、打桩班60人的防汛抢险体系，对防汛物资进行筹备和落实，编织袋4250余条、彩条布850平方米、树桩200棵、树枝130吨、大型运输车5台、推土机1台、挖掘机2台、潜水泵6台、木锨100把、电缆100米、地龙300米。

散乱污企业取缔　取缔散乱污企业110家，并全部完成验收，先后迎接国家环保部、省督导组等大型检查共40余次，顺利通过检查验收，并多次获得国家、省领导的肯定及评价。

意识形态工作　开展党委中心组理论学习，撰写学习笔记、调研文章。建立“淑阳便民服务”微信公众号以及镇村干部工作群、各党支部活动群、移风易俗宣传群、扶贫攻坚宣传群等微信群。编写、上报各类信息200余篇，编辑推送微信消息1200条，“大喇叭”播放各类稿件2000余条。在前套村建立镇“青年中心”，设乒乓球、羽毛球、广场舞等场地，配齐服务设施；在村街开展“好婆婆、好儿媳—寻找最美家庭”活动，为全镇7000多个家庭树立标杆和榜样；认真组织开展未成年人思想道德教育活动；在机关走廊、食堂、停车区以及村街路口醒目位置，张贴“崇德修身、廉洁自律、节约用餐”等各类标语、提示牌350余个。开展“村街春季运动会”“机关春节联欢晚会”“读书分享会”“建党96周年文艺演出”“喜迎十九大广场舞”以及“书写党章、筑梦祖国”等多项文体活动，参与人数达2000余人次。

违建拆除　年内，拆除违建60处，共计5万余平方米，签订保证书、承诺书80份，收集涉及违建信息320余条。

“电代煤”工程　在全县率先完成“电代

煤”配套电网工程，新建罗屯变电站一座，完成38座塔基的施工架线工作，“电代煤”改造工作涉及赶水坝村表以下207户村民，需增容变压器4台，至年底改造工作全部完成并投入使用。

“气代煤”工程　成立专项领导小组，实行日调度工作制，通过悬挂宣传条幅、发放明白纸、村街循环广播以及入户讲解等形式全面推广。在各村街成立安全排查小组，逐一排查燃气管道线下及周边可燃物、易燃物、堆积物等，26个村街已全部接通燃气，并投入使用。此项工程共涉及6827户，通气验收合格6597户。

省级文明城市创建　开展以“访千楼万户，创文明县城”为主题的志愿服务活动，在28个村街开展“整洁户、样板街、模范村”活动，300余名志愿者投入其中，清理垃圾5000余吨、铲除杂草1万余平方米，在镇政府至王家摆大桥道路两侧设置创城展牌100余块。

生态环境建设　印制发放禁烧宣传材料500余份，悬挂宣传标语40余条，与小麦种植户签订了禁烧承诺书，成立巡逻小分队，实行24小时全天候、全程监控。

对10蒸吨以下锅炉进行摸底调查，其中涉及使用的172台燃煤锅炉，全部完成淘汰工作；新华大街西延烧烤一条街、“雪花啤酒广场”全部取缔，出动执法车辆160台次，执法人360余人次，整治烧烤40余处；加大秸秆禁烧工作力度，签订责任状、成立24小时巡逻小分队；加强扬尘防控治理，对辖区内扬尘严重路段进行重新整修，加强各村街湿扫作业和洒水抑尘工作。对镇域内7条主干路以及工业园区环境，进行集中治理。对全镇28个村街内主要街道、房前屋后、坑塘沟渠等垃圾，进行全面排查、清理，统一清运，出动车辆4000余次、人工6000余人、清理垃圾5万余吨。

信访稳定工作　建立由一把手负总责，主管领导亲自抓，片长包片、包村街的信访分包工作机制；实行科级干部轮流坐班接访制度，每日到信访室坐班；采取“日常周排查”和“敏感时期日排查”工作机制，加强对全镇各村街矛盾隐患的摸排和掌控；继续发挥重大村务先行风险评估、信访积案干部认领、聘请律师进村讲法释惑、关口前移筑牢村街防线、亲情感化等工作方法效用，全国“两会”、“一带一路”高峰论坛、“5·18”廊坊经贸洽谈会以及十九大期间，未发生一起进京上访和非正常上访事件。至年底，办结网交、市县交办案件260件，排查化解矛盾纠纷82件。

卫计工作　建立村街卫计队伍和村医统一管理，按照县局要求对小组长队伍进行重新配备。开展春季传染病防治、世界无烟日等宣传工作；组织机关开展“博爱一日捐”活动，募集爱心捐款4100元；完成居民健康卡发放，开展流动人口健康档案建档工作，完成建档1200余份；完成12个村街60周岁以上老人体检；以全面落实二孩政策为主题，更新宣传板块和知识长廊近2000平方米，印刷各类宣传手册近万份；依法办理一胎服务卡登记114个，二胎准生证登记195个。配合县卫计综合执法局下发法律文书及追缴通知90余份。落实奖扶金30余万元。2017年，获2016年度国家卫计委国家流动人口动态监测试点考评第一名，被市卫计委命名为流动人口健康促进市级示范单位。

各项事业　河北止务村制定了拆迁补偿方案，经香河县城中村、旧城改造办公室审批通过，按照方案实施。2017年，完成签约263户，签约率达82.7%；望运观潮小区手续已全部完善；赵庄、王止务回迁楼已完成；大王庄回迁楼位置已确定，补偿方案村民同意率达99%。对园区企业、可燃性粉尘涉爆企业、危化企业及生产厂房、库房等场所进行全面排查，对排查出的300余处安全隐患，进行现场立即整改。全面实施天网工程建设，新增高清摄像头13个。对后套－郎庄、大香线－朱庄、矬口村连村路等路段道路进行硬化，全长共计2.49公里。发放养老保险金826万元，人数达5.4 万人次；发放城乡临时救助、医疗救助、残疾人护理生活补贴、退伍老兵、优抚对象、高龄补贴等资金210万元。

领导班子成员

党 委 书 记：凌少金
镇　　　长：卢英俊
党委副书记：李国栋（1月任）
人 大 主 席：池晓伟
副　镇　长：张立明
副　镇　长：张金丰（1月任）
副　镇　长：史建国（1月任）

（李　盼）

【五百户镇】 镇政府驻地五百户村，位于县城南10公里。全镇总面积60.5平方公里，辖43个行政村（土山、四百户、三百户、骡子王、蔡庄、夏辛庄、兴隆庄、仉村、高辛庄、曹庄、黄小营、五百户、西张庄、前马房、后马房、头百户、马各庄、六百户、八百户、九百户、十百户、孙小营、东七百户、西七百户、香城屯、仓上、于辛庄、董家湾、周庄、南张庄、霍刘赵、石辛庄、香椿营、田各庄、李庄、前土门楼、后土门楼、吴打庄、王家务、邢家营、双街、太平庄、荒凌庄）。2017年，全镇10050户，38571人，从业人员18478人，年末常用耕地面积 56473 亩，全镇完成财政收入 3029万元，占全年任务的110.6%。

基层组织建设　年初，顺利完成党委换届工作。2017年，镇党委在继续组织加强“两学一做学习教育”、巩固和扩大教育实践活动成果的基础上，组织各村街先后开展“三支队伍”（基层党组织书记、党务工作者、党员）建设、后进村整顿、争创“五星级党组织”等活动，培树了赵国起等村支部书记先进典型和高克友等致富带头人。完成香椿营、双安驾校两个党建示范区建设；建立了以非公企业党总支为领导主体，非公企业党员服务中心和劳动保障所等职能部门构成的“一体两翼”组织体系；搭建了政策方针传达、企业与党组织互促、企业问题反馈三大平台，形成相互促进、共同发展的非公企业党建工作新格局。制定并完善《五百户镇处置不合格党员工作实施方案》和“三会一课”党员学习制度，有效规范和促进了村两委工作。中共十九次代表大会召开后，镇党委迅速行动，多次召开中共十九大精神学习教育动员大会和培训会，向全镇党员、干部宣讲了中共十九大精神。全年新发展党员 23名，新培养积极分子90名，基层组织50个，其中总支2个，支部48个，党员1788人。

“三个中心”建设　7月初，五百户镇综治中心、便民服务中心、文体活动中心（简称“三个中心”）建设竣工，实现了便民服务、综治指挥、信访接待的无缝对接，更快速、高效地为群众服务。此外，镇政府聘请专业礼仪老师，为镇村干部讲解礼仪知识，提高服务群众整体水平。

综合治理工作　五百户镇始终以“平安建设”为抓手，创新社会管理，推广综治“9+X”系统，加大治安防控体系建设。进一步完善不稳定因素排查调处目标责任机制。此外，组建了由 43 名巡防员组成的治安巡逻专班，投资10多万元，为巡逻队员配备服装、对讲机、手电、手机等工具，在镇六百户回迁楼顶建设通讯塔台。至年底，全镇共发生各类案件33起，受理调处民事纠纷33起，调解成功29起，成功率95%。顺利完成2017年的“两会”安保、十九大安保等重点时期安保工作。

农村产业转型升级 年内，县内规模最大、投入最多、预期效益最优的现代农业园区正式开工建设，一期占地600亩的五百户镇现代农业园区已经成型并取得了初步成效。园区基础设施建设全面启动，入口景观标志牌已建成、园区硬化主路3000余平方米，主路两侧建成1000平方米园林景观式绿化带和58盏太阳能路灯、铺设排污管道1000米、砌筑21座排污检查井和40座污水收集井、建设围挡4000余米、新建110千伏变压器1座、新建及重启水井15眼、200个无公害设施农业大棚主体完工。另外，8000亩农田高标准改造提升工作顺利实施，修路、打井、地埋电缆等工作全面完成。加大农业企业及农业合作社的培植力度。全年举办农业技术培训班6期，培训人次260次；新成立农业合作社9家。

美丽乡村全覆盖 在确保美丽乡村全覆盖的同时，规划创建香椿营、田各庄、前土门楼、后土门楼、骡子王、西张庄、土山、五百户、后马房8个精品村街，构建美丽乡村风貌展示带。其中，香椿营村突出回族历史文化建筑浓厚的民族风情和地域特色，改造重修了清真寺，同步实施民居改造，配套建设游客中心和公厕等乡村民俗旅游设施；深入挖掘发扬“开斋节”“圣纪节”，以及特有的饮食、服饰等民俗，大力扶持民族餐饮业、乡村旅游业发展，打造“少数民族特色村寨”。后土门楼村重点发掘香河县历史文化，实施杨令公广场、杨家将文化陈列馆等工程建设，杨家将文化与五百户镇旅游观光发展相结合，打造“杨家将文化小镇”，形成镇域文化、旅游产业高地。

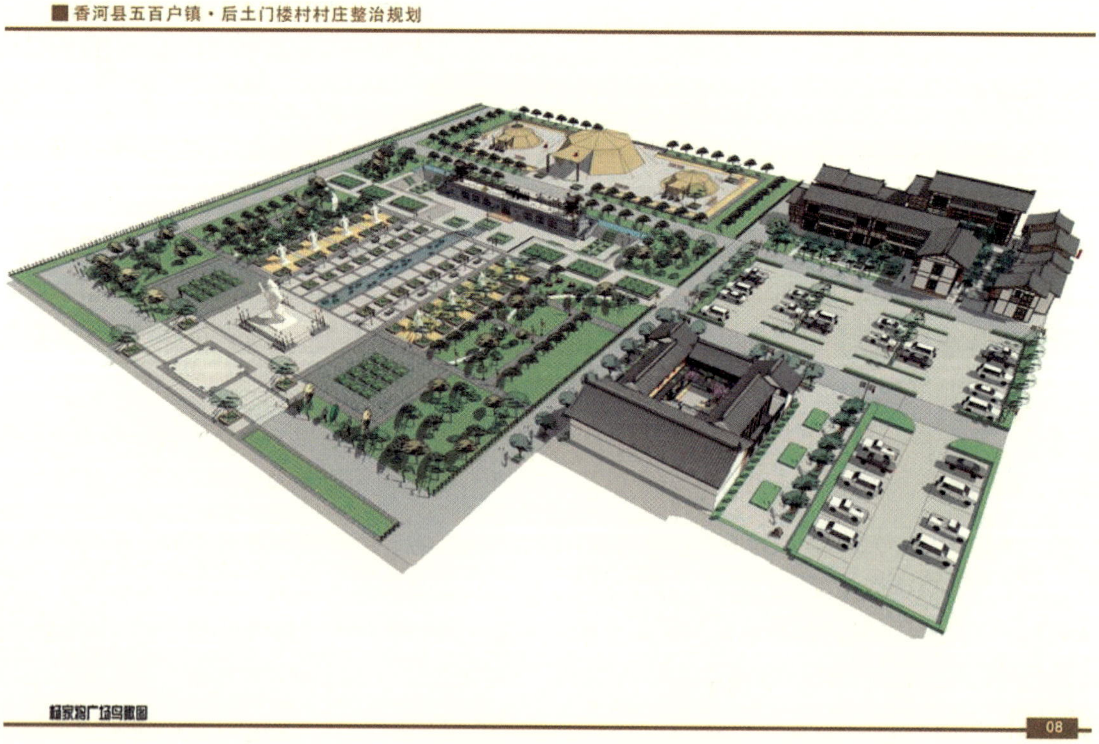

“杨家将文化小镇”鸟瞰图

“煤替代”工程 “气代煤”工程涉及14个村街，共计4634户，至年底全部完成炉、表安装，通气验收合格4409户。“电代煤”工程涉及29个村街，7339户电暖器安装已完成，占台账任务 98.2%，其中 7074 户完成调试并正常使用，投用率达到 96.4%。对属于危房无法安装和无暖气片的贫困户，镇政府为每户都提供直热式电暖气等取暖设施，确保群众全部温暖过冬。同时通过召开会议、村街大喇叭广播、微信公众平台、发放明白纸、悬挂条幅、宣传车等方式，广泛宣传燃气安全使用知识，并联合发改局、安监局、百川公司等部门负责人在村街举行“电代煤、气代煤安全知识集中培训”活动。

大气污染防治　五百户镇全面强化镇域环境保护工作，印发了《散乱污企业整治方案》，镇派出所、消防站、安监办等部门成立联合行动组，对散乱污企业予以全面取缔，强制落实断水、断电、清除原料、清除产品、清除设备的标准进行拆除。年内，全镇共关停取缔散乱污企业 76 家；19 家 vocs 治理企业，至年底完成整治 14 家，其余 5 家完成设备整改，正在验收。

纳污渠排查整治　为减少香椿营村屠宰业对周边水域的影响和破坏，累计投入 375 万元，对该村 2050 米环村渠进行了两次清淤、冲洗等综合整治。同时，通过吸引社会资本投入，在村外新建现代化大型屠宰厂 1 个，引导村内屠宰业有序外迁，实行流水线作业，在确保生产加工全程符合环保标准的同时，进一步推动镇内养殖、屠宰业上档升级，使周边水环境和质量得到大幅提升。

社会保障　2017 年，五百户镇全面完成贫困家庭和人口建档立卡，制定帮扶方案进行帮扶。全镇共有贫困户 12 户，32 人。在此基础上，社会救助福利全面改善，为 31 位大病患者发放救助金 10.5 万元，为 79 位困难群众发放救助款 14.4 万元元，为 200 位困难残疾人发放生活补贴 155.45 万元；为 534 位重度残疾人发放护理补贴 16 万元。同时，为高效做好防灾减灾工作，制定《行洪区内灾民转移安置预案》和《防汛预案》，汛期冰雹灾害及时完成统计上报，受灾救济补助足额发放。双拥建设工作全面加强。2017 年，共计发放伤残军人抚恤金 20.4 万元，发放在乡复员、退伍军人及死亡抚恤人员补助 88.13 万元；发放义务兵家庭优待金 54.85 万元；为重点优抚对象发放医疗救助及生活救助款 5.4 万元。

计划生育　2017 年，全镇已婚育龄妇女 7496 人，全镇累计出生 586 人，符合政策生育率 100%，出生率为 14.59.‰，死亡率为 6.4‰，人口自然增长率为 8.19‰。

领导班子成员

党 委 书 记：李洪波
镇　　　长：吴立春
党委副书记：单松林（1 月任）
人 大 主 席：王桂明（1 月任）
副　镇　长：王立国（1 月任）
副　镇　长：韩　宇（1 月任）
副　镇　长：冯　健（1 月任）

（杨艳晶）

【安平镇】　安平镇政府驻地安平镇一街村，距县城 12.5 公里。全镇总面积 32.55 平方公里，辖 29 个行政村街(一街、二街、四街、后庄、东庄、扁城、赶古庄、谢屯、周庄、贾庄、延福屯一村、延福屯二村、草沙河、成辛庄、小友堡、甘露寺、王家摆、谭庄、曹店、太平庄、堡上、鲁家务、孙家务、王指挥庄、乔庄、三间房、枳根城、陈辛庄、高庄）。2017 年，全镇人口 5979 户、20331 人；财政收入 53529 万元，同比增长 64 %；农民人均纯收入 16868 元；公共财政预算收入完成 21411 万元，同比增长 4.3%；规模以上企业工业总产值完成 31 亿元，同比增长 9.46% ；利润 5500 万元，同比增长 12.51%；全年固定资产投资 14.7 亿元。常用耕地面积 2077 亩，粮食播种面积 9520 亩，粮食总产量 3821 吨；已婚育龄妇女 4467 人，出生 354 人，其中男 191 人，女 163 人，出生婴儿性别比 117，符合政策生育率 98.59%，人口出生率 14.89‰，自然增长率 7.66‰，综合避孕率 90.08%。

党建工作　坚持以推进“两学一做”学习教育常态化制度化为抓手，以提升服务群众水平为落脚点，强基础、抓创新、求突破，提升党员干部素质，扎实推进基层组织建设。

筑牢党建根基，强化组织保障。制定《中共安平镇委员会成员抓基层党建实施方案》，充分调动党委班子成员抓党建工作的积极性和主动性，形成责任明确、齐抓共管的党建工作格局；镇党委依照“两考三评一定”对村街三年任期承诺目标和年度目标完成情况进行逐村考核验收，考核结果直接与村街书记、主任相关待遇奖惩挂钩，激发干事创业激情；制定出台《安平镇村务管理监督工作办法》，确保农村“小微权力”规范运行，从源头上整治基层“微腐败”，推动“两个责任”落细落实，全面打通管党治党向基层延伸的“最后一公里”。

抓牢党员队伍，提高素质能力。不断改善党员队伍结构，严格发展党员程序，提高发展党员质量。推进“两学一做”常态化制度化，组织村街两委干部、党员、村民代表学习十九大精神，深入开展“不忘初心，牢记使命”主题教育，坚持用习近平新时代中国特色社会主义思想武装头脑。落实“三会一课”督查报备机制，强化党员教育管理，促使基层党组织生活制度化、规范化。

超前谋划，精心准备换届工作。组建由镇党委书记牵头、镇长、包片包村干部为成员的调研组，开展了换届前的“大调研”活动，为村“两委”换届工作打好基础。

后进村转化。对三间房、谭庄、枳根城、曹店 4 个后进村街，按照“一村一策、对症下药、综合施治”的原则，采取片长、包村干部负责制，通过书记上党课、单独谈心交流，有针对性的教方法指路子，已经完成后进村转化工作。

打造党建示范亮点。年内精心打造了小友垡党建示范点和天音乐器非公企业党建示范点。对小友垡“两室”重新翻建装修，累计投资 80 万元，新建活动中心 3000 平方米，提振战斗堡垒的精神风貌，发挥示范带动作用，辐射周边村街；对天音乐器党支部细化科室建设，美化科室环境，实现制度上墙，将企业文化和党建内容相结合，将天音乐器党支部打造成为一个服务企业、服务员工、服务社会的服务型党支部。

农业基础设施建设　2017 年春季，全镇完成造林 894 亩，5 万余株。实现造林绿化由“扩规模”向“提质量、上档次、建精品、创亮点”转变，突出“点、线、面”结合，全力提升精品线和廊道绿化档次，加快生态环境美化步伐，切实为打造京津冀协同发展样板区和全国绿色发展先行区奠定坚实基础。以沿河、沿路、沿渠以及环镇、环村、环企、环校及社区绿化为重点，大力推进植树造林，提升镇域绿化水平。全镇森林覆盖率达 42%。在搞好造林工作的同时，进一步加大对林木病虫害的防治工作。通过宣传，提高了广人群众对防治美国白蛾的认识，组织大规模防治工作 3 次，购买防治机械 3 台，购买防治药物 30 箱，共投资近 2 万元。各村通过查防员和建立专业防治队伍，积极组织地面防治，有效遏制了美国白蛾的危害。大力发展蔬菜、瓜、果生产，提高单位面积土地效率，通过给农民提供市场信息、技术服务等，鼓励农民发展蔬菜生产和优质瓜、果生产，为促进结构调整，全年技术培训5次，发放技术培训资料3000多份，参训人员500余人次。全镇无公害蔬菜面积已近5000亩，使安平镇成为名副其实的蔬菜之乡。为做好防汛工作，共准备防汛木桩150株、树桩100吨、彩布条650平方米、斯太尔运输车5辆，为防汛工作打下了坚实的基础，还协助县水务局为安平镇20多个村街安装井盖118个，使全镇农田水利设施得到极大改善。为保持河面清洁，避免河面污染，制定了河长制实施方案，并专人巡河，每天记录巡河日志，确保全镇路绿水清。

美丽乡村建设　2017年全镇美丽乡村建设涉及鲁家务村1个村。是村420户，1392人，党员39人，村民代表19人。为搞好美丽乡村建设。召开村两委班子、党员和村民代表会议，宣传美丽乡村建设的重大意义，组织村街60余人次到兄弟单位实地学习考察，取得了广大党员群众的支持和理解。在此基础上，村委会委托专业的拆迁公司实施经村民代表会议通过的“宅基地范围之外的违章建筑进行全部拆除”工作。共计拆除违章建筑217处，面积8500余平方米，清理垃圾杂物22000余立方。在此基础上，结合村街实际和重点村十二个专项行动，聘请河北城方规划设计有限公司制定了美丽乡村建设规划。至年底，厕所改造完成420户；自来水管线更新完成铺设安装，共计12.4千米；煤改气工作已全面完成；墙体保温、村民中心、活动广场、污水处理等工程完成招投标工作。

镇村环境整洁美化　2017年，累计投资3000万元，出动各类车辆5000余台次，用工3万余人次，各村街垃圾及时入池、入桶，镇环卫所及时安排人员进行清运，全年共清运垃圾82250余立方米；清理林地1200余亩，清扫落叶2万余袋，一部分做深埋处理，剩余部分给养殖户做饲料。全村29个村街全部组建了保洁队，统一配备保洁车辆和设施，实现垃圾处理“户分类、村收集、镇转运、县处理”的科学高效管理模式运行管理。

散乱污企业整治　按照县委县政府统一部署，结合全镇实际，全力做好“散乱污”企业清零整治工作，消除环境监管盲区，打通污染防治最后一公里，切实保障广大群众的环境权益。高度重视，周密部署。成立由党委书记任组长、镇长为副组长的“散乱污”企业专项整治行动领导小组，班子成员包企业，村街干部配合辖区内的整治工作，落实属地管理职责。同时，镇大气办牵头，会同安监办、环卫所、派出所、国土、工商、电力、综合执法队，组建6支执法巡逻队，协调联动，齐抓共管；大力宣传，营造氛围。一方面，充分利用多种形式，大力宣传大气污染防治、“散乱污”企业整治等方面的政策法规、要求、意义，让企业理解配合政府工作。共悬挂条幅300余条，发放宣传资料4000余份。另一方面，充分发挥舆论监督作用，公开举报电话，畅通群众举报渠道，对清理取缔工作公开曝光；职责厘清，执行求严。充分发挥网格监管作用，以片区为单位，明确责任，分企到人，做到监管无死角无盲点。对辖区内的“散乱污”企业开展地毯式的摸查，并坚持立查立改，凡是“散乱污”企业，严格执行“两断三清”整治标准。全镇共涉及VOCs排放治理企业12家，包括11家印刷包装企业，1家家具制造企业。至年底，8家已取得排污许可证。全镇共摸排出“散乱污”企业30家，至年底已取缔29家，1家正在整改提升；狠抓落实，严肃追责。严格按照县里要求实行“日调度、日通报”制度。组织人员加强日常巡查工作，明察与暗访相结合，密切关注关停企业是否复产，切实保证“两断三清”落实到位。

煤替代工程　由镇党政一把手带队，发动

村街“两委”和包村干部全员、全天投入工程攻坚，成立专项小组分包村街，确保工程设计、管网铺设、入户安装、投入运营全部按时间节点推进；全力保障工程质量。从镇一把手到村街干部全部参与任务分包，倒排工期、挂图作战，建立工作微信群，每日汇总通报工程进度；党政一把手深入施工一线，严把工程质量，做好验收检测。协调燃气公司提前开展服务工作，设立服务站，组建专业服务队伍，公开服务热线，做好业务咨询和管道维护工作。共设立服务站16个，组建服务队1支；加强村街专项宣传。通过悬挂横幅、发放明白纸、广播宣传等多种形式解读补贴政策，将“煤替代”工程意义向群众讲明说透。组织燃气公司对镇村干部、村民代表、村街安全员进行安全培训，做好群众用气安全知识普及，确保群众用气安全。

“电代煤”工程，“表以上”及“表以下”工程均在7月底前完成，其中“表以下”工程由北京老万采暖设备有限公司进行施工，共计发放电暖气3354台、完成室内安装1120户；变压器安装工作已完成；10千伏配网项目：全镇涉及安平南路部分主路及一街、二街、后庄等支路进行改造，共改造10千伏架空线路4.1千米；另一条是鲁家务部分主路及周庄等8处支路进行改造，共改造 10 千伏架空线路 8.4千米。至年底，两条线路完成改造；大罗屯至王家摆站四回线路工作进展情况：安平镇域内四回线路东起王摆大桥 2#终端塔，经 4#转角杆后继续沿原香王 35 千伏线路向王家摆开闭站方向架设，共计架设线杆 36 基，全长 4.4千米，至年底任务完成。

“气代煤”工程，户内挂表、挂炉、水暖连接。16个“气代煤”村街共4130户，全镇低压管线总任务 107 千米，中压管线总任务10.5 千米，至年底全部完成。全镇电代煤工程涉及 5 个村街，气代煤工程涉及 16 个村街。至年底，“煤替代”工程全部完成。

综合治霾工程　按照上级要求部署，切实加强环境保护工作，设立环保所，环保所机构编制已全部到位，办公室设在大气办，配备三名专职环保工作人员，工作人员已全部到位，有序开展工作；环保所配有专门的办公及业务用房，车辆、办公设备配备齐全；执法仪器装备已配备到位；用于环保日常办公及业务经费已到位，并已列入财政预算；环保制度建设及网格化监管已到位，建立了完整的规章制度和县乡村三级网格化监管体系。强化舆论宣传，通过大喇叭广播、微信公众平台、发放明白纸等方式进行大气污染防治政策及知识的宣传；燃煤锅炉淘汰治理。镇域内需要整改的 10 蒸吨及以下锅炉共 116 个,至年底全部整改或拆除；扬尘污染治理。对辖区内主要街道进行洒水除尘，6 辆水车由每天洒水 2 次增加至每天4 次，并按轮岗制确保 24 小时有水车在岗在位处理突发事件；加大巡逻力度。2 辆巡查车每天对镇域内环境卫生、点火冒烟进行巡查的同时，播放秸秆禁烧广播稿等宣传资料；重污染天气应急响应。按照京津冀城市预警统一要求，完善重污染天气应急预案，制定重污染天气应急响应通知。

社会维稳工作　在社会治理上下功夫，在社会秩序上用心思，努力为全镇经济社会发展营造良好的环境。健全群众工作网络。全面推进“网格化管理、组团式服务”工作，层层落实维稳工作责任，整合信访、综治、司法等部门职能和人员，组建平安建设指挥部，有效增强了综合协调、处访维稳能力，基本形成“横向到边，纵向到底”的基层综治维稳网络格局；完善信访维稳工作机制。通过开门接访、依法治访、真情融访和事后回访等形式，将苗头问题化解在基层；坚持定期开展矛盾排查，对苗头性问题立足于早、立足于小，做到早发现、早介入、早调处、早反馈；对群众上访的问题做到“不避、不烦、不推、不压”，对群众上访的问题做到件件有落实、事事有回音；深化平安社会建设。进一步完善人民调解、行政调解、司法调解等调解途径紧密衔接联调联运的“大调解”工作格局。将人防与技防紧密结合，深入推进天网工程建设，并组建义务巡逻队和平安志愿者队伍，形成“天上有眼，地上有人”的立体化治安防控体系。2017 年，全镇共排查调处各类民间矛盾纠纷 136 起，调解率、调处成功率均为 100%，圆满完成十九大安保工作。针对九璟塆、狮子城、花香小镇、阳光优势等业主集体维权事件，镇党委书记亲自接待，成立专门的工作组，积极协调相关部门和企业以最快速度解决业主诉求；同时，从情、理、法的角度，就业主诉求晓之以理、动之以情，不厌其烦、耐心细致解疑释惑。至年底在县委、县政府和镇党委、政府的共同努力下，业主诉求得到了圆满解决，目前业主纷纷表示满意。

新农村建设　全镇 29 个村街共涉及 3 个组团进行开发建设，其中涉及城中村改造项目 1 个（燕都新村项目）和新民居建设项目 2 个（香安城项目、运河新村项目）。燕都新村项目，涉及一街、东庄、二街等 5 个村街。其中，一街、二街、东庄 3 个村街已回迁；香安城项目，涉及扁城、赶古庄、谢屯 3 个村街，至年底其中一期 4 栋回迁楼已完成内、外装修，二期 4 栋回迁楼也已实现封顶，正在进行内部装修。小区内的小市政建设、配套公建及村民活动中心正在建设中，民安北路、城北大街正在进行规划设计；运河新村项目，涉及延福屯一村、草沙河等 12 个村街，草沙河、甘露寺、延福屯一村、西贾庄、谭庄 5 个村街已经回迁。

社会保障体系建设　城乡医疗、养老保险实现全覆盖，低保、大病、危房改造等社会救助政策全面落实，弱势群体得到妥善照顾。2017 年，全镇参加新农合人员 18686 人，参合率达到 98%。参保登记和养老金发放工作顺利，全镇共计参保 9465 人，缴纳保费 138 万元，参保率达 100%。完成了农村和城镇低保重审和调标工作，清除了原有低保户中经济好转超出低保标准的家庭户，真正做到了应保尽保，全镇目前低保户 44 户 73 人，每月发放低保金 39420 元；重点优抚对象 6 人，月抚恤金 7410 元。

宣传文化工作　扎实推进理论武装、新闻宣传、文明创建、文化建设等重点任务，切实加强和改进意识形态领域工作，为“建设美丽幸福新香河”提供有力思想保证、舆论支持、道德滋养和文化条件。全年共举办理论学习培训班 35 期，制作文明创建、学习十九大精神宣传标语、公益广告 2 万平方米，打造堡上、王家摆、太平庄 10 条乡风文明示范街，制作文化墙 1.3 万平方米，重点打造王家摆村、堡上、甘露寺 3 个文明村；信息稿件刊发 300 余篇；相继举办广场舞大赛、全民春季运动会、戏迷大家乐、送文化下乡、十九大报告朗读比赛等活动 20 场次，评选表彰了 10 户“最美家庭”、11 名孝老爱亲先进个人和 8 户美丽庭院示范户。

智慧乡村建设　以群众需求为导向，以务实为原则，以信息化为支撑，以网格化为载体，以法治化为保障，借助互联网，运用信息化手段和智慧管理模式，构建起“富农、惠农、便农、乐农”的农村信息化服务体系。

立体化防控，织就无缝对接的天网。至年底投资 100 余万元在全镇 29 个村街主要路口、重点部位安装“平安视频”监控 150 个，并设置天网工程指挥部，责成专人 24 小时值守，对全镇治安状况进行全天候监管。

打造移动便民服务网络平台——城市细胞服务系统。充分利用互联网优势，结合当前微信普及率高、操作方式简单、信息传播快的特点，发挥集群效应，强力构建政府与群众的联动平台，通过打造政务管理、村务公开、区域电商、便民信息等板块，把服务群众最后一公里延伸到服务群众最后一步。

加强环保数据监测。在辖区内各村街、社区安装环境监控装置，系统中配备有扬尘检测设备、监控设备、数据管理等，实现空气温度、湿度、PM2.5、PM10、风向风速以及卫生状况等数据随时查看。

重点企业　香河石材城位于香河县安平镇103国道东西两侧，是由西联建材装饰城有限公司及华荣建材城共同承办，分为A、B、C三个区域，占地面积213.37公顷。其中，A、C区由西联建材装饰城有限公司（宏星石材等闽商）共同投资建设；B区由华荣建材城投资建设。总投资105亿元，主要建设总部结算区、电子商务区、仓储交易区及相关附属设施等，项目以综合运输、仓储配送、展览展示和电子商务为支撑，打造集“厂商办公、产品展示、零售交易、产品批发、仓储、物流配送、信息处理、娱乐休闲”八大功能于一体的新型体验式石材产销基地。至年底，入驻香河石材城的大、中、小石材企业700家。其中95%以上的企业已正式对外营业。入驻企业90%以上为原北京西直河地区优秀的石材企业，经营世界各地精品石材达500余品种，与福建水头、广东云浮成三足鼎立之势，南北呼应构成国内三大石材集散中心。香河石材城是一个集石材展示、交易、仓储、物流、微加工、综合服务为一体的大型石材交易中心。以石材展示、销售为主，根据客户需求，进行现场微加工。

领导班子成员

党 委 书 记：杜文洪
镇　　　长：任振宇
党委副书记：王亚东
人 大 主 席：张少军
副　镇　长：李东明
副　镇　长：张　文
副　镇　长：张　男

（李春杰）

【安头屯镇】　安头屯镇政府驻地安四村，位于香河县城东南9公里处。辖区总面积37.44平方公里，有21个行政村，分别是：安一、安二、安三、安四、西口头、北口头、前口头、东口头、韩营庄、杨营庄、孙营庄、赵营庄、顾家屯、黄庄、东兴隆庄、东太平庄、商汪甸、前独立庄、后独立庄、大青庄务、小青庄务。2017年，全镇人口22068人，其中从业人员11700人；2017年年末常用耕地面积38835亩，粮食耕种面积25785亩，同比增长0.35%；粮食产量10795吨，同比增长1.27%；农林牧渔产值21629万元；财政总收入1207万元，同比减少12.7%；全镇工业总产值7.8亿元；镇区总人口5169人，镇区面积4.9平方公里。

基层组织建设　安头屯镇党委所属25个党（总）支部，其中农村党总支2个，党支部29个，镇直和镇直非公企业党支部4个，全镇共有党员1097名。安头屯镇党委所属21个农村党（总）支部：大青庄务村党总支、后独立庄村党总支、安一村党支部、安二村党支部、安三村党支部、安四村党支部、东口头村党支部、西口头村党支部、北口头村党支部、前口头村党支部、韩营庄村党支部、赵营庄村党支部、孙营庄村党支部、杨营庄村党支部、黄庄村党支部、顾家屯村党支部、小青庄务村党支部，前独立庄村党支部、商汪甸村党支部、东太平庄村党支部、东兴隆庄村党支部。镇直和镇直企业党支部4个：安头屯镇机关党支部、教育联合党支部、乐农美联企业联合党支部、龙合盛企业联合党支部。2017年，创新基层党建工作模式，推动上档升级。建立“党性体检”工作制度，抓好党员队伍建设。在东口头、北口头试建立“党性体检室”，将党支部“党性体检”融入日常组织生活和党员教育管理之中，每季度由党支部向村街全体党员下发涵盖5大类15项指标的“党性体检单”和17项内容的“党性红线警报单”，支部党员对照党章党规要求，及时发现问题及时整改，提升党员党性修养，避免思想“跑偏”；实施村级阵地“领航”工程，强基固本。年内共投资1500余万元，实施西口头、前独立庄、后独立庄、小青庄务、东太平庄、杨营庄6个村级活动场所建设工程，分别打造出了以西口头为西片核心、小青庄务为东片核心的精品党建示范区。充分发挥其辐射带动作用，进一步提升组织生活质量；抓好人才培养，助推基层党建长远发展。以“两考三评一定”绩效考核办法为依据，对现任村“两委”干部压实工作责任，考察他们在“气代煤”工程、美丽乡村建设、拆违拆建等工作中的担当作为能力，有效传导压力，确保基层工作落实到位。关注有学识、有能力、有品行，愿意为党组织贡献力量的优秀人才，将其纳入组织视野，引导其向党组织靠拢，2017年，镇党委新发展党员12名，培养入党积极分子60名。

民主法制建设　切实加强法制宣传，广泛宣传信访条例、宪法、婚姻法、土地法、水法、河北省人口与计划生育法等与群众生活息息相关的法律法规。年内共开展法制宣传30次，办法制宣传专栏6期；设点宣传14次，动员宣传车65台次，广播宣传90余天，发放各种宣传资料2.8万余份。全面掌握流动人口的居住处所，服务处所等相关信息，对各村街各企业单位的流动人口进行登记、办证，努力掌握其行踪和行动，预防流动人口违法犯罪。建立健全了集中排查和经常性排查相结合，点、线、面三位一体的边排查边调处工作制度。镇领导班子成员定期入村户了解掌握信访苗头。2017年，镇调解中心及村街调委会共调解案件45件，立卷45件，有效维护了镇区稳定。

农业基础设施建设　聚焦“产业结构更优”的目标，全力促进农业产业化，大力发展旅游休闲观光精品农业。完成大青庄务、东兴隆庄村3326亩土地流转工作，铺设天然气管线8千米，建高标准景观墙3千米，清理地基12.68千米，移除电线杆等各类障碍物400余根。对乐农美联生态农场、汗普士黑羊养殖、现代农业示范区、东方千年古葡萄庄园、富一方生态科技种植园、荷香缘生态农场等已引进的13个较大规模项目进行大力扶持，乐农美联生态农场国庆长假期间共接待游客5万人次，实现经营收入400万元。同时，对全镇21个村庄及田间林网进行药物喷洒，有效防治美国白蛾。免费发放农药500余箱，有效减少了小麦蚜虫危害。2017年植树20万株，完成绿化面积4600亩。

农村容貌改造提升　按照《2017年度河北省美丽乡村建设重点片区工作推进方案》要求，以推进农业供给侧结构性改革为主线，将美丽乡村建设工作与路网建设相结合。以“路网建设年”为契机，大力实施镇村路网改造升级工程，至年底，全镇21个村街共铺设给水、污水管网164.85千米，硬化道路70.33万平方米，铺设彩砖30.48万平方米。

农村环境卫生管理　组织专业人员，出动铲车、挖掘机等车辆，对全镇主干公路沿线及各村街主要街道的垃圾杂物进行定期清理，对镇域内违建进行全面清除，2017年，共清运垃圾杂物15.35万立方米，拆除违建

325处，安装路灯3200盏，粉刷墙体13万余平方米。

大气污染治理工作　至年底，覆盖全镇的“气代煤”工程，完成中压管线铺设1.8万米，低压管线铺设10.04万米，安装壁挂炉5593台、调压柜21个，“双贯通”工程累计完工5478户，21个村街已全部实现通气。同时，做好燃气安全知识培训，确保村街群众安全温暖过冬。全镇涉及10蒸吨以下锅炉55台、88.83蒸吨，至年底全部实现拆除淘汰，并完成评估验收。关停辖区内3家散煤销售点，实现从源头上对劣质煤的管控。加大对“散乱污”企业的整治力度，倒逼企业转型。年底前，273家“散乱污”企业全部取缔并验收合格。24小时不间断对全镇辖区内污染企业和重点行业进行巡查，对不达标企业按照要求全部落实停产整改。出动2辆洒水车，成立21个保洁小分队，全面做好日常道路的清扫保洁。把好垃圾清运关，保持清运车辆车体洁净，盖严篷布，做到21个村街垃圾日产日清。

稳定工作　认真做好信访稳定工作，积极化解干群矛盾。分别在镇村建立领导信访接待日、信访事前排查等制度，建立各村重点问题、重点人员台账，重拳化解信访积案，努力将各类矛盾隐患及时化解于基层；同时，加大办案力度，建立“不敢为”的惩处机制，截至年底调查处理案件14起，处理党员14人。抓好国家大型会议、活动期间信访维稳工作，在全国“两会”、十八届六中和七中全会、十九大等重要会议期间，加强维稳力度，采取群防群治、责任到人的措施，无一人次到市赴省、进京越级上访及群体性事件的发生。

美丽乡村建设　通过开展美丽乡村建设、不断完善基础设施，大力推进路网建设和环境整治，镇村环境变得更加绿、美、净、亮，更加宜人宜居。完成电网改造特高压四基塔位、35千伏5公里、10千伏42.68公里。共投资1500余万元，实施西口头、前独立庄、后独立庄、小青庄务、东太平庄、杨营庄6个村级活动场所建设工程，分别打造以西口头为西片核心、小青庄务为东片核心的精品党建示范区。将县二级保护文物“韩营庄村1200年古槐树”作为珍稀宝贵资源，采取积极措施给予保护，确保其长期自然完好生存。中幡、秧歌、高跷等花会项目及广场舞、现代舞等健身活动在村街迅速普及，极大地丰富了群众的业余文化生活。

社会保障工作　2017年，农村养老保险参保人数10130人，收缴保费110.17万元，月发放养老金66.9万元；农村合作医疗参保人数18582人，收缴保费270.68万元，全年累计为全镇农村低保户、伤残军人、参战涉核人员及60周岁农村籍退役士兵等优抚对象发放抚恤金143.4万元，发放重度残疾人护理、生活补贴20.2万元，完成21个村贫困人口的精准识别工作及146名特困人员救助供养申报工作，并为特困人员发放救助金56万元。发放大病医疗救助及临时救助6.5万元，为633位80岁高龄老人发放生活补贴37.35万元。累计投入22万元，完善各小学校园的基础设施建设和绿化、美化等工作；慰问贫困教师95人，救助贫困学生15人。

计生工作　2017年，连续开展河北省“民心工程”农村已婚育龄妇女生殖健康检查免费服务活动,共普查3460人；全面落实各项奖励优惠和扶助政策,奖励扶助累计达到306人、特扶17人；新落实独生子女离退休人员一次性奖励5人、累计29人。全年共发放未满18岁独生子女父母奖金、60岁独生子女和双女户奖扶金、特扶扶助金、特困人员救助公益金及住院报销和护理补贴、60岁以上奖扶人员养老保险和独生子女父母退休一次性奖励金等共计61.16万元。发放宣传册、宣传单等共计3000余份，极大地提高了群众对计生政策、法规的知晓率。

文化工作　2017年，安头屯中幡陆续参加了央视CCTV-7农民频道2017年农民春晚节目录制、央视四套《国宝档案》大运河传奇——中幡背后的故事录制、第二十一届“9•26”中国（廊坊）农交会开幕式表演，被河北日报、河北电视台、河北广播电台分别报道。完成前独立庄、后独立庄、东太平庄、小青庄务、西口头5个村级文化活动室新建和室内装修，有效提升村级公共文化服务水平。

领导班子成员

党委书记：何振龙
镇　　长：孙宏杰
党委副书记：王建国
人大主席：刘海军
副镇长：高广玉
副镇长：闫春生

（康亚静）

【蒋辛屯镇】　镇政府驻地：蒋辛屯村，位于县城北10公里。全镇总面积28.8平方公里，辖18个行政村（王店子、苍头、岭子、梁家务、河北吴村、闻庄、北三百户、北六百户、北头百户、大窑上、杨簸箕庄、北李庄、北五百户、大马坊、小马坊、后场、小祁庄、蒋辛屯）。2017年，全镇总共4747户，16217人，从业人员7153人，年末常用耕地面积30650亩，粮食播种面积11253亩，粮食总产量11000吨，全镇完成财政收入27002万元，同比增长258.6%，占全年任务的265.1%，全县排名第一。

党建工作　镇党委以“潮白之星”党建示范区的创建为契机，以习近平总书记系列重要讲话精神为统领，引领“一切工作到支部”，围绕突出主体责任、突出党建活力，突出干部作为，突出工作实效，不断提升基层组织战斗力、向心力和凝聚力。坚持理想信念教育放在首位，推进学习型党组织建设，推进“两学一做”学习教育常态化，并通过“党员活动日”、网络宣讲、微信公众平台、观看爱国影片，树立道德模范标杆等方式建立党员素质能力提升的“加油站”。坚持正确用人导向，始终坚持提拔任用有作为，注重敢作为，能吃苦的人才培养。任命一批工作表现突出的股级干部。创新基层干部考核机制，出台《蒋辛屯镇关于深化村街干部绩效考核激励的暂行办法》通过考核评定出等次，差别奖励，有效破除不作为、慢作为的问题，不断提高基层干部村街管理服务水平。加快村街“两室”建设。确保高质量、严标准，设施齐全，环境整洁的村街“两室”，为基层党组织开展活动奠定了坚实的基础。

美丽乡村全域覆盖　把美丽乡村建设作为造福群众、共建小康社会最核心的抓手，以“十二个专项行动”为统揽，全面开展美丽乡村创建工程，在全县率先打造出省级美丽乡村精品片区。对2015年就已完成美丽乡村建设的北吴村、王店子、仓头、领子等村街继续完善每个细节，提升每个环节，维护村街创建成果。加快做好2016年大窑上、梁家务、北头百户3个村街扫尾工作，推进美丽乡村管理的精细化、常态化，强化对美丽乡村建设成果的护持力度。2017年，开展了蒋辛屯镇剩余的梁家务、北头百户、大窑上3个村街美丽乡村建设，实现美丽乡村全域覆盖。并且蒋辛屯镇积极探索杨百庄村整体原址重建和谋划佰闻花园的回迁项目。

“煤替代”工程　“气代煤”工程共涉及

12个村街，共计4153户，全部安装完成，通气验收合格2350户。全县“电代煤”工程涉及蒋辛屯镇三条高压线路，塔基88基、挂线17.05公里，全部完成基础浇筑，并已组塔22基、挂线3.95公里，工程进展顺利。同时通过召开会议、村街大喇叭广播、微信公众平台、发放明白纸、悬挂条幅、宣传车等方式，广泛宣传燃气安全使用知识，并联合发改局、安监局、百川公司等部门负责人在村街举行“电代煤、气代煤安全知识集中培训”活动。

大气污染防治　年内完成辖区内25家“散乱污”企业的取缔工作并验收合格，3家VOCs企业治理工作查处，禁销散煤销售站点2处，协助扑灭火点30余处，拆除13家企业10蒸吨及以下燃煤锅炉27台，对所有裸土地面全部苫盖。

乡村旅游　以美丽乡村建设为契机，做足、做牢美丽乡村的产业支撑。2017年9月10日，余舍、国粹堂、松息别院等10个主题民宿举行集体开业仪式，对外营业。规划施工中的国学堂、新能源博览院、陶艺家、等风来等4家主题民宿正在建设中。紫薇花海、申茂农庄宗果乐园和腾奥庄园等农业项目稳步推进，滨河绿道、梁务商业街等项目启动建设，逐渐形成互动发展的良性态势。形成集住宿、采摘、观光、拓展、工匠体验于一体的新式乡村旅游精品线路。利用媒体推介加大宣传介绍蒋辛屯镇旅游资源、文化生态优势的力度，吸引京津地区旅游方向。乡居小筑旅游项目作为香河县主推旅游项目参加鸟巢“我荷你•香河旅游推介会”、廊坊市最美民宿评选、香河旅游形象宣传片的拍摄，提高了旅游资源知名度。

维稳工作　蒋辛屯镇多措并举扎实开展矛盾隐患排查，积极化解人民群众内部矛盾。集中开展信访积案、身边小案化解活动，针对农民土地征用、新农村回迁、换届选举、历史遗留问题等信访敏感突出问题，及时就地化解各类矛盾纠纷，确保了全镇的和谐稳定。圆满完成全国两会、一带一路峰会、党的十九大等重大活动等安保任务。年内，共接待信访案件34件，涉及信访人数131人，其中群体访4件，101人。已解决27件。

社会保障　严格落实城乡居民养老保险、新型农村合作医疗提标等惠民政策，农村低保应保尽保。年内，救助“春蕾女童”20名发放救助金1万元；蒋辛屯“爱心济民”互助协会发挥民间救助力量，共救助26人，发放救助金32.5万元，各类困难群众得到了妥善照顾。

计划生育　蒋辛屯镇计生总人口为17102人，已婚育龄妇女3166人，年内，全镇累计出生268人，符合政策生育率97.39%，出生率15.69.‰，死亡率6.97‰，人口自然增长率8.72‰。

精神文明建设　蒋辛屯镇坚持中国特色社会主义文化发展道路，人民群众精神文化生活更加丰富多彩，精神文明建设不断提升。年内，组织网络宣讲活动8次；市级媒体刊登稿件26篇；中省媒体刊登稿件10余篇；“政民桥”村街大喇叭广播节目9期；“蒋辛屯镇人民政府”以及“辛屯普法”微信公众平台每日更新；开展“最美家庭”暨“美丽庭院”主题评选活动；并先后组织开展“美丽乡村，魅力辛屯”文艺会演、“向党献礼，送艺下乡”书画笔会、“魅力辛屯，唱响中国”红歌比赛、“魅力辛屯、乐在骑中”骑行活动等迎七一系列活动及台球比赛、乒乓球比赛、文艺会演等丰富多彩的文体活动。

领导班子成员

党委书记：高金刚

镇　　长：刘　斌
党委副书记：谢　静
人大主席：高大永（9月任）
程　磊（任至9月）
副 镇 长：高大永（任至9月）
副 镇 长：刘福臣
副 镇 长：阮思琪（1月任）

（阮思琪）

【刘宋镇】 刘宋镇政府驻地刘宋村，位于香河县城东南部 18 公里处，距县政府 20 公里，辖区总面积 62 平方公里，播种面积 76084 亩，辖 25 个行政村（刘宋、东张庄、倪庄、马庄、程官屯、庆功台、王家务、八户、德辛庄、小刘庄、太平庄、蹼头屯、吴庄、尹庄、北村、北务屯、辛立屯、中营、刘庆庄、小陈庄、荆庄、大田、东王各庄、西王各庄、南孙家庄）。

2017 年，全镇人口 36848 人，已婚育龄妇女 6806 人，计划生育率 97.87%，综合避孕率 90.16%。年内植树造林 2090 亩，植树 10.45 万株。农业支持保护补贴资金 6378127.49 元，补贴面积为 53597.71 亩。

2017 年，刘宋镇共承担大气污染治理、取缔"散乱污"企业、全国"两会"安保、基层党建等省市县年度重点工作目标 20 项，信访稳定、美丽乡村建设、电代煤、气代煤等常规工作目标 38 项，万亩荷塘提标、"双十"聚民心促党建活动等突破创新性工作目标 2 项，刘宋镇基层党建工作代表廊坊市接受省委组织部定点剖析、省关工委到刘宋村调研关工委工作，均给予充分肯定。

万亩荷塘建设　以发展生态旅游观光业为目标，不断提高万亩荷塘景区配套水平。年内完善功能设施建设。推进 35000 平方米停车场及接待中心建设，至年底，停车场绿化工程基本完成。美化荷塘景区内道路 6 千米，栽植绿化面积 1.15 万平方米。在观音像东侧建观赏荷花栈道 500 米。完成荷香小镇餐饮住宿建设，已正式对外接待游客；开发建设旅游景点。杨家寨一期已全面开放，日高峰游园人数突破 2 万人。进一步加快杨家寨二期工程建设，已完成规划设计，至年底主体基本完工；提升万亩荷塘知名度、美誉度。6 月，协助县政府、县旅游局在北京鸟巢体育馆举办"我荷你"旅游推介会，刘宋镇万亩荷塘景区于 6 月 28 日成为"香河荷花节"主要接待景区。同时，香河县荷花产业园区申报经省农业厅审核合格，获批省级农业园区。庆功台一村一品申报工作完成，正式获批全国一村一品。

综治维稳工作　坚持"抓好源头预防、科学预防猜测、展开依法信访、强化调查研究、严格责任追究、狠抓工作落实"的工作原则，使全镇综治维稳工作取得一定成效。坚持领导接待日制度。每周一至周五安排两名副科级以上领导干部轮流接待来访群众，对能够当场处理的问题，接访领导直接答复或提出处理意见，责成有关部门和单位办理；对情况复杂、涉及面广、影响较大的重大疑难信访件，责成有关部门和单位在规定的时间内办理。开展矛盾排查。坚持经常性排查与集中排查相结合，发动包村干部和各村街力量，建起刘宋、庆功台、程官屯等 18 个综治中心村，依托"智慧网络"，对信访老户和重点人员进行摸排，发现问题、及时解决，将矛盾隐患化解在萌芽状态。打击非法集资活动。加大防范处置非法集资力度。对辖区金额较大、涉及人数多、社区影响大的案件，提前做好维稳预案，并加大宣传力度，让更多的群众了解非法集资活动的危害，先后累计发放宣传资料 220 份，制作横幅 130 条，张贴宣传标语 2100 条，出动宣传车 300 车次；对在信访活动中伴有违法行为的，对社会影响较大、性质恶劣的，做好前期调查取证工作，并迅速采取必要措施，及时组织部署，以高压态势予以严厉打击，有效遏制非法集资活动的势头，防止事态进一步扩大。通过一系列行之有效的举措，全镇综治维稳工作取得显著成效，圆满完成了“两会”、“一带一路”、“5·18”经贸洽谈会、省党代会、暑期、十九大安保以及重要节日期间的安保工作，未发生一起进京赴省上访等事件。

大气污染防治　以保护大气环境、维护公共安全为己任，深入推进大气污染防治工作。

源头治污。严控燃煤污染，淘汰燃煤小锅炉，改用电、燃气及省、市规定的其他清洁能源或彻底拆除；严控扬尘污染，对达不到绿色施工标准的一律整顿，对不符合环保要求的渣土运输车辆一律予以处罚，同时对裸露的地面土方进行苫盖整治；严控焚烧工作，落实24小时巡逻、路段和地块专人盯守、大喇叭广播宣传等制度，有效遏制了春秋季秸秆及垃圾、落叶、荒草焚烧。同时节日期间控制烟花爆竹燃放，减少污染；严控露天烧烤和街头摆摊设点。针对夏季路边烧烤，镇环保所逐户下发通知，严厉查处违规露天烧烤；针对集市违规占道摆摊设点行为，重点查处。

清理截污。开展“散乱污”工业企业专项整治行动，排查发现全镇“散乱污”企业86家，涉及VOCs整改提升的企业51家，按要求对86家企业进行全部取缔清理，VOCs整治企业已有2家企业完成环保设施的安装并通过环保部门的验收备案，49家完成设备安装，等待环保部门的验收备案。年底前完成全部设备安装和验收工作。

制度控污。制订完善了刘宋镇环境保护网格化管理办法，建起了镇“三级网格、三级管理”环境保护网格化监管体系,落实“五定”举措，即：定区域、定人员、定职责、定任务、定奖惩。

美丽乡村建设　2017年刘宋镇美丽乡村建设涉及20个村街，镇党委、政府把美丽乡村建设列为全镇一项长期抓的重要工作，坚持“政府主导、各村联动、全民参与、综合整治”原则，通过以点带面，逐步推开的方式，扎实推进美丽乡村建设。程官屯、八户、太平庄3个省级创建重点村，以及庆功台、王务、北务屯3个市级创建重点村成效突出。道路硬化工程已完成30万平方米，太平庄雨水沟工程、庆功台生化处理池工程、程官屯生化处理池工程、太平庄生化处理池工程已完工，其余村街生化处理池工程正在施工中。王家务、程官屯、太平庄3个村街进一步开展主街铺装绿化工程，至年底基本完工，3个村街基本达到省级精品村标准，待验收。庆功台已逐步开展两条特色主街改造、村内铺装工程，由财政局进行评审后，进行招标。另一方面，坚持自主创建出精品。至年底，幞头屯、张庄、倪庄、中营、马庄、北村、陈庄、刘庆庄、辛立屯、大田、荆庄、东王各庄、西王各庄、孙庄14个县级自主创建村，已全部开展了垃圾治理专项行动，为各项工程入场施工做前期准备。张庄、孙庄、刘庆庄、幞头屯4个村街完成各项工程图纸设计及预算，正在由县财政局评审。

“煤替代”改造工程　“气代煤”工程涉及7个村街，共5186户，需铺设中压管线27.8千米，村内低压管网233.3千米，安装调压柜16个。至年底全镇共完成户内炉表安装及挂表4863户，占总任务的93.77%；铺设中压管线27.8千米，占总任务数的100%；完成低压管网233.3千米，占总任务数的100%。其中4941户存在取暖需求的居民住房已经全部安装天然气采暖炉，同时每个村安排5~7名安全员，全天候负责气代煤各项协调、巡查、督导工作，工资由镇财政统一列支，确保安全员尽职尽责，顺利推进“气代煤”工作，年底前，接通使用率达61%。“电代煤”工程涉及18个村街，共6806户。其中10千伏高压架空及地埋线路改造105.34千米，村网低压线路改造54.48千米，增设变压器111台，入户改造全部完成。至年底，18个村街的表下安装、表下布线和电暖气安装工程全部完成，完成总任务的98%。

基层党建工作　推进“两学一做”学习教育活动。紧紧围绕“两学一做”学习教育“基础在学、关键在做”的精神实质，坚持党委中心组学习制度，建立了村“两委”干部、党小组长党建学习卡，落实了“三会一课”（支部党员大会、党支部委员会、党小组会和党课）等党内组织生活报备督查机制，推行了党员违法、违纪、违规、违信惩戒机制。先后组织村支部书记和致富带头人到北京、山东、固安等地参观学习，开阔视野、拓宽思路。采取集中学习、送学上门、“大喇叭”广播、“荷香刘宋”微信平台等方式，对党员干部进行党章、党规，习近平总书记系列讲话精神以及中央省市县委一系列文件精神的传达学习。

打造党建示范区。依托“美丽乡村”建设，确定庆功台、刘宋、程官屯、八户等村街为创建对象，围绕“建设坚实班子、推动经济发展、打造宜居环境、促进和谐稳定”目标开展创建工作。清理垃圾杂物2.84万余立方米，拆除临建4000多处，约2.6万平方米，改厕3840座，完成墙体立面改造粉刷75万平方米，铺设安全饮水管线36万多米，铺设污水治理管线9万多米，安装水表3800多块，安装太阳能路灯1844盏。庆功台村还建起集基层党建、廉政教育基地于一体的村民活动中心，至年底主体工程完成。在此基础上，落实了《刘宋镇农村“两委”干部“两考三评一定”绩效考核实施细则》《刘宋镇村务活动专项经费管理考核办法》《刘宋镇创建“五星”级党组织考核办法》，以及村务工作“四议一行一监督”机制。

抓实后进支部转化。2017年，突出对吴庄、西王各庄、张庄和辛立屯4个村街进行整顿转化，对症施治，因村施策。针对吴庄、西王、张庄村集体经济薄弱问题，主要通过摸排村内现有“三资”（资金、资产、资源），实行盘活、整合、提标等方式，帮扶村街探索合作社模式，增加集体收入80余万元。针对辛立屯村“两委”班子不和谐问题，主要通过加强思想教育，实行专题培训，结合组织约谈，提高思想认识，强化服务意识，提升服务水平。

开展“双十”活动。以提升党员党性修养和村民文明素质为突破，围绕推动科学发展、弘扬文明乡风、维护和谐稳定“三个目标”，制定出台《刘宋镇文明道德建设“十倡导”》和《刘宋镇村规民约建设“十不准”》。把各村街村民活动场所确定为“双十”规范建设主阵地，将文明道德建设“十倡导”和村规民约建设“十不准”以图文并茂的形式制成展板，固定在村街文化活动广场的一角，丰富文化活动广场内涵，让党员干部群众在游玩娱乐、休闲健身的同时接受法律知识的熏陶，促进邻里和睦，社会和谐。以庆功台村“双十”广场为样板，完成刘宋、程官屯、太平庄3个村街“双十”活动广场建设，并配套建设“礼、忠、孝、廉”等宣传展板。

“双十”文化广场图片（刘宋镇政府提供）

提前谋划村“两委”换届工作。对所辖25个村街依据“八个方面情况”进行拉网式排查，全面掌握村街基本情况，详细分析继续留任干部、需调整干部、拟新任干部等人选范围，逐一进行谈心谈话，详细摸清思想动态。按照好、中、差三种类型对村“两委”班子换届情况进行评估，分类排队。同时针对存在不稳定因素的村街实施“一村一策”，有针对性地制定应急预案，通过入户走访、集体座谈、侧面摸排和一对一谈心等多种方式，深入分析影响换届选举的主要因素，经认真梳理，建立选情台账，建立人选信息库，做好人才储备。

党风廉政建设　从源头入手，全面履行监督责任。实施领导干部“一岗双责”制度。刘宋镇党政班子成员全部签订《党员领导干部廉政承诺书》，实施重大事项报告制度，镇党委与各村街分别签订《党风廉政建设责任状》。落实“三重一大”“四不直接分管”制度。出台了《刘宋镇党政领导“四不直接分管”制度》。对重大工程建设、重要干部任免、重大事项安排、大额资金使用，严格按照“三重一大”事项要求进行。加大制度建设执行力度。进一步严肃机关工作纪律，重新修订了机关干部考勤、请销假、值班制度，细化完善了机关干部“十六不准”和公务用车管理办法，严格执行《刘宋镇关于差旅费管理规定》和《机关食堂管理办法》；加强思想教育，提高领导干部党风廉政建设意识。向党政领导班子成员、镇机关干部、村干部及时传达学习中央、市县纪委工作会议精神，让党员干部了解上级反腐方针和决心。依托刘宋镇“万亩荷塘”开发和美丽乡村建设，把廉洁文化融入其中，以莲倡廉，在全镇各主要街道绘制“清莲（廉）”“爱莲（廉）”为主题的廉政文化墙，进一步强化党员干部的纪律规矩意识、廉洁自律意识；建立新常态，强化监督执纪问责。开展正风肃纪专项行动，重点针对机关工作纪律、办公用房、机关食堂、公车管理、便民窗口服务及值班工作等方面存在的违反八项规定行为开展监督检查，持之以恒纠正“四风”，接受群众监督。建立廉政谈话制度。定期对机关党员干部和村街党组织书记进行廉政谈话，对苗头性问题提醒在前，对倾向性问题防范在前，对普遍性问题约束在前。加强农村“三资”管理。定期督导农村“三资”管理工作，根据《刘宋镇农村“三资”管理办法》，严格规范农村“三资”管理和惠农资金使用工作程序；加大案件审理力度，严惩基层“微腐败”。充分发挥村务监督委员会及信访监督员作用，抓早抓小，尽力把种问题和矛盾解决在萌芽状态。通过财务清查发现线索、群众来访收集线索、对工程项目监督掌握线索、对干部约谈提炼线索等多渠道收集线索，加大案件审理力度。

路网建设工程　2017 年主要目标是打通堤顶路，拓宽镇域倪李线（刘宋—国安路段）、香北线（倪李线—中营段）路面达 12 米、总长 9.3 公里。至年底对香北线路两侧违建的临时棚子、广告牌匾、村街牌楼，以及乱堆乱放的设施进行了移除。完成香北线、倪李路两侧 3750 余棵树木的移除补偿工作。同时进行强电高低压及弱电（移动、联动、电信）线路的入地改造，共涉及强电高低压线路 32 根，弱电线路 124 根，以及配合“电代煤”所铺设的 10 千伏地埋线管道 5000 余米。至年底，强电线路、10 千伏已全部完成，弱电线路进行中。两侧的排水系统接近尾声，香北线、倪李路拓宽改造工作进展顺利。堤顶路已通车，成为连接万亩荷塘又一条新通道。

惠民政策　在美丽乡村重点村太平庄、北务屯、王家务、八户、程官屯、庆功台和镇政府、文化站安装阅报栏 26 个,阅报栏张贴党报党刊 70 余期，发放“书香香河”阅读卡 1000 余张。为东王各庄、西王各庄、孙各庄、大田、荆庄、刘庆庄、中营、小陈庄、吴庄、太平庄等村配备健身器材。动员全镇 28500 余人参加了城乡居民医保缴费，为全镇 60 周岁以上 7000 余人每月发放农保金 110 余万元。为全镇 25 个村街发放第一批次社保卡 18290 余张。认真做好农业支持保护补贴面积核实及公开、上报工作，保证县政府拨付的补贴资金能及时、准确地打入农户的账户。关注关爱妇女健康，开展免费“两癌”（宫颈癌和乳腺）筛查活动，对全镇 617 名 40~55 周岁适龄妇女进行免费体检。

文明素质提升　依托村街文化广场，组织开展秧歌、广场舞、戏曲文化演出 300 余场。立足助力创建文明县城，开展“最美家庭”寻找、培树、表彰活动。以庆祝 2017 年国际母亲节为契机，5 月 10 日组织召开了全镇“最美家庭”暨“好母亲”表彰大会，对活动中涌现出的 20 户“最美家庭”和 5 户“好母亲”进行表彰。

帮扶救助工作　为 3 户发放医疗救助金 10000 元，为 20 户发放临时救助金 38000 元，精准扶贫帮扶对象 16 户，9 月 13 日接受省扶贫办检查，得到肯定。落实残疾人相关政策。年内，为 144 名困难残疾人申报生活补贴，为 349 名重度残疾人申报护理补贴，为 6 名残疾人办理残疾证，为 4 名残疾人申报应急救助，为庆功台、程官屯村残疾人提供鹅雏 10000 余只，按要求为残疾人配备残疾器材轮椅、坐便椅、浴椅，组织 40 余人参加残疾人种养实用技术、电脑、按摩、修理等培训。协同市县妇联慰问村街优秀党员妇代会主任 1 名，发放慰问金 1000 元。

安全生产工作　年初与各村街、重点企业签署“消防安全责任状”和“安全生产目标管理责任书”51 份；6 月，针对全镇家具行业比较集中的实际情况，在张庄村新艺达包装有限公司开展火灾事故演练，发放消防安全宣传单 200 余份；按要求在镇区 12 个村建立村级微型消防站 12 个，消防水鹤 1 座；对“六小”（小餐馆、小理发馆、小洗寓小店铺、小娱乐场所、小网吧）门店及“三合一”（仓库、生产车间、宿舍)、“多合一”(仓库、生产车间、宿舍、办公室、厨房等)场所进行明察暗访10余次,出动检查人员130人次,检查生产经营单位110家,下发安全隐患整改通知书89份,有效地遏制了重特大安全生产事故的发生,实现全镇安全生产零死亡的目标。

计划生育　年内,审批通过奖扶、特扶对象92人,其中一孩35人,双女51人,特扶6人。落实农村计生家庭独生子女高考加分优惠政策,其中高考28人,中考46人。发放独生子女费19万元,发放救助公益金、各种补贴7万元,给全镇8户特殊家庭人群建立帮扶台账,发放体检卡14张。对刘宋、东张庄、大田3户单亲家庭女孩送去书包、台灯、文具等学习用品,同时还为大田村单亲女孩、张庄村特困学生发放慰问金6000元。此外,圆满完成国家卫生计生委开展2017年流动人口卫生计生动态监测调查工作。

农林工作　2017年春季造林任务1930亩,完成造林2090亩。立足防大汛、抗大旱、抢大险,开展防汛抗旱集中业务技能培训3次,准备编织袋7000条、彩条布1400平方米、树枝205吨、树桩350棵以及手电筒、雨胶鞋等防汛物资,新打机井11眼,秋冬季重新规划设计东五村(东王、西王、孙庄、荆庄、大田)3条支渠防汛抗旱。6月,刘宋、程官屯、东张庄、德辛庄农业开发扫尾工作顺利通过检查验收。

领导班子成员

党 委 书 记:刘爱军
镇　　　长:张铁兵
党委副书记:石明辉
人 大 主 席:刘洪来
副　镇　长:佟永强(满)
　　　　　　薛　雷

(李　会)

【钳屯镇】　钳屯镇位于香河县城西南,钳屯镇政府驻地钳屯村,距县政府6公里,北邻淑阳镇,东连环保产业园区和五百户镇,西与安平镇和香河经济开发区接壤,大香线、双安路、香务路、香武路、运河大道5条省、县级道路从镇区纵横穿越。京杭大运河、青龙湾两条河流在镇区西部和南部蜿蜒流淌。现镇辖区1958年属城关公社,1961年建钳屯公社,1983年改乡,2013年11月26日,“撤乡建镇”更名为钳屯镇。

全镇总面积31平方公里,辖19个行政村(红庙、茅草店、后家湾、二百户、起河屯、坨子、西延寺、前延寺、贾庄、窝头、钳屯、叶屯、尚店、张庄、池屯、赵屯、草寺、刘庄、雀林院)。全镇总人口21185人,其中从业人员9307人,常用耕地面积29854亩,粮食播种面积29040亩;粮食总产量16845吨,农林牧渔总产值2.9亿元。2017年,财政收入完成7781万元,完成任务的106.9%,全社会固定资产投资完成7亿元,镇民营经济单位512家,从业人员6018人,实现产值108672万元;规模以上工业企业产值完成110280万元。全镇投资千万元以上项目7个,总投资236.3亿元;计划开工千万元以上项目10个,总投资397.6亿元;在谈项目6个,总投资53.5亿元。2017年,钳屯镇获2017年度全国千强镇325名,成功跻身“全国千强镇”行列。2017年,钳屯镇获全国千强镇325名,成功跻身“全国千强镇”行列。先后被评为河北省第三次全国农业普查先进集体,2017年度河北省建设领域统计工作先进集体,市级“书香之乡”,市级农村公路“五星”养护中心,征兵工作、项目建设、环保工作、美丽乡村建设等工作被评为县级先进单位,县委、县政府授予钳屯镇“优秀领导班子”“创优争先荣誉单位”称号,尚店村被评为廊坊市平安村居、市级先进农村党组织，二百户村、红庙村被评为县级先进基层党组织。

基层组织建设　全镇共设立 33 个基层党支部，其中，镇机关支部 1 个，企业支部 3 个，非公企业支部 7 个，教联支部 1 个，老干部支部 1 个。19 个村街设立党总支 3 个，党支部 16 个。至年底，全镇共有党员 961 名，其中镇机关支部 62 人。30 岁以下的 127 人，60 岁以上的 446 人，研究生 8 人，本科 65 人，专科 143 人。农村党支部成员 61 名，村“两委”成员 101 名，村民代表 296 名。 2017 年 1 月圆满完成镇党委、政府、人大换届工作。

党委班子自身建设。健全完善党委班子规章制度，实行重大事项民主决策，完善中心组学习制度和周五集中学习制度，加强理论武装，深入学习中共十九大精神、习近平重要讲话精神、新条例、新准则和省、市、县委全会精神，要求班子成员恪守“五有”（心中有党、心中有民、心中有责、心中有戒、心中有同志），力行“四戒”（戒令下懈上、戒不敢负责、戒事情过夜、戒糙之大概），做到“三个全程参与”（全程参与所包村重要决策议定、重大工程实施、信访矛盾化解），强化“政治意识、大局意识、核心意识、看齐意识”，以班子自身建设不断加强为基层作表率，发扬“磐石般信守、黄牛般坚忍、工匠般精准、钉钉子般落实、公仆般奉献”的钳屯镇机关精神，秉承“马上就办、办就办好、办出一流、办出特色”的工作宗旨，切实做好各项工作。

村街干部队伍建设。成立村干部绩效考核小组，结合年度重点工作，对村两委班子进行考核打分。对发展党员、村民宅基地审批、困难补助申请等 33 项村街党务、村务工作，制定“小微权力清单”，形成运行流程，让干部明确权责，照流程运行操作。严格管理，用好“四种形态”，对个别村干部出现的违规苗头及时诫勉谈话。

开展“两个专项”行动，充分履行“主体”责任。钳屯镇党委牢牢把握管党“主角”和治党“主体”责任，以开展“两个专项”行动、和落实“两考三评一定”为抓手，坚持问题导向，明确目标，压实责任，规范流程，严格考核，努力打通从严治党向基层延伸“最后一公里”。6 月 27 日，市委常委、纪委书记魏国东对钳屯镇村务管理监督、村级“微权力”运行等方面工作进行专题调研，7 月 9 日，在县规划馆成功召开以钳屯镇为试点的全县整治农村基层“微腐败”暨村级财务审计工作现场会。

基层“两室”工作。加大村街“两室”建设力度，在赵屯村、后家湾村新建高标准村级活动场所，扩建张庄村老年活动中心，同时配套完善相关管理服务机制，为贾庄、红庙、前延寺、刘庄等 6 个村街升级办公桌椅、远教广播设备，形成村情共商、资源共享、难题共解、文明共创、活动共办的农村党建新模式。

民主法制建设　开展各种形式的思想道德和法制教育，重点抓好预防青少年违法犯罪、流动人口管理、刑满释放人员帮教等工作，深入开展中小学生普法宣传教育工作，重点是加强对学生的道德和法制教育，增强遵纪守法的自觉性，推动规范校园安全管理，提高校园整体防范水平。2017 年，共开展以普法为主题的法律宣传咨询活动 7 次，解答群众咨询 75 人次，法律宣传受教育面达到 2800 多人次，办理非诉讼法律援助案件 25 件，完善了矛盾纠纷排查、预警、调解、处置 4 个机制，在全镇形成上下联动、纵横联网、责任落实、运转有序的大调解格局，基层司法行政整体职能得到充分发挥。

农业基础设施建设　至年底，19 个村全部通上自来水，农田灌溉机井 384 眼，先后封堵枯井 145 眼。春季植树 1630 亩，及时做好春尺蠖及美国白蛾的监测和防治，主要是夏安路、双安路两侧，运河大堤、青龙湾大堤的防治任务，防治面积 1.1 万亩。建立镇村两级农业用水协会，保证农村用水安全。落实河长制工作，责任到人，北运河、青龙湾减河、香五自流渠防护任务分段到村、巡护到人，设立公示牌 16 块。

“煤替代”工作　以安全为前提，扎实推进“煤替代”工作，通过天网广播、微信平台、宣传单等形式宣传大气污染防治、煤替代、安全生产等重点工作，在每户燃气炉和燃气表旁张贴悬挂燃气使用须知，向群众发放燃气安全使用资料。同时依托村街聘任安全协管员、乡镇集中开展安全教育的方式，为村民讲明煤改气工程实施的政策流程、安全使用方法等，共计入村集中培训 20 余次，发放燃气用户明白纸 8000 余份，张贴温馨提示使用须知 5000 余张，悬钉入户燃气管道安全须知宣传牌 5000 余块，全面提高群众对安全用电、用气的熟知度和知晓率。至年底，草寺、赵屯、后家湾、二百户、茅草店、起河屯、红庙、钳屯、坨子、窝头、前延寺、西延寺、张庄、贾庄共计 14 个气代煤村街全部完成管网施工，村街管网共计 103600 余米，完成中压管网 3 条，总计 8000 余米，户内燃气表、燃气灶、壁挂炉等安装 14 个村街全部完成，共计挂炉 5000 余台，开通验收 3800 多户，发放燃气卡 2900 余张，完成水连接 2100 余户。“电代煤”工程共涉及池屯、尚店、叶屯、刘庄、雀林院 5 个村街，至年底，外线、内线以及智能蓄热电暖器安装工作全部完工，5 个村街共计安装 1600 余户，安装电暖器 4700 多台，已投入使用。途经或直送镇域需新架线路 7 条 53.49 千米，涉及红庙、起河屯等 15 个村街，累计协调农户、相关企业 570 户，在镇村和供电部门、施工单位三方密切配合下，所有的架线路全部完工。

农村容貌改造提升　以“两改一拆一清”活动为契机，全面搞好村街“四清四化”（清垃圾、清杂物、清残垣断壁、清庭院；净化、绿化、亮化、美化），清除村街房前屋后垃圾、残垣断壁及违章建筑，优化生活环境，提升村容村貌。2017 年共清理垃圾 1.8 万立方米，清理违章建筑 50 处，清理残垣断壁和路障 92 处，实现村街环境的整体改善提升。

农村环境卫生管理　建立长效保洁机制，配备专职保洁队伍，签订环卫工人用工合同。全镇共建设垃圾池 186 个，聘用保洁员 63 名，配备大小垃圾车 24 辆，对镇村主干道全天清扫保洁，对干道两侧土堆、料堆全部苫盖，对来不及硬化的村街出口使用碎石硬化道路。

大气污染治理工作　整治“散乱污”。制定《钳屯镇“散乱污”企业治理工作方案》，组织人员对辖区范围内的“散乱污”企业进行“地毯式”调查摸底，严格按照“两断三清”要求对 129 家“散乱污”企业进行关停取缔，同时，公布环境监督举报电话，接受群众监督举报，实现 “散乱污”企业巡查、整治常态化；锅炉淘汰。对非建城区锅炉进行摸底调查，共统计剩余燃煤锅炉 143 台，其中工业生产用 5 台、洗浴用 2 台、取暖用 136 台，年底前全部拆除；秸秆禁烧。制定钳屯镇禁烧区域图，标注地块，明确责任人，成立巡逻小分队，村街雇佣 150 名防火员，进行不定时巡逻，确保镇域内不着一把火、不冒一股烟；扬尘治理。对镇区内可能造成扬尘污染的料场、搅拌站实施全部苫盖并进行洒水降尘工作。雇佣散水车 6 辆对镇区内主要干道（大香线、香务路、双安路）及连村公路进行全天候散水降尘工作，雇佣道路保洁员 26 名，每天对区域道路两侧垃圾、积土等进行清理。

稳定工作　按照“实战化工作平台”的定位和“综治办＋综治信息化＋组团式服务”模

式，建成镇综治中心，设立“一厅两室两中心”（接待大厅、视联网会议室、矛盾纠纷调处室、综治信息工作中心、视频监控中心），司法、民政、信访、国土、人社、卫计等职能部门派员入驻办公，建成融群众接待、便民服务、平安指挥于一体的群众工作中心，实现天网、信访维稳、便民服务“三位一体”。并在窝头、二百户、红庙3个村街设立试点，按照“一格一员”要求实行网格化管理。建立全镇信访隐患台账，实行动态管理，做到底数清，情况明，发现新的隐患随时入帐。凡是涉及信访维稳的工作，镇村主要领导、部门负责人、各相关人员第一时间作出反应，贯彻执行镇党委、政府的各项要求和工作安排，确保小事不出村、大事不出镇，一切矛盾纠纷化解在基层，确保和谐稳定。全年共接待上访群众450人次，成功化解矛盾纠纷102起。

新民居建设　双安新城社区位于双安路北侧，占地15.6公顷，建筑面积24万平方米，截至2017年上半年，12栋回迁楼已全部完成楼内外装修，主体工程质量检测、建筑消防设施检测和电梯质量安装检测，水、电、暖、气等居民生活设施基本配套到位，小区绿化、硬化、亮化等各项工程已完成，整体达到回迁入住条件。经开发企业申请县镇审批同意， 双安新城社区首批搬迁村街3个，分别为窝头、贾庄和坨子村，2017年，双安新城回迁工作共完成签约排号548户，排号率90.8%，完成签约485户，签约率达到80.4%，完成1∽6轮选房工作。实施农村改厕工程，改善村民生活环境卫生质量，二百户村建造双瓮式厕所475座，后家湾村建造双瓮式厕所420座，并已投入使用。根据村街的实际情况，采用庭院式小型湿地、污水净化池和小型净化槽等分散式污水处理技术，对生活污水进行了无害化处理，二百户村建立248处，后家湾村已建立210处。后家湾完成村街道路硬化29800平方米，安装路灯290套；二百户村道路硬化67000平方米，安装路灯227套。

社会保障工作　镇卫生院已纳入县政府重点工程计划，全镇19个村街全部建立村级卫计室，最大程度方便群众就近就医。建立城乡居民统一的基本医疗保险制度，执行统一的城乡居民医疗保险政策，做好城乡居民医保收缴工作，至年底，全镇总人口19886人，完成医保缴费18960人，完成率95%；全镇设初级中学1所（县十一中），小学6所，国办幼儿园6所，拥有在岗教职工145人。小学适龄儿童入学率 100%，初中适龄人口入学率、小升初升学率、九年义务教育覆盖率均达 100%；全镇低保户37户，保障人口67人，转入和新增特困人员救助供养103人，全部实行社会化发放，全年共发放低保金39.4万元。

计生工作　2017年，已婚育龄妇女3853人，出生儿童338人，符合政策生育率97.63%，性别比为112（179∶159），手术289例，综合避孕率90.09%。全年办理一胎服务登记卡105个，二胎准生证120个，新增奖励扶助52人，特扶4人，全镇有459人享受奖励扶助。完善全员人口信息系统，实现PIS（个人形象识别）系统离线版管理客户端上线运行。加强基础信息库建设，查漏补缺，确保信息变更的及时性，数据录入的完整性和准确性，努力提高人口覆盖率水平。按照“属地化管理，市民化服务”的原则，流动人口实现了规范化管理，电子建档率达到了60%。

重点企业　2017年，总投资150亿元的青山奥特莱斯项目，占地　公顷。至年底，8600平方米的奥莱综合体招商中心已进入冲刺阶段，将启动6万平方米的米兰特色小镇建设工程，建成后将集中央休闲购物区、现代服务产业集群、产业综合服务于一体，成为现代商贸业的又一鲜亮名片，已列入省重点项目。

领导班子成员

党 委 书 记：张占春
镇　　　长：崔福军
党委副书记：孙爱军
人 大 主 席：赵立军
副　镇　长：李颖杰
副　镇　长：王辉军

（石　磊）

【钱旺镇】 钱旺镇政府驻地钱旺村，位于县政府东侧，距县政府5公里，辖区面积36.90平方公里，辖21个行政村（土堡子、马房顶、刘庄、元庄、田贾庄、焦康庄、义井、达古庄、大高坨、袁官屯、大六王庄、小六王庄、大河各庄、富各庄、东马家窝、西大街、后大街、和平街、姜吴街、成自务、钱旺村）。2017年全镇总人口26619人，人口自然增长率8.47‰；从业人员15212个劳动力；财政收入6980万元，同比增长2.8%，农业机械动力60150千瓦；全镇工业总产值170000万元；镇区总人口1940人，占地面积0.45平方公里。

基层组织建设　钱旺镇党委所属30个党（总）支部，其中农村党总支5个，党支部16个，镇直和镇直非公企业党支部9个，至年底，全镇共有党员1164名。钱旺镇党委所属21个农村党（总）支部：大河各庄党总支、义井村党总支、田贾庄村党总支、姜吴街党总支、成自务村党总支、土堡子村党支部、马房顶村党支部、元庄村党支部、刘庄党支部、焦康庄村党支部、西大街党支部、后大街党支部、和平街党支部、东马家窝党支部、富各庄村党支部、小六王村党支部、大六王村党支部、袁官屯村党支部、大高坨村党支部、达古庄村党支部、钱旺村党支部，镇直和镇直企业党支部9个：钱旺镇机关党支部、青年路党支部、教育联合党支部、峻宇锅炉党支部、创业基地联合党支部、工矿配件恒通电气党支部、构件厂水泥厂党支部、华兴党支部、富家家具党支部。深化党员发展管理模式。加大对入党积极分子培养、考察力度，有序发展党员。严格落实发展党员工作培养、预审、公示、票决、谈话、追责“六项制度”，重点在农村优秀青年、企业技术人才中发展党员，坚决纠正突击发展党员、曲线发展党员、发展近亲党员等问题，确保发展党员质量，控制发展党员数量。进一步加强对党员的教育引导，提升基层党员的政治敏锐性，坚定党员共产主义理想信念。大六王村党支部被廊坊市委组织部授予先进农村党组织荣誉称号。2017年全镇新发展党员7人，转正党员15人。入党积极分子共84人。

民主法制建设　为切实维护村街的稳定，建立健全村街法律顾问，依法、及时、妥善地处理农村人民内部矛盾，解决影响农村稳定的各种纠纷。组织各调委会主任学习、探讨，提高调解人员的调解技巧及处理问题纠纷的能力，做好深入细致的思想政治工作，从源头上防止和化解引发矛盾纠纷的各种因素，防止矛盾激化，找准群众利益的共鸣点和宣传的切入点，引导群众按正常的渠道反映和解决问题。

深入开展法制宣传教育，推进依法治理进程，建立健全了普法、学法制度。镇司法所不定期用平安网进行法律宣讲，充分利用天网广播、发放明白纸、悬挂横幅、中小学校黑板报等形式进行普法宣传，取得明显效果。在镇政府明显位置建立了宣传栏，不定期更换内容，加大了对普法工作的宣传力度。

加强对社区矫正人员的管理，对入矫人员及时进行登记，宣告入矫，与村干部谈话了解入矫人员的基本情况及在村表现，结合矫正人员的实际情况制订社区矫正方案，做到一人一档，并有专人负责管理。加强社区矫正人员日常工作的管理，要求矫正人员每周电话报到一次，每月到司法所报到一次，严管人员每周到司法所报到一次。对矫正人员每月进行一次个别谈话，组织一次集中学习教育和义务劳动。按时参加县局组织的学习培训，并要求矫正人员对每次的学习内容写份感想或收获。同时，使用管理机，随时察看每名矫正人员的行动情况，有无关停机情况。对于刑满释放人员的管理，采取一名司法干警和一名村干部负责帮教一名刑满释放人员的方法，确保安置帮教工作真正落到实处。至年底全镇入矫正人员共计22人，全面纳入矫正管理。

农业管理　积极推行小麦“一喷多防”管理技术，发放宣传资料800份。指导农民选准药种，适期防治。有效地减小了蚜虫的危害，促进农业增产，农民增收。对绿化地块通过承包管护方式，划分管护任务，细化管护责任，鼓励并发展林下经济；化学防治美国白蛾，配合飞机防治，有效地遏制了虫害的发生趋势。

农村容貌改造提升　建设美丽乡村提升幸福指数，明确“分步走”的发展目标和“抓点、连线、成片”的工作思路，积极做好主干道沿线村街的“四清”（清理垃圾、清理树叶、清理柴草、清理杂物）和美化工作，确保沿线可视范围内村街环境的整洁美观、规范有序。对辖区内潮白河北堤沿线白色垃圾，杂草，污泥，条幅进行彻底清理，对辖区内的主要路段临街商铺的违规临建、广告牌、杂物等进行清理整治，为美丽乡村建设奠定了坚实的基础。

农村环境卫生管理　各村街和小区产生的垃圾，实行定点存放，集中收储，专人清运，实现垃圾日产日清，保证环境卫生工作的顺利开展。沿路居民严格遵守门前“三包”（包门前卫生、包门前秩序、包门前容貌）制度，自觉维护市容市貌。做好垃圾池规划建设工作，实现垃圾处理过程中的“定点投放、定时清运、定点处理”的管理模式。配备了垃圾清运车6辆、水车3辆。坚持集中整治与日常维护相结合，强力开展对村庄死角、垃圾乱堆的整治工作，真正达到整治工作“全覆盖、零遗漏”。积极做好主干道沿线村街的“四清”和美化工作，确保沿线可视范围内村街环境整洁美观、规范有序。对辖区内潮白河北堤沿线白色垃圾、杂草、污泥、条幅彻底清理，对辖区内主要路段临街商铺的违规临建、广告牌、杂物等进行清理整治。全年累计投入500余万元，动用挠机200余台次，翻斗车700余车次，人工3500余人次，清理垃圾3万多吨。

大气污染治理　严格落实对涉气工业企业的整治力度，全方位降低污染排放。开展突击检查，有效制止了企业偷产、偷排污染大气的行为。全镇范围内所有渣场、料场、搅拌站实现100%苫盖。全面清理整顿露天烧烤，全镇20余家烧烤点实现“烧烤零露天”。麦收期间强化巡查和禁烧奖励，确保辖区内秸秆“零焚烧”。充分利用天网广播、微信平台、条幅等方式进行全方位宣传清理取缔“散乱污”企业的相关政策法规，多部门协同配合，主动出击，摸清底数，分类划片，细化网格。对认清形势积极整改的企业保障整改空间，鼓励企业转型、厂房转型，对拒不整改、顽固抵抗的企业，相关部门联合执法、严厉打击，严格实行“三清两断”标准（“三清”：清产品、清设备、清原材料；“两断”：断水、断电），采取断电，暂扣、没收生产工具，强制拆除生产设备等步骤坚决予以取缔。针对时间点，倒排时间表，周密部署，挂图作战。核查一个，完成一个，销号一个，做到每日有进展，每天有成果。全年共关停取缔“散乱污”企业110家。

“煤替代”工作 钱旺镇全面实行镇领导包片、镇干部包村、村干部包户责任制。为确保工程顺利推进，及时制定详细施工方案，由各村支书、主任牵头，协调解决矛盾纠纷，妥善处理施工中的各种问题，创优工程建设环境，保证项目单位顺利完工。

全镇“气代煤”工程共涉及15个村街，5672农户,管线总长度约13.7万米。“电代煤”工程共涉及5个村街，2452农户。至年底，“煤替代”清洁采暖改造工程已经全部完成。

信访维稳 结合镇域信访形势，完善信访机制，认真梳理信访问题根源，坚持“以人为本”的信访工作思路，以解决群众合理诉求作为根本出发点，统领全镇各项工作，从维护全镇和谐稳定入手，推动全镇村风民风、社会形势和工作业态持续向好。强化镇区矛盾纠纷化解力度，创新“敞开窗口集中受理、统筹条块联合接访”的新机制，实行领导班子、机关干部24小时信访值班制度，坚持每天两名班子成员接待来访群众，建立信访接待台账，对不能当时解决的问题，耐心做好解释工作，承诺办解时限，切实做好源头稳控。坚持信访事项“日报告”，有事报事，无事报平安，确保信息渠道畅通；对突发性、苗头性问题，及时掌握动态，对新发现的矛盾隐患召开专题会议，逐个分析，并将信访问题按照由重到轻、由大到小进行整理分配，抓初访、抓苗头，切实做到应对决策快、办事流程短、处置效率高，确保将问题解决在初始阶段。针对信访老户和重点隐患，充分调动干部人脉资源，发挥村街干部亲属优势，全面参与案件分包和当事人稳控，坚持一线工作法，实行带案下访，深入村街一线，第一时间掌握群众反映问题根源及近期思想动态，为彻底化解矛盾纠纷打好基础。综合施策，依法治访。成立由镇派出所、交警队、综治办、司法所共同参与的联合工作小组，对重点人员进行全方位稳控，在积极解决问题的前提下，打好法治牌和亲情牌，引导信访当事人合情合理解决问题、依法依规表达诉求。在全国“两会”“一带一路”峰会、十九大会议安保工作中，全镇未发生一起赴省进京越级访。

社会主义新农村建设 镇党委、政府积极作为，全力剔除 “土地风波”影响，力促回迁社区顺利完工。结合村街实际，组成由主任科员程杰为组长的专项工作组，深入摸排元庄村未签订协议农户的实际情况，摸清原因及实际存在的问题，结合实际，依法依规解决。至年底，元庄村98.8%村民已经签订回迁协议，90%的村民搬入新民居。为丰富回迁村民的业余文化生活，镇党委、政府大力支持村委会组建自己的秧歌队、舞蹈队，并积极参与文艺演出。

以元庄村为示范，研究规划其他村街新民居建设工程。在充分尊重群众意愿的基础上，本着成熟一个，回迁一个的原则，按照规划一步到位、搬迁循序渐进的要求，有计划、有步骤地开展新民居建设工作。至年底回迁户共170户。

社会保障工作 加大各类资金投放力度，积极改善民生，不断提高群众生产、生活基础条件。为困难群众进行危房改造和修缮，积极推行新型农村养老保险和合作医疗，坚持把惠农政策落到实处。按照上级要求，圆满完成2017年保费收缴工作，并及时为群众发放养老金。年内，共发放医疗救助金6万余元，为280户困难群众发放了米面油，发放临时救助金11万余元，为困难残疾人发放救助金1万余元，有效解决困难群众看病难、生活难问题。完成城乡低保调标和6户7人建档立卡贫困户的申报。为43户残疾人申报了轮椅、浴椅、座便椅。

计生工作　全面实施计划生育家庭奖扶政策和惠民工程，全年完成综合避孕率87.93%，发放免费避孕工具药具800余人次，做好计划生育技术服务，为30例生育夫妇免费进行优生检测，全面完成孕前优检任务，计生信息补充工作在全省名列前茅。

领导班子成员

党 委 书 记：张继田
镇　　　长：孟繁章
党委副书记：闵爱国
人 大 主 席：崔新宇
副　镇　长：甄仲奎
副　镇　长：何春明

（张艺馨）

【渠口镇】　镇政府驻地渠口村，位于县城东12.5公里处，全镇总面积66.32平方公里，常用耕地面积49499.7亩，粮食种植面积40661亩，辖48个行政村（渠口、北渠口、金庄、许庄、王刘圈、邵庄、店子务、康庄、宣教寺、荣各庄、代家阁、牛济河、小高坨、小河各庄、魏家滩、孙各庄、温庄、小圈、西梨园、东梨园、三岔口、卢庄、邱庄、韦各庄、高山、炭户、石虎辛庄、固庄、韩庄、躲各庄、窦庄、阎胡套、卸甲庄、黄沙务、蔡庄、谭家务、大鲁家口、东鲁家口、大七里、小七里、渔阳院、东魏各庄、西魏各庄、张庄、西河头、唐屯、青寺、青户）。2017年全镇总人口50279人，农业人口46423人，非农业人口3856人，已婚育龄妇女9152人，出生人口681人，计划生育率96.48%，人口出生率13.53‰，自然增长率6.67‰。全镇完成财政收入9649万元，比上年增长49.5%；社会固定资产投资完成21.42亿元，比上年增长17.8%；规模以上工业产值完成44.1亿元，比上年增长3%。年内新建桥涵3座，清除沟渠垃圾、漂浮物850吨。

项目建设　全力支持爱晚养老基地项目建设，与爱晚项目方建立信息通报制度、协调会商制度和督导推进制度，定期对项目建设情况进行督导。铺通水厂至爱晚项目4公里自来水管线，架设项目供电线路4.5公里。至年底，爱晚二期住宅主体正在建设中，13栋高层、72栋别墅、7栋洋房结构均已封顶，部分别墅进入竣工验收阶段，正在办理三期住宅和污水处理厂开工许可证；对接华夏北部工业新城项目服务工作，协助项目主体报批报备手续，开始通航机场占地征用补偿的前期准备工作；加快传统产业改造升级，结合“散乱污”治理工作，在对165家散乱污企业关停整治的基础上，协助321家企业申请办理环评手续，135家企业完成相关环评手续办理。谋划建设一个大型静电喷涂车间，引进国际最先进的喷涂设备，实现全镇钣金企业集中喷涂。组织镇域内部分企业家赴湖北省潜江市学习考察，促使有实力企业整体搬迁；内蒙古扎鲁特旗至山东青州800千伏特高压输电线途径谭家务、大鲁口等四个村街，渠口镇认真做好服务对接工作，至年底已全部完成9个特高压塔基占地补偿工作；百川高压燃气管线工程涉及躲各庄、固庄等5个村街，协调完成占地及补偿手续，工程已全部完工。

煤替代工程　渠口镇严格按上级指示精神，精心筹划“煤替代”工作，组成专项“煤替代”领导小组，积极与百川能源公司、北京圣福来公司、北京红塔公司协调，截至2017年底，“煤替代”工作基本完成。气代煤工程。全镇16个村街村内主管线已全部铺设完成，挂表、挂炉6076户，已完成96%，通水6076户，完成96%。渠口镇市政中压已全部完成，16个村街，18个调压柜及调压箱全部安装完毕；电代煤工程。镇政府积极与第一标段北京圣福来公司，第二标段北京红塔公司对接，协调各村街安排各标段进场施工。2017年共完成两个标段9417户，完成任务数96%，两个标段任务数共计9511户，涉及32个村街。

城乡面貌　创建美丽乡村。2017年，美丽乡村创建村17个，各村大力拆除违章建筑，积极开展道路硬化、铺修彩砖、绿化亮化、改水改厕等工程。共拆除违建16750平方米，修路22.9万平方米，铺设彩砖12.7万平方米，改水改厕4210户，种树8600株，建设村级文化广场4个、村街标识4个，清理垃圾2.6万吨，其余工程正在稳步推进；提升唐通（唐山至通州）路形象。按照“畅通新干线，扮靓东大门”的思路，协助县政府对唐通路两侧进行包装改造，全力解决在施工中出现的问题。2017年铺设彩砖、种植景观树、安装路灯等工作已经全部完成。同时，聘请专业规划部门对道路两侧建筑进行高标准规划设计，施工方案和可研报告已经通过县政府审批，正在谋划施工建设；建设文明镇区。进一步规范集贸市场管理，促使马路商贩入市经营。与临街商户签订“门前五包”责任书，实现马路两侧无占道、无垃圾、无乱贴乱挂。加大非法经营、乱停乱放的整治力度，合理划定停车区域，提高镇区道路通行能力。招标引入专业保洁公司统一对镇域垃圾开展清运、清理，村街垃圾实现了专人清扫、定点存放、每日集中清运，真正做到了生活垃圾日产日清。

生态环境　绿化靓化。2017年春季，渠口镇造林任务1690亩，完成2441亩，打造了小高坨、代家阁、荣各庄等绿化精品村和造林示范村。同时大力开展节点游园，构建更加宜居的、更加幸福的人居环境，在洵河东唐通路北建设了62亩游园，在小高坨引道东西两侧建设35.2亩游园，扮靓了人居环境；发展景观农业。促进农业与第三产业对接融合发展，让农民获得更大收益、更多实惠。沿潮白河岸由店子务至荣各庄村，建设生态农业景观带，年底前位于荣各庄、代家阁村的潮北春园项目已初具规模，可进行观光采摘；进行河渠疏浚。深入排查隐患，对金庄支渠、二分渠、北张庄排水渠等进行清淤疏浚，共计清淤4473立方米，确保了排水畅通。对荣各庄扬水站、西河头扬水站及河渠堵塞点垃圾、漂浮物进行清理，对东魏扬水站排水设备进行调试，三组管泵运行正常，确保安全度汛；烟气污染整治。制定《关于切实做好秸秆、落叶、垃圾等禁烧工作的实施方案》，在重要街道悬挂宣传条幅400余条，利用广播循环播放废弃物禁烧公告，成立镇、村两级禁烧巡查队，定期巡查确保全镇不着一把火、不冒一股烟。同时对镇域内12家烧烤店进行集中整治，要求必须进店并正常运转油烟净化设备，至年底已经全部整改到位。

桥涵修建　2017年计划修建桥涵4座，小高坨村北穿牛济河排干渠的桥涵、炭户村东跨梁务干渠桥涵和三岔口村西跨窝头河桥涵已竣工，小高坨村东渠庆线桥前期工作准备就绪。同时抓好路网建设。蒋渠线（蒋辛屯至渠口）拓宽改造工程拆违工作已经完成，渠庆线（渠口至庆功台）美化亮化工作已做好计划。年底前，两条线路设计方案均通过县里审批。

文明新风　建设农村文化大舞台，大力举办文艺演出、才艺比武等系列活动，丰富群众娱乐生活；注重塑造“美德”新村，深入挖掘、评选和宣传“最美家庭”“好婆婆好儿媳”典型，通过大会表彰和入户表彰的形式，发挥先进典型示范效应，在全镇范围倡导了文明新风。

扶贫泽困　低保救助落到实处。精准扶贫，抓实、落细扶贫工作，全镇摸排出4户、8名贫困人员，县镇已经制定帮扶政策助其脱贫；全面落实低保救助政策，坚持按照“应保尽保、应退尽退”的动态管理制度，调整新增低保21户、特困233人，完成199户338人的低保调标工作，发放临时救助款11.5万元、医疗救助款6.7余万元，对遭遇特殊困难的家庭，给予临时救助。2017年发放高龄补贴952750元，对2户10间农村危房进行了修缮或重建，使弱势群体得到妥善照顾。

社会保障　全面强化社会保障。完成城乡居民养老保险22899人的收缴工作，其中新增369人，新增人数较上年增加178人，同比增长93%，完成上级交办任务数的156%。按时完成9595名60岁以上老人的养老金发放待遇的资格认证工作，确保将老有所养落到实处。面对农村医疗保险网上缴费的新形式，劳动保障所强化责任落实、广泛宣传培训，入户发放了10000余份的参合明白纸，对不参合群众进行政策再讲解，确保做到村不落户、户不落人。2017年共缴费41853人，比去年增加了1097人。

社会事业　计划生育。开展“阳光服务”活动，全面落实计划生育奖励优惠政策，定期开展免费孕前优生健康活动，深入开展计划生育宣传教育。2017年度出生681人，符合政策生育率为96.48%，人口出生率为13.53‰；武装工作。严格按上级军事机关的要求，对全镇适龄青年进行兵役登记，对征兵、上站、政审严格管理，不放松任何一个环节，将一批身体健康、政审合格的优秀兵源输送到部队；社区矫正。2017年全年累计接受矫正人员22人，累计解除社区矫正人员20人，确保服刑人员在缓刑期间不再违法犯罪；城建工作。完成48个村街规划编制，为村民建房提供依据，有效遏制了村民因建房问题而引发的矛盾。对全镇48个村街房屋进行安全排查，完成107户经济适用房、27户廉租房的申请审核，保证了初审符合文件要求。

宣传工作　把握意识形态工作主动权。镇党委高度重视意识形态工作，定期召开会议研究部署意识形态工作，切实抓好中心组学习。通过经常性教育和集中性教育相结合，持续深入推进“两学一做”学习教育常态化制度化。组织广大党员、干部深入学习贯彻中共十九大精神和习近平新时代中国特色社会主义思想。大力宣传弘扬社会主义核心价值观体系和中华民族伟大复兴中国梦论述。全镇设置高标准阅报栏23处，宣传展板31块、悬挂道旗256块，粉刷标语288条，营造了积极向上的舆论氛围。

防范基层腐败工作　开展“一问责八清理”和农村“微腐败”两个专项行动，细化工作方案，开列问题清单和工作台账，相关责任部门全面开展自查，认真落实整改。加强对农村财务公开、“三资”管理、民主议事方面的监督和管理，聚焦损害群众利益问题，以从严、从快、从重惩治“微腐败”现象。对48个村的近三年的财务收支进行集中审计，对审计出的问题进行通报，并逐一进行整改。通过开展监督检查，对苗头性、倾向性问题及时提醒12人次，约谈机关和村街党员干部20人次。

基层党建　增强基层党组织的组织力。加强领导、严格程序、规范选举，顺利完成了镇党委、人大、政府换届工作，换届后党政领导班子凝聚力、战斗力明显增强。高标准创建党建示范区，建设一批富有特色的党建文化广场、党建长廊、党建示范路等。进一步细化农村干部“两考三评一定”考核方案，真正压实工作责任，将工资待遇与工作绩效挂钩，调动农村干部工作积极性。高度重视农村发展党员工作，对“两年以上”不发展党员村街挂账督办，全镇全年共发展党员32名，解决6个“两年村”和1个“三年村”问题。领导干部带头分包重点村、后进村，有针对性分析原因，建立工作台账，实行一村一策，确保7个后进村全部实现转化。

领导班子成员

党委书记：绳　军
镇　　长：李永涛
党委副书记：张殿超
人大主席：刘　健
副 镇 长：康亚东　李　晨　蒙超鹏（杨腾飞）

街　道

【概况】 全县共有3个街道办事处，其中，新开街道办事处，位于新开大街中段路北（原驻军院内），辖区范围：新华大街以南、夏安路以东的城南、城东区。新华街道办事处位于新华大街北侧、五一路东侧。辖区范围：东至白庙村、西至西外环路、南至淑阳大街、北至潮白河南堤。平安街道办事处与河北香河经济开发区同楼办公（位于平安大街南侧），辖区范围：东至北运河，南至县界，西至县界，北至龙凤减河、县界。全县下辖新开、新绣、安抚、段庄、永泰、康宁、绣水、新华、永兴、迎宾、城西、珠光、城北、民安、新城、正阳、安泰17个社区居民委员会，占地面积33.23平方千米，人口16.48万人。

【新开街道办事处】 香河县新开街道办事处，位于新开大街中段路北（原驻军院内），辖区范围：新华大街以南、夏安路以东的城南、城东区，总面积10.2平方公里。总人口75078人，辖7个社区居委会(新开社区、新绣社区、安抚社区、段庄社区、永泰社区、康宁社区、绣水社区)、8个村街（西南街、东南街、南台、闫庄、安抚寨、周元、段庄、前店子）。

项目建设　大力实施招商选资战略，秉承高端站位，科学谋划的原则，充分考虑地处城区、毗邻家具城的区位特点，立足城市远景规划，积极调整产业结构，大力发展城市综合体和高端三产项目，推动经济向现代服务和总部集约型加速转型。2017年，新开街道共有重点项目7个，其中在建亿元以上项目4个，分别是城内第五小学、城内第三幼儿园项目、香城壹号14、15号楼项目和春城绿景项目。

新农村改造　按照“城中村”特点，严格把握程序，认真执行政策，在确保村街稳定的基础上，加快新农村建设速度。至年底段庄小区改造一期回迁楼3栋完工；西南街回迁楼建设已完工；香城壹号9号、13号楼主体完工，准备办理回迁手续；商业楼已完工，手续正在办理中；富泰二期A区住宅楼主体完工，并办理入住；西南街、东南街、段庄、闫庄4个村已确定开发主体，报新民居办公室备案。

路网工程建设　为方便居民出行，解决老旧小区雨季排水难问题，街道对辖区东干渠南北两侧道路（五小、三幼区间路）、香河县蔬菜批发市场北侧道路、东南街村委会北侧、永明路至香城壹号小区13号楼道路、家具城管委会西侧、人行小区主路、县工商局南侧进入小区路、华联超市对面进入小区路、前店子家属院南侧路、云天国际东侧城乡接合部道路等多条道路路面进行硬化、铺设管线，至年底全部完工，切实解决了群众出行难、雨季排水难等问题。

城中村房屋翻建及私搭乱建整治　加大巡查执法力度，坚决做到翻建房屋一户一档。2017年，辖区共有38户翻建房屋，已全部登记在册，查处违规建筑1处，已强制拆除。

垃圾清理清运　年内，重点清理了辖区8个村街主路及小巷生活垃圾700余吨；清理质监局东侧建筑、生活垃圾100余吨；全面清理了香五公路主路两侧、东干渠东西路两侧及河沟内积存垃圾100余吨；街道还以创建省级文明县城为契机，对盛世家园、永泰园、宏润家园等小区内的生活、建筑垃圾及杂草彻底清理，共清运各类垃圾30余车。

打造绿色宜居新城　紧紧围绕“创建文明香河、建设幸福香河”主题，坚持对标创建，集中人力、物力、财力，狠抓各项创建任务落实。在辖区所有小区悬挂、张贴以“社会主义核心价值观”“讲文明　树新风”“香河文明公约”“社区（村街）文明公约”等公益广告为内容的创城宣传展牌1000多块，制作楼牌130多块，在绣水街、新开街、五一路等辖区主要街道，新建宣传围挡6000多平方米，发放创城宣传材料、宣传画、手册和明白纸5000余份。各社区居委会新制作社会主义核心价值观、社区文明公约、禁止吸烟标示、门牌及各种上墙制度100多块。粉刷、美化墙体上万平方米，安装建设器材32套，平整宏达家园空闲土地1000余平方米，为小区居民建成健身广场。另外，在实体广告的基础上，在新开街道微信平台、绣水社区党群之家等微信公众平台以孝敬、友善、节俭和诚信等核心价值观为主要内容，定期编发微信息和面向辖区百姓的公益类广告，增强公益广告的融合力、渗透度，极大增强了创城舆论氛围，提高了居民的自主参与意识，为居民提供了一个沟通交流的平台，有效促进了邻里关系的和谐。街道办将环境整治与创建省级文明县城、“小小志愿者”“我为社区做贡献、美化社区环境”等志愿服务活动有机结合起来，组织社区干部、志愿者、物业公司对小区、街道和小街小巷的卫生死角、小广告、生活垃圾、道路绿化带垃圾及建筑垃圾等社区环境“顽疾”进行集中清理，为创城工作打下坚实基础。同时，开展“走访千楼万家、共创文明城市”活动，深入辖区盛达铂宫、京汉君庭、华宇经典小区、泰和家园、盛世家园、富泰家园等小区广泛宣传文明城市创建工作，入户填写调查问卷1000余份，大幅提升群众的创城知晓率。

大气污染治理　严格按照“五定要求”（定车、定人、定时、定位、定区域），建立街道、村街（社区）二级大气污染防治监管网格，做到属地管理、分级负责、无缝对接、全面覆盖；通过张贴公告、通告、大喇叭广播等方式，加大力度宣传，在辖区显要地段悬挂防治大气污染宣传条幅100余条；成立30余人的大气污染治理巡查小组，分街道、村街2个小组24小时不间断巡查，全面督导检查辖区大气污染防治工作；对辖区内工业污染企业下发《办理排污许可证通知》《停工通知单》《减排承诺书》《应急预警响应措施》共计100余份；完成辖区内商铺门脸61台10蒸吨及以下燃煤锅炉，共16.323蒸吨的拆改工作；对小型家具制造、打磨等相关企业实行动态监管、定期巡查，坚决杜绝其违法违规排放，辖区有污染企业28家，已经全部取缔，实行全天不定时监管，尤其对已经关停取缔的企业进行全面复查，坚决防止反弹；对辖区内各类施工工地及村街路边土堆和闲置、裸露空地全部苫盖，裸土苫盖共计46.67万平方米，苫盖村街闲置空地共计240万平方米；对京汉君庭小区内裸露土地进行苫盖共计500余平方米；同时，辖区村街、社区共设立13支共计200余人的大气污染防治巡逻队和3个火点监测点（京汉君庭楼顶、富泰家园楼顶、天琴湾楼顶），巡逻队开展昼夜拉网式排查，以杜绝违规使用散煤为重点，严禁焚烧杂草、垃圾、燃放烟花爆竹、露天电焊施工等，发现问题及时上报街道大气办，切实做到早发现早解决。

“煤替代”工作　辖区涉及“煤替代”工

程的总户数为3111户，其中气代煤1685户，热力工程1426户。气代煤工程涉及6个村街3个社区，已安装锅炉、挂表共1304户，已通气使用492户，其他户正在进行安全检测，11月15日前可实现全部通气点火。热力工程涉及6个社区1个村街共1423户，已完成改造516户。

服务型智慧社区建设　社区网络数字化平台成功推出。2017年3月社区网络数字化平台投入使用，开设了人口信息、电子办公和电子台账三大功能板块，平台共录入居民信息16608户、26767人，审批人员通过平台系统可随时处理待审批事项，直接在终端进行审批操作，提交电子签名，打印公章使用报告单，真正实现随时、随地、全天候移动办公，精简了服务流程，缩短了办事时限，体现了服务型政府特征，实现了社区活动档案的电子化记录；平安社区平台系统全面覆盖。对所辖7个居委会进行视频监控补点，完成7个居委会14个监控摄像机的布置安装，实现所有社区监控探头全覆盖，有效提高了政府应对和处理突发事件的能力，夯实了平安社区建设根基；星级社区创建彰显特色。坚持“典型引领、示范先行”理念，博采众家之长，依托现有资源，打造高品质永泰社区办公场所，面积达300平方米，内部设一站式大厅、书画室、老龄办、图书阅览室、警务室、民调室、市民学校、党员活动室、居家养老服务站、儿童之家和文体活动室，几个新社区的成功打造，标志着新开街道社区建设的上档升级，为品质香河、美丽社区建设蓄势助力；智慧养老注重细节。将信息技术、人工智能和互联网思维与居家养老服务机制建设相融合，以居家养老服务信息化平台为支点，以居家养老服务热线及“一键通”智能救助终端为纽带，整合社会各类养老服务资源，构建一个覆盖整个辖区的“安全、便捷、周到”的居家养老服务呼叫网络体系，创新居家养老服务工作的管理及运营模式，推动居家养老服务体系建设由补缺型向普惠型转变；社区文化活动丰富多彩。3月5日，绣水社区开展“学习雷锋精神、共创美好社区”志愿活动，免费为群众义诊、理发、修水电、磨刀，赢得了社区居民的广泛赞誉。5月25日，绣水社区开展“浓浓粽香情，携手庆端午”活动，近百名群众与社区干部一起动手包粽子，共同体验端午文化。康宁社区开展“保蓝天，迎端午”新开街道在行动活动，拉近干群之间的距离，为和谐社区创建打下坚实的基础。6月28日，新开社区开展迎“七一”暨庆祝中国共产党成立九十六周年书画展，活动以上党课、重温入党誓词、书画笔会、参观书画展等形式为党献礼，共展出书画作品百余幅，吸引社区100余名群众观看，促进了居民对书画作品的交流学习，为社区居民提供了增进了解、联络感情、融洽邻里关系的重要平台，受到社区居民的欢迎。8月30日绣水社区举办“幸福社区”乒乓球友谊赛，赛出一等奖1名，二等奖2名，三等奖4名，进一步丰富了社区活动内容，活跃了社区文化氛围。9月13日上午，携手北京同仁堂香河店，在绣水社区京汉君庭小区开展了“义诊进社区 健康送万家”大型义诊活动，为绣水社区居民免费检测心脑血管微循环系统、测血压、血糖。同时，还向群众免费赠送同仁堂熬制的秋梨汤和理疗卡，讲解秋分养生知识，共为群众义诊60多人次，免费测血糖量血压40多人次，发放秋梨汤50余袋，受到广大社区居民的热烈欢迎；10月1日，携手乐生活物业在绣水社区开展喜迎“十九大”暨迎国庆创城宣传会演，营造出文明、健康、欢乐、祥和的文化氛围，为社区居民送上了丰富的文化大餐；打造全新儿童之家。以绣水社区便民服务站为依托，积极创新，整合资源，全面深化载体建设，建立“儿童之家”。“儿童之家”总面积480平方米，室内环境温馨、设施齐全、布局合理，其中包括市民学校60平方米，诚益书屋（翰墨雅韵）50平方米，欢乐世界30平方米，互动交流室30平方米，诚益工坊60平方米，影音沙龙50平方米，室外还有200平方米的儿童乐园和健身路径等活动阵地。“儿童之家”的建立，很大程度改善了社区儿童学习、生活环境，深受孩子们的喜爱和欢迎，为开展青少年和儿童工作提供了有效保障。

基层党建　完善智慧党建体系。积极探索数字化网络平台建设，切实加强对党员群众的精细管理，在智慧党建方面取得了实质性进展。党建资源整合智能化。在数字化网络平台设立社区党建、公共服务、便民服务、为老服务、报事报修和美在社区等六个板块。在社区党建板块中开设党务管理、党风治理和党纪监督等三个专栏共15项内容，实现党建资源管理智能化。基层组织管理一体化。每个社区均配备了高拍仪，完整识别并自动提取居民身份证信息，在此基础上人工补录其他数据，将居民基本信息、网格划分、志愿队伍分类等信息全部录入，创立社区党建地图，精确显示基层党支部场所位置及党员家庭户情况。同时，完善党务信息分析系统，把握各基层组织活动时间、内容、进程等要素，实现整体联动，便于街道党委对活动全过程进行一体化管控。党群沟通互动扁平化。设立网格长、党小组长、党员志愿者联络平台，畅通党员干部和党员、党员和群众联络渠道，规范收集意见、征集信息、走访调研等程序，及时掌握社情民意、接收批评建议、处理利益诉求，加强党员和群众对话，推进基层民主进程。

提升党员干部素质。以“两学一做”常态化制度化学习教育活动为契机，全面发挥广大党员干部的主动学习意识。组织召开专门培训会，认真学习规定内容，深刻领会“两学一做”的重大意义、丰富内涵和实践要求。此外，街道辖区基层党支部均创建了“党员之家”微信平台，通过定期编发、推送学习信息，打通了党组织的神经末梢，使党员干部随时都能接受党性教育。

智慧举措不断升级。以绣水社区为试点，创建红色育民、橙色亲民、蓝色乐民、青色安民的四色“党建客厅”。红色育民厅共组织各类学习活动30余次，橙色亲民一站式服务大厅累计为居民解决实际问题27个，蓝色乐民厅组织群众文体娱乐活动20余次，青色安民厅将“党员活动日”安排得丰富多彩，已组织开展义务巡逻34次，“美丽社区”环境整治活动61次。

夯实“两委”换届保障。高度重视村街“两委”换届工作，多次利用集中学习、党课宣讲等活动契机，结合整治“村霸”和宗族恶势力工作，就严肃换届纪律、净化换届环境等进行宣讲，营造换届氛围、明确换届方向。同时组织精干力量按照正推和倒推双向并行走访，广泛听取班子内外的不同声音，做到底数清、导向明，最后街道党委、组员办、包村工作组三方会合，以达到最全面、最准确的信息，综合研究审定最佳换届方案。此外，摸底过程中密切关注各种不良动态，第一时间掌握动向，及时将问题苗头解决在萌芽状态，特别是针对村情复杂、矛盾纠纷严重的村街，以化解矛盾为前提，组织专门人员了解群众意愿，耐心做好群众思想工作，确保换届工作顺利推进。

学习贯彻中共十九大精神。迅速掀起中共十九大精神学习热潮，通过集中宣讲和党委书记上党课等多种形式，做到领导干部带头学，党员干部集中学，采取集体授课和个人自学等多种办法和做笔记、讲心得、谈体会等多种形式学习中共十九大精神，把中共十九大精神彻彻底底学深、学透，在工作中落到实处。

安全生产　2017 年元旦春节期间，组织“两节期间安全生产大检查”专项行动，对辖区村街、企业进行全面细致的检查，检查出各类安全隐患 30 余处，责令立即整改，并发放消防安全常识年画 5000 份。2 月，开展“两会”期间安全生产专项行动，检查大小企业 70 余家；联合县安监局、教育局、食药监局、消防大队、新开派出所对辖区幼儿园、小饭桌进行消防安全、食药品安全统一检查，共查处消防安全隐 145 处，食品安全隐患 101 处，下发《消防安全隐患整改通知书》44 份，依法下发停业整顿通知书 17 份，查封 1 家；同时联合县消防大队和新开派出所检查仓储、物流、沿街门店共计 400 多家，查处消防安全隐患 100 余处，下发《消防安全隐患整改通知书》35 份。6 月，开展安全生产宣传教育活动，现场发放各种宣传单和宣传册 1000 多份，并与辖区各企业法人代表签订安全生产责任书，将责任落实到位。“安全生产月”期间，共悬挂宣传条幅 37 条、安全生产警示教育图片展板 24 块，发放各类宣传资料 3000 份。7 月，开展安全生产大检查行动，各村街、社区以辖区为单位，分为 15 个检查小组，检查各类生产经营单位 2000 余家，发现并整改安全隐患 100 余处，责令停业整顿 20 家。8 月始，多次组织“气代煤”工程安全生产大检查行动，对辖区所有涉及“气代煤”村街开展安全大检查，制作张贴了 32 张燃气科普安全宣传展板，提高了公众的用气安全意识，并要求施工企业要组织从业人员加强业务培训，做好居民的用气安全教育等。

党风廉政建设　加大党风廉政建设的力度，成立党风廉政建设小组，副科级以上干部签订 2017 年度党风廉政建设承诺责任书，认真落实党风廉政建设责任制，对街道党委做出的重大决策部署和重点工作，采取到实地看，查阅资料等方式进行监督检查，有力推进全办工作顺利开展。2017 年，共查处微腐败案件 33 起，调查回复上级交办信访案件 1 件，收到村街、社区、各科室自查自纠表 39 个，在落实“一问责八清理”专项行动暨基层“微腐败”专项整治方案工作中，共查出村街两委 8 起“微腐败”案件，对责任人进行了约谈并给予批评教育。

卫生计生工作　2017 年共为 12 名 60 周岁以上的符合计划生育奖励扶助政策的群众和 5 名符合计划生育特别奖励扶助政策的群众办理手续，同时做好奖励扶助和特别扶助人员的资格确认、个案信息录入以及提前纳入人员的统计工作。完成 2017 年独生子女高考加分工作，共为 4 人加分。为 93 名可以享受一次性 3000 元奖励的退休人员办理相关手续。为辖区 8 户计生特困家庭发放救助公益金、养老保险补贴、医疗补贴等共计 66203 元。全年共办理一胎证 100 个，二胎证 163 个，独生子女证 23 个。开展数据揪重工作，修正数据 4800 余条，为相关科室提供查询服务和领导决策提供数据支持。

社会保障　为 60 周岁以上农村老人每月按时发放基本养老金，全年共发放 247.048 万元，实现了老有所养；每年 5 月开始为企业离退休人员认证，共认证 1653 人。城乡居民医疗保险交纳 6089 人，共计 109.60 万元。

挥军优抚　对重度残疾人进行统计发放护理补贴，困难残疾人进行统计发放生活补贴共计 13.51 万元；对优抚对象反映的事和问题及时回访及时解决，并时刻关注他们的生活、住房、就医情况；对辖区参战涉核人员进行摸底上报，共计 41 人；辖区共计 139 名退役军人，对其进行了走访谈心活动。掌握其基本情况；发放 80 周岁高龄老人补贴 285750 元；统计特殊养老人员补贴，辖区共计 9 人；统计核查辖区三无人员、重度一、二级残疾人可转变为特困供养人员共 12 人；对城乡低保人员进行清理复核，撤销不合格人员；为重点优抚对象发放电饭煲共 16 个。

残疾人生活保障　为社区和村街的5户贫困残疾人发放了应急救助款 2 万余元；根据要求，对社区、村街残疾人培训 4 次；为 7 个社区、8 个村街的贫困残疾人免费发放残疾拐杖及轮椅等；办理村街及社区残疾人证 30 余个；对重度残疾人进行申报护理补贴和困难残疾人进行申报生活补贴；为辖区 33 户残疾人发放鹅苗 3300 只。

经济适用房、廉租房申报　做好保障性住房初审办理、录入、公示工作，公示保障性住房申请家庭初审合格名单 364 户，其中经适房 307 户，廉租房 57 户。申办合格家庭户数居全县榜首，真正做到将国家的惠民政策落到实处。

领导班子成员

党 委 书 记：韩景丰
主　　　任：李文建
党委副书记：崔　磊
人 大 主 席：贺金龙
副　主　任：王宝华
副　主　任：王凤丽
副　主　任：齐宏亮

（王春明）

【新华街道办事处】　新华街道办事处位于新华大街北侧，五一路东侧。辖区范围：东至白庙村、西至西外环路、南至淑阳大街、北至潮白河南堤，面积 4.6 平方公里，辖 6 个社区居民委员会(新华、永兴、迎宾、城西、珠光和城北社区居民委员会)、8 个村街（白庙、胡庄子、万福新村、北岗子、刘庄、西北街、东北街和西店）；总人口 34703 人。

社会稳定　在街道办党委、政府的正确领导下，按照“适应新形势、创造新机制、建立新秩序”的要求促进信访工作，扭转信访秩序，促成信访工作持续保持“一好转三提高”（信访秩序全面好转；信访办结率、案结率、群众满意度提高）的优良态势，真正做到把维护民生作为第一政绩，用群众工作统揽信访工作，推进信访规程的科学化。2017 年，集体访、越级访、非正常访、重复访等各类案件与去年同期相比，信访总量实现了大幅度下降。圆满完成全国“两会”信访安保工作，省、市、县党代会、人代会安保值班工作，廊坊“5・18”经济洽谈会值班工作，廊坊“书博会”值班工作，暑期安保任务，十九大安保任务。三位一体信访接待日值班工作。网上信访案件答复率 100%。涉军、问题楼盘等维稳工作持续进行。从经费保障、办公设施、信访秩序等多方面入手主动营造优良的信访工作环境，使全办信访系统能真正实现信访工作“一好转三提高五下降”，把“群众满意、领导满意”作为信访工作的根本目标。按照街道党委的统一部署，开展“两学一做”教育活动，努力提高信访干部的业务水平和综合素质，全方位打造“窗口单位”形象。2017 年，街道党委、政府领导累计坐班接访 300 余次、约访 240 余人次，直接督办化解信访事项 60 余件次。

文明县城创建　以创建省级文明县城为载体，重实效，办实事，加大投入力度，加强社区服务，繁荣社区文化，美化社区环境，不断提高社区管理水平，在构建和谐平安社区进程中取得较好成效。珠光社区围绕中心工作，通过理论宣讲、党课报告会等形式，切实加强思想政治工作，进一步把智慧和力量集中到解放思想、升级提速、加快发展上来。坚持长期开展“志愿者进社区”活动，重点做好困难群众、空巢老人、孤寡老人、残疾群众的帮扶工作。发挥广大党团员和机关干部在志愿服务活动中的模范表率作用，结合自身优势，开展各种形式的志愿服务。新华街道办在创城工作中，重点打造珠光社区，新建新华、英国宫、潮白小月、东北街四个综合文化服务中心，打造人劳局、新华街道办等老旧小区，粉刷背街小巷30余条，墙面10万平方米，修整道路2000延米，高标准小区设立铁艺广告展牌300块，铝塑牌和信息栏1000块，建阅报栏25块。在创建文明县城中，新华街道办荣获市级先进文明单位，街道党委副书记程淑伟荣获市级先进个人荣誉称号。

大气污染防治　新华街道办开展专项整治工作，把治理大气污染、改善空气质量作为生态环境建设和经济社会发展全局的重中之重，坚持标本兼治，综合施策。成立专项执法队伍，联合新华派出所协同执法，分两组不间断对辖区内“散乱污”企业进行巡查，至5月底成功对辖区37家“散乱污”企业全部取缔。针对取得的治理成果，新华街道办对下一步工作再次安排、再次部署，继续加大巡查、执法力度，坚决杜绝已取缔的企业死灰复燃及新的“散乱污”企业产生。全力加快实施城中村、居民燃煤替代工作，截至2017年取暖季前，共铺设管网39847米，热力并网407户，煤改气居民1170户全部达标通气。

计划生育　新华街道办以“服务群众、方便群众”为出发点，采取多种措施，严格规范管理、提高办证效率，努力提升计生办证服务水平，打造优质、文明的服务窗口。按照《人口和计划生育管理人员职业道德规范》，制定出台《计生服务窗口工作人员文明服务规范》《计生服务窗口管理和考核制度》等规章制度，规范了办证行为，并发挥社会监督的力量，每一名育龄妇女都是计生服务窗口的监督员，都有权利对办证服务实施监督，提出意见。为了给群众提供优质的办证服务环境，新华街道办“软”“硬”并举，从硬件设施和办证人员服务水平及能力两个方面，提高办证效率。设立专门办证服务地点，在服务厅显著位置悬挂各种办事指南，并制作成宣传折页，通过计生专干发放到群众手中；积极开展办证工作人员培训工作，加强学习，着力提高办证人员的服务能力和服务水平。全年共办理第一个子女生育证156个，再生育子女生育证236个，独生子女父母光荣证42个；办理农村计划生育家庭奖励扶助19人；中高考加分9人；3000元一次性奖励80余人；对农村15～30周岁未婚独生子女投保摸底155人。为失独家庭王俊华、韩国兰等发放一次性救助金3万元，为特困人员及其子女上基本医疗保险、养老保险补贴等4200元。

社会治安　街道办党委、政府坚持以“打击和防范并举，治标和治本兼顾，重在治本”的方针，各部门协调联动，下大力加强街道办综治维稳工作建设，较好地维护了全街道办的稳定大局，为街道经济和各项事业的和谐发展，创造了良好环境。由街道综治办牵头，建立街道办综治维稳中心，成员单位司法所、派出所，纪委、土地所、民政所、计生办、团委、妇联、农业站等单位负责人，做到小的纠纷归口调解，大的疑难纠纷由司法所等单位配合共同调解，形成领导重视，部门配合，人人参与的良好氛围。全街道办有6个社区8个村街，分别成立综治中心维稳工作站，小村由3人组成，大村由5人组成，交叉任职，各负其责，村级民调、治保组织人员，全街道共14人。为增强村级综治中心工作责任感，年初与各社区、各村分别签订《社会治安综合治理责任状》，解决矛盾纠纷达10余起，全街道办民调工作真正做到小纠纷不出组，大纠纷不出村，疑难纠纷不出街道办。为确保全国“两会”十九大等重大节日期间的稳定，按照要求，成立了街道办“节假日和重大会议活动”综治维稳工作领导小组，由街道党委书记、主任任组长，下设办公室，抽调精干人员组成，高效运作，针对社会治安有可能出现的新情况、新问题，制定“处置突发事件工作预案”，组建应急分队，遇到突发事件及时赶赴现场处置。每月进行大排查，根据不同季节所发生的纠纷，将排查出的疑难纠纷及时在工作会议进行讨论，研究制定解决方案，组成若干调解小组将所排查出的纠纷分解到组，责任到人，规定完成期限，为中共十九大胜利召开营造良好社会稳定环境。

安全生产　2017年，新华街道办先后开展“两会”期间安全生产检查、安全用电专项检查、节后复工复产安全检查、安全生产攻坚行动、安全生产月宣传活动、危险化学品安全检查、重点时期、重点节假日安全保卫等工作。辖区内主要街道、人员密集场所悬挂安全生产宣传条幅40余条，各村街利用广播、发放宣传单、短信等形式向村民及各企业负责人进行宣传，共发放宣传单2000余张，营造浓厚的安全氛围。十九大期间，共检查100余家企业、门店，餐饮、市场、超市商贸等经营单位60余家，全部签订责任状和承诺书，排查出较大安全隐患34处，下达限期整改通知书34份，对能够现场整改的隐患要求当场整改，对不能当场整改的隐患要求隐患单位建立台账限期整改，并整改复查后再投入使用。在食品卫生方面，积极开展小摊点备案活动，年底前已有77家小摊点办理备案卡。重点对幼儿园小饭桌进行逐一排查，在主要街道及各村显著位置共张贴标语30张，分发宣传资料1000多份，形成了全社会重视食品药品安全的良好氛围，在检查中，查出问题企业20余家，现已整改完毕。

领导班子成员

党 委 书 记：王　强

主　　　任：路洪亮

党委副书记：程淑伟

党委副书记：周健生

人 大 主 席：姜宝良

副　主　任：杨月慧

副　主　任：祁宝兴

（马丽娜）

【平安街道办事处】　香河县平安街道办事处成立于2012年9月份，办事处与河北香河经济开发区同楼办公（位于平安大街南侧），街道辖区四至：东至北运河，南至县界，西至县界，北至龙凤碱河、县界，面积18.43平方公里，辖4个社区居委会（民安社区居委会、新城社区居委会、正阳社区居委会、安泰社区居委会）。万通、京御、盛达置地、鸿坤、国元、香河佳龙、香河城镇房地产、隆盛、博远等多家房地产开发公司在城内开发建设。至年底，建成小区21个，其中平安小区、医院小区、平安丽景A区、平安丽景B区、福源小区、京津花园一期、共青社、阳光优势、燕都鑫城一期、燕都鑫城二期。属于民安社区居委会；京津花园二期、京津花园三期、京津花园四期、福安城、花香小镇、罗纳河谷一期，罗纳河谷二期属于新城社区居委会；孔雀城、天悦小区、香汐小区属于正阳社区居委会；紫藤堡属于安泰社区居委会。已建成小区总建筑面积350万平方米，总户数3.5万户，户籍人口数1.3万人，常住人口5.5万。

社区党建　坚持以建立健全基层党组织为方向，以构建街道党委、社区党组织共同参与的党建工作格局为目标，全面提升社区品位，切实提高居民幸福指数。创新“网格+”管理模式。在辖内推行“网格+党员、网格+

服务、网格+信访、网格+安全、网格+文化”管理模式，有效改善社区服务功能，确保辖区各项事业和谐有序发展；加强流动党员管理。坚持“利于党员合理流动，利于加强党员管理”的宗旨，建立流动党员联系卡，开展组织找党员、党员找组织、党员找党员的活动，先后与200余名社区流动党员取得联系。

社区管理　街道办一班人，勇于破解历史遗留难题，落实共青社326平方米、罗纳河谷二期300平方米的社区用房，按照社区实际需要进行装修，配置健身器材、图书、电脑、棋牌等各类文体用品，夯实社区工作基础，有效缓解社区用房紧张局面；加强制度建设，先后推出岗位责任、机关效能、流动党员管理、全程协办、亲情代办等15项工作制度，保证了机关作风硬朗，为居民服务热情高涨，创造了团结、紧张、严肃、活泼的工作氛围。

惠民工程　积极发展社区公益事业，对辖区弱势群体救助及困难家庭加大帮扶力度，对问题突出群众进行社会及医疗救助。加大投入，增加帮扶力度，使扶贫社会化，营造全社会扶贫帮困的良好氛围。定期走访低保对象家庭，认真做好检查、核实、复评工作，及时注销2户。在县级部门的指导下，结合2017年残疾人动态监测工作，对辖区内的困难残疾人办理了生活补贴和护理补贴，全年共计办理残疾人生活补贴1人次，办理残疾人护理补贴7人次，对辖区内残疾人就业进行培训12人次。

全面开展微信平台自助缴费宣传工作，越来越多的居民通过平台自行缴费。2017年，辖区居民参加居民养老保险260人，续保率达到97%。新参保人员83人，超额完成县下达的指标。各社区结合本辖区的实际情况，创新工作措施，与日常工作相结合，充分发挥主观能动性，采取有效措施，引导居民参保，做到应保尽保。

街道文化　在社区文化建设方面，始终把丰富居民业余文化生活、创建文化品牌作为平安街道重点工作，常抓不懈。新筹建两个社区文化活动室，购置了各类图书和健身器材。以文化站为平台，组建多支文化团体开展读书、讲演、歌舞、书画等各种文体活动，积极传播正声音、正能量。至年底，辖区有书画、摄影、象棋、乒乓球、羽毛球、舞蹈、老年模特等12支文体活动团体，总人数达260余人，培养发掘各类文艺骨干50余人。

平安街道加大外宣力度，全年在廊坊日报、香河信息、新香河、廊坊市动态等媒体上发表文章30余篇，将好的经验做法、先进典型、重大活动及时向社会进行传递。积极参与各类文体活动，成功举办“庆七一歌颂党喜迎十九大”“喜迎十九大争创省级文明县城欢度国庆”两次大型文艺会演活动。

环境整治　以建设宜居社区为目标，重点做好社区环境卫生整治工作。提出“平安社区你我他•美好环境靠大家”口号，呼吁居民参与环境保护，倡导健康生活方式。成立垃圾清扫队，采取社会化运营方式，每天对街道和社区进行全面清扫，实现垃圾日产日清。在大气污染防治方面，认真落实上级指示精神，严格执行大气污染防治各项措施。加大宣传力度，在各社区和主要街道悬挂宣传条幅，印制和发放宣传资料，摆放宣传展板，利用社区广播系统、流动宣传车、微信公众号和城市细胞网络服务平台进行宣传；加大力量对社区内进行24小时巡查、督导，杜绝社区内烧垃圾、落叶，严禁燃放烟花爆竹，确保辖区内不着火不冒烟。采取因地制宜的原则，按照“单株成景、连片成园、见缝插绿、能绿则绿”的思路，充分调动各家开发商、物业公司的积极性，在辖区广泛开展绿化、美化工作，改善社区环境。至年底，在共青社、燕都鑫城等小区进行补栽补种，国槐 30 棵，银杏 70 棵，小叶冬青 13000 棵，法桐 10 棵，使整体环境得到绿化美化。

领导班子成员

党 委 书 记：杜文洪（任至 1 月）
　　　　　　李洪波（1 月任）
主　　　任：王大为(9 月任）
党委副书记：王大为（9 月任）
　　　　　　刘振清
人 大 主 席：刘秀华
副　主　任：吴克强
　　　　　　张淑敏（1 月任）

（崔向明）

人　物

责任编辑　马　军

综　述

围绕"率先全面建成小康县，建设美丽幸福新香河"的奋斗目标，2017年，香河县广大干部群众锐意进取，积极作为，涌现出一大批优秀模范人物，受到省市领导部门的肯定和表彰，他们取得的骄人业绩和引领作用，有力地带动和促进香河的各项事业迈上一个又一个新台阶。

逝世人物

汤吉夫（1937年—2017年），笔名牧羊人，生于山东青岛。1958年，毕业于上海第一师范学院（今上海师范大学）中文系，毕业后放弃留上海的机会，抱着一种对人生理想主义的冲动被分配到河北省香河中学工作，一直担任语文教师，连续工作17年。在香河工作期间，人们的第一印象是他帅气的外貌。身高180厘米，身板笔直，国字脸，一副眼镜又给这个挺拔大汉平添了几分文雅。一开口，除了智慧就是幽默。风度翩翩+智慧幽默，使得他成了很多人的偶像，拥有一大批"粉丝"。他讲课水平备受人们称赞。他的逻辑思维和形象思维融合贯通，说话就像"大珠小珠落玉盘"，板书龙飞凤舞，带给人们无尽的精神享受。学生喜欢上他的课，培养出了一代又一代文学艺术人才，在香河教育界小有名气。"文化大革命"期间受到冲击，"文革"后期萌生去意。1975年，调入河北省廊坊师范专科学校（今廊坊师范学院）任教，历任中文系讲师、副教授、系主任、校长，1988年，调入天津师范大学，任中文系（文学院）教授、硕士研究生导师。曾获得曾宪梓教育基金奖，享受国务院颁发的政府特殊津贴。河北省第四届政协委员、省文联委员、省作协会副主席，天津市作家协会理事。1999年起，任中国小说学会常务副会长兼秘书长。2017年11月19日，因病去世，享年80岁。

汤吉夫集教授、评论家、作家于一身，是个卓有成就的"三栖文人"。他从1961年开始文学创作，此后一发而不可收。先后创造出长篇小说《朝云暮雨》《大学纪事》《汤吉夫短篇小说集》《汤吉夫中篇小说选》《汤吉夫小说选》《遥远的祖父》，杂文、随笔集《津门乱弹》《湖边记忆》《书斋内外》，报告文学《郭枢俭印象》等，其中《蓝光在心头闪耀》获1983年鸭绿江文学奖；《希望》《在古师傅的小店里》《老伦效其人》分别获1983年、1985年、1987年河北省文艺振兴奖。《龚公之死》获1997年《芒种》文学奖。

1982年，加入中国作家协会。曾任中国少年作家班编委，《中国少年作家》副主编，"中国少年作家杯”全国征文大赛评委会副主任。他厚道、耿直、待人诚恳，奖掖后学，乐于助人，培养了一大批优秀的文学教育人才。他的经典名言“希望年轻的朋友在学习写作、学习语言、学习技巧的这个过程中能够更尊重自己、尊重他人、热爱生活、关注人类，这是一种博爱的思想、高尚的情感。如果你真的想走作家的路，我就希望你能逐渐地汇入这种博爱的思想和高尚的情感的洪流中去。”在青年作者当中产生很大影响。20 世纪 80 年代任廊坊师专校长时，与河北省作协合作创办了首届作家班，创当时风气之先。廊坊师专遂成河北中文教学重镇，其后省作协又办了三届作家班（第四届重回廊坊师专），在国内文坛形成“作家班现象”，170 余名基层作者受益，其中不乏驰骋文坛之佼佼者。

“中国小说排行榜”在全国产生极大影响，汤吉夫功不可没。他的筚路蓝缕，乃勤乃诚，对中国当代文学的发展进步做出了不可磨灭的贡献。

模范人物

【“五一”劳动奖章获得者】 孙玉洁，女，汉族，出生于 1983 年 10 月 15 日，香河县淑阳镇孙止务村人，大专文化程度，2006 年 6 月 8 日毕业于廊坊师范学院，2006 年 6 月参加工作，任香河第一城酒业有限公司工会主席、党支部委员，2005 年 6 月 10 日加入中国共产党。

孙玉洁自参加工作以来，政治觉悟高，在思想上积极要求进步，工作上具有强烈的事业心和责任感，勤勤恳恳，能够创造性地开展工作。学习上力求上进，作风严谨，为人谦虚真诚，处事公道正派，得到领导及同事的充分认可。获得河北省总工会颁发的“河北省五一劳动奖章”及“河北省五一巾帼标兵”称号。

【道德模范简要事迹】

1.诚实守信　以人为本　孙兴忠

孙兴忠，男，1956 年 11 月 4 日出生，天津宁河县人，1976 参加工作，于 1992 年创办香河第一城酒业有限公司，任董事长，于 2013 年任 北京顺鑫农业股份有限公司牛栏山酒厂香河生产基地总经理。孙兴忠将诚信作为经营企业的核心理念，香河第一城酒业有限公司曾多次荣获河北省诚信企业荣誉称号，孙兴忠本人被评为诚信体系建设优秀工作者。

孙兴忠思想品德高尚，廉洁自律，诚实守信，组织能力和企业管理水平高。在思想上、政治上、行动上始终与上级党组织保持高度一致。

他所创办的企业，认真执行上级的各项方针、政策，始终坚持以人为本，积极承担社会责任，大力支持参与社会公益事业。守法经营，科学发展，为香河县的经济发展做出了贡献。

2.忠于职守　无私奉献　程艳杰

程艳杰，女，香河县食品药品监督管理局职工。2016 年 8 月，成为“创城”档案资料组的一员。在自己的工作岗位上，勤勤恳恳，兢兢业业，顾全大局，不计个人得失。

2017 年 3 月，忙完本单位的年终考核，即刻开始当年“创城”档案资料的汇总整理工作。《创建省级文明县城》《河北省未成年人思想道德建设》两个操作体系的档案资料工作总计 235 项指标，按照工作计划要在 6 月底前把以上档案资料全部整理完毕。时间紧，任务重，压力大。她利用周末和节假日，主动加班加点，从未抱怨过。在她的带动下，档案资料组全体成员开启了每天上班模式，没有了周末休息的概念。面对繁重的工作量，她和“创城”档案资料组始终牢记身负的使命与责任，忘我投入、上下一心、齐心协力，必将用自己辛勤的汗水谱写一曲感人的“创城”篇章！

作为一名最基层的职工，一个战斗在“创城”工作最前沿的孜孜不倦的工作者，以严谨的工作态度和满腔的工作热情，还有那坚守岗位不言苦的责任心，以无私奉献，忠于职守的精神为香河县的创城工作做出了贡献。

3.严谨求实，勇于担当　黄玉生

黄玉生，男，1976年7月出生，现任淑阳镇卫计办主任，作为一名共产党员，他时时处处以党员的标准严格要求自己，在平凡的工作岗位上始终如一，以饱满的工作热情、扎实的工作作风，优质高效完成各项工作任务。

在卫计改革工作中，他创建了卫计微信公众服务平台，开展了“健康中国行”、爱国卫生疾病防治、健康促进单位创建等宣传服务活动；开展了亲情关爱救助、圆梦女孩等活动，开展了流动人口均等化服务，建立了1300余份健康档案；开展了计划生育群众自治县创建活动；落实三级两全包保责任制，治理了出生人口性别比；开展了出生缺陷预防、国家基本公共卫生服务、孕前优生检查等活动，在学习和工作中，他坚持严以律己，宽以待人，不断培养自己扎实、艰苦的工作作风、强烈的事业心和高度的责任感，坚决落实党风廉政的基本要求，正确行使手中的权力，做到了清正廉洁，按政策规定办事，不吃拿卡要，不优亲厚友。面对群众以诚相待，严格按照程序，办理相关证件；对不符合条件一时办不成的，就耐心细致地向他们做解释说服工作，既不敷衍了事，又不放弃原则乱办，让他们高兴而来满意而去。工作中不推诿扯皮，不拣轻怕重，勇于承担，用对党的忠诚，实践一名共产党员对人民群众的承诺。

4.满腔热忱　敬业育人　李莉

李莉，女，自1990年参加工作，至今已整整工作了27年。当她踏上讲台，便以育人为己任，以热爱自己的职业为工作准则，在她的那方讲台上，挥洒着她的青春，践行教师责任，谱写着属于她的教育篇章，2017年3月被香河县政府授予三等功。

近三十年来，她从未忘记自己在内心中许下的诺言，一直兢兢业业，丝毫不肯放松自己的工作，不断地改进自己的教育方式，总是把自己最好的一面展现给学生。二十多年间，对工作的一丝不苟、对同学们的关心爱护从未有过改变。对她来说，最重要是对教育的那片热忱，对学生的那份希望，对家长的那份责任，让她觉得肩上的担子更重了，她不敢丝毫松懈，不能辜负党和国家对自己的信任，更不能忘记对家长许下的承诺。这些，她都铭记于心，把它们化为自己工作的动力。

她用心处理学习工作中的每一件小事，在平凡的教学工作中永远保持着一种崇高的敬业精神、忘我的牺牲精神、无私的奉献精神。这27年来，青丝变白发，她的学生，有的已经为人父母，踏上了自己的工作岗位，有的还坐在教室，为了自己的未来努力拼搏。而她却日复一日，年复一年地坚守在自己的岗位，目送一批批学生离开身边，展翅高飞，而她在默默地祝福他们，能飞得更高更远。

5.爱岗敬业　情系百姓　徐小垒

徐小垒，男，1972年11月出生，汉族，大学本科文化，中共党员，1995年7月参加工作，现任县人民法院调解庭庭长，自从走上岗位的那一天起，他在全院民事案件审判中的结案数、结案率、调撤率始终名列前茅，在2015、2016年所带领的庭审连续被授予集体三等功。在庭审实践中，他处处为群众着想，千方百计为群众排忧解难。徐小垒同志以人民群众的事当作自己的事，把人民群众的小事当作大事来办。民事案件虽为离婚、合同、侵权等纠纷，诸如邻里纠纷、抚养赡养纠纷案件虽小，但关系到老百姓的日常生活，处理不得当，便影响群众的生产、生活，处理的得当，群众便能安居乐业。他在审理的每一个案件中，严格依照法律规定，敢于担当重任，排除各种影响，坚持公平正义，为维护我县经济社会发展作出贡献。他曾经为了做好群众工作放弃了整个假期，曾经为了一个案子走遍城区的大街小巷，为了工作，他照顾年迈的双亲时间要少些，为了工作，他陪伴孩子成长的时间要少些，但是他没有后悔过，因为在他心里舍小家就是为大家，责任重于泰山。

徐小垒在20余年的工作中，一直奋斗在审判一线，作为庭长，他主动承办疑难案件，兢兢业业、尽心尽责，在奋斗和奉献中实现人生价值，赢得人民群众和同事的信任和支持。

6.顾全大局　服务群众　张文发

张文发，男，汉族，1978年5月出生，2007年10月调入香河县信访局。自从事信访工作以来，他一直工作在信访接待工作第一线，多年来参与接待群众5000余人次，帮助群众解决实际困难2000余件，先后被省、市信访部门授予优秀接访员。

张文发十年如一日，坚持接访前做好卫生等准备工作，接访时认真做好接待记录并及时协调涉案单位，接访完毕做好访情汇报及解决进度跟踪，每个环节做得一丝不苟，从来没有出现过任何纰漏。

他深知所处岗位的重要性，更明白自己一言一行关系到党和政府的形象，关系到全县信访维稳大局。他始终以扎根基层信访事业为荣，随时调节自己的情绪，力争以最佳的精神状态接待上访群众。接访过程中，不仅要忍受苦和累，更要承受上访群众诸多的不理解甚至是辱骂，可以说承受着身体上和精神上的双重折磨。他深刻理解自身所处岗位的工作特点，始终坚持以微笑面对上访人，以赤诚打动上访人，以人格魅力感化上访人。他常说，搞好信访接待是对党和人民事业最好的回报，坚持原则是顾全大局，能够替百姓办事、让百姓满意也是顾全大局。

虽然十年间一直在一线接待群众，吃过一些苦，他始终坚守初心，不说套话、不干违心事，能够尊重人、理解人，平等待人。他始终把正直品行贯彻到具体工作中，关心群众疾苦，替弱者发声。

7.无私奉献　甘做人梯　张玉珍

张玉珍是香河县第四中学语文教师。1996年6月毕业于廊坊市师范专科学校。21年来一直任初中语文教学兼班主任工作。她时刻牢记教师是学生心目中最崇高、最有威信的榜样，教师的思想信念、道德态度和仪表行为，在班级管理和教育教学过程中，对学生是何等的重要！她始终认为作为培养未来人才的教育工作者，自身的道德水准和知识水平对学生的培养与成才起着关键作用。

张玉珍是学校的骨干教师，多年来以严谨治学治教的态度，潜心研究课标、教学教法，不断提高教学水平和业务能力，提高了教学质量。积极参加教研活动，在工作中扎实肯干，教学中勇于创新改革，坚守岗位。在思想、能力、水平、业绩方面，表现突出，是一位师德高尚的优秀教师。教学中她认真的调查研究，虚心向同仁学习，不断吸收别人的经验，以丰富自己。班级管理中能够创设宽容、理解、和谐的班级气氛，尊重学生个性，具有与学生一起共同学习的态度，具有能激发学生创造渴望的教学艺术。响应教育局号召，树立垂范意识，真正做到立足本职，爱岗敬业，无私奉献，艰苦奋斗，在提高学校教学质量、教育科研等方面贡献突出，起到了很好的先锋模范带头作用。

8.孝老敬亲　默默奉献　周海燕

周海燕，女，中共党员。她说，她只是个普通的女人，在人群中永远是默默无闻；她说，她只是尽全力做着为人妻、为人母、为人媳应当做的事情；她还说，这一切都是她应当做的。

为人妻，共建幸福美满家庭

她和爱人之所以能和睦相处，最大的秘诀就是两人之间的沟通非常到位，他们经常彼此向对方敞开心扉地聊天。爱人工作忙，她总是无怨无悔地默默付出，尽可能多抽出时间照顾孩子，照顾家庭。两个女儿刚出生的时候，她爱人是一名英语老师，正带高三毕业班，为了不耽误爱人给学生们上课，即使在月子里她也是一个人照顾两个孩子；她爱人换了工作之后，工作更加的忙，她仍是默默地选择支持。在处理家庭的大小事情上，他们夫妻能平等对待，互相通气，共同磋商决定，做到办每件大事双方都心情舒畅；夫妻二人合理安排工资收入，勤俭持家，不铺张浪费。

为人母，精心养育一双女儿

经历了一个吃啥吐啥的孕期，2005 年 2 月 7 日，她的两个女儿提前三十三天来到了她的身旁，老大晶予四斤四两，老二晶心三斤八两，看着这两个小小的人儿，她下定决心，一定要好好带大。孩子们四十多天的时候，小女儿晶心因体质弱，喉软骨没有完全钙化，吃奶的时候，喉软骨压迫气管，造成孩子吸气性呼吸困难，多次出现呼吸骤停的情况，住进北京儿童医院的重症监护室进行治疗。那时候，家里没车（938 也没有改成快速公交），她每天都会搭乘最早的一班938公交车再转地铁早早来到医院，早早等候在重症监护室的门外，只为离孩子近一点，能够及时知道孩子的最新消息。每天探视时间一到，她流着泪，来到浑身插满管子和监护仪的小女儿的病床前，轻轻地呼唤小女儿的名字，也许是心灵感应吧，每次小女儿都会特别配合地睁开眼睛看看她。她含着眼泪，告诉小女儿一定要坚强，全家人都盼着她赶快回家呢！经历了十天的痛苦煎熬后，带着医生的嘱托，小女儿可以出院回家了。她的脑海中时刻回荡着医生的嘱托，主治医生说“虽说孩子得的是只要加强营养，改善体质，喉软骨就会慢慢钙化的病症，但是孩子如果长时间脑缺氧的话，会影响孩子的脑细胞发育，所以家人要时刻观察，必要时刺激孩子一下，否则孩子的生命随时都有危险”。她把医生说的每个字都刻在了心上。出院回家之后，她的臂弯就是小女儿的摇篮，每天从早晨 6 点多孩子醒来，一直抱到晚上 10 点多孩子进入梦乡，即便孩子睡着了，她仍要不错眼珠的观察孩子的呼吸情况，因为没有了医院的各种仪器监测孩子的呼吸、脉搏，她就坚持 24 小时不间断的靠自己观察。每当孩子出现呼吸不顺畅时，她就用手指弹弹孩子的小手心或是小脚心，刺激孩子能够哭出来，孩子的这口气也就顺过来了，每弹一下孩子，她的心都如刀绞，疼在儿身，痛在娘心呀！可是没有别的办法，只有狠下心来，才能让孩子坚强的活下来。最令她发愁的是孩子的进食问题，每进食5毫升的牛奶，孩子都要用很长很长的时间，小脸憋得青紫，她的心都碎了。每次孩子出现病危的时候，她就流着眼泪在旁边鼓励孩子，“晶心，你一定要赶快好起来，晶予姐姐还等着你一起长大呢！”也许双胞胎孩子间真的有心灵感应，每次提到晶予，晶心都能够一次次的闯过关来。经过 40 多天的精心照顾，到孩子 100 天的时候，晶心突然喝了 50 毫升牛奶，她高兴地哭了，她知道，她和她的小女儿都有了希望。如今晶心和晶予都长成了 1.59 米的大姑娘，成为初中生。有人问她：“晶心生病时的那 40 多天，你每天只睡两、三个小时，你是怎么熬过来的？”她笑着说：“这就是母亲的天性吧，每个妈妈都能做的到！”

为人媳，孝老敬亲家庭和睦

2003 年和爱人结婚后，因为公公一直在外地工作，她特别体谅婆婆一个人这些年过的不容易，每次都是心怀感恩的心孝敬公婆。终于熬到公公退休，她说，老两口半辈子两地分居真不容易，一定要让他们的晚年生活过得幸福。于是，为方便老人出入，她张罗着为老两口在小区附近买了个一楼，她又忙着装修，陪他们去买喜欢的家具，让老两口欢天喜地的搬进新房。每到周六、日她会给全家人做一顿丰盛的午餐，全家人其乐融融。可这样团圆欢聚的好日子仅维持了一年， 2014 年 2 月公公查出身患重病，她和爱人带着公公辗转求医在北京宣武医院、北京空军总医院等各大医院，奈何公公得的这种病症，让北京各大医院的专家们都感到束手无策。公公的病情发展得很快，没过多久就生活不能自理了，为了减轻婆婆的负担，她每日在工作之余抽空回家为公公做可口的粥饭，一口一口喂公公吃饭。为了能让公公能够多维持些日子，尽量减轻公公的痛苦，她和爱人把老人带到北京空军总院进行治疗，请护工帮忙共同照顾。不久之后，公公去世了。公公的去世对婆婆的打击非常大，她就整日陪在婆婆身边耐心地开导她、服侍她，让她的内心重获自信。在日常生活中，她很重视老人心理需求，一有时间就陪婆婆聊天，婆婆的亲戚朋友来了，她总是热情招待；遇到与婆婆有分歧的事情，她总是心平气和地和婆婆沟通交流、消除隔阂。三年过去了，婆婆也慢慢恢复了正常的生活。公公去世后，对 90 岁高龄的爷爷奶奶打击也很大，她就利用周六、日的时间多回老家陪伴爷爷奶奶，帮老人多干一些活。奶奶因肠梗阻住院期间，不能自主排便，她就帮老人挤开塞露，悉心照顾。奶奶病愈出院后，逢人就说，“自己养大的孩子照顾老人时，还有嫌脏嫌臭的呢，人家海燕作为孙子媳妇，耐心地照顾我，不嫌脏，不嫌臭，那就该着伺候我这个奶奶婆呀”！

家是什么？她说，家是用爱搭建起来为我们遮挡风雨的小屋，有家才有爱，有爱才有家。周海燕和爱人在人生的旅途上，牵手相伴，风雨同舟，一同克服了工作和生活中的种种困难，她用自己的真诚、善良和孝心换来了家庭的美满、幸福，用自己的实际行动诠释着文明和谐家庭的深刻内涵。

9.诚信经营，关心公益　徐凤荣

徐凤荣，女，汉族，1963 年 11 月出生，河北省香河县人，1985 年 5 月参加工作，大学学历。现任顺达集团董事长的徐凤荣有着多重社会身份，中国家协常务理事、北京家协副会长、香河工商联副主席、市人大代表、香河县女企业家协会会长等等。

为了开拓眼界、培养思考问题的广度和深度，她不仅游历了世界多个国家，还投入大量精力进行学习深造。这对她成为一个有勇气、有魄力、自信并热爱生活的人影响颇大。

她在创造经济效益同时，不忘回报社会，期间，不记名捐助社会慈善款项保守数据为百余万元，帮助并成就 10 余名年轻创业者，参加公益活动数百件。

诚信经营，角色即责任

1985 年，徐凤荣在香河从事家具材料个体经营，1998 年成立香河县顺达皮革商贸有限公司，任公司董事长。随着业务不断扩大，公司发展成为集团公司，经营金钥匙家具城、北方广东家具批发城、顺达东方北京分公司、香河大通物流园有限公司、浙加都超市等多家公司。公司在徐凤荣的带领下，始终坚持“诚信经营”的理念，诚实守诺的工作作风，在同行业中留下良好的口碑。与供应商的合作也是本着“互利双赢，共同发展”的原则，至今为止，与 80%供应商有着 20 年以上的合作关系，和供应商签订合同后履约率达到 100％,按期如数支付货款，被供应商称为 “重合同、守信用”好伙伴。公司与客户的关系更为紧密和精心，经营中，从不销售伪劣假冒产品、不缺尺少寸、不搞虚假广告宣传或演示，实实在在对待顾客，多年来，因质量、数量、虚假宣传的投诉率为零。公司开业至今无任何恶意信贷和不良贷款记录，严格按金融部门要求执行。在税务方面依法做到了照章纳税，从未有偷漏税款、恶意逃税的行为和不良记录。顺达发展至今，其“诚信经营”金字招牌已深入人心。

“责任是每个人生命中最重的担子，无法卸除，每一种角色都有特定的责任，角色决定责任。”这是她常挂嘴边的一句话。身为公司的董事长，她履行着领导责任。在促进企业深化改革与社会稳定方面，顺达注重实绩，扎扎实实，公司成立至今，启用下岗人员和往应届大学生百余名，极大程度上缓解了社会就业压力。

这些员工经过顺达的培训，迅速成长，重新定位自己的人生，其中部分人员甚至很快成为公司骨干，担任中层以上领导职务。如：公司 42 岁的崔艳娟系基金会下岗员工，下岗后应聘于顺达集团皮革店，众所周知，皮革店商品品项较多、体积较大、涉及知识较多，劳动强度大，是公司最辛苦门店之一。由于其年龄偏大，接受能力稍慢，起初的工作不很顺利，不是将商品标价标错就是将商品品项记错，公司组织高频次的培训和考核，崔艳娟每天早出晚归，较其他人付出十二分的辛苦努力学习、工作。徐凤荣得知这一情况后，要求人力资源部将其作为重点培养对象进行培养，公司的有意栽培加之其顽强的毅力和努力，其专业知识和管理水平与日俱增，每次培训考核成绩始终名列榜首，仅在一年内就通过竞岗先后被提拔为主管和经理，从一个成绩平平的员工成长为一个优秀门店经理。如今她已经把企业的发展与个人的目标紧紧联系在一起，正如她经常说过的那句话“公司就是我的家”。

徐凤荣常说“人才是企业的基石，没有人才，企业就是止业”，赵立娟（定州人）等一批大学生通过招聘来到公司，他们通过培训、考核、实习、竞岗，人尽其才，公司在考核他们工作能力的同时，也应徐凤荣董事长公司要求，一定要照顾好外地员工日常生活，公司中午为员工提供工作餐，为外地人员租赁住房，让她们有归属感，无后顾之忧。安居才能乐业，最终，大学生通过公司的培养，都走到了理想岗位，赵立娟定岗为公司财务部出纳，工作一直非常出色，目前已成家于香河。

诸多这样的事例不胜枚举，顺达为此做出的努力，在每位员工的心里已深深地扎根。许许多多下岗后感到生活无望的员工重塑信心，重新定位自己的人生。这也为企业的发展个人的发展奠定了基础，使“顺达是一所好大学”在员工中广为流传。

在经营好自己企业的同时，徐凤荣不忘初心，于 2014 年 3 月成立了香河县女企业家协会，连任两届会长，带领香河的女企业家姐妹谋求更大的发展，提升女企业家综合素质。近四年来，香河县女企业家协会在政府推动与扶持下日益成长。协会发展初期，进入协会的女企业家素质不一、能力不一、性格不一、企业规模不一，徐凤荣自付资金二十余万元为协会奠定基础，做活动、发展优质会员。最初三个月，她每周抽出至少两天时间找企业家交心、座谈、摸底，提拔三观一致，有爱心，想做事，肯付出的有实力女企业家，搭建领导班子，分出小组。而后的各项工作，她更是带领大家不断走访企业、帮扶企业、整合资源、献爱心、培训、沙龙、外出考察、举办晚会、组织比赛等等，把好的商业资源、有用的知识、正能量和热情带给协会女企业家的姐妹们，让大家感觉这是一个大爱的、正义的组织，是一个极高学习力的组织，一个绽放的舞台，一个能够成就自己的平台，一个诚信的组织和温暖的大家庭。

女企业家比男人承受了更多，在生活和事业的双重压力下，她们也有崩溃和放弃的时候，每当得知这些，徐凤荣总是放下手中工作，留出时间，进行情感交流、安抚、鼓励，让她们对生活充满信心，对未来充满希望，直至姐妹露出笑脸。数不清有多少次，因为协会姐妹公司或者姐妹个人的事情，徐凤荣推掉自己公司工作，退掉机票，第一时间赶到姐妹身边，进行心理疏导和安慰，但并未将推掉工作、退掉机票的事情告诉姐妹。她常说：人比事儿重要，姐妹的事儿比自己的事儿重要。她的真诚、付出感动着每位姐妹，大家也都亲切地把她当作知心姐姐，信任有加，和她无话不谈，也形成了后来的一呼百应的良好局面。

公司的高管不理解她的行为，认为她本末倒置，轻重不分，她为了帮助协会姐妹，不仅搭钱搭人搭力，还让自己患上慢性咽炎，胃病，甚至累到贫血，大家心疼地问她这么做值得吗？她笑着说：这没有什么值得不值得，我既然成立了香河县女企业家协会，就要认真的、诚信的去经营，对协会负责，对协会每一个人负责任。她的脸上永远洋溢着自信、果敢与坚毅，累并快乐着。

关心公益，奉献社会

每当相关部门来公司统计光彩事业的时候，提取慈善金额是一大愁事，三十年来徐凤荣董事长总是低调公益，大部分慈善都是她个人秘密捐助，且未上报公司，她认为，做好事是发自内心，别人知不知道不重要，重要的是能够真正帮到人。成立香河县女企业家协会后，有人劝说她：香河需要正心正念正行为的人，有些公益是需要传播和发扬的。而后征求她本人同意后，才有一些公益活动得以曝光。

香河县女企业家协会主动承担社会责任，在为弱势群体奉献爱心等方面作出了积极的贡献，不仅多次捐物捐资慰问贵州等山区贫困儿童，每年“六一”儿童节和重阳节携带慰问金慰问品看望孤儿院的老人和孩子，并与他们共度节日。

2016年香河环卫工作节，徐凤荣代表香河女企业家协会全体会员承诺，争当尊重劳动、尊重环卫工人、尊重香河公共空间和公共利益表率。对香河公共利益和公共空间有不利影响的事我们坚持不做，对影响香河公共权益的事我们坚持不做。和县委县政府一道，和全社会一道，共同维护香河的公共卫生，维护香河的整体环境，维护香河和谐共赢的大好局面，当好香河正能量的发布者和传播者。

尊老爱幼是中华民族传统美德，大爱无界，她说：“老吾老以及人之老，幼吾幼以及人之幼，心中要有大爱，才是真正的孝道”。协会组织多次关乎“孝道”讲座，她亲自倡导的这一公益行为，在人们心目中强化了孝道的重要性，使尊重老人，敬爱父母在公司和女企业家协会中蔚然成风。

徐凤荣提出的“把盈利归还于人民，永远援助弱势群体”的口号，不仅公司每年拿出部分利润做公益事业，她个人也资助了多名贫困学生和创业者。一个人的力量是渺小的，她多次发起女企业家协会的姐妹共同走进贫困家庭，走进贫困山区帮扶更多的人。

徐凤荣，一个凭着顽强拼搏、勇于奉献、开拓进取的一股子精神，秉承诚信经营，热心公益的信念，她不为名，不为利，只为心安。

10.业务尖兵　人民卫士　张树川

张树川，男，1987年1月出生，中共党员，汉族，大专学历，2013年参加公安工作，现任香河县公安局巡警特警大队民警。

从警以来，他始终以党员的标准严格要求自己，勤勉敬业、踏实工作，他用满腔的工作热情、真诚的服务态度和出色的业务能力，诠释着一名民警对警察事业的无限忠诚。工作中，他以“警力跟着警情走”为原则，结合近年来相继开展的“打黑除恶灭霸扫痞”等专项行动，充分发挥警种优势，将街面作为主战场，不断加强党政机关、校园周边、繁华街区、商业部位等地的巡控工作，有效打击了违法犯罪的嚣张气焰。2016年至今，他带领民警共抓获违法犯罪嫌疑人75人，打掉犯罪团伙6个，救助群众21名，为维护社会治安的持续稳定做出了积极贡献。2016年9月，他被廊坊市公安局评为“夏季亮剑行动先进个人”。

业务尖兵

他主动利用岗位练兵等平台，结合日常工作，将所学到的业务知识进行实践。为了准确地把握辖区的发案走势，他每天上班前第一件事就是查看报警记录，及时了解辖区发案情况，把发案的时间、地点、案件性质以及嫌疑人的特征熟记在心，带领民警有目的地重点巡逻。他深入社区走访，收集情报信息，从不放过任何一个可疑点。在他的建议下，大队进一步完善了城区巡逻防控图，重新设定了警务区、必巡线和驻警点，并标注了季节性等案件高发区域，使巡逻工作“一目了然”。

短短的几年，他成为巡警岗位的能手。参加制作了《对嫌疑车辆查控战术》《警械使用技术》等“多媒体”教学课件12个，增加了教学的科技含量，实现了警务理念与实战技能的同步并轨。

真情倾注

在日常的工作中，不管是巡逻办案中发现，还是群众报警求助，警察总会接触到一些走失人员或患病人员。作为一名人民警察，他深知：人民警察要无愧于“人民”二字。

4月底的一天，他带领民警巡逻至第二小学路口时，发现一个老太太在路口徘徊，看样子是找不到家了，便主动上前询问情况。看得出，老人有点儿糊涂，说不出自己的姓名、住址以及家庭情况，身上也没有其他任何相关的信息。不过老人说，她记得家门口有个“大商店”。可“商店”怎么个“大”法儿老人却无法表达清楚，查找工作一时陷入僵局。他把老人请上警车，一面耐心安慰，一面向指挥中心通报警情，带着老人寻找。由于老人提供的线索有限，他带着老人在城区足足转了3个小时才找到老人的家。

警察故事

5月11日上午，位于城区“五一公园”不远的香河县大香线与淑阳大街交口处发生一起交通事故，一位骑三轮车的老人被肇事车辆撞倒在地，头部大量出血，他带领民警迅速到达现场施救。

当日10时30分许，他正带队在县城五一公园处驻点执勤，远远地看到北面500米处发生交通事故，他迅速带队前往处置。到达现场时，他发现一名老人倒在地上，头部受伤，地面有大量血迹。得知当时还未拨打急救电话，他一方面迅速拨打120急救电话，一方面组织警力控制肇事司机，维护现场交通秩序，防止二次发生事故。

此时，受伤老人倒卧在公路上，头部仍在出血。他立即安排人员从警车上取来消毒纸巾，自己坐在地上，利用掌握的急救常识，慢慢将老人身体抬起，让老人躺在自己的腿上，双手用纸巾堵在老人流血的伤口处。

在等待急救车的过程中，他不停地轻声呼唤老人，防止老人昏迷。急救车到达现场，他和其他民警一起与医护人员将老人抬上车送往医院救治。经过现场的有效急救和医院的治疗，受伤老人脱离了生命危险。中央、省级、市级各大网站、微信微博、河北卫视等众多新闻媒体播发了张树川救助交通事故受伤老人的感人事迹。5月16日，中央电视台《新闻直播间》《共同关注》等栏目，先后两次播出张树川的感人事迹。

张树川，凭着对人民群众的满腔赤诚和对公安事业的执着热爱，默默耕耘在平凡的工作岗位上，续写着他的警察人生。

【其他模范人物】

香河县主要先进个人统计表

表 9

姓　名	性别	民族	出生年月	工作单位	荣誉称号	授奖单位	授奖时间
卢宝丰	男	汉	1972.07	香河县公安局	2017 年度暑期工作先进个人，记三等功	河北省暑期工作领导小组	2017.8
石森森	男	汉	1985.10	香河县公安局	应急处突工作成绩突出个人	河北省公安厅	2017.2
张国利	男	汉	1979.09	香河县公安局	2016 年度追逃工作先进个人	河北省公安厅	2017.4
梁冬生	男	汉	1976.11	香河县公安局	全省“2016 利剑斩污”专项行动先进个人	河北省公安厅	2017.6
杜铁城	男	汉	1975.02	香河县公安局	通报表扬	河北省公安厅政治部	2017.7
石运发	男	汉	1977.04	香河县公安局	通报表扬	河北省公安厅政治部	2017.7
张渊博	男	汉	1988.04	香河县公安局	通报表扬	河北省公安厅政治部	2017.7
夏宏松	男	汉	1977.07	香河县公安局	个人二等功	河北省公安厅	2017.7
贾冬明	男	汉	1981.12	香河县公安局	通报表扬	河北省公安厅政治部	2017.8
张宝岩	男	汉	1982.06	香河县公安局	通报表扬	河北省公安厅政治部	2017.8
贾振国	男	汉	1979.11	香河县公安局	暑期安保先进个人	河北省交管局	2017.9
王建华	男	汉	1965.08	香河县公安局	个人一等功	河北省公安厅	2017.9
杨永利	男	汉	1967.03	香河县公安局	个人二等功	河北省公安厅	2017.9
刘国东	男	汉	1969.09	香河县公安局	暑期工作先进个人	河北省公安厅	2017.8
庄长春	男	汉	1977.02	香河县公安局	通报表扬	河北省公安厅政治部	2017.10
喻擘宁	男	汉	1979.04	香河县公安局	安检查控标兵	河北省环京“护城河”行动指挥部	2017.10
张会虎	男	汉	1974.10	香河县公安局	全省公安机关党的十九大安保先进个人	河北省公安厅	2017.11
屈殿军	男	汉	1977.06	香河县公安局	全省公安机关党的十九大安保先进个人	河北省公安厅	2017.11
刘建光	男	汉	1970.09	香河县公安局	全省交警系统十九大安保先进个人	河北省交管局	2017.11
李向国	男	汉	1967.03	香河县公安局	2017 年度全省优秀公安监管民警	河北省公安厅	2017.12
彰海丰	男	汉	1974.03	香河县公安局	2017 年度全省优秀公安监管民警	河北省公安厅	2017.12
李德珠	男	汉	1972.04	香河县公安局	2017 年度全省优秀公安监管民警	河北省公安厅	2017.12

高级职称专业技术人员名表

表 10

姓　名	性别	民族	出生年月	工作单位	职务	职称	评定日期	聘用日期
宋品军	男	汉族	1968.07	香河县农业局	农广校常务副校长	农业技术推广研究员	2017.12	—
张雅涛	男	汉族	1975.10	香河县林业局	林业站长	高级农艺师	2017.12	—
庹宗彦	女	汉族	1975.08	香河县质量技术监督局	—	高级工程师	2017.12	—
卢学英	女	汉族	1978.12	香河县审计局	股长	高级审计师	2017.12	—
贾桂玲	女	汉族	1968.12	香河县钳屯乡中心总校	业务主任	高级教师	2017.12	—
韩德胜	男	汉族	1971.05	香河县五百户镇仉村小学	校长	高级教师	2017.12	—
计福新	男	汉族	1972.07	香河县钱旺乡中心总校	校长	高级教师	2017.12	—
邹爱蓉	女	汉族	1973.11	香河县安平镇第一小学	副校长	高级教师	2017.12	—
周洪艳	女	汉族	1977.01	香河县五百户镇中心总校	业务副主任	高级教师	2017.12	—
唐淑明	女	汉族	1970.08	香河县淑阳镇中心总校	业务副主任	高级教师	2017.12	—
石绍英	女	汉族	1971.03	香河县钱旺乡中心总校	业务主任	高级教师	2017.12	—
金国虎	男	汉族	1973.04	香河县五百户镇荒庄小学	副校长	高级教师	2017.12	—
姜娣	女	汉族	1979.03	香河县五百户镇五百户总校小学	—	高级教师	2017.12	—
李志旭	男	汉族	1979.03	香河县第四中学	—	高级教师	2017.12	—
刘艳	女	汉族	1979.04	香河县刘宋镇中心总校	业务副主任	高级教师	2017.12	—
后学永	男	汉族	1975.06	香河县五百户镇第二小学	校长	高级教师	2017.12	—
曹月丽	女	汉族	1981.04	香河县第四中学	—	高级教师	2017.12	—
纪秀双	女	汉族	1983.01	香河县渠口镇渠口中心小学	—	高级教师	2017.12	—
刘云辉	女	汉族	1979.06	香河县中医医院	急诊科护士长	副主任护师	2017.12	—
王　颖	女	汉族	1979.06	香河县人民医院	外二科护士长	副主任护师	2017.12	—
唐建英	女	汉族	1976.09	香河县气管炎哮喘医院	急诊科护士长	副主任护师	2017.12	—
谭玉侠	女	汉族	1976.06	香河县气管炎哮喘医院	—	副主任护师	2017.12	—
王春会	女	汉族	1978.02	香河县人民医院	眼科护士长	副主任护师	2017.12	—
吴　倩	女	汉族	1973.03	香河县刘宋中心卫生院	—	副主任护师	2017.12	—
陈　静	女	汉族	1977.02	香河县妇幼保健院	—	副主任护师	2017.12	—
张红建	女	汉族	1975.05	香河县中医医院	—	副主任护师	2017.12	—
马凌云	女	汉族	1975.11	香河县钳屯镇卫生院	—	副主任护师	2017.12	—
吴海侠	女	汉族	1975.12	香河县气管炎哮喘医院	外科护士长	副主任护师	2017.12	—

续表 10

姓　名	性别	民族	出生年月	工作单位	职务	职称	评定日期	聘用日期
李　爽	女	汉族	1980.06	香河县人民医院	普内科护士长	副主任护师	2017.12	—
刘宏敏	女	汉族	1975.06	香河县人民医院	检验科副主任	副主任技师	2017.12	—
马志军	男	汉族	1976.01	香河县人民医院	器械科副科长	副主任技师	2017.12	—
崔雅莉	女	汉族	1972.9	香河县渠口中心卫生院	—	副主任医师	2017.12	—
黄凤林	男	汉族	1973.11	香河县刘宋中心卫生院	—	副主任医师	2017.12	—
韩凤英	女	汉族	1974.01	香河县人民医院	急诊科副主任	副主任医师	2017.12	—
刘丽媛	女	汉族	1975.01	香河县人民医院	耳鼻喉科副主任	副主任医师	2017.12	—
吴玉红	女	回族	1976.4	香河县淑阳镇卫生院	—	副主任医师	2017.12	—
付旭军	男	汉族	1977.06	香河县人民医院	外二科副主任	副主任医师	2017.12	—
张宝荣	女	汉族	1978.02	香河县人民医院	普内科副 主任	副主任医师	2017.12	—
石秋婷	女	汉族	1972.08	香河县气管炎哮喘医院	内一科主任	副主任医师	2017.12	—
刘学明	男	汉族	1973.04	香河县人民医院	放射科副主任	副主任医师	2017.12	—
艾志国	男	汉族	1973.05	香河县人民医院	副院长	副主任医师	2017.12	—
郭凤荣	女	汉族	1973.05	香河县气管炎哮喘医院	—	副主任医师	2017.12	—
刘长庆	男	汉族	1974.01	香河县人民医院	超声科副主任	副主任医师	2017.12	—
张志喜	男	汉族	1974.04	香河县渠口中心卫生院	副院长	副主任医师	2017.12	—
金桂英	女	汉族	1974.01	香河县渠口中心卫生院	—	副主任医师	2017.12	—
勾春凤	女	汉族	1975.02	香河县妇幼保健院	—	副主任医师	2017.12	—
刘淑宇	女	汉族	1975.12	香河县渠口中心卫生院	—	副主任医师	2017.12	—
赵海涛	男	汉族	1984.04	香河县人民医院	骨科副主任	副主任医师	2017.12	—
邢旭光	男	汉族	1980.07	香河县人民医院	放射科副主任	副主任医师	2017.12	—
赵　莉	女	汉族	1979.11	香河县人民医院	眼科副主任	副主任医师	2017.12	—
王　芳	女	汉族	1979.03	香河县人民医院	口腔科副主任	副主任医师	2017.12	—
王丽华	女	汉族	1974.10	香河县妇幼保健院	—	副主任医师	2017.12	—
牛海燕	女	汉族	1975.12	香河县中医医院	质控办主任	副主任医师	2017.12	—
白耀平	男	汉族	1978.02	香河县人民医院	超声科副主任	副主任医师	2017.12	—
温占军	男	汉族	1965.11	香河县五百户镇香城医院	—	副主任医师	2017.12	—
李赫楠	女	汉族	1983.08	香河县中医医院	内三科副主任兼总务科副科长—	副主任中医师	2017.12	—

香河县自 1981 年开始职称评定工作，截至 2017 年 12 月底，香河县在职具有高级职称 949 人，其中 2017 年新增 56 人。

文献文件辑存

责任编辑　闫振春

深入学习宣传贯彻党的十九大精神 全面开创“美丽幸福新香河”建设新局面

——在县委十一届二次全会第一次全体会议上的讲话

（2017年11月10日）

李桂强

县委十一届二次全会的主要任务是，深入学习宣传贯彻党的十九大精神，认真贯彻落实省委九届五次全会和市委六届三次全会工作部署，审议通过《中共香河县委关于深入学习宣传贯彻党的十九大精神 全面开创“美丽幸福新香河”建设新局面的决定》，进一步动员全县上下以习近平新时代中国特色社会主义思想为指引，自觉践行“四个意识”，牢固树立“四个自信”，为全面开创“美丽幸福新香河”建设新局面而不懈奋斗。

下面，我代表县委常委会讲四点意见。

一、旗帜鲜明讲政治，切实把全县上下的思想和行动统一到党的十九大精神上来

党的十九大，是在全面建成小康社会决胜阶段、中国特色社会主义进入新时代的关键时期，召开的一次十分重要的大会，在我们党和国家事业发展进程中具有划时代和里程碑的意义。

（一）必须充分认识党的十九大在政治上理论上实践上取得的一系列重大成果。习近平总书记所做的十九大报告，是闪耀着马克思主义真理光辉的重要文献，创造性地提出了一系列具有全局性、战略性、前瞻性的新思想、新观点、新理论、新举措。特别是大会把习近平新时代中国特色社会主义思想，确立为党必须长期坚持的指导思想，实现了马克思主义基本原理同中国具体实际相结合的又一次飞跃，进一步指明了党和国家事业的前进方向，是我们党团结带领全国各族人民，在新时代坚持和发展中国特色社会主义的政治宣言和行动纲领。其中，“八个明确”深刻回答了在新时代坚持和发展中国特色社会主义总目标、总任务、总体布局、战略布局和发展方向等基础问题，“十四条坚持”构成了新时代坚持和发展中国特色社会主义的基本方略。大会和十九届一中全会选举产生的以习近平同志为核心的新一届中央领导集体，是一个政治坚定、团结统一、坚强有力、奋发作为的领导集体，是一个全党全国各族人民充分信赖的领导集体，充分显示出我们党朝气蓬勃，显示出中国特色社会主义事业兴旺发达。党的十九大更加明确了习近平总书记在全党和中央的领袖、核心地位，全党全军全国各族人民衷心拥戴，深得党心民意，是党之幸、国之运、民之福。大会取得的丰硕成果，必将在党和国家事业发展进程中、在中华民族伟大复兴进程中产生重大而深远的影响。

（二）必须深刻领会党的十九大报告的丰富内涵和核心要义。学习领会十九大精神，既要从整体上把握，又要注意抓住重点，深刻理解大会提出的重要思想、重要观点、重大判断、重大举措。一要深刻领会十九大的主题，牢记为中国人民谋幸福、为中华民族谋复兴的初心和使命，坚定不移地高举中国特色社会主义伟大旗帜，为实现中华民族伟大复兴的中国梦不懈奋斗。二要深刻领会习近平新时代中国特色社会主义思想的指导地位，充分认识这是党的十九大的一个历史性决策和历史性贡献，体现了我们党在理论上的成熟和自信。三要深刻领会过去五年历史性成就和历史性变革，这些成就和变革，在党的历史上、新中国发展史上、中华民族发展史上，都具有开创性意义。四要深刻领会中国特色社会主义进入新时代的重大政治论断，体现了我们党对我国发展新的历史方位的精准把握，标志着我国发展站到了新的历史起点上。五要深刻领会我国社会主要矛盾的变化，这是关系全局的历史性变化，是从历史和现实、理论和实践结合上得出的正确结论，对党和国家工作提出了许多新要求。六要深刻领会新时代中国共产党的历史使命，实现伟大梦想，必须进行伟大斗争、建设伟大工程、推进伟大事业，必须准备付出更为艰巨、更为艰苦的努力。七要深刻领会决胜全面建成小康社会、开启全面建设社会主义现代化国家新征程的总体目标，使全面建成小康社会得到人民认可、经得起历史考验，按照“两步走”战略安排奋勇前进。八要深刻领会经济建设、政治建设、文化建设、社会建设、生态文明建设的重大部署和协调推进“四个全面”战略布局，把党中央提出的战略任务、政策安排、举措办法坚决落到实处。九要深刻领会全面从严治党的总体要求和主要任务，把党的政治建设摆在首位，坚持党对一切工作的领导。十要深刻领会党章修正案的新成果新要求，更加自觉地学习党章、遵守党章、贯彻党章、维护党章。

（三）必须坚决维护和捍卫习近平总书记在党中央和全党的核心地位。维护习近平总书记核心地位，事关党和国家前途命运，事关最广大人民根本利益，事关在新时代夺取中国特色社会主义新胜利。十八大以来的五年，是我们党和国家发展进程中极不平凡的五年，取得了举世瞩目的伟大成就和历史性变革，这些成就和变革是全方位、深层次、根本性的。以习近平同志为核心的党中央，统筹推进“五位一体”总体布局，协调推进“四个全面”战略布局，以巨大的政治勇气、强烈的责任担当，提出一系列新理念新思路新战略，出台一系列重大方针政策，推出一系列重大举措，推进一系列重大工作，解决了许多长期想解决而没有解决的难题，办成了许多过去想办而没有办成的大事，党和国家面貌焕然一新，我国日益走近世界舞台中央，比历史上任何时期都更接近、更有信心和能力实现中华民族伟大复兴的目标。这一切都源于习近平总书记举旗定向、运筹帷幄，源于习近平总书记和党中央团结带领人民革故鼎新、励精图治。全县上下要牢固树立和践行“四个意识”，坚决维护习近平总书记核心地位，坚决维护以习近平同志为核心的党中央权威和集中统一领导，坚决在思想上政治上行动上同以习近平同志为核心的党中央保持高度一致，切实把忠诚核心、维护核心、捍卫核心落实在行动上。

二、着力强化理论武装，迅速兴起学习宣传贯彻党的十九大精神热潮

党中央对学习宣传贯彻十九大精神高度重视。10月27日，习近平总书记在中央政治局第一次集体学习会议上明确指出，学习宣传贯彻十九大精神是全党全国当前和今后一个时期的首要政治任务，要求全党“来一个大学习”，真正“学懂”“弄通”“做实”党的十九大精神。11月2日省委专门召开九届五次全会，11月6日市委专门召开六届三次全会，对学习宣传贯彻十九大精神作出安排。我们要按照中央精神和省市委要求，坚决抓好贯彻落实，切实把全县干部群众的思想统一到十九大精神上来，把力量凝聚到实现十九大确定的各项任务上来。

（一）在加强学习培训上下功夫见实效。按照“来一个大学习”的要求，在全县迅速集中地开展大学习大培训活动。各级党委（党组）理论学习中心组要把学习十九大精神作为重中之重，制定计划，列出专题，抓紧搞好集中学习，进行深入研讨。县委党校要把十九大精神作为主课，制定培训轮训的计划和方案，开展多形式、分层次、全覆盖的党员干部培训轮训，确保把十九大精神领会深、领会透，不仅要知其然，更要知其所以然，真正学懂、弄通、做实，落实到每一名党员干部的思想灵魂深处。要坚持领导带头抓好学习。从县委常委做起，从县级领导和各单位各部门“一把手”做起，带头学习、带头研讨，把学习十九大精神作为第一堂党课、第一堂政治必修课，做到先学一步、深学一层，学思践悟、以知促行。

需要强调的是，作为党必须长期坚持的指导思想，要牢牢把握习近平新时代中国特色社会主义思想的时代背景、科学内涵，增强贯彻落实的政治自觉、思想自觉、行动自觉。学习中，要坚持历史与现实相结合。紧密联系中华民族5000多年的文明史、中国人民170多年的斗争史、中国共产党90多年的奋斗史、中华人民共和国60多年的发展史、改革开放近40年的探索史，特别是紧密联系党的十八大以来的历史性变革，深化对习近平新时代中国特色社会主义思想丰厚历史底蕴、重大时代意义的认识。要坚持理论与实践相结合。组织全县广大党员干部群众深入学、持久学，读原著、学原文、悟原理，深刻领会贯穿其中的马克思主义立场、观点和方法，贯彻到美丽幸福新香河建设的全过程，体现到党的建设各方面，自觉做习近平新时代中国特色社会主义思想的坚定信仰者、忠实实践者、有力传播者。要坚持学习理解运用与履行自身职责相结合。带着问题学、联系实际学，把自己摆进去，把职责摆进去，深刻领悟、入心入脑，学思践悟、知行合一，做到真学真懂真信真用。要深刻认识彰显其中的科学性、时代性、实践性、革命性，用以谋划推动工作，破解发展难题。

（二）在营造宣传氛围上下功夫见实效。为加强十九大精神宣传工作，县委制定了实施方案，全县各级各部门要按照方案要求，对照职责任务，不折不扣地抓好落实。要全面开展宣讲活动。县四大班子成员要深入下去宣讲，组织各级领导干部、党员代表、理论工作者和专家学者分赴镇村、分赴各行各业一线开展宣讲。要成立集中宣讲团，坚持面向基层、面向群众，深入浅出地把十九大精神讲清楚、讲明白、讲透彻，让老百姓听得懂、能领会、可落实，最大限度地凝心聚力、激发斗志。要营造浓厚的宣传氛围。开设专栏、专题，采取群众喜闻乐见的形式，推动党的十九大精神进企业、进农村、进机关、进校园、进社区、进网站。充分利用各级各类宣传文化阵地和资源，特别是要发挥广场大舞台、社区宣传栏、农村大喇叭作用，直观形象地宣传十九大精神，努力营造良好的政治氛围、舆论氛围、社会氛围。要精心组织主题新闻宣传。全县各类媒体要明确宣传重点和报道安排，集中开展全方位、立体式的宣传报道，迅速形成深入学习宣传贯彻党的十九大精神的强大舆论声势。

（三）在抓好贯彻落实上下功夫见实效。全县上下要深刻认识自身肩负的重大政治责任，坚定有力地抓好贯彻落实。各级各部门要将十九大精神和省、市、县委部署细化为具体任务，坚持台账式管理，找准突破口和主抓手，明确时间表、路线图、责任人，有针对、有目标地开展好各项重点工作。

10月31日，习近平总书记带领中央政治局常委，专程到上海党的一大会址和浙江嘉兴南湖红船，回顾建党历史，重温入党誓词，发表重要讲话，宣示新一届党中央领导集体的坚定政治信念。我们要认真学习贯彻习近平总书记重要讲话精神，大力弘扬红船精神，铭记党的奋斗历程，时刻不忘初心，担当党的崇高使命，矢志永远奋斗。11月4日上午，省委书记王东峰带领省四大班子党员领导干部赴西柏坡，深切缅怀革命先辈的丰功伟绩，深情回顾党领导人民进行革命斗争的辉煌历史，重温入党誓词，深入西柏坡村宣讲党的十九大精神。近期，廊坊市委理论中心组也将组织相关活动。全县各级党组织都要抓紧组织相关活动，重温入党誓词，大力弘扬红船精神和西柏坡精神，把全县学习宣传贯彻党的十九大精神不断引向深入。

三、深入贯彻党中央和省市委决策部署，全面开创“美丽幸福新香河”建设新局面

党的十九大勾画了实现“两个一百年”和实现中华民族伟大复兴的宏伟蓝图，鼓舞人心，催人奋进。对于香河，学习贯彻十九大精神，最根本的出发点和落脚点就是要指导实践，具体讲就是要坚持创新驱动，加快转型升级，强化基层基础，实现绿色崛起，加快建设美丽幸福新香河。

按照十九大的战略安排和省市委决策部署，结合香河发展实际，当前和今后，全县工作总的奋斗目标是：2018年，率先基本实现全面小康目标，全县城乡路网完成改造升级，公交一体化改革全面完成，美丽乡村实现县域全覆盖，与北京通州“三统一”的城乡规划体系得到整合完善，村街干部待遇和基层政权运转资金充分保障并提高标准，社区和农村治理水平实现大提升；2019年，镇级卫生院全部改造提升，教育资源水平极大提高并实现均衡发展，北运河潮白河国家级湿地公园完成建设，健身中心、干训中心、职教中心投入使用，潮白河特大桥竣工通车，县城大外环全线贯通，美丽幸福新香河的主体框架全面打开；2020年，“五城共建”龙头作用凸显，以高端制造业和现代服务业为主体的新兴产业体系构建形成，县域经济实力保持全省领先，在全国百强中位置提升，大气环境质量持续改善，全域旅游发展实现重大突破；2021年，县城空间极大拓展，地下空间有效利用，公园、林木、绿地、水系遍布城乡，公共服务设施更加完善，文明城市、智慧城市、园林城市、洁净城市、海绵城市创建取得明显成效，城市品质和功能形象大幅攀升；2022年，到本届县委换届时，经过我们几年努力，让一个富强、民主、文明、和谐的美丽幸福新香河崛起于世人面前，让每个香河人都能为家乡的发展变化而骄傲，让每个外来人都能为身在香河、融入香河而倍感自豪。

（一）坚持不懈抢抓协同发展重大机遇。京津冀协同发展是重大国家战略，也是我们面临的重大机遇。要坚决服从中央和省市委关于推进协同发展的一系列安排部署，以更加积极主动的姿态，更加求真务实的作风，在坚决服从服务中实现共赢发展。一要全力支持北京城市副中心建设。全面落实中央精神和省市委部署，把支持北京副中心建设作为一项严肃的政治任务，坚决服从、主动服务。制定人口规模、开发强度、生态建设等切实可行的工作目标，

促进与北京城市副中心协调发展、融合发展、错位发展。二要加强规划对接。积极对接《北京城市总体规划（2016-2035）》和正在编制中的《通州区与廊坊北三县地区整合规划》，大力整合完善城乡规划体系，确保一张蓝图绘到底。要认真谋划我县的功能定位和产业布局，编制新增产业禁限目录，以高端制造业和现代服务业为主攻方向，积极承接北京非首都功能疏解和产业转移外溢。三要补齐发展“短板”。坚持在服务京津中做大做优做强自己，不断改善软硬“两个环境”。深化机关作风整顿，改善营商环境，形成不欺生、不排外、不内斗，开放包容、服务高效、合作共赢的发展氛围。以提升城市功能和品位为重点，加快市政工程建设进度，积极引进优质教育、医疗资源，提高公共服务水平，让群众有更多获得感，让香河有更强承载力。四要推动重点领域突破。以路网建设为先导，主动服务密涿高速及京唐、京滨城际高铁项目建设，在基础设施等重点领域率先实现突破。密切关注北京城市副中心相关路网规划，主动对接融入，全面提速与北京城市副中心的交通干线建设，实现交通路网高效顺畅衔接。五要全面落实严管严控措施。强化与北京交界地区及重大工程建设区规划、土地、项目、房地产管控力度，明确各类土地性质，合理安排各类土地利用规模、布局，划定开发边界和生态红线，实行用途管制，促进土地依法依规、节约集约利用。继续深入开展集中清理“双违”专项行动，做到违规必拆，应拆尽拆。下大力解决房地产遗留问题，确保房地产市场持续健康发展。

（二）坚持不懈实施创新驱动发展战略。一要全面深化改革创新。扎实推进“扩权县”“放管服”、环境保护和民生领域等各项改革任务，主动创新一批在全省全市可复制可推广的改革经验。二要全面搭建创新平台。充分发挥机器人产业港、国安创客的平台载体作用，借助太库全球资源优势，着力引进北京及全球“大智移云”科技资源、项目、技术，培育壮大高新技术产业。三要全面引导企业自主创新。重点扶持科技型中小企业铺天盖地发展，打造更多创新型领军企业。鼓励企业加强同京津高校和科研院所的交流对接，协同建设工作站、实验室、研发中心，转化技术成果，建设科技成果孵化转化基地。四要全面优化创新环境。着眼于用好京津创新要素，全方位引进人才，推进产学研金用一体化发展，做好财税、金融、投资、户籍、社保等政策与科技创新政策的衔接配套，厚植“双创”良好生态，让创新的活力充分释放。

（三）坚持不懈加快转型升级步伐。认真贯彻新发展理念，大力发展实体经济，推进供给侧结构性改革，不断提高发展质量和水平。一要培育新动能。围绕打造现代产业高地，下大力搭平台，调结构，转方式，促转型，务实精准地引进一批创新型、龙头型、补链型项目，加快建设现代经济体系，为县域经济可持续发展添后劲、增动力。二要发展城市经济。着眼于打造环北京微中心，坚持规划统领，打开城市框架，完善城市功能，改善城市形象。实施县城“退二进三”战略，大力发展楼宇经济、生活性服务业等产业。三要提高园区发展质效。以“一区三园”改革为抓手，切实理顺园区开发管运机制，夯实项目建设的平台支撑。认真落实国家关于开发区的土地利用政策，通过腾笼换鸟、嫁接改造、转让、股份合作等形式盘活闲置和低效土地，提高土地集约节约利用和税收贡献率。四要实施乡村振兴战略。把美丽乡村作为建设美丽幸福新香河的重要抓手，按照“产业兴旺、生态宜居、乡风文明、治理有效、生活富裕”的要求，以列入省级重点片区为契机，加快实现美丽乡村全覆盖，实现街道硬化、绿化、美化、亮化。以全域旅游为载体，推动文化创意、休闲旅游、现代农业、互联网和美丽乡村多种业态融合发展，形成“五业共融、五业同兴”的三农发展新格局。

（四）坚持不懈加强基层基础建设。坚持以人民为中心，重心下移，关口前移，不断打基础、利长远，筑保障、惠民生。一是提高社会治理能力。完善党委领导、政府负责、社会协同、公众参与、法治保障的社会治理体制，努力实现社会治理体系和治理能力的现代化。创新城乡社区治理体系建设，综合运用政策、科技各种手段，实现政府治理和社会调节、居民自治良性互动。二是全力维护社会稳定。严格落实信访工作责任制，坚持情理法相结合，及时就地解决群众合理诉求，突出抓好涉军、问题楼盘等信访问题。加快建立司法调解、行政调解、人民调解“三位一体”大调解格局。坚决打击各类刑事犯罪，整治社会治安环境，全力抓好安全生产，有效防控各类风险，进一步擦亮“平安香河”金字招牌，增强群众安全感。三是完善民主政治建设。坚持党的领导、人民当家作主、依法治国有机统一，巩固和发展生动活泼，安定团结的政治局面。坚持和完善人民代表大会制度，支持和保证人大及其常委会依法履行职能；支持政府创造性开展工作，建设人民满意的服务型政府；支持人民政协履行政治协商、民主监督、参政议政职能，推动协商民主广泛、多层、制度化发展，巩固和发展爱国统一战线，凝聚新时代建设美丽幸福新香河的智慧和力量。四是提高民生保障水平。着眼于满足人民日益增长的美好生活需要，不断提高公共服务供给的层次和质量，做到幼有所育、学有所教、劳有所得、病有所医、老有所养、住有所居、弱有所扶。大力推进路、水、电、气等设施建设和医疗、教育、卫生事业发展，让群众生活更美好、更幸福。五是扎实推进依法治县。以依法执政、依法行政、司法公正、全民守法为目标，深化司法体制改革，认真抓好法治香河建设。引导广大干部群众运用法治思维，通过法律途径开展工作、解决问题。六是加强精神文明创建。积极培育和践行社会主义核心价值观，加强社会主义精神文明建设，着力改善社风乡风家风民风，在成功争创省级文明县城的基础上，高标准开展国家级文明县城争创活动。大力开展“最美家庭”“最美香河人”等主题活动，通过典型带动，强化社会公德、职业道德、家庭美德教育。

（五）坚持不懈提速绿色崛起进程。按照绿水青山就是金山银山的理念，加快打造良好的自然生态，厚植环境优势。一是坚决打赢生态治理攻坚战。严格落实各项防治措施，全面完成大气污染治理目标任务。动员广大干部群众，举全县之力抓好“煤替代”冲刺收尾工作，坚持进度、质量、安全三手齐抓，确保按期完工、不留隐患。继续做好散乱污企业、VOCs企业的后续整治工作，防止反弹。深入开展重点河流综合整治，确保河流水质全面达标。二是全面加快国家级湿地公园建设。坚持产业发展和生态建设同步推进，严把规划设计、工程建设、开发运营三道关口，努力把北运河、潮白河打造成为北方首屈一指的生态涵养带、滨河风光带、旅游休闲带。提高造林绿化水平，实现由扩规模向上品位的转变，创建一批精品景观园林和环首都森林公园。三是提高生态文明建设水平。加快构建城乡一体的污水处理和垃圾处理体系，启动垃圾焚烧发电厂建设，实现减量化、资源化、无害化处理。加强政策引导，鼓励企业使用新材料、新工艺、新技术，实现绿色生产、绿色经营。深化环保体制改革，加大环保执法力度，引导企业技改升级，实现源头减排。倡导绿色生活方式，加强文明素质教育，反对奢侈浪费和不合理消费，大力创建绿色机关、绿色学校、绿色社区、绿色家庭。党员领导干部要以身作则，从自己做起，从身边做起，从细节做起，教育引导带动形成良好文明风尚。

四、切实加强党的全面领导和党的建设，把全面从严治党不断引向深入

全县各级党组织要认真对照新时代党的建设总要求，严格落实政治责任和主体责任，不断把全面从严治党向基层延伸，为全面开创“美丽幸福新香河”建设新局面，营造风清气正的政治生态。

（一）始终把政治建设摆在首位。党的政治建设是党的根本性建设，决定着党的建设方向和实效。要切实增强“四个意识”，严明政治纪律和政治规矩，自觉做到个人服从组织，少数服从多数，下级服从上级，全党服从中央。要坚决维护党中央权威，严格遵守政治规矩和政治纪律，始终同以习近平同志为核心的党中央保持高度一致。要自觉尊崇党章，大力弘扬忠诚老实、实事求是、清正廉洁等优良作风，严格执行新形势下党内政治生活的若干准则，不断增强政治性、时代性、原则性、战斗性。

（二）全面加强理想信念教育。坚持把理想信念教育放在重要位置，教育引导广大党员牢固树立共产主义远大理想和中国特色社会主义共同理想，坚定“四个自信”，坚守中国共产党人的精神支柱和政治灵魂。要围绕学习贯彻党的十九大精神，推进“两学一做”学习教育常态化制度化，根据《全县干部教育培训工作要点》，严格落实党内学习制度，围绕县委中心工作和重点任务，多渠道、多形式开展大规模培训，用习近平新时代中国特色社会主义思想武装全党、教育人民，筑牢信仰之基，补足精神之钙。要按照中央统一部署和省市委安排，认真开展“不忘初心、牢记使命”主题教育，深入开展“戴党徽、亮身份”“我是党员我带头”、机关企业党员“四比四争”、农村社区党员“争当六员”等活动，提升党员干部宗旨意识、政策理论水平和服务发展意识。

（三）推动班子队伍建设上水平。按照习近平总书记提出的“坚定理想信念、强化政治责任、全面增强本领、扎实改进作风”的要求，加强县委常委会和县委全委会建设，把县委领导集体建设得更加坚强有力。要树立正确选人用人导向，坚持看业绩、看能力、看表现、看公论，注重在大气污染防治、“煤替代”工程、“两违”治理、信访维稳等急难险重工作中发现干部，切实把对党忠诚、担当实干、业绩突出、群众公认的干部选出来、用起来。完善干部动态考核和综合研判机制，全面启动干部经常性考察，及时掌握班子日常运行情况和干部政治品质、道德品行、作风表现，全面深入了解干部德、能、勤、绩、廉情况，营造能者上、庸者下、劣者汰的良好局面。要加强能力建设，增强干部的学习本领、政治领导本领、改革创新本领、科学发展本领、依法执政本领、群众工作本领、狠抓落实本领和驾驭风险本领，推动执政本领与时代发展、岗位职责相适应。

（四）建设坚强的基层战斗堡垒。突出政治功能，强化党组织领导核心和政治核心地位，把基层党组织建设成为宣传党的主张、贯彻党的决定、领导基层治理、团结动员群众、推动改革发展的“桥头堡”。要严格落实党委（党组）抓基层党建工作责任制，着力提升基层党组织凝聚力、战斗力和号召力，确保党在社区、农村基层组织有人干事、有场所议事、有钱办事、有章理事。要抓好村“两委”换届工作，根据村街实际，一村一策制定工作方案，按照“先审计后换届”的原则，通过纪审联动的方式，深入开展村级财务离任审计，确保选好“领头雁”，配强好班子。以“两考三评一定”为抓手，增强广大农村干部责任感、主动性、执行力。落实镇干部亲情代办、村干部轮流坐班等工作机制，深化网格管理，发挥网格的管理服务功能，完善“抓基层党建、小微权力、帮扶对象”三个清单，提高支部服务水平。要着力提升基层党建信息化水平，积极探索“互联网＋党建”“微党建”等做法，把天网工程、大喇叭联网、微信公众平台等现代技术手段，综合融入农村、社区党建工作中，切实提高基层服务效能。

（五）深化党风廉政建设和反腐败工作。认真落实中央八项规定精神，在抓常抓细抓长上下功夫，持之以恒整治“四风”。加快构建作风建设长效机制，深化机关作风整顿，着力解决不作为、慢作为、乱作为问题。要推动主体责任向基层延伸，从县乡村三个层面逐级明确责任要求，通过明责、诺责、履责、考责、问责五项措施，构建推动责任落实的完整链条，真正把全面从严治党要求压紧压实到基层、到支部。要深入实践监督执纪“四种形态”，加强对党员领导干部的日常管理监督，抓早抓小、防微杜渐，切实强化底线意识。推进纪检监察体制改革，组建县监察委员会，实现对公职人员监察全覆盖。始终保持反腐败高压态势，强化不敢腐的震慑，扎牢不能腐的笼子，增强不想腐的自觉，巩固提升压倒性态势成果，夺取压倒性胜利，促进干部清正、政府清廉、政治清明。全县各级领导干部要带头廉洁自律，讲修养、讲道德、讲诚信、讲廉耻，注重家庭、家教、家风，永葆共产党人的政治本色。

核心凝聚力量，旗帜引领方向。让我们更加紧密地团结在以习近平同志为核心的党中央周围，高举中国特色社会主义伟大旗帜，不忘初心、牢记使命，为实现党的十九大确定的各项目标任务，全面开创“美丽幸福新香河”建设新局面而努力奋斗！

聚焦监督执纪问责　深化全面从严治党
为建设美丽幸福新香河保驾护航

——中共香河县第十届纪律检查委员会向县第十一次党代会的工作报告

（2017年2月21日）

一、过去五年工作回顾

五年来，县委坚决贯彻中央和省市委决策部署，履行主体责任态度坚决、担当有力、措施具体，营造了旗帜鲜明讲政治、从严从紧抓纪律的良好氛围；全县各级党组织和党员领导干部坚决落实管党治党政治责任，大力强化党的意识、纪律意识和规矩意识，形成了上下联动、齐抓共管的工作局面；县纪委在县委和上级纪委的正确领导下，坚决贯彻落实全面从严治党要求，聚焦主业，勇于担当，监督执纪水平不断提升，纪检监察工作连续五年在全市名列前茅，先后荣获全市纪检监察系统查办案件工作先进单位、查办案件工作三等功、案件审理工作第一名等荣誉称号。

（一）坚持问责加压，管党治党力度持续加大

开列责任清单。细化落实主体责任和监督责任具体内容，制定签字背书、述责述廉、约谈等保障制度16项，建立并实行了全县乡科级领导干部有关事项明示制度和个人有关事项报告制度，推动“两个责任”有效落实。

严格制度执行。坚持廉政约谈制度，累计约谈5000余人次；坚持述责述廉制度，每年定期组织重点单位“一把手”接受现场评议质询，累计评议质询32人。同时，坚持惩防结合，累计召开警示教育大会6次。

严肃追责问责。开展落实党风廉政建设“两个责任”专项检查行动，发现并整改问题16起；严格落实“一案三查”，约谈和诫勉谈话“两个责任”落实不力的干部50余人次，倒逼“两个责任”落地生根。

（二）坚持挺纪在前，党规党纪权威不断强化

强化纪律规矩意识。开通“清廉香河”微信平台、编印警示材料和学习读本、发送廉政提醒短信、举办廉政书画展、辩论赛，全方位、多形式开展廉政宣传。集中宣讲党纪党规，由县处级领导和县纪委班子成员结对深入乡镇村街，全面解读新修订、新出台的党内法规。坚持凡提必考，凡提必谈，五年来累计对200余名拟提拔党员领导干部进行了任前廉政考试和廉政谈话。

严明党规党纪。开展“不守纪律、不讲规矩问题”专项督查整治，提出了遵规守纪“二十一个绝不允许”要求。扎实开展“一问责八清理”专项行动，严查管党治党主体责任缺失、懒政怠政、滞留截留专项资金等问题，累计清理发现问题线索590件，批评教育216人，问责28人，建立制度25项。

（三）坚持抓常抓长，作风建设步入新常态

抓日常监督。坚持一节日一提醒一检查一通报，每年发送廉政提醒短信6000余条，累计组织开展明察暗访 200 余次，发现并通报问题 130 余起。同时，公开选聘党风政风监督员 40 名，充分发挥群众监督作用。

抓专项治理。开展正风肃纪专项行动，督促相关部门清理腾退办公用房 4106 平方米，清理“吃空饷”人员 111 名，清理处置违规车辆 123 部。开展公务接待问题专项检查，汇总问题 4 大类，责令相关部门进行整改。

抓建章立制。制定下发了《关于贯彻落实中央“八项规定”的实施细则（暂行）》《党员干部廉洁履职、服务发展“十六个不准”》《关于对庸政懒政怠政等影响工作执行力行为实施问责的暂行办法》等 10 余项制度，固化作风建设成果。

（四）坚持重拳出击，惩治贪腐效果明显

畅通信访渠道。探索信访举报资源综合利用“1235”模式，在全县范围内公布了主要领导手机号码，集中开展了信访积案专项清理活动，实行了信访案件线索集体排查会议制度。

严厉惩治腐败。开展“村官贪腐”办案专项行动，查处“村官贪腐”案件 15 件，涉案金额 578 万元；开展“三项集中整治”行动，围绕涉农、涉企和教育三个领域，深入查处损害群众利益和“小官贪腐”问题，下发监察建议书 7 个，给予党政纪处分 38 人。五年以来，全县各级纪检监察机关共查结各类违纪案件 509 件，处理违纪党员干部 517 人，涉及乡科级干部 56 人。

完善工作机制。建立了纪委领导班子成员和检查室分片联系督导工作制度，加强对乡镇纪委工作的全方位指导。建立审理岗位轮训制度，对乡镇纪检干部进行培训，进一步提升了乡镇纪检干部精准执纪的能力。充分发挥反腐败协调小组的作用，出台《反腐败协调小组工作规则》等 6 项规章制度，建立健全了信息互通、线索互送、进展通报、结果共享等工作机制，五年来，小组成员单位共移送移交案件线索 104 件。

（五）坚持改革创新，履职尽责能力显著提升

深化“三转”，聚焦主业。清理议事协调机构 116 个，保留 12 个，精简率达 90%。围绕主责主业，调整内设机构，具有执纪审查和执纪监督职能的科室增加到 10 个，占机构总数的 70%。

完善制度，规范管理。出台了《纪检监察干部行为规范》《纪检监察干部“十不准”》等规章制度，结合“干部作风建设年”活动和正风肃纪专项行动，扎实开展了机关作风集中整顿。出台了《关于充分发挥县纪委委员作用的意见（试行）》《关于加强县纪委委员自身建设的规定（试行）》等规章制度，充分发挥县纪委委员的职能作用。

强化培训，提升素质。积极开展“党的群众路线教育实践活动”、“三严三实”专题教育、“两学一做”学习教育、“忠诚、干净、担当”专题教育，采取专题讲座、观摩拉练等措施，切实提升纪检监察干部发现问题、突破案件、准确量纪、以案施教、廉洁自律“五种能力”。

回顾过去五年，成绩来之不易，这主要得益于县委和上级纪委的坚强领导，得益于全县各级党组织和党员干部的共同努力，得益于广大群众和社会各界的支持参与，得益于全县纪检监察干部的辛勤付出。

在肯定成绩的同时，我们清醒地看到，目前管党治党宽松软问题尚未根本转变，党风廉政建设和反腐败斗争形势依然严峻复杂。有的党组织存在党的领导弱化、党的建设缺失、全面从严治党不力等问题；有的忽视日常管理监督，不注重抓早抓小，纪律还没有真正严起来，监督执纪“四种形态”在实践中有待深化。有的党员领导干部特别是主要负责同志，管党治党责任不清、担当不足，雷声大、雨点小，压力传导不下去。有的党员领导干部党的观念淡漠、组织涣散、纪律松弛，“四风”问题隐形变异禁而不绝，不收敛不收手的贪腐行为潜滋暗长，为官不为、庸懒无为现象比较突出；有的职能部门中层干部顶风违纪、吃拿卡要、以权谋私，“中梗阻”行为群众仍有反映。有的纪检监察干部履职能力不强，作风不严不实、不深不细，“探头”作用发挥不充分。对此，我们要高度重视，切实加以解决。

二、五年来工作体会

过去五年，我们边学习思考、边实践感悟，越来越深刻的体会到，习近平总书记系列重要讲话，是新的历史条件下推进党风廉政建设和反腐败斗争的强大思想武器和行动指南，只有紧密团结在以习近平总书记为核心的党中央周围，联系思想和工作实践，全面深入地领会，科学系统地把握，才能坚定不移地落实。

一是落实责任，必须以上率下、层层压实。全面从严治党必须充分发挥党委领导核心作用。五年来，全县党风廉政建设和反腐败斗争之所以取得明显成效，关键在于县委带头落实全面从严治党主体责任，高度重视党风廉政建设和反腐败工作，大力支持纪委履行监督责任。同时，县委坚持以上率下，示范引领，层层传导压力，带动了各级党组织认真履行主体责任。实践证明，只有始终坚持党的集中统一领导，推动管党治党主体责任落到实处，才能把党风廉政建设一步步引向深入。

二是廉政建设，必须围绕中心、服务大局。纪检监察的一切工作，都要始终围绕党委中心任务来思考、谋划和推进，必须始终把讲政治摆在第一位，严肃党的政治纪律和组织纪律，检查党的路线方针政策执行，坚决维护中央和省市县委权威，确保政令畅通。

三是执纪问责，必须挺纪在前，践行“四种形态”。坚持纪严于法、纪在法前，是经验教训的总结，是管党治党理念的创新。“四种形态”是挺纪在前的具体化。纪检监察机关必须坚持正确的执纪导向，坚持惩前毖后、治病救人的原则，把立足点转移到抓纪律上，运用好监督执纪“四种形态”，实现管党治党“全面”和“从严”的有机统一。

四是正风反腐，必须依靠群众、惠及群众。党风廉政建设和反腐败工作必须树立群众观点、践行群众路线。必须把解决群众身边的不正之风和腐败问题作为正风反腐的重中之重，实现和维护好人民群众的切身利益。五年来，县纪委着力解决发生在群众身边的腐败问题，大力推动全面从严治党向基层延伸，切实提升了人民群众的获得感，增强了党委政府在人民群众中的公信力。

五是科学履职，必须深化“三转”、聚焦主业。纪检监察机关转职能、转方式、转作风，是职责所在、形势所需。实践证明，职能泛化、功能弱化，必然导致“种了别人的田，荒了自己的地”，只有立足党章赋予的职责，聚焦中心任务，强化监督执纪问责，才能推动党风廉政建设和反腐败斗争不断取得新的成效。

三、今后五年工作建议

今后五年，是香河率先全面建成小康县的决胜阶段，推进全面从严治党的关键时期。我们要深刻把握党中央关于全面从严治党取得显著成效但仍然任重道远的形势判断；深刻把握党中央关于全面从严治党的目标任务，坚持标本兼治，不断增强全面从严治党的系统性、创造性、实效性。今后五年的总体要求是：全面贯彻党的十八大和十八届三中、四中、五中、六中全会精神，坚持全面从严治党、依规治党，严肃党内政治生活，加强党内监督，坚持挺纪在前，深入实践“四种形态”，持之以恒改进作风，坚定不移惩治腐败，深化纪检监察体制改革，坚持标本兼治，建设忠诚干净担当的纪检铁军，努力把全县党风廉政建设和反腐败工作推向深入，为率先全面建成小康县、建设美丽幸福新香河营造良好政治生态。

（一）强化监督，营造良好政治生态

落实监督责任。以党内监督条例作为基本遵循，积极推进党内监督制度化、规范化、程序化。强化自上而下的组织监督，改进自下而上的民主监督，发挥同级相互监督作用。党委（党组）负主体责任，书记是第一责任人，党委常委会委员（党组成员）和党委委员履行职责范围内的监督职责。纪委作为党内监督专责机关，要找准责任定位，强化监督执纪，加大问责力度，为推进全面从严治党提供坚强纪律保障。党的工作部门要加强职责范围内的党内监督工作。党的基层组织要监督党员切实履行义务，维护和执行党的纪律。党员要积极行使党员权利，加强对党的领导干部的民主监督。

突出监督重点。把遵守政治纪律和政治规矩摆在首位，加强对执行党的基本路线、维护党中央权威和中央、省市县重大决策部署落实情况的监督检查，坚决查处有令不行、有禁不止、庸懒无为等行为，加大问责力度，确保政令畅通。加强和规范党内政治生活，强化对“三会一课”、民主生活会、领导干部双重组织生活、民主评议党员、谈心谈话等制度落实情况的监督检查。强化选人用人监督，严明换届纪律，从严把好党员领导干部“党风廉政意见回复”关，严厉查处违规用人行为，对违反组织人事纪律的行为发现一起、查处一起，对典型案件及时通报曝光。同时，建立健全容错纠错机制，鼓励广大干部干事创业、奋发有为。突出对领导干部特别是“一把手”和“实权”岗位人员的监督，督促各级领导干部带头执行党的纪律规矩，增强自律意识、标杆意识、表率意识。突出“人权、事权、财权”这三个环节，将监督检查关口前移到权力生成的源头、权力运行的起点。

改进监督方式。强化日常监督，积极实践监督执纪“四种形态”，特别是在运用第一种形态上多下功夫，深入开展约谈函询、核实谈话、诫勉谈话，健全党内情况通报等制度，及时发现问题、纠正偏差，让咬耳扯袖、红脸出汗成为常态。增强巡察监督实效，建立健全县乡党委巡察制度，聚焦党的领导弱化、党的建设缺失、全面从严治党不力，党的观念淡漠、组织涣散、纪律松弛，贯彻执行党的路线方针政策不力，违纪违规等问题，及时发现、形成震慑，推动改革、促进发展，推动全面从严治党向基层延伸。健全机制、创新形式、把握节奏，力争在本届县委任期内对全县党组织全面巡察。整合监督力量，积极探索强化党内监督的有效途径，注重党内监督与国家监察、群众监督相结合，与法律监督、民主监督、审计监督、司法监督、舆论监督等相协调，形成监督合力。

（二）严格执纪，始终保持惩治腐败的高压态势

坚持挺纪在前。严格执行党章党规党纪。全县广大党员干部要深入全面系统学习党章和准则、条例等一系列党规党纪，真正内化于心、外化于行。各级党组织要狠抓党章和其他党内法规的贯彻执行，及时发现问题，有效解决问题。各级纪委要把纪律挺在前面，敢负责、敢担当、敢碰硬，做党章党规党纪的执行者和捍卫者。突出抓好领导干部这个“关键少数”。各级党组织和纪律检查机关要督促各级领导干部带头执行准则和条例，增强自律意识、标杆意识、表率意识，凡是要求党员、干部做到的必须首先做到，凡是要求党员、干部不做的必须首先不做。将“四种形态”运用到执纪监督、执纪审查、案件审理等各环节，综合运用批评教育、诫勉谈话、组织处理、纪律处分等方式严格执纪。深入开展廉政谈话、警示教育。加强对重大典型案件的剖析研究，以案释纪、以案促教。

持续正风肃纪。保持恒心和韧劲，抓常、抓细、抓长，积极向基层延伸，拓展整治面，强化纠正力。紧盯重要节点，扭住公款送礼、公款吃喝、公款旅游、出入私人会所等不正之风，抓早抓小、落实落细，坚决防止反弹回潮。密切注意“四风”问题新动向、新花样，畅通监督渠道，运用科技手段，采取联合检查、交叉互查、查否复查等措施，提高甄别、发现和处置问题能力。围绕用制度管权、管事、管人，建立健全作风建设长效机制。

坚决惩治腐败。持续强化“不敢”氛围。始终保持惩治腐败的高压态势，既严肃查处违纪问题严重的党员领导干部，又着重解决发生在基层及群众身边的不正之风和腐败问题，严肃查处社会保障和社会救助、“三资”管理、征地拆迁、惠农资金分配发放以及农村“两委”选举等领域的突出问题。针对群众反映强烈的“关键人”“关键事”，扎实开展专项整治，对重大、典型问题，及时通报曝光，不断释放越往后执纪越严的强烈信号。着力突出执纪特点。坚持用六项纪律来对照和衡量问题线索，积极发挥思想政治工作在执纪审查中的优势作用，提升运用“四种形态”“四类方式”处置问题线索的能力。在保证质量的前提下，快查快审快结，节约审查资源，提高审查效率。坚持惩前毖后、治病救人的方针，依规依纪、积极稳妥推进“四种形态”的适用与转化，着力构建“不敢腐、不能腐、不想腐”的体制机制。规范工作规程，严格工作纪律，把严明审查纪律与加大纪律审查力度放到同等重要的位置，加强对各个环节的管理和监督。充分发挥反腐败协调小组作用，加强与司法机关的沟通联系，完善查办腐败案件的组织协调和沟通协作机制，进一步增强反腐败合力。

（三）严肃问责，让失责必问、问责必严成为常态

压紧压实主体责任。全县各级党组织一定要保持战略定力，切实担负起全面从严治党政治责任，把严的要求贯彻到管党治党全过程，落实到党的建设各方面。针对责任落实中存在的突出问题，要抓住“关键少数”特别是“一把手”，强化明责、确责、督责、考责、问责，构建推动责任落实的完整链条。加强对基层党委、纪委履行“两个责任”和有关部门履行监管责任的监督，拉出清单，明确目标任务，切实把责任压力传导到基层。

坚持失责必问、问责必严。用好《问责条例》这一治党利器，发挥问责利剑作用，紧盯巡察和执纪审查中发现的重点问题、群众反映强烈的突出问题，下面查问题，上面追责任，运用好“四种形态”，推动标本兼治。紧紧抓住“关键少数”，坚决实施“一案双查”，对管党治党主体责任缺失、监督责任缺位，“四风”和腐败问题多发频发，选人用人失察、任用干部连续出现问题，巡察整改不落实的，都要严格问责，既追究主体责任、监督责任，又追究领导责任、党组织责任。强化问责的再问责，对不敢问责、该问不问、问责不严的，严肃追责，坚决防止问责制度虚化空转。

（四）打造铁军，强化履职尽责的能力和作风

树牢“四个意识”，坚持把政治理论学习作为重大政治任务，深入学习贯彻习近平总书记系列重要讲话精神，坚定政治立场，把准政治方向，严守政治纪律和政治规矩。持续深化“三转”，聚焦中心任务，围绕监督执纪问责、实践“四种形态”，与时俱进转职能、转方式、转作风，提高思想政治水准和把握政策能力。

强化对纪检干部的监督。进一步落实主体责任，加强机关党建和支部建设，严格遵守准则、条例等系列党规党纪，严格执行监督执纪工作规则，完善内控机制，严明监督制度，从严要求、管理和监督。加强乡镇纪委建设。稳步推进监察体制改革。

四、2017 年工作重点

2017 年，是党的十九大召开之年，是落实县第十一次党代会精神的开局之年，是推动全面从严治党向纵深发展的关键之年，做好今年反腐倡廉工作意义重大。总的要求是：认真贯彻落实中央纪委和省市纪委全会以及县第十一次党代会的部署要求，紧紧围绕全县工作大局，层层压实“两个责任”，加强和规范党内政治生活，加强党内监督，推进标本兼治，强化监督执纪问责，驰而不息纠正“四风”，保持惩治腐败的高压态势，维护好党内政治生态，推动全面从严治党向基层延伸。严格执行监督执纪工作规则，加强纪检队伍建设，用担当诠释忠诚，以优异工作成绩迎接党的十九大召开。

（一）严明纪律，强化监督，深入贯彻落实党的十八届六中全会精神

严明政治纪律和政治规矩。纪律检查各项工作都必须把政治纪律排在第一位，注重从政治上看待问题，从大局上考虑问题。着力解决理想信念不坚定，不注重理论学习，政治意识淡漠，奋斗精神缺失，甚至不信马列信鬼神、不信组织信“大师”，与共产党人的信仰背道而驰的问题；着力解决无视党的政治纪律和政治规矩“七个有之”的问题；着力解决落实党的路线方针政策和中央、省市县重大决策部署不坚决、搞变通的问题；着力解决选人用人上的不正之风和腐败问题；着力解决党内组织生活不严肃、不经常的问题，确保准则、条例贯彻执行。

坚守党内监督专责。以准则和条例为尺子，加强对贯彻六中全会精神和执行准则、条例情况的监督检查，督促各级党委（党组）严格执行组织生活、党内谈话、考察考核、述责述廉、个人有关事项报告、插手干预重大事项记录等制度，把严的要求贯彻到管党治党全过程、落实到党的建设各方面。特别是要经常开展批评和自我批评、约谈函询，让咬耳扯袖、红脸出汗成为常态。领导干部对于群众反映、巡察反馈、组织约谈函询的问题，应当在民主生活会上说清楚，如有问题要深刻认识、迅即整改；受到诫勉谈话的，应当说明整改情况，接受组织监督。

严明换届纪律。落实党中央“纪检监察机关意见必听，线索具体的信访举报必查”的要求，建立并及时更新廉政档案资料库，做好党风廉政意见回复工作，把好政治关、廉洁关，坚决防止干部“带病提拔”、“带病上岗”。加强换届纪律监督，严格落实“九个严禁、九个一律”要求，严肃查处拉票贿选、买官卖官、违规用人和干扰换届秩序等行为，确保换届风清气正。

（二）以永远在路上的恒心和韧劲，交上作风建设合格答卷

驰而不息纠“四风”。把作风建设永远作为长期任务，重点在抓常、抓细、抓长上下功夫求突破。要紧盯无视中央八项规定精神、潜入地下公款吃喝等老问题，把纠正“四风”往深里抓、实里做。要密切关注“四风”新动向，不断采取新招数，坚持露头就打、深挖细查，坚决防止反弹回潮。对执纪审查对象存在“四风”问题的，要先于其他问题查处和通报。加强与组织人事、审计、公安等部门的沟通协作，进一步形成齐抓共管的局面。

深化机关作风整顿。重点开展“四查”，一查资金支出，针对“四风”隐形变异问题，全面监控公务消费资金来源，重点查纠套取资

金、乱摊派等问题，开展“小金库”专项治理，切断违规消费的“财源”。凡是设有“小金库”的，一律追究单位主要领导责任。二查工作作风，继续深入开展整治懒政怠政、为官不为等专项行动，大力整治精神不足、能力不足、担当不足、落实不足等问题。三查营商环境，着力解决“吃拿卡要、以权谋私”等基层群众和市场主体反映强烈的突出问题，严明纪律、惩治腐败，为优化营商环境提供政治保障。四查领导责任，围绕贯彻党的路线方针和中央、省、市重大决策部署，突出京津冀协同发展、去产能、污染防治、“放管服”改革等重点领域，对进展缓慢、工作不力以及出现问题的，倒查责任、严肃问责。

推动社风民风持续好转。坚持分类施教，创新载体和形式，加强党章党规党纪教育的针对性和实效性，以优良的党风带动社风民风。加强廉政文化建设，深入挖掘大运河、荷花等传统文化中的廉洁因子，创作一批具有地方特色的廉政原创作品，引导干部群众崇廉尚廉、向善向上。充分发挥网站、微博、微信等新兴媒体作用，健全新闻发布机制，广泛传播党风廉政建设和反腐败的正能量。

（三）有效运用监督执纪“四种形态”，保持惩治腐败高压态势

精准践行“四种形态”。摸清党风廉政建设整体情况，要体现政策策略和方式方法的针对性、灵活性，对问题线索按照“四类处置方式”及时分类处置。贯彻落实市委新出台的运用监督执纪第一种形态实施办法，把功夫下在第一道关口上，经常开展批评与自我批评、约谈函询，对反映一般性问题的，及时与本人见面，使“红脸出汗”成为常态。用好第二、第三种形态，把执纪审查重点放在不收敛不收手，问题线索反映集中、群众反映强烈，现在重要岗位且可能还要提拔使用的领导干部上。对严重违纪涉嫌违法的，坚决严肃查处。

坚决惩处基层“微腐败”。深入推进集中整治工作，通过开展专项检查、专项整治，分系统、分领域解决好“中梗阻”、“小官贪腐”等问题。重点查处村街（社区）和基层所站干部在惠农补贴、低保医保、征地拆迁等领域发生的虚报冒领、截留私分、优亲厚友、官商勾结、以权谋私等典型问题，解决群众身边的不正之风和腐败问题。坚决整治横行乡里、欺压百姓、侵蚀基层政权的“村霸”和宗族势力。深入开展信访举报“大走访、大起底”活动，对反映相关问题信访举报较多的单位和部门，要约谈相关负责人，传导责任和压力，督促相关部门切实担负起管党治党的责任。对顶着不办、压着不查、徇私舞弊、弄虚作假的，要依纪依规严肃问责。

提高执纪审查质量和效率。要牢固树立“质量第一”的意识，确保每一起案件都办成经得起检验的“铁案”。认真开展案件质量大检查，重点检查违反中央八项规定精神类、“四风”类、责任追究类等案件办理情况，着力解决在审查、审理程序以及实体、文书等方面存在的问题。坚持纪法分开、纪在法前，依纪依规、安全文明开展执纪审查。坚持依纪审理，提高案件质量。

充分发挥警示教育作用 。对典型案件查处一起、曝光一起，发挥震慑作用。健全实施“一案双查”“一案双报告”制度。深刻剖析党的十八大以来的典型案件，用好被审查人员悔过材料，制作警示材料汇编，以身边事教育身边人。针对执纪审查发现的制度漏洞、监管缺失等方面的问题，督促相关单位党委（党组）举一反三、查漏补缺、建章立制。

（四）强化督查问责，推动全面从严治党向基层延伸

夯实管党治党责任。制定出台落实全面从

严治党主体责任实施意见。细化责任清单，在县乡村逐级分类开列全面从严治党主体责任清单，抓具体、抓细化，确保有职责、有任务、有措施、有时限，细化到人，量化到岗。实行签字背书，层层签订落实全面从严治党主体责任承诺书，真正把全面从严治党的力度不衰减地传导到村街（社区）和基层单位。从严督查考核，建立“日常检查、专项巡察、重点监督、年终考核”常态化、立体式督查考核模式，对全面从严治党和党风廉政建设责任制落实情况实施动态管理，把主体责任年终考核纳入县委年度考核重要内容。健全党委（党组）领导班子成员提醒谈话和下级党组织书记定期向上级党委、纪委报告落实主体责任情况等制度。实行主体责任落实纪实制度，做到全程纪录、留痕管理。

让失责必问成为常态。建立“问责+清理”长效机制，把检查主体责任落实情况作为巡察和监督执纪的重点，督促各级党组织解决本部门本单位党内政治生活中存在的突出问题。今年，重点对从严治党责任落实不到位的，对维护党的政治纪律和政治规矩失责、“四风”问题、选人用人问题，土地拆迁、政府采购等重点领域突出问题，为官不为、吃拿卡要、中梗阻等群众反映强烈的问题，较真碰硬，坚决问责到底。完善定期报告问责情况工作制度，加大典型问题的通报曝光力度。组织开展专项检查，对该问责而不问责的，也要严肃问责。认真贯彻落实市委新出台的鼓励改革干事创业容错纠错办法，坚持一手抓问责惩治，一手抓鼓励干事创业。

（五）深化纪检体制改革，发挥巡察利剑作用

稳妥推进纪检体制改革。深化“三转”，继续推进县级纪检监察机构改革。适应监督执纪工作需要，创新组织制度，调整内设机构，撤销派驻（派出）机构，设置监督室（县委巡查组），使执纪监督、执纪审查、案件审理各个环节相互协调、相互制约。积极执行“两个为主”，完善线索处置和执纪审查情况在向同级党委报告的同时向上级纪委报告的工作机制，健全下级纪委向上级纪委报告工作和述职制度。落实乡镇纪委书记、副书记提名考察办法，积极推进乡镇纪委日常管理、工作考核、办案经费由县纪委统一负责的管理模式。规范乡镇纪委书记履职要求，积极探索乡镇纪委科学履职工作模式。

发挥巡察利剑作用。按照上级要求，尽快健全组织机构，制定巡察办法和巡察手册，将专项巡察与常规巡察结合起来，聚焦全面从严治党，紧扣“六项纪律”，紧盯“党的领导弱化、党的建设缺失、全面从严治党不力”等问题开展常规巡察。围绕群众反映强烈的热点、难点问题开展精准式、点穴式专项巡察。对巡察反馈的问题，被巡察的单位党组织要一件一件抓好落实。县委巡察办要加强对整改落实情况和移交事项办理情况的跟踪督办，对敷衍整改、责任不落实的，将严肃追责。

（六）坚持打铁还需自身硬，在全县树立起严格自律的标杆

严格执行监督执纪工作规则。把监督执纪权力关进制度笼子，严格落实请示报告、回避等制度，严格工作规程和内控机制。围绕监督执纪各环节查找风险点和薄弱环节，强化对线索处置、审查审理、涉案款物管理等重点岗位和关键环节的监督。严格执纪审查纪律和保密纪律，切实防止“灯下黑”。严格责任追究，对不担当、不负责的要调整岗位，对不忠诚、不干净的，必须严肃查处，对执纪违纪、失职失责造成严重后果的，既要追究当事人责任，也要对纪委书记、纪检组长进行问责。

加强业务能力和作风建设。以深化机关作

风整顿为契机，深入开展能力作风建设年活动，以建设一支让党放心、人民信赖的队伍为目标，加强纪检监察干部业务能力和作风建设。提高业务能力。抓紧对全系统纪检监察干部进行系统性全面培训，创新培训方式，强化政治意识、责任担当，提高履职尽责能力。改善工作作风。带头落实中央八项规定精神，进一步改进作风，以尽职尽责的工作状态、马上就办的工作节奏、唯旗是夺的工作氛围，撸起袖子加油干，以一流的业绩回报党和人民的期望。

蓝图已经绘就，征程已经开启，让我们紧密团结在以习近平同志为核心的党中央周围，在中央和省市县委的坚强领导下，坚持不忘初心、继续前进，敢于担当、积极作为，真抓实干、团结奋斗，为圆满完成县第十一次党代会确定的目标任务做出新的更大贡献!

香河县人民代表大会常务委员会工作报告

——2017年2月27日在香河县第十五届人民代表大会第一次会议上

香河县人民代表大会常务委员会副主任　宋品仲

过去五年的主要工作

过去的五年，是全县上下抢抓机遇，砥砺前进的五年。在县委的坚强领导下，县人大常委会深入贯彻党的十八大和十八届三中、四中、五中、六中全会精神，以习近平总书记系列重要讲话为指针，紧紧围绕县委重大决策部署，调整思路，确立重点，转变方式，精准发力，在大事要事上做足文章，在强化监督上务求实效，较好地发挥了平台作用，为全县经济社会健康发展、民主法制建设不断深化做出了积极贡献。

一、重基础环境建设，在重点领域和特色上发力

县人大常委会认为：基础设施建设历史欠账多，自然优势利用不充分，是影响香河健康发展的两大突出问题。我们反复呼吁、郑重建议要把修路、治水、绿化作为全县重点工作抓紧、抓实、抓好，并围绕基础环境工作展开调研、视察等系列监督活动，提出多项建议，得到县委的高度重视，从而为确立“重点造环境，全员抓经济、集中精力上项目”主体发展战略献计出力。

聚焦路网建设。为彻底改善我县交通状况，县人大常委会每年都要组织委员、代表，就路网建设情况进行调研和视察；主任、副主任亲力亲为，按照县委总体安排，积极投身路网建设“前线”，献良策、促协调、包路段。在此基础上，配合“路网建设年”部署，及时作出《关于加快我县交通路网建设的决定》，适时发布《关于依法加快路网建设进程的公告》，并加大实时检查、督导力度，鼓励和推动政府各部门攻坚克难、快速推进，以尽快扭转我县交通基础设施落后的局面。

倡议鼎力治水。香河坐拥四河八堤，地表水系丰富。依托和释放得天独厚的自然优势，切实做足水文章，既是周边形势所迫，也是探寻发展新路径的有效之举。县人大常委会紧盯综合治水进程，先后对三道橡胶坝建设、支斗毛渠疏浚、基本水利设施修护、水系景观打造等进展情况进行视察。特别是2016年，专赴武清区考察调研治水情况，巨大的差距带给委员、代表强烈震撼，经深入研讨会商，向县委、县政府提出鼎力治水、打造特色水系的专项建议。

关注绿化美化。打造森林城市、建设美丽乡村，是我们倾心关注的又一个重点。为此，我们曾先后组织三次大型专题视察活动，针对植树造林过程中林下经济发展、林木管护、防虫治病等问题提出了针对性建议；围绕新农村和美丽乡村建设中的绿化、美化状况进行调研，提出了具体改进意见；组织委员、代表两次视察万亩荷塘建设，就完善功能设施、打造特色荷花游览景区积极建言。

二、重民生需求，在确立长久主题上发力

县人大常委会不断强化民本意识，积极回应社会关切和人民期待，对关系民生的事项重视有加，监督和支持政府补齐民生“短板”，不断增强人民群众的获得感和幸福感。

聚力督促治污防霾。既要金山银山更要绿水青山，加强环境治理保护、走绿色发展之路，对于毗邻京津的香河而言，是必须面对别无选择的现实路径。县人大常委会将环境治理工作列为监督重点，多次就大气治理、污水处理、城乡环境卫生综合整治等情况进行调研、视察、审议，积极为政府做好环保工作想办法、提建议。其中，特别强调要加快垃圾处理厂建设，切实做好垃圾无害化处理；要求有关部门勇于担当尽责，严格执法，协调联动，有效治污防霾。

专注民生事业跟进。近几年，我县城镇建设特别是房地产业快速发展，但基础教育设施、物业管理等配套事业滞后现象愈发明显，甚至因为入园入学难和物业管理混乱引发较多不稳定现象。县人大常委会以助力香河健康有序发展为己任，热切倡议和推动民生事业与社会发展协调共进。我们曾两次听取和审议规划工作报告，多次对规划工作进行民主测评，力主科学规划先行，严格依规建设，强化有序发展观念。在此基础上，持续关注三幼、五小等教育基础设施建设进程，并为幼教和小学、初中学校的长远布局出谋献策；每年选取不同主题对教育发展进行调研、审议，督促抓好基础教育，为高中教育培育优质生源；倡议企业界代表捐资500余万元用于县一中助学，激励高中教育不断提升质量。针对物业管理和发展方向开展调研、审议，推动政府制定出台了物业管理办法，促进物业管理规范化。围绕旅游业发展情况进行调研和审议，督促政府和相关部门主动发掘旅游资源，推介宣传好香河，开拓发展空间。

力推发展成果共享。社会焦点热点问题大多与民生息息相关。县人大常委会始终高度关注惠民政策和社会舆情动态，做好民生事业的监督和推进，察民情，体民意，务民需。先后就保障房分配管理、建设质量保障情况进行调研和审议，多次围绕食品安全情况进行执法检查、视察和审议，对城乡低保和养老保险补贴发放情况，新农合、药品零差价、基层卫生院和村街卫生室情况，养老院建设、文化服务体系建设等情况进行审议，督促政府落实好惠民政策，让群众畅享社会发展进步的“阳光雨露”，产生良好的社会反响。

三、重经济稳健发展，在议决大事要事上发力

县人大常委会紧扣全县工作大局，坚持强化常态化监督与审慎用权并重，采取连续审议、跟踪审议、一题多议等多种监督方式，始终把事关改革发展稳定的大事要事抓紧抓牢，盯住不放，力求实效。

密切关注经济运行质量。坚持每年定期听取和审议县政府关于国民经济和社会发展计划及财政预算执行情况的报告，强化对全县宏观经济运行情况的调研，深入研判形势、积极研议发展举措，先后向县政府提出可行性意见建议30多条。

积极助推园区建设。县人大常委会把全力支持、促进园区和项目建设，作为助推县域经济健康发展的首要抓手。五年来，召开3次常委会专题听取审议三个园区工作报告，先后4次组织委员、代表对园区和重点项目建设进行视察和调研。针对园区和项目建设的薄弱环节和资金、机制、土地等瓶颈制约，提出理顺机制明思路、提高品质强能力、找准坐标重协同、力破瓶颈克难关、精心谋划上项目等意见建议22条，推动园区管理体制、发展模式发生了一定改变。

审慎议决重大事项。对于需经县人大常委会议决的重大事项，始终秉持严肃审慎的态度予以对待。五年来，对县政府提交的《北运河、潮白河沿岸开发建设管理暂行规定》、《香河县严格规范土地管理的暂行规定》、《关于提请审议北运河香河段生态综合整治项目 PPP 合同的议案》以及预算调整、专项贷款等十余项报告，都进行深入调研，历经先期沟通和征求各方意见，详细了解合作内容并作出风险综合分析后，方交予常委会审议通过。在此基础上，对于有利于地方加快发展的急事、好事，坚持特事特办、快报快批，为钳屯、钱旺两乡撤乡设镇在最短时间获批创造了有利条件。

四、重委员代表参与，在创新监督举措上发力

县委对人大工作高度重视、寄予厚望，多次要求人大要发挥好监督平台作用。这激励着我们更加注重责任担当，妥善处理工作的“虚”与“实”关系，努力做到形式和内容的统一。

创新预决算监督方式。县人大常委会借鉴外地先进经验，研究议定了《关于加强财政预算决算审查监督的意见》，初步建立了“月报、季询、半年审议、年终审批”的长效审查监督机制。既注重县人大常委会计划预算审查委员会的先期审查作用，又聘请县内专业人士，组成预算审查监督咨询委员会，为提高预算决算审查监督水平提供咨询服务和分析意见。

实施人大、政协联合视察。县人大常委会加强与县政协的联系沟通，开创性地实施联合视察，促进了法律监督与民主监督结合。我们曾两次与政协委员联合视察治污防霾情况，共同研议治污防霾举措。这种联合视察的监督方式，既增强了视察实效，又有效避免了政府职能部门的重复接待和组织，为有关部门集中精力抓本职创造了有利条件。

拓宽激励代表履职渠道。注重代表建议督办方式创新，在强化传统督办方式基础上，建立了代表与承办单位见面会制度，为加强代表与政府部门之间面对面交流沟通架起了“桥梁”。注重拓宽代表表达意见的渠道，坚持邀请代表和老干部列席县人大常委会议，参加座谈、调研、视察、执法检查和工作评议。五年来，共吸纳代表 55 人次参加相关活动，更好地保障了代表对常委会履职的知情权、参与权。

五、重社会和谐稳定，在助推法治进程上发力

县人大常委会全面贯彻依法治国方略，多措并举实施法律监督，努力推动法律法规贯彻执行，促进社会公平正义，维护社会和谐稳定。

强化干部法治思想。完善任命人员任前法律知识考试制度，全面实施任职人员向宪法宣誓制度，增强被任命干部尊崇宪法法律和依法办事意识。本届以来，共依法任命国家机关工作人员 143 人次、人民陪审员 184 人。先后对规划、住建、国土等六个部门执法情况进行评议，督促职能部门严肃执法、勇于担当，为营造良好政风环境发挥了助推作用。

认真开展法律监督。五年来，先后听取和审议公安局关于治安案件查处情况的报告、道路交通安全法贯彻实施情况的报告、打击经济违法犯罪情况的报告，对公安系统“两队一所”建设情况进行视察，听取和审议了县检察院关于反贪污反渎职工作开展情况的报告，县法院关于案件执行情况的报告、人民陪审员工作开展情况的报告，县司法局关于“六五”普法情况的报告等多项专题报告，助力提升全民法治观念，监督公正司法，保障公平正义。

督促信访矛盾化解。县人大常委会主任、副主任按照县委统一安排，认真做好信访接待和包案工作，督促有关部门依法、及时、稳妥处理信访案件。县人大机关坚持认真高效的原则，及时接待批转并监督承办部门妥善处理涉法、涉诉、涉选等来信来访100余件次，为促进全县和谐稳定发挥了重要作用。

此外，我们认真组织人大代表旁听法院庭审活动9次；配合省人大完成了《安全生产条例》等多项立法调研，配合市人大开展了《旅游法》、《安全生产法》及大气污染、水污染治理“两法一条例”等多项执法检查和调研活动；依法组织、稳步实施县乡两级人大换届选举，顺利选举产生县级人大代表181名、乡级人大代表584名。

过去的五年，县十四届人大常委会各项工作得到新发展、取得新成效。这得益于县委的高度重视和正确领导，得益于人大代表、社会各界及全县人民的充分信任和大力支持，得益于“一府两院”的积极配合和共同努力，得益于常委会组成人员和机关全体同志的尽职尽责、无私奉献。在此，我代表县十四届人大常委会表示崇高的敬意和衷心的感谢！

五年工作的深切感悟

过去五年我们工作所取得的可喜成绩，为新一届人大乘势而上打下了坚实基础；从中深切感悟到的有益启示和清晰共识，成为激励我们不断开拓奋进的宝贵财富。

一、坚持党的领导是做好人大工作的根本保证

坚持和依靠党的领导，是人大工作必须始终遵循的政治原则。我们既要自觉地、坚定地接受和服从县委领导，又要主动把握先机、积极作为，坚持重大事项及时向县委请示报告，向县委关注的重点工作聚焦，形成县委与人大的密切互动，确保人大工作始终沿着正确的政治方向前进。

二、坚持民本宗旨是做好人大工作的必然要求

履职为民是各级人大及其常委会的崇高使命和归宿。只有坚持以人为本、关注民生、维护民利，努力为全县人民谋取更多、更大福祉，才能赢得人民的信任和支持，把人大打造成表达人民意志、促进社会和谐的有力平台。

三、坚持服务大局是做好人大工作的有效途径

人大工作只有抓大事、议大事、督大事，找准履行监督职能与服务中心工作的切入点和结合点，始终保持与县委县政府同频共振谋发展，才能凝聚起共同推动香河各项事业不断发展进步的强大合力。

四、坚持依法履职是做好人大工作的基本准则

充分尊重代表法定权力，有效发挥代表在参政议政、联系选民、参与监督等方面的积极作用，才能使国家根本政治制度得到巩固和加强，使人大及其常委会的工作更加富有成效。

对今后人大工作的建议

本次大会将选举产生县十五届人大常委会。我们坚信新一届人大常委会必将在中共香河县委的坚强领导下，深入学习贯彻习近平总书记系列重要讲话精神,坚持党的领导、充分发扬民主和严格依法办事有机统一，履职尽责，奋发作为，为建设“美丽幸福新香河”提供坚强的法治保障。为此，县十四届人大常委会建议：

一、全面贯彻县党代会精神，在服务发展上展示新作为。要自觉贯彻县十一次党代会精神，把人大工作置于全县经济社会发展大局中去谋划和推进，在贯彻落实好县委重大决策部署、服从服务全县大局中凝神聚力，施展作为。

二、着力加强监督工作，在履行法定职责上务求新成效。要强化监督职权，继续密切关注、全力督促政府抓紧抓好基础设施建设和民生事业发展，补“短板”、促协调。同时，支持和推动“一府两院”紧紧围绕县十一次党代会确定的各项目标任务，全力抓好贯彻落实。

三、切实改进代表工作，在发挥代表作用上实现新提高。尊重代表主体地位，提高代表履职能力，增强代表责任意识，为代表履行职责创造条件，拓宽代表知情知政渠道，在提高代表活动实效上下功夫。

四、大力加强自身建设，在提高履职能力上取得新突破。要充分发挥常委会党组的核心作用，落实全面从严治党责任，深入践行“三严三实”和“两学一做”，严守政治纪律和政治规矩，建设学习型、廉洁型、高效型和服务型机关。

“鹰击天风壮，鹏飞海浪春”。让我们在中共香河县委的坚强领导下，不忘初心，尽职尽责，砥砺奋进，勇立潮头敢为先，撸起袖子加油干，为建设“美丽幸福新香河”而努力奋斗！

中国人民政治协商会议
香河县第八届委员会常务委员会
工作报告

——在政协香河县第九届委员会第一次会议上

（2017年2月26日）

马文龙

2012年换届以来，县八届政协常委会在中共香河县委的正确领导下，在县政府的热情支持和各部门的积极配合下，紧紧围绕全县工作中心，牢牢把握团结和民主两大主题，充分依靠全体政协委员，多方团结社会各界人士，全面履行政治协商、民主监督、参政议政职能，建睿智之言，献务实之策，谋创新之举，聚发展之力，发和谐之声，展政协之为，圆满完成了县八届政协常委会各项目标任务，为开创人民政协事业新局面，促进我县经济社会各项事业全面发展做出了积极贡献。

五年来的主要工作

八届政协任期的五年，是我县经济社会各项事业砥砺前行、勇创辉煌的五年，也是人民政协事业继承发展、开拓创新的五年。五年来，我们主动适应新常态，站位前沿，勤学善悟，始终坚持把服务发展作为第一要务，围绕中心和大局，认真开展协商议政活动；始终把团结各界、发扬民主、协调关系、汇聚力量的工作摆在突出位置，着力促进多方团结合作；始终把为民谋福祉作为工作出发点和落脚点，体恤民情，畅达民意，改善民生，充分发挥了政协组织在促进全县发展中的独特作用。

一、加强学习，凝聚共识，政治定力不断增强

五年来，我们深刻认识并准确把握新常态，坚持把思想理论建设放在首位，与县委同心同德、同向同行。

在深化思想建设中增进共识。认真学习贯彻党的十八大，十八届三中、四中、五中、六中全会和习近平总书记系列重要讲话精神，严格落实“三四五六”学习法，着力加强学习型政协建设。五年来，先后举办各类学习宣讲活动10余次，编印学习宣传资料600余份，引导广大委员进一步增强了政治意识、大局意识、核心意识、看齐意识。

在谋划部署工作中深化共识。围绕当年全县重点工作，认真制定年度工作要点，明确年度工作目标和工作任务，切实增强了履职活动的针对性；同时，聚焦全县改革发展中的热点、难点问题，认真制定常委会、委组活动安排，切实增强了履职活动的实效性。

在教育实践活动中巩固共识。深入开展党的群众路线教育实践活动、“三严三实”专题教育、“两学一做”学习教育，通过一系列的学习，切实提高了广大委员和机关干部的能力水平，使委员参政议政方向明、思路清、点子活，真正做到了在思想上与县委同心，目标上与县委同向，行动上与县委同步。五年来，共组织开展各类集中学习260余次。

二、紧扣中心，服务大局，政治协商规范有序

五年来，我们紧扣履职重点，围绕事关稳增长、调结构、优环境、惠民生等经济社会发展重大问题，开展形式多样的协商议政活动，为党委政府集思广益、科学决策发挥了积极作用。

集中协商，谋发展大计。每次全会期间，我们都组织委员认真讨论县政府工作报告等重要报告，围绕我县工业企业转型升级、现代农业发展、教育卫生工作等出点子、提建议、献计策，政治协商取得了明显成效。五年来，共组织大会发言 28 篇，提交意见建议 320 余条，部分意见建议得到了县委主要领导亲自批示。

专题协商，献务实良策。八届一次会议以来，先后围绕路网建设、“荷花之乡”建设、生态环境建设、工业企业转型升级等内容，召开常委会议28次，提出意见和建议200余条。其中，《创新社会管理方式，推行为民办事全程代理制，搭建政府与百姓之间的“连心桥”的建议案》《关于香河县建设节能、环保、低碳绿色能源示范城市的建议案》《关于积极稳妥推进我县城中村改造及新农村建设的建议案》等，得到了县委、县政府及有关部门采纳，县委主要领导做出重要批示。

对口协商，建睿智之言。我们坚持把民生问题作为协商重点，针对我县教育、交通、医疗等热点问题，开展视察、调研活动50多次，并及时组织召开主席会议、专题会议，围绕热点问题提出意见建议200余条，为推动政府及其职能部门工作起到了促进作用。

三、拓宽渠道，创新载体，民主监督稳步推进

五年来，我们坚持寓监督于经常性工作之中，充分运用提案、社情民意信息、监督评议等载体，畅通渠道，广开言路，切实增强了民主监督的实效性。

充分发挥提案民主监督的载体作用。我们高度重视政协提案工作，通过半年听取县政府提案办理情况的通报和开展“年终盘点”提案办理结果等形式，加大了提案的督办力度。八届一次会议以来，共收到委员提案 324 件，委员来信 2 件。其中“加强基础设施建设，缓解县城交通压力”“关于规范物业管理的建议”“加强清真食品市场监管”等提案的办理，使一批群众关心的热点、难点问题得到了有效解决，较好地发挥了提案作为民主监督载体的重要作用。

切实发挥委员民主监督的主体作用。我们充分发挥委员联系面广、代表性强的优势，积极选派委员参加政府有关部门召开的听证会、行风评议会等，选荐 50 多名政协委员担任政府部门的执法执纪、党风廉政特邀监督员和监察员，积极参与各种专项检查和行风评议活动，为促进依法行政、推动行风建设发挥了应有作用。

努力发挥社情民意信息民主监督的延伸作用。我们坚持将反映社情民意作为政协“下情上达”的“直通车”，把了解和反映社情民意作为履行民主监督职能的拓展和延伸，抓住发展和民生中的热点问题，及时将有价值的社情民意信息编发上报，为党委、政府提供决策参考。五年来，共收到社情民意信息200多条，精选编发社情民意专刊 20 余期，其中大多数意见和建议被县政府和相关部门采纳。

四、聚焦发展，关注民生，参政议政扎实有效

五年来，我们牢固树立“参政为民、促进

发展”的理念，着眼全县发展大局，坚持把服务发展、改善民生作为参政议政重点，卓有成效地开展了调研献策活动。

紧扣全县经济发展竭力献策。我们围绕中心，立足实际，紧紧抓住县域经济发展的热点、难点问题，开展了一系列的建言献策活动。围绕招商引资、项目建设，对园区新上重点工业项目进行视察，提出了加大招商引资力度、完善项目服务工作等具体意见和建议。组织开展“我为京津冀协同发展献一计”活动，共征集意见建议110余条。同时，与通州区、大厂县、三河市政协磋商议定，召开了四地政协工作交流联谊会，为京津冀协同发展出谋献策。

围绕生态环境建设倾情进言。联合县人大常委会对大气和水污染治理情况进行视察，所提意见建议得到县委、县政府主要领导高度肯定。与市政协科教文卫体委员会一起对大运河（香河段）保护开发工作进行专题调研，形成了《关于保护开发大运河（香河段）调查与建议的报告》，市委、市政府领导作出了重要批示。

聚焦民生事业发展悉心献计。我们始终坚持把反映民情、维护民利、改善民生作为政协工作的根本出发点和落脚点。组织委员到城内四小、二幼等地进行视察调研，所提意见建议得到县委、县政府及相关部门的高度重视。认真开展蹲点跟班工作，五年来，共走访村街、社区15个，群众320余户，帮扶困难群众40余户，为群众办实事、办好事220余件次，有效地协助党委政府积极做好理顺情绪、化解矛盾工作，为维护稳定、构建和谐服务。

五、突出主题，凝聚力量，团结民主氛围浓厚

五年来，我们努力加强各方联谊沟通，积极汇聚各界力量，全力促进社会和谐，为全县经济社会发展提供了有力支持。

加强联谊沟通。积极发挥优势，注重做好增进团结、对外交流等工作。五年来，共接待了外地友好政协的学习考察活动10余次。通过联系交流，不仅沟通了信息，增长了见识，拓宽了思路，而且联络了感情，增进了友谊，宣传了香河。

热心公益事业。深入开展党员志愿服务活动、扶贫帮困“春雨行动”及义诊活动，得到了农民群众的认可。积极倡导委员回报社会，造福桑梓，2016年，企业界政协委员和人大代表一起为县一中捐资760万元，奖励为高考做出突出贡献的一线教师，展现了政协委员的风采与担当。

加强文史工作。为进一步挖掘香河水资源，弘扬香河水文化，组织编辑了《荷风水韵》一书，对传承和丰富香河地方文化，宣传和扩大我县文化影响起到了积极的推动作用。同时，认真做好新闻宣传工作，在省市有关刊物、杂志发表文章，交流工作经验，宣传推介香河，2016年被省政协评为全省政协宣传工作成绩突出单位。

六、夯实基础，激发活力，自身建设全面加强

五年来，我们主动适应新形势新任务的要求，把加强自身建设摆在突出位置，建制度、强管理、优作风，为政协履行职能提供了重要保障。

健全制度机制。认真贯彻落实中共廊坊市委《关于进一步加强人民政协工作的意见》，出台了《县政协委员管理的若干规定》，健全了主席会议调研协商、视察监督、提案督办、办公议事机制，完善了《香河县政协机关工作规范》《香河县政协机关财务管理制度》等一系列规章制度，推进了履行职能的制度化、程序化和规范化。

强化委员管理。大力开展委员走访活动，五年来，共走访委员800余人次，走访委组90

余次，走访委员单位110余次。同时，我们进一步落实委员考核机制，在委员参加政协会议，撰写提案、调研报告，完成本职工作等方面进行量化管理，对履职不积极的委员进行警示谈话，有效地激发了委员的主体作用。

加强机关建设。坚持融入日常、注重实效，将传统教育和警示教育相结合，切实增强了机关干部拒腐防变的思想自觉。结合党的群众路线教育实践活动、“三严三实”专题教育、“两学一做”学习教育，机关党员干部深入查找问题，制定整改措施，完善各项制度，作风建设明显加强。坚持实行每周五学习制度，通过学习培训，提高了机关人员办文、办会、办事能力，协调关系能力和服务群众能力，2016年县政协被市政协评为先进单位。

五年来的工作体会

政协香河县第八届委员会已经圆满完成了自己的历史使命，五年来，八届政协坚持在继承中发展，在开拓中前进，在创新中提高，积极探索新形势下政协工作的新路子，为我县经济社会又好又快发展做出了重要贡献。这些成绩的取得，是中共香河县委正确领导的结果，是县政府及社会各界大力支持的结果，更是全体政协委员、政协机关干部积极进取、团结奋斗的结果。在此，我谨代表县八届政协常委会，对关心、重视、支持政协工作的各位领导、各位同志、各界朋友，表示衷心的感谢，并致以崇高的敬意！

五年来，八届政协继承优良传统，坚持开拓创新，在实践中积累了一定的经验，形成了一些新的认识和体会。

一、只有坚持维护核心，政协工作才能更有为

政协事业要有所作为，就必须毫不动摇地坚持中国共产党的领导。五年来，我们坚决贯彻党的路线方针政策，自觉接受县委的领导，坚持重大工作主动报告，重要事情及时反映，使政协工作呈现出“党委重视、政府支持、政协主动、各方配合、社会关注”的良好局面。

二、只有坚持服务中心，政协工作才能更有位

围绕中心、服务大局，是政协工作的基本原则。五年来，我们始终坚持党政工作推进到哪里，政协工作就跟进到哪里。既注重选择全局性、宏观性、前瞻性问题，从宏观上献计；又注重选择热点、难点问题，从微观上出力，为全县的发展进步贡献智慧和力量。

三、只有坚持贴近民心，政协工作才会更有效

以人为本、履职为民，是政协工作的出发点和落脚点。五年来，我们坚持把群众利益放在第一位，察民情、听民意、解民忧，真正做到了政为民所议、策为民所献、言为民所建、力为民所尽，政协工作实效彰显。

四、只有坚持凝聚人心，政协工作才会更有力

大团结大联合是政协组织的重要特征。五年来，我们坚持把发扬民主、增进团结、协调关系、化解矛盾作为履职的重要抓手，努力把社会各界思想和行动统一到县委、县政府的总体部署上来，在构建社会和谐、推进民主政治建设中发挥了重要作用。

在肯定成绩的同时，我们也清醒地看到县八届政协的工作离县委的要求和人民的期望仍有一些差距。如政治协商的机制需进一步完善，委员履职能力需进一步增强，履职成果的转化利用需进一步提高，社情民意工作需进一步加强等。这些差距与不足，希望新一届政协高度重视，在今后的工作中加以改进。

对新一届政协工作的建议

今后的五年，是我县全面实施创新驱动，绿色崛起，率先全面建成小康县，建设美丽幸福新香河的五年。做好今后五年的政协工作，意义重大而深远。我们期待新一届政协继承和发扬已有好经验、好做法，在中共香河县委的正确领导下，紧紧围绕县第十一次党代会确定的目标任务，认真履行政协三大职能，主动适应经济发展新常态，重点围绕协同发展、城乡统筹、生态建设、路网建设、美丽乡村建设、水生态治理、污染防治等深入开展专题视察调研，助力香河绿色发展、低碳发展；重点围绕园区转型升级，加快引进高端装备制造业、现代服务业和文化旅游产业积极开展协商议政，助推香河创新发展、跨越发展；重点围绕教育、卫生、文体事业、创业就业、社会保障等重要民生课题有效开展民主监督，助推香河聚力发展、和谐发展，为推动我县创新驱动、绿色崛起作出新的更大贡献。

和谐共聚情常在，协商为民路犹长。回顾过去，我们为取得的可喜成绩深感欣慰；展望未来，我们对香河的美好愿景充满信心。让我们在中共香河县委的坚强领导下，不忘初心、和衷共济，群策群力、继续前行，为促进我县率先全面建成小康县，建设美丽幸福新香河而努力奋斗！

香河县人民法院工作报告

——2017年2月27日在香河县第十五届人民代表大会第一次会议上

香河县人民法院院长　刘　君

过去五年工作总结

五年来，县法院坚持以党的十八大精神及习近平总书记系列重要讲话为统揽，忠实履行宪法和法律赋予的职责，审判执行各项工作取得新成绩。先后3次荣立集体三等功，荣获“全国法院司法网络宣传工作先进单位”、“全省优秀法院”等多项荣誉，2名干警评为“全国法院先进个人”；2015年初被最高院确定为人民陪审员制度改革试点法院。

一、忠实履行法律职责，努力服务全县大局

县法院坚持主动服务党委、政府中心工作，主动服务群众关切。五年来，受理各类案件25322件，审执结24920件，结案率98.4%；2016年，受理各类案件8055件，审执结7651件，结案率95.01%，审判执行工作各项指标排名位居全省法院先进行列。

宽严相济惩治犯罪。受理刑事案件1313件，审结1306件，判处罪犯1609人。依法审判“黄金佳”非法吸收公众存款案，张强贪污、受贿、巨额财产来源不明案等一批重大敏感案件，有效地维护了社会稳定，促进了经济发展，增强了人民群众的安全感。

服务经济化解矛盾。受理民商事案件17163件，审结16869件。依法调整民商事关系，加大对合同纠纷和家事案件的审理力度。针对房地产领域出现悔约、悔贷纠纷增多而引发的社会不稳定因素，充分发挥诉前调解与法律疏导职能化解矛盾，取得良好的社会效果。

全力推进执行工作。执行立案6168件，执结6082件，采取强制措施2900次，曝光失信被执行人850人。积极参与京津冀19家法院执行协作，实现京津冀法院执行区域联动。建成执行指挥中心信息查控、远程视频及指挥调度系统，与公安等多部门实现互联互通、信息共享。

监督支持依法行政。以协调解决行政争议为重点，统筹兼顾保障当事人合法权益与监督支持行政机关依法行政，受理行政案件72件，审结72件；审查非诉执行案件606件，执结591件，有力推进依法治县进程。

二、践行司法为民宗旨，努力服务民本民生

完善司法为民举措。推进诉讼服务中心建设，推行远程立案、预约立案，开设微信公众号、开通12368服务热线等便民措施，实现立案、咨询、判后答疑等“一站式”服务，方便群众诉讼。

加大司法救助力度。五年来，为困难当事人减免缓诉讼费560余万元，为215名困难当事人申请司法救助750万元，切实让人民群众感受到党和政府的关怀与温暖。

探索矛盾化解机制。建立视频接访室、品牌调解室，化解多年难以解决的信访积案25

件，五年来，接待来访群众1600余人次，实现老案基本化解、新访显著减少。推进“一乡一庭”建设，依托司法服务中心及调解志愿者协会，建设诉前联调室，诉前化解纠纷540件。

不断延伸审判职能。开展“法律六进”活动450次，解答群众咨询520人次，受教育群众及师生30000余人，发放资料近20000份，提高了全民法律素养，受到群众好评。

三、有序推进改革创新，努力提升司法水平

开展改革试点工作。推进人民陪审员试点改革，落实人民陪审员“倍增计划”，五年来，增补、选任人民陪审员至164名，人民陪审员参与审理、调解案件1850件2200人次。探索“3名法官+4名人民陪审员”的大陪审模式，试点改革经验做法被《新华网》、《人民法院报》等多家媒体介绍。

健全审判管理体系。制定《目标绩效考评量化管理方案》《工作人员岗位职责》等工作制度，建立执法档案，逐步形成依靠制度管人、管事、管权、管案的工作机制。

落实“四项改革”任务。推进司法体制改革，按期完成首批27名法官入额工作，落实法官、司法辅助人员、司法行政人员的分类管理。

四、全面深化司法公开，努力实现司法公正

扎实推进司法公开。强化“三大平台”建设，深化“五项公开”。完成远程提讯、远程接访系统及13个数字化法庭建设。五年来，上网公开裁判文书12500篇，案件流程信息17132条，文书录入率、电子卷宗制作率达到100%；在全市法院系统率先完成库存档案电子扫描工作，扫描电子卷宗100余万页。

全面促进司法公正。改版升级内外网站、微博、微信平台，发布各类信息3240条，支持网民在线查询案件流程、反映信访等问题，畅通与群众的沟通渠道。2016年，省法院委托第三方对全省189家法院阳光司法指数进行评估，县法院处于全省上游水平，司法公开促司法公正逐步常态化。

五、狠抓教育实践活动，努力打造过硬法院队伍

提高司法能力建设。深化主题教育，通过院党组书记讲党课、重温入党誓词、集体宣誓、先进事迹报告会、演讲比赛等形式，提升法官宗旨意识、责任意识。开展岗位练兵、业务培训活动39期2980人次，提升队伍整体素质。

树立典型示范引领。培树“办案能手”、“办案标兵”等先进典型210人次。以安平法庭副庭长周树斌为原型，拍摄首部法官题材微电影《初心》，在腾讯、优酷等网络媒体点击量超10万人次，提升了香河法院法官的司法形象。

从严整顿院风院纪。坚持把纪律和规矩挺在前面，严格执行中央八项规定精神和反“四风”要求，落实党风廉政建设责任制和“一岗双责”，五年来，无一干警违法违纪。

六、自觉接受各界监督，努力改进法院工作

县法院坚持重点工作、重大事项及时、主动向党委汇报请示，自觉接受县人大及其常委会的监督，主动向人大及其常委会报告工作；完善与人大代表、政协委员联络机制，邀请人大代表、政协委员旁听、见证审判执行案件35件120人次；召开人大代表、政协委员座谈会8次，征求意见50余条；组织“法院开放日”等活动15次，召开新闻发布会11场；通过设立举报箱、发放征求意见信等方式，接受公众监督，提高司法公信力。

这些成绩的取得，离不开县委的坚强领导，离不开县人大及其常委会的有力监督，离不开县政府、县政协的大力支持，更离不开各位代表、委员以及社会各界的关心、支持和帮助。在此，我代表县法院全体干警，向关心、支持法院工作的各位代表、各位委员和社会各界人士表示衷心的感谢！

与人民群众的期望相比，我们也清醒地认识到工作中仍存在不足，主要表现在：少数干警的创新意识、担当意识还需加强，司法能力仍需提高；以信息化促进审判工作的力度和广度有待推进；“执行难”尚未得到根本解决等。对此，我们在党委的领导下，有信心采取有力措施加以解决。

今后五年工作目标及工作部署

今后五年是全面建成小康社会的决胜阶段，是推进京津冀协同发展的关键战略期，人民群众对社会稳定、经济发展和美好生活的向往和期盼更高。同时，2017 年是全面深化司法体制改革的攻坚之年，是“基本解决执行难”的见效之年，更是审判执行工作进位争先、誓创一流的跨越之年。未来五年，县法院工作指导思想是：以习近平总书记系列重要讲话精神为指引，紧紧围绕“让人民群众在每一个司法案件中都感受到公平正义”目标，狠抓审判执行工作，推进司法改革，深化司法公开，拓展信息化建设，全面提升司法应对能力，打造过硬队伍，提高审判质效，努力为“建设美丽幸福新香河”提供坚强有力的司法保障。县法院工作着重要在五个方面下功夫：一是以执法办案为中心，坚持在服务大局上下功夫；二是以司法为民为宗旨，在维护群众权益上下功夫；三是以审判管理为抓手，在提高办案质效上下功夫；四是以司法改革为动力，在司法能力现代化上下功夫；五是以队伍建设为保障，在提升司法公信力上下功夫。

2017 年，重点做好以下六个方面工作：

一、发挥审判职能作用，在维护大局稳定上强化新担当。充分发挥刑事审判职能，严惩危害人民群众生活生产安全的侵财性、人身性犯罪案件，持续保持反腐高压态势，严控金融风险，严惩非法吸收公众存款等涉众型经济犯罪，切实增强人民群众的安全感；探索家事审判改革，积极与人民陪审员制度改革相衔接；稳妥处置房地产纠纷，通过调解等手段矫正房地产领域的投机性；全力加强行政审判工作，促进行政机关依法履职，切实维护行政相对人的合法权益。

二、积极推进司法改革，在提升审判质效上实现新飞越。以落实司法责任制为核心，积极推进完善“四项改革”的各项措施；完善审判权运行机制和探索审判团队运行新模式，建立科学的员额制法官动态管理机制，真正做到让审理者裁判，由裁判者负责；完善监督管理体制，落实最高院《关于完善人民法院司法责任制的若干意见》，健全专业法官会议制度，切实做到有权必有责，用权受监督；推进以审判为中心的刑事诉讼制度，强化庭审实质化功能，确保实体正义与程序正义；继续深化人民陪审员制度改革试点工作，推进集中保全送达、智能语音识别同步转换文字系统使用等改革，注重总结创新在全省乃至全国可复制、可推广的先进经验。

三、夯实信息化应用基础，在数字法院建设上探索新举措。积极投入人力、物力、财力，全面推进信息化建设工作；创新“互联网+诉非衔接”人民法庭工作新机制，推进人民法庭规范化建设；建立覆盖公、检、法、司的协同办案系统，降低被告人押解风险；继续推行“三大平台”建设，深化“五项公开”，充分运用大数据分析、评判审判执行工作动态；突出网上办案、移动办公 OA、智能庭审、庭审巡查等六大系统八个平台的应用，实现全院、全员、全程应用。

四、加大执行工作力度，在“基本解决执行难”上实现新突破。加大对拒执者的惩戒力度，用足、用好各种强制措施，形成打击拒执行为的高压态势；落实省委、省政府“两办”联合转发省法院《关于加强对失信被执行人联合惩戒的实施意见》，加强信用惩戒，让失信被执行人寸步难行；在“案多人少”的大环境下，把精兵强将充实到执行第一线，加强执行队伍建设，完善执行监督检查机制，严格规范执行行为，确保按期完成“基本解决执行难”，兑现人民法院对党和人民的庄严承诺。

五、深化司法作风建设，在打造过硬队伍上探索新路径。始终坚持党对法院工作的绝对领导，牢固树立“四个意识”，坚持抓班子、带队伍，以党建为引领，强化思想政治工作，严管厚爱，凝聚活力，争做“忠诚、干净、担当、实干”的好党员、好干部；完善法官培训机制，开展岗位练兵，通过开设法官论坛、专家讲堂等，提升广大干警的司法能力；坚决落实“两个责任”和“一岗双责”，强化作风建设，营造风清气正、干事创业的良好生态，建设一支政治坚定、业务过硬、一心为民、公正廉洁的法院队伍。

六、加强基层基础建设，在谋划长远发展上勾画新蓝图。完善诉讼服务中心及调解志愿者协会建设，充分发挥“一乡一庭”功能，强化诉前调解，建立矛盾纠纷梯次滤化、简繁分流，健全简案快审、轻刑快判机制，推行简式文书，着力解决人民群众日益增长的多元司法需求与司法能力不足矛盾，提高服务群众能力，努力让人民群众有更多获得感。

在新的一年里，县法院将在县委的坚强领导、县人大及其常委会有力监督以及县政府、县政协和社会各界关心支持下，全面贯彻落实县第十一次党代会确定的工作目标及本次会议精神，忠实履行宪法法律职责，不断提升队伍素质，开拓创新，攻坚克难，奋发有为，为实现“建设美丽幸福新香河”而努力奋斗！

香河县人民检察院工作报告

——2017年2月27日在香河县第十五届人民代表大会第一次会议上

香河县人民检察院党组书记、代检察长　刘振华

过去五年工作回顾

县检察院在县委和上级院的正确领导下，在县人大及其常委会的有力监督下，在县政府、县政协和有关部门的大力支持下，忠实履行宪法和法律赋予的职责，各项检察工作取得新成效,被省院评为“全省先进检察院”。

一、依法履行检察职能，维护社会和谐稳定

紧紧围绕全县工作大局，为经济社会发展保驾护航。

扎实推进平安香河建设。充分发挥批捕、公诉等检察职能，始终保持“严打、严防、严控”的高压态势，依法快捕快诉。五年来，共批捕各类刑事犯罪案件1121 件1435人，提起公诉1221件1496人，不捕59件81人，不诉20件31人。积极参与全县干部大接访活动，集中清理化解涉法信访案件。五年来，共受理来信来访364件（次），全部在规定时间内依法妥善办结。

持续优化经济发展环境。深入开展“检企对接”、“亮剑护企、优化环境”等一系列专项活动，平等保护各种所有制经济的合法权益。在现代产业园区设立派驻检察室，打通服务企业发展“最后一公里”。积极参与整顿和规范市场经济秩序，批准逮捕非法经营、强迫交易、合同诈骗等扰乱市场秩序案件21件30人，提起公诉32件51人。探索构建生态环境司法保护机制，严厉打击滥伐林木、污染环境等犯罪，批准逮捕4件5人，提起公诉19件24人。

二、积极查办和预防职务犯罪，推动反腐败进程

按照中央关于党风廉政建设和反腐败工作的要求，始终保持惩治腐败高压态势，深入查办和预防职务犯罪。

严肃查处职务犯罪。五年来，共立案侦查贪贿案件42件42人。坚持查办上级交办案件和查办本地案件并重，参与查办了上级院交办的辛集市人民政府原市长张连刚受贿案、全国人大正局级于某某贪贿案等一批大案要案。查办了本地涉及的新农村改造、教育、林业补贴等领域贪贿案件21件31人。通过办案为国家挽回经济损失9000余万元。查办滥用职权、玩忽职守等渎职侵权犯罪13件21人，净化了政务环境。

积极开展预防职务犯罪。深入剖析职务犯罪发案原因，及时向发案单位提出预防检察建议98件，帮助建章立制73件。精心编制《预防职务犯罪宣传册》，广泛开展职务犯罪预防宣传和咨询，加强预防警示教育，深入机关、企业、乡村、学校等举办预防宣讲61次。推动建立行业廉洁准入机制和社会诚信体系，办理行贿犯罪档案查询754次。

三、全面加强诉讼监督，维护司法公正

突出“强化法律监督，维护公平正义”检察工作主题，不断增强监督意识，完善监督手段，诉讼监督工作取得了一定成效。

侦查监督和审判监督不断加强。监督立案48件48人，监督撤案4件11人，追捕漏犯7人，追诉漏罪12条。对侦查违法行为提出纠正意见28件，对审判活动中不当行为提出纠正意见13件，向上级院提请抗诉1件。

刑罚执行监督和监管活动不断深入。五年来，检查收押犯罪嫌疑人2183人，检查释放、交付执行等出所1857人，有效保障了监管秩序的稳定。同时，建立了全市首家社区矫正人员信息平台，全面、方便、快捷掌握社区服刑人员的各种信息。

民事审判和行政诉讼监督不断推进。以提请抗诉和再审检察建议为工作重点。五年来，共受理民事行政申诉案件82件，其中监督违反审判程序案件12件，监督行政机关不当履职案件15件，办理提请抗诉案件13件。

四、扎实推进规范化建设，提升检察公信力

不断规范司法行为，以公开促公正，努力让人民群众在每一个司法案件中都感受到公平正义。

自觉接受人大监督、政协民主监督和社会监督。主动向人大及其常委会报告工作，诚恳接受代表、委员的监督评议。深化检务公开，开通门户网站、官方微博、微信和客户端，通过人民检察院案件信息公开网，发布程序性案件信息961件，重要案件信息38件，生效法律文书367件，保障了人民群众的知情权。

不断完善自身监督制约。成立案件管理专门机构，实现案件统一受理、统一分配、集中管理、动态监控。建立案件质量评查机制，抽查案件卷宗285册，解决执法办案中存在的突出问题18处。

大力提升科技办案水平。紧紧围绕全省电子检务工程建设部署要求，建成远程视频接访系统、远程提讯系统、远程指挥中心、“一站式”网上服务大厅，完成检察机关涉密信息分级保护建设。

深入推进司法责任制改革。建立健全办案组织，在机构设置上，对20个职能部门进行机构整合，设置1局8部1室。从现有的30名检察官中遴选出19名员额制检察官，配置在检察工作一线从事办案。通过改革，极大地调动了干警的积极性，缩短了办案期限，提升了办案效率，增强了办案质量。

五、不断打造过硬检察队伍，提高队伍战斗力

始终把队伍建设摆在重要位置，坚持以人为本，抓班子带队伍，队伍专业化、职业化水平进一步提高。

加强思想政治建设。扎实开展“党的群众路线”、“三严三实”、“两学一做”等一系列专题教育实践活动，打造一支忠诚、公正、文明、廉洁的检察队伍。

加强作风纪律建设。认真学习贯彻《中国共产党问责条例》《中国共产党党内监督条例》等党规党纪，并通过层层签订廉政责任状，加强八小时以外管理等制度，把纪律和规矩挺在前面，引导干警按法律办案、按规矩办事、按道德做人。五年来，无一人违法违纪，共有12个集体和96人次受到上级的表彰奖励。

这些成绩的取得，是县委正确领导，人大及其常委会有力监督，政府、政协大力支持以及社会各界关心、帮助的结果。在此，我代表县检察院表示衷心的感谢！

同时，我们也清醒地认识到，工作中还存在不少问题和困难：检察队伍的素质和执法水平还不能完全适应新形势和新任务的需要；诉讼监督工作还存在薄弱环节,不敢监督、不善监督的问题还大量存在；对群众反映强烈的部门行业职务犯罪打击力度还不够大。对于这些问题，我们将在今后的工作中认真加以解决。

今后五年工作规划和2017年工作重点

今后五年是香河经济大提速、大发展的五年，也是我院立足新起点，迈向新目标，谋求新发展的五年。未来五年县检察院的奋斗目标是：对照全国先进检察院，解放思想、开拓创新、誓争一流，努力建一流班子，带一流队伍，创一流业绩，树一流形象，实现香河检察工作全面、协调、跨越发展，建成全省乃至全国一流检察院。为实现这一既定目标，我院力求做到“坚持三个理念，突出三项重点，推进三大建设”。坚持三个理念（即坚持党对检察工作绝对领导的政治理念；坚持检察工作围绕中心、服务大局的大局理念；坚持敢为人先、追求卓越的工作理念）；突出三项重点（即突出查处和预防职务犯罪，积极推进反腐败进程；突出严厉打击严重刑事犯罪，维护社会大局稳定；突出检察监督，促进公平正义）；推进三大建设（即推进执法规范化建设，推进检察队伍建设，推进基础设施建设）。

围绕未来五年县检察院的总体目标，2017年全县检察工作的总体思路是：全面贯彻落实党的十八大和十八届三中、四中、五中、六中全会以及县第十一次党代会精神，全面落实中央、全省、全市政法工作会议和全省、全市检察长会议精神，牢牢把握“强化法律监督，维护公平正义”检察工作主题，进一步深化“五检（政治建检、业务立检、公信树检、素质兴检、科技强检）”工作布局，不断创新理念思路、体制机制、方法手段，坚持以司法办案为中心，大力加强检察监督，深入推进司法改革，为香河经济建设提供有力司法保障，以优异的成绩迎接党的十九大胜利召开。为确保实现全年工作目标，突出抓好以下五个方面工作：

一、全力维护社会和谐稳定，着力为党的十九大胜利召开营造稳定社会环境，做到“四个坚持”。县检察院把保安全、护稳定作为第一职责。要充分履行检察监督职能，深入做好打击犯罪、防控风险、创新社会管理等工作，切实把检察环节的安全稳定工作做深、做细、做实。一是坚持依法严厉打击各类刑事犯罪。突出打击严重危害社会治安和公共安全的犯罪，增强人民群众安全感。二是坚持强化工作举措，落实检察环节综合治理各项措施。认真贯彻最高检《关于充分发挥检察职能依法惩治“村霸”和宗族恶势力犯罪积极维护农村和谐稳定的意见》，加大打击力度，维护农村基层政权稳定。三是坚持积极参与社会治安防控体系建设。积极参与社会矛盾排查化解专项行动，正确适用刑事和解、简易程序、量刑建议以及不批捕、不起诉等机制措施，完善检察官以案释法制度，最大限度减少社会对抗。继续开展“木兰有约”法治宣传等活动，弘扬法治精神，引导社会风尚。四是坚持构筑解决信访长效机制。加强源头防控，对今年“两会”、党的十九大等重点敏感时期信访稳控工作超前谋划，提前部署，做到早预防、早稳控。落实涉法涉诉信访事项依法终结制度，防止无限申访，维护正常信访秩序。

二、积极服务县委中心工作，保障经济持续健康发展，做到“三项服务”。牢固树立“经营香河”理念，认真贯彻落实上级院保障非公经济、加强产权保护等系列举措，抓好服务京津冀协同发展、服务园区经济发展等工作。一是服务经济转型升级。依法打击扰乱项目建设和企业发展的犯罪。严肃查办破坏投资环境、影响园区项目建设的职务犯罪。积极与京津冀司法机关对接，加强协作。二是服务产权平等司法保护。加强对涉及市场准入、不正当竞争等问题的法律监督，依法保护各类所有制经济主体合法权益，为园区建设和企业发展提供便捷高效的检察服务。三是服务生态环境建设。加大对严重污染水资源、大气、土壤等犯罪的打击力度，开展破坏环境资源犯罪的专项监督。

三、认真履行惩治腐败职能，推动惩防体系建设，做到“三个突出”。认真落实党中央反腐败的决策部署，严肃查办发生在群众身边的腐败案件。一是突出查办党的十八大以后不收敛、不收手的贪贿案件。重点打击权力寻租、利益输送、权钱交易、涉农惠农领域专项资金等贪贿案件。二是突出查处滥用职权、玩忽职守、徇私舞弊等失职渎职案件，切实营造廉洁高效的政务环境。三是突出重点领域职务犯罪预防。深化工程建设领域、扶贫惠农领域、非公领域、健康科技领域等“四个专项预防”，做好警示教育、预防调查、预防告诫约谈等重点工作，切实增强预防时效。

四、全面强化法律监督职能，着力提升监督的能力和水平，做到“四个全面”。加强法律监督是宪法和法律赋予检察机关的神圣职责，我们要牢牢把握宪法定位。探索在公安机关设立检察室，在刑事案件高发区域公安派出所设立驻所检察官。一是全面加强刑事诉讼监督。重点纠正有案不立、有罪不究、以罚代刑、有罪判无罪、重罪轻判等问题。二是全面强化刑事执行检察监督。深化集中清理判处实刑犯罪未交付执行刑罚专项活动和财产刑专项检察活动。三是全面推进民事检察监督和行政诉讼监督。统筹推进生效裁判监督、审判程序监督和执法活动监督，深化执行案件监督。积极探索行政检察监督，提高监督实效，尽快补齐民行监督这块短板。四是全面搭建刑事司法和行政执法两法衔接的信息平台，完善对行政执法的监督机制。

五、夯实队伍建设和基础建设，做好强基固本工作，做到“三个推进”。一是推进司法体制改革。深刻把握司法责任制内涵，完善检察权运行机制，健全办案组织，突出入额检察官司法办案主体地位，全面推行检察官权力清单制度。落实以审判为中心的刑事诉讼制度改革，构建新型检警、检法、检律关系。二是推进司法公信力建设。进一步推进案件网上监控巡查，深化案件质量评查机制。继续深入检务公开，加强案件信息公开和举报网站升级改造等工作，不断拓展检务公开深度广度。整合检察服务大厅功能，充分发挥检务公开窗口作用。加强检察宣传工作，发挥宣传的最大效应。推进信息化与检察工作的深度融合，夯实检察工作发展根基。三是推进检察队伍建设。加强思想政治建设，自觉在政治上、思想上、行动上与以习近平为核心的党中央保持高度一致。加强党的建设，发挥基层党组织的堡垒作用和党员先锋模范作用。加强领导班子建设，始终保持昂扬向上的精神状态。加强纪律作风建设，认真落实党风廉政建设的主体责任。实施人才工程，畅通人才引进“绿色通道”。要坚持走出去，向京津冀先进院、全国先进院学习，开拓眼界，取人之长、补己之短。

在新的一年里，我们将以更加饱满的热情、更加务实的作风，团结拼搏，扎实工作，撸起袖子加油干，以崭新的风貌为建设“美丽幸福新香河”做出应有的贡献！

索 引

A

爱心奉献 践行慈善 …………………………（164）
安保维稳…………………………………………（305）
安洁垃圾填埋场整改 …………………………（315）
安平镇 ……………………………………………（407）
安全保卫…………………………………………（200）
安全生产大检查…………………………………（235）
安全生产管理……………………………………（233）
安全生产规范化建设 …………………………（234）
安全生产专项整治 ……………………………（236）
安头屯镇…………………………………………（412）
安置帮教…………………………………………（208）
案防教育…………………………………………（334）
案件查办…………………………………………（170）
案件督查督办工作 ……………………………（137）

B

办文办会…………………………………………（157）
保密工作…………………………………………（114）
保险服务理念创新 ……………………………（338）
保险服务理念提升 ……………………………（342）
保险业 ……………………………………………（337）
北运河环境工程项目工作 ……………………（257）
北运河生态治理…………………………………（258）
北运河综合整治…………………………………（156）
编制管理…………………………………………（139）
标准化管理………………………………………（232）
殡葬管理…………………………………………（401）
兵员征集工作……………………………………（194）
病虫测报发布……………………………………（247）
不动产登记………………………………………（225）
不良贷款防控……………………………………（323）
部分个人成就及奖项 …………………………（354）

C

财务收支审计……………………………………（222）
财政 税务………………………………………（264）
财政………………………………………………（264）
财政和金融…………………………………………（74）
财政监督…………………………………………（265）
财政资金审计……………………………………（222）
参加省青少年科技创新大赛……………………（354）
参政议政…………………………………………（174）
参政议政…………………………………………（187）
残疾人合法权益 ………………………………（189）
残疾人教育工作 ………………………………（189）
残疾人救助及社会保障工作……………………（188）
残疾人康复………………………………………（188）
残疾人证办理……………………………………（189）
残疾人职业技能培训 …………………………（189）
仓储物流…………………………………………（285）
沧州银行服务创新工作 ………………………（333）
沧州银行香河支行 ……………………………（332）
测土配方施肥……………………………………（246）
查办和预防职务犯罪 …………………………（204）
拆违拆陋…………………………………………（394）
产品质量管理……………………………………（232）
产品质量认证……………………………………（232）
产业化项目建设 ………………………………（255）

产业基础……（300）
产业拉动……（298）
常委会议……（80）
“畅谈、展望、建言”活动开展……（134）
潮白河综合治理……（258）
车险电子化……（340）
成品油市场监管……（282）
成人中等专业学校……（346）
诚信计生……（383）
城区道路修缮及排水管网养护……（311）
城区建设……（311）
城市管理全面管控……（237）
城市综合管理……（236）
城乡建设规划……（310）
城乡居民基本养老保险……（399）
城乡居民最低生活保障……（400）
城乡客运公交改造……（275）
城乡面貌……（70）
城镇居民生活……（401）
城镇居民医疗保险……（399）
城镇职工基本医疗保险……（399）
初步确定窗口排布……（165）
初步确定划转事项……（165）
初中教育……（346）
传统文化宣传教育活动……（121）
创新平台建设……（355）
“春到新农村”专场文艺晚会……（120）
从严治党……（306）
从业人员培训……（235）
村务公开……（126）
存款业务提升……（322）

D

打造文旅品牌……（296）
大爱城……（298）
大爱城规划建设……（298）
大爱城设施建设……（298）
大地保险业务运作……（342）
大气污染防治工作……（230）
大气污染防治投入……（266）
大气污染治理……（155）
大气整治……（313）
大事记……（37）
大运河专题片拍摄……（121）
大智移云产业……（292）
代表工作……（149）
代表建议督办……（148）
贷款渠道拓宽……（322）
党报党刊发行……（122）
党代表大会……（79）
党风促行风……（333）
党风建设……（332）
党建工作……（72）
党史大事记修改……（134）
党史二卷本编纂……（134）
党史研究……（134）
党外人士工作……（128）
党校……（132）
党员发展……（116）
党员管理……（116）
党员教育……（115）
党员宣传教育活动……（119）
档案……（368）
档案工作培训……（369）
档案工作执法……（369）
档案接收工作……（369）
档案接续工作……（368）
档案开放、利用……（369）
档案升级认证……（369）
档案信息化建设……（369）
道德模范简要事迹……（443）

道路绿化工程建设…………………………（395）
地方税务…………………………………（270）
地方志工作………………………………（370）
地籍管理…………………………………（225）
地理位置…………………………………（56）
地理信息工作……………………………（226）
地理与区划………………………………（56）
地名管理…………………………………（401）
地热资源…………………………………（64）
地税系统纳税服务………………………（271）
地税系统税收减免………………………（271）
地税系统信息化建设……………………（271）
地税征收…………………………………（270）
地税征收管理……………………………（270）
地震监测…………………………………（356）
地震监测硬件建设………………………（357）
地震应急救援……………………………（357）
地震灾害设防……………………………（357）
地质地貌…………………………………（58）
第三次全国农业普查……………………（218）
第四次经济普查前期准备工作…………（220）
第一城东西翼楼项目……………………（296）
典型人物评选……………………………（397）
“电代煤”工程…………………………（276）
电力 ……………………………………（276）
电力系统机关党建………………………（277）
电商产业…………………………………（282）
电视台播出………………………………（365）
电网建设…………………………………（276）
电信公司…………………………………（280）
电信网络建设……………………………（280）
电信业务服务质量提升…………………（280）
电子银行业务……………………………（328）
调查研究…………………………………（157）
动物疫病防控……………………………（252）
动物源性食品安全………………………（253）
督查工作…………………………………（113）
队伍管理…………………………………（202）
对老干部走访慰问………………………（135）
对台工作…………………………………（128）
对外经济…………………………………（74）
对外开放…………………………………（281）
对外宣传…………………………………（121）

F

发挥文明城市创建典型带动作用………（397）
发票管理…………………………………（267）
法　治……………………………………（197）
法律监督…………………………………（204）
法律援助…………………………………（209）
法院………………………………………（204）
法院信访管理……………………………（206）
法治建设…………………………………（198）
法治培训…………………………………（214）
法治政府建设……………………………（211）
反渎职侵权………………………………（204）
反贪污贿赂………………………………（204）
方志馆建设………………………………（370）
方志宣传工作……………………………（371）
防范工作…………………………………（199）
防汛备汛工作……………………………（260）
防汛抗旱…………………………………（260）
防震减灾保障……………………………（358）
防震减灾与法制宣传……………………（356）
房地产……………………………………（312）
房地产市场监管…………………………（313）
放射诊疗监督复核………………………（381）
非法行医专项整治………………………（380）
非公经济发展工作………………………（127）
风险防控管理……………………………（323）
风险防控体制……………………………（328）

扶贫济困活动……（175）
扶贫助残……（188）
服务经济发展和领导决策……（217）
服务三农与小微贷……（330）
服务社会发展……（206）
服务项目建设……（225）
服务造就客户满意……（340）
服务中心工作稳步运行……（164）
服务中心强化服务观念建设……（164）
妇女儿童合法权益……（185）
妇幼保健……（378）

G

改革工作……（114）
干部监督……（118）
干部考评……（117）
干部培训……（117）
干部培训工作……（132）
干部任前考法……（148）
干部推荐选拔……（116）
高标准农田项目建设……（254）
高级职称专业技术人员名表……（452）
高考再创历史最高水平……（353）
耕地资源保护……（224）
工程质量监管……（293）
工伤保险……（399）
工商联换届工作……（188）
工商行政管理……（228）
工行业务创收发展……（322）
工业　建筑业……（289）
工业和建筑业……（73）
工业企业 VOCs 治理……（314）
工业企业管理……（289）
工资福利管理……（161）
工作会议……（168）
工作机构……（151）
工作亮点创新……（133）
工作要求……（388）
公安……（200）
公共免费 Wi-Fi 建设运维……（293）
公共气象服务……（358）
公共卫生重点监督……（380）
公路路政管理……（243）
公路养护管理……（243）
公民道德实践活动……（123）
公司规范性建设……（339）
公务员管理……（160）
公务员招录……（117）
公益事业……（342）
公园建设……（395）
公证工作……（210）
功能建设……（331）
供电安全生产保障……（276）
供销合作服务体系建设……（284）
供销合作金融体系建设……（284）
供销合作经营体系建设……（284）
供销合作组织体系建设……（283）
供销商业……（283）
共青团干部培训……（180）
共青团组织建设……（179）
固定资产投资……（73）
固定资产投资审计……（222）
关工委工作……（136）
关于香河县 2017 年国民经济和社会发展计划执行情况与 2018 年国民经济和社会发展计划报告……（26）
关于香河县 2017 年全县总预算及县本级预算执行情况和 2018 年全县总预算及县本级预算草案的报告……（31）
关注关爱儿童……（185）
管护经费落实……（259）

贯彻十九大精神部署会召开 ……………（385）
光彩事业……………………………………（187）
广播电视……………………………………（365）
广播电台节目与播出 ……………………（365）
广电人才队伍建设 ………………………（368）
广告宣传……………………………………（297）
规范房地产市场……………………………（313）
规范化司法所建设 ………………………（211）
规范市场秩序………………………………（232）
规范行政执法行为 ………………………（213）
规范药械市场秩序 ………………………（232）
规范渣土车辆运输 ………………………（237）
规划编制……………………………………（310）
规划建设……………………………………（298）
国防教育宣传活动 ………………………（195）
国华影视基地项目建设 …………………（318）
国际家具展览会……………………………（297）
国际交流与合作……………………………（317）
国家税务……………………………………（266）
国家园林城创建……………………………（395）
国内贸易……………………………………（74）
国税系统纳税服务 ………………………（268）
国税系统税收减免 ………………………（267）
国税系统信息化建设 ……………………（268）
国税征收……………………………………（266）
果品生产……………………………………（250）
果树技术培训………………………………（250）

H

和谐劳动关系………………………………（161）
河北三玉利保险代理有限公司香河
　分公司……………………………………（342）
河北香河经济开发区 ……………………（303）
河北香河新兴产业示范区 ………………（306）
河北银行股份有限公司香河支行………（332）
“河长制”推行工作 ……………………（106）
河渠清淤……………………………………（259）
弘扬关爱文明 ……………………………（360）
后勤建设……………………………………（194）
互联网与地方志工作 ……………………（370）
户外广告规范化管理 ……………………（237）
花卉生产……………………………………（250）
环保产业园区安全生产 …………………（305）
环保产业园区大气污染防治……………（305）
环保产业园区基层组织建设……………（304）
环保产业园区基础设施建设……………（304）
环保产业园区煤改气工作………………（305）
环保产业园区美丽乡村创建……………（304）
环保产业园区社会保障工作……………（305）
环保产业园区项目建设 …………………（304）
环保产业园区招商引资 …………………（304）
环保改造和油品升级换代………………（288）
环境保护……………………………………（313）
环境卫生……………………………………（314）
环境卫生整治 ……………………………（305）
环卫系统荣誉称号 ………………………（315）
换届工作……………………………………（190）
会务、公务工作 …………………………（115）
会议接待……………………………………（296）
会展商务……………………………………（281）
惠农补贴……………………………………（266）
惠农政策……………………………………（255）
婚姻登记……………………………………（400）
获得荣誉……………………………………（331）
获得荣誉……………………………………（368）

J

机构编制……………………………………（138）
机构编制问题整改工作 …………………（139）
机关干部国防教育 ………………………（195）

机关事业基本养老保险 ……………………（399）
机器人小镇建设 ……………………（300）
基本建设有序推进 ……………………（358）
基层妇联组织建设 ……………………（182）
基层人大工作 ……………………（149）
基层商会建设 ……………………（188）
基层统计建设 ……………………（218）
基层卫生服务 ……………………（380）
基层组织 ……………………（78）
基层组织建设 ……………………（115）
基层组织建设 ……………………（175）
基础设施 ……………………（351）
基础设施及教育装备 ……………………（351）
基础业务保持稳定 ……………………（358）
基地建设 ……………………（317）
集中宣讲 ……………………（390）
计划 ……………………（216）
计划生育 ……………………（381）
计划生育协会 ……………………（382）
计量监督检查 ……………………（233）
计生工作实行基层群众自治 ……………………（384）
计生基层群众自治示范项目县创建 ……（383）
计生协会作用 ……………………（383）
计生宣传工作 ……………………（383）
计生优质服务 ……………………（382）
纪检监察 ……………………（166）
纪检监察工作与职能 ……………………（169）
纪检监察机构 ……………………（166）
纪检监察机关作风建设 ……………………（170）
纪检监察系统队伍建设 ……………………（170）
纪律检查委员会领导机构 ……………………（166）
纪委监察局工作机构 ……………………（166）
纪委全委会议 ……………………（168）
纪委信访管理 ……………………（170）
加强对中介机构管理 ……………………（223）
加强蔬菜品牌建设 ……………………（246）
加强网上宣传展现香河新形象 ……………（119）
加强学习、提高素质 ……………………（320）
加强质量监管 ……………………（230）
家具城 ……………………（297）
家具城消防安全管理 ……………………（297）
家具行业获得荣誉 ……………………（297）
家具制造及配件产业 ……………………（292）
家庭医生签约服务 ……………………（379）
价格管理 ……………………（227）
价格检查 ……………………（227）
价格认证 ……………………（227）
监督检查 ……………………（147）
监所检察 ……………………（204）
检察 ……………………（203）
检察机关机构与队伍建设 ……………………（203）
建设　环保 ……………………（309）
建设施工管理 ……………………（238）
建设项目规划管理 ……………………（311）
建设资金保障 ……………………（259）
建行机关环境建设 ……………………（323）
建行系统机关党建 ……………………（323）
建行业务拓展 ……………………（323）
建议提案承办 ……………………（158）
建筑节能监管 ……………………（293）
建筑领域清欠 ……………………（293）
建筑市场管理 ……………………（293）
建筑业安全生产规范化建设 ……………………（293）
建筑业管理 ……………………（293）
健康档案建立 ……………………（162）
“讲好赶考故事”宣讲活动 ……………………（121）
奖扶工作 ……………………（383）
蒋辛屯镇 ……………………（415）
降水 ……………………（59）
交通　电力 ……………………（274）
交通 ……………………（274）
交通和电信业 ……………………（74）

交通运输管理……………………………（242）
交通运输行业行政审批 ………………（244）
交通运输行政执法……………………（243）
交易中心制度建设……………………（165）
缴费平台建设…………………………（323）
教　育 …………………………………（345）
教师队伍………………………………（350）
教师队伍建设…………………………（351）
教师继续教育教学……………………（349）
教学常规督导检查……………………（352）
教研工作………………………………（133）
教育、文化、卫生事业 …………………（74）
教育成果………………………………（353）
教育管理………………………………（351）
教育教学与教学研究 …………………（346）
教育结构………………………………（345）
教育文化投入…………………………（265）
教育系统安全管理 ……………………（353）
教育装备投入…………………………（351）
街道 ……………………………………（432）
节能减排………………………………（266）
节能降耗………………………………（217）
节日文化活动…………………………（120）
节水灌溉工程…………………………（259）
巾帼建功活动…………………………（183）
“金管家”业务…………………………（341）
金融信用………………………………（158）
金融业 …………………………………（319）
金属制品业……………………………（292）
京津冀国际旅游季……………………（295）
京津冀中华大庙会 ……………………（295）
经济和社会发展…………………………（72）
经济实力…………………………………（70）
经济责任审计…………………………（223）
经济作物生产…………………………（246）
经营体制………………………………（289）
精神文明建设…………………………（122）
竞技体育成绩…………………………（376）
九年义务教育教学 ……………………（347）
酒店改造………………………………（296）
救灾救济………………………………（400）
就业再就业工作 ………………………（159）
居民………………………………………（68）
居民构成…………………………………（68）
居民生活………………………………（401）
居民总量…………………………………（68）
具体安排………………………………（386）
聚焦监督执纪问责　深化全面从严治党
　为建设美丽幸福新香河保驾护航……（462）
军　事…………………………………（193）

K

开发区大气污染治理 …………………（304）
开发区项目建设………………………（303）
开发区招商引资 ………………………（303）
开展“安全生产月”活动………………（235）
开展“散乱污”企业整顿活动…………（106）
开展公共文明创建活动 ………………（397）
开展学科竞赛活动 ……………………（353）
抗旱应急工程…………………………（261）
考核激励约束机制建立 ………………（324）
科技成果………………………………（356）
科技培训………………………………（356）
科技推广………………………………（250）
科技项目研究立项 ……………………（355）
科技项目验收…………………………（356）
科技型中小企业帮扶创建工作…………（186）
科普基地申报…………………………（355）
科普宣传………………………………（355）
科普宣传活动…………………………（186）
科普益民、惠农工作 …………………（186）

科学技术……………………………………（355）
科研成果……………………………………（301）
客户端服务方式……………………………（337）
课题研究工作………………………………（141）
空气质量……………………………………（313）
空气质量监测………………………………（314）
控告申诉检察………………………………（203）
快递物流……………………………………（285）
快捷服务……………………………………（341）
扩展邮政业务渠道…………………………（278）

L

垃圾分类……………………………………（315）
来信来访处理………………………………（148）
栏目锻造香河特色…………………………（366）
廊坊市舞蹈大赛香河赛……………………（371）
廊坊银行香河支行…………………………（333）
廊坊银行业务宣传工作……………………（334）
劳动模范普查………………………………（176）
老干部管理…………………………………（135）
老干部书画展………………………………（136）
老干部掀起学习十九大精神热潮…………（135）
老干部支部组织建设………………………（135）
老龄工作……………………………………（400）
老体协工作…………………………………（136）
离退休干部管理与服务……………………（134）
联通公司……………………………………（278）
廉洁自律，强化党建………………………（360）
粮食流通……………………………………（283）
粮食作物生产………………………………（245）
两个专项整治工作…………………………（169）
两化融合在线评估…………………………（292）
“两考三评一定”绩效考核实施…………（103）
“两违”治理………………………………（156）
“两学一做”学习教育活动………………（130）
林果业………………………………………（249）
林木病虫害防治……………………………（251）
林木管护……………………………………（251）
林业管理……………………………………（240）
林业资源管理………………………………（242）
领导干部大接访……………………………（137）
刘宋镇………………………………………（417）
流动人口均等化服务………………………（382）
路桥建设……………………………………（274）
旅游市场开发………………………………（285）
旅游业………………………………………（285）
律师工作……………………………………（208）
绿地养护管理………………………………（395）
绿化亮点工程………………………………（252）
绿美亮净攻坚行动…………………………（395）
落实“八项规定”严防“四风”
　反弹………………………………………（170）
落实“两个责任”…………………………（169）
落实惠农政策………………………………（248）
落实计生奖励扶助政策……………………（381）

M

矛盾纠纷排查………………………………（137）
煤改气工作…………………………………（312）
“煤替代”工程……………………………（153）
美丽庭院创建………………………………（184）
美丽乡村建设………………………………（104）
美丽乡村建设………………………………（124）
美丽乡村建设投入…………………………（190）
民办教育……………………………………（346）
民办教育教学………………………………（349）
民兵工作……………………………………（193）
民兵国防教育………………………………（195）
民兵武装建设………………………………（131）
民间组织管理………………………………（400）

民商事案件审判……………………………（205）
民生事业………………………………………（71）
民事行政检察…………………………………（204）
民主监督………………………………………（174）
民宗领域和谐稳定……………………………（127）
民族村发展……………………………………（162）
民族团结宣传教育……………………………（162）
民族维稳………………………………………（163）
民族宗教管理…………………………………（162）
名阳保险销售有限公司香河分公司…………（341）
名阳保险业务拓展……………………………（341）
明星企业………………………………………（300）
模范人物………………………………………（443）
目标要求………………………………………（385）

N

内控管理………………………………………（329）
纳税登记和纳税申报…………………………（267）
年度计划编制与实施…………………………（216）
年龄性别结构…………………………………（350）
农产品质量安全监管…………………………（239）
农村 …………………………………………（124）
农村财务监督…………………………………（238）
农村经济管理…………………………………（238）
农村精神文明建设……………………………（123）
农村垃圾治理…………………………………（315）
农村水利………………………………………（258）
农村统计抽样调查……………………………（218）
农村土地承包经营权流转……………………（238）
农村危房改造…………………………………（312）
农村小学附设幼儿园通过验收………………（353）
农村医疗卫生…………………………………（379）
农村饮水安全工程……………………………（263）
农村宅基地管理………………………………（225）
农发行贷款……………………………………（325）
农发行贷款营销管理…………………………（325）
农发行机关党建………………………………（325）
农发行业务存款………………………………（325）
农机社会化服务………………………………（255）
农机销售与维修管理…………………………（256）
农民负担监测…………………………………（248）
农民负担监督管理……………………………（239）
农民工工资保障金管理………………………（294）
农民生活………………………………………（401）
农田水利基础设施工程………………………（259）
农行系统党风行风建设………………………（324）
农行系统员工素质建设………………………（324）
农行业务扩展…………………………………（324）
农行业务宣传…………………………………（324）
农药化肥监管…………………………………（249）
农业……………………………………………（245）
农业……………………………………………（73）
农业产业化……………………………………（158）
农业高新技术园区……………………………（308）
农业机械………………………………………（255）
农业机械化进入新阶段………………………（256）
农业技术推广…………………………………（247）
农业开发………………………………………（254）
农业水价综合改革……………………………（263）
农业水利………………………………………（305）
农业行政综合执法……………………………（239）
农业园区项目建设……………………………（308）
农宅合作社试点………………………………（126）
农作物病虫害防治……………………………（247）
农作物种植……………………………………（245）

P

培育新型种粮大户……………………………（246）
平安保险经营险种……………………………（340）
平安建设………………………………………（108）

平安街道办事处……（439）
平安人寿经营险种……（340）
平安寿险率先推出电子化业务……（340）
普法宣传……（210）
普惠化服务……（176）
普惠获嘉奖……（323）
普通高中教育……（346）
普通高中教育教学……（348）

Q

其他模范人物……（451）
其他行业……（292）
企业产品展览……（291）
企业培训……（291）
企业所得税汇算清缴……（271）
企业文化……（330）
企业职工基本养老保险……（399）
气候……（59）
气象……（358）
气象安全宣传……（359）
气象服务防灾减灾……（359）
气象灾害……（66）
汽车配件业……（292）
汽配城设施建设……（299）
汽配城招商引资……（299）
千企帮扶工作……（187）
前期准备……（385）
钱旺镇……（426）
钳屯镇……（422）
强化保险业诚信服务意识……（338）
强化内控管理……（333）
强化气象管理职能……（359）
强化审计业务管理……（223）
强化意识形态领导……（388）
强化制度、安全履职……（320）
青年创业活动……（180）
青年志愿者活动……（177）
青少年帮扶行动……（180）
清单管理制度……（212）
清真食品市场监管……（163）
曲艺家协会……（374）
渠口镇……（429）
全面从严治党……（102）
全面落实安全生产责任制……（234）
全面推进“双随机、一公开”工作……（229）
全民科学素质提升工作……（186）
全民阅读……（361）
全县中小学田径运动会……（352）
群众来信来访……（136）
群众体育活动……（375）

R

人　物……（442）
人才工作……（118）
人大常委会工作机构……（142）
人大常委会会议……（143）
人大常委会领导机构……（142）
人大代表和人大工作者先进个人评选……（149）
人大工作与职能……（147）
人大机构设置……（142）
人大重要会议……（142）
人防工程建设……（195）
人防设施维护……（195）
人防宣传教育……（195）
人口变动……（68）
人口和人民生活……（75）
人力资源和社会保障……（159）
人民财险经营险种……（337）

人民财险员工素质建设 ……………………… （337）
人民代表大会会议 ………………………… （142）
人民调解……………………………………… （208）
人民防空……………………………………… （194）
人民团体……………………………………… （175）
人民武装思想政治建设 …………………… （193）
人事人才管理……………………………… （160）
人事任免……………………………………… （149）
人行系统党风廉政建设 …………………… （321）
日照 ………………………………………… （59）

S

“三下乡”活动 ………………………… （120）
三项制度改革试点 ………………………… （212）
森林防火……………………………………… （241）
森林综合执法……………………………… （241）
商标品牌战略……………………………… （230）
商贸服务业………………………………… （281）
商贸流通……………………………………… （281）
商事制度改革……………………………… （228）
商务管理……………………………………… （281）
少先队工作………………………………… （179）
设施安全隐患整治 ………………………… （126）
社保卡发放………………………………… （162）
社会保险基金管理 ………………………… （400）
社会保障……………………………………… （161）
社会保障投入……………………………… （266）
社会保障资金审计 ………………………… （222）
社会福利与救助…………………………… （400）
社会管理……………………………………… （201）
社会绿化工作……………………………… （395）
社会生活……………………………………… （399）
社会事务管理……………………………… （400）
社会信用代码赋码工作 …………………… （140）
社会养老幸福工程………………………… （400）
社会治安综合治理 ………………………… （198）
社区建设……………………………………… （401）
社区矫正……………………………………… （208）
社团组织活动 ……………………………… （362）
摄影家协会 ………………………………… （374）
深化审判公开 ……………………………… （206）
深化司法改革 ……………………………… （207）
深入学习宣传贯彻党的十九大精神
　全面开创“美丽幸福新香河”建
　设新局面 ………………………………… （454）
审计…………………………………………… （221）
审判管理……………………………………… （206）
审判机关机构与队伍建设………………… （204）
审判监督……………………………………… （205）
生活饮用水卫生监督 ……………………… （380）
生态建设……………………………………… （71）
生物灾害……………………………………… （66）
生物资源……………………………………… （65）
省级督导评估通过验收 …………………… （353）
省级文明县城创建 ………………………… （275）
失业保险……………………………………… （399）
师资队伍建设 ……………………………… （133）
诗词协会……………………………………… （373）
施政辑要……………………………………… （153）
“十二五”规划执行情况………………… （69）
十九大保电工作 …………………………… （277）
十九大宣传活动 …………………………… （121）
“十三五”规划纲要编制实施………… （217）
“十三五”规划制定 ……………………… （68）
“十三五”规划制定和“十二五”规划
　执行情况………………………………… （68）
石材城………………………………………… （298）
石油专卖……………………………………… （288）
实施“散乱污”企业整顿………………… （156）
实施品牌战略……………………………… （291）
食品安全监管……………………………… （231）

食品安全专项整治……………………………（231）
食品药品监督管理……………………………（231）
市政规划管理…………………………………（310）
市政设施监察…………………………………（238）
市政设施建设…………………………………（311）
示范区信访维稳工作…………………………（307）
事业单位登记管理……………………………（139）
事业单位法人年度报告工作…………………（140）
事业单位管理体制改革………………………（139）
视察调研………………………………………（147）
逝世人物………………………………………（442）
收藏家协会……………………………………（374）
收费管理………………………………………（226）
兽医兽药管理…………………………………（240）
书法家协会……………………………………（373）
“书法进校园”活动…………………………（372）
淑阳镇…………………………………………（402）
蔬菜基地规模化发展…………………………（246）
双学双比活动…………………………………（183）
双拥工作………………………………………（194）
水　利…………………………………………（257）
水产品监管……………………………………（253）
水费征收………………………………………（262）
水环境质量改善………………………………（314）
水毁工程修复…………………………………（261）
水利工程建设…………………………………（257）
水利规划编制…………………………………（257）
水利桥闸建设…………………………………（257）
水利资金引进…………………………………（257）
水土保护………………………………………（262）
水文 水系………………………………………（60）
水政执法………………………………………（263）
水资源…………………………………………（64）
水资源保护……………………………………（262）
水资源管理……………………………………（262）
税收征管………………………………………（267）
税务稽查………………………………………（268）
税种管理………………………………………（267）
司法行政………………………………………（207）
思想教育助保险业绩提升……………………（342）
饲料管理………………………………………（240）
素质教育培训…………………………………（181）

T

太平洋财险完成年度计划……………………（339）
太平洋寿险队伍建设…………………………（339）
泰康人寿保险有限责任公司河北廊坊
　香河营销服务部……………………………（343）
泰康寿险业务营销……………………………（343）
泰康寿险一站式服务…………………………（343）
淘汰燃煤锅炉…………………………………（314）
特载……………………………………………（1）
特困群众医疗救助……………………………（400）
特色产业………………………………………（291）
特色小镇建设…………………………………（312）
特殊教育………………………………………（346）
特殊教育教学…………………………………（349）
特种设备安全监察……………………………（233）
提案办理………………………………………（174）
提高赔付效率…………………………………（339）
提升服务水平…………………………………（334）
提升监管效能…………………………………（231）
提升金融服务水平……………………………（319）
提升香河美誉知名度…………………………（367）
提升园区品牌…………………………………（304）
体育……………………………………………（375）
体育赛事………………………………………（296）
体制改革………………………………………（332）
天网广播宣传平台建设………………………（307）
通讯渠道建设…………………………………（278）
通信设施增建维护……………………………（279）

统计 …… (217)
统计调查…… (219)
统计服务…… (220)
统计改革…… (221)
统计监测…… (219)
统计内容…… (218)
统计培训…… (218)
统计执法…… (221)
统一战线…… (127)
投资环境…… (303)
投资评审…… (266)
土地储备开发…… (225)
土地经营权确权颁证 …… (248)
土地开发整理…… (224)
土地利用…… (224)
土地执法监察…… (225)
土地资源…… (64)
土地资源管理…… (223)
土地综合规划…… (223)
土壤 …… (62)
推进划小承包体制…… (279)
推进县域经济…… (333)
退伍士兵与军休干部安置 …… (401)
拓宽存款…… (327)
拓展贷款…… (327)

W

完善河长制工作机制 …… (262)
完善设施，推进转型 …… (367)
完善数字城管体系 …… (238)
网格化管理…… (236)
网络安全防护…… (271)
网上交易对接省市平台 …… (164)
危仓老库改造…… (283)
维护金融安全稳定 …… (319)
维稳安保…… (154)
卫计服务回访 …… (382)
卫生防疫…… (378)
卫生和计划生育 …… (377)
卫生计生队伍建设 …… (377)
卫生许可证申办 …… (381)
未成年人道德建设 …… (123)
温度…… (59)
文稿起草工作 …… (112)
文化　体育 …… (361)
文化…… (361)
文化产业项目申报 …… (120)
文化惠民演出 …… (362)
文化剧社…… (363)
文化市场建设 …… (362)
文化娱乐业…… (287)
文明城市创建 …… (394)
文明城市创建活动展开 …… (396)
文明城市建设行动 …… (396)
文明家庭创建 …… (183)
文史资料…… (174)
文体工程和助残环境工程…… (190)
文物保护…… (362)
文献文件辑存 …… (454)
“文学进校园”活动 …… (372)
文学艺术…… (371)
文学艺术辅导 …… (191)
文艺创作…… (372)
文艺下乡活动 …… (190)
文艺作品…… (191)
问题楼盘整改 …… (154)
无公害蔬菜品种认证 …… (246)
五百户镇…… (405)
五保供养…… (400)
五城建设…… (295)
“五一”劳动奖章获得者…… (443)

舞蹈家协会……………………………………（375）
物价管理……………………………………（226）
物流管理……………………………………（297）
物流市场……………………………………（285）
物业管理……………………………………（313）

X

希望工程……………………………………（178）
喜迎党的十九大书画展……………………（372）
戏剧家协会…………………………………（375）
戏曲文化传承………………………………（362）
县长办公会议………………………………（152）
县城区大气污染治理………………………（237）
县城区环境面貌改造提升…………………（122）
县纪委派出机构……………………………（167）
县纪委派驻机构……………………………（168）
县纪委重要会议……………………………（168）
县委机构……………………………………（76）
县委领导机构………………………………（76）
县委全委会议………………………………（79）
县委巡察机构………………………………（168）
县委重要会议………………………………（79）
县委重要决策………………………………（102）
县委综合协调………………………………（112）
县政府常务会议……………………………（151）
县政府重要会议……………………………（151）
县政府综合协调……………………………（157）
县政协重要会议……………………………（172）
县直机关党建………………………………（129）
县直机关基层组织建设……………………（130）
县直机关思想政治建设……………………（129）
县直机关掀起学习十九大精神
　热潮………………………………………（131）
县直机关作风建设…………………………（131）
乡村建设……………………………………（312）
乡村体育设施………………………………（375）
乡镇　街道…………………………………（402）
乡镇…………………………………………（402）
乡镇安全监督规范化………………………（234）
香河概况……………………………………（53）
香河荷花节…………………………………（286）
香河环保产业园区…………………………（304）
香河机器人小镇……………………………（300）
乡村旅游培训………………………………（287）
香河旅游推介会……………………………（285）
《香河年鉴（2017）》编修工作…………（370）
香河县2017年国民经济和社会发展
　统计公报…………………………………（34）
香河县残疾人联合会………………………（188）
香河县妇女联合会…………………………（181）
香河县工商业联合会………………………（187）
香河县国防教育办公室……………………（195）
香河县国华影视基地………………………（317）
香河县科学技术协会………………………（185）
香河县农村信用合作联社…………………（327）
香河县人民代表大会………………………（142）
香河县人民代表大会常务委员会工作
　报告………………………………………（471）
香河县人民法院工作报告…………………（481）
香河县人民检察院工作报告………………（485）
香河县人民武装部…………………………（193）
香河县人民政府……………………………（150）
香河县文学艺术界联合会…………………（190）
《香河县志（1979—2008）》出版
　发行………………………………………（370）
香河县总工会………………………………（175）
香河益民村镇银行…………………………（329）
“向党献礼　送艺下乡”活动……………（371）
项目建设……………………………………（70）
项目建设工作………………………………（217）
项目建设环评………………………………（314）

项目引进……………………………………（308）
橡胶坝景观建设…………………………（258）
消防安全工作……………………………（363）
“小餐桌”监管…………………………（232）
小额保险业务……………………………（338）
小额人伤保险赔付………………………（343）
“小学教师评价技能”大赛 ……………（353）
小学教育…………………………………（345）
新华街道办事处…………………………（437）
新华人寿保险股份有限公司廊坊中心
支公司香河营销服务部 ………………（343）
新华寿险主要业绩………………………（343）
新机具新技术引进推广 …………………（256）
新建垃圾焚烧发电项目 …………………（315）
新开街道办事处…………………………（432）
新媒体建设………………………………（367）
新闻宣传…………………………………（390）
《新香河》 ………………………………（122）
新兴产业示范区“两违”治理…………（307）
新兴产业示范区安全生产整治…………（307）
新兴产业示范区大气污染治理…………（307）
新兴产业示范区党建工作 ………………（308）
新兴产业示范区基础设施建设…………（306）
新兴产业示范区项目建设 ………………（306）
新型农村社区建设 ………………………（307）
信贷服务…………………………………（334）
信访 ………………………………………（136）
信访稳定…………………………………（353）
信息工作…………………………………（112）
信用社不良贷款清收 ……………………（327）
信用社服务机制建设 ……………………（328）
兴业银行创新工作 ………………………（336）
兴业银行存款业务 ………………………（335）
兴业银行贷款业务 ………………………（335）
兴业银行党风行风建设 …………………（336）
兴业银行股份有限公司香河支行………（335）
兴业银行其他业务 ………………………（336）
兴业银行业务扩展工作 …………………（336）
星级网点建设……………………………（328）
刑罚执行监督……………………………（203）
刑事案件审判……………………………（205）
刑事检察…………………………………（203）
行风建设…………………………………（332）
行业管理…………………………………（244）
行政案件审判……………………………（205）
行政单位管理体制改革 …………………（138）
行政服务和公共资源交易………………（164）
行政复议、行政应诉 ……………………（213）
行政规范性文件管理 ……………………（212）
行政决策机制……………………………（212）
行政区划…………………………………（401）
行政区划……………………………………（56）
行政审批…………………………………（165）
行政审批制度改革 ………………………（212）
“幸福香河大家唱”活动………………（120）
畜牧水产养殖……………………………（252）
畜禽食品安全……………………………（253）
畜禽屠宰监管……………………………（253）
宣传………………………………………（118）
宣传发动…………………………………（394）
宣传教育…………………………………（382）
宣传思想文化建设 ………………………（306）
学历结构…………………………………（350）
学前教育…………………………………（345）
学前教育教学……………………………（347）
学习促党建………………………………（320）
学习培训…………………………………（389）
学习宣传党的十九大精神………………（385）
学习宣传方案……………………………（385）
学习宣传方式……………………………（389）
学校安全及信访稳定 ……………………（353）
学校国防教育……………………………（195）

学校卫生监督巡查……………………………（381）

Y

烟草经营……………………………………（284）
烟草市场监管………………………………（284）
烟草专卖……………………………………（284）
研究工作……………………………………（113）
盐政管理……………………………………（284）
养老保险……………………………………（399）
“药安食美”杯舞蹈大赛…………………（371）
业务范围……………………………………（343）
业务经营……………………………………（288）
业务拓展……………………………………（332）
一般公共预算收入…………………………（264）
一般公共预算支出…………………………（264）
“一问责八清理”落实工作………………（131）
医共体建设…………………………………（379）
医疗保险……………………………………（399）
医疗技术……………………………………（377）
医疗设施设备………………………………（377）
医疗卫生……………………………………（377）
医疗卫生管理………………………………（380）
医疗卫生监督………………………………（380）
医疗卫生事业保障…………………………（266）
依法惩治刑事犯罪…………………………（201）
依法处置工作………………………………（138）
依法行政工作………………………………（211）
移动公司……………………………………（279）
移动客户实名登记…………………………（279）
移动通讯公益事业建设……………………（280）
移动网络建设与优化………………………（279）
以习近平新时代中国特色社会主义思想为统领在推动高质量发展中加快建设美丽幸福新香河……………………………………（1）
异常天气……………………………………（59）
易地建设费收缴……………………………（195）
益民村镇银行服务对象……………………（330）
益民村镇银行加强网点建设………………（331）
意识形态工作………………………………（107）
音乐家协会…………………………………（374）
印刷包装业…………………………………（292）
应急管理……………………………………（158）
应急救援体系建设…………………………（235）
英语情景剧比赛……………………………（352）
迎新春书画活动……………………………（371）
营商环境改善提升…………………………（282）
营销服务……………………………………（277）
营销模式创新………………………………（341）
营业税改增值税……………………………（268）
营造节日氛围………………………………（395）
影视基地……………………………………（317）
影视家协会…………………………………（374）
影视剧拍摄…………………………………（318）
影视人才培训………………………………（317）
影视文化建设………………………………（296）
拥军优抚……………………………………（401）
优化市场经济秩序…………………………（229）
优化微信理赔服务…………………………（343）
优良品种引进………………………………（249）
邮储银行系统党风廉政建设………………（329）
邮储银行支持地方经济发展………………（329）
邮政…………………………………………（278）
邮政通讯……………………………………（278）
油烟净化……………………………………（314）
娱乐监管……………………………………（287）
娱乐网点……………………………………（287）
舆情监管……………………………………（119）
雨情水情……………………………………（260）
预测预警……………………………………（261）
预售审批管理………………………………（312）
园区建设……………………………………（303）

Z

增强消费维权效能……………………（231）
战略目标……………………（330）
张家口银行创新工作……………………（335）
张家口银行香河支行……………………（335）
张家口银行业务扩展工作……………………（335）
招商引资……………………（281）
争取上级政策和资金支持……………………（217）
征管稽查……………………（271）
正能量新闻导向……………………（366）
政策落实审计……………………（222）
政策宣传与培训教育……………………（187）
政法委及综治……………………（198）
政法系统队伍建设……………………（199）
政府采购管理……………………（265）
政府定价……………………（227）
政府法律顾问……………………（213）
政府法制……………………（159）
政府工作报告……………………（13）
政府机构……………………（151）
政府领导机构……………………（151）
政府性基金收支情况……………………（265）
政务督查……………………（157）
政务信息……………………（157）
政协常委会领导机构……………………（172）
政协常委会议……………………（173）
政协工作与职能……………………（173）
政协机构设置……………………（172）
政协全体会议……………………（172）
政协香河县委员会……………………（172）
政协香河县委员会工作机构……………………（172）
政治系统维稳工作有效落实……………………（199）
政治协商……………………（173）
支铁工作……………………（316）
支油工作……………………（316）
支油支铁……………………（315）
知识产权……………………（356）
执行工作……………………（205）
职称结构……………………（350）
职称评定……………………（161）
职工文化生活……………………（176）
职业高中教育……………………（346）
职业教育教学……………………（349）
植树造林……………………（249）
指导思想……………………（68）
治安管理……………………（201）
治乱打非合法经营……………………（339）
质量技术监督……………………（232）
中共香河县委工作机构……………………（77）
中共香河县委工作机构班子成员……………………（77）
中国大地保险财产股份有限公司廊坊中心支公司香河营销服务部……………………（342）
中国工商银行股份有限公司香河县支行……………………（321）
中国共产党香河县委员会……………………（76）
中国共产主义青年团香河县委员会……………………（177）
中国建设银行股份有限公司香河支行……………………（323）
中国京津冀汽车零部件物流交易中心……………………（298）
中国农业发展银行香河县支行……………………（325）
中国农业银行股份有限公司香河县支行……………………（324）
中国平安保险(集团)股份有限公司廊坊中心支公司香河支公司……………………（340）
中国平安人寿保险(集团)股份有限公司香河支公司……………………（340）
中国人民财产保险股份有限公司香河支公司……………………（337）
中国人民银行香河支行……………………（319）

中国人民政治协商会议香河县第八届
委员会常务委员会工作报告…………（476）
中国人寿保险股份有限公司香河
支公司……………………………（337）
中国太平洋财产保险股份有限公司廊坊
香河支公司………………………（338）
中国太平洋人寿保险股份有限公司香河
支公司……………………………（339）
中国银行股份有限公司香河支行………（326）
中国邮政储蓄银行股份有限公司
香河县支行………………………（329）
中华联合财产保险股份有限公司
香河支公司………………………（341）
中华联合财险业务拓展…………………（341）
中考成绩再上新台阶……………………（353）
中文域名注册……………………………（139）
中信国安第一城…………………………（295）
中信国安新桥影视基地…………………（317）
中行存款业务……………………………（326）
中行贷款业务……………………………（326）
中行工作创新……………………………（326）
中行其他业务……………………………（326）
中行系统党风行风建设…………………（327）
中行业务扩展……………………………（326）
重点案件化解……………………………（137）
重点部位防守……………………………（261）
重点行业专项整治………………………（234）
主题教育实践活动………………………（177）
主要目标……………………………………（68）
住房保障…………………………………（312）
助力文明县城创建………………………（367）
抓住载体宣传香河………………………（366）
专门监督和司法监督……………………（213）
专题文艺演出……………………………（371）
专项清理工作……………………………（140）
专项执法行动……………………………（230）
专业培训…………………………………（297）
自然环境……………………………………（58）
自然灾害……………………………………（66）
自然资源……………………………………（64）
宗教中国化推进工作……………………（163）
综合调研…………………………………（126）
综合管理…………………………………（215）
综合治理与救助…………………………（381）
组织………………………………………（115）
组织领导…………………………………（385）
组织十九大开幕式的收听收看…………（385）
组织实施…………………………………（394）
作家协会…………………………………（372）
做好政策性保险…………………………（337）